ヴォルフ／ヴェレンホーファー

ドイツ物権法

大場浩之　水津太郎　［訳］
鳥山泰志　根本尚徳

Wolf / Wellenhofer

Sachenrecht

30.Auflage

成文堂

© 2015 Verlag C. H. Beck oHG

Wolf/Wellenhofer · Sachenrecht
GRUNDRISSE DES RECHTS
30., überarbeitete Auflage 2015 Verlag C. H. Beck oHG
published by arrangement through The Sakai Agency

日本語版への序文

　本書『物権法』がドイツにおいて初めて刊行されたのは、1976年のことである。この本は、ドイツの偉大なる私法学者マンフレート・ヴォルフ（1939年～2007年）によりその礎を築かれた。その後、彼は、この著作を第23版に至るまで改訂した。2002年には、この本の中国語訳が出版されている。加えて、グルジア語への翻訳も最近、決定した。マンフレート・ヴォルフの死後、フランクフルト大学に置かれていた彼の講座の後任者として、私が、この教科書を引き続き発展させるという栄誉ある任務を引き継ぐこととなった。その後、私は、今日までにさらに7つの改訂版を公刊した。本書がドイツにおいて数十年の間、物権法に関する最も良く読まれた教科書の1つであり続けたことは、私の誇りとするところである。他の教科書と比較した場合におけるこの本の秀でた特徴として、その記述が、最上級審の判例に意を払いつつ、毎年、更新されること、そして物権法をめぐる諸問題が具体的な事例に則して分析されることの2つを挙げることができる。

　今、数年間にわたる翻訳作業を経て、本書の日本語版が刊行されることを、私はとても喜んでいる。4人の翻訳者たち、すなわち大場浩之氏、水津太郎氏、鳥山泰志氏、そして根本尚徳氏の各氏には、大きな感謝と深い賛嘆の意を表する。これらの翻訳者から届けられた批判的な質問と提案とは、この本のドイツ語版の改善にも役立った。ドイツ物権法が日本の法律家たちにとってより近しい存在となるべく、その拠り所としてまさしく本書が選ばれたことは、私自身にとっては、特別な名誉に当たることである。

　物権法は、法秩序の重要な構成部分を成す。なぜなら、それは私的所有権の帰属、利用そして換価を規律するものだからである。ドイツ物権法の構造原理は、100年以上もの間維持され、またそれは、すでにこれまでに、他の複数の法秩序に、その発展への刺激を与えてきた。金融市場がグローバル化している現状に照らすならば、今後、国際的には、物権法の領域において、なによりも不動産法がますます重要なものとなるであろう。すなわち、外国における新たな事業や財産に対する企業の資本投下が増えるにつれて、それらの企業が土地を事業活動の拠点として、あるいは信用担保の方法として、さらには投資の対象として取得する場合も増加する。その結果、関連する他

の国々の法制度と関わりを持つことがこれまで以上に欠かせないものとなるのである。このことは、とても長い間、経済的友好関係により互いに結び付いてきた日本とドイツとに特に良く当てはまる。本書が日本語に翻訳されることは、ドイツと日本とがそれぞれの物権法に関する対話を続ける上で、有意義な貢献をなしうるものである。

マリーナ・ヴェレンホーファー
Marina Wellenhofer

序　文

　マンフレート・ヴォルフにより第23版まで行われたこの教科書の改訂を、私は2008年に引き継いだ。この度、本書は第30版を数えることとなった。今回もまた、筆記試験にとって重要な最新の判例および学習用参考文献を補った。さらに、新しい事例研究を2つ追加した。また、本の構成は、従前と同じく、第一義的には教育的観点に則って組み立てられている。

　〔第30版への改訂作業を進めていた〕昨年〔2014年〕もまた、この本の読者から多くの感想が寄せられた。それらを私は、やはりこれまでと同様に、喜んで本書の中に取り込んだ。また、貴重な助言が私の日本の同僚たちからも届けられた。彼らは、目下、この教科書の翻訳に取り組んでおり、そのため、私の仕事を最も批判的に読んでくれる。私の講座に所属する助手たち、すなわち、*Meike Löwer, Dragana Damljanovic, Cerstin von Dungern, Charlotte Baecker, Steffen Reuschel, Denis Peters*, そして *Tina Kostić* および私の秘書である *Alexandra von Christen* にも、彼ら・彼女らが与えてくれた本書に関する支援と示唆とについて、あらためて心から感謝したい。この本をさらにより良いものとするためのあらゆる指摘は、それらを wellenhofer@jur.uni.frankfurt.de に宛ててお送りくだされば、いつでも歓迎する。

2015年5月　フランクフルト・アム・マインにて

マリーナ・ヴェレンホーファー
Marina Wellenhofer

訳者はしがき

　本書は、マンフレート・ヴォルフ（Manfred Wolf）教授とマリーナ・ヴェレンホーファー（Marina Wellenhofer）教授の共著、『物権法（Sachenrecht）』の翻訳である。原著の初版は1976年、C. H. Beck 社の「法の綱要（Grundrisse des Rechts）」叢書の一冊として、ヴォルフ教授により公刊された。ヴォルフ教授が2007年に急逝した後、第24版以降は、ヴェレンホーファー教授によって改訂が継続されている。本書が底本としたのは、2015年に公刊された第30版である。

　原著者であるヴォルフ教授は、1939年生まれで、1972年にフランクフルト大学教授に就任された後は、他大学から招聘を受けてもこれを断り、2004年に退官するまで同大学の教授として活躍された。ヴォルフ教授は世界的に著名な民法学者である。日本でも、教授資格論文『法律行為に基づく決定の自由と契約による利益調整（Rechtsgeschäftliche Entscheidungsfreiheit und vertraglichen Interessenausgleich）』（1970年）、『約款規制法（AGB-Gesetz）』の注釈（初版1984年〔ホルン教授・リンダッハー教授との共著〕。現在は、『約款規制法（AGB-Recht）〔第6版〕』〔2013年〕）、ラーレンツ教授『民法総則（Allgemeiner Teil des Bürgerlichen Rechts）』の改訂（第8版〔1997年〕・第9版〔2004年〕。その後、ノイナー教授の改訂による第10版〔2012年〕が出版されている）などで名高い。これらは民法総則・法律行為・契約法に関する業績であるが、本書と関連する物権法の領域においても、博士論文（Die dinglichen Gesamtrechte, Tübingen 1965）をはじめ、インパクトの強い論文を多数残された。

　改訂者であるヴェレンホーファー教授は、1998年に教授資格を取得された後、カッセル大学・ハンブルク大学を経て、2005年の冬学期に、ヴォルフ教授の講座の後任としてフランクフルト大学教授に就任された。日本においては、教授資格論文『私法・経済法における下請契約（Zulieferverträge im Privat- und Wirtschaftsrecht）』（1999年）以外には、むしろ家族法関係の業績（『登録された生活パートナーシップ（Die eingetragene Lebenspartnerschaft）』〔2003年〕、『家族法（Familienrecht）』〔初版2009年。第3版2014年〕など）のほうが著名かもしれないが、ドイツでは、物権法の領域においても、原著の改訂作業にくわえ、複数の論文で知られている。

訳者はしがき　v

　日本の法律家がドイツ物権法の全体像を知るには、今日でも、於保不二雄（高木多喜男補遺）『独逸民法Ⅲ物権法〔復刊版〕』（有斐閣、1955年）〔旧版1942年〕と、山田晟『ドイツ法概論Ⅱ〔第3版〕』（有斐閣、1987年）が重要である。ただ、残念ながら、両書はその刊行時からだいぶ年月が経過しており、ドイツ物権法の現状を把握するにはかならずしも十分でない。そこでわれわれは、ドイツ物権法の研究に従事する後進として、その現在の姿を日本の法律家に伝えるために、本翻訳作業に取り組むことにした。

　原著は、ドイツで最も定評のある物権法の教科書のひとつであると評されている。このことは、初版刊行以来40年ほど経過し、同書がすでに30版を数えていることからも明らかであろう。原著の特色としては、ヴォルフ教授による最終版（第23版）について、同教授の門弟であるプファイファー教授が、正当にも次の点を指摘している（Thomas Pfeiffer, Manfred Wolf, in: Jens Dammann/Wolfgang Grunsky/Thomas Pfeiffer (Hrsg.), Gedächtnisschrift für Manfred Wolf, München 2011, S. XI-XIII〔初出2010〕）。すなわち、①物権法が全法秩序ないし他の領域との関係でどのような位置を占め、いかなる機能を果たしているのかを明らかにしていること、②教科書ではあるものの、必要とみられる場合には、独自の視点や解釈を示していること、③制度の利用状況や関係者の利益のバランスにも十分に配慮していること、④比較法コメントを付すとともに、ヨーロッパ法との関係も意識していることなどである。ヴォルフ教授の講座の後任として本書の改訂を引き受けられたヴェレンホーファー教授は、新たな法律、判例および学説に対応するとともに、主として教育ないし学生の需要に応えるために、前書の構成や叙述を適宜修正しているが、ヴォルフ教授の基本的なコンセプトについてはこれを変更していない（とりわけ、第24版の Vorwort を参照）。

　原著を翻訳の対象として選択したのは、以上にくわえ、外形的にみても、同書が次のような長所や特徴を有しているからである。第1に、原著は改訂頻度が高い。それゆえ、最新の立法・判例・学説の状況を把握するのに適している。第2に、ケースや具体例が豊富である。しかも、30を超える重要な問題については、解決の仕方まで示されている。このことは、日本の法律家が本書を、日本の法状況や思考様式と比較しながら読み進めるうえで、大きな助けとなるであろう。第3に、すでに述べたとおり、原著は学生向けの物

権法教科書として、スタンダードの地位を確立している。そのため、ドイツにおける法学教育のあり方を知るためにも、本書は一助となりうるはずである。最後に、原著は、博士論文や教授資格論文をはじめとする学術論文においてもひんぱんに引用されている。これは、同書に示される論述が相応の理論水準をクリアしていることを示すものである。この意味で本書は、日本の研究者の学問的関心にも、一定程度応えることができるように思われる。

　本書の翻訳作業は、2013年3月に開始した。その方法としては、共訳者4人が各々担当部分について仮訳を持ち寄り、これに他の3者がコメントを付した後、研究会の場で議論する、という作業をほぼ月に1回、定期的に繰り返した。その間に生じた疑問や問題についてはこれをストックしておき、2015年の2月以降、ヴェレンホーファー教授に対して適宜照会をおこなった。翻訳の基本方針は、かりに原著の共著者が日本の大学教授であったならば、そのように表現したであろう文体にすることである。また、訳語・訳文の選択の際には、日本法を知る法律家が、制度やルールの内容を正確に捉えることができるように心掛けた。しかし、それでもなお読みにくいところや、思わぬ誤訳・訳し忘れがあるのではないかとおそれている。そうした問題を発見された際には、ご教示をいただければ幸いである。

　本書の刊行については、出版事情の厳しい中、成文堂のご厚意に甘えた。同社の飯村晃弘氏には、毎月の会合場所をご準備いただくとともに、毎回ご出席を賜り、編集者の立場から貴重なご教示をいただいた。原著の出版社であるC. H. Beck社は、日本語への翻訳をお認めくださった。日本語への翻訳の意義を認め、最初にヴェレンホーファー教授との間を仲介してくださったのは、アレクサンダー・ポイケルト教授（フランクフルト大学）である。これらの方々に対し、ここに記して心よりお礼申し上げる。最後に、共訳者の質問にいつも迅速かつ丁寧にお答えくださり、また、ご多用の中、日本語版への序文をお寄せいただいたヴェレンホーファー教授に対して、深甚より感謝の意を表したい。

2016年4月

訳者を代表して

水津　太郎

目　次

日本語版への序文 …………………………………………………………………… i
序　文 ………………………………………………………………………………… iii
訳者はしがき ………………………………………………………………………… iv
凡　例 ………………………………………………………………………………… xix

第1章　基　礎

§1. 物権法の特質と意義 …………………………………………………………… 1
　　Ⅰ．序　論 ……………………………………………………………………… 1
　　　　1．帰属権としての物権 …………………………………………………… 1
　　　　2．絶対的帰属権 …………………………………………………………… 2
　　　　3．所有権と制限物権 ……………………………………………………… 3
　　　　4．所有権と占有 …………………………………………………………… 5
　　Ⅱ．物権法の構成 ……………………………………………………………… 5
　　　　1．概　観 …………………………………………………………………… 5
　　　　2．物権的請求権の目的 …………………………………………………… 6
　　　　3．民法典第3編（物権法）の構成 ……………………………………… 7
　　Ⅲ．物権法の基本概念 ………………………………………………………… 8
　　　　1．物権の連結点としての物 ……………………………………………… 8
　　　　2．構成部分と従物 ………………………………………………………… 10
　　　　3．用益／果実 ……………………………………………………………… 13
　　Ⅳ．国際的な適用領域 ………………………………………………………… 13
§2. 所有権の内容と種類 …………………………………………………………… 14
　　Ⅰ．所有権取得の方式 ………………………………………………………… 14
　　Ⅱ．所有権の諸権能 …………………………………………………………… 15
　　　　1．所有者の利用権能 ……………………………………………………… 15
　　　　2．第三者の排除 …………………………………………………………… 16
　　　　3．物権法における自由と拘束 …………………………………………… 17
　　Ⅲ．所有権の種類 ……………………………………………………………… 18
　　　　1．持分による共有 ………………………………………………………… 18
　　　　2．合　有 …………………………………………………………………… 19
　　　　3．信託所有権 ……………………………………………………………… 20
　　Ⅳ．精神的所有権 ……………………………………………………………… 21
　　Ⅴ．住居所有権 ………………………………………………………………… 22
　　　　1．住居を目的とする特別所有権 ………………………………………… 22
　　　　2．住居所有者の共同関係 ………………………………………………… 24
　　　　3．継続的居住権と一時的居住権 ………………………………………… 28
　　Ⅵ．所有権類似の権利としての地上権 ……………………………………… 29
§3. 物権法の諸原理 ………………………………………………………………… 31
　　Ⅰ．物権の類型強制あるいは個数制限 ……………………………………… 31
　　Ⅱ．公示原則 …………………………………………………………………… 33
　　Ⅲ．特定原則 …………………………………………………………………… 34
　　Ⅳ．個物原則 …………………………………………………………………… 35
　　Ⅴ．分離主義と無因主義 ……………………………………………………… 36

第 2 章　占有法

§ 4. 占　有 ………………………………………………………………………… 38
　Ⅰ．占有の概念と意義 ……………………………………………………… 38
　　1．物に対する事実的支配としての占有 ………………………………… 38
　　2．占有の意義 ……………………………………………………………… 39
　　3．占有の機能 ……………………………………………………………… 40
　Ⅱ．直接占有の取得と喪失 ………………………………………………… 42
　　1．占有の取得 ……………………………………………………………… 42
　　2．相続人による占有取得（857条） …………………………………… 44
　　3．会社・組合による占有 ………………………………………………… 45
　　4．占有の喪失 ……………………………………………………………… 46
　Ⅲ．占有の種類 ……………………………………………………………… 47
　　1．単独占有と共同占有（866条） ……………………………………… 47
　　2．一部占有（865条） …………………………………………………… 47
　　3．自主占有と他主占有 …………………………………………………… 48
　　4．適法占有と不法占有 …………………………………………………… 49
　　5．直接占有と間接占有 …………………………………………………… 49
　Ⅳ．占有補助者（855条） ………………………………………………… 54
　　1．占有補助者の概念 ……………………………………………………… 54
　　2．占有補助の意義 ………………………………………………………… 56
　Ⅴ．占有法に関する事例研究 ……………………………………………… 57
§ 5. 占有の保護 ……………………………………………………………… 59
　Ⅰ．概　観 …………………………………………………………………… 59
　Ⅱ．実力行使権（859条、860条） ……………………………………… 60
　　1．859条以下の保護目的 ………………………………………………… 60
　　2．859条の内容と法的性質 ……………………………………………… 61
　　3．859条の構成要件 ……………………………………………………… 61
　Ⅲ．861条に基づく返還請求権 …………………………………………… 64
　　1．違法な私力による占有侵奪 …………………………………………… 64
　　2．請求の相手方による瑕疵ある占有（858条2項） ………………… 65
　　3．861条2項に基づく請求権の排除 …………………………………… 65
　　4．864条に基づく、請求権の消滅 ……………………………………… 66
　　5．本権に基づく抗弁の排除 ……………………………………………… 66
　　6．夫婦間における占有保護 ……………………………………………… 69
　Ⅳ．占有妨害に基づく請求権（862条） ………………………………… 70
　Ⅴ．善意占有者の保護（1007条） ……………………………………… 72
　Ⅵ．不法行為法による占有の保護 ………………………………………… 74

第 3 章　法律行為に基づく動産所有権の取得

§ 6. 処分行為の一般原則 …………………………………………………… 82
　Ⅰ．土地と動産とで異なる規律 …………………………………………… 82
　Ⅱ．分離主義と無因主義 …………………………………………………… 82
　　1．義務負担行為と処分行為 ……………………………………………… 82
　　2．分離主義と無因主義の内容 …………………………………………… 83
　　3．義務負担行為が無効であった場合の巻き戻しによる清算 ………… 84

			4．瑕疵の同一性	85
		Ⅲ．	法律行為としての処分行為	86
			1．総則規定の適用	86
			2．未成年者の物権的合意	87
			3．行為無能力者の物権的合意	87
			4．普通取引約款規定の適用	88
			5．第三者のためにする物権契約	89
§7．	動産の譲渡			90
	Ⅰ．	929条以下の概観		90
	Ⅱ．	929条1文に基づく譲渡		92
			1．物権的合意	92
			2．譲受人への引渡し	93
			3．第三者を介する引渡し	94
			4．合意の存続	99
			5．譲渡人の権限	100
	Ⅲ．	929条2文に基づく譲渡		103
	Ⅳ．	占有改定による譲渡（929条1文・930条）		104
			1．占有改定の譲渡方式の意義	104
			2．占有仲介関係の合意	104
			3．先行的占有改定	106
	Ⅴ．	返還請求権の譲渡による所有権の移転（929条1文・931条）		107
			1．移転の要件	107
			2．譲受人の法的地位	110
	Ⅵ．	共同所有権の移転		110
	Ⅶ．	比較法		111
§8．	動産の善意取得			114
	Ⅰ．	法的取引の保護		114
			1．利益状況	114
			2．取引行為の必要性	114
			3．932条以下の規定の概観	115
	Ⅱ．	929条1文・932条に基づく善意取得		116
	Ⅲ．	929条2文と932条に基づく善意取得		118
	Ⅳ．	占有改定の合意に基づく善意取得（929条1文・930条・933条）		119
	Ⅴ．	返還請求権の譲渡に基づく善意取得（929条1文・931条・934条）		121
			1．934条第1事例	122
			2．934条第2事例	123
	Ⅵ．	善　意		124
			1．善意の推定	124
			2．善意重過失	125
			3．善意の主体	128
			4．善意の内容	128
			5．善意の時点	131
	Ⅶ．	占有離脱物		132
			1．占有離脱物の例外	132
			2．占有離脱物の善意取得——例外の例外	134
	Ⅷ．	無権限者の再取得		135
	Ⅸ．	善意取得による負担からの解放（936条）		137
	Ⅹ．	債務法による調整		139

| | XI. 比較法 | 140 |

第4章　法律に基づく動産所有権の取得 … 143

§ 9. 加工・付合・混和 … 143
 I. 基本原理 … 143
  1. 指導原理その1——労働コスト … 143
  2. 指導原理その2——経済的一体性の維持 … 144
 II. 950条による加工 … 144
  1. 所有権取得の要件 … 145
  2. 製造者による取得 … 146
 III. 動産の土地との付合 … 149
  1. 付合と本質的構成部分 … 150
  2. 所有権関係 … 151
 IV. 動産の付合と混和 … 152
  1. 概観 … 152
  2. 付合 … 153
  3. 混和 … 154
§ 10. 権利喪失の補償 … 156
 I. 権利継続効請求権（951条） … 156
 II. 不当利得返還請求権 … 156
  1. 946条以下の諸規定による権利の喪失 … 157
  2. 812条1項1文第2事例の要件 … 157
  3. 請求権の内容 … 158
 III. 適用領域と競合問題 … 160
  1. 損害賠償請求権と費用償還請求権 … 160
  2. 契約上の請求権と給付利得の優先 … 161
  3. 占有離脱物をめぐる請求権 … 163
  4. 収去権 … 165
§ 11. 産出物と構成部分の取得 … 166
 I. 基本原理 … 166
  1. 概観 … 166
  2. 主たる物の所有者による取得 … 167
  3. 善意の自主占有者の優先 … 168
 II. 先占権者による取得 … 169
§ 12. その他の取得・喪失原因 … 170
 I. 取得時効 … 171
 II. 無主物先占 … 172
 III. 遺失物拾得 … 173
 IV. 債務証書の所有権 … 174
  1. 非独立型証書 … 174
  2. 無記名証券と指図証券 … 175

第5章　動産担保権 … 176

§ 13. 担保権の意義と機能 … 176
 I. 与信の経済的様態 … 176
  1. 与信の目的 … 176

		2．与信者…………………………………………………………	177
	Ⅱ．担保の種類…………………………………………………………		177
		1．人的信用…………………………………………………………	177
		2．物的信用…………………………………………………………	178

§ 14. 所有権留保……………………………………………………………… 179
  Ⅰ．基 礎………………………………………………………………… 179
    1．所有権留保の概念……………………………………………… 179
    2．所有権留保の合意の有効性…………………………………… 180
    3．債務法上の取扱い……………………………………………… 183
  Ⅱ．買主の期待権……………………………………………………… 184
    1．概 念…………………………………………………………… 184
    2．中間処分に対する買主の保護………………………………… 185
    3．売買代金債権への従属性……………………………………… 188
    4．期待権の第一取得〔買主による期待権の取得〕…………… 188
    5．占有権原としての期待権……………………………………… 189
    6．期待権の保護…………………………………………………… 191
    7．売主の法的地位………………………………………………… 193
  Ⅲ．期待権の移転（第二取得）……………………………………… 194
    1．929条以下の諸規定の類推適用による移転………………… 194
    2．期待権取得者の法的地位……………………………………… 195
    3．二重の期待権…………………………………………………… 197
    4．期待権の善意取得……………………………………………… 198
  Ⅳ．差押えと執行……………………………………………………… 201
    1．期待権の差押え………………………………………………… 201
    2．留保買主の倒産………………………………………………… 202
    3．留保所有権に対する執行……………………………………… 203
  Ⅴ．延長された所有権留保と転譲渡………………………………… 204
    1．序………………………………………………………………… 204
    2．転譲渡授権……………………………………………………… 206
    3．転譲渡の諸形式………………………………………………… 208
    4．売買代金債権の先行債権譲渡………………………………… 209
    5．先行債権譲渡と包括債権譲渡………………………………… 213
    6．先行債権譲渡とファクタリング譲渡………………………… 219
  Ⅵ．延長された所有権留保と再加工………………………………… 223
    1．加工条項………………………………………………………… 223
    2．〔他人の土地への〕据え付けをめぐる法状況……………… 227
  Ⅶ．拡大された所有権留保…………………………………………… 227
    1．概 念…………………………………………………………… 227
    2．許容性…………………………………………………………… 228
    3．拡大された所有権留保の特殊型：コンツェルン留保……… 228
    4．法的効果………………………………………………………… 229
  Ⅶ．比較法……………………………………………………………… 229

§ 15. 譲渡担保………………………………………………………………… 233
  Ⅰ．基 礎………………………………………………………………… 233
  Ⅱ．担保のためにする権利移転……………………………………… 234
    1．物権的合意……………………………………………………… 235
    2．代替的引渡し…………………………………………………… 236
    3．特定原則の遵守………………………………………………… 237

4．処分権	238
Ⅲ．担保契約	244
1．概　観	244
2．譲渡担保設定者の義務	245
3．譲渡担保権者の義務	245
Ⅳ．担保契約の良俗違反性	247
1．利益状況	247
2．桎　梏	248
3．債権者の不利益	248
4．良俗違反の法律効果	251
Ⅴ．差押えと執行	251
1．譲渡担保設定者側の債権者による摑取	251
2．譲渡担保権者側の債権者による摑取	252
Ⅵ．債権譲渡担保	252
1．概　念	252
2．有効要件	253
Ⅶ．比較法	254
§16．質　権	256
Ⅰ．概念と意義	256
1．概　念	256
2．質権の種類	257
3．取引における意義	258
Ⅱ．法律行為による動産質権の設定	258
1．物権的合意	259
2．被担保債権の存在	260
3．引渡し	260
4．設定者の処分権限	262
5．法的効果	262
Ⅲ．質権の移転	265
1．債権譲渡による取得	265
2．存在しない質権の善意による第二取得	266
Ⅳ．質権の換価と消滅	267
1．動産質権の換価	267
2．質権の消滅	268
3．複数人の担保提供者の併存	269
Ⅴ．権利質権	270
1．質権の設定	270
2．質権の実行期前における法律関係	271
3．質権の実行期後における法律状態	272
Ⅵ．法定質権	272
1．成　立	272
2．善意取得の不成立	273
Ⅶ．比較法	276
第6章　土地に関する権利の得喪	280
§17．土地所有権の移転と負担設定	280
Ⅰ．はじめに	280

Ⅱ．873条の適用範囲……………………………………………281
　　Ⅲ．873条の要件…………………………………………………282
　　　1．物権的合意………………………………………………283
　　　2．未成年者との物権的合意の特殊性……………………286
　　　3．物権的合意の無方式の原則……………………………287
　　　4．アウフラッスンクの方式………………………………287
　　　5．合意の存続………………………………………………289
　　　6．登　記……………………………………………………290
　　　7．処分者の権限……………………………………………290
　　Ⅳ．土地登記簿と登記手続………………………………………291
　　　1．物権の記録………………………………………………291
　　　2．登記可能な権利主体……………………………………292
　　　3．土地登記簿とその区分…………………………………293
　　　4．土地登記簿の閲覧………………………………………294
　　　5．登記手続…………………………………………………295
　　Ⅴ．登記前の取得者の法的地位…………………………………299
　　　1．物権的合意の拘束力……………………………………299
　　　2．処分制限の無害化（878条）……………………………300
　　　3．アウフラッスンクの期待………………………………302
　　Ⅵ．比較法…………………………………………………………307
§ 18. 仮登記………………………………………………………………309
　　Ⅰ．仮登記の意義…………………………………………………309
　　Ⅱ．仮登記の要件…………………………………………………310
　　　1．請求権の保全……………………………………………311
　　　2．仮登記の許諾……………………………………………315
　　　3．許諾者の権限……………………………………………316
　　　4．仮登記の設定と「再利用」……………………………316
　　Ⅲ．仮登記の効果…………………………………………………318
　　　1．保全効……………………………………………………318
　　　2．順位効……………………………………………………323
　　　3．完全効……………………………………………………323
　　　4．985条以下の類推適用……………………………………324
　　Ⅳ．仮登記の移転…………………………………………………325
　　Ⅴ．仮登記の法的性質……………………………………………326
　　Ⅵ．物権的先買権…………………………………………………326
§ 19. 土地登記簿の公信力………………………………………………329
　　Ⅰ．891条による真正性の推定…………………………………329
　　Ⅱ．土地の権利の善意取得………………………………………330
　　　1．土地登記簿の公信力……………………………………330
　　　2．892条の適用範囲…………………………………………331
　　　3．善意取得の要件…………………………………………335
　　　4．善意取得の効果…………………………………………342
　　　5．仮登記の善意取得………………………………………343
　　　6．登記された民法典上の組合からの善意取得…………347
　　Ⅲ．比較法…………………………………………………………353
§ 20. 土地登記簿の訂正…………………………………………………355
　　Ⅰ．不真正の土地登記簿…………………………………………355
　　Ⅱ．土地登記簿の訂正請求権……………………………………356

　　　　1．土地登記簿の不真正 357
　　　　2．請求権者 358
　　　　3．義務者 359
　　　　4．抗弁の検討 359
　　　　5．請求権競合 361
　　Ⅲ．公文書に基づく訂正 361
　　Ⅳ．法律に基づく訂正 362

第7章　所有者・占有者関係 363

§ 21. 所有権に基づく返還請求権 363
　　Ⅰ．所有権の保護 363
　　　　1．防御請求権 363
　　　　2．補償請求権 364
　　　　3．985条以下の諸規則 364
　　Ⅱ．985条に基づく返還請求権 365
　　　　1．概　観 365
　　　　2．請求者の所有権 366
　　　　3．請求の相手方による占有 370
　　　　4．占有権原の不存在 372
　　　　5．消滅時効 378
　　　　6．法的効果：返還 379
　　　　7．請求権の競合関係 380
§ 22. 利益返還請求権および損害賠償請求権 383
　　Ⅰ．総　論 383
　　　　1．987条以下の保護目的 383
　　　　2．要件としての返還請求可能状態 385
　　　　3．訴訟係属 385
　　　　4．悪　意 386
　　Ⅱ．利益返還請求権 394
　　　　1．987条1項に基づく請求権 394
　　　　2．987条2項に基づく請求権 398
　　　　3．988条に基づく利益返還請求権 399
　　　　4．果実の過剰取得が行われた場合における拡張された請求権 403
　　　　5．善意占有者の保護 403
　　Ⅲ．損害賠償請求権 404
　　　　1．訴訟係属または悪意の場合における989条、990条1項に基づく責任 404
　　　　2．991条2項に基づく占有仲介者の責任 408
　　　　3．992条、823条以下に基づく責任 412
　　Ⅳ．適用範囲と競合関係 414
　　　　1．987条以下による遮断効 414
　　　　2．契約に基づく請求権 414
　　　　3．契約終了後の請求権 415
　　　　4．占有物不返還に基づく損害賠償請求権 417
　　　　5．241a条による987条以下の排除 418
　　　　6．987条以下の諸規定と不法行為法との関係 419
　　　　7．987条以下と812条以下との関係 421
§ 23. 費用償還請求権 424

- Ⅰ．費用という概念……………………………………………………………… 424
- Ⅱ．必要費の償還…………………………………………………………………… 426
  - 1．訴訟係属前または悪意となる前に行われた支出……………………… 426
  - 2．訴訟係属以後または悪意となった時点以後に行われた支出………… 428
- Ⅲ．有益費の償還…………………………………………………………………… 429
  - 1．996条所定の請求権の発生要件……………………………………… 429
  - 2．狭い支出概念と広い支出概念……………………………………………… 430
- Ⅳ．費用償還請求権の主張………………………………………………………… 431
  - 1．所有者による追認または占有回復の後にのみ許される自由な権利主張……………………………………………………………………………… 432
  - 2．権利承継人による主張と権利承継人に対する主張……………………… 433
  - 3．占有者の履行拒絶権行使に伴う主張……………………………………… 433
- Ⅴ．収去権…………………………………………………………………………… 434
- Ⅵ．適用範囲と他の規範との競合………………………………………………… 435
  - 1．契約上の請求権との関係…………………………………………………… 435
  - 2．不当利得返還請求権との関係……………………………………………… 442

第8章 所有権妨害除去請求権と相隣法…………………………………… 445

§24．不作為請求権と妨害排除請求権……………………………………………… 445
- Ⅰ．序………………………………………………………………………………… 445
- Ⅱ．1004条に基づく請求権の発生要件…………………………………………… 446
  - 1．請求者の所有権……………………………………………………………… 446
  - 2．所有権に対する侵害………………………………………………………… 447
  - 3．請求の相手方が侵害者であること………………………………………… 454
  - 4．侵害の違法性………………………………………………………………… 460
  - 5．所有者に受忍義務が存しないこと………………………………………… 460
- Ⅲ．効果：不作為および妨害排除の請求………………………………………… 464
  - 1．不作為請求権………………………………………………………………… 464
  - 2．妨害排除請求権……………………………………………………………… 464
  - 3．1004条の適用範囲の拡大…………………………………………………… 473

§25．私法上の受忍義務　——相隣法——………………………………………… 474
- Ⅰ．序………………………………………………………………………………… 474
  - 1．私法としての相隣法と公法としての相隣法……………………………… 474
  - 2．相隣法の適用範囲…………………………………………………………… 475
  - 3．相隣共同体関係……………………………………………………………… 476
- Ⅱ．インミッシオンからの保護（906条）………………………………………… 477
  - 1．インミッシオンの概念……………………………………………………… 478
  - 2．インミッシオンの受忍義務………………………………………………… 479
  - 3．906条2項2文に基づく補償請求権……………………………………… 483
  - 4．インミッシオンの累積……………………………………………………… 487
- Ⅲ．906条2項2文の類推適用……………………………………………………… 488
  - 1．規律の欠缺　——その概観——…………………………………………… 488
  - 2．重いインミッシオンおよびその他の作用への906条2項2文の適用… 489
  - 3．妨害除去が不可能である場合……………………………………………… 490
  - 4．その他の請求権……………………………………………………………… 500
- Ⅳ．越境建築（912条）…………………………………………………………… 500
  - 1．許される越境建築と許されない越境建築………………………………… 501

　　　　2．受益者である所有者と受忍義務を負う所有者……………………………505
　　Ⅴ．囲繞地通行路（917条）……………………………………………507
　　Ⅵ．その他の相隣関係上の規定…………………………………………508

第9章　土地質権……………………………………………………………510

§26．土地質権の概観……………………………………………………510
　　Ⅰ．土地質権の種類と社会的意義………………………………………510
　　　　1．抵当権、土地債務および定期土地債務…………………………510
　　　　2．土地質権の意義……………………………………………511
　　Ⅱ．土地質権による担保…………………………………………………512
　　　　1．担保貸付限度………………………………………………512
　　　　2．順　位………………………………………………………513
　　Ⅲ．換価権としての土地質権……………………………………………514
　　　　1．緒　論………………………………………………………514
　　　　2．換価の要件…………………………………………………515
　　　　3．換価の方式…………………………………………………516
　　Ⅳ．責任の対象……………………………………………………………517
　　　　1．土地に準じる権利…………………………………………517
　　　　2．共同責任の対象としての動産と権利……………………518
　　　　3．共同責任の対象の換価………………………………………520
　　　　4．免　責………………………………………………………521
　　Ⅴ．土地質権の保護………………………………………………………524
　　Ⅵ．物的負担………………………………………………………………525
　　Ⅶ．比較法…………………………………………………………………525

§27．抵当権…………………………………………………………………528
　　Ⅰ．抵当権の設定…………………………………………………………528
　　　　1．基　礎………………………………………………………528
　　　　2．証券抵当権の設定…………………………………………529
　　　　3．登記抵当権の設定…………………………………………531
　　　　4．抵当権の第一善意取得……………………………………531
　　Ⅱ．付従性の原則…………………………………………………………532
　　　　1．債権の存在への依存………………………………………532
　　　　2．債権の内容への依存………………………………………534
　　Ⅲ．抗弁と抗弁権…………………………………………………………534
　　　　1．抗　弁………………………………………………………534
　　　　2．抗弁権………………………………………………………535
　　Ⅳ．債権者に対する支払の法的効果……………………………………538
　　　　1．債権者の任意の満足………………………………………538
　　　　2．事案類型……………………………………………………538
　　　　3．共同抵当権の特殊性………………………………………541
　　Ⅴ．債権および抵当権の移転……………………………………………542
　　　　1．債権の譲渡…………………………………………………542
　　　　2．債権譲渡の方式……………………………………………542
　　　　3．譲渡権限……………………………………………………543
　　　　4．抵当権の被担保債権が譲渡された場合の法的効果………544
　　Ⅵ．担当権の第二善意取得………………………………………………546
　　　　1．債権が存在する場合の善意取得…………………………546

	2. 債権が存在しない場合の善意取得	550
	3. 二重の瑕疵	551
	4. 債権と抵当権の分離	551
Ⅶ. 抹消仮登記と抹消	554
	1. 法定抹消請求権	554
	2. 約定抹消請求権	555
Ⅷ. 抵当権の種類	556
	1. 共同抵当権と単独抵当権	556
	2. 他主抵当権と所有者抵当権	556
	3. 流通抵当権と保全抵当権	556
	4. 最高額抵当権	557

§ 28. 土地債務 …………………………………………………… 558

- Ⅰ. 概念・設定・移転 …………………………………… 558
  1. 概　念 ………………………………………………… 558
  2. 登記土地債務の設定 ………………………………… 559
  3. 証券土地債務の設定 ………………………………… 560
  4. 土地債務の譲渡 ……………………………………… 561
  5. 所有者の抗弁および抗弁権 ………………………… 562
- Ⅱ. 土地債務に対する支払 ……………………………… 563
  1. 債務者または所有者による支払 …………………… 563
  2. 第三者による支払 …………………………………… 564
  3. 抹消請求権 …………………………………………… 565
- Ⅲ. 保全土地債務 ………………………………………… 565
  1. 保全土地債務の特徴 ………………………………… 565
  2. 担保契約 ……………………………………………… 566
  3. 土地債務権者に対する支払の法的効果 …………… 572
  4. 担保契約に基づく抗弁権 …………………………… 573
  5. 土地債務と債権の譲渡 ……………………………… 575
  6. 債務者と所有者の不一致 …………………………… 583
  7. 復帰的移転請求権の財産価値 ……………………… 586

第10章　利用権 ………………………………………………… 589

§ 29. 役　権 …………………………………………………… 589

- Ⅰ. 役権と用益権との違い・役権の種類 ……………… 589
  1. 地役権 ………………………………………………… 589
  2. 制限的人役権 ………………………………………… 590
  3. 所有者役権 …………………………………………… 590
- Ⅱ. 役権の設定 …………………………………………… 591
- Ⅲ. 役権の内容 …………………………………………… 591
  1. 個別的な用益 ………………………………………… 591
  2. 個々の行為の禁止 …………………………………… 592
  3. 権利行使の除外 ……………………………………… 594
  4. 物的な便益と個人的な必要性 ……………………… 594
  5. 状況の変化 …………………………………………… 595
  6. 法定債務関係 ………………………………………… 596
- Ⅳ. 役権の保護 …………………………………………… 597

§ 30. 用益権 …………………………………………………… 598

Ⅰ．適用領域 ……………………………………………………… 598
1．用益権の対象 ……………………………………………… 598
2．実際上の意義 ……………………………………………… 598
Ⅱ．用益権の設定 ………………………………………………… 599
Ⅲ．用益権者の権限 ……………………………………………… 599
1．物の用益 …………………………………………………… 600
2．権利の用益 ………………………………………………… 601
Ⅳ．用益権者の保護 ……………………………………………… 602

条文資料 ……………………………………………………………… 603
索　引 ………………………………………………………………… 660

凡　例

1　**底本**　本書は、Manfred Wolf/Marina Wellenhofer, Sachenrecht, 30. Aufl., München 2015を翻訳したものである。
2　**ゴチック**　原書においてゴチックで印刷されている語は、本書でもゴチックで示した。
3　**イタリック**　原書の中でイタリックにより表記されている部分は、本書ではこれに傍点を付した。
4　**ポイント**　原書において小さなポイントで組まれている段落は、本書でもポイントを落としてある。
5　**法令**　ドイツの法令名は、すべて日本語に訳出している。ドイツ語の表記については、法令名（xx頁）を参照されたい。
6　**略語**　判例集や法律雑誌の引用には、略語を用いる。正式名称については、略語一覧（xxi頁以下）を参照されたい。
7　**文献**　引用文献のタイトルは、ドイツ語のままとしている。訳出すると、読者が原典にあたる際に、かえって不便が生じるからである。
8　**挿入句**　〔　〕括弧で括られている部分は、日本の読者の理解を助けるために、訳者が挿入したものである。
9　**欄外番号**　原書中の欄外番号（Randnummer〔Rn.〕）は、本書でもこれをそのまま利用している。
10　**脚注**　本書における脚注は、すべて訳者によるものである。この訳注は、訳語・訳文について説明が必要不可欠であるときに限って付されている。
11　**条文資料**　巻末の条文資料は、読者の便宜のために挿入したものである。
12　**索引**　索引のうち、日本語索引は、訳者が作成したものである。
13　**テクスト**　原著の誤植や一部の叙述については、ヴェレンホーファー教授の許可を得たうえで修正を施している。

法令名

一般平等待遇法	Allgemeines Gleichbehandlungsgesetz（AGG）
欧州共同体設立条約	Vertrag zur Gründung der Europäischen Gemeinschaft（EGV）
株式法	Aktiengesetz（AktG）
環境責任法	Umwelthaftungsgesetz（UmweltHG）
強制競売及び強制管理法（競売法）	Gesetz über die Zwangsversteigerung und die Zwangsverwaltung（ZVG）
競争制限禁止法	Gesetz gegen Wettbewerbsbeschränkungen（GWB）
経営組織法	Betriebsverfassungsgesetz（BetrVG）
原子力法	Atomgesetz（AtomG）
建設法典	Baugesetzbuch（BauGB）
航空交通法	Luftverkehrsgesetz（LuftVG）
小切手法	Scheckgesetz（ScheckG）
国際物品売買契約に関する国際連合条約（ウィーン売買条約）	Convention on International Sales and Goods = Wiener UN-Übereinkommen über Verträge über den internationalen Warenkauf（CISG）
刑法典	Strafgesetzbuch（StGB）
司法補助官法	Rechtspflegergesetz（RPflG）
住居所有権法	Gesetz über das Wohnungseigentum und das Dauerwohnrecht（Wohnungseigentumsgesetz）（WEG）
商標法	Markengesetz（MarkenG）
商法典	Handelsgesetzbuch（HGB）
担保付債券法	Pfandbriefgesetz（PfandBG）
地上権法	Erbbaurechtsgesetz（ErbbauRG）
著作権法	Urheberrechtsgesetz（UrhG）
手形法	Wechselgesetz（WG）
電気通信法	Telekommunikationsgesetz（TKG）
ドイツ連邦共和国基本法（基本法）	Grundgesetz für die Bundesrepublik Deutschland（GG）
倒産法	Insolvenzordnung（InsO）
投資法	Investmentgesetz（InvG）
特許法	Patentgesetz（PatG）
土地取得税法	Grunderwerbsteuergesetz（GrEStG）
土地登記法	Grundbuchordnung（GBO）
土地登記法施行規則	Verordnung zur Durchführung der Grundbuchordnung（Grundbuchverfügung）（GBV）
土地取引法	Grundstückverkehrsgesetz（GrdstVG）
不正競争禁止法	Gesetz gegen den unlauteren Wettbewerb（UWG）
保険契約法	Gesetz über den Versicherungsvertrag（VVG）
麻薬法	Betäubungsmittelgesetz（BtMG）
民事訴訟法（民訴法）	Zivilprozessordnung（ZPO）

民法典施行法............　Einführungsgesetz zum BGB（EGBGB）
民法典......................　Bürgerliches Gesetzbuch（BGB）＊
有限会社法...............　Gesetz betreffend die Gesellschaften mit beschränkter Haftung（GmbHG）
連邦インミッシオン保護法......................　Bundes-Immissionsschutzgesetz（BImSchG）
連邦狩猟法...............　Bundesjagdgesetz（BJagdG）
連邦データ保護法......　Bundesdatenschutzgesetz（BDSG）

＊　民法典の条文は、法名を掲げないで引用する。

略語一覧
I. 判例集

BGHZ.......................	Entscheidungen des Bundesgerichtshof in Zivilsachen（連邦通常裁判所民事判例集）
BVerfGE...................	Entscheidungen des Bundesverfassungsgerichts（連邦憲法裁判所判例集）
BVerwGE.................	Entscheidungen des Bundesverwaltungsgerichts（連邦行政裁判所判例集）
OLGZ......................	Entscheidungen der Oberlandesgerichte in Zivilsachen（上級地方裁判所民事判例集）
RGZ........................	Entscheidung des Reichsgerichts in Zivilsachen（ライヒ裁判所民事判例集）

II. 雑誌名

AcP........................	Archiv für die civilistische Praxis
BB...........................	Betriebs-Berater
BWNotZ...................	Zeitschrift für das Notariat in Baden-Württemberg
DB...........................	Der Betrieb
DNotZ.....................	Deutsche Notar-Zeitschrift
DStR.......................	Deutsches Steuerrecht
GRUR......................	Gewerblicher Rechtsschutz und Urheberrecht
JA............................	Juristische Arbeitsblätter
JR............................	Juristische Rundschau
Jura.........................	Juristische Ausbildung
JuS..........................	Juristische Schulung
JZ............................	Juristen-Zeitung
KritV.......................	Kritische Vierteljahresschrift für Gesetzgebung und Rechtswissenschaft
LM..........................	Nachschlagewerk des Bundesgerichtshofes, hrsg. von Lindenmaier und Möhring
MDR........................	Monatsschrift für Deutsches Recht
MittBayNot..............	Mitteilungen des Bayerischen Notarvereins

NJW	Neue Juristische Wochenschrift
NJW-RR	NJW-Rechtsprechungs-Report, Zivilrecht
NVwZ	Neue Zeitschrift für Verwaltungsrecht
NZG	Neue Zeitschrift für Gesellschaftsrecht
NZM	Neue Zeitschrift für Mietrecht
RabelsZ	Rabels Zeitschrift für ausländisches und internationales Privatrecht
RIW	Recht der internationalen Wirtschaft
RPfleger	Der Rechtspfleger
SAE	Sammlung arbeitsrechtlicher Entscheidungen
WM	Wertpapiermitteilungen
ZEuP	Zeitschrift für Europäisches Privatrecht
ZfIR	Zeitschrift für Immobilienrecht
ZHR	Zeitschrift für das gesamte Handels- und Wirtschaftsrecht
ZIP	Zeitschrift für Wirtschaftsrecht und Insolvenzpraxis
ZJS	Zeitschrift für das Juristische Studium
ZRP	Zeitschrift für Rechtspolitik
ZUM	Zeitschrift für Urheber- und Medienrecht

III. その他

a. a. O.	am angegebenen Ort（前掲）
BAG	Bundesarbeitsgericht（連邦労働裁判所）
BAnz	Bundesanzeiger（連邦公報）
BayObLG	Bayerisches Oberstes Landesgericht（バイエルン州最高裁判所）
BGBl.	Bundesgesetzblatt（連邦官報）
BGH	Bundesgerichtshof（連邦通常裁判所）
BR-Drs.	Bundesratsdrucksache（連邦参議院議事文書）
BT-Drs.	Bundestagsdrucksache（連邦議会文書）
BVerfG	Bundesverfassungsgericht（連邦憲法裁判所）
BVerwG	Bundesverwaltungsgericht（連邦行政裁判所）
EuGH	Europäischer Gerichtshof（欧州司法裁判所）
f., ff.	folgende（以下〔次の1頁や1条だけを指すときは「f.」。複数の頁や条文を指すときは「ff.」〕）
FS	Festschrift（記念論文集）
GemS OBG	Gemeinsamer Senat der obersten Bundesgerichte（連邦最高裁判所合同部）
GmbH	Gesellschaft mit beschränkter Haftung（有限会社）
GS	Großer Senat / Gedächtnisschrift（（連邦通常裁判所民事〔刑事〕）拡大部／記念論文集）
KG	Kammergericht（ベルリン上級地方裁判所）

LA................	Liber Amicorum（追悼記念論文集）
LAG...............	Landesarbeitsgericht（州労働裁判所）
LG................	Landgericht（地方裁判所）
m. Anm.	mit Anmerkung（〜による評釈が付いている）
Nr.	Nummer（番号）
OLG...............	Oberlandesgericht（上級地方裁判所）
RG................	Reichsgericht（ライヒ裁判所）
Rn.	Randnummer（欄外番号）
S.	Satz/Seite（文／頁）
stat.	statistisches（統計〜）
Tz.	Textziffer（文書内番号）

文献リスト
I. 引用文献

Bamberger/Roth/*Bearbeiter*............	*Bamberger/Roth*, Bürgerliches Gesetzbuch, Band 2, 3. Aufl., 2012
Baumbach/Hopt........	*Baumbach/Hopt*, Handelsgesetzbuch, 36. Aufl., 2014
Baur/Stürner...........	*Baur/Stürner*, Sachenrecht, 18. Aufl., 2009
Baur/Stürner/Bruns...	*Baur/Stürner/Bruns*, Zwangsvollstreckungsrecht, 13. Aufl., 2006
v. Bernstorff............	*v. Bernstorff*, Einführung in das englische Recht, 4. Aufl., 2011
Brehm/Berger..........	*Brehm/Berger*, Sachenrecht, 3. Aufl., 2014
Brox/Walker............	*Brox/Walker*, Allgemeines Schuldrecht, 39. Aufl., 2015
Bülow..................	*Bülow*, Recht der Kreditsicherheiten, 8. Aufl., 2012
Erman/*Bearbeiter*......	*Erman*, Bürgerliches Gesetzbuch, 14. Aufl., 2014
Esser/Weyers, II........	*Esser/Weyers*, Schuldrecht, Besonderer Teil, Bd. 2, Teilbd. 1, 8. Aufl., 1998
GK-BetrVG/*Bearbeiter*............	Gemeinschaftskommentar zum Betriebsverfassungsgesetz, 10. Aufl., 2014
Gottwald, PdW.........	*Gottwald*, Prüfe dein Wissen – Sachenrecht, 16. Aufl., 2014
Gursky..................	*Gursky*, Klausurenkurs im Sachenrecht, Fälle und Lösungen nach höchstrichterlichen Entscheidungen, 12. Aufl., 2008
Habersack..............	*Habersack*, Examens-Repetitorium Sachenrecht, 7. Aufl., 2012
Hager, Verkehrsschutz........	*Hager*, Verkehrsschutz durch redlichen Erwerb, 1990
Henrich/Huber..........	*Henrich/Huber*, Einführung in das englische Privatrecht, 3. Aufl., 2003
Hübner/Constantinesco..........	*Hübner/Constantinesco*, Einführung in das französische Recht, 4. Aufl., 2001

Jauernig/*Bearbeiter*	*Jauernig*, Bürgerliches Gesetzbuch, 15. Aufl., 2014
Kindler	*Kindler*, Einführung in das italienische Recht, 3. Aufl., 2014
Koch/Löhnig	*Koch/Löhnig*, Fälle zum Sachenrecht, 4. Aufl., 2015
Lange/Kuchinke	*Lange/Kuchinke*, Erbrecht, 5. Aufl., 2001
Lüke	*Lüke*, Sachenrecht, 3. Aufl., 2014
Medicus/Petersen	*Medicus/Petersen*, Bürgerliches Recht, 24. Aufl., 2013
MünchKomm/*Bearbeiter*	Münchener Kommentar zum Bürgerlichen Gesetzbuch, 6. Aufl., 2012 f.
Neuner	*Neuner*, Sachenrecht, 4. Aufl., 2013
NK-BGB/*Bearbeiter*	NomosKommentar zum Bürgerlichen Gesetzbuch, Band 3, 3. Aufl., 2013
Palandt/*Bearbeiter*	*Palandt*, Bürgerliches Gesetzbuch, 74. Aufl., 2015
Prütting	*Prütting*, Sachenrecht, 35. Aufl., 2014
Rüthers/Stadler	*Rüthers/Stadler*, Allgemeiner Teil des BGB, 18. Aufl., 2014
Schapp/Schur	*Schapp/Schur*, Sachenrecht, 4. Aufl., 2010
Serick	*Serick*, Eigentumsvorbehalt und Sicherungsübertragung, 1963 ff.
Soergel/*Bearbeiter*	*Soergel*, Kommentar zum Bürgerlichen Gesetzbuch, 13. Aufl., 2000 ff.
Staudinger/*Bearbeiter*	*Staudinger*, Kommentar zum Bürgerlichen Gesetzbuch, Neubearbeitung 2002 ff.
Vieweg/Röthel	*Vieweg/Röthel*, Fälle zum Sachenrecht: ein Casebook, 3. Aufl., 2014
Vieweg/Werner	*Vieweg/Werner*, Sachenrecht, 6. Aufl., 2013
Weber, I	*Weber*, Sachenrecht I (Bewegliche Sachen), 3. Aufl., 2013
Weber, II	*Weber*, Sachenrecht II (Grundstücksrecht), 4. Aufl., 2015
Wellenhofer, FamR	*Wellenhofer*, Familienrecht, 3. Aufl. 2014
Westermann/Gursky/Eickmann	*Westermann/Gursky/Eickmann*, Sachenrecht, Lehrbuch, 8. Aufl., 2011
Wieling	*Wieling*, Sachenrecht, 5. Aufl., 2007
Wilhelm	*Wilhelm*, Sachenrecht, 4. Aufl., 2010
Wolf	*Wolf*, Sachenrecht, 23. Aufl., 2007
Wolf/Neuner	*Wolf/Neuner*, Allgemeiner Teil des bürgerlichen Rechts, 10. Aufl., 2012
Wolff/Raiser	*Wolff/Raiser*, Lehrbuch des Bürgerlichen Rechts, Bd. 3 Sachenrecht, 10. Aufl., 1957

II. 参考文献

Blank, Sachenrecht I/1; Sachenrecht I/2; Sachenrecht II, 2000
Czeguhn/Ahrens, Fallsammlung zum Sachenrecht, 2. Aufl. 2011
Demharter, Grundbuchordnung, 29. Aufl., 2014
Eckert, Sachenrecht, 4. Aufl., 2005
Eichler, Institutionen des Sachenrechts, 1954 ff.
Englisch, Fälle und Lösungen zum Sachenrecht, 2005
Gerhardt, Mobiliarsachenrecht, Besitz, Eigentum, Pfandrecht, 5. Aufl., 2000
Gerhardt, Immobiliarsachenrecht, Grundeigentum und Grundpfandrechte, 5. Aufl., 2001
v. Gierke, Das Sachenrecht des bürgerlichen Rechts, 4. Aufl., 1959
Gursky, 20 Probleme aus dem Sachenrecht mit Eigentümer-Besitzer-Verhältnis, 9. Aufl., 2014
Gursky, 20 Probleme aus dem Sachenrecht ohne Eigentümer-Besitzer-Verhältnis, 8. Aufl., 2014
Heck, Grundriss des Sachenrechts, 1930
Holzer/Kramer, Grundbuchrecht, 2. Aufl., 2004
Lange, Sachenrecht des BGB, 1967
Lange/Schiemann, Fälle zum Sachenrecht, 6. Aufl., 2008
Meder/Czelk, Grundwissen Sachenrecht, 2. Aufl., 2008
Michalski/Schulenburg, Zivilrechts-Skripten Sachenrecht I, Allgemeine Prinzipien, Besitz, Eigentum, Anwartschaftsrecht, Beseitigungs- und Unterlassungsanspruch, 2000
Michalski/Schulenburg, Zivilrechts-Skripten Sachenrecht II, EigentümerBesitzer-Verhältnis, Nießbrauch und Pfandrecht, 2000
Müller, Sachenrecht, 4. Aufl., 1997
Reinicke/Tiedtke, Kreditsicherung, 5. Aufl., 2006
Rimmelspacher, Kreditsicherungsrecht, 2. Aufl., 1987
Rumpf-Rometsch, Die Fälle: BGB Sachenrecht, Mobiliarsachenrecht, 4. Aufl., 2014
Rumpf-Rometsch, Die Fälle: BGB Sachenrecht, Immobiliarsachenrecht, 5. Aufl., 2012
Schaffrin, Sachenrecht Bd. 1, 2001
Schellhammer, Sachenrecht nach Anspruchsgrundlagen, 4. Aufl., 2013
Schöner/Stöber, Grundbuchrecht, 15. Aufl., 2012
Schreiber, Sachenrecht, 5. Aufl., 2008
Schwabe, Lernen mit Fällen – Sachenrecht, 9. Aufl., 2014
Vieweg/Regenfus, Examinatorium Sachenrecht, 2. Aufl., 2011
Weber, Kreditsicherungsrecht, 9. Aufl., 2012
Weirich, Grundstücksrecht, 3. Aufl., 2006
H. P. Westermann, BGB-Sachenrecht, 12. Aufl., 2012
Wörlen/Kokemoor, Sachenrecht, 9. Aufl., 2014
E. Wolf, Lehrbuch des Sachenrechts, 2. Aufl., 1979

第1章 基　礎

§1. 物権法の特質と意義

I. 序　論

　ある法秩序と社会秩序において、世の中にある物をその秩序の構成員による自由な共同利用に委ねるのではなく、私的所有権の制度を採用する（基本法14条）ときは、次の点を規律しなければならない。すなわち、どの物が誰に帰属するのか、その人が当該物についていかなる権能を有するのか。この課題の主要部分を引き受けているのが、民法典第3編の物権法（854条から1296条まで）である。物権法は、物と物について行使しうる諸権能の得喪に関する規定を置いている。物を目的とする最も重要な権利は、所有権である。物権法の特徴は、所有権を例にとることで最もよく理解することができる。

1．帰属権としての物権

　所有権とは、物を目的とする最も包括的かつ絶対的な帰属権である。物についての帰属権ということの意味は、次のとおりである。すなわち、物が権利者に直接的に割り当てられ、権利者は、前もって他人の許可を求めずに、その物を直接に用いることができる。

　物権は、物に対してはたらきかける権能を含むものである。そのため、物権は支配権とも呼ばれる。帰属権は物だけではなく、発明上の特許権や著作物上の著作権のように、物以外の対象についても存在しうる。絶対的帰属権のうちで物を目的とするものが、物権とされるのである。

　例：Aは自分の所有する自動車について、所有者としてこれをいつでも自由に

運転することができる。では、Aがその自動車を長期間修理に出したらどうか。この場合において、Aは他人Eの自動車を勝手に利用することはできない。Aはその自動車の所有者であるEに、許可を求めなければならない。当該自動車はEに直接的に帰属しているからである。取引においては通常、使用賃貸借契約*（535条）が締結される。しかしながら、使用賃貸借契約がAに与えるのは、Eの自動車を目的とする直接的な帰属権ではなく、Aに自動車の使用を委ねるというEの義務に対応した請求権のみである。Eが自動車をA以外の者に使用させることでこの義務に違反したときは、AはEに対して損害賠償を求めることができる。しかし、その自動車を利用することはできない。

3 　このことは同時に、**物権法**と**債務法**の区別を明らかにしている。物権は、ある物をある人に直接的に帰属せしめる権利である。ここでは人と物の関係が存する。これに対して、債務関係から発生するのは2人、すなわち債権者と債務者の関係における義務、およびこの義務と結びつけられた相手方の請求権（194条1項・241条1項）にとどまる。債務関係では、債務者が物を使用させる自己の義務を履行し、債権者にその利用を委ねたときにはじめて、物の利用が可能になる。

2．絶対的帰属権

4 　所有権は、**絶対的帰属権**である。このことは、所有権が**万人に対して作用する**ことを意味している。わたしがある物の所有者である場合には、このことは万人との関係で通用する。別の面からいうと、ある物が所有者の財産に帰属する場合において、そうした所有権関係がなんらかのかたちで干渉を受けたときは、そうした干渉をおこなった者が誰であったとしても、所有者は保護を受けることができる。その物は所有者の排他的な単独利用に割り当てられており、所有者は所有者以外の者全員をそこから排除しうるのである。

　例：Eの果樹園は原則として、Eの許可がなければ、なんぴとの立ち入りも許されない。その果樹園はもっぱらEに帰属している。E以外のいかなる者も、この帰属を尊重し、立ち入りを控える義務を負う。

　＊　ドイツ法における賃貸借契約は、「使用賃貸借契約（Mietvertrag）」（535条）と「用益賃貸借契約（Pachtvertrag）」（581条）に区別される。

万人に対する所有権の保護は、他人の義務をとおして実現される。絶対権 5
の場合、この義務は万人が負うことになる。これに対して、債務関係から生
じる債権は、当事者の間にしか存しない。債権は相対的な権利、すなわち債
務者のみを義務づける権利である。

例：買主Kが売買契約に基づいて有するのは、売主に対する債権のみである（433
条1項1文）。Kが売買の目的物の譲渡を受ける前に、第三者Dがこれを損傷した
場合には、DはKとの関係では義務違反をしておらず、損害賠償の義務を負担し
ない。これに対し、Kがすでにその物の所有者になっていたならば、Kは自己の
絶対的な所有権に基づき、Dに対して損害賠償を請求することができる（823条1
項）。

3．所有権と制限物権

所有権は、物を目的とする最も包括的な帰属権である。他方で、物権法は 6
所有権とともに、制限物権をも定めている。制限物権は、個々の権能につい
て、直接的な物支配を権利者に帰属せしめるものである。この支配は所有権
のように、第三者に対して絶対的に保護される。したがって、制限物権もま
た物権である。この物権的保護は、制限物権については次の規律によって強
化されている。制限物権は、所有権が譲渡されても、新たな所有者に対して
効力を有するのである（いわゆる承継に対する保護）。

例：買主Kが売主Vに対し、売買契約に基づく債務法上の請求権しか有さない
場合において、Vが所有権をDに移転したときは、KはDに対して所有権の譲渡
を求めることができない。なぜなら、債務法上の請求権は、相対的なものにすぎ
ないからである。しかし、Kに物権的取得権が帰属するならば（Rn. 9）、Kは自己
の所有権の取得をDに対しても貫徹することができる。

このように制限物権は、物権ではあるものの、それはあくまで制限を受け
たものである。なぜなら、制限物権は所有権とは異なり、諸々の権能の包括
的な帰属を含むものではなく、ただ物についての個々の権能のみを権利者に
帰属せしめるものだからである。制限物権は、物権的利用権、物権的換価権、
物権的取得権に区別することができる。

7　**a）物権的利用権**は、ある物の利用を可能ならしめるものである。これに対して、たとえば物を譲渡する権能は含まれない。

物権的利用権には次のものがある。
・地役権（1018条から1029条まで）
・用益権（1030条から1089条まで）
・制限的人役権（物権的居住権を含む）（1090条から1093条まで）
・地上権（1919年1月15日の地上権法〔当初は地上権令。地上権法に名称変更されたのは、2007年11月23日〕で規律されている）

8　**b）物権的換価権**に認められるのは、物の利用ではない。この権利によると、一定の要件のもとで、所有者の意思に反したとしても、競売手続における譲渡によって物を換価することができる。所有者が金銭の支払をしない限り、この譲渡は妨げられない。

物権的換価権には次のものがある。
・物的負担（1105条から1112条まで）
・抵当権（1113条から1190条まで）
・土地債務（1191条から1198条まで）
・定期土地債務（1199条から1203条まで）
・質権（1204条から1296条まで）

9　**c）物権的取得権**は、物の取得を求める権利を基礎づけるものである。これには以下の権利が属する。

・物権的先買権（1094条から1104条まで）
・仮登記（883条）
・物権的期待権（制定法には規定がないけれども、判例と学説によって認められている。§14 Rn. 11以下）

10　制限物権は、**所有権の内容の一部**である。自己の物に制限物権を設定する場合には、所有者は所有権の内容の一部を分割する。所有者の権能は、制限物権が存する範囲で制約を受け、また、その限りで制限物権者に移転する。制限物権が消滅したときは、その制限部分は自動的に所有者に復帰する。

例：土地所有者 E は制限的人役権を設定することで、自己の土地をガソリンスタンドの営業のために利用する権利を T に認めた（1090条）。この場合において E は、T の制限的人役権に基づく権能が及んでいる範囲では、みずからガソリンスタンドを経営することができない。その権能が所有者 E に復帰するのは、T の役権が消滅した時である。

4．所有権と占有

物権法においては、所有権と制限物権のほかに、**占有**も規定されている（854条から872条まで。占有については、後述§4, 5）。所有権と占有の区別には、根本的な意義がある。占有者とは、**純粋に事実上**、物に対する支配を行使することができる者である。その際には、この者に物を目的とする**権利**、たとえば所有権が属するか否かは問題とならない。

例：E はある時計の所有者である。E がその時計を着用している場合には、E は、所有者であるとともに（適法な）占有者でもある。D が E から当該時計を盗取したときは、D は〔当該時計との関係で、〕物に対する事実的支配を行使することができるようになる。したがって、D は（不法な）占有者である。E が時計の盗取によって喪失するのは、その占有ないし物支配にすぎない。帰属権としての所有権は E にとどまる。他方、D がここで有するのは、物に対する事実的支配であって、所有権ではない。

Ⅱ．物権法の構成

1．概　観

すでに説明してきた3つの基本概念の区分——所有権、占有、制限物権——をいまいちどはっきりとさせるために、以下に概観を掲げることにしよう。

占有	制限物権	所有権
物に対する事実的支配（854条） 形式： ・単独占有 ・共同占有（866条）	I．利用権 ・用益権（1030条） ・役権（1018条、1090条） ・地上権（地上権法） ・居住権（1093条） II．換価権 ・質権（1204条） ・土地質権： 　・抵当権（1113条） 　・土地債務（1191条） 　・物的負担（1105条） III．取得権 ・先買権（1094条） ・仮登記（883条） ・期待権	物を目的とする包括的な利用権と換価権（903条） 形式： ・単独所有 ・持分所有ないし共有（1008条・1009条） ・合有

2．物権的請求権の目的

13　物権の特質から、物権特有の**請求権の根拠**ないし請求権の目的が明らかになる。本質的にみるとここでは、3つの請求権の目的を区別することができる。

a）返還を求める請求権
- 占有権原となる権利に基づくもの、いわゆる本権上の請求権（たとえば985条に基づく請求権）
- 占有それ自体に基づくもの、いわゆる占有上の請求権（861条）

b）妨害排除と不作為＊＊を求める請求権（たとえば1004条・862条）

c）目的物からの満足を求める請求権　たとえば動産質権（1204条）や、抵当権（1113条・1147条）に基づく請求権

＊＊　「不作為（Unterlassung）」請求権と訳出する理由については、§24の訳注＊を参照。

3．民法典第3編（物権法）の構成

民法典第3編は8つの章からなる。

第1章　占有
第2章　土地を目的とする権利に関する一般規定
第3章　所有権
第4章　役権
第5章　先買権
第6章　物的負担
第7章　抵当権・土地債務・定期土地債務
第8章　動産質権および権利質権

物権法の学習の中心をしめるのは、第1章から第3章までと、第7章である。**所有権**について定める主要な章は、さらに5つの節に分かれている。

第1節　所有権の内容（903条から924条まで）
第2節　土地所有権の得喪（925条から928条まで）
第3節　動産所有権の得喪（929条から984条まで）
第4節　所有権に基づく請求権（985条から1007条まで）
第5節　共有（1008条から1011条まで）

大学の講義や教科書では、物権法は、動産法と不動産法に分けて説明されることが少なくない。これに対して、民法典では、このような「2分法」は採用されていない。985条〔所有権に基づく返還請求権〕や861条〔占有保護請求権〕といった物権法の中心的な請求権の根拠は、動産にも不動産にも同じように適用される。しかしながら、さきに列挙した章題が示すように、物権の取得との関係では、動産と不動産の区別が導入されている。また、質権＊＊＊についても、一方では土地質権（抵当権、土地債務、定期土地債務）、他方では動産質権および権利質権に、これを区別しなければならない。

＊＊＊　ドイツにおける「質権（Pfandrecht）」の概念は、日本法の質権（民法342条以下）とは異なる。「担保権（Sicherungsrecht）」との異同も含め、§26の訳注＊を参照。

Ⅲ．物権法の基本概念

1．物権の連結点としての物

16　**a）概念**　物権法は、**物**の財産帰属だけを規律するものである。したがって、所有権、制限物権および占有は、原則として物についてのみ成立可能である。

　　唯一の例外：用益権（1068条）と質権（1273条）は、権利の上にも存在しうる。

17　**90条**によれば、**物**とは、**有体的な**、すなわち手で触れることができる**対象**である。90a条1文では、**動物**は物ではないとされている。けれども、物に適用される規定は、動物の本質と保護に反しない限り、動物に準用されなければならない（90a条3文）。したがって、所有権と占有は動物についても成立可能である。これにより動物は、人に答責的に帰属しうることになる。もっとも、動物に対する権利の行使が許されるのは、動物の本質と保護に反しない範囲においてである。また、知的創作物や、債権・形成権といった権利も物ではない。たとえば、発明をした者や音楽作品の作曲者は、知的創作物について特許権あるいは著作権を有する。

　　知的創作物が物、たとえば書面に化体されている場合には、知的創作物を目的とする特許権や著作権とならんで、物としての紙を目的とする所有権が存する。同じことは、ソフトウェアと**データ媒体**の関係にもあてはまる。著作者が自己の作品の複製と譲渡に同意した場合には、買主は、書物、CDあるいはデータ媒体を目的とする所有権とともに、知的創作物、たとえばソフトウェアを自己の目的で利用する権利を同時に取得する。このケースでは、知的創作物を利用するための権利は、それを化体している物（書物、CD、電子媒体）と、法的取引ではもっぱらその物だけが念頭におかれるほど、緊密に結びついている（*BGH* NJW 1988, 406：売買法における物の瑕疵担保について；*Bydlinski*, AcP 198, 287も参照）。

18　**b）動産と不動産**　民法典は物を、動産と不動産に区別している。不動産とは、土地とその本質的構成部分をいう。不動産以外のすべての物は、動産である。というのは、それらの物は空間に占める位置を変更することができるからである。動産と不動産の取扱いの相違は、とくに次の点に現れている。

- 権利の移転に関する規定は、動産に適用されるもの（929条から936条まで）と、不動産に適用されるもの（873条から925条まで）に分かれる。
- 土地所有権は、動産所有権よりも広範な制限に服する。
- いくつかの制限物権（地上権、地役権、制限的人役権、先買権、物的負担、抵当権、土地債務および定期土地債務）は、土地にしか成立しえない。これに対して、1204条の質権は、権利以外では、動産にしか設定することができない。

c）代替物と不代替物　さらに、物の分類には、代替物と不代替物の区別がある。代替物とは、取引慣行上、数量、容量または重量によって定められる動産のことである（91条）（たとえば原材料、食料品）。この区別は物権法ではなく、債務法において意味をもつ（たとえば、700条・706条2項）。それ以外に法律では、消費物の概念も用いられている（たとえば、1067条・1075条2項）。

d）物としての身体の一部　人とその生きている身体は、物ではない。これらについての決定権は所有権ではなく、人格権から導かれる。これに対し、毛髪、抜歯、献血によって採取された血液、卵子、精子あるいは臓器のように、身体から分離し、これによって独立のものとなった**身体の一部**は、物として所有権の客体となりうる。しかしながら、そうした身体の一部は、〔所有権よりも〕高位の権利である人格権によって覆われている。このことは少なくとも、身体の一部のもとである人が、その部分を取引に委ねる意思がない間にあてはまる。

例：連邦通常裁判所は、〔膀胱癌の治療のために〕生殖不能をもたらす手術〔を受けなければならなくなった者が、自分の子をもつ可能性を残すために手術〕の前に精子を保存させた場合において、その精子が保管の不備によって死滅したときは、所有権に対する侵害ではなく、身体に対する侵害になると判示している（BGH NJW 1994, 127。同判決については、*Taupitz*, NJW 1995, 745）。

これに対して、ある人が身体の一部を取引に委ねた結果、みずからの決定によりその者との結びつきが失われた場合には、客体としての物とそれにかかる所有権が〔人格権よりも〕優位を占めるようになる。このように物所有権が優先するのは、物がふたたび他人に移植されるまでの間である（限界づけをめぐる問題については、*Brohm*, JuS 1998, 197; *Damm*, JZ 1998, 926, 933）。た

とえば、臓器の取扱いがその例である。

22　**e）経済的統一体としての物**　所有権と制限物権はいずれも、**物の全体**に成立する。物の全体には、その本質的構成部分も含まれる。本質的構成部分は他の物権の対象とはなりえず（93条）、当然にその物の所有権に包摂される。このように、物全体がただ一つの所有権あるいは制限物権に帰属せしめられるのは、物の経済的一体性を維持するためである。かりに一個の物の様々な部分についてそれぞれの所有権が成立するならば、物は細分化されてしまうであろう。これに対し、乗り物のエンジンなどの非本質的構成部分（Rn. 23）や、予備の車輪といった従物（97条）については、物権的な権利状況は主物のそれとは異なりうる。

　　例：A は自動車の所有者である。A は R のところで交換用のエンジンを購入し、R がこのエンジンを A の自動車に取りつけた。A はまだ代金を完済していなかったので、R はエンジンの所有権を留保している（449条）。この場合、自動車の所有者は A、エンジンの所有者は R である。これに対し、本質的構成部分については別論である。たとえば、A の自動車にラックニスが新しく吹き付けられた場合が問題となる。この場合において、自動車の本質的構成部分であるニスは、主たる物について存在している権利と別の権利の対象とはなりえない。したがって、ニスの所有者は A であり（947条1項・2項）、R が所有権を留保したとしても効力を有しない。

　　例外は、表見的構成部分である（95条）。表見的構成部分とは、一時的な目的のためにのみ土地と結合されているものをいう。建築作業員用の小屋や、使用賃借人が取り付けたアンテナなどがその例である。

2．構成部分と従物

23　**a）構成部分**　一個の合成物を構成する諸々の部分を、構成部分と呼ぶ。これについては、本質的構成部分と非本質的構成部分を区別しなければならない。**本質的構成部分**とは、いずれかを破壊するかまたはその本質を変更しない限り、それぞれを分離することができない構成部分のことをいう（**93条**）。たとえば、家屋に埋め込まれた暖炉（*OLG Düsseldorf* NZM 1998, 805）や、住居のオイルタンク（*BGH* NJW-RR 2013, 652）である。これらの物は付合によってその有体的独立性を喪失し、一個の物の一部になる（建物を構成する建

築資材などもそうである)。また、解体することは可能であるけれども、そのためには過分の費用がかかる場合も、これに準じて扱われる。ある構成部分が本質的構成部分であるか、それとも非本質的構成部分であるかが明確でない場合には、**取引通念**と、合理的な観察者の自然なものの見方によって判断される。後者は、取引通念による判断を補助するものである。判断の基準時は、付合の時点とされる (*BGH* NJW 2012, 778)。こうして物の本質的構成部分とされた場合には、その構成部分は他の**別個の権利の対象**となりえ**ない**。したがって、たとえば他人の所有権に服さない。それゆえ、主たる物の所有者は、つねに本質的構成部分の所有者であることになる。もっとも、占有については、これを別個に観念することが可能である。他方、非本質的構成部分とは、損害を与えることなく、物から取り外すことができる部分である。自動車に取りつけられた交換可能なエンジン、規格化されたシステムキッチンなどがその例である。これらについては、主たる物とは別の権利が成立しうる。

例：連邦通常裁判所によれば、小規模の火力発電所の施設に発電の目的で据えつけられた規格外のモジュールは、本質的構成部分とはいえない。その構成部分を除いた残りの物をなお従前の方法で利用することができるならば——そのためには代替のモジュールを据えつけることが必要であるとしても——、分離された構成部分は原則として、非本質的構成部分であるとみなければならない。例外として本質的構成部分とされるのは、その構成部分が主たる物に合わせて特別に調整され、もし分離をしたらこれを他の方法で利用することができなくなってしまう場合に限られるとされている (BGHZ 191, 285 = NJW 2012, 778)。

土地の本質的構成部分または建物の本質的構成部分については、**94条**が (強行的な) 特則を設けている。それによれば、93条の定義にかかわりなく、土地に定着したすべての物は、本質的構成部分とみなされる (94条1項)。これにあたるのはとくに建物であり、土地の産出物もそれが土地と結びついている限りで本質的構成部分となる (たとえば農地の作物)。さらに、建物の築造のために組み込まれた物 (たとえば洗面台) は、建物の本質的構成部分である (94条2項)。ここで基準となるのは分離の可否ではなく、建物を築造した者の意思である (BGHZ 8, 1, 6)

例：風力発電機については、次のようにいうことができよう。土地上の基礎コンクリートは土地に定着しているから、これも94条1項にいう本質的構成部分を形成する。しかしながら、土地上の基礎コンクリート以外の部分、すなわちタワー、ブレードおよびナセルについては、むしろ本質的構成部分ではないといわなければならないように思われる（*Peters*, WM 2007, 2003も同旨）。

25　**b）表見的構成部分**　表見的構成部分とは、一時的な目的のためにのみ、地面および地盤（95条1項1文）または建物（95条2項）と結合される物である（たとえば、使用賃借人が持ち込んだシステムキッチン）。表見的構成部分は**独立の動産**にとどまり、第三者の所有権の対象となりうる。95条の表見的構成部分は、これを93条の本質的構成部分とすることができる。すなわち、表見的構成部分の所有者がこれを土地の所有者に929条2文〔簡易の引渡しによる動産譲渡〕によって移転し、両者が表見的構成部分の法的独立性の喪失について合意をした場合である。これとはちょうど反対に、本質的構成部分は、土地の所有者がその構成部分について一時的な目的でしか土地と結合されないものであると定め、929条2文によってその構成部分を第三者に移転する場合には、95条の表見的構成部分になりうる（*BGH* NJW 2006, 990）。

26　**c）従物**　従物とは、主物の構成部分ではないが、主物の経済的目的に役立つように定められ、かつ、主物との間でこの用途に適した空間的関係にある動産をいう（**97条**）。従物と認めるには、外部から認識することができる場所的関連性があれば十分である。ここで必要とされる目的との関係は、次のような行為により定められるのが通常である（*BGH* NJW 2009, 1078）。すなわち、その物が他の物の経済的目的のために実際に利用されるものであると、矛盾なく推認させるのに十分な行為である。こうしてたとえば、住居については、システムキッチンはその用に供せられるものだとされる。しかしながら、取引通念上従物とみなされない物は、従物性を有しない。この意味において、従物と構成部分の間を限界づけるのは、（地域の）**取引通念**である。その評価は、技術的・経済的基準によらなければならない。たとえば、ホテルの調度品は従物である。しかし、システムキッチンが従物であるか否かは、事例ごとの判断を要するであろう。従物の法的意味は、個々の規定で示される（たとえば926条）。

例：**供給施設**である電線と水道管がＨの家屋の地下室を通っており、その隣のＮの家屋に電気と水を供給しているとする。この施設はＨの家屋の本質的構成部分ではなく、したがってまた、946条〔土地との付合〕によりＨの所有に帰することもない。というのは、当該施設はその性質上、Ｈの家屋の「築造のために」〔94条2項〕取りつけられたものではないからである。むしろ、この施設は隣地への供給に供せられているから、Ｎの土地の従物にあたる (*BGH* NJW-RR 2011, 1458)。97条1項にいう「適した空間的関係」は、土地同士が直接隣接していることをもって充足される。もっとも、Ｈが自己の家屋の地下室に供給施設があることを、1004条2項によって受忍しなければならないか否かについては、物権法上の帰属とは区別して論じなければならないであろう (§25 Rn. 43)。

3．用益／果実

用益とは、物または権利の果実と、物または権利の使用によってもたらされる利益 (**100条**。たとえば、自動車の占有がもたらす使用利益) のことである。**99条1項**は物の果実として、物の**産出物**その他物の用法に従って収取される収穫物 (木になっている果物、牧場牛のミルク、採石場から得られる石) を定めている。法律関係に基づき物または権利からもたらされる**収益** (たとえば物の使用賃貸借による賃料) も、果実である (99条3項)。953条以下の諸規定により、果実の所有者となるべき者が定められている。しかし、これらの利益は、一定の場合には、果実の所有者以外の者に帰する。そのときは、所有者は利益を返還しなければならない (たとえば101条・1039条1項2文を参照)。無権原占有者が利益を得た場合には、その占有者は所有者に対して利益の返還または価値賠償をする義務を負うことがある (987条以下)。

Ⅳ．国際的な適用領域

国家の結びつきによりグローバルな輸送が可能になった世界では、動産は、自国以外の法規定が通用している外国に移動しうる。動産は土地 (不動産) とは対照的に、その所在場所が固定されていないからである。そうすると、このような移動が生じた場合において、どの国の法秩序が適用されるのかが問題となる。たとえば休暇中の旅行者は、お土産として自宅に持ち帰るために旅先で購入する装飾品の所有権を、どのような方法で取得するのか。ドイ

ツ人がその装飾品を購入しているのだから、ドイツ法が適用されるのか。あるいはそうではなく、休暇国の法が適用されるのか。この問題を規律するのは、国際私法である。物権法については、民法典施行法43条から46条までの間に規定がある。

　物権法の領域では、原則として、物が現に存在している国の法が適用される（lex rei sitae＝所在地法）。民法典施行法43条1項はこのことを、ドイツ法について明文で定めている。したがって、装飾品の所有権の取得については、休暇国の法が適用される。この場合には、たとえば次のことが問題になる。所有権を取得するために、いかなる行為がされなければならないのか、購入物が売主のものでなかったときに、休暇国でも善意取得が可能であるのかなどである。所在地法によれば、ドイツ民法典の物権法は原則として、ドイツに現に存在している物についてのみ適用される。したがって、ドイツ法が適用されるのは、旅行者が装飾品をドイツに運び込んでからである。

　民法典施行法46条は、所在地法の例外を定めている。すなわち、物が所在地法よりも、ある国家について本質的により密接な関連性を示している場合である。このことはたとえば、移動中の物についてあてはまる。例としては、ドイツの運送取扱人のトラックが、オーストリアを経由地としてイタリアまでの道のりを往復した事例が挙げられる。この場合において、トラックがオーストリアとイタリアの地にあったのはわずかな時間にすぎない。トラックは本質的により密接な関連性を、ドイツとの間に有している。したがって、トラックに対する所有権はドイツ法によって定められる。ドイツ所有権法が適用されることは、たとえば担保所有権〔譲渡担保権〕について大きな意味をもつ。この権利はいくつかの国では承認されていないからである（§15 Rn. 45以下）。

§2. 所有権の内容と種類

I．所有権取得の方式

1　民法典第3編 物権法の冒頭で規律されているのは、占有である（854条から872条まで）。所有権の内容は、903条以下になってようやく取り扱われる。

だが、所有権は最も重要な物権であり、物権法の本質的性格を特徴づけるものである。そこで、本節ではまず第一に、――民法典の体系には反するものの――所有権の最も重要な諸点を考察することにしよう。

所有権は様々な方法で、これを**取得**することができる。

所有権取得の方式
1．**法律行為**によるもの ・動産所有権の取得（929条以下） ・土地所有権の取得（873条以下） 2．**法律**によるもの ・付合、混和、加工（946条以下） ・取得時効（937条以下） ・物上代位（718条2項、1247条2文、1287条、2019条、2111条） 3．**先占**によるもの（958条以下） 4．**相続**によるもの（1922条以下） 5．国家行為によるもの（民訴法817条2項、競売法90条1項）

Ⅱ．所有権の諸権能

基本法14条は所有権法の基本方針を定め、**財産法領域における自由な活動の中核部分**を保障している。他方、私法において物を目的とする所有権を形作っているのが、**903条**である。同条は所有者に対し、法律に違反しまたは第三者の権利を侵害しない限りで、自己の物を自由に用い、他者によるあらゆる干渉を排除することを認めている。この所有権の概念規定から明らかになるのは、次の点である。すなわち、民法典が予定する所有権は、物を目的とする**最も包括的な帰属権**であることと、物について行使できるすべての権能は、原則として所有者に帰属することである（§1 Rn. 4, 5）。

1．所有者の利用権能

民法典は、所有者に対してまず第一に、自己の物を**自由に用いること**を認

めている（**903条**）。所有者には、個々の権能の束が割り当てられるのではなく、物をどのように利用してもよいという意味で、包括的かつ一般的な許可が与えられている。

例：所有者は、自己の物をみずから使うことも、他人に有償または無償で貸し出すこともできる。また、所有者は、自己の物の利用の仕方を決定することもできる。たとえば、所有者はある機械につき、これを商品の生産のために用いても、譲渡しても、改造しても、あるいは壊れるまで放置してもかまわない。営業のための利用の可否と方法は、包括的にその所有者の決定に委ねられている。また、所有者は、自己の物につき公衆のアクセスを認めるか否かを決定することもできる。

もっとも、所有者の権能は無制約であるわけではない。とりわけ土地の所有者は、様々な本質的な制限に服する。そのうえ、いわゆる未採掘の地下資源や水の利用（BVerfGE 58, 300, 332 ff.）のように、本来であれば土地所有権に属すべきものの一部は、そこから取り除かれ、土地所有者の権能に属さない。動物を目的とする所有権（§1 Rn. 17）も、動物保護法をはじめとする特別立法によって本質的な制約を受ける。

2．第三者の排除

4 　自己の物を自由に用いる所有者の積極的な権能は、第三者のあらゆる干渉を排除する〔消極的な〕権能によって補充される。この排他権能は、所有権を包括的なかたちで保護し、所有権に対する**あらゆる種類の干渉を排除**することを目的とする（§24 Rn. 3）。所有者は、物をみずから使用するつもりであったか、あるいは利用せずに放置していたかに関係なく、第三者の干渉を排除することができる。

例：所有者は、他人が自己の物を利用することを禁じ、また、自己の土地に立ち入ることを拒むことができる。さらに、所有者は、たとえばみずからの土地に対する日照や通風が他人によって妨げられた場合には、その者に対して、そうした日照妨害や通風妨害を止めるよう請求することができる（§24 Rn. 4以下参照）。

5 　土地と建物については、第三者を排除する権利はいわゆる**建物不可侵権**によって根拠づけることができる。この権利は、土地所有権または土地占有に

基づくものである（858条・903条・1004条）。建物不可侵権の担い手は、誰にその建物への立入りを許可し、あるいは誰に許可しないのかを、原則として自由に決定することができる（BGH NJW 2012, 1725）。しかし、この権利にも制約がある。すなわち、ある建物が公衆に開かれた場所にあるために、その建物の不可侵権者が、通常の態様で立ち入る者であれば、原則として誰であってもその立入りを認める意思を有している旨を明らかにしていた場合である。この場合において、特定の人物に対してのみその立入りを拒絶するときは、一般的人格権（基本法2条1項、1条1項）と平等原則（基本法3条）を踏まえた実質的な根拠づけが必要になる（BGH a. a. O.）。

例：
- 空港の経営者は、営業妨害のおそれがある場合には〔乗客への〕ビラ配布を禁止することができる（BGH NJW 2006, 1054）。
- **ホテル**の経営者は、ドイツ国家民主党の政治家の宿泊を拒否することができる。この場合には、一般平等待遇法19条1項・21条〔民法上の不利益取扱いの禁止〕の制限にも服さない。しかしながら、事前に予約がされていて、経営者が契約上その政治家をホテルに宿泊させる債務を負っていた場合には、この限りでない。このケースで建物への立入禁止が許されるのは、特別に重要な実質的根拠によって正当化されたときのみである（BGH NJW 2012, 1725）。
- スポーツの試合をラジオやテレビで中継する権利は、スタジアムへの入場券を取得しただけでは生じない。所有者はむしろ、中継を認めるために追加料金を求めることができる。市場支配的地位を有するスポーツの主催者が、ラジオやテレビの事業者から追加料金を徴収して中継を認める場合にも、競争制限禁止法19条・20条が定める不当な妨害や客観的に正当な理由のない差別的取扱いにあたらない（BGH NJW 2006, 377）。

所有者の排他権は、所有者みずからが干渉を回避することで、これを守ることができる。たとえば、所有者が自己の土地への通路を遮断する場合がそうである。そのほか、所有者には1004条によって、不作為請求権と妨害排除請求権が保障されている。

3．物権法における自由と拘束

物権法は、所有者に物を包括的に帰属せしめ、物の利用と処分を、原則と

して所有者の自由に委ねている。そうすることで同時に、所有者の自由領域を確保している。したがって、所有者はその枠内では、原則として一人で決定することができる。しかしながら、自由の保障は無制約ではありえない。むしろ、個人が自己の所有権を利用する場合には、公共の福祉を顧慮しなければならない。他方で、公の側は個人に属する所有権を尊重し、国家はこれに国家による保護を与える。このようにして基本法14条2項は、所有権は義務をともなう、その行使は公共の福祉に役立つものでなければならない、と定めている。したがってまた、物権法の意義は、所有権をめぐる**自由と拘束の緊張関係**を調整する点に求められる。これらの拘束のうち、民法典に定められているのはごく一部にすぎず、その大部分は公法に設けられている。それゆえ、所有者に割り当てられた物権法上の自由領域を画するには、他の法領域、とくに公法による拘束を考慮しなければならない。

III. 所有権の種類

1. 持分による共有

7　所有権の一次的な形態は、単独所有である。単独所有では、主観的権利としての所有権は一人の権利者、単独所有者に帰属する。しかしながら、物を目的とする所有権が複数の権利者に割り当てられることもある。その形式には、持分による共有と合有がある。持分による共有においては、物所有権は2人以上の者に、次のようにして帰属する。すなわち、各人は物を目的とする理念的・割合的持分について権利を有するのみである。けれども、各人の持分は、現実の物の一部に限定されることなく、物全体に拡張される（いわゆる**観念的持分**）。

例：
- MとFは婚姻後、新居のために調度一式を購入した。そのための資金は双方の貯金で折半したため、購入した調度も等しく2人に属する旨の合意をした。ここでは共有が成立する。それぞれの配偶者には、各々の調度が半分ずつ帰属する。配偶者はともに共有者であって、単独所有者ではない。一方配偶者の共有持分は物全体に拡張されるけれども、同時に存在する他方配偶者の共有持分によって制限を受ける。

・持分による共有は、一時的居住権（タイムシェアリング。Rn. 29）の基礎となる権利として利用することもできる。

共有においては債務法上、**持分による共同関係**が問題となる（**741条以下**）。この債務法の諸規定を補充し、共有に関する物権法のルールを定めているのが、**1008条以下**の諸規定である。持分共同関係の特徴は、合手的共同関係とは異なり、各共有者が自己の観念的な**持分を自由に**、他の共有者とは無関係に**処分**することができる点にある（747条1文）。共有持分の処分を規律するのは、単独所有に適用されるルールである。動産の場合には929条以下（§7 Rn. 44, 45）、土地の場合には873条以下（§17 Rn. 8以下）が適用される。土地を目的とする共有持分は、928条〔所有権の放棄〕により放棄することができない（*BGH* NJW 2007, 2254）。そのほか、民法典は、共有者の内部関係における目的物の利用および管理に関する権限の詳細について規定する（742条から748条まで）とともに、共同関係の解消に関する法律関係（749条から758条まで）を定めている。共同関係の解消を求める権利（749条1項）は、1010条〔共有者の特定承継人に対する効力〕をもって排除することができる。持分による共有においては、その持分につき（転）持分共同関係を成立させることができない（BGHZ 13, 133, 141）。ただし、住居所有権はその例外である（Rn. 19）。

2．合 有

合有においても、目的物の所有権は複数人に属する。しかし、物を**処分**することができるのは、**共同でこれをおこなう場合に限られる**。一人ひとりの合有者は、持分による共有とは反対に、自己が有する各物の持分を独立に処分することはできない（719条1項・1419条1項・2033条2項）。むしろ、合有財産は全員に一体的に帰属する。各人は合手的な拘束を受ける。合有は、合手的共同関係が存在する間に限って存続しうる。民法典が定める合有の形式は3つだけである。それ以外の新たな合手的共同関係を、法律行為によって創設することはできない。

民法典における合手的共同関係
・人的会社〔のひとつである民法典上の組合〕の組合財産（718条・719条）
・夫婦財産共同関係〔財産共同制〕（1416条）
・共同相続関係（2032条）

3．信託所有権

10　信託所有権は、制定法により規律された権利ではない。物権法の観点からは、信託所有者はむしろ完全な所有者である。しかしながら、所有者の権利を制約する**債務法上の拘束**が、信託関係という細密に形成された関係から生じる。すなわち、信託所有者は委託者に対し、信託所有権を特定の目的のためにのみ用いる債務法上の義務を負担する。

　　受託者がこの義務に違反したとしても、原則として、受託者の所有者としての法的地位には影響はない。受託者が物権法上「なしうること」は、義務違反があってもその効力を生じる。けれども、債務法上「なしてよいこと」に反する行為をしたならば、受託者は委託者に対して損害賠償義務を負う。受託者が行為の際に受託者としての義務に違反したことを第三者が知っていた場合には、〔受託者と第三者の間の〕債務法上の契約と第三者への譲渡は受託者の地位の濫用にあたり、代理権の濫用があった場合と同じように効力を有しない（Gruber, AcP 202, 435, 469 ff.）。第三者が受託者に義務違反の譲渡を唆したときは、委託者は第三者に対して826条に基づく損害賠償請求権を行使することもできる（BGH NJW-RR 1993, 367）。

11　**a）他益信託**　信託は、信託所有者が服する債務法上の目的拘束の内容に従い、他益信託と自益信託とに区別される*。他益信託では、法的所有者である受託者が信託所有権を用いることが許されるのは、経済的所有者である委託者の利益に役立つ目的の範囲に限られる。

　　例：

＊　ドイツでは、「他益信託（uneigennützige Treuhand）」と「自益信託（eigennützige Treuhand）」の概念は、受託者を基準に区別される。すなわち、受託者以外の者の利益のためにされる信託が他益信託、受託者の利益を含む信託が自益信託と呼ばれる。

・Tは法的にみれば土地の所有者であるが、土地を委託者の利益と指示に従って管理しなければならない。他益信託は通常、管理信託である。管理信託において委託者は、みずからは管理できないか、あるいは所有者であることを対外的に知られたくないために、物の所有権を管理の目的で受託者に委ねる。管理信託が用いられるのはたとえば、ある外国人が居住国内では一定の目的物の取得を禁じられているため、居住国民をとおしてそれらをみずからの費用で取得し、かつ自身の利益において管理してもらう場合である。信託的移転の対象は個々の物に限られない。ひとまとまりの財産であることも多い。
・管理信託の合意には、受託者に対して所有権を移転すること（いわゆる完全権信託）のほか、法的所有権は委託者にとどまるものの、処分授権が受託者に付与される、という方法もありうる（いわゆる授権信託）。

b）自益信託 自益信託では、目的物は一定の範囲内で受託者の利益のために用いられる。しかし、受託者は、もっぱら自己の利益のために物を利用してよいわけではなく、信託契約で合意した目的に拘束される。 12

自益信託のおもな適用事例は、**譲渡担保**の形式でされる担保信託である。譲渡担保において物の所有権が受託者に移転されるのは、与信者である受託者が信用の担保としてその物を担保目的物とすることを求めるからである。受託者はこの目的に必要な範囲でのみ、物を用いることができる（詳しくは、§15 Rn. 1以下）。それ以外の点では、目的物は、経済的所有者である委託者の利益のために役立てられる。

c）信託の物権的効果 信託所有権は、法的にみれば受託者に帰属している。それにもかかわらず、受託者の債権者が信託財産に対して直接執行することは許されない（§15 Rn. 39）。この限度で、信託所有権には、たんなる債務法上の拘束力を超える物権的効果が認められる。これにより、類型強制と類型固定（§3 Rn. 2以下）は緩和されている（*Wolf*, NJW 1987, 2647, 2650 f.; *Gernhuber*, JuS 1988, 355, 358）。 13

IV. 精神的所有権

903条の物所有権は、包括的な支配権・帰属権である。もっとも、所有者の支配客体は有体物のみであり（90条）、それゆえ、所有権は物についてし 14

か成立しえない。しかし、絶対的な支配権・帰属権は、その**支配客体として無体的対象**を観念することも可能である。たとえば、発明その他の知的創作物を目的とする特許権や著作権、名称その他の標識を目的とする商標権がこれにあたる。そのほか、実用新案や意匠などにも特別な保護権が存する。これらの権利は、精神的所有権と呼ばれている。なぜなら、支配客体である無体的対象が、おもに精神的な理念・観念と結びつけられているからである。また、とくに産業活動を保護するものであることにかんがみ、産業財産権と呼ばれることもある。ただし、著作権はこの権利に含まれない。著作権と産業財産権は、基本法14条の所有権概念に属する。なぜなら、同条の所有権概念は物を客体とする所有権に制限されておらず、財産的価値あるすべての対象を包括しているからである。

精神的所有権と物所有権はともに絶対権であるから、一連の**共通点**を有している。たとえば、精神的所有権は、妨害排除請求権と不作為請求権によって保護される（著作権法97条1項、商標法14条5項・15条4項・18条、特許法139条1項・140a条）。これらの請求権は、1004条に基づく請求権に相当するものである。また、精神的所有権は物所有権と同様に、823条1項〔不法行為に基づく損害賠償〕にいう「その他の権利」として保護される。他方で、**相違点**もある。これは、精神的所有権が特別な支配客体を目的としていることから生じるものである。すなわち、支配客体が無体的対象である以上、これについては原則として物の占有は成立しえない（ただし、特許法9条）。産業財産権については、物の占有の代わりに、登録簿への登録がされるのが通常である（商標法4条1号・32条以下、特許法34条以下）。物の占有によらずに、権利を第三者に認識させるためである。

より深く学びたい人のために：*Krebs/Becker*, Die Teilverdinglichung und ihre Anwendung auf Internetdomains, JZ 2009, 932.

Ⅴ．住居所有権

1．住居を目的とする特別所有権

15　住居所有権はその権利者に、1棟の建物の中で区分された数個の住居のうちの1つを目的とする所有権を与えるものである。「住居」の概念は、制定法では定義されていない。住居に該当するか否かを決定するのは、建築様式に基づく取引通念である（Palandt/*Bassenge*, §1 WEG Rn. 2）。この基準によ

ると、そこで家政を執行しうる諸々の空間の総体が、一の住居となる。

　住居所有権は、土地および共用の施設を目的とする**共有持分**（住居所有権　16
法〔以下 V. において「法」とする〕1条5項）**と**、住居を目的とする**特別所有
権**（法1条2項・5条）を、不可分一体のものとして結びつけたものである
(*Bärmann*, NJW 1989, 1057)。各戸の住居を目的とする特別所有権を承認する
ことは、民法典の一般原則の例外を意味する。本質的構成部分は、別個の権
利の対象となりえないはずだからである（93条・94条）。もっとも、特別所有
権の目的である住居は、完全な独立性を備えるものでなければならない（法
3条2項1文。この点については、*GemS OBG* NJW 1992, 3290）。

　住居所有権の設定は、次のいずれかの方法でおこなわれる。すなわち、共　17
有者たちがアウフラッスンクの方式に従って契約によりその設定を合意し、
かつこの合意を土地登記簿に登記する方法（法2条・3条）と、土地の単独
所有者が土地登記所に対して、土地所有権を共有持分に分割する旨の一方的
な意思表示をする方法（法2条・8条1項）である。共有者間で法3条に従っ
て設定の合意がされた場合には、住居所有権は、当該土地の登記簿に登記し
たときに成立する。これに対して、法8条の方法による分割は、法7条によ
り住居登記簿を備えなければその効力を生じない（法8条2項2文参照）。住
居所有権については、928条〔所有権の放棄〕の方法でこれを放棄すること
はできない（*BGH* NJW 2007, 2547）。

　設定の瑕疵がすべての共有持分につき存する場合でも、法7条に従って住居登　18
記簿が備えられているときは、事実上の住居所有者共同関係が成立しうる（*KG*
NJW-RR 1986, 1274も参照）。892条の善意取得が成立すれば、この瑕疵は治癒され
る。こうして瑕疵が治癒された場合には、事実上の住居所有権から、法的保障を
受ける住居所有権が生じることになる（*BGH* NJW 1990, 447, 448）。これに対して、
設定の瑕疵が、共有持分に結びつけられた特別所有権について各々存するにすぎ
ない場合には、この限りでない。たとえば、法5条2項に違反して、共同の設備
を特別所有権の目的物としたケースがそうである（*BGH* NJW 1990, 447）。こうし
た場合には、瑕疵なく成立した持分については、住居所有権の設定が認められる。
瑕疵がある持分については、特別所有権を除いたたんなる共有持分が生じるのみ
である。このケースでは、全共有者は特別所有権を事後的に認める義務を負担す
る（*BGH* NJW 1995, 2581, 2583参照）。そうすることができないときは、その共有

持分は共有者間の規約によって、他の共有者に各々の持分に応じて分割されなければならない（*BGH* NJW 1990, 447参照）。

19　特別所有権が成立するのは、本質的構成部分を目的とした場合のみである（*BGH* NJW 1975, 688）。特別所有権については、共有持分から分離してこれを譲渡し、あるいは負担の目的とすることはできない（法6条）。特別所有権が共有持分と結びついたものが住居所有権であるから、住居所有権は持分による共有の特別形式である。住居所有権は、持分による共有と同じように、これを独立に移転することができる。他方、通常の持分所有〔共有〕とは異なり、住居所有権を（転）持分共同関係の対象とすることも可能である。たとえば、夫婦で住居をもつ場合がそうである。たしかに、住居を目的とする特別所有権は法1条2項・6条により、つねにただ1つの、それ自体は分割不能な共有持分（Rn. 16）としか結びつけられない。。しかし、（特別所有権とこの共有持分からなる総体としての）住居所有権は複数人に持分帰属しうるとみることができよう。

2. 住居所有者の共同関係

20　**a）住居所有者の権利義務**　住居所有者は共同関係に属する。このことから住居所有者には、自由（法13条1項）を制約する一定の義務が課せられる。**共同関係との調和**という制限があるために、各々の住居所有者が自己の特別所有権に服する住居を**使用**することができるのは、他の共有者に特別な不利益が生じない方法に限られる（法14条1号）。他方で、妨害が生じた場合には、妨害を受けた住居所有者は、1004条1項に基づいてそれぞれ固有の妨害除去請求権を有する（*BGH* NJW 2014, 1090）。また、906条2項2文の類推適用により、相隣法上の補償請求権を認めることも考えられる（*BGH* MDR 2014, 23）。さらに、住居所有者が自己の住居を他人に使用させた場合には、その者が先に述べた法14条1号の義務を遵守するように配慮する義務を負う（法14条2号）。このことはとりわけ、その他人が用益権者であるときにあてはまる（*BGH* NJW 2014, 2640）。そのほか、住居所有者は、共同財産の維持・修繕のために必要である場合には、他人が自己の特別所有権の目的物に立入り、これを使用することを許さなければならない（法14条4号）。

例：

- A は毎晩午前 0 時までギターを弾いている。防音が不十分であったため、A の演奏は B の住居にも響いていた。B は熟睡することができない。この場合において B は、A に対して、あまり遅くまでギターの練習をしないよう請求することができる（法15条3項、14条1号参照）。
- 共用配水管が1階と2階の間で詰まってしまい、2階に住んでいる A が排水できずにいる。1階に居住する B は、代替手段がない限り、修理業者が詰まりの原因を除去するために B の住居に立ち入ることを受忍しなければならない。しかしながら、B は、立入りおよび使用により生じた損失の補償を請求することができる（法14条4号）。この補償金は管理費用（法16条2項）から支出しなければならない（Merle, in: Bärmann/Pick, WEG, 19. Aufl., 2010, §14 Rn. 15)。
- 有償の託児所を営む目的で（営業のために一部）住居を使用することは、当然には共同関係の性格に適さない。したがって、開業には、管理者または住居所有者共同関係の同意が必要である（BGH NJW-RR 2012, 1292)。
- ある住居所有者がバルコニーにパラボラアンテナを取り付ける場合において、バルコニーにアンテナがあることで建物全体の視覚的印象が害されるときは、他の住居所有者はこれを禁じることができる。しかしながら、その住居所有者の情報利益を他の方法で充足することができないならば、基本法5条1項1文〔表現の自由〕の照射効によって情報利益のほうが優先する。ただし、規約においてこれと異なる定めをおくことは可能である（BGH NJW 2004, 937)。

　住居所有者相互の義務にかかる関係は、**法定債務関係**を成立させる。その 21 義務が履行されないときは、損害賠償請求権が生じうる。ここでは278条〔履行補助者の過失〕も適用される。たとえば、ある住居所有者が緊急に必要な予防措置をとることに同意しなかった場合において、予防措置がとられなかったことで他の〔住居〕所有者が自己の特別所有権について損害を被ったときは、その者は**280条1項・2項**〔義務違反による損害賠償〕、286条〔履行遅滞〕に基づいて損害賠償の責任を負う（BGH MDR 2015, 16：湿気による損害）。

　住居所有者は自分たちの法律関係につき、いわゆる**共同関係規則**によって、 22 住居所有権法を補充し、あるいはこれを変更することができる（法10条2項2文）。こうした補充や変更は原則として、規約によりおこなわれる。規約

には住居所有者全員の同意を要する。これに対して、多数決決議（法23条・25条・10条5項で）では、各住居所有者は多数決により決することができる。多数決決議が許されるのは、制定法が予定した事項（法12条4項・15条2項・16条3項・4項・21条3項・7項・22条2項）か、規約所定の決議事項（法23条1項）に限られる。いずれの例外にもあたらない場合には、規約が必要である。なぜなら、住居所有者の同意なくしてその者の所有権に干渉することは、許されないからである（BGH NJW 2000, 3500）。共同関係規則は、規約と適法な決議から構成される。いずれによるにせよ、**定款類似の性格**を有する（BGHZ 88, 302, 304; BGH NJW 2003, 2165）。共同関係規則の対象となりうるのは、共同関係をめぐる法律問題のみである。他方で、所有権関係の変更に対する請求権は、その対象となりえない（BGH NJW 2003, 2165）。住居所有者が設定した規約は、土地登記簿に登記された場合に限り、住居所有権の取得者に対してその効力を生じる（法10条3項）。他方で、決議や裁判所の裁判に基づく規律については、土地登記簿に登記しなくても、特定承継人に対してその効力が生じる（法10条4項）。

23　**b）共同財産の管理**　共同財産については、住居所有者全員が共有者として権利を有している。共同財産は管理を必要とする。**管理費用**については、個々の住居所有者が債権者との関係で対外的に個人責任を負うわけではない。住居所有権法は、住居所有者一人ひとりが住居所有者共同関係の義務につき、その債権者に対して直接の個人責任を負担することを予定していない。また、管理者も、個別に代理権を授与されたときはともかく、そうでない限り、個々の住居所有者に人的義務を負担させることはできない。管理者が有するのは、共同所有者全員の名、つまり住居所有者共同関係の名において、住居所有者共同関係のために行為することができる権利のみである（法27条2項。BGH NJW 2005, 2061も参照）。共同関係の義務につき債権者に対して**責任を負担するのは、住居所有者共同関係の財産**である。管理者はこの財産を、自己の固有財産から分別して管理しなければならない（法27条5項1文）。住居所有者共同関係の財産は、金銭により構成される。住居所有者はこの金銭を、法28条1項・2項によって決定された予算に応じて拠出しなければならない。これに対して、法1条5項にいう共同財産〔Rn. 16〕は、住居所有者

共同関係の財産には属さない。共同財産は住居を目的とする特別所有権と結合されており、741条以下・1008条以下の諸規定によって規律される持分所有〔共有〕として、各住居所有者に属する。

共同財産（たとえばファサード）の侵害に基づいて生じる**損害賠償請求権**は、一致して行使されなければならない。管理の秩序を保つためである。この限りにおいて、住居所有者共同関係には「生得的な行使権限」があるといえる。なぜなら、そのような損害賠償請求権は、住居所有者の共同に属するからである（BGH NJW 2014, 1090）。1004条に基づく**不作為請求権**の行使（Rn. 20参照）については、これと異なる。住居所有者共同関係が単独でこの請求権を行使する権限を有するのは、例外に属する。すなわち、それが多数決決議に基づく場合に限られる（BGH NJW 2015, 1020）。

住居所有者共同関係は、固有の財産の担い手である。共同関係の義務につき責任主体として、その財産をもって債権者に対して責任を負担する。このことを理由に、連邦通常裁判所は、住居所有者共同関係は**権利能力のある独自の団体**であると認めた（BGH NJW 2005, 2061. これに反対するのは、Bork, ZIP 2005, 1205, 1206）。この判決を受けて改正された法10条6項によれば、住居所有者共同関係は、共同財産に関するすべての管理の範囲内において、第三者および住居所有者に対して独立に権利を取得し義務を負担することができるとされる。住居所有者共同関係のために行為する**機関**は、住居所有者の総体としての**住居所有者集会**（法21条から25条まで）と、準業務執行機関として機能する**管理者**（法26条から28条まで）である。

住居所有者集会の権限に属するのはたとえば、建物使用規則の制定（法21条5項1号）、共同財産を維持する措置あるいは共同財産にかかる瑕疵担保請求権の行使に関する権能（法21条5項2号、BGH NJW 1979, 2207）である。ある規則が規約事項に属するのか、それとも決議事項に属するのかは、法10条2項2文と法23条1項が定めている。通常の管理は多数決によって決することができる（法21条3項）。しかし、共同財産を維持する措置の範囲を超える**建築上の変更**については、原則として住居所有者全員の同意が必要である（法22条1項1文）。このことはたとえば、屋上に**携帯電話基地局**を設置するときにあてはまる（BGH NJW 2014, 1233）。ただし、法22条1項2文によれば、そうした措置が住居所有者に対して法14条1号〔住居所有者の義務〕によって受忍すべき不利益しか生じさせない場合

には、その者の同意は不要である。したがって、建築上の変更が各個の住居の範囲にとどまるときは、原則として、他の住居所有者の同意がなくてもこれをおこなうことができる。

26 　住居所有者集会においては、住居所有者は、財産全体に占める自己の持分の数と割合にかかわらず、全員1個の議決権しかもたない（法25条2項1文）。もっとも、**議決権**は各々の共有持分の範囲に応じて定まる、とする規約は有効である。住居所有権の譲渡人は、住居所有者として登記されている場合に限って議決権を有する。このことは、譲受人が売買契約に基づきすでに住居を占有・利用し、負担を引き受けており、かつ譲渡請求権が仮登記（§18 Rn. 1以下）によって保全されているときでも例外ではない（*BGH* NJW 1989, 1087）。

27 　**管理者**の職務と権限はおもに、日常の業務を処理することと、住居所有者集会の決議を執行することである（詳細については、法27条）。さらに、管理者は予算を作成し、収支を計算しなければならない（法28条）。予算と決算については、住居所有者が多数決によってこれを決議する（法28条5項。この点につき、*BGH* NJW 2003, 3550）。予算には、予算から生じる支払に関する弁済期の定めも含まれる。

3．継続的居住権と一時的居住権

28 　法31条以下の諸規定は特別な制限物権として、**物権的な継続的居住権**を定めている。この権利は、土地に対する負担として構成される。継続的居住権は、土地上の1棟の建物の中で区分された特定の**住居**に、**所有者を排除して**居住し、またはその他の方法でこれを使用する権利を与えるものである。継続的居住権者は、この権利により住居の所有者となるのではなく、期間を定めずにまたは一定の期間を定めて（法41条）、住居を使用する権限を有する。継続的居住権については、これを土地登記簿に登記しなければならない（法32条）。この権利には、譲渡性と相続性が認められる（法33条1項1文）。継続的居住権の設定は、条件を付さずにこれをおこなわなければならない（法33条1項2文）。

29 　**一時的居住権**（タイムシェアリング）は、EU指令94/47の国内法化によってドイツ法に導入された権利である。これに関するルールは、現在では民法典に統合されている（481条以下）。一時的居住権は、特定の期間にわたり、保養または居住の目的で、対価全額の支払と引き換えに、特定の建物を使用する権利を与える

ものである。建物は複数の建物の中から一の建物を選択させることもできる。建物の一部も建物と同じように取り扱われる。一時的居住権は、共有持分、用益権、債務法では使用賃貸借契約、あるいは団体の構成員や会社の持分に基づいてこれを設定することができる。

継続的居住権も、一時的居住権の設定のために用いることができる。この目的で継続的居住権を設定する場合には、持分共同関係（741条以下）の形式で複数人に設定することも可能である。その際には、各人は当該住居を特定の期間にわたり使用してよい、という使用の規則（745条）が定められる。居住権者一人ひとりの代わりに、1人の受託者を土地登記簿に登記することもできる。受託者は物権を信託目的に従って居住権者のために保持し、居住権者の使用に供さなければならない。この場合には、居住権者に帰属するのは物権ではなく、受託者に対する債務法上の請求権だけである（例としては *BGH* NJW 1995, 2637. さらに、*Hildenbrand*, NJW 1994, 1992; *ders.*, NJW 1995, 2967; *Schomerus*, NJW 1995, 369）。

一時的居住権がどの権利を基礎とする場合でも、481条以下に定められた諸規定を遵守しなければならない。そこでは説明書の交付義務（482条）、要式性と契約締結に際しての一定の義務（484条）および撤回権（485条）が定められている。また、481条以下の諸規定に反する特約で消費者に不利なものは、無効である（487条）。

より深く学びたい人のために：*Armbrüster*, Grundfälle zum Wohnungseigentumsrecht, JuS 2002, 141, 245, 348, 451, 564, 665; *Bork*, Wider die Rechtsfähigkeit der Wohnungseigentümergemeinschaft – eine resignierende Polemik, ZIP 2005, 1205; *Niedenführ*, Die WEG-Novelle 2007, NJW 2007, 1841.

VI. 所有権類似の権利としての地上権

地上権とは、工作者に土地の所有権を帰属させることなく、その土地の工作を認める権利である。地上権は、土地を目的とする制限物権に属する。土地の利用目的は、**工作物の建築および所有**である（地上権法〔以下VI.において「法」とする〕1条）。その**期間**は、66年または99年であることが多い。地上権は基本法14条〔財産権の保障〕の保護を受ける（*BVerfG* NJW 1989, 1271）。地上権は制定法において広く、土地所有権と同じように取り扱われている（法11条）。地上権だけを独立して移転することも可能である。

地上権の承継取得については、次の2つのケースを区別することができる。1

つは、取得者が物権としての地上権のみを取得する場合、もう1つは、地上権だけではなく、地上権の基礎にある**債務法上の設定契約**、すなわち第一地上権者が所有者との間で締結した売買契約をも引き受ける場合である（BGH NJW 1990, 2620）。地上権は負担の目的とすることもできる。たとえば、地上権に土地債務を設定することや、転地上権を設定することも許される（BGHZ 62, 179）。地上権の内容は、どのような工作をおこなうのかが工作の種類を基準におおむね認識できるようなものでなければならない。また、工作物の数が1個なのか複数個なのかについても明らかにする必要がある（BGHZ 101, 143; BGH NJW 1994, 2024）。地上権は、これを土地所有者のために設定することもできる（BGH NJW 1982, 2381）。

33 　地上権に基づき建造された工作物は、94条の原則とは異なり、土地の**本質的構成部分とはならない**。工作物は地上権の本質的構成部分であり（法12条）、地上権者の所有に属する。地上権が消滅した場合には、工作物は〔土地の本質的構成部分となり〕土地所有者に帰属する（法12条3項）。この場合には、土地所有者は償金を支払わなければならない（法27条）。ただし、土地の工作性が欠けただけでは、地上権は消滅しない（BGHZ 101, 143, 148）。また、地上権の内容として、次のことを約定することができる。それによると、地上権者は、一定の要件を満たしたときは、相当の補償と引き換えに地上権を土地所有者に移転しなければならない（いわゆる**復帰請求権**。法2条4号・3条・4条・32条。これについてはたとえば、*OLG Hamm* MDR 2015, 82）。反対に、地上権者が土地を購入しなければならないという義務は、物権である地上権の内容ではなく、債務法上の合意として定めることができるにとどまる。そうした債務法上の合意も、地上権者を拘束する期間が著しく長期にわたるならば、138条によって良俗違反となりうる。あるいは、土地所有者が土地購入を求める請求権を行使することは、地上権法が社会的保護を目的としていることにかんがみ、242条〔信義誠実〕に照らして許されないとされることもある（BGHZ 68, 1）。

34 　地上権は、地上または地下において**自由に工作物を**建造し、かつ所有する権利を認めるものである。ゴルフ場の設置も認められる（BGH NJW 1992, 1681）。地上権は住宅の需要を満たすのに役立つ。とりわけ、資力の乏しい住民（法27条2項）が、土地を取得する費用を捻出しなくても、マイホームを手に入れることができるようになる。地上権の設定を受けるには、地代（法9条）の支払さえすればよいからである。法9a条は地上権者を保護するために、地代が地代増額・**調整条項**によって過大になった場合に備えている（BGHZ 68, 162）。すなわち、居住目的で建造された工作物が問題となる限り、増額請求が認められるのは、経済事情の変動による場合に限られ、かつ3年の期間経過を要する。居住目的が一部に認めら

れれば、このルールが適用される。地代請求権の消滅時効は196条ではなく、195条による（*BGH* NJW 2010, 224）。地上権はたいていの場合、公的機関により提供される。ただ、実際には、土地所有者がマイホームを所有する場合が多く、地上権はそれほど利用されていない。

§3. 物権法の諸原理

物権法は一定の諸原理に服している。これらの原理は明文のものではないが、制定法の規律の基礎にあり、その適用と解釈に影響を与えている。したがって、物権法の諸原理を理解することは、物権法の学習にとって必要不可欠である。 1

物権法の基本原理
・物権の個数制限（numerus clausus）〔物権法定主義〕
・公示原則
・特定原則
・個物原則
・無因主義

I. 物権の類型強制あるいは個数制限

物権は絶対権である。万人に対して効力をもち、なんぴともこれを尊重しなければならない（§1 Rn. 4）。けれども、物権の内容を認識し、かつ尊重するよう第三者に求めることができるのは、その絶対的な法的地位の個数と総体が明らかになっている場合に限られる。また、権利を取得しようとする者が制定法によって確定された内容を信頼することができるならば、権利の譲渡性と流通性が高まる。以上の理由から、制定法が認める物権の個数は、所有権と一定の制限物権に限定されている（§1 Rn. 6以下）。当事者は新たな物権を創設することができない（物権の**類型強制**あるいは**個数制限**）。このように、契約自由は物権法において制約されている。たしかに、制定法によって承認された物権を設定するか否かという意味での自由、すなわち契約締結 2

の自由は認められている。しかし、内容形成の自由は、債務法とは異なり存しないのである。

　例：A は美術商 B のところで、アンティークの貴重な戸棚をみつけた。A には手持ちのお金がなかった。しかし、B がその戸棚を他人に売却するのを避けたかったので、A は、B から物権的取得権の設定を受け、B がその戸棚を第三者に譲渡することができないようにしようと考えた。だが、そうした権利の設定は認められない。なぜなら、民法典は、動産を目的とする一般的な物権的取得権を認めていないからである。仮登記（883条）を備えることができる対象は、土地に限定されている。したがって、A は自己の物権的地位を確保することができない。B が上記の戸棚を第三者に譲渡した場合には、A は、その所有権の譲渡を受けていない限り、第三者に対する譲渡の効力を妨げることができない。A は B に対する損害賠償請求権を有するだけである。民法典は売買契約において、*ius ad rem* を定めていない。もっとも、第三者の譲受けが故意の良俗違反にあたるときは、例外である。このケースでは、A は826条に基づき、第三者に対して損害賠償請求権を行使することができる。

3　もっとも、物権の類型強制が排除するのは、契約当事者の内容形成の自由のみである。制定法や**判例法によって新たな物権の類型を作り出す**ことは許される。たとえば、判例法によって確立された所有権留保における物権的期待権（§14 Rn. 11以下）が物権の類型強制に反しないとされているのは、そのためである。また、信託所有権（§2 Rn. 10以下）は所有権の特別形式であるものの、〔同じく判例法により承認されているので、〕物権の類型強制に反するものではない。そのほか、類型強制は、ある EU 加盟国の物権が他の加盟国において相互に承認・許容されることを妨げるものではない（*M. Wolf*, WM 1990, 1941, 1950）。

4　物権の個数制限は、次のことによって補完されている。すなわち、**許容される物権の類型も**制定法により**固定**されている。当事者はその合意により新たな物権の類型を創設することができないだけでなく、制定法で予定された類型についてもこれを変更することができない。変更可能なときでも、それは狭い範囲に制限される。個数制限と内容制限の両面において、内容形成の自由は存しないのである。

例：銀行が抵当権の内容について、次のような合意を望んだとする。すなわち、抵当権設定者である土地所有者は、抵当地になにも手を加えてはならない。しかしながら、そうした合意は許されない。民法典によれば、抵当権により与えられるのは換価権のみであり（1113条・1147条）、所有者がおこなう投資の判断に干渉する権能はこれに含まれないからである。上記の例ではせいぜい債務法上の合意か、あるいは役権（1018条）に関する合意が認められるにとどまるであろう。また、銀行が抵当権の内容として、抵当地にかかる物権的利用権の設定を受けることはできない。民法典は、土地を目的とする権利については、いわゆる用益質権（＝利用権と換価権の複合形態）を定めていないのである（これに対し、動産については1213条を参照）。

II. 公示原則

物権は、絶対的な効力を有する権利である。それゆえ、物権については、制定法が認める物権の類型を限定することが求められるだけでなく、具体的な物権の存在を**認識可能**な状態におかなければならない。したがって、物権には、公示の原則が適用される。物権の設定と移転は、外形上「パブリック」に、つまり認識可能とされるべきである。公示手段は、動産物権については**占有**であるのに対し、土地を目的とする物権については**土地登記簿への登記**である。　5

制定法は、動産所有権の譲渡について物権的合意のほかに、公示手段としての**引渡し**、つまり占有の移転がされること（929条1文）を原則として求めている。なぜなら、所有権の移転は、物に対する事実的支配の移転により、外形上認識可能なものとされるべきだからである。民法典が施行された当時は、占有者と所有者は一致するのが通常であるとされていた。1006条による所有権の推定や932条以下の善意取得に関する規定は、このことと関連している。しかし、今日の経済秩序では、占有はその公示手段としての機能を大幅に失っている。所有権留保、リースあるいは担保所有権〔譲渡担保〕では一般に、財貨を利用している占有者は所有者ではない。債権者は、自己の債務者が多くの物を占有している事実だけから、その者が資力を有すると信じることはできないのである。　6

土地を目的とする物権の設定と移転は、土地登記簿への登記をその要件と　7

する (873条1項)。これにより、土地を目的とする物権の変動についても、外形上認識可能なものとなる。動産所有権を登録簿に登録させること (*Kieninger*, AcP 208, 182, 210参照) は、適切な公示手段にはならないであろう。というのは、動産の数はあまりに多く、登録に関する費用がかかりすぎるからである。そのうえ、動産はなくなることもあるし、毎日のように新しく製造される以上、登録には適さないように思われる。制定法が登録を予定しているのは、大型船舶 (たとえば578a条1項。ただし、929a条1項も参照) と航空機に限定されている。

Ⅲ. 特定原則

8 　制限物権が設定される場合には、その内容を形成する余地が当事者に残されている。たとえば当事者は、抵当権については元本や利息の額を、役権の際には通路の開設その他の内容を (たとえば *BayObLG* NJW 1983, 1054)、物的負担においては物または役務の給付の種類と範囲を (*BGH* NJW 1995, 2780) 定めることができる。しかしながら、これらの合意は万人に対して絶対的に作用する。そのため、第三者が自己のとるべき対応を厳密に確定することができ、また、物権の効力が及ぶ範囲に不明確な部分が残らないようにしなければならない。したがって、当該合意の**内容**は、**特定**されたものであることを要する。

9 　このことに加えて、特定原則は、どの物が**どの人**に属しているのかを決定するためにも意味を有している。

　所有者その他の物権を有する者は、その物またはその権利に対して及ぼす作用につき、これを決定することができる。それゆえ、誰が所有者ないし物権者であるのかを、厳密に定めることが求められる。この作業がされた場合に限って、誰が当該物または権利に関する処分や決定を正当にすることができるのかを確定することができるようになる。また、たとえば強制執行や破産において、法律上物権の換価や管理処分権の制限が認められている場合にも、同じように権利者が確定していなければならない。なぜなら、そうした介入は、物権の担い手である債務者に対してのみおこなうことが許され、それ以外の他人に対してこれをすることは許されないからである。

以上の理由から、物権の取得と設定においては、**具体的に定められたどの物**がどの人に属するのかについて、これを厳密に特定しなければならない。種類債務では、債務法上の請求権は、中等の品質を有する不特定物をその対象としうる（243条1項）。目的物の特定は後でもかまわない。これに対し、物権の帰属については、不特定物は問題となりえない。同種の物のうちのどれかひとつの所有者なるものは、存在しえないからである。

　例：KはVからある特定のメーカーのテレビを購入し、ただちに代金を支払った。しかし、Kは、翌日以降でないとそのテレビを実際に引き取ることができなかった。そのため、KはVとの間で、次のような合意をした。KがVに代金を支払った時に、Vの倉庫にあるテレビのうちのどれかひとつについて、Kが所有者になった、と。しかし、KとVは特定のテレビを1台選択し、これを他のテレビから分離するのを怠った。Kが翌日、購入したテレビを引き取りにいくと、倒産管財人がVのところにあるすべてのテレビを押さえていた。この場合には、Kは倒産管財人に対し、自分が所有者であるとしてそのテレビの返還を求めることはできない。Kは代金を支払ったにもかかわらず、どのテレビの所有権も取得ししていない。なぜなら、具体的にどのテレビがKに帰属しているのかについて、特定性を欠いているからである。

IV. 個物原則

　個物原則とは、所有権は独立した物についてそれぞれ別個に成立する、という原則のことである。したがって、所有権の目的は、つねに**1個の物**に限られる。複数の物をまとめた集合物には、所有権は成立しえない。

　例：Eは友人Fから1冊の本を借りた。Eはその本を読了した後、これを自己の蔵書に加えた。Fが本の返却を求めたのに対し、Eは、蔵書の所有者はわたしだから、蔵書に組み入れられた君の本についてもわたしが所有者になった、と強弁することはできない。むしろ、蔵書中の本の冊数と同数の所有権が存在するのである。Eは、ひとまとまりの蔵書それ自体については所有権を有しない。したがって、Fの所有権は、Fの本がEの蔵書に組み入れられても消滅しない。これと異なるルールが適用されるのは、次の2つの場合に限られる。すなわち、ある物が他の物の本質的構成部分になった場合（93条以下・946条・947条）と、複数の物が取引通念上識別不能なかたちで混和した場合（948条1項）である。後者の

例としてはたとえば、ある袋いっぱいに詰められた穀物が、同じ穀物ですでに半分満たされた貯蔵庫に流し込まれたケースが挙げられる。

　物所有権は、企業そのものの上にも成立しえない。企業というのは、物、債権を中心とする権利、顧客のリストや供給先との関係といった事業価値の複合体である。ここでは903条にいう所有権は、その企業に属する一つひとつの物にしか成立しえない。したがって、企業買収（asset deal）の際には、所有権は一つひとつ個別に移転することを要する。

12　ある物を法的に処分することができるのは、その物について独立の所有権が成立しているときに限られる。そうすると、個物原則は、次の点を保障する意義をもつ。すなわち、経済上独立した物はそれぞれ、他の対象とは無関係に、独立した法的処分の目的となりうるのである。

V．分離主義と無因主義

13　分離主義と無因主義は、よく知られたルールである。民法典がこの2つの主義を採用していることは、債務法と物権法とが区別されていることからすでに明らかであろう。分離主義によると、処分行為の基礎にある原因行為ないし義務負担行為（たとえば売買契約）と、義務負担行為の履行としておこなわれる処分行為（たとえば929条1文による売買契約の目的物の譲渡）は、法上厳格に区別される。このことに加えて、義務負担行為と処分行為は、相互に無関係（無因）である。そのため、各々の行為の有効性は、それぞれ別個に検討しなければならない。したがって、売買契約は有効であったけれども、（たとえば処分行為がされたときに一方当事者が酩酊状態であったために）所有権の譲渡は無効である、といったことがありうる。これに対して、（取消しなどによって）売買契約が無効になる一方で、所有権譲渡は売買契約の無効にかかわりなく有効である場合も考えられる。後者の場合には、不当利得法（812条1項1文第1事例）を経由して、給付の巻戻しがおこなわれる。瑕疵が重大であり、一方の行為の瑕疵が他方の行為との関係においても瑕疵となる（いわゆる瑕疵の同一性。§6 Rn. 7）のは、ごく例外的なケースである。詳しくは、所有権の取得につき説明するところで立ち入ることにしよう（§6 Rn. 2以下）。

より深く学びたい人のために:

Aretz, Das Abstraktionsprinzip - Das einzig Wahre?, JA 1998, 242; *Bayerle*, Trennungs- und Abstraktionsprinzip in der Fallbearbeitung, JuS 2009, 1079; *Jauernig*, Trennungs- und Abstraktionsprinzip, JuS 1994, 721; *Petersen*, Das Abstraktionsprinzip, Jura 2004, 98; *Schreiber*, Die Grundprinzipien des Sachenrechts, Jura 2010, 272; *Schreiber/Kreutz*, Der Abstraktionsgrundsatz - eine Einführung, Jura 1989, 617; *Strack*, Hintergründe des Abstraktionsprinzips, Jura 2011, 5; *Weber*, Das Trennungs- und Abstraktionsprinzip, JuS 1993, L 73.

第2章　占有法

§4. 占　有

Ⅰ．占有の概念と意義

1．物に対する事実的支配としての占有

1　　所有権や制限物権は、それぞれの権利者に、物に対する権利を割り当てる。これに対して、占有は、物への事実的支配と結び付いている。すなわち、854条1項によれば、ある物の占有は、その物に対する事実上の支配を獲得することにより取得される。占有は、土地にも動産にも成立しうる。さらに、ある物の所有者と占有者とは、しばしば一致する。すなわち、所有者がその所有物を自ら（直接に）占有するか、あるいはそれを自らの支配下に収めている場合には、その物の所有と占有とは同一の人物に帰することとなる。しかし、所有と直接占有とが分離する場合も生ずる。例えば、所有者が、その所有物を第三者に使用賃貸している場合である。この場合には、賃貸借が継続している間、当該第三者がその物の〔直接〕占有者となる。このように、**占有は、物に対する事実的支配を客観的な**成立要件とする。だが、これに加えてさらに、**主観的**要素、すなわち**占有の意思**が存在しなければならない。他方、占有の成否にとって、占有者の占有権原の有無は問題とならない。

> 例：
> ―ある本が貸し出された場合には、その本を借り受けた者が（直接）占有者となる。なぜなら、その者が、実際にその本を自ら支配しているからである。
> ―靴の修繕人は、その靴を返却するまで、その靴の占有者である。
> ―所有者が落とした財布を拾った者は、その財布の（直接）占有者となる。これに対して、この場合に、その財布がどこにあるかを知らず、したがって、

それに対する事実的支配を及ぼすことができない所有者には、占有は存しない。
―さらに、ある物を盗んだ者も、直接占有者となる。確かに、盗人は不法な占有者である。しかし、占有の成立にとって決定的であるのは、物に対する事実的支配が存在することのみである。

ある物に対する事実的支配の存否は、その物に力を及ぼすことのできる実際の可能性の存否により決まる。しかし、事実的支配が妨げられたとしても、**当該障害**が、その性質上、単に**一時的な**ものにとどまる場合には、これにより占有は終了しない（856条2項）。 2

例：
―所有者Eが一晩中、その乗用車を路上に停めている場合には、Eはその間、当該乗用車の直接占有者であり続ける。なぜなら、Eは、使用しようとすれば、いつでもその乗用車を使用することができるからである。
―また、Eは、原則として、その支配領域内に存在するすべての物、とりわけ、その住居の中に存在するあらゆる物を直接占有している。それら1つ1つの存在を個別に、すべて認識している必要はない。そのことは、Eが休暇に出かけている場合であっても同様である。

物に対する事実的支配としての占有という概念は、刑法上の**保持概念**（例えば、刑法242条におけるそれ）と大きく重なるものである。しかし、保持という概念は、占有よりもさらに密接に事実的関係に即したものである。それゆえ、相続人は、857条により、占有者となることができるものの、物に対する事実的支配を持たない場合には、その物を保持していない。このような占有と保持との違いは、占有補助者（Rn. 32 f.）についても現れる。すなわち、占有補助者は、〔上記相続人とは反対に〕ある物を保持しうる。しかし、その物の占有者ではない。 3

2．占有の意義

法形象あるいは構成要件としての占有は、民法典の多くの箇所にその姿を現す。すなわち、占有は、854条以下の規定が適用される場合だけでなく、それ以外の多くの事例にとっても重要なものである。 4

a）985条に規定された所有者の返還請求権は、占有者を請求の相手方あるいは被告とする。この場合に、被請求者となるべき者は、真に占有者である者のみである。そのような者に対してのみ、所有者は、占有物の（実際の）返還を請求しうる。これと同様の事柄は、1007条に基づく請求権〔これについては、§5 Rn. 17を参照〕についてもあてはまる。

b）法律行為による動産の**所有権の取得**は、929条1文に基づき、当該動産の取得者への引渡しにより生ずる。引渡しとは、占有の移転に他ならない。動産の譲渡は、譲渡人が占有を完全に喪失し、かつ譲受人がその占有を実際に取得したときにはじめて成立する。

c）929条以下に規定された動産の他の取得方法も、同じく占有、例えば間接占有の形式における占有を基礎とするものである。そのため、これら重要な規範の意味を理解するには、占有法に関する正確な知識が必要となる。

d）請負人の質権（647条）のような占有質権は、請負人の占有、すなわち注文者所有の物に対する占有と関連するものである。

e）占有は、823条1項の意味における「その他の権利」として、不法行為法による保護を受ける（§5 Rn. 1, 18）。

3．占有の機能

その意義や作用の仕方に応じて、占有の機能は、いくつかに分けられる。

a）保護機能

いくつかの規範は、現に存在する占有の保護、または失われた占有の回復に役立つものである。

—占有は、占有者に防御権や自力救済権を与える（859条、860条）。
—占有者がその意思に反して占有を奪われた場合には、その者に占有回復請求権が認められる（861条、862条、867条）。
—占有者が占有権原をも有している場合には、本権上の返還請求権（1007条1項、2項）も発生しうる。
—（適法な）占有は、不法行為法による保護を受ける（823条1項）。
—法律上の原因なく取得された占有は、不当利得返還請求の対象となりうる（812条1項）。

―強制執行手続においても占有保護が図られている（民訴法771条、809条）

b）公示機能

物に対する事実的支配は、その外部からこれを認識することが可能である。そのため、占有は、動産について、公示手段としての機能をも有する。すなわち、占有は、法律上、動産に関する権利の所在を一般に表すために用いられる。このような公示は、様々な形で行われる。

――**所有権の移転**および制限物権の設定に関して、民法典は、目的物の引渡し（＝占有の移転）を要件としている（929条1文、1032条1文、1205条1項1文）。占有の移転とともに、外部の第三者にとって、当該権利関係の変動を認識することが可能となる（移転機能）。
――占有の公示機能の第2の効果は、1006条に基づき生ずる。物の占有は、通常、その物に関する権利の存在を裏付ける。このような事実から、民法典は、占有者の利益のために、ある物の占有者はその所有者である、と**推定**することとした。それゆえ、占有者は、訴訟において、自らの所有権を証明することを要しない。占有者は、1006条の定める推定を援用することができる。すなわち、占有者の所有権を争う者が所有権の不存在に関する証明責任を負担する。
――無権利者からの所有権の善意取得に関しては、占有が取得者の善意〔信頼〕の端緒となる。占有は、その適法性が疑わしい場合においてさえ、譲渡人の所有権を徴表する（善意効）。

なお、動産について占有が果たしている公示機能は、土地に対する物権に関しては、登記がこれを担う（§17 Rn. 20以下）。

c）維持機能

占有の存続〔維持〕に対する占有者の信頼も、保護される（これは、占有の継続機能とも呼ばれる）。

――占有物の所有者が交代する場合には、占有者は、986条2項による保護を受ける。すなわち、占有者は、（例えば使用貸借契約に基づく）それ以前の占有関係から生ずる、旧所有者への抗弁を、新しい所有者に対しても主張することができる。
――とりわけ、住居の賃借人＝占有者の利益は、その住居の所有者が交代する場

合に特別の保護を受ける（566条。売買は賃貸借を破らない）。
——所有者の意思に基づかずにその占有を離脱した物については、原則として、第三者による善意取得は成立しない（935条）。
——ある物について10年間、自主占有が行われると、その物に関する時効取得が成立しうる（937条。時効取得効）。

Ⅱ．直接占有の取得と喪失

1．占有の取得

直接占有の取得の要件（854条）
1．物に対する事実的支配の取得
2．占有取得の意思

8　a）**物に対する事実的支配**は、ある者がその物に対して、いつでも自由に影響力を行使しうる空間的な関係にある場合に認められる。また、物に対する支配を語ることができるのは、それが、わずかではあっても一定の間、継続する場合のみである。すなわち、ほんの一瞬しか存続しないものは、支配ではない。個々の事案においては、その区別をつけることが困難であることもありうる。特に、その物が、現実には、複数の人間の支配下にある場合に、そのような困難が生ずる。この場合には、**取引通念**に従って、誰にその占有が帰属しているかを決定しなければならない。

例：
——ある者が商店で洋服を試着している場合には、その者は未だ占有者ではない。たとえその者が、試着室の中で、ある瞬間にはたった一人でその洋服を支配しているとしても同様である。
——スーパーマーケットで、ある商品がすでに買物客の買物かごの中に入れられていても、その商品を占有しているのは、なお店主である。
——ある学生が図書館の中で教科書を読んでいる場合、この学生はその教科書の占有者ではない。しかし、当該学生がその教科書を借り出した場合には、その学生がこの教科書の占有者となる。
——ある者が友人を訪れた際に、自分の傘をその友人の傘立ての中に立てた場合

には、その者がこの傘の唯一の占有者である。このことは、その傘が同時に、当該友人の支配領域の中に入っているとしても変わらない。
― 自動車の購入を検討している者が、自動車の試乗を行っても、それにより、その者はその自動車の占有者にはならない（OLG Köln MDR 2006, 90）。
― これに対して、泥棒が商店内で口紅をそのポケットの中に入れたときには、それにより、その泥棒は口紅の占有を取得する。
― 駐車されている2台の自動車の間にある空間は、先に駐車をした者の占有に帰す（これについては、*Gottwald*, PdW, Fall 1）。

b）占有取得の意思は、法律行為に関する効果意思と同性質のものであることを要しない。それは、行為無能力者であっても持つことのできる、いわゆる**自然意思**であれば足りる。精神障害者や子供もまた有効に占有を取得しうる。したがって、行為能力は不要である。そのことは、引渡しという行為に現れる、占有を〔他人に〕取得させる意思、つまりは他者に占有を移転する意思（BGH NJW 1988, 3260, 3262）にも妥当する。また、占有を行う意思、すなわち占有の取得後に、それを実際に行使する際の意思にも同じくあてはまる。

占有の意思は、外部から**認識しうる**ものでなければならない。それは、例えば目的物の使用を通じてこれを示すことが可能である。しかし、占有の意思は、具体的な物に個別に向けられている必要はない。目的物が所持者の監督下にある空間内に存在している限り、**概括的な占有意思**で十分である（BGHZ 101, 186, 188）。

例：占有の意思は、郵便受けの中身に〔概括的に〕向けられていれば、それで足りる。占有の意思の成立には、所持者が、郵便受けの中に、その日に何が入っているかを認識していることを要しない。

これに対して、ある者の知らない間に、また、その者が望んだわけでもないのにその事実的支配下に置かれた物、例えば国境を越えようとしている旅行者の荷物に第三者が密かに紛れこませた薬物には、占有の意思は成立しない。

c）854条2項に基づく占有の取得　占有の取得者が、占有の取得前からすでに、物に対して事実的支配を及ぼしている場合には、取得者は、その者と旧占有者との間における占有移転の**合意**のみにより占有を取得することが

できる（854条2項）。ただし、その際、旧占有者は、目的物に対する自らの事実的支配を放棄しなければならない。

例：Bは、自分の本を、友人であるFの下に忘れてきた。そこで、FがBに電話をかけ、Fにその本を1ヶ月間貸して欲しいと依頼し、Bがこれを承諾した。この場合に、Bが当初、その本をFの下に置き忘れただけでは、本に対するBの直接占有は失われない（856条2項参照）。しかし、その後、Bは、Fとの使用貸借の合意に基づき、854条2項の意味におけるFへの占有の移転について黙示に同意した。これにより、Bは、物に対する自らの直接的支配を失い、それ以降、もはや間接占有者でしかなくなるのである。

占有移転の合意を、所有権移転の合意（929条1文）と取り違えてはならない（後者については、§7 Rn. 4を参照）。また、854条2項にいわゆる合意とは、通説によれば、法律行為の1つである（例えば、*Prütting*, Rn. 56）。そのため、占有移転の合意を行うには、単なる占有の意思に関してとは異なり（Rn. 9）、行為能力（104条以下）が必要となる。他方、〔法律行為であることから〕代理人による占有の取得（164条以下）も可能である。これに対して、占有移転の合意以外の方法で占有が取得される場合には、代理は問題とならない。なぜなら、物に対する支配の取得という行為は、意思表示ではなく、事実行為だからである。代理人が同時に占有補助者でもある場合にのみ、以上とは異なった取扱いがなされる（§7 Rn. 9を参照）。

2．相続人による占有取得（857条）

11　民法典は、857条において、例外的に、物に対する事実的支配を伴わない直接占有を認めている。すなわち、被相続人の下に存在していた占有は、その者の死亡と同時に、**法律により**相続人に移転する。このことは、たとえその相続人が、被相続人から遠く離れて暮らしていたり、相続の開始を全く知らなかったりしたために、相続財産に事実的支配を及ぼすことが不可能であり、その意思を有していない場合であっても変わらない（具体例として、*BGH* JZ 1953, 706を参照）。1922条が所有者の地位の移転についてしか規定していないことから、物に対する事実的支配をも移転させるべく、補足的な規律〔857条〕が必要とされたのである。857条は、**相続人の保護**に資するものである。すなわち、〔同条が存在することにより、〕相続人は、相続の開始と

同時に、制定法に基づき自動的に直接占有者となる。そのため、〔それ以降〕その者に対する違法な私力〔858条1項所定〕の行使を肯定しうるようになり、上記相続人に占有保護請求権を認めることが可能となる（858条。§5 Rn. 2以下）。また同じように、遺産を構成する物が相続人の意思に基づかずに譲渡された場合には、自由な意思によらない占有喪失と、935条の意味における占有離脱とが肯定され、その物に関する善意取得は阻止される。

例：被相続人Eの死亡後、その娘であるTは、2008年になされたEの遺言に基づき、自らがEの唯一の相続人になったものと考え、遺産に属する花瓶をDに譲渡した。その後、2012年に作成された遺言書が発見された。それによると、Eの息子であるSがEの唯一の相続人であるとされており、したがって、Tは、無権利者として花瓶をDに譲渡したことが明らかとなった。この場合に、Dは、花瓶の所有権を善意取得することはできない。なぜなら、その花瓶は、真正な所有者であり、かつ占有者でもあるS（これがまさしく857条に基づく帰結である）の下から離脱したものだからである〔935条1項参照〕。それゆえ、Sは、985条に基づき、Dに対し、上記花瓶の返還を請求しうる。

上記の事例において、Eにはもう1人、Kという子がおり、そのことについてE自身も何も知らなかったということが後から判明した場合には、状況はさらに複雑になる。Kが前記2012年の遺言を有効に取り消したとき（2079条）には、その遺言は、初めから無効であったと見なされる（142条1項）。少数説（例えば、Lange/Kuchinke, §5 III 4）は、この場合に関して、遺言の取消しにより相続開始当初に遡って相続人であったと見なされる者〔K〕のためにも、857条の適用を肯定しようとする。しかし、通説と目される見解は、取引安全の保護を理由として、これを否定する（BGH NJW 1969, 1349; Palandt/Bassenge, §857 Rn. 5）。

3．会社・組合による占有

自然人の占有にとっては、その者による物の支配と占有の意思とが決定的である。他方、**人的会社**（合資会社、合名会社）については、代表権を持った社員による支配とその意思とが基準となる（*BGH* WM 1967, 938. この点については、*Steindorff*, JZ 1968, 69）。また、〔判例等により〕民法上の組合にも

権利能力が承認されるようになって以降、同様の事柄は、この民法上の組合にも妥当するものと解すべきである（14条2項およびBGH NJW 2001, 1656を参照。これとは異なる見解として、かつてはBGH NJW 1983, 1114, 1115（全組合員による共同占有の事例に関するもの））。

13　さらに、占有は、**法人**（例えば株式会社や有限会社）にも帰属しうる。法人においては、占有あるいは物に対する支配は、その**機関**により行われる。当該機関による占有が、法人の占有として扱われる（BGHZ 57, 166, 167, BGH NJW 2004, 217）。そのため、民法上の社団や株式会社においては理事会や取締役会（26条、株式会社法76条）による占有の有無が、有限会社においては業務執行者（有限会社法35条）による占有の有無が、それぞれの法人による占有の成否に関する基準となる。占有の取得には、当該機関が占有取得の意思を持って物に対する支配を得ることが必要である。もっとも、この場合でも、物に対する支配は、占有補助者（例えば、従業員）により行なわれれば十分である（これについては、Rn. 32, 33を参照）。

　例（BGHZ 156, 310より）：X有限会社の業務執行者Gが、その会社の所有する自動車を、当該会社の機関として職務を遂行している間に使用する場合には、上記会社のみがその自動車の占有者と認められるべきである。しかし、業務執行権がGから有効に剥奪され、その機関としての地位が消滅したにもかかわらず、Gがなお上記自動車をその事実的支配下に置き続けるときには、Gは自ら当該自動車に対する直接占有を取得する。

4．占有の喪失

14　占有者が、例えば物をなくしたり、盗まれたりしたために、**その意思に基づかずに**物に対する事実的支配をもはや行使しえなくなった場合、または、物を譲渡したり、その所有者に返還したりするなど、**自らの意思に基づき**、外部から認識しうる形で、物に対する事実的支配をもはや行使するつもりがないことを表明した場合には、その者の直接占有は失われる（856条）。しかし、占有者が単に占有放棄の意思を有しているのみでは十分ではない。それに加えて、外部から認識することの可能な、占有を放棄する行為が行われなければならない。

III. 占有の種類

1. 単独占有と共同占有（866条）

　ある者がただ1人で物を占有する場合には、その者は単独占有者である。複数の者が物全体を占有する場合、それらの者は共同占有者となる。共同占有については、合有的共同占有と単純共同占有とを区別すべきである。複数の者が共同して初めて物を使用しうる場合であれば、その占有は**合有的共同占有**である。このような共同占有は、合有の存在を要件とするものではなく、占有者間に事実上の相互的な命令関係とこれに対応した占有の態様とが存在すれば成立する。 15

　例：ある物の所有者Aと銀行Bとがそれぞれ鍵を1つずつしか持たず、しかし貸金庫を開けるにはそれら2つの鍵がともに必要であるため、AもBも、もう一方とともにしか貸金庫に入ることができない場合、その貸金庫に収められたAの所有物には、AとBによる合有的共同占有（直接占有）が成立する（Werner, JuS 1980, 175; Soergel/Mühl, §866 Rn. 7もこれに同旨。これと異なる見解として、Baur/Stürner, §55 Rn. 17）。

　ある物に**複数の占有者**が存在しても、各占有者がその物を、他の者から独立して自らのために使用しうる場合には、その占有は**単純共同占有**である。そのような共同占有の1つの典型は、家財道具に対する夫婦の占有である。また、夫婦は、婚姻住居に対しても単純共同占有を有する。夫も妻も、それぞれ1人でその住居の中に立ち入ることができるし、もう一方による立入りを許さなければならないからである（BGH NJW 2004, 3041を参照）。共同占有も、これを他人に移転することが可能である。861条および862条に基づく占有保護は、共同占有者の間においては、限られた場合にのみ認められる（866条。この点につき、§5 Rn. 20を参照）。共同占有は、直接占有と間接占有とのにいずれについても成立しうる。 16

2. 一部占有（865条）

　複数の者が1つの物を、それぞれがその一部分ずつのみを占有する形で占有することも可能である。特に、占有は、1つの建物の中の個々の空間（例 17

えば、ホテルの客室）にこれを限定することができる。占有には、93条は適用されない。すなわち、占有は、物の本質的構成部分にも独立して成立しうる。しかし、一部占有は、物の現実的部分〔物体の一部分〕にのみ成立することができるにとどまり、共同所有における場合（§2 Rn. 7 f.）とは異なって、物の観念的部分には成立しえない（BGH NJW 1983, 568）。一部占有者は、それぞれの占有に関して、各々独立に858条以下に定められた占有保護を受ける。

例：ある〔賃貸住居の一部にあたる〕部屋の転借人は、この部屋の直接占有者である。他方、賃借人は、その部屋以外の住居の直接占有者であると同時に、転借人が住んでいる部屋の間接的な一部占有者である。

3．自主占有と他主占有

18　自主占有と他主占有とは、占有者の**意思の内容**に応じて区別される。ある占有者が自主占有者、他主占有者のいずれであるかは、その者がある物を自らに帰属する物として占有しているか（自主占有者。872条）、またはその占有に際し、他人を自主占有者もしくは自らよりも上位にある権利者〔例えば転借人から見た賃借人など〕として認めているか（他主占有者）により決定される。自主占有という概念は、例えば、836条3項〔土地工作物責任〕、937条〔取得時効〕、955条〔果実の取得〕、958条〔無主物先占〕、988条〔占有取得が無償でなされた場合における占有者の利益返還責任〕、993条〔善意占有者の責任〕、1006条〔所有権の推定〕、1120条〔抵当権の効力の及ぶ範囲〕との関連において、その意義を有する。ある占有が自主占有と他主占有とのいずれであるかは、外部から認識することのできる当該占有者の意思のみに係っている。しかし、所有権に関する法的関係は、それにより何らの影響をも受けない。

例：
―ある物の賃借人が、その占有に際し、賃貸人をその物の所有者として認めていた場合には、その賃借人は他主占有者である。しかし、その者が、例えば借り受けた自動車を返さずに横領し、今や、自らがあたかもその所有者であるかのように上記自動車を占有している場合には、その者は（悪意の）自主

占有者である。
――また、善意のKが泥棒Dから置時計を取得した場合には、935条1項〔占有離脱物に関する善意取得の不成立〕により、Kは所有者になることはできない。しかし、占有取得後、Kが、自らの所有権取得を信じて行動することはありうる。このとき、Kは、（善意の）自主占有者となる。なぜなら、Kは、その置時計を自らに帰属するものとして占有しているからである。

4．適法占有と不法占有

適法占有と不法占有とは、占有者が**占有権原**を有するか（例えば、その占有が使用賃貸借契約や使用貸借契約、あるいは請負契約によるものであるか）、それともそれらの契約が無効であったり、終了していたりするために、あるいは（例えば、泥棒が占有を取得する場合のように）そもそも契約が存在しないために占有権原を有しないか、により区別される。このような区別は、様々な帰結をもたらす。すなわち、不法占有者は、占有物を所有者に返還すべき義務を負担する（985条）。これに対して、適法占有者は、そのような義務を負わない（986条参照）。適法占有は、不法行為法による保護を受けるのに対して、不法占有は、通常、そのような保護を受けない。また、不法占有者が、自らに占有権原が存在しないことを認識しているか否かに応じて、善意占有者と悪意占有者とが区別される。このような区別は、例えば987条以下（所有者・占有者関係）において重要な意義を有する。その他にも、瑕疵ある占有という概念が存在する。これは違法な私力により取得された占有のことを指す（858条2項1文）。

5．直接占有と間接占有

a) 概念　「占有」という言葉が用いられるときには、たいてい、それは直接占有のことを指している。しかも、物に対する事実的支配が直接に実現している場合を想定している。これに対して、間接占有者は、物との間に直接の関係を有さず、物に直に手を触れることができない。間接占有者とその物との間には、別のもう1人の人が介在している。その者とは、物に対する事実的支配を有する直接占有者である。間接占有者は、何よりも、物の利用を他人に委ねる契約においてよく現われる。例えば、使用賃借人は直接占有

者であり、使用賃貸人は間接占有者である。使用借主は直接占有者であり、使用貸主は間接占有者である。これらの場合に、直接占有者は、間接占有者（上位占有者とも呼ばれる）に占有を仲介しているため、「占有仲介者」とも言われる。

21　**使用賃借人**が、賃貸借契約における合意の範囲内で行動し、使用賃貸人を所有者と認めている場合には、その賃借人は直接占有者であり、かつ他主占有者である。この場合には、賃借人は、一定の期間のみ物を占有した後、それを賃貸人に返還する意思を有している。また、賃借人は、賃貸目的物を使用賃貸人のために保持すべく、賃貸借契約に基づく注意義務を遵守しなければならない。賃借人による占有がこのような形で制限されているがゆえに、またそのような制限を通じて、賃貸人には、実際にも、当該目的物に影響を及ぼしうる可能性が残されている。すなわち、賃貸人は、賃借人に、注意義務を遵守するよう要求し、賃貸期間が満了した後には、その物の返還を請求することができる。しかし、賃貸人は、自ら物を現実に支配することはできず、占有者の善良な意思を信頼するしかない。つまり、賃貸人は、賃借人がその者に以上のような形で占有を仲介する〔賃借人が、非直接的なものではありながらも、あくまで物に対する事実的支配を賃貸人に媒介する〕からこそ、占有者でありうる。しかし、同時に、まさしくこのように賃借人による占有の仲介に依存するがゆえに、賃貸人は、間接占有者でしかないのである。

22　さらに、第一段階の間接占有の上に第二段階、第三段階等々の間接占有が積み重なる形で、**多段階の間接占有**が成立することも認められる（871条）。

例：

―使用賃借人Mがその住居の一室を転借人Uに転貸した場合には、Uが直接占有者となる。また、Mは、その部屋の第一段階の間接占有者であり、使用賃貸人Vが第二段階の間接占有者である。

―多段階の間接占有は、振替えのために混合寄託された有価証券についても成立しうる。この場合には、証券の直接占有者は、受寄機関〔決済機関〕である。また、銀行が第一段階の間接占有者となる。さらに、当該銀行の顧客は、第二段階の間接占有者であると同時に、その有価証券の（共同）所有者である（BGH NJW 1998, 2110）。

b）間接占有の要件

間接占有
1．（事実的または表見的）占有仲介関係の存在（868条）
2．直接占有者の他主占有意思
3．間接占有者の直接占有者に対する返還請求権の存在

占有仲介関係とは、占有目的物に関する具体的に特定された返還義務または注意義務が占有仲介者〔直接占有者〕に課される**あらゆる法律関係**のことをいう。868条は、いくつかの占有仲介関係を列挙する。例えば、用益権者（直接占有者）と所有者（間接占有者）との関係、質権者（直接占有者）と質権設定者（間接占有者）との関係、あるいは受寄者（直接占有者）と寄託者（688条。間接占有者）との関係などである。さらに、868条は、これら以外の法律関係が占有仲介関係となりうることを認めている。そのような法律関係として、例えば、使用賃借人と使用賃貸人との関係や用益賃借人と用益賃貸人との関係、使用借主と使用貸主との関係などを挙げることができよう。これらの関係の基礎を成す法律行為（例えば、使用賃貸借契約）が法的に有効であるか否かは、占有仲介関係の成否にとって重要ではない。占有仲介者が、〔当該法律行為に〕対応する占有仲介の意思を示していれば、それで十分である。すなわち、占有仲介者が、合意された法律行為があたかも有効に存在しているかのように行動し、そのことを外部から認識することができれば、占有仲介関係は成立しうる（この点に関しては、BGH NJW 1955, 499をも参照）。占有仲介関係は、**一時的**なものでなければならない。ただし、その存続期間が予め決められているか否かは、重要ではない。上記各具体例においては、この要件は、当然に満たされている。

上記以外の占有仲介関係としては、さらに、**所有権留保買主**（直接占有者）と留保売主（449条、間接占有者。§14 Rn. 20以下を参照）との間における占有仲介関係や、譲渡担保における設定者（直接占有者）と担保権者（間接占有者。§15 Rn. 10）との間の関係が重要である。また、占有仲介関係は、**制定法に基づく法律関係**を原因としても成立する。例えば、そのような制定法を根拠とする占有仲介関係は、事務管理（677条以下）に基づき生じうる。それゆえ、適法な事務管理者は、その事務の本人にとって占有仲介者となる（BGH WM 1956, 1279, 1281;

MünchKomm/Joost, §868 Rn. 52)。さらに、このような制定法を根拠とする占有仲介関係は、特に**婚姻**においても良く見られる。配偶者の一方が所有権を持たない直接占有者である場合、その配偶者は、所有権を有する他方の配偶者に対して、婚姻に基づく間接占有を仲介している。しかし、婚姻によらない共同生活関係にある者の間には、このような占有仲介関係は成立しない（OLG München NJW 2013, 3525)。また、制定法を根拠とする占有仲介関係は、**親子関係**から生ずる、子の財産配慮に関する〔親の〕権利義務に基づいても成立しうる（BGH NJW 1989, 2542, 2544. 具体例とともに、Lüke, Rn. 118)。加えて、占有仲介関係は、国家高権に基づく行為、例えば民事訴訟法808条が定める執行官の差押えによっても生ずる。

25 　占有仲介者が複数の人に対する別個の占有仲介関係を承認した場合には、**間接占有の併存**状態が発生する（その詳細については、§8 Rn. 14, §15 Rn. 19, *Medicus/Petersen*, Rn. 558以下)。

26 　次に、間接占有の成立には、直接占有者の（継続的な）**他主占有の意思**が必要である。**下位占有者**たる占有仲介者〔直接占有者〕は、占有仲介関係に基づき、間接占有者を、自らに比べてより強い法的地位を備えた**上位占有者**として承認しなければならない。また同時に、上位占有者も、間接占有を行使する意思を有していなければならない。したがって、例えば、もともとは直接の他主占有者であり、貸主に対する占有仲介者であった使用借主が、目的物を横領して、以後、それを貸主に返さないことを決意した場合には、貸主の間接占有は終了し、借主が（不法な）自主占有者となる。なぜなら、当該借主は、まさしく、上位占有者〔貸主〕のことをもはや間接占有者とは認めていないからである。

27 　間接占有者は、占有仲介者に対して、占有物の**返還請求権**を有していなければならない。このような返還請求権は、占有仲介関係が法的に有効である場合には、その法律関係から生ずる（具体例として、546条〔使用賃貸借契約終了時における目的物返還請求権〕、695条〔寄託者の返還請求権〕、1055条〔用益権者の返還義務〕、1223条〔動産質権者の返還義務〕)。しかし、812条〔不当利得〕や985条〔所有権〕に基づく返還請求権もまた、そのような返還請求権に該当しうる。それらは、占有仲介関係の基礎を成す契約（例えば、使用賃貸借契約）が無効である場合に意義を有する。

c）間接占有の取得 間接占有の取得には、占有仲介関係が868条の要件を満たす形で成立することが必要である。これに対して、すでに存在する間接占有は、間接占有者が占有目的物の返還請求権を第三者に譲渡することにより、その第三者に移転する（870条）。このような移転方法は、何よりも、931条に基づく動産の譲渡を行う際に重要な意義を持つ（§7 Rn. 38以下を参照）。

d）間接占有の喪失 間接占有の喪失は、間接占有者と直接占有者とが占有仲介関係を解消し、占有仲介者〔直接占有者〕が間接占有者に対し、目的物を返還した時に生ずる。同様に、占有仲介者〔直接占有者〕が、例えば目的物を横領して、上位占有者〔間接占有者〕に対し、もはや占有を仲介する意思がないことを外部から認識しうる形で示した場合にも、間接占有は失われる。この場合に、従前の間接占有者が、直接占有者の意思の変更に気づいている必要はない（*BGH* WM 1979, 771, 773をも参照）。さらに、間接占有者は、自らの占有を870条に基づき他人に移転した場合にも、同じくその占有を喪失する。

e）間接占有の意義 間接占有の意義は、直接占有のそれとほぼ一致する（「その他人も占有者とする」との868条の文言を参照）。間接占有者は、直接占有者と同様に、**違法な私力に対する保護**を受ける。すなわち、間接占有者は、861条および862条に定められた占有保護請求権を行使することができる（869条）。また、869条には明確に規定されていないものの、間接占有者には、859条所定の自力救済権も認められる。しかし、間接占有者がこれらの占有保護請求権および自力救済権を有するのは、違法な私力（858条）が第三者から直接占有者に対して行使された場合のみである。また、間接占有は、このような第三者による侵害に関して、823条1項〔不法行為法〕の保護をも受ける。だが、直接占有者自身との関係においては、間接占有者は占有保護請求権や823条1項〔に基づく損害賠償請求権〕を用いることができない。間接占有者は、直接占有者との間における債務法上の関係に基づく請求権（BGHZ 32, 194, 204）、すなわち各占有仲介関係に基づく請求権（Rn. 27を参照）や、812条〔不当利得〕、985条〔所有権〕に基づく請求権を行使しうるにとどまる。

31　間接占有は、直接占有と同じく、基本的に、動産について**公示機能**をも果たす（Rn. 6を参照）。民法典は、930条と931条とにおいて、間接占有が移転されれば、その目的物の所有権の移転が第三者にとって公示されるに十分である、としている。また、占有の所有権推定効（1006条1項）も間接占有者に及ぶ（1006条3項）。

Ⅳ．占有補助者（855条）

1．占有補助者の概念

32　我々の分業型経済においては、物に対する事実的支配は、他人、とりわけ被用者に移転されざるをえない。その者が独立の占有者としての地位を持たず、本来の占有者のいわば「延ばされた手」に過ぎないとみなされるべき場合、〔すなわち、その者が、〕目的物を支配する際に、それに関して、本来の占有者による指図に服している場合には、このような者を、法的な意味においても占有者として扱うべきではない。そのような者は、占有補助者と呼ばれる。この点について、855条は、ある物の取扱いに関して他人の**指図**に**服**しつつ、その物に対して事実上の支配力を行使する者は占有補助者にとどまり、指図権原を有する者が（直接）占有者である、と規定する。占有の補助と間接占有とは、占有補助者が他人の指示に服するのに対して、占有仲介者はそのような指示に服さない点で異なる。そのため、占有仲介者は、その者自身が占有者となる。これに対して、占有補助者は占有者ではない（855条の「この他人のみを占有者とする」との文言を参照）。

> 例：
> ―Aが自らのトラックを、Bの所有するガソリンスタンド内の車庫に駐車した。この場合に、Bはガソリンスタンドの所有者として独立性を有しており、Aの指図に服しているわけではない。それゆえ、AとBとの間には、Bを直接占有者、Aを間接占有者とする寄託契約（688条）〔占有仲介関係〕が存在する。
> ―これに対して、Aがそのトラックを自らの工場の敷地内に駐車し、その見張役としてBを雇った場合には、Bは当該雇用契約の範囲内においてAの指図に服している。したがって、Bは単なる占有補助者にとどまり、占有者ではない（BAG NJW 1999, 1049も合わせて参照）。この場合には、Aのみが直接

占有者となる。
―さらに、A がその会社の乗用車を C に、業務のためだけでなく、私用にも利用することを許している場合には、C はその乗用車の占有補助者ではなく、占有仲介者〔直接占有者〕である。なぜなら、C は、乗用車を私用に供する際には、いかなる指図にも服していないからである（OLG Düsseldorf NJW 1986, 2513を参照）。
―E が多額の現金を銀行から引き出し、その後、友人 F とともに自宅へと向かう際、F が好意から、その現金を自らのカバンの中に預かってもよいと E に申し出た。この場合には、以上の事実関係に照らして、F は、E の指図に服しており、したがって単なる占有補助者に過ぎない（OLG Stuttgart WM 2009, 1003を参照）。
―集合住宅団地の総合管理人が、各住宅の内部における実際の作業〔清掃や修理など〕を担当する同僚に対し、その作業のためにマスターキーを一時的に預けた場合には、その間も総合管理人がこのマスターキーの占有者であり、同僚はその占有補助者にとどまる（OLG Koblenz MDR 2009, 679）。
―主任の従業員が、雇用者の所有する建物の内部にある部屋の鍵を持っているとしても、雇用者のみがその部屋およびその中にある物の占有者であり、上記従業員は占有補助者に過ぎない。当該部屋の内部にある物のうち、被用者の個人的な所持品であることが明らかであるもの、例えばその私服に関してのみ、被用者が占有者となる（BGH NJW 2015, 1678）。

占有補助者とは、**他人のために**、その他人の家事または生業その他これらに類似する関係の中で、ある物について事実的支配を行使する者であり、上記関係に基づき、その物に関する他人の指図に服しなければならない者をいう（BGH NJW 2014, 1524, BGH NJW 2015, 1678）。すなわち、占有補助者は、外部から認識しうる〔占有者との〕社会的従属関係の範囲内において、物に対する事実的支配を行使する者でなければならない。占有補助者の典型は、被用者である。そのような被用者には、主任の従業員も含まれる。また、子供もその両親の占有補助者となりうる。しかし、夫婦の一方は、他方の占有補助者ではない。その間には指図・服従関係が欠けているからである。ただし、**指図・服従関係**は、事実上のもので足りる。そのような関係を基礎づける法律関係が有効であることを要しない。だが、占有補助者は、占有主〔占有者〕の指図に、第三者がそれを認識しうる形で服すことが必要である。す

なわち、占有主は、その意思を貫徹することができなければならない。このような貫徹可能性は、通常、委任関係や〔675条以下所定の〕事務処理関係〔の当事者間〕には欠如している（*BGH* NJW 2014, 1524）。占有補助者が占有主に対する自らの従属関係をもはや承認せず、自分自身のために物に対する事実的支配を行使するために、占有主の指図を拒否する場合には、その者は（そのような状態が続く限り）もはや占有補助者ではなく、違法な私力（858条）を行使した、不法な直接占有者となる（§5 Rn. 17の具体例を参照）。

占有補助者の要件
1．占有主に対する社会的従属関係
2．上記社会的従属関係が外部から認識しうること
3．物に対する事実的支配の行使
4．服従の意思

2．占有補助の意義

34　占有補助者という法形象を観念することの意義は、次の点に存する。すなわち、これにより、占有者は、自らのために、目的物に対する事実的支配を他人に行使させることができ、しかもその者を占有者とすることなく、また自らの占有を失わずにすむのである。

　このことから、様々な**論理的帰結**が導かれる。すなわち、違法な私力（858条1項）が行使されたか否かは、占有補助者の意思ではなく、占有主のそれのみを基準として判断される。861条および862条の占有保護請求権は、占有主にのみ認められ、占有補助者には発生しない。ただし、占有補助者は、占有主の自力救済権を行使することができる（860条）。また、占有補助者は、965条の意味における、自ら目的物を取得する「拾得者」とはならない。「拾得者」となるのは、むしろ占有者である（BGHZ 8, 130）。929条1文による所有権の取得にとっては、目的物の占有が譲受人の占有補助者に移転すれば、それで十分である。この場合に、占有補助者がさらに占有者の代理人（164条）でもあるときには、その占有補助者は、目的物の引渡しを受けると同時に物権的合意のための意思表示を行うことも可能である。985条に基づく所有者の返還請求権の相手方となるべき者は、占有補助者ではなく、占有者である。さらなる帰結に関しては、§7 Rn. 9および§8 Rn. 32を

参照せよ。

V. 占有法に関する事例研究

事例1─棚の上に置かれた金銭（BGHZ 101, 186 = NJW 1987, 2812）：Kは、Bの経営するスーパーマーケットに買い物に行った。その店内で、Kは、棚の上に陳列された商品の間に500ユーロ紙幣1枚が置かれているのを発見した。Kは、その紙幣を着服することなく、スーパーマーケットの店長であるSにそれを手渡した。かねてより、Bは、その従業員に対し、拾得物に関しては、正確な記録を残した上でそれを厳重に保管するか、あるいはレジに入れておくかするよう指示していた。そのため、Sはその紙幣を拾得した日時を記録した後、それをレジに入れ、他の現金と混ぜ合わせた。しかし、その紙幣の落し主は、結局、現れなかった。そこで、Kは、拾得日の半年後に、Bに対して、その紙幣の返還を請求した。Kの主張は、以下のとおりである。すなわち、Kは、この紙幣の拾得者として、その所有者となった。仮に所有者とは認められないとしても、Kは、その紙幣の寄託者として、紙幣自体の返還またはその価値賠償を請求することができる。この場合における法律関係は、いかなるものか。

解決へのすじみち：

I. Kは、Bに対して、695条1文の返還請求権〔寄託物の返還請求権〕を有するか。

1. 上記返還請求権が生ずるためには、KがBに500ユーロ紙幣を手渡した行為が、688条の寄託契約を締結する行為に該当することが必要である。KとBの双方に当該契約の締結に関する法律行為上の意思が存在したかと言えば、それは疑わしいものと思われる。仮にそのような意思の存在を肯定したとしても、さらに、そもそも688条の意味における引渡しが行われたか否かが問題となる。この引渡しもまた、854条1項に規定された直接占有の設定のことを指している。だが、本件では、そのような引渡しが欠けている可能性もある。なぜなら、Bは、場合によっては〔Kが500ユーロ紙幣を発見する〕以前からすでに、すなわち、紙幣が「拾得」された時点においてすでに、その紙幣の直接占有者であったのであり、その状態が現在まで続いている、とも考えられるからである。

2. それゆえ、まず検討されるべきは、500ユーロ紙幣の所有者がそれを紛失した時点において、Bがその紙幣の直接占有をすでに取得したか、ということである。854条1項に基づく直接占有の取得には、ある者が物に対

する事実的支配を獲得すること、物に対する支配がこれに対応する意思により支えられていること、そしてそのような占有意思が外部から認識しうるものであることが必要である。

a）事実的支配が物に及んでいるか否かは、取引通念、すなわち、日常生活上の観念に即した、それぞれの事案に関する全事情の総合評価により判断される。この点については、スーパーマーケット〔全体〕の占有者であるBに、陳列棚の上に存在するすべての物の支配が帰属している、と考えることができる。

b）占有意思の存在については疑問がありうる。なぜなら、Bは500ユーロ紙幣の存在を全く認識していなかったからである。だが、この点に関しては、一般的な占有意思、すなわち、占有者〔B〕の了解の下で店舗内に存在するすべての物を対象とした占有意思が認められれば、それで足りる。そのような物には、顧客が紛失した物も含まれる。なぜなら、Bは、その物を顧客に返却しうるように、その物を当該顧客のために管理することに利益を有しているからである。

c）さらに、この点に関するBの占有意思は、外部からもこれを認識することが可能である。B自身、実際に、その従業員に対して、拾得物に気を配り、それを記録するよう、もともと指示を出していたからである。

小括：したがって、Bは、Kが紙幣を発見する以前からすでに、その紙幣の直接占有者となっていたと言うことができる。

3．Kが500ユーロ紙幣を単に拾い上げ、それをSの下に直接持って行っても、それにより、Kがその紙幣に対する固有の占有を取得するわけではない。さらに、Bはもともと当該紙幣の占有者であったのであるから、688条の意味における引渡しと占有の設定を認める余地は、もはや存しない（Dubischar, JuS 1989, 703, 705は、これと異なった見解をとり、BとKとの間における重畳的な占有関係の成立を肯定する。すなわち、Kは固有の占有を取得するものの、Bを上位占有者として承認している、とする。この立場によれば、KからBへの引渡しについて、695条〔寄託物の返還請求権〕の適用を排除することはできないこととなろう）。

結論：以上より、695条に基づく〔寄託物の返還〕請求権（または、寄託物の返還が不能である場合における275条1項・280条1項・3項・283条に基づく請求権〔債務の履行不能に基づく損害賠償請求権〕）は生じない。

Ⅱ．Kは、Bに対して、812条1項2文第1事例・818条2項の〔給付利得

返還請求権を有するか。
この請求権も、やはり成立しない。紙幣の引渡しが欠けるために、812条の意味における給付を観念することができない。すなわち、Kは、紙幣の所有権も占有も給付していない。したがって、Bもまた、それ以前に保有していなかった物をKから何も取得していない。

Ⅲ．985条に基づく請求権〔所有物の返還請求権〕も問題とならない。とりわけ、Kは、紙幣を「拾得」したからといって、973条に基づきその所有者となるわけではない。965条1項の意味における拾得は、その対象として「遺失」物、つまりは占有者の存在しない物を予定している（Palandt/Bassenge, vor §965 Rn. 1を参照）。本件では、Kが紙幣を「拾得」した時には、すでにBの占有が成立していたのである。

結論：Kは、Bに対して、何らの請求権をも有しない。

より深く学びたい人のために

Ebenroth/Frank, Die Übertragung des Besitzes vom Erblasser auf den Erben, JuS 1996, 794; *Kiefner*, Der bösgläubige Besitzdiener, JA 1984, 189; *Petersen*, Grundfragen zum Recht des Besitzes, Jura 2002, 160; *ders.*, Sonderfragen zum Recht des Besitzes, Jura 2002, 255; *Röthel*, Erbenbesitz und Erbschaftsbesitz, Jura 2012, 947; *Schreiber*, Mittelbarer Besitz, Jura 2003, 682; *ders.*, Die Besitzformen, Jura 2012, 514.

事例研究：*Gottwald*, PdW, Fälle 2 und 4.

§5．占有の保護

Ⅰ．概　観

占有の保護は、様々な方法により実現される。すなわち、

1. **859条および860条に規定された実力行使権**は、占有者および占有補助者が、占有を侵奪または妨害しようとする第三者に対して自力救済を行うことを可能にするものである。占有者には、858条以下に定められた権利に基づき、**建物不可侵権も認められる**（BGH NJW 2006, 377, BGH NJW

MDR 2012, 570; この点については、§2 Rn. 5をも参照)。

2. **861条、862条および867条所定の占有上の請求権**は、占有自体から生ずるものであり、占有侵奪や占有妨害が行われた場合に、占有者に、それ以前に存在した占有関係の回復を要求する権利を与える。これらの請求権により、誰に占有権原が真に帰属するかにかかわらず、従前の事実的な占有関係が**暫定的に**回復されうる。この権利は、占有権原の解明が、ときに複雑で時間のかかるものであることからも、重要な意義を有する。

3. これに対して、**1007条1項、2項に基づく本権上の返還請求権**は、占有権原から発生するものであり、(より上位の)占有権原を持つ占有者に対し、返還請求権を付与する。これらにより、**本来あるべき**占有の帰属が実現される。

4. 占有は、823条1項の「その他の権利」にあたるものとされ、同条項を通じて不法行為法による保護を受ける。その際には、損害賠償請求権の成否が問題となる。

5. 現に占有が伴うことにより強化された占有権原は、給付利得返還請求権(812条1項1文第1事例)の対象ともなりうる。しかし、主として、それは、**侵害利得**返還請求権(812条1項1文第2事例)により保護される。

Ⅱ. 実力行使権(859条、860条)

1. 859条以下の保護目的

2　占有の保護は、第一に、違法な私力(858条)に対する**防御権**を占有者に付与することにより行われる。そのような防御権として、自力救済権(859条)と占有保護請求権(861条、862条)とが占有者に認められる。861条は、占有侵奪に関する規定であり、他方、862条はそれ以外のすべての態様における占有状態の妨害をその対象とする。物に対する事実的支配としての占有それ自体は、権利ではない。しかし、そのような占有に基づき、あらゆる者に対して**現に存する事実状態を保護する**ための防御権が生ずるのである。民法典は、違法な私力の禁止(858条)と占有の保護とを通じて、法の**自力執行と暴力の使用とを阻止**し、平和な生活関係を保障しようと企図している。したがって、占有の保護は、占有者や侵奪者が占有権原を有するか否かにかかわ

らず、承認される。他者の占有を違法なものと考え、それが放置されることを望まない者は、そのような自らの要求を裁判により貫徹しなければならず、それを自力で実現することは許されないのである。その際、私力を行使した者の有責性の有無は、重要ではない。861条および862条の占有保護請求権は、たいていの場合、民事訴訟法935条所定の**仮処分**の方法で貫徹される。

2．859条の内容と法的性質

　859条によれば、直接占有者は、違法な私力に対し、実力により自らを守ることができる（占有防御）。同条2項は、具体的に、動産が盗まれた場合について規定する。すなわち、占有者は、動産を今まさに盗んだ者あるいはその直後に現に追跡されている者から、当該動産を実力で取り戻すことができる（追跡および占有奪還）。また、同条3項は、防御権の対象を土地の占有侵奪にまで広げている。さらに、860条は、占有補助者にも、そのような実力の行使が許されることを明らかにする。たいていの場合には、占有補助者の方が、占有者本人に比べて、物に対してより近い距離にあるからである。占有防御の実体に鑑みれば、それは〔227条所定の〕正当防衛の特殊な形態であり、したがって、占有者による実力行使の**正当化事由**になるものである。

　例：強盗Ｒが、占有者Ｂから、公道でその鞄を強奪した。ＢはＲの跡を急いで追いかけていき、ＲがＢの鞄を手離すまで、Ｒの頭を傘で叩き続けた。この場合に、Ｒは、Ｂに対して、823条1項に基づく治療費の損害賠償請求権を有しない。なぜなら、ＢがＲに対して加えた身体侵害には、違法性が欠けるからである。このとき、Ｂは、正当防衛（227条）の他にも、859条2項の正当化事由を主張しうる。

3．859条の構成要件

859条に基づく直接占有者の自力救済権
1．（これまでの）直接占有（あるいは占有補助者による所持。860条）
2．違法な私力（858条）の行使
3．実力を用いることの相当性

　859条、861条および862条における**中心概念**は、**違法な私力**である。858条

1項によれば、それは、占有が占有者からその意思によらずに奪われる場合またはその者の意思によらずに妨害される場合であって、当該侵奪または妨害が法律上、許されないときに認められる。違法な私力は、まず、**事実的な占有侵害**またはその試みを要件とする。**法人の機関**による違法な私力の行使については、31条に基づき、当該法人がその責任を負う。占有者の**意思によらずに**、とは、占有の侵害が占有者の現実の同意に基づかずに行われることをいう。これは、当該占有者の立場のみから判断されるべきものである。〔そのような意思が肯定されるための要件としては〕自然的な意思能力で十分である。すなわち、未成年者については、その者が分別能力を有しており、占有侵奪の意味を理解している限り、828条2項〔7歳以上10歳未満の者の責任能力〕の類推適用に基づき、占有侵奪に対するその者の同意を有効と認めることができる（*Koch/Wallimann*, JuS 2014, 912, 914）。侵害者が、自らには物を収去する権原が存在する、と考えたことが〔当該の状況に照らして〕許されるとしても、あるいは侵害者が占有者の同意を得ていると誤解していたとしても、それらの事情は、ここでは重要ではない〔占有侵奪の違法性を阻却しない〕。

> 例：以下の場合には、違法な私力の行使が認められる。
> ―ある者が、クロークから、他人のコートを自分のもの（同じ製造元の同じ形のもの）と勘違いして持っていった場合
> ―目的物の配達を再三頼んでも売主がそれに応じてくれないので、買主が自らそれを勝手に持ち去った場合
> ―買主が代金の支払いを遅滞しているために、所有権留保に基づき未だ売買目的物の所有者に止まっている売主が当該目的物を自力で取り戻した場合（*LG Frankfurt* CR 2014, 175）
> ―絶対的暴力（意思制圧的暴力）により、ある者の物が奪われた場合（例えば、物が強取された場合）
> ―ある者が行為無能力者から物を買い取った場合。なぜなら、行為無能力者は、同意や譲渡に関する有効な意思を形成することができないからである。

6　占有者が自らの**錯誤**に基づき、あるいは他者による詐欺の結果として物を引き渡した場合には、その占有者は物を交付し、占有を喪失することについて現実の意思を有している。これらの場合には、違法な私力の行使は存しな

い。違法な私力の行使が認められるためのさらなる要件は、占有の侵奪または妨害が法律上、許可されていないことである。そのような法律上の許可は、一般的正当化事由（例えば227条以下〔正当防衛・緊急避難・自力救済〕、904条1文〔緊急避難〕）や、ここでもやはり859条自体により与えられる。

> **事例2──傘による防御**：強盗Rに高価な鞄をひったくられたBは、それを取り戻すべく、Rを威嚇するために歩行者Pの傘を手にとった。Pは、自らの傘を使わせまいとして、それをBから力ずくで取り上げた。その結果、Bは地面に転び、膝を怪我してしまった。そこで、BはPにその治療費の賠償を求めた。この請求は認められるか。
>
> **解決へのすじみち**：
> **Bは、Pに対して、823条1項に基づく損害賠償請求権を取得するか。**
> 1．Bの身体は、Pの行為を原因として傷つけられた。
> 2．しかし、Pによる侵害行為は、859条1項および2項〔直接占有者の自力救済権〕により正当化される可能性がある。
> 　a）Pは、傘の直接占有者である。
> 　b）その傘の占有は、Pの意思に反して奪われた。
> 　　　だが、法律がその占有侵奪を許可している場合には、858条1項に定められた違法な私力の行使は存在しない。そして、本件では、そのことが妥当する。なぜなら、Bは、904条1文所定の正当化事由〔緊急避難〕を主張しうるからである。それによると、Pは、その傘に対するBの干渉を甘受すべきであった。というのも、Bはその傘を用いて、Rによる攻撃を防ごうとしていたからである。Pには、それにより不相当に大きな損害が生ずるおそれもなかった。
> 　　　そのため、BがPの傘を手にしたことは、Pに対する違法な私力にはあたらない。したがって、Pは、859条の正当化事由を援用することはできない。
> 3．Pは有責に、すなわち故意をもって侵害行為を行っている（276条）。
> **結論**：Bは、Pに対して、損害賠償を請求することができる。
> **残された問題**：もし傘に破損が生じていたとすれば、PはBに対して、904条2文に規定された損害賠償請求権を取得することとなろう。

学説上、優勢な見解（Palandt/*Bassenge*, §859 Rn. 2）によれば、**占有防御**　7

に用いられた**実力の相当性**が、859条の書かれざる構成要件として要求される。すなわち、実力行使の態様および程度は、守られるべき法益との関係において相当なものでなければならない。このことは、正当防衛について妥当する（227条2項の「必要な防御」という文言を参照）。そうであれば、859条に関してこれと異なる基準を採るべき理由はない。

Ⅲ．861条に基づく返還請求権

8　861条は、違法な私力によりその占有を奪われた占有者に、いわゆる「占有上の」請求権、つまりは当該占有の回復、例えば動産の返還を求める請求権を与える。このような請求権により、占有者は、占有権原の有無にかかわらず、違法な私力が行使される前にその者が有していた占有状況を、（暫定的に）復元しうるものとされているのである。861条は、それ自体が1つの**請求権根拠**である。861条に基づき発生する請求権は、譲渡することも可能である（*BGH* NJW 2008, 580）。

861条に基づく請求権
1．請求者から占有が奪われたこと
2．それが違法な私力によること（858条）
3．請求者の相手方による占有が瑕疵ある占有であること
4．861条2項により請求権が排除されないこと
5．864条に基づき請求権が消滅していないこと

1．違法な私力による占有侵奪

9　請求者は、かつて占有者であった者でなければならない。その占有は、一部占有（865条）や共同占有（866条。§4 Rn. 15以下をも参照）であってもよい。これに対して、占有補助者には、861条に基づく請求権は発生しない。また、間接占有者については、869条が特別の定めを置いている。同条によれば、間接占有者は、被請求者に対して、第一義的には、従前の直接占有者の下に占有を回復するよう請求しうるにとどまる。直接占有者が物を受け取ることができない場合、またはその意思が直接占有者にない場合にのみ、間接占

者は、その物を自らに引き渡すよう請求することができる。占有侵奪とは、旧占有者が、854条1項の意味における物に対する事実的支配を失うことである。そして、そのような侵奪が、違法な私力により生ずることが必要である。これらについては、859条に関する説明（Rn. 5）において述べたことと同様の事柄があてはまる。違法な私力により獲得された占有は、**瑕疵ある占有**と呼ばれる（858条2項1文）。

2．請求の相手方による瑕疵ある占有（858条2項）

この要件に関しては、3つの場合が問題となる。請求の相手方となりうる者は、第1に、違法な私力により占有を自ら取得した者である（858条2項1文）。第2に、瑕疵ある占有を行っていた被相続人（例えば、違法な私力を行使した者）の包括承継人も相手方となりうる（858条2項2文第1事例）。そして第3に、占有の特定承継人（例えば、買主）のうち、占有取得時に前占有者の占有の瑕疵を積極的に認識していた者も、請求の相手方となりうる（858条2項2文第2事例）。

例：盗人から盗品を買い受けた故買人は、その物が旧占有者からその意思に反して奪われたものであることを知っている。そのため、当該故買人もまた、すでに以前から瑕疵ある占有を行っていた上記盗人の占有承継人として、瑕疵ある占有を有するに過ぎない。

3．861条2項に基づく請求権の排除

861条に基づく請求権は、次の場合には排除される。すなわち、請求者が、自らも〔旧〕占有者として〔現占有者たる〕侵奪者との関係で瑕疵ある占有を行っていた場合であり、かつ〔請求者による旧〕占有が、侵奪の起る1年前までに取得されたものであるとき、である。このような請求権の排除が行われるのは、〔もともとの〕占有者が違法な私力に対して、自らもまた違法な私力をもって対抗する場合である。そのような形での自力救済は、許されるべきである。例えば、自らの所有物を盗まれた者がその物を盗人の下から密かに取り戻したという事例を考えてみよう。確かに、このような行為も盗人に対する違法な私力に該当するであろう。しかし、だからといって、所有

者に対する占有保護請求権が盗人に発生する、と考えるべきではない。ただし、盗人による最初の私力の行使から1年を超えて時間が経過しているときには、事情が異なる。すなわち、このときには、もはや所有者の行為を防御のための行為と見ることはできない。

4．864条に基づく、請求権の消滅

12　861条が定める請求権は、違法な私力が行使された時から1年が経過した場合には、その前に当該請求権に基づく訴えが提起されていない限り、864条1項に基づき消滅する。1年を超えて権利を主張しなかった者は、従前の占有関係の暫定的な回復について、もはや法的保護に値する利益を有しないものと考えられるからである。さらに、違法な私力が行使された後に、その物に関する物権または引渡請求権（例えば、433条1項〔売買契約〕に基づく権利）が当該私力を行使した者に帰属することが**既判力ある判決**により確定された場合にも、上記請求権は消滅する（864条2項）。

　判決（例えば、違法な私力を行使した者に、従前の占有者に対する返還請求権が存することを確認する判決）が、違法な私力が行使される**前**にすでに既判力を獲得していた場合にも864条2項を適用すべきか否かについては、**争いがある**。しかし、その場合に同条項を適用することは、法律の明確な文言（「違法な私力が行使された後に」）に反し、かつ、債権者は、その権利を強制執行の方法を通じて実現しなければならず、その自力執行を行うことは許されない、との原則とも相容れない（Palandt/*Bassenge*, §864 Rn. 6; これとは異なる見解を採るものとして、RGZ 107, 258）。

5．本権に基づく抗弁の排除

13　863条によれば、861条または862条に定められた請求権の相手方が、それらに基づく請求に対し、占有権原または侵害行為を行う権原を〔抗弁として〕主張しうるのは、占有侵奪または占有妨害が違法な私力にあたらないことを根拠づけようとする場合のみである（**占有上の抗弁**）。つまり、それ以外の趣旨による債務法あるいは物権法上の抗弁、すなわち、当該（被侵害）物に対し、あるいはその物の上に（例えば、1251条に基づく質権債権者として、または433条1項1文の買主として、または546条に基づく使用賃貸人として）権利を

有する旨の抗弁は、861条1項〔および862条1項〕の請求権〔の成否〕に関して顧慮されない。請求の相手方の占有権原の有無にかかわらず（その存在がたとえ後に明らかになったとしても）、請求者には、侵害以前に存在した占有関係の速やかな回復が許されるべきである。このような権利〔占有保護請求権〕の実現は、しばしば、まさしく仮処分（民訴法935条以下）の方法によっても行われる。

しかし、通説によれば、被請求者は、**反訴**を提起することにより、その「**本権上の**」**抗弁**を同一の訴訟の中で主張することができる。この場合において、占有保護請求権に基づく本訴と本権に基づく反訴とが、同時に、判決をするのに熟したときには、本訴を認容した上で、被告に占有物の返還を命じる意義は乏しい。なぜなら、被告は、認容された反訴に基づき、直ちにその物の再返還を請求しうるからである。そのため、通説は、そのような矛盾する判決を避けるべく、この場合には、861条の請求権は864条2項の類推適用に基づき消滅する、と解している（BGHZ 73, 357 = NJW 1979, 1358; Palandt/*Bassenge*, §863 Rn. 3; これに批判的なものとして、*Prütting*, Rn. 124）。

例：再三の催促にもかかわらず、売主Vが売買契約の目的物を届けてくれないため、買主Kは、その目的物をVの倉庫から勝手に持ち帰った。この場合にはKにより違法な私力が行使されており、それゆえ、Vは、861条1項に基づき、その物の返還を求めて訴えを提起することができる。しかし、このとき、Kは、反訴を通じて433条1項1文に基づく所有権譲渡請求権を主張しうる。双方の訴えが同時に判決をするのに熟したときには、Vの訴えは棄却され、Kの反訴が認容される。

占有保護請求権が**仮の権利保護**の方法で主張され、これに基づく占有の保護を認める**仮処分**が出された場合において、そのような占有の保護と内容上相容れない本権上の占有権原を肯定する裁判〔仮処分〕がさらに出されたときには、たとえその裁判が暫定的にのみ執行しうる〔未だ確定していない〕ものであっても、原則として、当該裁判に基づき当初の仮処分の執行を阻止することができる（*OLG Stuttgart* NJW 2012, 625）。そのようにしないと、相矛盾する複数の仮処分を回避しえないからである。

事例3―家屋占拠者：Eは、ある古い居住用建物の所有者である。その建物は取り壊され、事務所用の新しい建物がその跡地に建てられる予定であった。全

賃借人が引き払った後、上記建物は、若者たちの集団により占拠された。若者たちは、この占拠を通じて、街の中心部における居住空間の破壊に抗議しようと考えていた。占拠が行われた当初、Eは、建物取壊しが未だ許可されていなかったことから、これに対して何らの措置も取らなかった。〔占拠から〕1年半後に許可が降り、Eは、占拠者らに対し、建物を直ちに明け渡すよう請求した。しかし、明渡しが行われなかったため、Eは占拠者排除部隊を組織し、夜霧にまぎれて占拠者らを屋外へ追い出した。そこで、占拠者らは、自らには他に泊まるべきところがないことを理由に、上記居住用建物の占有の回復を求めた。この請求は認められるか。

解決へのすじみち：

居住用家屋の占拠者たちは、Eに対する861条1項に基づく請求権を有するか。

1. 居住用家屋からの排除により、請求者の占有が侵奪された。
2. 本件は、違法な私力が行使された場合に該当する。Eは、直接占有者である建物占拠者から、建物の占有を、その意思に反する形で、かつ法律上の許可なく奪ったからである。この点については、858条1項の定義を参照。

要注意：Eが建物の所有者であること、そして985条に基づく返還請求権あるいは建物明渡請求権を有している可能性があることによっても、以上に述べた事柄は覆えらない。859条以下に定められた規定の意義は、まさしく自力執行を禁止することにあるからである。

3. 被請求者の瑕疵ある占有（858条2項）も認められる。なぜなら、被請求者Eは、違法な私力（858条2項1文）により、その占有を得たからである。すなわち、若者たちは、その意思に反して建物の占有を奪われた。
4. 861条1項の請求権は、同条2項により排除されない。建物占拠者自身、もともとEからその占有を違法な私力の行使を通じて奪った。したがって、その者らの占有は、確かにEとの関係において瑕疵あるものである。しかし、建物占拠者による占有侵奪が行われてからすでに1年を超える時間が経過している。Eは、当該占有侵奪から1年半が過ぎた時点においては、違法な私力に対する自力救済権をもはや有しない。この権利は、占有「侵奪の後、直ちに」（859条3項）侵奪者を排除する場合にのみ認められるものである。つまり、上記権利は具体的状況に照らし、客観的に見て可能な限り迅速に行使されなければならない。
5. 864条1項に基づく占有保護請求権の消滅も認められない。Eによる「強

制排除」の後、864条1項が定める1年の期間が未だ経過していないからである。
6．Eは、本権に基づく抗弁、すなわち建物占拠者に対する985条所定の請求権を、占有保護請求権に基づく占有保護訴訟において主張することはできない。

結論：建物占拠者は、861条1項に基づき、Eに対して、占有の回復を請求することができる。この請求権は、仮処分（民訴法935条, 940条）を通じて、迅速な裁判手続きにより保全されうる。

留意点：本件において、Eが建物の所有者であるか否かは重要ではない。Eは、もし建物が任意に明け渡されない場合には、その建物の占有の返還請求権（985条）を裁判において主張し、実現することができる。これは、占有保護請求権に基づく本訴に対する反訴によっても行うことが可能である。両方の訴えが同時に判決をするのに熟した場合には、反訴（民訴法33条）に基づき、Eの占有権原が認められ、861条による本訴は（請求自体には理由があるものの）棄却されるべきである。

6．夫婦間における占有保護

　夫婦は、共同の婚姻生活（1353条1項2文）に基づき、二人で共同に利用する**家財道具**に対し、そのいずれが所有者であるかにかかわらず、共同占有を有する。それゆえ、夫婦の一方が、別居に際して、他方の意向を尋ねることなく特定の家財道具を持ち出すことは、違法な私力にあたる。866条の規定は、このことと矛盾しない。なぜなら、この場合には、共同占有者〔夫または妻〕各自による個人的使用の限界が問題となるのではなく、占有それ自体の侵奪が行われているからである。しかし、**1361a条**は、夫婦が別居をする場合に備えて、その場合における家財道具の分配に関する特別な規則を定めているところ、同条を861条の特別法と理解すべきか否かについては争いがある。少数説は、訴訟経済を主たる理由として、この点を肯定する（*OLG Oldenburg* NJW-RR 1994, 581）。だが、反対説（*OLG Koblenz* NJW 2007, 2237 = JuS 2007, 967）を支持すべきである。夫婦の間においても、自力救済は回避されなければならない。勝手に家財の分配手続に先んじることは、何人にも許されるべきではないであろう。さらに、861条と1361a条とは、それぞれ異なった目的を追求する規定である（前者は以前の占有状態の暫定的な回復を、

後者は家財道具の確定的な分割を各々、目的とする）。

Ⅳ．占有妨害に基づく請求権（862条）

862条に基づく妨害排除請求権または不作為請求権
1．占有が侵害されること
2．それが違法な私力（858条）により行われること
3．被請求者が侵害者に該当すること
4．862条2項により請求権が排除されないこと
5．864条に基づき請求権が消滅していないこと

16　861条では、占有侵奪が行われた後における占有物の返還が問題となる。これに対して、862条は、占有妨害、すなわち、個々の占有関係における〔多様な〕物への支配が〔様々な形で〕妨げられる場合に関する規定である。そのような占有妨害は、例えば**インミッシオン**の態様で（騒音、悪臭、煤などにより。例えば*BGH* NJW 1995, 132）行われることもあれば、他人の土地の上に不法駐車をしたり土地の入口を駐車により塞いだりすること〔その結果、当該土地への接近が阻害されること〕により生ずることもある。また、909条に照らして許されない態様で隣地が掘り下げられた場合にも、これにより〔その隣地と境界を接している土地の〕占有が妨害される（*BGH* NJW 2001, 1865）。占有者が物を自由に使用することを妨げる行為であって、占有侵奪に該当しない行為は、すべて占有妨害である。この場合における**占有保護請求権の目的**は、そのような**妨害を排除**すること（862条1項1文）、または妨害が差し迫っている場合もしくは繰り返されるおそれがある場合には、当該妨害の**不作為**〔その侵害を予防すること〕である（862条1項2文）。これらの請求権に対して主張することが許される抗弁〔の内容〕についても、やはり863条の規定〔本権に基づく抗弁の排除〕が顧慮されるべきである。

　862条が重要な意義を有するのは、占有妨害を受けている者が（妨害対象である土地の）所有者ではなく、例えば使用賃借人や用益賃借人としてその土地を占有しており、それゆえ1004条1項〔所有権に基づく妨害排除請求権

・不作為請求権〕（これについては、§24 Rn. 1以下を参照）によっては妨害を除去しえない場合である。

例：
— 使用賃借人Mは、隣地〔に立っている建物〕のバルコニーで隣人が常に煙草を吸い、不快で健康に悪影響を及ぼす**煙草の煙**がいつもそこから漂ってくるため、自らの〔賃借している建物の〕バルコニーを使用することができずにいる。このような侵害は、原則として、858条に規定された違法な私力に該当する。それゆえ、当該侵害が実際に本質的なものであるときには（906条1項類推適用）、〔Mに〕862条1項所定の不作為請求権が生ずる。このとき、上記隣人が自らの住居の中であるいはバルコニーの上で煙草を吸うことが〔その賃貸人との間における〕賃貸借契約により許されていたとしても、そのことは重要ではない。もっとも、不作為請求権〔の発生〕が無制限に認められるわけではない。四方を壁でくぎられた固有の空間の中で喫煙する自由もまた、人格の発展の一部を成すものとして同じく保護に値するからである。これらの相対立する利益を共に顧慮する必要性（242条）から、利用規約〔の作成〕により適切な利益調整を行うことが求められる（*BGH* WuM 2015, 368）。

— Eは、自らのスポーツカーを友人Fに貸した。Fは、その自動車を、Mが〔他人から〕賃借している土地の上に不法に駐車していた。その土地には、駐車禁止の私的な標識が立てられていた。そこで、Mは、Eに対して、その土地の上にもはや駐車をしない旨の不作為の意思表示を求めた。これに対して、Eは、Fの行為につきEが責任を負わされることはありえないと反論した。しかし、この場合においては、（妨害が繰り返されるおそれがあることを前提とすると）862条1項2文に基づくEに対する不作為請求権がMに発生する。**自動車の不法駐車**は、占有妨害または部分的な占有侵奪を意味し、それゆえ858条1項の意味における違法な私力にあたる。また、当該妨害を、状態責任者〔これについては、§24 Rn. 18を参照〕としてのEに帰責することも可能である。すなわち、上記自動車の所有者かつ占有者として、Eは常に、その自動車を移動させ、侵害を停止しうる状況にある。さらに、Eは、自動車をFに貸すことにより、それが誤って駐車される危険をFとともに作り出した（そのような危険は、Eの支配の及ぶ範囲内にある）。したがって、上記占有妨害は、少なくとも間接的には、これをEの意思に帰すことができる（*BGH* NJW 2012, 3781）。

— 有効な解約告知と度重なる警告にもかかわらず、賃借人Mが、賃借している

事務所から退去しない。そこで、賃貸人Vは、Mに対する湯および暖房の供給を停止した。通説によれば、このような**供給の中断**は〔Mの〕占有に対する妨害には該当せず、かつVによる違法な私力にもあたらない。なぜなら、当該供給の中断により、賃貸されている空間への占有者の立入りなどが侵害されておらず、また占有自体から生まれるその空間の利用可能性が制限されているわけでもないからである（BGHZ 180, 300 = NJW 2009, 1947）。したがって、Mは、862条1項による妨害排除・不作為請求権を行使しえない。

V．善意占有者の保護（1007条）

17　861条、862条に基づく占有保護請求権は、事実としての占有関係を法的平和のために保護しようとするものであり、各占有者に、その占有が適法であるか否かにかかわらず与えられる。1007条は、これらに加えてさらに、追加的な返還請求権について規定する。ただし、この請求権は、適法な占有者、あるいは自らの占有を適法なものと重過失なく信じている善意の占有者（1007条3項、932条2項）にのみ認められるものである。それら以外の点に関しては、請求権者は、直接占有者、間接占有者のいずれであっても、また自主占有者、他主占有者のいずれであってもよい。しかし、適法または善意の旧占有者であっても、請求権を主張しうるのは、現占有者が占有権原を有せず、かつ善意ではない場合に限られる（1007条1項）。占有離脱があった場合〔935条〕には、1007条2項に基づき、旧占有者は、善意の現占有者に対してもその返還を請求することができる。この請求権による返還の対象となるものは、動産のみである。また、1007条3項2文によれば、986条の規定および987条から1003条までに定められた付随的な請求権も、この場合に準用される。通常、占有者には、1007条や861条に基づく請求権とともに、他の返還請求権も発生する。すなわち、契約、812条〔不当利得〕（§6 Rn. 12）あるいは823条1項〔絶対権侵害による不法行為〕および249条1項〔原状回復〕に基づく請求権などである。

1007条1項に基づく悪意占有者に対する返還請求権

1．請求者が従前、動産を占有していたこと
2．請求の相手方が現在、動産を占有していること

3．占有取得時における占有者の悪意（932条2項参照）
4．以下の事由により請求権が排除されないこと
　a）1007条3項1文第1事例（占有取得時における請求者の悪意）
　b）1007条3項1文第2事例（自由意思による占有放棄）
　c）1007条3項2文、986条（現占有者の現在の占有権原）

例：
— Lは、リース・ユーザーとして、自動車のリースをその所有者から受けた。それゆえ、Lは、その自動車の占有者である。Lは、当該自動車を自らの被用者であるAに社用車として使用させることとした。この場合に、AがLとの雇用契約の終了後に自動車をLに返還しないときには、Lに契約（終了）に基づく返還請求権が発生する。しかし、Lは、Aに対し、1007条1項に基づき自動車の返還を請求することも可能である。自動車の使用を始めた当初、Aは、Lの被用者として、その占有補助者であったに過ぎず、占有者ではなかった（855条）。Aが占有者となったのは、AがLの指図から逃れ、自動車の返還を拒否した時である。だが、その時点において、Aが自らの占有を適法なものと考えることは、許されることではない。すなわち、Aは占有取得の際に善意ではなかった。したがって、Aは、1007条1項によっても、自動車の返還義務を負わなければならない。

— 上記の場合において、Lは、前記自動車をDに盗まれた。Dは、それをMに賃貸した。その際、Mは、過失なくしてDを当該自動車の所有者と考え、賃貸借契約に基づく自らの占有権原の存在を信じた。このような場合においても、Lは、独自の請求権根拠を含む1007条2項に基づき、善意のMに対して自動車の返還を請求することができる。というのも、その自動車はLから盗まれたものだからである。この事案では、Lには、Mに対するそれ以外の請求権、特に861条に基づく占有保護請求権は発生しない。なぜなら、MはDによる違法な私力の行使を知らず、したがって、その占有は、858条2項によれば瑕疵あるものではないからである。

筆記試験に向けたアドバイス：
　物の返還請求の請求者が所有者でもあり、それゆえ当該請求を985条によっても基礎づけることができる場合には、問題の分析は、必ず985条の検討から始めるべきである。また、その場合には、1007条に関する分析は、短いも

のでよい。

VI. 不法行為法による占有の保護

18 　占有保護請求権は、何人に対しても、これを主張することができる。このような請求権の保護を受けることにより、債務法上の地位は強化され、その結果、〔当該地位に基づく〕適法な占有もまた、**823条1項**の意味における「その他の権利」として認められることとなった。占有が侵奪された場合には、損害は（一時的な）**物の利用可能性の喪失**として現れる。あるいは、占有者が所有者に対して、その物を返還しえなくなったために損害賠償責任を負わなければならない、という形でも具体化する（責任損害）。不当利得返還請求権に基づく占有〔物〕の返還については、§6 Rn. 12を参照。さらに、占有者が823条1項により保護される場合には、その者には1004条の類推適用に基づく請求権〔権利または法益侵害に基づく妨害排除・不作為請求権〕も付与される（この点につき、§24 Rn. 44参照）。しかし、自らには占有権原が存在しないことを知っている**悪意の不法占有者**は、何らの保護にも値しない。

　　例：
　　—事故により高速道路の一区間が一時的に通行止めとなった結果、その間、当該区間内にある休憩所に客がまったく訪れなくなったとしても、それは〔上記休憩所の〕占有権原に対する侵害とはならない。この場合には、物（休憩所）に対する直接的な干渉自体が存在しない。というのも、その物は、高速道路が通行止めとなった後もなおこれを利用することが可能であり、また利用に耐えうるだけの能力を備えているからである（*BGH* MDR 2015, 83）。このような事案においては、むしろ、823条1項によっては保護されることのない物の財産的利益が侵害されているに過ぎない。
　　—Dは、Aの自動車を盗んだ。Dがその自動車を運転していたところ、FがDの優先通行権を無視して事故を起こし、その自動車を毀損してしまった。そのため、自動車は修理工場で修理を受けることとなり、2〜3日の間、Dは代車の使用を余儀なくされた。この場合において、Dは、823条1項に基づき、Fに対して、代車の費用の賠償を請求することはできない。すなわち、Dの悪意による不法占有は、同項の「その他の権利」としては保護されない。

もっとも、**善意の不法占有者**、すなわち実際には占有権原を持たないもの 19
の、そのような権原の存在を信じて占有している者（例えば、盗品の善意の
買主）をどこまで保護すべきかについては、**見解の対立**が見られる。この点
に関しては、987条以下の規定と同じように、少なくとも善意の不法占有者
が987条、990条に基づき、所有者との関係で各種の利益を保持しうる限り
において（これについては、§22 Rn. 1 以下を参照）、その者を823条1項により
保護する見解（*Medicus/Petersen*, Rn. 607）を支持すべきである。すなわち、
そのような場合には、987条以下の規定が定める範囲内で、不法占有者も、
例えば本来得られるはずであった使用利益について損害賠償を請求すること
ができる。しかし、違法な私力によりその者から占有を取り戻した所有者自
身に対しては、その間に失われた利益の賠償を求めることはできない。なぜ
なら、不法占有者には、まさしく当該利益を享受すること自体がもともと許
されていなかったからである（*BGH* NJW 1981, 865, 866）。

823条1項による保護は、**共同占有者**の間においても有効である。 20

例：（BGHZ 62, 243より）：2つの企業が1つの賃貸物件に入居しており、両者
とも1つの荷物用エレベーターを共同で使用することを許されている。ある日、
一方の企業の従業員がそのエレベーターを壊してしまったため、その後1週間、
エレベーターの使用が中止された。その結果、もう一方の企業への荷物の搬入が
できなくなり、その企業は、余分の費用を払って荷物を他の場所に一時保管しな
ければならなかった。この場合には、当該企業は、他方の企業に対して、831条〔使
用者責任〕に基づく損害賠償を請求しうる。上記従業員は、「その他の権利」とし
ての占有を侵害しているため、823条1項の客観的構成要件をみたしている。さら
に、その者は占有妨害を惹起しており、823条2項〔保護法規違反による不法行為〕
および862条の構成要件をも満足している。866条〔共同占有〕は、このような結
論を導くことの妨げにはならない。同条の適用範囲は、859条以下に規定された占
有保護請求権の成否が問題となる場合に限定される。すなわち、866条は、不法行
為法上の請求権の発生を阻止するものではない（*BGH* a. a. O. ただし、この点につ
いては争いあり）。以上の事案に関する詳細な分析については、*Gottwald*, PdW,
Fall 8を参照すること。

さらに、占有は**823条2項**〔保護法規違反による不法行為〕によっても保 21
護される。なぜなら、858条以下の規定は、**保護法規**として認められている

からである（*BGH* NJW 2009, 2530）。これに関連して、**不法駐車のレッカー移動**事件の分析が試験対策として特に重要である（*BGH* NJW 2009, 2530, *BGH* NJW 2012, 528, *BGH* NJW 2014, 3727; これについては、*Lorenz*, NJW 2009, 1025）。

> **事例4―不法駐車をした者**：ある月曜日の午前に、Pは、他に空いている駐車場がなかったため、自らの自動車を、商人Sが所有するスーパーマーケットの駐車場に駐車した。そこに設置されている標識には、この駐車場には、買い物目的の顧客に限り、最長2時間駐車をすることが許されること、およびこれに違反する駐車については、駐車した者の費用でレッカー移動が行われる旨が表示されていた。Pは、この標識を認識したものの、しかしそのようなことにはならずに済むであろう、と考えた。だが、Sは、実際に、業者Uに対して、駐車場を常時、監視し、不法に駐車されている自動車についてはレッカー移動を行うよう委託していた。Uは、駐車許容時間〔2時間〕が明らかに経過し、スーパーマーケットで自動車のナンバーの呼出しをしても何の応答もないことを確認してから、Pの上記自動車を公営の駐車場にレッカー移動した。
>
> 今、Uは、Pに対して、レッカー移動に要した費用250ユーロ（駐車場の監視にかかる基本料金40ユーロ、自動車の移動費用180ユーロ、手数料30ユーロ）の賠償を請求している。その際、Uは、Sが不法駐車をした者に対して取得しうるあらゆる請求権をSから譲渡された、と主張した。これに対して、Pは、支払いを拒否している。Pの考えによれば、Pはその自動車を不法にレッカー移動されたのであり、さらにUが支払いを要求している金額も高すぎる。この場合に、Uはどのような請求権を有しているか。
>
> **解決へのすじみち**：
> I. Uは、677条・683条1文・670条に基づき、Pに対して、250ユーロの支払いを求める（固有の）請求権〔事務管理者の費用償還請求権〕を取得するか。
> 　そのためには、Uが他人の事務を管理する意思を有していたことが必要となろう。しかし、UはSから駐車場の監視を委託されたのであるから、これに関するUの措置は、Sとの契約に基づく債務の履行として、つまりはU自身の義務の遂行として行われたものである。通説によれば、そのような場合には、他人の事務の存在および他人の事務を管理する意思はともに否定されるべきである（*Medicus/Petersen*, Rn. 414）。

結論：上記請求権は、発生しない。

Ⅱ. Uは、Pに対して、250ユーロの支払いを求める〔Sから〕譲渡された請求権（677条、683条1文、670条および398条）を有するか。

1. Sは、不法駐車を行う者に対する自らの請求権を、将来取得することのありうるものをも含めて、Uに譲渡した（398条）。

    上記請求権は、将来、発生する請求権である。だが、そのような請求権も、これを特定することが可能である限り、譲渡することができる。本件で問題となっている請求権は、いずれにしても、それが発生した時点において明確に特定しうるものであり、当該要件を充足する。すなわち、その譲渡可能性についても、疑義は存しない。

2. Sは、Pに対して、677条・683条1文・670条に基づく請求権〔事務管理者の費用償還請求権〕を取得する可能性がある。

a) レッカー移動は、事務である。

b) 駐車場〔に対するSの占有〕を妨害しているPの自動車をレッカー移動する（させる）ことは、〔本来、Pがなすべきことであるから〕Sにとって他人の事務にあたる。だが、Sは、同時に自らの利益のために行動している。それゆえ、Sの行為は、自己の事務でありつつ他人の事務でもある、と言わなければならない。

c) このような状況の下では、Sには他人の事務を管理する意思が存在する、と推定することができる。

d) Sによる事務管理は、Pの客観的利益およびPの現実の意思あるいは推定的意思に合致していることを要する（677条、683条1文）。

    この点は、疑わしいものと思われる。というのも、Pは、間違いなく、自らの自動車のレッカー移動を望んでいたりはしなかったからである。しかし、上記事務管理に特別な公的利益が備わっている場合には、679条〔事務管理に反対する本人の意思の不顧慮〕に基づき、このようなPの意思を顧慮しないことも可能であろう。そして、人の生命や健康あるいは財産に対する切迫した危険が認められるときには、そのような特別な公的利益が肯定されるべきである（Palandt/Sprau, §679 Rn. 3）。確かに、スーパーマーケットの駐車場、とりわけ都心部に位置する駐車場を、顧客が買い物をすることができるように、顧客のために空けてくことにももちろん利益が認められる。そのような駐車場の欠如は、公共交通空間における渋滞や車道への不法な駐車をもたらすおそれがある。実際に、〔S

のような〕企業は、適切な駐車場を用意すべき義務をも負っているのである。だが、他方において、本件では私的な駐車場が問題となっており、この駐車場への不法駐車が行われても、それにより第三者の法益に対する差し迫った危険が生ずるわけではない。これらの事情は、本件において、679条の意味における公的利益の存在を否定する要素として働く。したがって、本件では、〔Sの〕事務管理に関して特別な公的利益の存在を肯定すべき理由よりも、否定すべき理由の方が大きい。

結論：上記請求権は、発生しない。

Ⅲ. Uは、823条2項、858条および389条に基づき、Pに対して、250ユーロの損害賠償請求権を有するか。

1. 858条1項は、823条2項の意味における保護法規にあたる（*BGH* NJW 2009, 2530, *BGH* NJW 2012, 528）。
2. Pは、858条1項が定める違法な私力の要件を満たしていなければならない。
a）Pによる駐車場の一時的な使用は、〔Sに対する〕占有妨害である、と解することができる。
b）本件では、直接占有者（S）の意思に反し、かつ法律上の許可のない占有妨害が認められる。
3. Pは、違法かつ有責に行動した（823条2項、276条1項）。
4. 損害の成否については、以下のように考えられる。
a）責任充足的因果関係あるいは保護範囲に含まれる損害

本件では、まず、Uが、Sによる一般的な委託に基づき、レッカー移動を行い、その結果、そのための費用が生じた。これにより、Sに損害が発生する。だが、Sは、Pによる占有妨害を甘受する必要はなく、Pの自動車をレッカー移動させることを許されていた（859条参照。*BGH* NJW 2014, 3727）。すなわち、Sの行為は、民法典により承認された対応であり、かつPの行為により誘発されたものである。それゆえ、上記損害は、相当性を有し、Pにこれを帰責しうる。また、発生した損害は、858条に照らして、この規範の保護目的の範囲内に含まれる。民法典は、その占有を侵害された者に、859条の自力救済権を与えている。その行使に費用がかかることもありえ、かつ費用をかけることも許される。

b）249条によれば、賠償の対象となりうる損害は、まず、レッカー移動に要した費用そのもの（本件では180ユーロ）である。Sは、254条に基づく自

らの損害軽減義務にも違反していない。なぜなら、Sが〔Pの自動車を撤去するために〕より安価な方法によることが可能であったとは解されないからである。特に、レッカー移動の措置が取られる前には、〔Sは〕スーパーマーケットの中で呼出しを行い、自動車の運転者を見つけ出そうとしている。そのため、当該措置を〔占有妨害の除去という結果の実現にとって〕相当性に欠けるものと評価することはできない（この点については、AG München DAR 2014, 148, AG Buxtehude DAR 2014, 148を参照）。さらに、レッカー移動の準備に関連して生じた費用も賠償の対象となりうる。例えば、〔不法駐車されている自動車を発見した後〕その保有者を突き止めるために行われる自動車の調査にかかる費用、および自動車を一定の型に振り分け、当該自動車に適したレッカー移動用車両を見つけるのにかかる費用がこれに含まれる。また、後に自動車の所有者が、レッカー移動によりその自動車にキズが生じたと主張することを防ぐために、レッカー移動を行う前に、その自動車に現在キズがあるか否かを確認することも許される〔そのような作業にかかる費用も、賠償の対象とされうる〕（以上の全体について、BGH NJW 2014, 3727）。

c）しかし、損害賠償請求権の処理および裁判外での精算に要する費用（本件においては30ユーロ）は、賠償の対象とならない。そのような費用は、被害者各自が自ら負わなければならない。また、不法駐車を行った者は、駐車場の一般的な監視にかかる費用の一部（本件では40ユーロ）についても、負担しない。というのも、このような支出は、具体的な占有妨害により生じたものではなく、駐車場の所有者が業者に駐車場全体の監視を委託したために発生したものだからである。それゆえ、損害を引き起こしたPの行為と上記費用との間には因果的連関が認められない（BGH NJW 2012, 528参照）。したがって、Pは、180ユーロの損害賠償義務を負うのみである。

5．823条2項に基づく損害賠償請求権は、前述の場合と同じく、398条により有効にUに譲渡された。

結論：Uには、180ユーロの金銭の支払いをPに求める請求権（823条2項、858条1項および389条）が帰属している。

Ⅳ．Uは、さらに、823条1項および398条に基づき、Pに対して〔Sから〕譲渡された損害賠償請求権を有するか。

本件では、823条1項の意味における被侵害法益〔「権利」〕として所有権また

は占有が問題となる。駐車場の違法な利用により、Ｐは、Ｓのこの所有物〔駐車場〕の一部表面を一時的に占拠し、あるいはその限りでＳによるその所有物の利用を妨げた。確かに、このような侵害は、Ｓによる当該土地〔駐車場〕の利用規模全体から見れば些細なものであるように思われる。だが、にもかかわらず、そのような場合にも、所有権侵害を肯定することが可能である（同旨として、例えば、*Huneke*, Jura 2010, 852, 857）。さらに、適法な占有もまた823条１項の保護法益に該当するため、本件において占有妨害を認め、823条１項に基づく損害賠償請求権の発生を肯定することもできよう。ただし、判例は、本件のような事案において、823条１項に関する検討を全く行わず、もっぱら823条２項、858条１項に基づく損害賠償請求権の成否のみを問題にしていることを、ここで合わせて指摘しておかなければならない。

22　上記事案において、業者〔Ｕ〕は、不法駐車を行った者〔Ｐ〕に対し、その者が費用を精算するまで、その**自動車に関する履行拒絶権**を有する。すなわち、当該企業の返還義務と不法駐車を行った者の支払義務とは、273条１項〔債務者の履行拒絶権〕の意味における「同一の法的関係」から発生したものである。本件のような場合には、当事者間における債権債務関係〔の趣旨〕から履行拒絶権が排除されるということ（273条１項参照）もない。とりわけ、履行拒絶権の行使は信義則（242条）に反しない。確かに、返還を拒否されている物（自動車）の価値は、反対給付請求権〔Ｕの債権〕のそれに比べて何倍も高い。しかし、その債権者〔Ｕ〕は、債務者に〔心理的〕圧力をかけ、金銭を支払わせるための方法を他に有しない。そして、まさしくこの点〔金銭支払いの心理的強制〕にこそ、法定の履行拒絶権の制度目的が存するのである（BGH NJW 2012, 528参照）。また、不法駐車を行った者は、代担保を提供することで、〔債務者による〕履行拒絶権の行使に基づく自らの不利益を回避することができる。

〔不法駐車を行った者による〕支払いがなされず、それゆえ自動車に関する履行拒絶権が存在する限り、企業〔Ｕ〕は自動車の返還に関して履行遅滞に陥らない。そのため、自動車の所有者は、990条１項２文、280条１項、２項、286条に基づく**利用侵害に関する損害賠償請求権を取得しない**（§22 Rn. 39を参照）。

より深く学びたい人のために：
Amend, Aktuelles und Historisches zur richterlichen Anerkennung des possessorischen Besitzschutzes, JuS 2001, 124; *Lipp*, Besitz und Besitzschutz im Bürgerlichen Recht, JuS 1997, L 57; *Lopau*, Der Rechtsschutz des Besitzers, JuS 1980, 501; *Lorenz*, Privates Abschleppen — Besitzschutz oder „Abzocke"?, NJW 2009, 1025; *Omlor/Gies*, Der Besitz und sein Schutz im System des BGB, JuS 2013, 12; *dies*., Klausurkonstellationen zum Besitzschutzrecht, JuS 2013, 1065; *Paal/Guggenberger*, Falschparken, Parkkrallen und private Rechtsdurchsetzung, NJW 2011, 1036; *Röthel/Sparmann*, Besitz und Besitzschutz, Jura 2005, 456; *Schreiber*, Possessorischer und petitorischer Besitzschutz, Jura 1993, 440; *Schwarz/Ernst*, Ansprüche des Grundstücksbesitzers gegen „Falschparker", NJW 1997, 2550; *Zeising*, Petitorische Durchbrechung possessorischen Besitzschutzes, Jura 2010, 248.

事例研究：*Doll*, Streit um den Regenwurm, JA 2005, 504; *Gottwald*, PdW, Fälle 1, 3, 5—10; *Huneke*, Abschleppen vom Supermarktparkplatz — Selbsthilfe oder Abzocke?, Jura 2010, 852; *Koch/Löhnig*, Fälle zum Sachenrecht, Fall 1; *Neuner*, Fall 3; *Petersen*, „Der eigensinnige Vermieter", JA 1999, 292; *Vieweg/Röthel*, Fälle 2, 3.

第3章　法律行為に基づく動産所有権の取得

§6.　処分行為の一般原則

Ⅰ．土地と動産とで異なる規律

1　　所有権（903条）の本質的な内容をなすものは、譲渡を通じてその所有権を他人に移転する権限である。民法典は、土地所有権と動産所有権の移転（873条・925条・929条以下）について、それぞれ異なる規定を用意している。この違いの本質的な理由は、土地に関する所有権関係は、なによりも明確でなければならないということに求められる。これに資するのが、土地登記簿への登記である（873条）。さらにまた、土地所有権は重要であるため、その持ち主が、十分な助言を得ることなく性急にそれを譲渡してしまうことから保護されるべきである。このために、義務負担行為（311b条1項）時だけではなく、処分行為（925条1項）時にも、公証人が関与するべきこととされている。もっとも公証人の関与は、動産所有権の移転時には、要件とされていない（929条）。これらの違いにもかかわらず、法律行為に基づく土地所有権と動産所有権の譲渡には、共通点もある。つまり、どちらの譲渡も処分行為によって行われ、かつ、いずれにも無因主義が適用される。

Ⅱ．分離主義と無因主義

1．義務負担行為と処分行為

2　　売買契約により、売主は、買主に対して目的物の所有権を移転する義務を負う（433条1項1文）。売主がこの義務を履行しない限り、売主はいぜんとして売却した目的物の所有者のままである。売主が、929条1文による物権的合意と引渡しを通じて、自己の所有権移転義務を履行してはじめて、買主

は所有者となる。このように、売買と譲渡は二種類の契約を必要とする。すなわち、債務法上の義務負担行為としての売買契約と、履行行為としての物権的合意である。

物権的合意とは、いかなる義務負担をも発生させるものではなく、所有権その他の物権の得喪を直接もたらすことを目的とするものである。それゆえに、義務負担行為の対義語として処分行為の概念が用いられている。有効な**処分行為**の特徴は、次の点にある。つまり、処分行為とは、その行為自体によって、それ以外の実行行為を必要とすることなく、直接、権利の移転、負担の設定、内容の変更、または、放棄がもたらされるというものである（BGHZ 101, 24）。これに対して、義務負担行為とは、既存の権利に直接の影響を及ぼすことなく、たんに義務および請求権を発生させるだけのものである（241条・194条１項）。

留意点：処分とは、権利の移転、負担の設定、放棄または内容の変更のことである。

２．分離主義と無因主義の内容

義務負担行為と処分行為の区別が、分離主義と無因主義の課題である（§ 3 Rn.13も参照）。分離主義とは、**義務負担行為と処分行為が分離される必要がある**ということ、すなわち、２つの異なる法律行為を問うことをいう。また、無因主義によれば、(1)処分行為と義務負担行為の成立および有効性については、それぞれ別個独立に検討することを要し、かつ、(2)処分行為が行われるきっかけとなった法律上の原因（causa）は、処分行為にではなく、義務負担行為の中に含まれているとされる。**処分行為**は、**抽象的な**、すなわち、causaのない行為であるために、それぞれ異なる目的（causa）を有する義務負担行為の履行のために行うこともできる（*Wolf/Neuner*, §29 Rn. 65 ff.）。たとえば、贈与契約の履行のためになすこともできる。

義務負担行為と処分行為が分離されているために、一方の行為の無効は他方の行為の有効性に原則として影響を与えない。債務法上の行為と物権法上の行為は、一体のものとしてではなく、分けて考察されなければならない（*BGH* NJW 2005, 415）。

例：16歳のMが小型オートバイを両親の同意を得ずに購入した場合において（Rn. 11）、Mが処分を許された金銭で支払いをなさず、それゆえに110条の適用がないときは、その売買契約は無効である。これに対して、Mへの小型オートバイの物権の譲渡は、107条により有効である。なぜならば、所有権の取得はいかなる義務をも発生させるものではなく、Mに法的利益を与えるだけだからである。

5 　義務負担行為の有効性とは無関係に所有権譲渡を有効にすることで、民法典は、法的安定性を高め、取引の安全のために所有者を明確に確定することの実現を目指している（くわしくは、*Stadler*, Gestaltungsfreiheit und Verkehrsschutz durch Abstraktion, 1996, S.202 ff., 534 f.）。処分行為の義務負担行為からの法的分離は、容易に潜脱されてはならない。たとえば、2つの行為を**139条**の意味での単一の法律行為として取り扱い、一方の行為が無効となった場合には139条に基づいて他方の行為も無効になると解することは、許されない。この潜脱を許すと、無因主義は、広く放棄されることになってしまうであろう。むしろ、義務負担行為と処分行為は、特別な例外事例に限って、139条の意味における単一の行為として把握することが許されるにとどまる。義務負担行為と処分行為の間には通常であればたえず経済的な関連性が存在することや、1通の書面の中で義務負担行為と処分行為が一括して扱われているといったことでは、結合のための要件として不十分である（*BGH* NJW-RR 1989, 519; *Wiegand*, AcP 190, 112, 122 ff.; *Grigoleit*, AcP 199, 379, 414 ff.）。しかしながら、義務負担行為の有効性を、158条に基づいて、処分行為の有効性の条件として合意することは、許容される（*Jauernig*, JuS 1994, 721, 723）。ただし、その場合には、明示的な合意が存在しなければならない。**ドイツ法以外の法秩序**、たとえば、フランス、イタリア、イングランドは、無因主義を認めていない（§7 Rn.47以下も参照）。

3．義務負担行為が無効であった場合の巻き戻しによる清算

6 　債務法上無効な義務負担行為に基づいて物権法上有効に移転された所有権は、812条1項1文第1事例〔給付不当利得〕により、返還請求の対象となりうる。なぜならば、この給付は、無効な義務負担行為によるものであって、法律上の原因なく（sine causa）、もたらされているからである。これに対して、売買契約は有効であるけれども、物権的な譲渡行為が無効である場合には、買主は、売買契約に基づく売主の義務（433条1項1文）を理由に、その義務の履行としての有効な譲渡をさらに行うように請求することができる。

売買契約も物権的な所有権譲渡もいずれも無効である場合には、買主は譲渡を請求することができないが、売主は所有者として985条に基づいて占有の返還を買主に対して求めることができる。また、売主は、812条1項1文第1事例による給付不当利得に基づく請求権をも有する。ただし、この請求権が目的としうるのは、所有権の返還ではなく、占有の返還のみである。

4．瑕疵の同一性

無因主義からは、義務負担行為と処分行為の瑕疵の有無が、それぞれ個別に検討されなければならない。ただし、場合によっては、1つの同じ瑕疵が、義務負担行為と処分行為に同時に生じることがありうる。これを瑕疵の同一性という。

a）原因行為に関する**119条1項の錯誤**は、原則として、無因の処分行為とは無関係である。しかし、ときには、錯誤が処分に影響を与えることもある。**119条2項に基づく性質の錯誤**の場合、瑕疵の同一性は原則として認められない。しかし、その性質が物を同定するための決定的な基準となっている場合には、例外的に、その錯誤が処分行為に影響を及ぼすことがある（異なる見解として、*Grigoleit*, AcP 199, 379, 399）。

b）悪意の詐欺または**違法な強迫**（**123条**）は、ふつう、処分行為にも関係する。

c）禁止法に違反する場合は、通常は、義務負担行為だけが**134条**により無効であり、処分行為は無効とならない。しかし、この禁止法の目的がまさに物権の移転を妨げることにある場合には、処分行為も134条に基づいて無効となりうる。これに該当するのは、たとえば、麻薬の取引時の処分行為である。麻薬法29条の目的にてらすと、麻薬の譲渡も、対価として支払われた売買代金の譲渡も、134条により無効である（*BGH* NJW 1983, 636）。

d）さらに、義務負担行為と同時に処分行為も**138条**に基づいて良俗違反とされることがある。これにあたるのは、**暴利行為**である（*BGH* NJW 1994, 1275 und 1470）。というのも、**138条2項**は、義務負担行為である「約定」のほかに、履行行為によってなされる「供与」にも関連するからである。しかし、行為が**138条1項**によって良俗違反となる場合には、良俗違反の目的が、まさに処分行為、つまり給付がなされることによって実現されるというのでない限り（*BGH* NJW-RR 2006, 888; NJW 2014, 2790）、通常は、義務負担行為だけが無効になる（*BGH* NJW-RR 2000, 1431）。連邦通常裁判所は、土地の売買契約に際して、〔その売買価

格が〕市場価格を90％以上超過していたり、市場価格の90％以下であったりする場合、たとえば土地の売買価格が市場価格のほぼ2倍の値段である場合に、138条1項に基づいて通常はこの売買契約を無効とするが（BGH NJW 2014, 1652）、（無因の）処分行為は有効であることを原則としている（BGH NJW-RR 2011, 880）。

　e）**1365条と1369条の婚姻法上の**（絶対的な）**譲渡禁止**に対する違反は、義務負担行為と処分行為のいずれをも無効とする。

8　**例**：買主Kはあるアクセサリーの価値について売主Vに騙され、それをダイヤモンドが付いた本物の金でできた物として買い受けた。そのため、Kは売買契約を取り消した。Vは、売買契約の取消しによって所有権譲渡も取り消されて無効になると考えて（142条1項）、譲渡した目的物の返還をKに985条に基づいて請求した。

　設例では、985条によるVの請求権は存在しない。**取消事由**（123条）は、目的物の価値についての悪意の詐欺の場合、たしかに原則としては、物権的合意に関しても存在する（この点については、*Grigoleit*, AcP 199, 379, 404も参照）。しかしながら、欺罔された買主による取消しの意思表示（143条）は、ふつう、売買契約のみを対象としているので、売主は処分の無効を援用できない。むしろ、譲渡は有効なままである。

　留意点：処分行為と義務負担行為の有効性は、原則として、それぞれ別々に検討されなければならない。

Ⅲ．法律行為としての処分行為

1．総則規定の適用

9　義務負担行為と同様に、処分行為も固有の**法律行為**の1つをなす。民法典は、所有権の移転と所有権以外の物権の取得のために、独自の合意を要件としている（873条・929条）。この合意は、物権的合意とも称される。これに対して、所有権その他の物権を放棄する際には、単独の法律行為のみがある。法律行為の要素としての意思表示にあたるのは、ここでは権利者の一方的な放棄の意思表示である（たとえば、875条1項・928条1項・959条）。

10　物権的合意と一方的な放棄の意思表示は、総則規定が適用される**意思表示**である。104条以下〔行為能力〕、116条以下〔意思の欠缺〕、133条・157条〔解

釈〕、158条以下〔条件〕、164条以下〔代理〕、182条以下〔同意〕、および、125条・134条・138条の無効事由の規定が適用される。このことは、適用を排除する特別な規定がない限り、妥当する。物権的合意には、契約として、さらに145条以下の規定も適用されうる。ただし、行為基礎の障害についての原則(313条)は、物権的合意には、原則として適用することができない(*BGH NJW* 1986, 1333も参照)。物権契約は無因だからである（§3 Rn. 13）。物権契約は、行為基礎にあたる原因を含んでいない。物権的合意の行為基礎は、法的原因としての債権的な義務である。そのような法律上の原因が存在しない場合、不当利得法に基づく巻き戻しによる清算が問題となる（812条以下）。

2．未成年者の物権的合意

例：16歳のMは、両親に明かすことなく、その同意を得ないまま、自身の預金口座から引き出した金で小型オートバイを購入した。Mは現金で支払い、Vはその所有権をMに譲渡した。Mが所有者になったかどうかは、106条以下の適用の有無による。Mは両親の同意なく行為し、かつ、110条の要件も満たされていないため、たしかに売買契約は無効である。しかし、これに対して、物権的合意は有効である。なぜならば、所有権の取得は、Mに法的に利益を与えるだけだからである。この点につき、107条を参照。これにより、Mはその小型オートバイの所有者となる。しかし、812条1項1文第1事例による不当利得返還請求権が問題となる。これに対して、金銭の譲渡は、Mにとって法的に不利益を与える行為であるため、両親の同意がない以上、無効である。

107条は、法的に利益を得るだけではない法律行為を**制限行為能力者**が行うにあたって、法定代理人の同意を要件としているが、同条に関しては、さらに多くの問題が提起されている。つまり、未成年者による**土地の取得**が法的に不利なものとなるのはどのような状況においてなのかということが問題となる（この点につき、§17 Rn. 11を参照）。さらに、**未成年者**が両親の同意なく**他人物**を譲渡した場合に適用されるべきルールについても、争いがある（この点につき、§8 Rn. 27を参照）。

3．行為無能力者の物権的合意

成年者が行為無能力者の場合には、105条1項により、その意思表示は無

効であって治癒することもできない。このため、その者による物権的合意も無効である。行為無能力者がその合意によって利益を得るかどうかは関係がない。行為無能力者は、世話人が関与しない限り（1902条を参照）、所有権を取得することもできないし、失うこともできない。しかし、行為無能力者も、真の占有意思さえ有することができるのであれば、引渡しを受けることによって占有を完全に取得することができる（§4 Rn. 9を参照）。

存在しなくなった法律行為を不当利得法に基づいて**巻き戻す**場合において、行為無能力者が目的物をまだ占有しているときは、譲渡人は目的物を取得した行為無能力者に対して**占有の回復を求める**ことができる（812条1項1文第1事例）。行為無能力者が占有をすでに失っているときは、行為無能力者は価格賠償の責任を負わない（818条2項）。というのも、この場合には、不当利得として返還されるべき独立した価値が行為無能力者の財産中に——逸失利益を除いて——もはや存しないからである。占有自体を独立した価値と認めることはできない。独立した価値とは、占有を継続させること、あるいは、交換契約において反対給付を取得することで代替されることをいう。他人の金銭を用いて取得した物が具現化するのは、占有の価値ではなく、所有権の価値である（BGHZ 198, 381=NJW 2014, 1095）。

4．普通取引約款規定の適用

13　305条以下の普通取引約款規定は、物権的法律行為にも適用しうる。普通取引約款は、実務上、売買契約や担保契約のような、物権契約の基礎となる債権契約だけではなく、物権契約自体にも適用されうる。

例：
- 売主の普通取引約款には、所有権を留保して譲渡を行う旨が規定されている。
- 買主の普通取引約款には、所有権留保（§14 Rn. 1以下）を排除すると規定されていることがある。
- 修理業者の普通取引約款には、修理対象物には約定質権が設定される旨、定められている（*BGH* NJW 1977, 1240）。
- 銀行または貯蓄銀行の普通取引約款には、銀行または貯蓄銀行が占有またはその支配下にある全ての目的物に対して、〔動産〕質権が発生すると規定されている（*BGH* NJW 1988, 3260, 3262）。

§ 6. 処分行為の一般原則 89

債務法上の法律行為と同じく物権的法律行為にも**305条以下**の一般的な**適** 14
用があるとされたきっかけは、とりわけ、EC 指令93/13であった（この点に
つき、*Wolf/Pfeiffer*, ZRP 2001, 303）。一般的な適用の意味は、305条2項〔契
約への組入れ〕、305c 条1項〔不意打ち条項の排除〕および305c 条2項〔不明
確解釈準則〕が適用されるという点だけではない。それどころか、307条か
ら309条までに基づく内容規制も行われる点が重要である。307条から309条
までに基づく内容規制は、138条による良俗違反とは異なり、反倫理的な態
様を要件とはしない。このことは、とりわけ、普通取引約款によって担保権
を規制するときに意味がある。

意思表示の擬制に関する308条5号の規定が、重要であることもある。たしかに 15
308条5号は、普通取引約款自体に物権的意思表示が含まれているのであれば、適
用されない。なぜならば、その場合の有効要件は305条2項に含まれているからで
ある。しかし、意思表示の効果が、契約が締結された後の行為と結びつけられて
いる場合には、308条5号が関係してくる。例として、「修理業者は、修理代金が
支払われないときは、注文者が修理された目的物を引き取るのと同時に、その物
の担保所有権を取得する」という合意がなされる場合を挙げることができる。た
だし、銀行および貯蓄銀行の普通取引約款中の質権設定条項が有効なのと同様に、
修理契約における質権設定条項も有効である（この点につき、§16 Rn. 44・45）。

普通取引約款規定は、放棄の意思表示、承諾の意思表示（875条・1183条）また 16
は土地登記法上の許諾（土地登記法19条・29条）などの、**単独の法律行為**にも適
用される（一般論として、*BGH* NJW 1999, 1864）。305条1項の文言によれば、た
しかに、普通取引約款規定は契約に対してのみ適用される。しかし、単独の法律
行為が、表意者自身ではなく、意思表示の相手方（たとえば銀行）によって前もっ
て書式化されている場合には、意思表示の相手方が自らのために契約形成の自由
を押し通そうとしていることになる。したがって、普通取引約款規定の保護目的
にてらせば、単独行為にも同規定の適用が求められているのである（代理権授与
に関して、*OLG Frankfurt a.M.* BB 1976, 1245）。

5．第三者のためにする物権契約

譲渡人と譲受人となるべき者は、ふつう、処分行為に基づいて特定される。こ 17
のことは、両者が自らの名前で行為を行うにせよ、代理（164条）を介してその名
前で行為がなされるにせよ、変わりはない。争われているのは、次の問題である。

すなわち、328条以下の類推適用を通じて物権的合意が第三者のためにする契約としても締結されることが可能であるかどうか、すなわち、AとBの合意を通じて第三者Cが物権を取得しうるのかということである。連邦通常裁判所（BGHZ 41, 94）は、これを否定している。しかし、第三者のためにする物権契約を認めることに対して根本的な異論はない（*Baur/Stürner*, §5 Rn. 28）。民法典自体が、414条と423条において、第三者のためにする処分行為を認めている。第三者が権利の取得を望まないのであれば、333条の類推適用により権利取得を拒むことができる。第三者のためにする契約による権利取得は、権利が解除条件付きで取得される場合となんら異ならない。ただし、第三者は、公示の要件（登記簿への登記や占有）をみたさなければならない。もっとも、土地のアウフラッスンクの場合には、第三者のためにする物権的合意は認められない。なぜならば、925条1項1文は、譲渡人と譲受人が同時に出頭することを要件としているからである。

18　第三者のためにする契約の場合には、第三者が取得者であることが、その契約から認識できなければならないが、この契約と、いわゆる**物上代位**（たとえば、2019条）は、区別されなければならない。後者では、たとえ第三者が取得行為に全く関与していなかったとしても、第三者のもとで所有権の取得が生じる。物上代位とは、権利者から失われた目的物の代わりに、代位物を権利者に直接取得させることによって、調整することを目的とする制度である。

　例：表見相続人が、遺産の中にあった花瓶を骨董屋で古い切手と交換したとする。この場合に2019条は、法的効果として、切手は今や相続財産の構成要素とみなされ、その結果、真正相続人の所有権の対象となるとする。これに対して、1370条の規定は、配偶者の家財道具に関する物上代位を以前まで規定していたが、現在は削除されている。

§7.　動産の譲渡

Ⅰ．929条以下の概観

1　929条以下は、動産の譲渡を規律する。いわゆる無記名証券、たとえば無記名株式（株式法10条1項）、持参人払式小切手（小切手法5条）などの移転も、その規定に服する（*BGH* NJW 1999, 1393）。

　929条以下がその内容としているのは請求権の根拠**ではなく**、そこには、

所有権の移転を有効に行うための諸要件が厳密に規定されている。この諸要件を検討する必要が出てくるのは、請求権の根拠の問題として所有権の要件事実が問題となる場合、つまり、誰が目的物の所有者なのかということを明らかにしなければならない場合であろう。所有者が誰かという問題は、とりわけ、985条または1004条に基づく請求権との関連で生じる。

　所有権は、法律行為、先占、相続または法律に基づいて取得することができる（§2 Rn. 1）。929条1文による処分行為の中心要素は、第一に、所有権移転に関する、法律行為による所有権移転の**物権的合意**であり、第二に、物の**引渡し**である。物権的合意は、譲渡人の譲渡意思と譲受人の取得意思を表示するものであるのに対して、引渡しは、譲渡が行われたことを公示するのに役立つ。ただし、譲受人がすでに目的物を占有しているのであれば、引渡しはもはや必要ではない（929条2文）。他方で、使用賃借人などの第三者が目的物を占有している間は、引渡しを行うことは難しい。この場合には、引渡しの代わりに、いわゆる代替的引渡しを行うことができる（931条を参照）。このことは、譲渡人が所有権を移転した後も一時的に目的物を占有し続ける意思を有する場合にも、同様である（930条）。これらの方法により、法律行為に基づく動産所有権の移転に関して、以下の4つの基本方式を区別することができる。 2

法律行為に基づく動産譲渡の方式			
929条1文	929条2文	929条1文・930条	929条1文・931条
物権的合意 ＋ 引渡し	物権的合意 ＋ 取得者がすでに有している占有	物権的合意 ＋ 占有仲介関係の同意	物権的合意 ＋ 第三者に対する返還請求権の譲渡

　土地の権利に関して873条2項が明確に規定しているように、物権法上の合意は、債務法上の合意とは異なり、それだけで拘束力を有するわけではない。このことは、929条による物権的合意についても同様である。物権的合意は拘束力を有しないので、所有権の移転がなされるまでは**撤回**することが可能である。しかし、130条により、撤回の意思表示が相手方に到達してはじめて、その合意の撤回の効果 3

が発生する。撤回が引渡しまたは代替的引渡しの前に到達すれば、物権的合意はなかったことになるので、引渡しによって所有権移転の効果が発生することはない。しかし、撤回できない旨を合意することによって、撤回可能性を放棄することができる。

II．929条1文に基づく譲渡

929条1文に基づく譲渡
1．物権的合意
2．引渡し
3．物権的合意の存続
4．譲渡人の権限

1．物権的合意

4   合意は**物権的な処分契約**であって、両当事者の対立する意思表示の合致からなる。物権的合意に方式は要求されないが、契約の有効要件を満たす必要はある（§6 Rn. 2以下）。物権的合意は、所有権の移転を直接の目的とするものでなければならない。合意がこの内容を有しているかどうかが、意思表示から明らかではない場合には、133条と157条に基づく**解釈**を通じて、この点を諸状況にてらして確定しなければならない（金銭の譲渡に関して、BGH NJW 1990, 1913）。

  例：プロの写真家が、記録集に用いるための写真を新聞社に送付した。写真には、「写真・貸与のみ」という注意書きのスタンプがおされていた。ただし、納品書には、「記録集用」という文言があった。このような事実関係のもとでは、送付という行為の中に、929条1文による譲渡の申込みは含まれていなかったものと解することができる（BGH NJW-RR 2007, 1530）。

5   物権的合意のためになされた意思表示は、総則規定にしたがって、**取り消すことが可能**である（119条以下）。無効になることもありうるし（134条・138条）、代理人による意思表示も認められる（164条以下）。未成年者や行為無能力者が関与している場合には、104条以下に注意しなければならない（§

6 Rn. 11・12）。物権的合意には**条件**（158条）を付すこともできる。おもな適用事例として、**所有権留保**付きの譲渡がある。多くの消費材および供給契約に該当するように、買主が売買代金を最初から少額ずつ分割で支払うことを望む場合に、売主が占有を移転する準備をすでに整えていたとしても、売買代金が完済されるまで売主が自らの所有権をまだ手放すことを望まないことがよくある。この場合に合意される所有権留保（449条）につき、物権的譲渡行為の観点から特徴を挙げるとすれば、以下のようになる。すなわち、売買代金の完済によってはじめて所有権が移転するという停止条件（158条1項）が付された物権的合意が行われるということである。このケースでは、条件の成就、つまり売買代金の完済があってはじめて、物権的合意に結びつけられた所有権移転の効果が発生する。目的物がすでに引き渡されているにもかかわらず、代金の完済までは、売主が所有者のままである。くわしくは、§14 Rn. 1以下を参照。

物権的合意は**特定原則**を充足しなければならない（§3 Rn. 8・9）。つまり、具体的な物と関係づけられていなければならない。この特定は合意の時点において存在している必要があり（BGHZ 73, 253, 255）、また、この合意を信頼して行動する第三者が、譲渡目的物とその他の物とを、外部から客観的に、無理なく区別しうる程度に特定されていなければならない（*BGH* NJW 1992, 1161; Rn. 35・36）。

まだ具体化されていない不特定物であっても、その物が**特定可能**な場合、すなわち、製造中の物のように所有権移転の時点で具体的に特定されうる場合には、事前合意、つまり、予めの合意によって、譲渡することができる。この場合には、所有権移転の効果が発生するのは、目的物が分離されることによって具体化する時である。ただし、この時点で同時に引渡しの要件が満たされている必要がある（例として、*BGH* NJW 1982, 2371）。

2．譲受人への引渡し

引渡しとは、両当事者によって意図された譲渡人から譲受人への**直接占有 7 の移転**である。これにより、権利変動が外部から認識可能になる。ただし、929条1文による引渡しがなされたと認められるのは、譲受人側に単独占有が成立し、かつ、譲渡人側が**完全に占有を喪失**した場合のみである（*BGH*

NJW-RR 2010, 983)。これに対して、共同占有を取得するだけではたりない（*BGH* NJW 1979, 714）。単独で占有を獲得することの授権があった場合においては、譲受人が目的物を事実上自ら受領した時にはじめて、引渡しが実行されたことになる（*BGH* NJW 1979, 714）。引渡しは、なんらかの物権的合意と結びついていなければならない。目的物を独断で奪ってしまっても、929条と930条の意味における引渡しにはあたらない。

　目的物が**自動車**の場合に注意しなければならないこととして、**車検証の引渡し**（「自動車登録証第二部」の引渡し）は所有権取得のための要件ではないという点がある。同じく、車検証の引渡しをもって車の引渡しに代えることもできない。なぜならば、車検証は引渡証券ではないからである（*BGH* NJW 1978, 1854）。このため、車検証上の登録は、所有権関係に対して直接には影響を与えない（*BGH* NJW 1991, 353）。しかし、車の譲渡がなされる場合には、売主はさしあたり車検証を保持し続けるので、通常はその点に**所有権留保**の黙示の合意があったといえる（*BGH* NJW 2006, 3488）。親戚に車を「贈与」したが、贈与者がスペアキーと車検証を引き続き有する場合、贈与者は共同占有をしており、929条1文にいう引渡しはなされていない（*OLG Schleswig* SchlHA 2013, 64）。ただし、車検証の所有権については、952条1項の類推適用が認められる。つまり、車検証も車の所有者に帰属する。

929条1文の意味における引渡し
1．譲渡人の完全な占有放棄
2．譲受人側の占有取得
3．譲渡人の意思に基づくこと

3．第三者を介する引渡し

8　今日の経済取引では、個人は第三者の助けをかりて、かつ、合理化のためのあらゆる可能性が追求されているので、引渡しの概念を、譲渡人が目的物を自らの手を通じて譲受人に直接手渡すということに限定することはできない。むしろ、その他の方式も、所有権移転のための物的支配を取得させる方法として、認められる必要がある。

9　ａ）当事者は目的物を、第三者である**占有補助者（855条）**を介して引き

渡すこともできる。

例：譲渡人 V が、買主 K に売却した目的物を、K 個人にではなく、K が使いに出した運転手 F に交付したとする。この場合、F への引渡しの中に、K への引渡しが存在することになる。なぜならば、F は K の占有補助者であって、いわば K の手足にすぎず、それゆえに、K だけが直接占有者になるからである（855条）。したがって、K との物権的合意がその時点で存在しているのであれば、F への引渡しによって K は所有者になるのである。この合意があらかじめ V と K の間で取り交わされ、かつ、引渡しの時点まで存続していることもありうるだろうし、あるいは、F が K の代理人として合意を行うこともありうる（164条1項・3項）。

b）占有仲介者（868条）**を介して引き渡すこともできる**。　　　10

例：K が V から馬を取得し、その際に次の合意がなされた。すなわち、K は馬を自宅で管理することができないので、V は K の自宅に馬を連れて行かずに、K が厩舎を使用賃借している農場主 L のところへ直ちにその馬を引き渡すことが合意された。この場合、L はたしかに占有補助者ではないが、馬を受け取ることによって、K にその馬の占有を仲介することになる。譲受人（K）に間接占有をもたらす第三者（L）への直接占有の移転は、譲渡人 V による K への929条1文による引渡しと同様にみなされねばならない。というのも、V は目的物を K の支配領域に到達させ、かつ、自らの占有を完全に放棄しているからである。この点〔譲渡人＝旧所有者が占有を完全に喪失している点〕で、929条1文による引渡しと、譲渡人が直接占有を保持し続けている930条の移転方式とは、区別される。

　同じことは、譲受人の**代理人**ではあるがその占有補助者ではない者が、譲　11
渡に関与する場合にも妥当する。この場合、**物権的合意**は譲受人の名前で行われる（164条1項）。このことは、日常生活の現金による取引にあたって代理の顕名がなされていなくても、同様である。というのは、この場合、本人が誰であってもよい所有権譲渡がなされていると解されるからである（MünchKomm/*Oechsler*, §929 Rn. 73）。**引渡し**との関連において、原則としては、おそらく、譲受人と引渡しに関与したその代理人との間で占有改定についての合意が先行してなされている〔直接代理〕であろう（§7 Rn. 33）。ただし、この場合には、代理人が所有権を経由取得して、その後、委任の本旨に従って自己代理（181条）を通じて譲受人に転得させるという構成〔間

接代理〕も、可能性として考えられる。

12 **占有仲介者**は、譲受人側だけではなく譲渡人側でも、移転のプロセスに関与することができる。

例：Vが自分の馬をBのところで管理していたところ、BがVの指図に基づいて、Kへ譲渡する目的で、Lにその馬を引き渡す場合にも、929条1文の意味における引渡しが存在することになる。それどころか、BがVの了解を得た上で、BK間で締結された新たな使用賃貸借契約に基づいて、BがKにその馬の占有を仲介する場合にも、929条1文による引渡しが存在する（売主が買主の同意を得て留保していた所有権を、融資を行う銀行への担保として移転し、かつ、それ以降、買主が銀行のために直接占有を行うケースにつき、*BGH* NJW 1985, 376, 378を参照）。

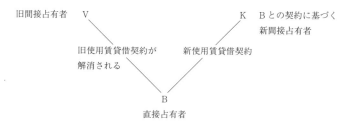

13 譲渡人Vの占有仲介者が、目的物を取得者Kの占有仲介者に引き渡すことも可能である。

あるいは、第三者に対する返還請求権を譲渡することにより、Kの占有仲介者に（第一段階の）間接占有をもたらすことも可能である。

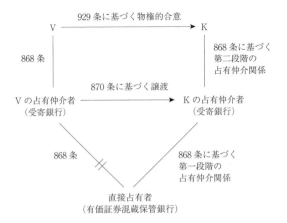

　この移転方式を用いることによって、直接占有者である有価証券混蔵保管　14
銀行が V の受寄銀行のために受託している株式などを、870条により、K の
受寄銀行に移転することができる。

　このケースでは、931条のケースとは異なり、直接占有者が知らないうちに既存
の返還請求権が譲渡されるのではなく、直接占有者が関与しつつ譲受人との間に
新たな占有仲介関係が創設される。これに準じて、倉庫営業者が倉庫に保管され
る物の直接占有者として、譲渡人と譲受人との間の合意に基づいて、譲渡人との
寄託契約を解消し（これにより、譲渡人は間接占有を失う）、譲受人と新たな寄託
契約を締結する場合にも、929条1文による引渡しが認められる（*BGH* NJW-RR
2009, 924）。

　c）指示に基づく取得　給付関係を合理化して清算を簡素化するために、　15
判例はさらに一歩進めて、第三または第四の関与者が占有仲介者でなければ
ならないということをも、すでに放棄している。譲渡人側についていえば、
第三者が目的物を譲渡人の**指示に基づいて**引き渡すか（BGHZ 36, 56, 60）、あ
るいは、譲受人側についていえば、目的物が譲受人の指示に基づいて第三者
に引き渡されれば、要件はむしろ満たされる（*BGH* NJW 1973, 141；*BGH* NJW
1999, 425）。関与者が指示に服することによって、指示者が目的物に対する
事実上の支配を行使しうること、その意味で占有を取得していることが外部
に明らかになる。このことは、929条1文の意味における引渡しにとって十

16　この方法により、**給付の簡略化**が可能となる。譲渡人は目的物を自ら引き渡す必要はなく、自らの配達人に指示をして受領者に直接配達させる可能性を有しているのである。さらにまた、その受領者も目的物を自ら受領する必要はなく、自己の買主へすぐに直接引き渡すよう指示をすることもできる。次のケースにあるように、両者からの指示による引渡しが同時に行われることも可能である。このケースにおける善意取得については、§8 Rn. 7以下を参照。

> **ケース5――連鎖取引**：Pが自ら製造する商品の販売権を販売業者Gに移転し、Gがその販売権を独立した代理商にさらに移転した。そこで、代理商Hは一部の製品を顧客Kに売却した。Kの注文は、HからGへ、GからPへとさらに取り次がれ、注文を受けた製品をPが直接Kに郵送した。ここで、Kがその支払能力につき欺罔していたことを理由として、悪意の詐欺に基づいてHが売買契約と譲渡を取り消し、985条に基づいてKにその製品の返還を求めている。これに対して、Kは、Hが所有者であるとする点について争っている。正当であろうか。
>
> **解決へのすじみち：**
> **HはKに対して985条による返還請求権を有するか。**
>
> 1. この請求権が認められるための要件は、Hがその製品の所有者であることである。もとは、製造者Pが所有者であった。PはGへの譲渡を通じて自らの所有権を失い、続いてGがその所有権をHへ、さらにHがKへと譲渡したといえる。この事例では、PとG、GとH、HとKという、連鎖する3つの売買契約が存在し、そこでは、各人がそれぞれの立場で売主として相手方に譲渡する義務を負っている（433条1項1文）。この義務を履行するためには、各当事者間で物権的合意がなされなければならない。しかしながら、引渡しのために、PからG、GからH、HからKへと目的物が送付されることは、要件ではない。簡素化のために全員の合意で選択されたPからKへの直接の送付（いわゆる連鎖取引）は、むしろ、それぞれの関係において引渡しの要件を満たしている。譲受人の指示に基づく第三者への目的物の移転は引渡しの要件を満たしているので、PとGの関係において引渡しは存在する。なぜならば、Pは譲受人Gの指示に基づいて目的物を第三者Kに引き渡しているからである。同

じ方法で、Hは所有者になる。というのも、Gの指示と結びついたH自らの指示に基づき、目的物が譲受人Kに移転しているからである。つまり、PからKへの直接の譲渡が存在するのではなく、譲渡の連鎖が存在するのである。この連鎖によって、各買主が、順番に——いわゆる論理的瞬間に——所有者となっているのである（*BGH* NJW 1986, 1166）。それぞれの指示に服することで明らかに認識できるのは、Hも目的物に対して事実上の干渉権限を有しているということである。Hの占有意思がいかなる類いのものであろうと、その意思にKが服し続けていることは、不要である（反対説と思われる見解として、*Taupitz*, JuS 1992, 449, 452）。

これにより、GとHが順番に所有者となり、最終的には、Kが所有者となった。しかし、Hが、Kとの契約だけではなく物権的合意をも有効に取り消したからには、142条1項により、この合意は、はじめから無効であったとみなされなければならない。したがって、Hは自らの所有権をKに対して失っていない。

2．986条により、Kは占有権原のない占有者である。

結論：Hが985条による請求権をKに対して行使することは、認められる（例として、*BGH* NJW 1982, 2371）。

留意点：所有権の要件が問題となる場合には、「歴史的に」検討されなければならない。所有権関係が事実に基づいてまだ明確であった時点から検討を始め、さしあたり、「もとはXが所有者であった」と述べる。続いて、所有権の状態を変化させるに至ったと思われるあらゆる事象について、時系列に沿って順番に検討していくのである。 17

4．合意の存続

物権的合意は、引渡しの時点で引き続き有効でなければならない（929条1文の「合意している」という文言を参照）。合意と引渡しが同時に行われる場合には、このことは問題なく肯定することができる。しかしながら、合意と引渡しの間に時的な間隔がある場合には、譲渡人が自らの意思表示をその間に**撤回していた**という事態も考えられる。というのも、873条2項にあるような合意の拘束力は、動産譲渡の場合には存在しないからである（ただし、批判として、*Lipp*, FS Schapp, 2010, S. 363 ff.）。取得が完成するまで、合意 18

はいつでも一方的に撤回可能である。しかし、たとえば売買契約では、買主は譲渡請求権も有しているのであるから、物権的合意の存続が推定される。そのうえ、合意の撤回は、それが相手方にとって認識可能になってはじめて有効となる（BGH NJW 1978, 696）。130条2項が類推適用されるため、有効な合意があった後の死亡または意思能力の喪失はその効力に影響を及ぼさない。

5．譲渡人の権限

19　a）929条1文について最後に検討すべき点は、譲渡人の所有権移転権限である。物権的合意を行う譲渡人は、**処分権限を有していなければならない**。処分権者は、原則として所有者自身（または所有者の代理人）である。この場合、直接占有者または間接占有者である譲渡人は、自らの所有権に関して、1006条の推定を引き合いに出すことができる。この権限は、合意と引渡しの間も存続していなければならないが（不動産の場合とは異なる。この点につき、878条を参照）、その後消滅しても問題はない。

　共有者は、747条1文により、自らの持分につき各人単独で処分することができ、各人それぞれの処分行為を通じて全ての持分を移転することによって、所有権を譲受人に与えることができる。共有者がはじめから共同で所有権全体に関して処分を行う場合には、共有者全員の1つの処分行為のみが存在する（BGH NJW 1994, 1470）。

20　b）例外的に、**所有者に処分権限が欠けている**場合もありうる。これに該当するケースは、以下の通りである。

- 停止条件付先行処分にともなう処分制限（161条1項）。所有者が目的物を**所有権留保**付きで譲渡すると、譲渡人は売買代金の完済まではたしかに所有者であるが、その未確定の間の処分権限は、161条1項による制限を受ける。
- **夫婦**間で法定財産制が適用されている場合における、一方配偶者による全財産の処分（1365条）および個々の家財道具（1369条）の処分。他方配偶者の同意がなければ、これらの処分は無効である（詳細につき、Wellenhofer, FamR §14 Rn. 1 ff.）。

- **先位相続人**の処分制限（2113条以下）。
- **遺言執行**時の相続人の処分制限（2211条）。
- 倒産手続開始後の処分制限（倒産法80条以下）。連帯債務者はたしかに権利者ではあるが、処分権限を有してはいない。
- これら処分制限に応じて、**処分権限は第三者**にのみ認められる。つまり、倒産手続開始後は、**倒産管財人**（倒産法80条1項）だけに、または、遺言執行の際は遺言執行者（2205条）だけに、処分権限が認められる。

c）**権利者**に加えて他の者も、処分権限を有することがある。たとえば、所有者は、財産管理人といった他人に、自己の物の処分を**自己名義**で行うことを、**185条1項**に基づいて**授権する**ことができる。この場合、たしかに各人は自ら単独で処分することができるが、最初に行われた処分だけが有効である。なぜならば、最初の処分によって所有権は譲受人に移転しており、この者が新所有者として唯一処分権限を有するからである。所有者がその処分権限を失うと、第三者の処分権限もなくなる。185条1項により付与された処分権限については、代理権のように、自由に制限することが可能である（*BGH* NJW 1989, 521, 522）。しかし、処分授権は、処分代理権とは区別されなければならない。代理権は、他人の名前で処分できる権限を含んでいるにすぎない。

d）さらに、所有者は、自らの目的物に関する**無権限者の処分**を、**185条2項1文第1事例**に基づいて**追認する**ことができる。この場合、無権限者の処分は、遡及的に有効となる（184条1項）。無権限者が目的物を処分し、取得した代価の返還を所有者が816条1項1文に基づいて無権限者に請求した場合、この返還請求には同時に処分の追認が含まれているのが通常である。無権限者が目的物を取得するか、または、相続してさらに遺産債務に関して無制限に責任を負うことになった場合にも、無権限者の処分は有効になる（185条2項1文第2事例・第3事例）。

例：Gはある機械の所有者であった。Gはその機械についてBと売買契約を結び、所有権も移転したいと考えている。しかし、ここでGが倒産すると、Gはたしかにいぜんとして所有者のままであるが、もはや処分権限を有しない（倒産法

80条1項)。処分権限は倒産管財人Wにある（倒産法80条1項）。所有者になるために、BはWと合意に至らなければならない。WはGにも、185条1項により、Bへ譲渡する権限を授権することができる。そうすれば、Gも譲渡を行うことが可能になる。同様に、WはGが行った合意を185条2項に従って追認することもでき、これによってその合意を有効にすることができる。

23　　e）**処分権限が欠ける場合の法律効果**についてはどうか。処分権限のない者によって行われた処分行為は原則として無効である。しかしながら、これと異なるのは、法律が善意取得を認める規定を用意している場合（§8 Rn. 1以下、§19 Rn. 4以下）や、処分権限者が185条2項により無効な処分行為を追認した場合である。

24　　無効に関しては、絶対的無効と相対的無効を区別する必要がある。**絶対的無効**とは、処分がいかなる者に対しても無効であり、かつ、それゆえ誰もその処分の有効性を援用できない無効のことである。ある目的物または権利に関して処分権限を有しない者が処分をすると、絶対的無効となる。所有者が絶対的な処分制限を受けている場合にも、絶対的無効の効果が発生する。絶対的な処分制限は、たとえば1365条や1369条に規定されている。そのため、所有者がその配偶者の同意なく行った処分は、全ての者に対して無効である。さらに、絶対的な処分制限は、2113条や2211条、倒産法81条にも規定されている。

25　　**相対的無効**とは、処分が特定人に対してのみ無効であって、その他の者に対しては有効なものをいう。135条1項1文は、このような相対的無効について規定しており（「これらの者に対してのみ無効である」）、法律または官庁（136条）による譲渡禁止が特定人の保護のみを目的としている場合が、これに該当する。

　　　例：執行官が所有者Eの物を債権者Gのために差し押さえると（民事訴訟法808条）、これによって同時に、Eに対して官庁による譲渡禁止（136条）が課されることになる。この譲渡禁止は、執行債権者の保護を目的としている。譲渡禁止が課されているにもかかわらず、Eがその所有権をAに移転すると、Aは他のあらゆる者との関係では所有者になるが、Gとの関係においてのみ、所有者になったことを認められない。Gにとっては、Aではなくいぜんとして Eがその物の所有者である。そのため、GはEに対して強制執行を継続することができ、民事訴

訟法804条2項、民法典1227条・985条により、Aに対して返還を求めることができる。

f）法律行為による処分権限の除外の禁止　処分権限を、法律行為によって排除したり、制限したりすることはできない（137条1文）。これにより、経済活動の促進のために、権利の取引可能性と流通可能性とが保たれる。しかし、処分を行わないという債務法上の義務は、有効なものとして認められている。この義務に反して行われた処分は、たしかに有効ではあるが、義務違反に基づく損害賠償請求権の原因となる。

Ⅲ．929条2文に基づく譲渡

譲受人が目的物の直接**占有**または間接**占有をすでに有している**ならば、引渡しの必要性はない。そこで、929条2文は、譲渡するのに物権的合意のみがあれば十分であると定めている（いわゆる brevi manu traditio、つまり簡易の引渡し）。そのため、贈与を完結させるためには、単なる合意があればよいということになる（*BGH* NJW 2007, 2844）。どのようにまたは誰から従前に占有が取得されたかということは、関係がない。

例：すでに使用賃借しているテレビを取得したいと考えた使用賃借人〔M〕が、所有権を取得するために行わなければならないのは、譲渡人との間で物権的合意を取り交わすことだけである。というのも、その使用賃借人はすでにそのテレビの直接占有者だからである。このことは、MがそのテレビをUに使用転貸していた場合であっても同様である。譲受人〔M〕が合意の時点ですでに間接占有を有しており、かつ、譲渡人ではなく第三者〔U〕を通じて譲受人にその間接占有が仲介されていれば十分である（*BGH* BeckRS 2004, 11753）。

929条2文に基づく譲渡
1．物権的合意
2．譲受人の（直接または間接）占有
3．譲渡人の権限

Ⅳ. 占有改定による譲渡（929条1文・930条）

1. 占有改定の譲渡方式の意義

28　実際の事案では、譲受人への所有権の移転はただちに実現するが、占有については（一時的に）そのまま譲渡人にとどめておくということを、当事者が求めることもありうる。このことを可能にするのが、930条である。この方法の需要は、たとえば、買主が衣服などを購入したところ、すでに代金を支払ったのでその衣服の所有者になってはいるが、仕立て直す必要があるために、もうしばらくの間、その衣服を売主に委ねておかなければならないという場合にある。同じく、買主がすでに取得している目的物（たとえば、石炭や建築資材など）を、自ら使用する必要が生じるまでそのまま売主に保管し続けてもらうよう、買主が求めることもありうる。

29　これらのケースにおいては、929条1文による譲渡を行うことはできない。というのも、929条1文は、譲渡人の完全な占有喪失を要件としているからである。これらのケースでは、930条に基づいて譲渡することができる。しかし、この場合にも、929条1文のいう物権的合意は必要なので、929条1文も通常はともに援用される。930条のより重要な適用事例は、とりわけ譲渡担保である（これについては、§15 Rn. 1以下を参照）。

2. 占有仲介関係の合意

929条1文・930条に基づく譲渡
1．物権的合意
2．占有仲介関係の合意
3．合意の存続
4．権限

30　譲渡人に直接占有をとどめることを可能にするために、930条は、引渡しの要件を放棄して、その代わりに、868条のいう占有仲介関係（＝占有改定）の合意を規定している。しかし、**占有仲介関係が代替するのは物権的合意ではなく、引渡しに限られる**。つまり、**代替的引渡し**である。この場合の物権

§ 7. 動産の譲渡　105

的合意にも、929条に関する説明（Rn. 4以下）がそのまま妥当する。占有仲介関係として重要なのは、譲受人に間接占有を取得させるという、占有者である譲渡人と譲受人の間の具体的な各（法律）関係である（§4 Rn. 23を想起せよ）。

868条に基づく占有仲介関係
1．868条のいう法律関係
2．占有仲介意思
3．直接占有者に対する間接占有者の返還請求権

譲渡人は直接占有者でも間接占有者でもよい。　31

例：Eは、建設工事用クレーンをBに使用賃貸しているが、それにもかかわらず、間接占有者として、このクレーンを930条に基づいて自らの与信者Gに対して譲渡担保に供することができる。930条が要件としているのは、Eが占有者であり続けることと、Eが上位占有者（§4 Rn. 26）である譲受人に対して占有を仲介することだけである。この場合、譲受人Gは、第二段階の間接占有者（§4 Rn. 22）である。この譲渡方式に対する986条2項の類推適用について、Rn. 43を参照。

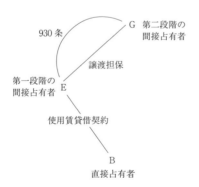

夫婦が婚姻を法定の占有仲介関係として用いる（§4 Rn. 24）ことによって、　32
929条1文・930条に基づく配偶者間の譲渡を行うことも可能である。たとえば、「夫Mは家財道具を引き続き使用してもよいが、同時に、婚姻に基づいて妻Fに占有を仲介する」との合意をすることによって、夫は、自らが有する婚姻生活上の家財道具を妻に譲渡することができる（*BGH* NJW 1979, 976）。両親が子に対し

て財産監護の法律関係に基づいて占有を仲介する場合には、両親と子の間の譲渡に関して同じことがあてはまる（*BGH* NJW 1989, 2542）。

3．先行的占有改定

33　これから製造される必要のある物、または、譲渡人が所有権を手に入れるのが将来になる物の取得を事前に確保しておくことの必要性が、ときおり存在する。この需要が見受けられるのは、なによりも、旧商品の譲渡や加工、新商品の追加によってつねに在庫が入れ替わる商品倉庫が、担保目的で与信者に譲渡される場合である。

34　新たに取得された物の１つ１つについて、それらが倉庫に搬入されるたびにその時点で物権的合意と占有仲介関係とを合わせて成立させることも、たしかに可能ではある。しかし、頻繁に内容物の変更が行われる場合には、とりわけこの方法はあまりに煩雑であるため、経済取引の需要に適合しない。このため、先行する物権的合意と占有改定による将来の物の譲渡が認められてきた。譲渡人が商品を**所有者かつ占有者として取得する前に**、物権的合意と占有仲介関係があらかじめ締結される。譲渡人がその商品の所有権を、論理的瞬間に取得して、その所有権は譲受人に移転するのである（185条２項）。

35　しかし、重要なのは、物権法上の**特定原則**を維持することである（§3 Rn. 8以下）。先行する物権的合意と占有改定は、その合意についてさらに検討しなくても、どの物が譲受人に移転することになるのかという点につき確定できるほどに、合意の時点で特定されていなければならない。

36　このために必要な限定〔の手段〕としては、以下の方法でたりる。たとえば、正確に記された空間に保管され、記された種類に含まれる全ての商品についての所有権が、譲受人に移転され（物権的合意）、かつ、譲渡人はこれらの商品を譲受人のために保管する意思を有している（占有改定）という方法である（いわゆる**空間担保契約**。たとえば、*BGH* NJW 1992, 1161; *BGH* NJW 1996, 2654を参照）。また、譲渡に含まれる物と含まれない物に**マーキング**を施すことでもよい（いわゆるマーキング契約。*BGH* NJW 1991, 2144, 2146; 1992, 1161, 1162; 2000, 2898）。空間の限定やマーキングは、これ以外の方法で譲渡の目的物を特定できる場合、たとえば、一定の種類のすべての物が譲渡される場合には、その必要がない（*BGH* NJW 1994, 133）。逆に不十分なのは、純粋に事実上分離しただけの保管であって、

その保管が合意されていないか、または、合意に適合しない保管であった場合である（例として、*BGH* NJW 1984, 803）。また、十分に特定されたとはいえない例として、「所有権留保付きで引き渡された財産を例外」とするすべての商品の譲渡（*BGH* NJW 1986, 1985）や、「差押え可能なあらゆる」物品の譲渡（*BGH* NJW-RR 1988, 565; *BGH* NJW 1992, 1156）がある。

物権的合意と占有仲介関係の合意は、目的物ごとになされなければならない。しかし、これらの合意の束を１つの定式でまとめることは可能である。ただし、各目的物のうちどれが合意の対象とされているのかということは、明確でなければならない。譲渡した商品のうち、譲渡人が一部については所有権を有しているが、他の一部については**物権的期待権**しか有していない場合、BGHZ 28, 16によれば、どの目的物に対して所有権または物権的期待権が存在しているのかについて個別に指示することまでは、特定原則は要求していないとされる。 37

Ⅴ．返還請求権の譲渡による所有権の移転（929条１文・931条）

１．移転の要件

929条１文と931条に基づく譲渡
１．物権的合意
２．返還請求権の譲渡
３．合意の存続
４．譲渡人の権限

所有権の移転は、その時点で第三者が（たとえば使用賃借人として）物の占有者である場合にも可能である。直接占有者または間接占有者である第三者が所有者に占有を仲介している場合、所有者は譲受人に対して自らの**間接占有を870条に基づいて移転する**という方法で、目的物の所有権を譲受人に移転することができる。このことを可能にするのが、931条である。この場合、物権的合意とともに──引渡しの代わりに──間接占有の移転を目的とする譲渡契約（398条）が交わされなければならない。 38

例：Aが銀行Bに預けていた株式をCに売却した。この場合、Cがいつでも銀行にその株式の返還を求めることができるという合意をAとCが結ぶことによって、AはCにその株式の所有権を移転することができる。つまり、Aは、Cに株式の引渡しをするために金庫にこれを取りに行く必要はないのである。むしろ、株式は直接占有者である銀行に保管されたままでよい。Aがしなければならないのは、銀行との寄託契約に基づく自らの返還請求権（695条）をCに譲渡することだけである。この譲渡は、AとCの間でなされる合意に含まれる。これにより、Aの間接占有がCに移転し（870条）、間接占有の移転と物権的合意が結合して、Cはその所有権を取得することになる（929条1文・931条）。

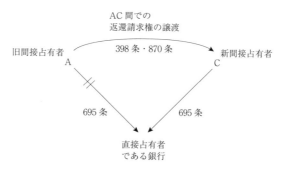

39　契約上の**返還請求権**、たとえば546条〔使用賃貸借〕や604条〔使用貸借〕に基づく請求権が存在するのであれば、その返還請求権が譲渡されうる。占有仲介関係の基礎となっている契約が無効である場合には、法律上の返還請求権、たとえば、812条・823条、249条による請求権（§4 Rn. 27）が譲渡されうる。占有仲介関係や法律に基づく請求権が存在しない場合には、931条の要件を満たすために、985条による請求権を譲渡できるかが問題となりうる。しかしながら、このことはほぼ完全に否定されている（MünchKomm/*Oechsler*, §931 Rn. 11）。というのは、所有権と所有権返還請求権は、密接不可分だからである。これらのケースでは、むしろ、所有権取得のためには所有権移転に関する合意があればたりるとしなければならない（Palandt/*Bassenge*, §931 Rn. 3）。

例：Eの自動車が**盗まれた**。Eが自ら加入していた車両保険KVから賠償を受けるためには、盗まれた自動車の所有権をKVに移転しなければならない。そのためには、所有権がKVに移転するという単なる合意（929条1文）をKVと締結

すればたりる。その自動車が後に発見された場合には、KVが占有者に対して985条に基づいて返還を求めることができる。

引渡証券、たとえば貨物引換証（商法典448条）、倉庫証券（商法典475g条）、船荷証券（商法典650条）などを引き渡すことにより、記載された商品の間接占有も移転する。引渡証券における返還請求権の記載によって、証券所持人に権限が認められ、かつ、証券化された返還請求権を無権限者からも善意取得することができる。この取得は抗弁を受けることもない（それぞれの理論については、Schnauder, NJW 1991, 1642, 1646）。引渡証券の引渡しは、目的物の引渡しと同じ効果をもつ。証券の移転と契約に基づく返還請求権の譲渡を、399条により禁じることもできるし、または、なんらかの方式と結びつけることもできる。しかし、985条による返還請求権の譲渡については、399条によって排除することができない。そうしてしまうと、137条1文と矛盾することになってしまうからである。 40

所有権の移転と**占有仲介関係**は、様々な方法で結びつけることができる。この点に関して、以下のことが区別されなければならない。 41

上記設例（Rn. 38）のAが、銀行によって保管されている株式の間接占有をCに移転することで自らの間接占有を放棄すると、929条1文と931条の方式での譲渡が生じる。しかし、Aは間接占有者であり続けることができ、Aを第一段階の間接占有者、Cを第二段階の間接占有者とする新たな占有仲介関係についての合意をCと結ぶこともできる。ここでは、929条1文・930条の方式での譲渡（Rn. 28以下）が行われているが、これは、とくに譲渡担保のために行われる。

Cが、購入した株式を今度は主要取引銀行であるDに保管することを望むときは、CはAに対して、株式をDに引き渡すよう銀行Bに指示することを依頼することができる。DはBから引渡しを受けたとき、直接占有者としてCのために株式を保管することで、新たな間接占有をCにもたらすのである。このケースでは、Aは同じく自らの占有を放棄しているのであるが、Cに占有を移転しているのではない。むしろ、Cに新たな第一段階の間接占有が認められる。そのため、第三者を介する、929条1文の意味における引渡しのケースとなっているのである（Rn. 12・13）。

これらの区別は、とりわけ、善意取得（932条以下）の場合の異なる要件を検討する際に意味がある。

2. 譲受人の法的地位

42 　物権的合意と結合した返還請求権の譲渡により、譲受人は929条1文と931条に従って所有者となる。しかし、第三者が、譲渡された返還請求権に対する**抗弁**を述べる権利を有している場合には、その第三者は986条2項により譲受人に対しても抗弁を述べることができる。986条2項は抗弁とともに抗弁権をも含んでいる。というのも、986条が依拠する理念は、占有者の法的地位は占有者が関与しなかった譲渡によって縮減されるべきではないというものだからである。

　例：Lは所有者Eから1冊の本を3週間借り受け、LからはEに対して1枚のCDを貸し出した。Eはこの本を929条1文・931条に従ってNに譲渡したとする。ここで、新所有者であるNがLに対してこの本の返還を求めると、Lは、自らの借受期間がまだ経過していないことと、自己との関係ではCDの返還との引き換えにおいてのみ本の返還が認められることを援用できる。Lは、譲渡された604条の返還請求権に対して404条に基づいて自己の抗弁と抗弁権を主張することができるだけではなく、985条の返還請求権に対して986条2項に基づいて抗弁と抗弁権を主張することもできる（BGHZ 64, 122, 125）。

43 　986条2項は929条1文・931条による譲渡を対象としているので、返還請求権の譲渡による動産の譲渡に限定される。しかし、間接占有者である所有者が929条1文・930条に基づいて第二段階の占有仲介関係を作り出すことによって譲渡を行う場合にも、986条2項が類推適用されなければならない（Rn. 31の例、*BGH* NJW 1990, 1914）。

VI. 共同所有権の移転

44 　単独所有権と同じく、既存の共同所有権の各持分についても、持分に応じて、929条から931条までの方式で移転することができる。この場合、単独占有の移転の代わりに、共同所有権と結合した共同占有（866条）の移転が行われる。

45 　たとえば**夫婦**のように、複数人が単独所有者から取得するに際して共同所有権を持分に応じて取得することを望む場合には、全ての譲受人との間で929条による物権的合意がなされなければならず、共同占有のための全員へ

の引渡しも行われる必要がある。合意によって、共同所有持分の割合も定められる。割合が不分明の場合には、1008条・742条に従って、等しい割合によるものと推定される。

一方配偶者のみが行為する場合にも、他方配偶者は共同所有権を取得することができる。このことは、行為者である一方配偶者が他方配偶者のための任意代理権に基づいて行為する場合も、同様である。また、相手方にとって本人が誰であってもよい行為（*Wolf/Neuner*, §49 Rn. 47 ff.）が行われ、かつ、その際に行為者である譲受人〔一方配偶者〕が他方配偶者のためにも目的物を共同で取得する意思を有している場合にも、あてはまる。夫婦が家財を取得したときは、特段の事情がない限り、この意思から出発する必要がある（*BGH* NJW 1991, 2283）。しかし、**日常の家事**に関する行為の存在だけでは、共同所有権の取得はまだ生じない。1357条がもたらすのは、債務法上の効果だけであって、物権法上の効果ではない（*BGH* NJW 1991, 2283）。所有権の取得は、1357条が適用される場面においても、929条以下の一般的な取得要件により、その名で物権的合意を締結した者のために生じる。

VII. 比較法

フランス法（フランス民法典711条・1138条2項・1583条）では、動産の譲渡は売買契約のみに基づいて行われる（一体主義と合意主義）。所有権を移転するためには、目的物と価格について当事者が売買契約で合意すればたりる。物権的な実現行為（占有の移転または代替的引渡しの合意）は、不要である。無因主義も適用されない。ただし、種類物売買については、一体主義と合意主義をある程度修正しなければならない。特定物の場合には、所有権は売買契約の締結に基づいて移転するが、種類物売買の場合には、債務の目的物が特定されることではじめて所有権移転が発生する（*Senne/Wohlmann*, JA 2000, 810）。それゆえ、特定原則が放棄されているわけではない。さらに、当事者は、停止条件や始期について合意することによって、権利の移転を先延ばしにすることができる（*Sonnenberger/Autexier*, Einführung in das französische Recht, 2000, S. 144）。 46

イタリア法（イタリア民法典1376条・1470条）でも、一体主義と合意主義が原則として適用されている。所有権移転は、占有状態と無関係な売買契約上の合意に基づいて行われる。売主の義務は原則として引渡義務に尽きる（同法1476条1 47

号)。一体的な契約から切り離された所有権取得は、特別なケース、すなわち、選択債権、種類債権、将来物売買、他人物売買または所有権留保付売買に限られている (同法1476条2号、1285条・1378条・1472条・1478条・1523条)。これらのケースでは、所有権取得の時点は、給付時 (同法1285条)、合意による特定時 (同法1378条)、目的物の発生時 (同法1472条1項)、売主による取得時 (同法1478条2項)、または、最後の割賦売買代金の支払時 (同法1523条) とされている。さらに、当事者は、物権的効果の発生を、期限の経過や停止条件の成就にかからしめることができる (同法1465条2項・4項)。

48 **イングランド**の動産売買法 (1979年) は、一部の者によっては、体系化からかけ離れた分離主義と一体主義が混在するものとして理解され (*Baur/Stürner*, §64 Rn. 103)、また、一部の者によっては、一体主義と合意主義に分類されるものとして理解されている (*v. Bernstorff*, S. 136)。事例類型ごとに特有の次のルールが認められている。すなわち、まず、特定物売買の場合には、所有権移転の時点を確定することが当事者の義務とされている。この確定がない場合には、特別な推定ルールが適用される。売主が契約に沿って目的物を引渡し可能な状態にしなければならない場合、この契約義務が履行されてはじめて所有権は移転する。契約義務が履行されたことは、買主に伝達されなければならない。売買価格を確定するために売買目的物の検査や測定が必要な場合にも、同様である。見本売買の場合には、売買目的物についての承認があってはじめて、所有権は買主に移転する。これらの特別な推定ルールが及ばない場合に、売買契約 (*sale*) の締結によって所有権が移転するという推定が妥当する。種類物売買の場合には、目的物の特定とともに所有権の移転が生じることになる。

オランダ、オーストリア、スペインでは、所有権取得に関して、売買契約に含まれる合意に加えて占有の移転も要求される (いわゆる引渡主義。*Senne/Wohlmann*, JA 2000, 810; *Baur/Stürner*, §64 Rn. 99, 117 ff.)。

49 このように、ヨーロッパ法圏では、動産の譲渡に関して様々なモデルが対立している。

(1) **一体主義**：譲渡は売買契約またはその他の債務法上の契約に一体化され、原則として、この契約の締結によって生じる。

(2) **引渡主義**：債務法上の契約の締結に加えて、譲渡のために占有の移転も必要とされる。

(3) **分離主義**：債務法上の契約と物権的な譲渡契約を分離する。後者は、合意を

形成する過程で債務法上の契約に加えて締結されなければならない。さらに、ドイツ法では、引渡しまたは引渡しの代わりの行為が加えられる。

モデル(1)と(2)を採用するのであれば無因主義の適用は不可能になるが、モデル(3)を採用するのであれば無因主義の適用は自由であり、かつ、所有権留保が問題なく可能になる。

より深く学びたい人のために：*Bayerle*, Trennungs- und Abstraktionsprinzip in der Fallbearbeitung, JuS 2009, 1079; *Bezzenberger*, Schaltplan für die Übereignung beweglicher Sachen （§§ 929-934 BGB）, JA 1998, 657; *Bülow*, Grundfragen der Verfügungsverbote, JuS 1994, 1; *Coester-Waltjen*, Die Eigentumsverhältnisse in der Ehe, Jura 2011, 341; *Haedicke*, Der bürgerlich-rechtliche Verfügungsbegriff, JuS 2001, 966; *Krüger*, Eigentumsübertragung mittels Besitzkonstitut und Einwendungen des unmittelbaren Besitzers-BGHZ 111, 142, JuS 1993, 12; *Lorenz*, Grundwissen-Zivilrecht: Der Eigentumsvorbehalt, JuS 2011, 199; *Masloff*, Eigentumserwerb durch Geheißpersonen, JA 2000, 503; *Petersen*, Veräußerungs- und Verfügungsverbote, Jura 2009, 768; *Schall*, Maultaschen im Sachenrecht, NJW 2010, 1248; *Schmitz*, Grundfälle zum Eigentumserwerb an beweglichen Sachen, JuS 1975, 447, 572, 717 und JuS 1976, 169; *Schreiber*, Die Verfügungsbefugnis, Jura 2010, 599; *Senne/Wohlmann*, Die Grundtatbestände des Eigentumserwerbs im internationalen Vergleich-Deutschland, Niederlande, Schweiz, Frankreich, JA 2000, 810; *Stadler*, Die Vorschläge des Gemeinsamen Referenzrahmens für ein europäisches Sachenrecht-Grundprinzipien und Eigentumserwerb, JZ 2010, 380; *Wank/Kamanabrou*, Zur Widerruflichkeit der Einigung bei den §§ 929 S. 1, 930, 931 BGB, Jura 2000, 154; *R. Weber*, Der rechtsgeschäftliche Erwerb des Eigentums an beweglichen Sachen gemäß §§ 929 ff. BGB, JuS 1998, 577.

事例研究：*Edenfeld*, Missgeschick am Geldautomaten, JA 1995, 557; *ders.*, Das teure Frühstück, JuS 1998, 332; *Gottwald*, PdW, Fälle 54-62; *Hoeren*, EBV in der Krippe-Sachenrecht zum Weihnachtsfest, JuS 1996, 1094; *Jäckel/Tonikidis*, „Die Perle in der Auster", JA 2012, 339; *Martinek*, Das Los der Witwe Klicko, JuS 1996, L 93; *Preisner*, Examenstypische Klausurenkonstellationen des Familien- und Erbrechts-Teil IV Sachen- und Zwangsvollstreckungsrecht, JA 2010, 705; *Schirmer*, Streit um ein Paar Stückchen Papier, JA 2013, 719; Vieweg/*Röthel*, Fall 6; *Weitemeyer*, Glück und Pech in der Lotterie, JuS 1997, 147; *Zenker*, Die verworrenen Wege zweier Lagerfahrzeuge, JA 2010, 578.

§8. 動産の善意取得

Ⅰ. 法的取引の保護

1. 利益状況

1　動産の占有は、占有者が物の所有者として振る舞うとき、まさしくその占有ゆえに、この占有者は真の所有者であるとの信頼を生み出す。すなわち、動産の占有は、第三者がそのような信頼をするに足るたしかな対象をなす。このため、物の占有者は、1006条1項1文により、この物の所有者と推定される。932条以下〔善意取得の規定〕も、この推定と関係する。占有者が実際には所有者または処分権者でなくても、法律行為による取引に善意で取引に入る者は、この**信頼対象事実**を信じることができ、法律行為による処分時に所有者と称した占有者から所有権を取得することができる。その反面で発生する真の所有者にとっての不利な効果、つまり、自己の所有権を自らの意思に反して善意取得者保護のために失ってしまうという効果は、基本法14条に反しない。しかしながら、法律が真の所有者にとってのこの不利な効果を認めるには、所有者が占有を、譲渡行為を行う無権利者に自己の意思によって委ねていたことが必要である（いわゆる与因主義）。というのも、所有者が、信頼を濫用する第三者を信頼して、譲渡により占有を委ねたならば、所有者は自ら危険を引き受けているからである。しかし、所有者が物の占有を自己の意思によらずに失ったときは、所有者はこの危険を負うべきではない。このため、935条は、占有離脱物の善意取得を原則として認めていない。

2. 取引行為の必要性

2　929条以下は、法律に基づく所有権取得には適用されない。このため、たとえば相続の場面においては、善意取得はそもそも除外される。問題となるのは、法的取引における法律行為による取得についてのみである。しかし、取得者側が譲渡人側と法的または経済的に同一であるとき（内部行為）にも、「取引行為」の要件は充足されていないとしなければならない。したがって、

取得者側に譲渡人側と同一人がいるか、あるいは、取得者側に譲渡人側でもある者しかいないときは、善意取得は認められない。

例：
- 社員A・B・Cからなる合名会社が、会社の財産であるトラックをBの単独所有とするために譲渡する。
- 一人有限会社が、その一人社員に、ある物を譲渡する。
- その他のケースとして、遺産分割による共同相続人間の譲渡を挙げることもできる（BGH ZEV 2015, 339）。

しかし、取得者側の者以外の「第三者」が加わる場合は、上記の例と異なる。ここでは、純粋な内部行為ではなく、法的取引における行為がなされているので、932条以下を適用することができる。

3

例：
- 社員A・B・Cからなる合名会社が、トラックをBとBの姉Sの共有とするために譲渡する。
- A・B・Cからなる組合が、B・C・Dからなる組合に物を譲渡する。

筆記試験のためのアドバイス：この「取引行為」の論点は、具体的なケースで問題となっている場合にのみ、論ずればよい。したがって、この論点は以下の検討ポイントでは省略されている。

3．932条以下の規定の概観

動産の善意取得に関する932条以下の規定は、929条から931条までのうち少なくとも1つの方式についての物権的な処分行為が存在することを要件としている。しかし、これらの規定が関連してくるのは、「譲渡人の権限」という論点に関して、譲渡人が（処分権限のある）所有者でなくその他の処分権者でもないということが確定されてからのことである。この場合に、932条以下に定められた付加的な要件が備わると、譲渡人が無権限者であっても、譲受人はなお所有権を取得しうるのである。それゆえ、すでに掲げた検討ポイント（§7 Rn. 4・28・30のそれぞれ前に掲げられた項目）が、各善意取得〔932条・933条・934条各所定の善意取得〕の成否を検討する際に、その要件として補足されなければならない。というのも、このように民法典が定めている

4

とおりの要件が充足されることによってはじめて、無権限〔という瑕疵〕を克服することができるからである。この場合、引渡方式に応じて細分化がなされなければならない。932条が関連するのは929条の引渡方式であり、933条は930条の、934条は931条の引渡方式にそれぞれ関連する。

善意取得の規範体系				
譲渡方式	929条1文	929条2文	929条1文・930条	929条1文・931条
関連する善意規定	932条1項1文・2項	932条1項2文・2項	933条	934条

5　第三者の**善意**を生み出す**連結点**となるのは、譲渡人が**占有**を意のままに用い、それを自由に移転しうることを示す様々な状況である。また、このような状況が、譲渡人が所有者であることに対する信頼を正当化するのである。このため、譲渡人は、この信頼を作り出す事実上の行為もした上で、占有を取得者に移転しなければならない。譲渡人は占有を完全に放棄し（**占有喪失**。BGHZ 36, 56）、取得者は譲渡人から占有を取得しなければならない（**占有取得**）。この占有移転があってはじめて、譲渡人が物を所有者のように事実上支配することができて占有を取得させる権利を有していたという外観が、取得者にとって存在したといえる（*Vieweg/Werner*, §5 Rn. 16）。

Ⅱ．929条1文・932条に基づく善意取得

929条1文・932条に基づく善意取得
1．929条1文に基づく譲渡人からの引渡しによる所有権譲渡
2．譲渡人の権限の不存在
3．取得者の善意（932条2項）
4．目的物が占有離脱物でないこと（935条）

6　無権限者と取得者が929条1文の移転方式〔現実の引渡し〕を用いる場合、

まず、譲渡人の完全な占有喪失と取得者の占有取得が必要となる。このことは、同条の文言から明らかである。すなわち、同条は、譲渡人から取得者に対する直接占有の移転を要件としている。しかし、**占有補助者**や**占有仲介者**から**引渡し**を受けた場合や、第三者が譲渡人の指示により占有を取得者に移転するいわゆる**指示に基づく取得**（§7 Rn. 15・16）が行われた場合にも、譲渡人からの占有取得が認められる。引渡しが真の指示者ではなく「**表見指示者**」によって行われたにすぎない場合にも善意取得が可能かについては、争いがある。

事例6 ― 石炭の供給（BGHZ 36, 56をもとにした設例）：AはBに対して代金を前払いした上で、その後石炭の履行を求めた。しかし、履行を請求した時点で、Bはすでに廃業していた。このため、Bは他の石炭業者Cに対して、Aに給付するよう依頼した。CはAに給付したが、売買代金の支払いがなされるまで所有権を留保した。このことは、CがAに引き渡した納品書に明記されていた。Aは、すでにBに代金を支払ったことを理由として、Cへの支払いを拒絶した。CがAに985条に基づいて石炭の返還を請求してきたのに対し、AはBから所有権を取得したと主張している。ここでの法律関係について述べよ。

解決へのすじみち：
CはAに対して985条による石炭の返還請求権を有するか。
Cがいぜんとして石炭の所有者であることが要件であると考えられる。
1. もとはCが石炭の所有者であった。
2. CからAへの給付により、所有権は929条1文に基づいてAに移転したのだろうか。
 a) Aの立場からすれば、BからAへの所有権譲渡の申込みがあり、Aはそれを承諾した。
 b) 譲渡人と取得者の関係では、原則として、両者が自ら引渡しを行うことは必要とされない。とりわけ、譲渡人の指示により、第三者（たとえば仲卸業者）が直接取得者に給付することは可能である（いわゆる指示に基づく取得）。Aの立場からすれば、CがBの被指示者であることは明らかである。
 c) たしかに、Bはこの石炭について無権限者であった。というのも、この石炭はCに帰属していたからである。しかし、Aは、929条1文と932条1項1文により、所有権をBから善意取得した可能性がある。事案によ

れば、CがBの指示により石炭を給付したとAは信頼することができた。
　ただし、Cの立場からすれば状況は異なる。Cは、自らの名前で自らの給付をAに対して所有権留保付きで（929条・158条1項・449条1項）行うことを意図していた。さらに、Aを犠牲にして、932条による保護は譲渡人の所有権への善意に限られ、指示状況の外観への善意には及ばないと述べることも不可能ではない（*Medicus/Petersen*, Rn. 564）。この立場にたつのであれば、Cはいまだに所有者であるということになろう。なぜならば、Cに対して売買代金がまだ支払われていなかったからである。
　したがって、問題となるのは、どちらの立場に立つべきかということである。ここでの所有権譲渡については、法律行為による譲渡が問題となっているため、通説によれば、Cの表示行為の意味がAにとってどのように認識できるかが、決定的な基準となる（*BGH* NJW 1974, 1132; *Wieling*, JZ 1977, 291, 295; *Rußmann*, JuS 2012, 1008, 1010; 異なる見解として、*Medicus/Petersen*, Rn. 564; *Lopau*, JuS 1975, 773）。引渡し時に明確に自ら意思表示することは、Cの責務であった。しかしながら、これがなされなかったので、Aの立場からすれば、Cの行為をBとの所有権譲渡行為の実行とみなすことが許されよう。Aの立場からすると、CはBの指示に従って行為したことになるので、AのためにBからの占有取得があったということになる。連邦通常裁判所によれば、第三者が譲渡人の指示に服して取得者に占有を移転する外観さえ作出されていれば、それでよい。客観的な見地からすれば、この場合、引渡しは譲渡人による給付と考えることができる（表見指示取得説）。取引保護という論拠もこの理論を補うことになる。したがって、Aがその石炭の所有者になった。
結論：Cは985条に基づくAに対する返還請求権を有しない。

Ⅲ．929条2文と932条に基づく善意取得

929条2文と932条に基づく善意取得
1．929条2文に基づく所有権譲渡
2．譲渡人の権限の不存在

3．譲渡人からの占有取得（932条1項2文）
4．取得者の善意（932条2項）
5．目的物が占有離脱物でないこと（935条）

　非所有者と取得者が929条2文の移転方式〔簡易の引渡し〕を選んだ場合は、取得者がすでに有していた**占有を事前にその譲渡人から取得していた**ときにのみ、善意取得することができる（932条1項2文）。このことは、取得者が主張し、場合によって立証する必要がある（*OLG Hamm* MDR 2015, 143）。取得者が第三者から占有を取得した場合に、その第三者が譲渡人の指示に従った法律行為をしていなかったときには、善意取得は成立しない（*BGH* NJW 2005, 359）。

　例：MはVから1台の自転車を使用賃借しており、その自転車をそのまま購入したいと考えていた。すると、DがMに対して、Vが使用賃貸借に供している自転車はすべて自分の所有物である、と主張してきた。その後、DとMは929条2文による所有権の移転について物権的合意を交わし、この際、使用賃借人であるMが自転車をすでに占有しているので引渡しは行われないものとされた。Dが所有者でない場合、この事案では善意取得は認められない。というのも、MはDから占有を取得しなかったからである。ここでは、Dに所有権があることを十分に示す権利の外観は存在しない。Mは、Dの主張だけを信頼することは認められない。

Ⅳ．占有改定の合意に基づく善意取得（929条1文・930条・933条）

929条1文・930条・933条に基づく善意取得
1．929条1文・930条に基づく所有権譲渡
2．譲渡人の権限の不存在
3．譲渡人から取得者への物の引渡し（933条）
4．引渡し時における取得者の善意（932条2項）
5．目的物が占有離脱物でないこと（935条）

　譲渡を行う非所有者と取得者が929条1文と930条の移転方式〔占有改定〕

を用いる場合には、物が譲受人から取得者に〔現実に〕引き渡され、かつ、取得者がその引渡し時に（いぜんとして）善意であるときに限り、善意取得することができる（933条）。すなわち、譲渡人が取得者（または、取得者に指定された別の人物）に物を引き渡すことによって自らの占有を完全に失うことによって、善意取得がようやく完了したことになる（BGH NJW 1996, 2654）。

例：Ｇが自身の債務者Ｓから929条１文と930条の方式により譲渡担保の設定を受けても、Ｇが目的物の占有を債務者Ｓの下にとどめておき、かつ、Ｓが所有者でない場合には、Ｇは善意取得することができない。Ｓが物をＧに引き渡し、かつ、その時点でもなおＧが善意であり、物権的合意も存続している（§7 Rn. 18）のであれば、929条１文・930条・933条により、善意取得が認められる。しかしながら、ＳとＧの間の占有仲介関係が引渡し時まで中断されずに存続していることまでは、必要とされない（BGH NJW 1978, 696）。

10 **引渡し**を認定するための要件として、取得者が占有を取得することについての**譲渡人の承諾**が必要である（BGH NJW 1996, 2654）。取得者が譲渡人の承諾を得て物を持ち去る場合にも、933条を適用するための要件である引渡しが認められる。ただし、この承諾は、持ち去る時点で表明されなければならない。あらかじめ授権しただけでは、929条１文による引渡し（§7 Rn. 7）とは異なり、要件を満たさない（BGHZ 67, 207）。というのも、933条により善意が保護されるのは、〔現実の〕占有移転時において譲渡人がこれに自らの意思で関与するからこそであるところ、事前の授権ではその代わりにはならないからである（異なる見解として、*Musielak*, JuS 1992, 713, 718など）。この意思的関与に基づいて、善意の保護だけが933条によって正当化されうるのである。また、持ち去ることについての追認も、933条の引渡し要件を満たさない（BGH JZ 1978, 104, 106; 異なる見解として、*Deutsch*, JZ 1978, 385, 388）。

11 **事例７―自力救済行為**：注文者Ｂは請負人Ｗに建物建設の注文をした。Ｂは請負代金をほぼ全額前払いしたので、担保のために、建設現場に設置された３つのコンプレッサーの所有権移転をＷから受けた。Ｂは同時に、Ｗが契約上の義務を履行しない場合にはこれらの機械を直接占有する権限を授権された。しかし、Ｗはそれ以前にすでに、これらコンプレッサーを銀行Ｓのために譲渡担保に供していた。Ｗが支払不能に陥ったため建設工事を中止したので、Ｂは建設

現場にあるコンプレッサーを持ち去った。Sは自らに所有権が存することを援用して、Bにコンプレッサーの返還を求めている。正当か。

解決へのすじみち：
Sは985条によるBに対する返還請求権を有するか。
1. もとはWが所有者であった。
2. その後、Wは929条1文と930条により所有権を銀行Sに有効に移転した。
3. しかし、Sは、WからBに譲渡がなされたことによって所有権を失ったのではないか。Bのために検討対象となるのは、929条1文・930条・933条による無権限者からの取得のみである。この点につき、全ての要件が満たされており、引渡しの要件だけが問題となる。Bは、コンプレッサーの占有をWによる引渡しの結果として取得したわけではない。つまり、譲渡人の手により引き渡されたわけではなく、Bが自らコンプレッサーを引き取ったのであった。ただし、Wはこの方法で占有が取得されることにつき、事前に同意していた。ある見解によれば、このような事前に「許容された持ち去り行為」は、933条のいう引渡しに代わるものとして要件を満たす（*Musielak*, JuS 1992, 713, 718; Staudinger/*Wiegand*, §933 Rn. 19-23; Palandt/*Bassenge*, §933 Rn. 4）。しかし、追認だけでは要件を満たさないとされる。連邦通常裁判所（BGHZ 67, 207 ff = NJW 1977, 42）によれば、事前同意も追認も要件を満たさないとされている。むしろ、占有移転時の譲渡人の協力が必要とされる。この見解が妥当とされるべきである。すなわち、譲渡人が要件である占有移転権限を占有移転時に行使し、かつ、この権限を外部に明示する場合にのみ、善意取得を正当化する権利外観の事実が存在しているといえるのである。

結論：引渡しがないために、Bはコンプレッサーを善意取得しなかった。銀行Sがこれら機械の所有者であるので、Sの返還請求権が認められる（*Habersack*, Rn. 163の事例の解答例も参照）。

V. 返還請求権の譲渡に基づく善意取得（929条1文・931条・934条）

929条1文・931条・934条に基づく善意取得
1. 929条1文と931条に基づく所有権譲渡

2．譲渡人の権限の不存在
3．譲渡人からの間接占有の取得（934条第1事例）**または**占有仲介者からの占有取得（934条第2事例）
4．占有取得時の取得者の善意（932条2項）
5．目的物が占有離脱物でないこと（935条）

1．934条第1事例

12　934条は、929条1文と931条の移転方式がとられた場合に関する規定である。934条については、2つのパターンが区別されなければならない。譲渡を行う非所有者が868条により**間接占有者**である場合、譲渡人が、870条に基づき、返還請求権とともに間接占有を取得者に移転すれば、それだけで善意取得が成立しうる。この時点で、譲渡人はその占有も失い、取得者が占有を譲渡人から間接占有者として取得したことになる（934条第1事例）。しかし、このためには、直接占有者が間接占有者の返還請求権について承認する意思を所有権取得完成時にいぜんとして有していたこと、という要件を満たす必要がある（*BGH* NJW 2005, 359）。つまり、占有仲介関係がその時点でなお存在していなければならない。これに対して、返還請求権の譲渡による第三者の善意取得を妨げたいという占有仲介者の意思がある場合、この意思はたしかに外部から認識可能でなければならないが、間接占有者に通知される必要はない。

　　例：Kは、Vの物とされる商品を購入し、代金を支払った。しかし、実際にはこの商品はEに帰属していた。Vはその商品をLに寄託していたので、当該商品の所有権譲渡は、VがKに自らの間接占有を移転してLに対する返還請求権を譲渡するという方法で行われた。

　　この場合、Kは実際には返還請求権を譲り受けただけで所有権を善意取得することができる。Vはこの事案ではもはや占有を有していないので、934条第1事例の要件が充足されている。この定めにおいては——933条の場面とは異なり——間接占有の取得で要件は満たされる。*Kindl*, AcP 201, 391, 407 ff.は、この点について評価矛盾であると指摘している。この見解によれば、占有仲介者は、取得者または取得者によって権限を付与された者に、占有をさらに移転しなければならない

とされる。しかしながら、譲渡人の占有喪失に着目して、929条1文・930条・933条による取得のためにも第三者や譲渡人の旧占有仲介者によって仲介されていた占有があれば要件が満たされるとするのであれば、評価矛盾は存在しないことになる。

占有仲介者は、取得者のための新たな占有仲介意思を、認識可能なかたちで外部に表明しなければならない（*BGH* NJW 1979, 2037, 2038）。これに加えて、返還請求権の譲渡が有効でなければならない。譲渡禁止（399条）は債権の移転を妨げるので、当該要件の欠缺によって、所有権の移転も妨げることになる。また、返還請求権の譲渡をその他の要件にかからしめることは許されない。たとえば、将来の直接占有者の同意を追加的な要件とすることはできない。

問題となるのは、占有仲介者が実際には複数の占有仲介関係、つまり、2人の上位占有者を併存的に認めている場合である。この場合、間接占有者が相互に無関係に存在する点にかんがみ、間接**併存占有**と呼ぶことができよう。

例：VはKに所有権留保付きで、ある機械を給付した。しばらくして、Kはこの機械を929条1文と930条に基づきHに譲渡担保に供したが、所有権留保が付されていることについては言及しなかった。その後、Hはこの機械をLに転売し、HがKに対する権利をLに譲渡することによって、929条1文と931条に基づく所有権譲渡が行われた。これにより、いまだ直接占有者であるKは、今後、Lのために占有を仲介するように指示されていることになる。

この事案で、Lが無権限者Hから929条1文・931条・934条第1事例により所有権を善意取得できるかは疑問である。たしかに、LはHから実際に間接占有を取得した。しかし、Lは、結局のところ、Kが――所有権留保に基づいて――Lとともに引き続き自らの上位占有者と認識しているVと並んで間接占有を取得したにすぎない。これに関しては、間接併存占有の取得が929条1文・931条・934条第1事例の要件を満たすのかという点が争われている。連邦通常裁判所（BGHZ 50, 45 ff. = NJW 1968, 1382）は結論としてこれを肯定したが、併存占有という法概念を承認していない。この点については、§15 Rn. 19の事例解決の説明を参照せよ。

2．934条第2事例

これに対して、間接占有者と直接占有者の間の占有仲介関係が存在しない

ために譲渡人が**間接占有者ではない**場合には、取得者が（所有者であると信じている）第三者から占有を取得してはじめて、善意取得は完成する。このためには、第三者（たとえば目的物をまさに転貸した者）が取得者に間接占有を与えることでもよい（*BGH* NJW 1978, 699）。しかし、譲渡人はもはやなんらの占有をも有してはならない。取得者が自力で占有を取得しても、善意取得は発生しない。

例：SがEの商品を占有していた。Sをこの商品の所有者であると信じた債権者Gが、Sに対する債権の担保としてこの商品を自己のために譲渡担保に供するようSに求めた。しかしながら、Sはこの要求を拒絶した。それにもかかわらず、Gは銀行Bに対して、Sが自己にこの商品を929条1文と930条により譲渡担保に供したと主張して、表見的担保所有権を、外観上の占有仲介関係に基づく請求権を譲渡することにより、929条1文と931条の方式でBに移転した。ここで、BがSのもとへやってきて、Gの所有権譲渡を引き合いに出してこの商品の返還を求めてきたところ、Sは、これに応じなければBとの関係が悪化することを懸念したため、Bにその商品を返還してしまった。

この事例では、BはSから返還を受けたことにより所有権を善意取得することができる。929条1文・931条・934条第2事例により、取得者Bは占有を譲渡人Gから取得する必要はない。第三者Sが譲渡人の指示に従って行為したのではなかったとしても、占有移転が取得者Bにとって、外観上合意されたとおりになされてさえいれば、民法典は第三者Sによる占有移転で要件を満たすとしている。

VI. 善　意

1．善意の推定

16　占有とその移転は、取得者のために、譲渡人が真の所有者であるという権利の外観を作り出す。しかし、この権利外観に対する信頼が保護に値するのは、取得者が善意である場合に限られる。このため、譲渡人が所有者ではないことを取得者が積極的に知っている場合、または、取得者が重過失によりそれを知らなかった場合には、932条2項により、権利取得は許されない。しかし、932条1項1文・933条・934条の文言から、善意取得を援用する取得者が自らの善意を立証する必要はないということが、法律上明らかである。

むしろ、善意取得を争う者が、取得者が善意でないことを立証しなければならない（「ただし、・・・ときは、この限りでない」）。

さらに、取得者は、旧占有者である譲渡人のためにある1006条2項の所有権の推定をも援用することができる。これにより、取得者は権利者から取得したという推定が、取得者のためにさしあたってなされる（*BGH* NJW 2005, 359）。この推定も否定されてはじめて、善意取得の要件が問題となる。

2．善意重過失

重過失は、取引において必要な注意を著しく怠った場合に認められる。**中古車売買**において、所有権の欠缺に関する重過失による不知は、ふつう、買主が**車検証**（いわゆる「自動車登録証第二部」）の提示を求めなかった場合に認められる（*BGH* NJW 1975, 735; 1996, 2226; 2013, 1946; *KG* MDR 2015, 23）。車両に関する許可申請がなされた場合、車両交通許可規則6条2項1文によれば、許可官庁は、自動車登録証第二部〔車検証〕の提示を譲渡人に求めなければならない。これにより、所有者その他の物権者を無権限者による処分から保護することができる。認可された自動車ディーラーから新車を取得する場合には、一般的に、車検証の提示を求めなくてもこの新車を善意取得することができる（BGHZ 30, 374, 380; *OLG Düsseldorf* NJW-RR 1992, 381）。しかしながら、たとえば、自動車メーカーは所有権留保付きで売却するのが一般であることを、取得者が自らの取引経験からして知っていなければならない場合には、新車の売買の事案でも、取得者が重過失であるとされることもある。この場合には、商法典366条による善意取得（この点については、Rn. 22）も認められない（*BGH* NJW 2005, 1365）。外国で登録された自動車を取得する場合には、さらなる調査義務がしばしば認められる。購入者は、場合によっては、該当する自動車証書に詳しい専門家の意見を求めなければならない（*OLG Koblenz* DAR 2011, 86）。

例：KはVから中古車を購入した。実際には、この中古車はEの所有物であったが、Vはこのことを黙っていた。Vがこの車を占有していたので、Vが所有者であろうとKは信じた。しかしながら、Kは車検証の提示を求めなかった。VがKにこの車を引き渡した後、EがKに車の返還を求めてきた。

この事案では、K は所有者になることができない。そのため、この車を985条によりEに返還しなければならない。しかも、K が売買代金を V に支払済みであることは考慮されない。車検証を提示させることなく中古車を取得した者は重過失があるので、譲渡人が所有権を有していないことに関する取得者の善意が保護されることはない。たとえ、譲渡人が占有者であったとしても、この点に変わりはない。ただし、K は V に対して435条と437条に基づく措置をとることができる。とりわけ、V との売買契約を解除して損害賠償を求めることができる（325条）。

18　これとは反対に、車検証の提示を譲渡人に求めた取得者は、この車検証に登録された保有者から取得したのであれば、他に特段の事情がない限り、善意取得することができる（*BGH* NJW 1994, 2022も参照）。このことは、**第三者**が車検証を提示した上で登録された保有者と自称している場合にも、原則として妥当する（*BGH* NJW 2013, 1946. いわゆる他人の名における行為。この点につき、*Mittenzwei*, NJW 1986, 2472）。車検証に登録された法人から取得する場合には、この法人のために行為する者の権限が調査されなければならない（*OLG Schleswig* NJW 2007, 3007）。譲渡人が車検証を提示し、かつ、譲渡人が登録された保有者ではないことが明らかな場合には、譲渡人が処分権限を有しているかどうかについて、原則として取得者に保有者についての追加調査義務と**照会義務**がある（*OLG Köln* MDR 2014, 958）。取得者がこの義務を怠ると、譲受人には重過失があるとされるのが通常である。しかしながら、譲渡を行う商人が車検証に登録されていない場合には、追加調査義務と照会義務は存在しない（*BGH* NJW-RR 1987, 1456）。善意取得は、不真正の車検証に基づくものであっても取得者がその**不真正**を知らなかったのであれば、可能である（*BGH* NJW 2013, 1946）。

その他の例：
・**インターネット上の申込み**により、K は売主 V と駐車場で会い、V は K に真正の車検証とともにキャンピングカーを引き渡したが、その他の証書と鍵を持っておらず、それでも即時の現金支払いを求めた（*OLG Koblenz* NJW-RR 2011, 555を参照）。さらに V は、自分は元警察官であったと称するにもかかわらず、売買契約のいかなる書面化をも拒んだ。この事例では、疑問をもつべき要素が多いので、善意取得は認められてはならない。しかし、自動車を**路上で売買した**という事実だけでは、追加調査義務の理由とはならない（*BGH*

NJW 2013, 1946)。
・ある中古車の価格が市場価格に全く適合しないことは、譲渡人に所有権がないことを裏づける間接事実である（OLG Bremen MDR 2006, 986）。
・高価な楽器（グラニャーニのヴァイオリン）の取得が、明らかに取引価格を下回っており、このような物の取引が行われない場所でなされた場合には、通常、善意ではないとされる（OLG München NJW 2003, 673）。

物の供給が**所有権留保**付きでしか行われないのが通常の業界においては、製造者から直接に商品の譲渡を受けるのではなく、小売商や加工者から譲り受ける場合には、取得者は、所有権留保がなされていることを予測しなければならない（BGH NJW 1999, 425, 426）。取得者が所有権関係について調査しなかった場合、ふつう、この取得者は重過失とされる。給付された商品は第三者の権利の対象になっていない、という普通取引約款におけるひな型にそった表示は、確認義務の代わりにならず、同義務を排除しない（BGH JZ 1980, 572）。しかし、これらの事例や特別な疑いの要素がある場合を別とすれば、取得者は、譲渡人が本当に所有者かどうかについての調査義務を、原則として負わない。

19

デポジット式の再利用ボトルを善意取得することができるかが、議論されている。連邦通常裁判所の見解によれば、飲料注入業者が摩耗しにくいマークで自己の所有権をボトル上で示している場合（たとえば、「GG 連合」のエンボス加工が用いられている場合）には、このボトルを善意取得することはできないとされる（BGHZ 173, 159, Tz. 16）。この方法により、商人間であれば実際に善意取得は排除されるであろうが、消費者との関係では異なる。消費者は、このボトルの所有権を取得して、自由に利用できるということを信頼している。この点は、上記方法での加工によってもまったく変わらない。なぜならば、消費者は、このデポジットマークから、そのボトルについて飲料注入業者による所有権留保が行われているというメッセージを読み取ることはできないからである（連邦通常裁判所の見解に反対する説として、Weber, NJW 2008, 948）。これと異なるのは、飲料注入業者の所有権が存続することを明確に指摘する明らかな印刷が、このボトル上にある場合のみである（この点につき、Hoeren/Neurauter, JuS 2010, 412）。この場合、所有権譲渡の（黙示の）申込みは、そもそも存在しない（Metzger/Schmidt, JA 2011, 254の事例を参照）。

20

3．善意の主体

21　善意の判断については、原則として取得者自身が基準とされる。ただし、所有権譲渡を**代理人**を介して行う者は、166条1項により、その**代理人**の悪意または善意重過失につき責任を負わなければならない（BGH NJW 1991, 1415）。法人（たとえば有限会社）が取得する場合、法人はその機関社員の悪意について責任を負う。したがって、166条1項の適用もある。複数人が所有権を取得して**共有**が成立する場合は、各取得者が基準とされなければならない。この場合、善意者が半分の共同所有権を取得する一方で、悪意者がこれを取得できないこともありうる。**合有**（民法典上の組合、合名会社、合資会社）で所有権を取得する場合には、処分行為に関与した、代理権を有する者全員が善意でなければならない。

4．善意の内容

22　a）取得者は、932条から934条までによれば、**譲渡人**が**所有者**であることにつき善意でなければならない。たとえば譲渡人が倒産管財人であると信頼した場合のように、譲渡人は所有者ではないものの、処分権を有する者であると取得者が信頼したとしても、それでは原則として要件を満たさない。処分権を対象とする善意取得については、932条以下と同時に適用可能な商法典366条だけが、商取引の範囲内で商人が〔権利を〕取得する場合についてのきわめて限定された例外をなしている（BGH NJW 1980, 2245）。商法典366条1項が要件としているのは、185条による**処分権**が真の所有者から商人に付与されていると取得者が信頼していることである。通説によれば、さらに、商法典366条の類推適用により、譲渡を行う商人の代理権に対する善意が保護される（Baumbach/Hopt, HGB, §366 Rn. 5）。

商法典366条1項に基づく善意取得
1．商人による動産の譲渡または質入
2．商取引の範囲内であること（商法典343条・344条）
3．商人に権限がないこと
4．取得者の善意（932条2項）
5．その善意が法律または法律行為による商人の処分権限またはその代理

権を対象としていること（通説）
6．目的物が占有離脱物でないこと（935条）

　個別的な相対的処分制限がある場合には、所有者にこのような処分制限が　23
ないということについての消極的な善意が保護される（たとえば、135条2項・136条・161条3項・2113条3項・2129条2項1文・2211条2項）。以上から、次表の通りとなる。

右に掲げる者による譲渡	非所有者	処分権限を制限された所有者	存在しない処分権限を有していると主張する第三者
善意取得が認められるか	↓ 認められる。譲渡人の所有者としての地位につき善意である場合（932条以下）	↓ 認められる（135条2項・136条・161条3項・2113条3項・2129条2項・2211条2項）	↓ 認められない（例外として商法典366条）

　しかしながら、譲渡人が第三者から実際に授権されており、取得者がこの　24
第三者を所有者と信じていた場合には、この善意の対象は処分権ではなく、第三者の所有権なので、この場合にも932条の保護が認められる（BGHZ 56, 123, 129; *Wieling*, §10 III 2 a）。

　例：VはDから185条1項によりコインのコレクションを譲渡することにつき授権されていた。DからVに引き渡されていたコインのコレクションは、実際にはEの所有物であった。しかしながら、Vと買主Kは、Dを所有者と思っていた。Dが要求に応じてKにコインの入っている箱の合鍵をさらに送付し、KはVのところにあったコインを売買代金の支払いと引き換えに受け取った。
　この場合、KはVの譲渡により所有権を取得することができる。Kの取得根拠となるのは、KがVの処分権限を信頼していたことではなく、Kが所有者と思っていた者（D）から〔現実の〕引渡しまたは代替的引渡しがなされていたことである（BGHZ 56, 123, 129）。たしかに、Vは占有をKに移転した。しかし、DがK

に合鍵を引き渡したので、Kはこの点に、Dによる間接占有の放棄と、Vによる引渡しについての承諾を見出すことが許される。したがって、Kは所有権を善意取得した。

25　b）返還請求権の譲渡が禁止されていないこと（399条）や、返還請求権の譲渡が特定の方式の具備を要求されていないこと（*BGH* NJW 1979, 2037）についての善意は、934条では保護されない。

26　c）善意によって治癒できるのは譲渡権限の欠缺のみであって、その際の法律行為の他の瑕疵を治癒することはできない。たとえば、無権限の精神病患者から取得する場合には、取得のために有効な物権的合意がそもそも存在しない。この場合、この患者の所有権と完全な行為能力について善意であったとしても、意味をもたない。譲渡人による旧所有者からの所有権取得が、さしあたり有効ではあるが取消可能な所有権譲渡に基づいており、取得者がこの瑕疵を知っている場合には、事後に**取消し**がなされると、取得者は、この法律行為の無効を知っていた場合と同じように取り扱われなければならない（142条2項）。譲渡人の所有権についての取得者の善意は、この場合には、取消しを阻止することはできない。

27　d）**未成年者**が両親の同意がないのに**他人の物**を譲渡した場合に、いかなる規定が適用されるべきかが争われている。

　　例：14歳のMが、18歳の知人Bに誕生日に高価なセーターを贈った。しかし、このセーターは、Mが友人のFから借りていた物であった。このとき、BはMをそのセーターの所有者であると信じていた。

　　この場合、Mは所有者ではない。したがって、929条1文と932条によるBの善意取得のみが問題となる。まず検討すべきなのは、Mは929条1文による有効な意思表示をそもそも行うことができたのであろうかという点である。929条1文による物権的合意の意思表示は、原則として、未成年の譲渡人にとって107条にいう不利益なものである。というのも、この意思表示によって、未成年者である譲渡人は所有権を失うからである。もっとも、この事例では、Mは他人物を処分している。他人の所有権の処分は、処分者にとって法的に中立の行為である。なぜならば、処分者は、この行為によっていかなる権利も失わないからである。未成年者によ

る法的に中立の行為は、支配的な見解によれば、107条にいう法定代理人の同意を必要としない（たとえば、*Schreiber,* Jura 1987, 222）。このため、ここで検討されるのは、165条の法思想である。同条によれば、代理人が未成年者であっても代理行為の効力は妨げられない。というのも、164条 1 項による代理行為の効果は、（未成年である）代理人に対してではなく、本人に対して発生するからである。したがって、M はこの物権的合意を行うにあたって両親の同意を要しない。むしろ、MB 間の物権的合意が有効であったことを前提とすることができる。しかしながら、M の権限の欠缺を B の善意によって治癒することができるかという点については、疑問の余地がある（932条）。この問いに対する解答として、いくつかのものを考えることができる。

　この事案での**未成年者からの善意取得**を肯定することに対する反論として、次の見解がある。すなわち、かりに無権限の未成年者による処分がなされた場合に善意取得を許してしまうと、善意取得規定の規範目的が潜脱されてしまう。なぜなら、もし取得者が信じていた通りの状況（つまり、両親の同意を得ていない未成年者からその所有権を取得するという状況）が現実にあったとすれば、その取得者は、まさしくその物を取得できなかったはずだからである。というのも、当該取引は、108条 1 項により（未確定）無効となるからである。そして、932条は権限についての善意だけを保護するにとどまり、行為能力についての善意まで保護するわけではないのである（*Medicus/ Petersen,* Rn. 542）。しかし、これに対して、通説によれば、107条の規範目的は、未成年者保護だけを対象としており、取得者保護を対象とはしていない。同条の規範目的は、932条の保護目的とは厳格に区別されなければならない。したがって、〔107条の適否については、反対説が顧慮するところの、〕取得者の信じた権利外観が真実の権利状況と一致していたならばどのような権利関係が本来生じていたであろうか、などということは、そもそも問題とならないのである（MünchKomm/*J. Schmitt,* §107 Rn. 33 ff; Staudinger/*Knothe,* §107 Rn. 20）。この見解に従うのであれば、B は、本事例において所有者になることができたといえる。

5．善意の時点

　善意は、原則として、**取得要件のすべてが満たされるまでの間**、存在して

いなければならない。このため、物権的合意だけでなく、譲渡人の占有喪失と、譲渡人（932条1項・933条・934条第1事例）または第三者（934条第2事例）からの占有取得も、〔取得者が〕善意である間になされなければならない。

29 　停止条件付きで譲渡がなされる場合（たとえば所有権留保。449条）には、所有権は、たしかに条件成就によってはじめて取得される（158条1項）。それにもかかわらず、取得者が条件未成就の間に悪意になってしまったが、物権的合意ならびに譲渡人の占有喪失および譲渡人からの占有取得の時点までは善意であった場合には、取得者の所有権取得は排除されない（BGHZ 10, 69）。このため、善意の基準時は、物権的期待権の取得時に前倒しされる。

　例：Eが有する物をVがKに所有権を留保して（929条・158条1項・449条1項）譲渡した場合、Kは物権的合意と引渡しの時に善意であればよい。Kが売買代金の完済前にEに所有権があることを知っても、Kは最後の割賦代金を支払うことによって所有権を取得することができる。しかし、934条の事例における譲渡人が間接占有者であったかどうかという問題に関して、連邦通常裁判所は、この占有者の地位は条件成就による所有権取得時まで存在していなければならないとする（*BGH* NJW 2005, 359）。

Ⅶ. 占有離脱物

1. 占有離脱物の例外

30 　所有者が目的物の占有を**自由意思によらずに失った**場合には、その所有権の喪失を正当化することはできない（Rn. 1）。この理由により、935条1項は、盗まれたり、紛失したり、その他の方法で占有離脱した物について、善意取得を排除している。935条1項1文の文言から明らかなように、盗難と紛失は、占有離脱という一般的な概念の例示にすぎない。

31 　「占有離脱」とは、**占有者の意思**によらない（ただし、占有者の意思に反することまでは要しない）占有喪失をいう。たんなる忘れ物は、その物がどこにあるか遺失者が知っている限り、占有離脱物ではない。基準となるのは、**直接占有者の意思**のみである。物が持ち去られることについて直接占有者が了承していた場合には、たとえ間接占有者の意思に反して〔物が〕持ち去られたとしても、間接占有者にとって占有離脱があったとは認められない（935

条1項2文)。**複数の所有者**(たとえば、夫婦、組合員、取締役会構成員)が**共同占有**をしていた場合、全共同占有者が占有喪失について了承していなければならない。共有者の1人に占有を放棄する意思がなかった場合には、その共有者との関係においては占有離脱が認められる(*BGH* NJW 1995, 2097, 2099)。しかし、共同占有者の1人のみが所有者である場合には、これと異なる。

例(*BGH* NJW 2014, 1524と *OLG Stuttgart* BB 2013, 897をもとにした設例):Mとその配偶者Fが自動車の共有者であり共同占有者であったところ、Mがこの自動車を勝手に秘密裏に譲渡した場合、自動車はFから占有離脱したことになる。これに対して、Mが単独所有者であって、Fは共同占有者にすぎないのであれば、935条は関係がない。というのも、この場合、Fから離脱するのは所有権ではなく(共同)占有だけだからである。935条による保護はない。その類推適用を正当化しうるような法の欠缺も存しない(前掲*BGH*)。この場合にFに認められるのは、861条の権利だけである。

錯誤や詐欺による影響を受けた占有放棄意思も、有効である(*Kollhosser*, JuS 1992, 215, 217; 疑問を提起するのは、*OLG München* NJW-RR 1993, 1466)。〔他者からの〕抵抗しがたい強制により形成された意思のみが、存在しなかったものと扱われる。したがって、それに基づく占有の放棄は、占有離脱となる(BGHZ 4, 10, 33 ff.)。占有放棄意思は、純粋に事実上の意思であり、制限行為能力者であっても、占有放棄の意味についてその者が認識している限り、それをもつことができる(§4 Rn. 9; *Baur/Stürner*, §52 Rn. 42)。これに対して、**行為無能力者**は、支配的な見解(*OLG München* NJW 1991, 2571; Palandt/*Bassenge*, §935 Rn. 5; *Vieweg/Werner*, §5 Rn. 40)によれば、有効な占有放棄意思を形成することができないので、占有離脱は一般的に肯定されうる。

物が**占有補助者**から意思によらずに占有離脱した場合にも、直接占有者から意思によらずに占有が喪失したことになる。多数説によれば、占有補助者がよかれと思って行おうと、**横領**するつもりで行おうと、占有者の意思に反して物を任意に手放した場合にも、まったく同じであるとされる(MünchKomm/*Oechsler*, §935 Rn. 10 f.)。したがって、占有補助者を占有仲介者と同視することはできない。むしろ、占有者、つまり、占有主の意思のみ

が問題となる。

　　例：Eの被用者であり占有補助者であるAが、自己に委ねられていたノートパソコンが盗まれることについて了承していた場合には、Aが事前に同意していたにもかかわらず、占有離脱が認められる。なぜならば、直接占有者であるEの意思だけが基準となるからである。このことは、AがEの空間的な支配領域の外におり、外部からは占有補助者であることがわからない場合にも、同様である（Erman/*Bayer*, §935 Rn. 7; 異なる見解として、Staudinger/*Wiegand*, §935 Rn. 14）。

　　これに対して、AがEの受任者であって目的物を他人に運ぶよう依頼されている場合に、Aが物を横領したときは、占有離脱は認められない。受任者は占有補助者ではなく、所有者の意思により直接の自主占有を有しており、所有者は自由な意思に基づいてその占有を失ったのであるから、935条1項の要件を満たさない。すなわち、これら諸ケースの場合、占有補助者にあたるかどうかは、所有権喪失の有無に応じて決定される（BGH NJW 2014, 1524の事例を参照）。

33　　物がひとたび占有離脱したならば、最初の取得者だけではなく、**いかなる転得者**も善意取得することができない。DがEから盗まれた物をHに譲渡しても、占有離脱を理由として、その善意取得を認めることはできない。このことは、HがAに譲渡し、さらにAがBに譲渡しても同じである。

2．占有離脱物の善意取得──例外の例外

34　　935条2項は、可能なかぎり円滑に流通することが経済的取引にとってとりわけ重要ないくつかの物について、占有離脱があってもこれを善意取得できることを定める。これには、**通貨**（硬貨や紙幣。外国通貨も含む）とともに、とりわけ、無記名株式（株式法10条1項）、投資持分（投資法33条1項）、持参人払式小切手（小切手法5条・21条）などの無記名証券も含まれる。支払いを行う際に特定できず適切ではない**コレクション硬貨**は、935条2項のいう金銭ではない。このことは、その硬貨が**支払手段**として**公**に認められていても変わらない（*BGH* NJW 2013, 2888）。

　　例（*BGH* NJW 2013, 2888をもとにした設例）：所有者Eが盗人Dに、額面で100ユーロのユーロメモリアル硬貨（「ユネスコ世界遺産─歴史あるヴァイマール」

と支払手段として南アフリカで公に認められているクリューガーラント硬貨を盗まれた。DはそれらコインをCOLの買主Kに譲渡した。この場合、Kは935条1項により所有者になれない。935条2項は適用されない。この事案でのコレクション硬貨は、たとえ支払手段として公に認められていても、その様式から、支払機能を有する硬貨として考えられてはおらず、また、適切でもない。これら硬貨は、その目的にてらして、むしろ投資対象あるいはコレクション対象であり、このため金銭の流通過程から外れている。これら硬貨は、決済の場において、誰からも金銭として受け取られないであろう。したがって、これら硬貨は935条2項の規範目的に含まれない。

さらに、383条3項1文が定める**公の競売**が、特別な保護を受ける。公の競売の対象とされた物については、占有離脱物であっても善意取得することができる（たとえば、*BGH* NJW 1990, 899）。このことは、935条2項の改正後は、979条1a項による競売、つまり、官庁による**遺失物**のインターネット競売にも適用される。同じ方法で、検察庁に保管されている盗品も、官庁によるインターネット競売において善意取得することができる（983条・979条1a項・935条2項）。

Ⅷ. 無権限者の再取得

無権限者が物をまず善意の取得者に有効に譲渡し、権利者となった善意取得者から物の返還を受けて取得した場合に、無権限者がこれにより所有者になれるかという問題がある。新たな法律行為によって再取得を行うことそれ自体は、法的にはとくに問題ではない。

例：古美術商Hは、実際にはEが所有する花瓶について、自己を所有者であると善意で信じており、この花瓶をKに譲渡した。その後、Kは花瓶を見本市で偶然にもHの新入社員であるAに売却した。Aは社長Hのために仕入れに来ていたのであった。この場合、Kはまず929条1文と932条により有効に所有権を取得しており、ついで花瓶を権利者としてさらにHに譲渡することができた。このとき、引渡しはHの占有補助者であるAに行われており、物権的合意は代理人（164条1項）であるAによって表示されていた。したがって、Eは所有権を失うことになる。

37　しかしながら、無権限者の再取得が、義務負担行為の取消しの効果として812条・929条・930条により行われ、または、解除の効果として346条・929条・930条により行われるケースに関して、どのような処理がなされるべきかが議論されている。善意取得者がさしあたり有効に所有権を取得すると、善意取得者は再譲渡の時点で権利者なのであるから、もとの無権限者の所有権取得が当然に認められることになってしまいそうである。しかしながら、この結論が利益状況に適合しているのかは疑問である。

> **事例8 ── 行ったり来たり**：所有者Eは、競走馬メラーノを厩舎のオーナーRにトレーニングのために預けた。金に困ったRはこの馬をKに売却し、引き渡した。しかしながら、Kはまもなく売買契約を解除する意思表示をした。というのも、この馬に、Rが約束した特性がなかったからである。その後、RはKから馬の返還譲渡を受けた。現在、誰がこの馬の所有者であろうか。
>
> **解決へのすじみち**：
> 1. もとはEが所有者であった。
> 2. ただし、Eは、RからKへの929条1文に基づく所有権譲渡により自己の所有権を失ったのではないか。RとKは所有権の移転について物権的合意をした。この馬はKに引き渡された。たしかにRは無権限者だったが、Kは929条1文と932条により所有権を善意取得することができる。これにより、Kは所有者になる。
> 3. しかし、Kによる解除後、どのようになるかが問題である。437条2号と323条1項による解除によって、馬をRに復帰的譲渡するべきKの義務が生じた（346条1項）。Kは権利者だったので、929条1文によるこの所有権譲渡は、善意取得を介さずにRの所有権をもたらすはずである。しかし、Rは、売買の巻き戻しを理由とする「だけ」で、いまや従前よりも地位が向上し、所有者になるわけであるが、これでよいだろうか。結局、解除がなされた場合には、売買契約が締結される以前の状態が再び作り出されるにすぎず、そこでは、Eに所有権が帰属していたのである。
>
> 　この事案について、少数説では厳格な文言解釈が支持されている。この見解によれば、もとの無権限者が有効に所有権を取得するとされる。（悪意の）無権限者が当初からちょうどこのことをねらっていた場合にも、結論は変わらないとする（Palandt/*Bassenge*, §932 Rn. 17;

Jauernig/*Berger*, §932 Rn. 2)。この場合、旧所有者の〔救済〕は、損害賠償請求権によるしかない。これに対して、より優れていると評価されるべき通説によれば、この事案では、所有権は直接に旧所有者に帰属するとされる（*Baur/Stürner*, §52 Rn. 34; *Prütting*, Rn. 438）。この見解は、932条以下の限定的な保護機能によって正当化することができる。932条以下は、無権限の譲渡人を保護するのではなく取得者だけを保護している。

結論：Ｅが馬の所有者である。

Ⅸ. 善意取得による負担からの解放（936条）

善意取得による負担からの解放（936条）
１．法律行為による動産所有権の取得
２．第三者の物権による物の負担
３．932条以下・936条１項２文・３文の要件に適合する取得者の占有取得
４．負担がないことについての取得者の善意（936条２項）
５．936条３項による例外事例でないこと
６．権利者から物が占有離脱したのでないこと（935条類推適用）

所有者が善意取得によりその所有権を失うのと同じ要件のもとで、制限物権（たとえば、質権や物権的期待権（161条３項）。また、§14 Rn. 35の事例を参照）を有する者も、善意取得による負担からの解放によってその権利を失う（936条）。このことは、所有者による譲渡の場合にも、第三者による譲渡の場合にも当てはまる。物が制限物権を有する者から占有離脱した場合には、善意取得による負担からの解放は認められない。たしかに、936条は935条を明文では参照していないが、支配的な見解によれば、935条が類推適用されるべきである。というのも、制限物権者に対して、同様の保護の必要性が存在するからである（しかし、異なる見解として、*Bartels/Nißing*, Jura 2011, 252, 256）。

38

事例９ ─ 使用賃貸人の質権：使用賃借人Ｍは使用賃貸人Ｖから店舗用の土

地を使用賃借した。Mは自らの店舗設備を買主Kに売却し、所有権を譲渡した。このとき、Mは今後1か月間引き続きこの設備を使用することができる、との合意がなされた。というのも、MはVとの使用賃貸借契約をすぐには解約することができないからであった。1ヶ月後、KはMから店舗設備を引き取った。その数日後、KはVから、目的物の返還を請求された。Mに対する賃料債権が未払いであることがその理由であった。Vは、今になってようやく、土地上からこの設備が引き取られたことに気づいたという。この場合における関係当事者間の法律関係について述べよ（BGH NJW-RR 2005, 1328の事案も参照）。

解決へのすじみち：
VはKに対して562b条2項1文による返還請求権を有するか。
1. Vは使用賃貸人であり、Mとの使用賃貸借関係（535条2項）に基づく未払いの債権のために、Mが持ち込んだ物、つまり、店舗設備に対して、使用賃貸人の法定質権を有している（562条1項）。
2. 562a条（使用賃貸人が知っているか、あるいは、異議を申し立てることなく、目的物が土地から離脱した場合）または562b条2項2文による質権の消滅は、生じていない。
3. しかしながら、Kが負担のない所有権を善意取得したことにより、質権が消滅したのではないか。
   a）MからKへの設備の所有権譲渡は、929条1文と930条により行われた。というのも、Mはさしあたりまだ占有者だったからである。したがって、Kは所有権を権利者Mから取得した。
   b）しかし、Kは所有権を質権の負担付きでなければ取得できないのかという点が問題となる。929条1文と930条による所有権譲渡が行われたので、質権の負担なくKが所有権を取得する要件は──929条・930条・933条の要件と同様に──936条により、KがMから店舗設備の直接占有を取得することである。この事案はまさにこれにあてはまる。というのも、Kは設備をすでにMから引き取っていたからである。ただし、これに加えて、Kはこの権利（使用賃貸人の質権）について善意でなければならない（936条2項）。Mが営業用の土地を使用賃借したことをKは知っていたので、この要件が満たされない。このため、Kは使用賃貸人の質権を予測しなければならず、善意ではない。

結論：VはKに対して返還請求することができる。

取得による負担からの解放は、次の場合にも、〔取得者が〕善意であっても936　39
条3項により認められない。すなわち、権利を有する者（この事例のV）が、返
還請求権の譲渡による間接占有の移転の事例（931条・934条）で、物の直接占有
者か間接占有者の場合である。

X．債務法による調整

　所有者と制限物権者は、善意取得によってたしかにこの物権を失う。しか　40
し、物権を喪失した者には、その補償として**債務法上の償還請求権**が帰属す
ることがある。

　816条1項1文は、無権限の譲渡人の有責性を考慮することなく、譲渡人に対す　41
る**譲渡代価の返還請求権**を定めている。それどころか、所有者は、無償で譲渡が
行われたのであれば、816条1項2文により、喪失した所有権の再移転を取得者に
対して求めることができる。善意取得者に対する旧所有者の直接の不当利得返還
請求権が、以上のことを超えて正当化されることはない。816条1項2文は、法律
上の原因がない取得に準用される可能性もなければ、善意取得者に対する侵害不
当利得返還請求権を与えるものでもない。932条以下が正当化するのは、取得者は
無償取得（816条1項2文）を例外として旧所有者との関係で目的物を保持するこ
とが許されるという点である。このように解さなければ、善意取得はかなりの部
分で意味をもたなくなってしまうだろう。

　譲渡人に有責性（故意または過失）が認められる場合には、契約義務違反また
は不法行為（所有権侵害。823条1項）による**損害賠償請求権**がさらに加わる可能
性がある。

　取得者に有責性が認められる場合には、同じく、823条1項による損害賠償請求
権が認められるのではないか。しかしながら、責めを負わせるには軽過失ではた
りない。なぜならば、取得者が善意取得したにもかかわらず損害賠償義務を負う
とするのであれば、善意の保護がその効果を失ってしまうからである（BGH JZ
1956, 490）。しかしながら、故意または重過失の場合には、善意取得は認められな
い。このため、823条1項の適用が可能となる。また、故意による行為については、
687条2項も適用の可能性がある。

　例：自動車の買主Aは、軽過失により、偽造された車検証を提示されていたこ
とに気づかなかった。この場合、Aは、それでもなお、自動車を929条1文と932

条に基づいて善意取得することができる。というのも、932条2項によれば、悪意は重過失を要件としているからである。たしかにこの事案では、自動車の旧所有者Eとの関係については、Aが過失によりEの所有権を侵害したとして責任をとうことができ、このため、823条1項それ自体の要件が満たされていると解することができるかもしれない。しかし、取得者が損害賠償義務を負わなければならないとしてしまうと、932条によってもたらされる取引保護は空振りに終わってしまうだろう。このため、AのEに対する不法行為法上の責任は除外されるとしなければならない。

XI. 比較法

42　フランス法の出発点は、他人物譲渡は原則として無効であるということである（フランス民法典1599条）。これにもかかわらず、善意者が実際に物の占有を取得する場合に限り、所有権を善意取得することができる（占有による公示の効果。同法1141条）。占有離脱物も善意取得することができるが、この場合、自由意思によらない喪失の後3年が経過してはじめて所有権取得が認められる（同法2276条2項）。取得者が正規の取引過程で物を購入した場合、取得者はこの3年間〔占有離脱者の〕買取りを求める請求権を有する。（同法2277条。*Hübner/Constantinesco*, S. 205 f.）

43　イタリア法（イタリア民法典1153条1項）でも、無権限者から有効に動産を取得する可能性が認められている。このための要件は、有効な契約による占有取得と取得者の善意である。この場合、〔取得者が〕悪意または重過失の場合には、〔善意取得〕は認められない（同法1147条）。占有離脱物を即時に善意取得することも可能である（同法1153条・1154条）。さらに、有効な取得契約が存在していなくても、善意の場合には10年後、そうでない場合には20年後に、時効による所有権取得が可能である（同法1161条。*Kindler*, S. 228 f.を参照。登録された動産の特別な扱いについて、*Baur/Stürner*, §64 Rn. 94; *Kindler*, S. 229）。

44　イングランド法は、善意取得は行われないという原則から出発する（1979年の動産売買法21条1項）が、取引保護のために、この原則に対する多くの例外を認めている。これらの例外は（たとえば932条以下とは異なり）、ただ断片的にのみ、特定の事例状況を挙げているにとどまる。たとえば、無権限者が正当な所有者であるかのように真の権利者が振る舞っている場合には、善意取得することができる（表示による禁反言または過失による禁反言）。また、商人や倉庫営業者が通常

の取引過程で目的物を譲渡し、かつ、これらの者の処分権限を信頼して〔物を〕取得する場合（1889年のファクタ法2条）や、自ら取消し可能な契約を通じて物を取得した譲渡人から物を取得する場合も、善意取得が認められる（1979年の動産売買法23条）。さらに、物を売主に占有させていた権利者である第一買主を犠牲にして第二買主が善意取得することもできるし（1979年の動産売買法24条）、また、すでに占有を取得しているが所有権までは取得していない第一買主からの善意取得も可能である（1979年の動産売買法25条。詳細につき、*Henrich/Huber*, S. 101 f.; *v. Bernstorff*, S. 70 f.を参照）。なお、一般に自由に開かれていて正規に開催された市場（公の市場）での物（占有離脱物も含む）の善意取得の可能性（従来は1979年の動産売買法22条に定められていた）は、1994年の動産売買（修正）法1条によって廃止された。

より深く学びたい人のために： *Ann*, Gutgläubiger Eigentumserwerb nach §366 HGB, BGH Urteil vom 9.11.1998-II ZR 144/97, JA 1999, 529; *Bartels*, Zur Frage der Ursächlichkeit bei den Nachforschungsobliegenheiten des §932, AcP 205, 687; *Bartels/Nißing*, Zum gutgläubigen lastenfreien Erwerb einer abhanden gekommenen Sache, Jura 2011, 252; *Frahm/Würdinger*, Der Eigentumserwerb an Kraftfahrzeugen, JuS 2008, 14; *Kindl*, Gutgläubiger Mobiliarerwerb und Erlangung mittelbaren Besitzes, AcP 201, 391; *Kindler/Paulus*, Redlicher Erwerb-Grundlagen und Grundprinzipien, JuS 2013, 393 und 490; *Latta/Rademacher*, Der gutgläubige Zweiterwerb, JuS 2008, 1052; *Lieder*, Gutgläubiger Erwerb im Erbrecht und Gesellschaftsrecht, Jura 2010, 801; *Musielak*, Der Rückerwerb des Eigentums durch den nichtberechtigten Veräußerer, JuS 2010, 377; *Neuner*, Der Redlichkeitsschutz bei abhanden gekommenen Sachen, JuS 2007, 401; *Petersen*, Der gute Glaube an die Verfügungsmacht im Handelsrecht, Jura 2004, 247; *ders.*, Veräußerungs- und Verfügungsverbote, Jura 2009, 768; *Röthel*, Der lastenfreie Erwerb, Jura 2009, 241; *Schreiber*, Eigentumserwerb an abhanden gekommenen Sachen, Jura 2004, 238; *ders.*, Die Verfügungsbefugnis, Jura 2010, 599; *Werner*, Der gutgläubig lastenfreie Erwerb beweglicher Sachen, JA 2009, 411; *Wietfeld*, Abhandenkommen bei Weggabe der Sache durch den Alleineigentümer ohne den Willen des mitbesitzenden Nichteigentümers, JA 2014, 1039; *Zeranski*, Prinzipien und Systematik des gutgläubigen Erwerbs beweglicher Sachen, JuS 2002, 340.

事例研究： *Anton*, Braque, Picasso und Kubismus-Bleibt Nathan „der Weise"?, JA 2010, 14; *Bayreuther*, Fahrradfreuden, JA 1998, 293; *Bayreuther/Arnold*, Rückabwicklung einer rechtsgrundlosen Verfügung durch einen Nichtberechtigten, JuS 2003, 769; *Caspers*, Der trickreiche Gebrauchtfahrradhändler, Jura 2011, 372; *Derleder*, Der doppelte Eigentumsvorbehalt, Jura 2002, 772; *Edenfeld*, Der versteigerte Buddha, JA 1997, 557; *Eisfeld*, Kecke Ricke und Wütender Keiler, JA 2010, 416; *Fröde*, Übungsklausur-Zivilrecht: Mobiliarsachenrecht, JuS 2008, 232; *Gottwald*, PdW, Fälle 63-72; *Gursky*, Klausurenkurs im Sachenrecht, Fall 7; *Helms*, Verliehen, verschenkt, verkauft, Ad Legendum 2015, 27; *Hoeren*, Der „heilige" Marin, Jura 2005, 787; *Hoeren/Neurauter*, Anfängerklausur: Eigentum an Pfandflaschen, JuS 2010, 412; *Kadner Graziano/Keinert*, Ein Erlkönig auf dem Genfer Autosalon, JA 2014, 1153; *Koch/Löhnig*, Fälle zum Sachenrecht, Fälle 2, 3, 5; *Koch/Wallimann*, Fortgeschrittenenklausur: Münzbetrug am Spielplatz, JuS 2014, 912; *Krampe/Amshoff*, Der minderjährige Nichtberechtigte-Pannen beim Erwerb eines Fahrrads, JuS 2009, 55; *Lieder*, Referendarexamensklausur: Rüttelplatte, du musst wandern ···, JuS 2014, 1009; *Meller-Hannich/Wagener*, Übereignungen im Kohlelager, Jura 2013, 301; *Neuner*, Fälle 8, 10; *Preisner*, Examenstypische Klausurenkonstellationen des Familien und Erbrechts-Teil IV Sachen- und Zwangsvollstreckungsrecht, JA 2010, 705; *Rußmann*, Referendarexamensklausur: Scheingeheißerwerb, JuS 2012, 1008; *Schlinker/Zickgraf*, Gutgläubiger Erwerb im Erbrecht-Fälle und Lösungen, JuS-Extra 2013, 6; *Singer/Große-Klußmann*, Ein bösgläubiger Bauherr, JuS 2000, 562; *Vieweg/Röthel*, Fall 8; *Wimmer-Leonhardt*, Fortgeschrittenenklausur: Herausgabeansprüche-Begehrte Goldrahmen, JuS 2010, 136; *Witt*, Gutgläubiger Erwerb antiquarischer Bücher, JuS 2003, 1091.

第4章　法律に基づく動産所有権の取得

§ 9.　加工・付合・混和

Ⅰ．基本原理

　手工業や機械工業によって製造をおこなう場合、その多くは次の特徴を備えている。すなわち、数個の素材から新たな物が製造され、あるいは原材料の工作や加工に基づいて新たな製造物が生み出される。946条から950条までの諸規定は、新たに生み出された物について、その所有権関係を定めるために設けられたものである。そこでは、2つの指導原理が働いている。

1．指導原理その1――労働コスト
　950条は、加工者が手持ちの材料から新たな動産を製造した場合には、加工者がその物の所有権を取得すると定めている。この規律は、加工の材料が他人に属していたときにも適用される。

　もっとも、人間の労働力は、機械の労働力に取って代わられてきている。それゆえ、被用者がボタンを一度だけ押して機械を稼働させ、後はただその機械が正常に機能しているのを見守っているだけで、その者が950条本来の意味での**製造者**にあたるとみることはまず許されない。また、製造に関与したすべての被用者に対し、各々の労働コストに応じて新たに製造された物の所有権を取得させるのは、正当な利益調整のあり方とはいいがたいであろう。したがって、機械工業によって製造がおこなわれる場合には、製造過程を統括している事業者が、950条にいう製造者にあたるとされる。

2．指導原理その2——経済的一体性の維持

3　加工の価格が著しく低い場合（950条1項1文ただし書）や、土地の工作ないし土地の構成部分となる建物の築造が問題となる場合には、加工者は新たな物の所有権を取得しない。これらの場合に所有権の取得者となりうるのは、相互に付合した物の所有者のいずれかである。所有者となるべき者を決める際に、民法典が946条・947条〔付合〕で考慮しているのは、所有権関係についても、主たる物の経済的一体性を維持することである。主たる物に組み込まれた従たる物の所有者は、その物の所有権を喪失する。所有者がばらばらになって、主たる物の一体的な利用と換価が破壊されることを防止するためである。土地は、つねにこの意味での主たる物である。土地の所有者は、据え付けられた物を法律に基づいて取得する（946条）。数個の動産が付合した場合には、そのうちの1つを主たる物とみることができるときを除いて、元所有者たちはそれぞれ新たな物の共有持分を取得する（947条）。また、数個の素材が混和することで取引上一物とみられるようになった場合には、947条の規定が準用される（948条）。これらの規定によって所有権が消滅したならば、その物の上に存する制限物権も同じように消滅する（949条）。

法律に基づく所有権取得
・付合、混和、加工（946条以下）
・取得時効（937条）
・物上代位（2019条）
・拾得（965条以下）
・先占（958条以下）
・物の産出物その他の構成部分の取得（953条以下）
・債務証書の所有権の取得（952条）

Ⅱ．950条による加工

4　工作や加工に基づく所有権の法定取得が認められているのは、動産が対象とされた場合に限られる（950条）。950条による所有権取得は、947条・948

条が定める取得原因〔動産の付合・混和〕に優先する（*BGH* NJW 1995, 2633）。これに対して、土地の価格は非常に高いから、土地に工作が加えられても、土地の所有者はその所有権を喪失しない（946条）、とするのが相当である。

950条による所有権取得の要件

1．1個または数個の動産について加工がされたこと
2．新たな動産が生み出されたこと
3．加工の価格が原材料の価格よりも著しく低くないこと

法的効果：製造者が所有権を取得する。

1．所有権取得の要件

工作・加工によって、**新たな物が生じた**ことが必要である。新たな物とは、その外観の様式や使用目的からみて、工作・加工に供された材料から取引通念上区別されるものである。新たな物が生じたか否かを判断する基準は、たとえば次のものが考えられる。新しい形態をともなうことになった物について、異なる概念・呼称が用いられているか否か、あるいは、その物が従来の物とは異なる機能を取得しているか否か。

例：
- ウールはセーターの原料になる。また、レザーを用いれば靴、手さげかばん、スーツケースができる。このように素材から縫製品が製造されたときは、これらの製造物は、外観と使用目的からみて新たな物であるといえる。これと同じことは、木材から家具をこしらえたとき、生ゴムをタイヤにしたとき、金属板を材料として車のボディを作ったときにもあてはまる。裸のモーターに他の部品を据え付けることで完全なモーターを組み立てたときにも、新たな物が生じる（*BGH* NJW 1995, 2633）。
- 紙その他の材料に書字・印刷・作画などをした場合にも、新たな物が生じる（*BGH* NJW 1991, 1480）。たとえば、著述や描画といった創作活動がおこなわれたときは、創作者は物所有権のほかに、知的創作物について著作権も取得しうる。
- データ媒体に情報を記録した場合において、それが長期にわたる記録の保存を目的としているときは、新たな物が生じる（*OLG Köln* GRUR-RR 2014,

419)。

6 物の構成部分を分離した場合や物を修理したにとどまる場合には、新たな物は生じない。たとえば、自動車を修理した場合において、加工価格が自動車、すなわち物の価格より著しく高いときであっても、加工規定は適用されない。生物学的にみて成長が生じただけでは、たとえ人間が成長をコントロールしていたとしても、新たな物は生じない（*BGH* NJW 1978, 697—肥育子牛事件）。

7 製造者が所有権を取得するには、**加工によって生じた価格**が物の価格よりも**著しく低くない**ことが要件となる。したがって、加工価格と物の価格が同一である場合や、加工価格が若干低いにすぎない場合には、加工規定は加工者〔製造者〕の有利にはたらき、その者が所有権を取得する。材料価格と加工価格の割合が100対60であった事例において、連邦通常裁判所は加工価格を著しく低いとみて、加工者の所有権取得を認めなかった（否定例はいくつかある。BGHZ 56, 88; *BGH* JZ 1972, 165; *BGH* NJW 1995, 2633）。これを言い換えれば次のとおりである。原材料の価格を100パーセントとすると、製造者が950条の法的効果を享受するには、新たな物の全価格が加工によって160パーセントを超えることを要する。

2．製造者による取得

8 **a）製造者の概念** 所有権取得は、製造者の利益のために生じる。**製造者**とは、取引通念からみて製造過程を統括する権限を有し（BGHZ 14, 117; 20, 163)、かつ製造物の換価リスクを負担する（Staudinger/*Wiegand*, §950 Rn. 34; Westermann/Gursky/Eickmann, §53 Rn. 19）者をいう。ここでいう製造者は、他人をみずからの指示に従わせて、自己の労働に従事させることができる。製造者性の判断にあたって決定的なのは、その者が製造過程を支配し、これに影響を与えることができるか否かである。

9 そうすると、製造者は原則として被用者ではなく、製造過程を統括している事業者だということになる（*BGH* NJW 1991, 1480, 1482も参照）。法人、とりわけ資本会社であれば、たとえば株式会社の取締役会や有限会社の業務執行者といった機関がおこなう組織体としての給付については、法人がその責

めを負う。したがって、法人が製造者である。

b）製造者を定める契約上の合意　加工事業者による所有権取得は、とりわけ次の問題を引き起こす。すなわち、材料供給者が製造者である事業者に対し商品として材料を供給した場合において、材料供給者が売買代金の完済を受けるまでの間、材料の所有権を自己に留保していたとしても（§14 Rn. 1以下）、事業者が加工をおこない、これにより製造物の所有権を取得することで、材料供給者が自己の〔留保〕所有権を失ってしまう。このように所有権留保が加工により水泡に帰するのを防止するために、いわゆる**加工条項**の合意がされる。この合意において加工事業者は、法的には自分のためではなく、供給者のために製造する旨を約する。つまり、950条にいう製造者が供給者であることを、契約によって定めるのである。この合意が有効であるならば、新たな物について所有権（または共有持分）を取得するのは供給者となる。この場合において、買主である加工事業者の経由的取得は生じない。

10

この加工条項の有効性については、**争いがある**。少なからぬ学説は、950条の性格を任意法と解し、加工条項の有効性に反対する理由はないとする。この見解によれば、950条は材料所有者と加工者の間の利害衝突を調整するための規定である。したがって、加工が生じる前に当事者があらかじめ所有権関係を合意により定めており、そのため同条が予定する利害の衝突が存しないのであれば、950条の適用は排除されると説かれる（*Baur/Stürner*, §53 Rn. 15）。これに対して、通説とみられる見解によれば、950条は原則として強行法である。しかし、それにもかかわらず（この論理不整合につき、*Medicus/Petersen*, Rn. 516 ff.）、加工条項における**製造者を定める合意**は、合法かつ有効だとされる（BGHZ 14, 114; 20, 159; *BGH* NJW 1989, 3213; *Prütting*, Rn. 464）。加工者が加工条項を締結した後に、供給者のためではなく自分自身のためにする意思をもって製造した場合であっても、加工条項の効力は失われず、供給者が所有者となる（BGHZ 20, 163 f.）。連邦通常裁判所の見解によれば、製造に従事する留保買主が材料について期待権を有していたとしても、この期待権は加工によって消滅する（950条2項〔材料を目的とする権利の消滅〕）。留保買主が複数の供給者との間で加工条項を締結し、各供給者から引き渡された様々な材料を用いて新たな物を製造した場合には、複数の材料供

11

給者は新たな物について、各人が供給した材料の価格と完成した製造物の価格とを比較して、前者が後者に占める割合に応じて共有持分を取得することができるとされている（BGHZ 46, 117. §14 Rn. 80）。与信実務はこの連邦通常裁判所の考え方に沿って動いているから、筆記試験でもこの見解に従うことを勧める。

例：Mはソファーセットを製造した。そのために用いた木材はHから購入し、布についてはPから取り寄せた。HとPはそれぞれ材料をMに供給した際に、Mが未払代金を完済するまでの間は、材料の所有権を自己に留保するとしている。しかし両人は、Mが自己の営業を継続することができるよう、材料を加工する権限をMに付与した。それと同時に、Mが製造するのはHとPのためである旨が約されている。HとPの留保所有権が、新たに製造されたソファーセットについて継続するようにするためである。Mは代金を完済することができなかったので、HとPは各々新たな家具について所有権を有すると主張している。本件「加工者を定める合意」が有効であると解するならば、HとPは新たな物の共有者になる。その持分割合は、それぞれが供給した材料の価格に応じて定まる（§14 Rn. 81のケースも参照）。

12 950条全体を任意法とみる見解によっても、加工条項は有効であると認められる（Weber I, §12 Rn. 139）。そのほか、加工条項の有効性を事案によって区別する見解がある。この見解によれば、留保買主がおもに供給者のために加工作業をおこなっており、供給者を製造者とすることが事実上正当であるとみられるか否かによって、結論が異なることになる（Medicus/Petersen, Rn. 518, 519）。

13 これに対して、**反対説**によれば、加工条項なるものはおよそ**無効**であるとされる（たとえば、Wieling, §11 II 4 f; Wilhelm, Rn. 1074 ff.; Palandt/Bassenge, §950 Rn. 6）。950条が保護する利益は、加工者の債権者の利益、より一般的には取引利益をも含んでいる。同条によると、取引に参加する者は、新たに生み出された物が製造者に属することを信頼することが許される。この保護を製造者と供給者の合意によって排除することはできない。しかしながら、こうした反対説の主張には疑問がある。この見解が想定する取引参加者の信頼は、今日ではほとんど保護に値しないように思われる。というのは、加工条項の有効性を前提として加工をおこなうことが、すでに一般化しているか

らである。反対説に従うならば、供給者が新たな物について所有権を取得するには、先行的占有改定の合意による方法しかない。けれども、先行的占有改定の方法によるならば、950条に基づいて所有権を取得するのは製造者であることを動かさずに、その者が所有権を取得した後、ただちに所有権の一部をふたたび供給者に移転する義務を負う、と構成することになろう。そのため、供給者の所有権取得は、製造者を経由しておこなわれることになる。だが、このように経由的取得を認めると、製造者が中間段階で倒産したり、製造者の債権者により製造物について差押えがされたときに、供給者が危険にさらされてしまう。これに対し、通説に与して加工条項の有効性を認めれば、この危険に対処することができるのである。

c) 法定所有権取得 製造者は新たな物を目的とする所有権を、法律に基づいて取得する。製造者が加工の際に、加工に供された物が製造者に属していなかったことや、元所有者が加工に同意していなかったことについて悪意であったかどうか、これらの事実を知っていたか否かは問題とされない (*BGH* NJW 1989, 3213)。また、製造者は盗品〔が材料に用いられたとしても、新たに生じた物〕について所有権を取得する。935条〔占有離脱物に関する善意取得の不成立〕は準用されていない。加工に供された物の所有権が消滅すると同時に、その物を目的とする制限物権も消滅する（950条2項）。新たな物を事後にもとの状態に復旧した場合（たとえばソファーセットの木材の解体）であっても、元所有者に所有権が復帰し、あるいは制限物権が復活することはない。

Ⅲ. 動産の土地との付合

946条は土地の所有者に、土地の本質的構成部分として付合したすべての物を取得させるものである。土地所有権は要保護性が高いため、土地が加工されたり、土地に他の物が据え付けられたりしても、土地所有権は消滅しない。946条は、動産が土地に付合した場合のみを規律している。2つの土地が併合した場合には、890条〔土地の併合〕が適用される。

> **946条による所有権取得**
>
> 1．〔付合した物が〕動産であること
> 2．物が土地に付合したこと
> 3．付合によって物が土地の本質的構成部分になったこと
>
> **法的効果**：土地所有者が動産の所有権を取得する。

1．付合と本質的構成部分

16　動産（物概念については、90条）が土地と付合するのはおもに、建物が土地に築造された場合と、動産が家屋に据え付けられた場合である。誰が付合させたのか、また、なぜ付合したのかは問題とならない。しかし、据え付けられた物が、付合によって93条・94条にいう土地の本質的構成部分になることが必要である。本質的構成部分にならないときは、その物の所有権が従来どおり存続することになる。

17　a）**本質的構成部分の概念**　ある物の一部がその物にとって本質的構成部分であると認められるのは、その物から分離すると当該部分が破壊され、あるいはその本質において変更を被ってしまう場合である（93条）。94条1項の特則によると、土地に定着したすべての物は、（強行的に）**土地の本質的構成部分**となる。とりわけ、土地の上に立っている建物や土地と結びついている果実がこれにあたる。さらに、94条2項が建物の本質的構成部分、したがってまた土地の本質的構成部分になるものとして挙げているのは、建物の築造のために建物に組み込まれた物である。94条2項所定の物については、それが建物に定着していることをかならずしも要しない。

　　例：建物の本質的構成部分となるのは、建物に組み込まれた石材、階段、窓および門戸である。それ以外にも、洗面台、浴槽および暖房設備が、建物の本質的構成部分（94条2項）になる。同条項により建物の本質的構成部分になった物は、それにより土地の本質的構成部分にもなる（94条1項）。

18　b）**表見的構成部分との区別**　付合は、**継続**を目的としたものでなければならない。付合が一時的なものにとどまる場合には、物が定着したとしても、本質的構成部分にはならない(95条)。たとえば、使用賃借人や用益賃借人が、

賃貸期間中だけ土地や建物に据え付けることを予定した物がこれにあたる（95条1項1文・2項）。同じことは、用益権者といった〔他人の土地について〕物権を有する者が、その権限に基づいて据え付けた物に関してもあてはまる（95条1項2文）。

例：Mは、Eの土地を資材置場として使用するために、賃貸期間をさしあたり10年として、Eとの間で使用賃貸借契約を締結した。Eは、Mが賃貸期間中にEの土地に倉庫を建設することを認めている。賃貸借契約が終了した後は、Mは倉庫を撤去する義務を負うとされた。この場合において、Mが約定どおり倉庫を建築したときは、倉庫の所有者はEではなく、Mである。倉庫は動産のように取り扱われる。したがってたとえば、929条以下の諸規定によってその所有権を譲渡することができる（例として、BGHZ 56, 123や *BGH* NJW 1987, 774）。Eが賃貸期間終了後に倉庫を有償ないし無償で引き受けることが約されていたときは、倉庫は土地の本質的構成部分となり、その所有権はEに帰することになろう。なぜなら、このケースでは、付合は継続したものだと考えるべきだからである（その例は、*BGH* NJW 1985, 789; 1989, 2789）。

c）従物との区別　従物は、土地の構成部分から区別されなければならない。従物とは、主物の構成部分にはならないものの、主物の経済的目的に役立つように定められ、かつ、この用途に適した空間的関係を主物との間に有する動産をいう（97条1項1文）。従物と構成部分の区別は、**取引通念**によって決せられる（97条1項2文）。従物の例としては、ホテルの経営に用いる調度や、その土地で事業を営む事業者が〔当該事業のために、その土地の上に〕駐車している複数台のトラックが挙げられる。

2．所有権関係

946条の要件が満たされると、動産所有権は、付合によって完全かつ終局的に消滅する。より正確にいえば、所有権だけではなく、その動産を目的としていた第三者の権利も消滅する（949条）。動産の所有者は自己の所有権を失うけれども、951条〔権利喪失の代償〕に基づく請求権によってその補償を受けられる。ひとたび付合が成立すると、その後に土地と動産がふたたび分離されたとしても、動産所有権は旧所有者に復帰しない（*OLG Stuttgart* ZIP 1987, 1129）。

21　土地所有権と建物所有権の一体性（いわゆる**添付原理**）は原則として、1棟の建物が2筆の土地の境界にまたがって築造されている場合にもあてはまる。この場合において、建物所有権の範囲は、土地の境界を上下に伸ばして建物を貫いたときに、分割された建物の割合に応じて決められる。違法な、許されない**越境建築**がおこなわれた場合（§25 Rn. 32以下。たとえば*BGH* NJW 1982, 756; BGHZ 27, 204）や、越境建築による受益者を確定することができない場合（*BGH* NJW 1985, 789）にも、法律関係はこのルールによって定まる。

22　これに対して、**許される越境建築**のケース（§25 Rn. 32以下）は例外である。この場合には、建物が他人の土地にまたがっているときであっても、すべての建物は越境している土地所有者に属する。ここでは、95条1項2文〔Rn. 18を参照〕を類推適用することができる。同じことは、越境建築が他人の許可を受けて合法となった場合にもあてはまる。建物が土地の境界をまたいで一体として築造されている事例（たとえば*BGH* NJW 1982, 756）では、すべての建物は、建物によって越境を受けている土地の本質的構成部分ではなく、越境をしている土地（いわゆる基幹部分たる土地）の本質的構成部分となる。基幹部分たる土地とは、原則として、建物の建築を計画した建築主が所有者である土地のことをいう（*BGH* NJW 1990, 1791, 1792）。この場合において、93条〔物の本質的構成部分〕により1つの所有権をもって住居や店舗を帰属せしめ、その経済的一体性を維持することと、94条が〔添付原理（Rn. 21）のあらわれとして〕予定するところに従い、土地の境界を垂直に伸ばして1個の建物を分割することを比較すれば、前者が後者に優先されてしかるべきである（*BGH* NJW 2002, 54も参照）。これに対して、違法な、**許されない越境建築**がおこなわれた場合には、越境建築部分は越境を受けた土地の本質的構成部分となる（*BGH* NJW 2011, 1069）。

Ⅳ．動産の付合と混和

1．概　観

23　数個の**動産**が互いに付合した場合には、その状況によって法律関係を区別しなければならない。すなわち、付合の度合いが弱く、付合した物を損傷することなくいつでも分離することができるときは、動産上の所有権関係は影響を受けない。組み込まれた物は各人の所有にとどまる（たとえば、バッテ

リーや交換用エンジンが備え付けられたケース)。

　付合の程度が強く、付合した物を分離すれば価格の喪失が生じざるをえないとき、すなわち取り付けられた数個の物が1個の合成物の本質的構成部分(93条)となったときは、旧動産の所有者は合成物の共有者になる。947条〔動産との付合〕の1項が予定しているのは、この事例である。ただし、同条2項所定の事例はその例外となる。それによれば、数個の物のうちの1つを主たる物とみうるときは、合成物は主たる物の所有者の単独所有となる。

2. 付　合

947条1項による所有権取得
1.〔付合した物が〕動産であること
2. 動産が他の動産と付合すること
3. 物が合成物の本質的構成部分になったこと
4. 数個の動産について主従の区別をすることができないこと
5. 950条所定の事例でないこと
法的効果：従前の所有者は合成物の共有者となる。

　動産の付合による所有権の取得が生じるには、付合が生じる前には独立していた数個の物が、付合により新たな物の**本質的構成部分**となったことを要する(なぜ付合が生じたのかや、誰が付合を引き起こしたのかは重要でない)。数個の物が新たな物の本質的構成部分の性質を有するようになったか否かは、93条により決せられる〔Rn. 17を参照〕。また、合成された物も1個の動産でなければならない。新たな物が労働コストをかけて生み出された場合において、そのコストが著しく低くないときは、950条〔加工〕の適用が優先する(Rn. 4以下)。 24

　例：数個の木板を接着剤で張り合わせて1つの木レンガを作った場合には、それらの木版は新たな物である木レンガの本質的構成部分となる。木板の所有者は木レンガの共有持分を取得する。これに対し、数個の木板に相当程度の労働力を投入し、釘打ちして1つの木箱を作った場合において、その木箱の価格が木版の

価格の総計を、著しく低いとはいえないほど超えているときは、947条は排除され、950条が優先的に適用される（*BGH* NJW 1995, 2633）。このケースでは、木箱の製造者が所有者となる。

25 　また、947条1項の法的効果（従前の単独所有者による共有）が生じるのは、付合した数個の物のいずれも**主たる物**とみることができない場合に限られる。これに対して、数個の物のうちの1個を主たる物とみうる場合には、947条2項が適用される。ある物が主たる物となるのは、〔その物以外の〕構成部分が欠けても、〔付合により生じた〕物の本質がこれにより害されないであろうときである。主従の判断には、取引通念が基準となる。

　　例：屋外用の家具に塗られたニスは、主たる物である家具の本質的構成部分になる（947条2項）。同じことは、自動車に溶接された泥除けにもあてはまる。主たる物であるキャンピングカーの所有者は、その車の内装用生地の所有者になる。

　　各人の共有持分の割合は、付合の時点において各人所有の物が有していた**価格**によって評価される（947条1項後段）。

3．混 和

26 　混和については、948条1項によって947条の規律が準用されている。混和は次の場合に生じる。すなわち、数個の動産が互いに混合または融和し、それらを分離することが客観的に不可能であるか（948条1項）、または過分の費用をかけなければ分離することができない場合（948条2項）である。

　　例：Aは自分が所有する林檎ジュースを、Bの炭酸水と混ぜ合わせた。これによりAとBは、アプフェルショーレ〔林檎ジュースの炭酸水割り〕の共有者になる。石油暖房機用の石油につき所有権留保特約付き売買がおこなわれた場合において、供給者がその石油を、買主所有の石油が半分残っている石油タンクに注ぎ込んだときにも、混和が生じる。

27 　**同種の数個の物**が互いに不可分に混和した場合において、混和物に占める分量を基準に判断すると、そのうちの1個を947条2項にいう「主たる物」とみることができるときに、947条2項を適用する〔Rn. 23を参照〕ことができるか。この問題については、**争いがある**。

例：Eの所有する1ユーロ硬貨5枚が、Rの金袋に投げ込まれた。それより前に、Rの金袋には1000枚の1ユーロ硬貨が入っていた。その後、金袋は盗人Dに盗取された。この場合において、EもDに対して985条〔所有権に基づく返還請求権〕により金袋の返還を求めることができるか否かが問題となる。Eが947条1項により金銭の共有持分を取得したのであれば、Eの請求は認められる。これに対し、947条2項（類推適用）によって〔Rの金銭が主たる物とみなされ、〕Eが自己の所有権を喪失したのであれば、Eの請求は否定される。

　同種の数個の物が不可分に混和したときに、947条2項が適用されれば、主たる物の所有者が所有権を取得することになる。これにより権利を喪失した者は、951条に基づく償金請求権を主たる物の所有者に対して行使するしかない。そうすると先の例では、Eが頼りにすることができるのは、Rひとりだけということになろう。だが、このように947条2項の適用を肯定する見解は、——948条1項が例外を設けずに947条全体を準用している点には忠実であるものの、しかし——次の問題を抱えている。すなわち、先の例のような混和事例では、752条によって現物分割を実施することで共有者関係を解消することが可能である（*Horn*, JA 2012, 575, 582参照）。各々の分量を共有者間の各持分に応じて分割するのは困難なことではない。結局のところ、重要なのは通常、もともと有していた部分それ自体の返還ではなく、その部分に対応する持分にすぎない。そうだとすれば、主たる物の所有者が〔その部分について〕単独所有を継続しうることを信じていたとしても、その信頼は保護に値しないように思われる。また、経済的価値の損傷のおそれも存しない。したがって、947条2項が948条の事例に適用されるのは、現物分割による共同関係の解消が問題とならない場合に限られると解すべきである（反対説は、Soergel/*Henssler*, §948 Rn. 6. この見解によれば、947条2項は現物分割が可能な場合にも適用されるべきだとされる）。

§ 10. 権利喪失の補償

Ⅰ. 権利継続効請求権（951条）

1　946条から950条までの諸規定〔付合・混和・加工〕は、所有者からその所有権を失わせるものである。こうした権利喪失が定められているのは、946条から948条までの諸規定〔付合・混和〕においては、主たる物の経済的一体性を維持するためであり、950条の規定〔加工〕においては、加工価格を顧慮するためである。たしかに、経済的一体性を維持したり、加工価格を顧慮するには〔所有者の〕所有権を喪失させることが必要である。しかしながら、**その所有権に化体されていた財産的価値**は、依然として所有者に維持されるべきである。この根拠に基づき951条1項1文は、権利が失われたことの代償として、権利喪失者に対して金銭による補償請求権を付与している。所有権に化体された価値は、この**金銭請求権**のかたちで存続することになる。そのため、951条1項1文に基づく請求権は、権利継続効請求権と呼ばれている。

Ⅱ. 不当利得返還請求権

2　951条1項1文は、946条以下の諸規定により権利を喪失した者に対し、不当利得法の諸規定に基づいて償金請求権を与えている。ここでは請求権を付与する規定が、その**法的原因**について、他の諸規定を**参照**するよう求めている。951条1項1文が参照を指示する不当利得法には、818条・819条所定の法的効果だけでなく、812条1項1文第2事例が定める不当利得返還請求権のすべての要件が含まれる（BGHZ 55, 176; *BGH* NJW 2015, 229）。

951条1項1文・812条1項1文第2事例に基づく請求権
1．946条以下の諸規定によって権利を喪失したこと
2．812条1項1文第2事例の要件を満たすこと

a）受益の存在
　b）受益が、946条以下の諸規定による法的効果の結果として、つまり812条1項1文第2事例にいう「その他の方法によって」権利喪失者の損失に基づき生じたこと
　c）法律上の原因の不存在

法的効果：価値賠償義務（818条2項）。返還を要する利得の範囲については、818条3項・4項・819条を参照。

1．946条以下の諸規定による権利の喪失

まず第一に検討しなければならないのは、946条以下の諸事例のうちのどれか1つが発生し（前述§9 Rn. 4以下・15以下・23以下）、かつ、それにより請求権者の権利が喪失したか否かである。 3

951条1項1文による補償が求められ、かつ正当化されるのは、所有権その他の物権が代償なく失われている場合に限られる。これに対して、共有持分が所有権の代わりとなり（947条1項・948条）、あるいは共有持分について制限物権の負担が継続する（949条2文）場合には、本来の権利の代償がすでに与えられている。それゆえ、951条1項1文に基づく請求権は生じない。

2．812条1項1文第2事例の要件

951条1項1文は、請求権の**法的原因**につき他の諸規定の**参照**を求めている。したがって、同条項の補償請求権が生じるには、946条以下の諸規定により権利を喪失したことに加えて、812条1項1文第2事例の要件を満たさなければならない。受益は通常、物の所有権である。この所有権の取得が、946条から950条までの諸規定の効果に基づき法律によって、つまり「その他の方法によって」（**侵害利得。812条1項1文第2事例**）おこなわれる。そのほか、権利の喪失について法律上の原因がないことが求められる。この要件につき951条1項1文は、946条から950条までの諸規定自体が、法律上の原因なく権利を喪失させるものであることを明らかにしている。 4

　例：盗人DはEのレンガを盗み、これを自己の家屋に積み上げた。この場合に

は、レンガはDの家屋と付合してその建物の本質的構成部分になり（946条）、レンガの所有権はDに帰する。したがって、EがDに対して985条に基づきレンガの返還を請求したとしても、この請求は認められない。しかしながら、EはDに対し、951条1項1文・812条1項1文第2事例・818条2項に基づいて価値賠償を請求することができる。なぜなら、レンガの所有権の法定取得は、812条1項1文第2事例が定める「その他の方法」で、法律上の原因なくして生じたものだからである。

5 　これに対し、ある物が建物または動産の一部になった場合において、そうした結合が建築業者その他の手工業者との間の契約に基づいておこなわれたときは、所有権喪失について**法律上の原因**が存在する。こうしたケースで所有権を喪失した者に与えられるのは、契約（たとえば631条1項〔請負契約における義務〕）に基づく報酬請求権だけである。951条1項に基づく請求権は存しない。

3．請求権の内容

6 　951条1項1文に基づく請求権は**金銭**、ないし818条2項にいう価値賠償に**向けられる**ものである。他方で、原状回復を求めることはできない（951条1項2文）。原状回復をすれば経済的価値が失われてしまうのが通常であるから、同条項はこれを防止しようとしているのである。しかしながら、946条・947条〔付合〕のケースにおいては、収去権が認められることもある（951条2項、997条）（Rn. 14, 15）。

　951条1項1文・812条1項1文第2事例・818条2項に基づく金銭請求権は原則として、失われた権利の目的であった物の客観的価値に従って定められる。しかし、次のケースでは問題が生じうる。すなわち、金銭請求権の相手方が所有権を取得したことで、その〔客観的〕価値は増加しているけれども、取得者自身の立場からみるとむしろ価値が失われたように感じられる場合である。

　例：Bは、自己所有の土地の境界を越えて家屋を建築した。Bの家屋は約10メートル、Eの土地にかかっている。この越境建築について、Bには重過失があった。許されない越境建築のケースであるから、Eは946条〔土地との付合〕により、自己の土地上に存在する建物の越境部分の所有権を取得する（§9 Rn. 21）。そうすると、BはEに対し、951条1項1文・812条1項1文第2事例・818条2項により、

Eの土地に付合した建物の越境部分の材料価格について償金を求めることができることになりそうである。たとえばそれが1万ユーロの価格であれば、Eは多額の請求を受けることになってしまう。Eは越境部分の所有をまったく望んでおらず、なんらの利益も受けていないにもかかわらず、この結論でよいのだろうか。

このような事例は、**押し付けられた利得**と呼ばれている。この場合において、受益者に客観的価値の賠償義務を負担させるのは、相当でないように思われる。この問題を解決するには、いくつかの構成がありうる。 7

かつて連邦通常裁判所は、押し付けられた利得の事例に1001条2文を類推適用した（BGHZ 23, 61）。これによると、受益者は、客観的価値の損失を受けた者に対して自己の**収去権**を行使することで、951条1項1文・812条1項1文第2事例に基づく請求を回避することができる。けれども、この考え方を先の設例にあてはめると、建物の一部が取り壊されることになってしまう。また、この問題を措くとしても、1001条2文という規定は、受益者の保護に必要な法的効果を与えるものではない（*M. Wolf*, JZ 1966, 467参照）。1001条2文の類推適用のほかに考えられるのは、次の構成である。受益者は、951条1項1文・812条1項1文第2事例に基づく請求権に対し、抗弁権として、1004条〔妨害排除請求権〕または823条・249条〔損害賠償請求権〕に基づく**反対請求権**を行使することができる（*BGH* NJW 1965, 816; *Baur/Stürner*, §53 Rn. 33）。反対請求権は、それぞれ所有権侵害の**排除**を目的とする。この見解によれば、受益者は、自身が排除を求めることができるものについては、支払をすることを要しないことになる。

しかしながら、この構成がつねに適切なわけではない。すべての事例について所有権の侵害や妨害を語ることができるわけではないからである。そのようなケースについては、押し付けられた利得の問題の解決は次の見解に求めるべきである。それによれば、賠償請求権の範囲は、所有権がどれくらい増大したかという客観的価値ではなく、受益者個人にとっての**主観的な効用**によって定められる（*Soergel/Henssler*, § 951 Rn. 23; *Medicus/Petersen*, Rn. 899）。この解釈を実現する法律構成としては、以下のものがある。すなわち、818条2項による価値の算定につき、もっぱら受益者にとっての事実的・主観的な取得価値を基準とする方法と、押し付けられた利得の事案においては 8

受益者の側に立って、818条3項が定める**利得の現存**がそもそも認められ**ない**とする方法である。

上述の**設例**では、Eは越境部分の所有を望んでいない。したがって、Eは1004条による妨害排除を請求すべきである。そうすれば、Eは、951条1項1文・812条1項1文第2事例に基づく請求について、妨害排除請求をもってこれを拒むことができる。EはBになにも支払わなくてよい。（たとえば取壊しが禁じられているために）妨害排除をすることができないならば、951条1項1文・812条1項1文第2事例・818条2項による請求権の範囲は、Eにとっての主観的効用に基づいて算定されなければならない。越境部分がEの立場からみてほとんど無価値のときは、Eは、主観的な利益を超える額については賠償することを要しない。

Ⅲ．適用領域と競合問題

9　951条1項1文に基づく請求権は、他の請求権と同時に生じうる。この場合には、どの請求権が優先されるべきかが問題となる。

1．損害賠償請求権と費用償還請求権

　a）951条2項1文によれば、不法行為に基づく**損害賠償請求権**は、951条に基づく請求権が生じたとしても影響を受けない。両請求権は併存しうる。987条から993条までの諸規定による損害賠償請求権や利益返還請求権と、951条に基づく請求権の関係もこれと同様である。

　例：被用者Aが仕事場から使用者所有の建築資材を毎日不法に持ち帰り、自己の家屋の築造にこれを使った場合には、使用者は、951条1項1文による償金請求権だけでなく、それに加えて989条・990条、992条・823条1項および同条2項、刑法典242条に基づく損害賠償請求権、ならびに労働契約違反に基づく損害賠償請求権（280条1項、241条2項）を取得する。BGHZ 55, 176, 178の例も参照。

10　b）契約法において定められた**費用償還請求権**（たとえば536a条・539条・601条）が生じる場合には、951条1項1文・812条1項1文第2事例に基づく請求権は排除される。これと同じことが、994条以下の諸規定に基づく〔所有権に基づく返還請求権にかかる〕**費用償還請求権**にも適用されるべきか否かについては、争いがある。ある見解によれば、994条以下の諸規定は

不法占有者の費用償還請求権に関する特則であり、これらの規定が適用されるときは、951条1項1文・812条1項1文第2事例を適用することはできないとされる。しかし、この問題については、反対説である併存適用説のほうがより説得的である（§23 Rn. 26, 27も参照）。これに対して、動産が加工された結果、その所有権が950条1項により占有者である製造者に属する場合には、994条以下の諸規定に基づく費用償還請求権は問題とならず、951条が適用される。

例：Bは父の法定相続人だと信じ込み、（表見）相続人として占有していた工場につき、その天井に穴が開いていたので、これを新しい物に取り換えた。けれども後に、Bを相続人から廃除する旨の父の遺言がみつかった。Bが費用を支出した時は、不法占有者であったわけである。Bが〔工場の〕所有者に対して有する請求権は、994条以下、1001条以下の諸規定によって定められる。Bが工場の天井の修理のために自己の建築資材を用い、その資材が天井の一部になったため、Bに属する資材の所有権が946条〔土地との付合〕に基づき失われた場合には、Bは、994条以下、1001条以下の諸規定に基づく請求権に加えて、951条1項1文・812条1項1文第2事例に基づく請求権も有する（〔上述のように〕争いあり）。工場の所有者となった者にはなんらの不利益も生じない。なぜなら、不当利得法が適用されたとしても、工場の所有者は、所有者の主観からみて価値のない自己に押し付けられた利得については、これを賠償することを要しないからである（Rn. 8参照）。

2．契約上の請求権と給付利得の優先

951条が契約上の給付請求権や給付利得（812条1項1文第1事例）に基づく請求権とともに適用されるか否かについては、様々な事案類型を区別しなければならない。

　　a）損失者と受益者の間に契約上の給付関係が存する場合には、契約上の給付請求権のみが問題となる。このことは、契約無効の際に生じる給付利得に基づく請求権についてもあてはまる。

例：MがEとの間の請負契約に基づいてEの庭の柵を塗装した場合には、Mは、631条1項〔請負契約における義務〕に基づく契約上の報酬請求権のみを行使することができる（Rn. 5）。MとEの間の請負契約が無効であっても、MがEに対し

て有するのは、給付利得返還請求権だけである。Ｍが塗装に使ったニスの所有権は、947条2項によりＥに属する。しかし、Ｍは、951条1項1文・812条1項1文第2事例（非給付利得）に基づく請求権を取得しない。なぜなら、給付関係が優先するからである。

12　　**b）** 自己の所有権を喪失した所有者と取得者の間に〔所有者または取得者の〕契約相手方とは異なる者が介在して、三者が接続している場合にも、契約上の給付関係は決定的な役割を演じる。この場合には、各人はそれぞれの契約相手方に対する請求権を行使することができるだけである。契約の効力が失われたときは、各々の給付受領者に対する**給付利得に基づく請求権のみ**が問題となる。巻戻しがおこなわれるのはそれぞれの給付関係においてのみだという原則が、ここでも適用されるわけである。951条1項1文に基づく請求権は存しない。

> **事例10―失われた建築資材**：Ｅは建設業者Ｂに頼んで、自己の土地に家屋を建ててもらうことにした。ＢはＬに対して建築に必要な資材を注文した。Ｌは資材を建設用地に供給する一方で、代金の完済を受けるまでの間は資材の所有権を留保している。ＢはＬから供給された資材を使い、これをＥの土地に据え付けた。もっとも、ＥとＢの間の請負契約はＢの詐欺によるものであったため、ＥはＢとの間の請負契約を取り消した。その後、ＬはＥに対して支払を求めた。Ｅが土地に据え付けられた資材の所有権を取得したからである。他方で、Ｂはすでに倒産しており、Ｂから代金を回収するのは難しい。
>
> **解決へのすじみち**：
> **ＬはＥに対して、951条1項1文・812条1項1文第2事例に基づく請求権を有するか。**
> 　1．Ｌは946条により所有権を喪失している。なぜなら、建築資材は建物ないし土地と付合したことで、その本質的構成部分になったからである（94条）。
> 　2．951条1項1文は請求権を付与する際に、その法的原因について不当利得法の参照を求めている。そこで、812条1項1文第2事例の要件を満たすか否かを検討しなければならない。
> 　　a）Ｅは資材の所有権を得ており、これにより受益をしている。
> 　　b）この受益は、812条1項1文第2事例にいう「その他の方法によって」、Ｌ

の損失により生じたといえるのではないか。しかしながら、ここでは給付利得優先の原則が適用される。すなわち、みずから契約（LとBの間は売買契約）に基づいて給付した者は、給付をしたものについて、これを非給付利得ないし侵害利得の方法で第三者に対して返還請求することができない（BGHZ 56, 228, 240）。請求の相手方の立場からいえば、次のルールが適用される。自己の（表見上の）契約の相手方から給付を受領した者（本件ではBから給付を受領したEがこれにあたる）は、第三者〔L〕から非給付利得に基づく請求を受けたとしても、これを甘受する必要はない。本件でもEが取得した資材の所有権は、EがBから請負契約に基づく義務の履行として事実上給付を受けることができたものである。Bは無権限者としてではあるが、資材の所有権を給付することは可能であった。というのは、Eは、929条1文・932条によって——資材を土地に据え付けたこととは無関係に——、その所有権を法律行為により善意取得することができたはずだからである。BがEに対して先に資材の所有権を譲渡し、その後でこれを土地に作り付けたのか、そうではなく、Eに資材の所有権が移転したのはBがこれをEの土地に据え付けたためであったのかにより、結論が変わってよいはずがない。

結論：LのEに対する請求権は存しない。Lは、みずからが売買契約に基づいて給付したBに対し、自己の請求権を行使しなければならない。

3．占有離脱物をめぐる請求権

　先に掲げた諸原則には、占有離脱物の**例外**がある。所有者が自己の所有権を946条以下の諸規定によって喪失した場合において、その者が物を自由意思に基づく給付によって手放したのではなく、物がその者の占有から〔自由意思によらずに〕離脱したときは、所有者は取得者に対して、951条1項1文に基づく請求権を行使することができる（BGHZ 55, 176; *Ehmann*, NJW 1971, 613）。このことは、その物が第三者との契約に基づいて据え付けられた場合にもあてはまる。ここでは、935条〔占有離脱物に関する善意取得の不成立〕にあらわれている所有権保護が貫徹され、給付利得優先の原則は適用されないのである。

　事例11—盗まれた建築資材：事例10と同様に、建設業者Bは請負契約に基づき、所有者Eの家屋に建築資材を据え付けた。もっとも、〔事例10とは異なり、〕そ

の資材はBがAから盗んだものであった。Eが事例10と同じく、Bとの間の請負契約を取り消したため、BはEに対して報酬請求権を有しない。Bが姿をくらませてしまったので、AはEに対し、Eの家屋に据え付けられた建築資材の価値賠償を求めている。

解決へのすじみち：

　AはEに対して、951条1項1文・812条1項1文第2事例に基づく請求権を有するか。

1．Aは946条により所有権を喪失している（事例10参照）。
2．951条1項1文は請求権を付与する際に、その法的原因について不当利得法の参照を求めている。そこで、812条1項1文第2事例の要件を満たすか否かを検討しなければならない。

a）Eは受益をしている。資材の所有権を法律に基づき取得しているからである。

b）AとEの関係においては、非給付利得（812条1項1文第2事例）しか問題とならない。しかし、この非給付利得に基づく請求は、排除されてしまうのではないか。Eの立場からみれば、契約の相手方であるBの給付が存在するからである。だが、本件では給付利得優先の原則は適用されない。このことは、法律行為による所有権譲渡をめぐる法状況と対比することで正当化される。もしかりにEが、946条により資材の所有権を取得したのではなく、929条1文・932条に基づいてBからその資材の所有権譲渡を受けたのならば、Eは資材の所有権を取得することができなかったであろう。935条1項1文は、占有離脱物の善意取得を認めていないからである（§8 Rn. 30以下）。AはEに対し、EがBとの間で契約を締結していたにもかかわらず、985条に基づいて資材の返還を求めることができることになる。そうであるとすれば、Eが資材の所有権を（たまたま偶然）946条により取得した場合に、異なる評価をくだす理由はない。所有権取得が生じることは動かせないとしても、所有権喪失の補償として、951条1項1文に基づく取得者に対する直接請求権が所有者に認められてしかるべきである。951条1項1文は権利継続効請求権であり、この請求権は985条に基づく返還請求権が946条によって排除されたことの、価値代替物として生じるものである。給付利得優先の原則が適用されるのは、取得したもの（所有権）の給付が事実としておこなわれたケースに限られる。けれども、935条が善意取得の例

外を定めているのであるから、本件のBがEに対して給付することができたのは所有権ではなく、占有にすぎない。資材の所有権が移転したのは、もっぱら法律の力によるのである。
c）Eの財産増加には法律上の原因が欠けている。946条以下の諸規定は、ここでいう原因を提供するものではない。
結論：AはEに対し、価値賠償を求めることができる。

4．収去権

a）民法典が予定している収去権（たとえば997条）は、951条が適用されても排除されない。951条2項1文はこのことを明確に定めている。同条項のような明文が必要なのは、951条1項2文が原状回復を求めることはできないとしているからである。（たとえば、ある物が他の物と946条・947条により強く付合した後に、その物をふたたび分離するという方法で）収去権を行使することは原状の、少なくとも一部回復にあたる。もっとも、原状回復と収去権の行使とでは、とりわけ費用負担の仕方が異なる。所有権を喪失した所有者が原状回復を請求できるとするならば、原状回復の費用は〔所有権の〕取得者が負担しなければならないであろう。951条1項2文はこのような原状回復請求を排除したものである。これとは反対に、951条2項1文で認められた収去権では、収去を求める旧所有者が原状回復の費用を負担する（258条）。

b）**951条2項2文**は、一般法上の収去権に加えて、**補充的収去権**を定めている。997条によると、収去権を行使することができるのは、占有者に限られる。しかし、951条2項2文は収去権を、非占有者にも認めている（*Baur/Wolf*, JuS 1966, 398. これに対し、BGHZ 40, 272, 280は占有者に限るとする）。けれども、非占有者が収去権を行使することができるのは、951条1項1文に基づく償金請求権の代わりとしてだけである。したがって、収去権は、非占有者が951条1項1文に基づき請求権を有する者であるときに限って、その者に帰属する。

より深く学びたい人のために：

Baur/Wolf, Bereicherungsansprüche bei irrtümlicher Leistung auf fremde Schuld-Das Wegnahmerecht des Nichtbesitzers, JuS 1966, 393; *Beuthien*, Leistung und Aufwendung im Dreiecksverhältnis-Grenzen des Handelns im Doppelinteresse, JuS 1987, 841; *U. Huber*, Bereicherungsansprüche bei Bau auf fremdem Boden, 30 Fälle und Regeln zu §951 BGB, JuS 1970, 342, 515; *Nierwetberg*, Die Rechtsposition von Lieferant und Produzent im verlängerten Eigentumsvorbehalt, NJW 1983, 2235; *Röthel*, Herstellungsverträge und Eigentumsordnung, NJW 2005, 625; *Süß*, Der gesetzliche Erwerb des Eigentums an Mobilien, Jura 2011, 81; *Wadle*, Das Problem der fremdwirkenden Verarbeitung, JuS 1982, 477; *Wagner*, Teilbarkeit der Herstellereigenschaft in §950 BGB?, AcP 184 (1984), 14.

事例研究： *Deutsch*, Undank ist der Welten Lohn, JA 2007, 504; *Gottwald*, PdW, Fälle 73–81; *Kaller*, Ein verdammt heißer Stoff, JA 1997, 547; *Krackhardt/Sparmann*, Heimlicher Holzhandel, Jura 2006, 531; *Krumm/Ehlers*, Semesterabschlussklausur: Geldnöte eines Landwirts, JuS 2014, 1090; *Linhart*, Wer bekommt die Lasagne?, Jura 2006, 621; *Rehm/Lerach*, Fortgeschrittenenklausur Zivilrecht: Eigentumserwerb durch Verbindung beweglicher Sachen-Der „Bücherwurm", JuS 2008, 613; *Singer/Große-Klußmann*, Ein bösgläubiger Bauherr, JuS 2000, 562.

§11. 産出物と構成部分の取得

Ⅰ．基本原理

1．概 観

1 　**産出物**その他の構成部分は、それが本質的構成部分として主たる物と結合している限り、独立の権利対象とはなりえない（93条）。もっとも、産出物や構成部分が主たる物から分離されると、それらは独立の物になる。このようにして生じた新たな物をめぐる所有権関係は、953条から957条までの諸規定によって規律される。この点について953条は、次の原則を定立している。それによれば、分離した産出物や構成部分の所有権を取得するのは、主たる物の所有者である。ただし、この原則があてはまるのは、954条以下に定められた上位ないし下位の例外規定が適用されない場合に限られる。産出物と構成部分の取得については、複数のルールが重層構造になっているのである。

　　例：土地の産出物は、その土地に生育する草木と果物である。雌牛の産出物は、牛乳と仔牛である。それらが（収穫や分娩などにより）主たる物から分離されると、新たな動産の所有者は誰かが問題となる。

2．主たる物の所有者による取得

a）原則としては、953条のルールが適用される。それによると、主たる物の所有者が、分離した産出物や構成部分の所有権を取得する。したがって、雌牛の所有者には、その仔牛の所有権も属する。その者は仔牛の所有権を、**分離**によって当然に取得する。所有者みずからが分離したか、第三者により分離されたか、自然現象による分離であったかは問われない。

例：HはEに、ある金庫について（事実に反していることを知りながら）万全の盗難防止対策が施されたものであると請け合った。そこで、EはHに頼んで、自己の家にその金庫を取り付けてもらった。ところがその後、Eの家に侵入した泥棒により、万全であるはずの金庫が破られた。そのため、EはHとの間の契約を、123条1項〔詐欺による取消し〕により取り消し、その金庫を撤去させた。

本件Hは自己の金庫をEの家に取り付けたことで、その金庫の所有権を喪失した（946条）。このことは、Hが〔Eに〕金庫を所有権留保付きで売買しており、かつ、その代金がなお完済されていなかったときでも同様である。金庫が取り外された時に、Eが953条に基づいてその所有権を取得する。Hは所有者にならない。〔953条の例外である〕954条から957条までの諸規定で定められた先占権〔Rn. 3以下参照〕を、Hは有しないからである。Hは、951条2項2文による収去権も有しない。なぜなら、Hは〔自己の金庫を〕Eに給付しているからである。〔すなわち、〕同条による収去権が与えられるのは、951条1項1文・812条1項1文第2事例に基づく侵害利得の要件が満たされる場合に限られる（§10 Rn. 15）〔が、このことは本件にはあてはまらない〕。ただし、HはEに対し、給付利得（812条1項1文第1事例・818条1項）に基づいて金庫の復帰的譲渡を求めることができる。

b）産出物その他の構成部分が主たる物から分離した場合には、原則として、主たる物の所有者が新たに生じた物の所有者となる。これに対し、954条は、その物について他人が収益を収取するための物権を有しているときは、その**例外**であるとする。ここでいう物権には、たとえば用益権（1030条）や用益質権（1213条）が含まれる。この例外にあたる事例においては、分離により産出物や構成部分の所有権を取得するのは〔主たる物の所有者ではなく〕、利用権者である。

3．善意の自主占有者の優先

4　もっとも、955条の要件が充足される場合には、以上に説明した953条・954条の原則・例外ルールは適用されない。955条によれば、99条1項所定の果実にあたる産出物や構成部分が分離した場合において、新たに生じた物を取得するのは、一次的には、主たる物の善意の自主占有者（872条）またはその善意の利用権者である。このことは、産出物や構成部分が主たる物から分離するより前に、主たる物の占有がその所有者の意思によらずに離脱していたときにもあてはまる。935条〔占有離脱物に関する善意取得の不成立〕は、分離した産出物や構成部分には準用されていないのである。

955条による善意の自主占有者の所有権取得

1．**自主占有**（955条1項）または**利用権者による占有**（955条2項）
2．主たる物の占有を取得した時に、占有または利用権原を有しないことについて**善意**であったこと
3．占有を取得した**後**、分離し終わるまでの間に、占有または利用権原を有しないことを**知らなかった**こと
4．**分離**されたのが、占有期間中、または自由意思によらずに占有を喪失した後であること（955条3項・940条2項）
5．956条が適用されない事例であること
6．957条が適用されない事例であること

法的効果：自主占有者が分離した産出物や構成部分の所有権を取得する。

例：ひとり息子のSは父が死亡したことで、自分が単独相続人になったと考え、相続財産に属する羊の占有を取得した。Sがその羊の毛を刈り取った後で、父の友人であるFを単独相続人に指定する旨の父の遺言が発見された。この事例では、羊は、1922条1項〔包括承継〕により真正単独相続人である所有者Fに属する。しかしながら、Sは、遺言が発見されるまでの間は善意の自主占有者であり、かつ、羊毛が分離された時点においても自身に占有権原がないことを知らなかった。したがって、Sは955条により羊毛の所有者になる。

Ⅱ．先占権者による取得

956条は、上述の諸原則についてさらなる例外を定めている。所有者または954条・955条により先占権を付与された者が、産出物その他の構成部分の先占を（たとえば用益賃貸借契約によって）他人に許している場合には、その他人は、956条により産出物や構成部分の所有権を取得する。同条の**許可**は、954条が予定するような物権の内容を構成するものではなく、先占をすることについての対人的な容認である。許可は**処分行為**のひとつであり、通常はたとえば使用賃貸借や用益賃貸借、あるいは贈与といった債務法上の契約との関連でおこなわれる。許可は、許可を与えた者に属している先占権を他人へと移転することを含んでいる。許可を与えた者が主たる物の所有者との関係で占有権原を有していることは、要件ではない（*BGH* NJW-RR 2002, 1576）。また、許可は、分離した物の所有権取得とは区別されなければならない。許可の効力は、所有権の取得とは無関係に生じる（*BGH* NJW-RR 2005, 1718）。所有権取得が生じるのは、許可を受けた者が主たる物を占有しているときは分離時である。そうでないときは、所有権取得の効力は、許可を受けた者が分離した物の占有を取得した時に初めて生じる。

956条による先占権者の所有権取得

1．先占の許可があること
2．〔許可を受けた者が〕主たる物にかかる占有の移譲を受けた後に分離したこと（956条1項1文第1事例）、または占有を獲得したこと（956条1項1文第2事例）
3．分離時または占有獲得時までの間、先占の許可が継続していること
4．許可を与えた者に処分権限が存すること。処分権限を有するのは、所有者その他954条・955条により先占権を与えられた者である（956条2項）。ただし、それ以外の者による許可も、957条に基づく善意取得により有効となりうる。

法的効果：先占権者が分離した産出物や構成部分の所有権を取得する。

6　**例**：MはEとの間で、石灰岩採石場の使用賃貸借契約を締結し、同採石場を借り受けた。その際、EはMに対し、石灰を採石してもよい旨の許可を与えた。Mは石灰を採るために、採石場でひっきりなしに発破をかけた。その後、Eは使用賃貸借契約を解約し、この採石場をKに譲渡した。Kの主張は次のとおりである。採石場の所有権を取得したことで、解約前にすでに発破をかけて砕石された石灰についても、自分が所有者になった。なぜなら、石灰はまぎれもなく採石場から産出された物なのだからという。そこで、KはMに対して、985条に基づき石灰の返還を求めた。

〔この場合には、〕Kの返還請求権は存しない。なぜなら、EがMに対して先占の許可を与えていたからである。使用賃借人であるMは採石場の占有者でもあったから、EではなくMが、石灰が分離した時点で自動的にその所有者になる（956条1項1文第1事例）（BGHZ 27, 364も参照）。

7　先占の許可が**無権限者**によっておこなわれることもある。この場合でも、許可を受けた者がその無権限者から占有を取得し、かつ無権限者が許可の権限を有しないことについて善意であるならば、許可を受けた者が所有権を取得する（957条）。ただし、通説によれば、取得の許可に対する信頼が保護に値するのは、許可が物の占有者により与えられた場合に限られる（Münch-Komm/*Oechsler*, § 957 Rn. 2）。

例：Aは、Eのいちご園の門をEの許可なくこじ開け、受付を設置し、そこで来園者にいちご狩りをさせていた。この場合には、顧客は果実の所有権について、自分たちに先占を許可した無権限者Aからこれを善意取得することができる（932条2項類推適用）。Aはいちご園を、無権原であるとはいえ占有していた。そのため、顧客は取得の許可を受けたと信頼することが許されるのである。

より深く学びたい人のために：

Weimar, Erwerb von Erzeugnissen und Bestandteilen einer Sache, MDR 1982, 111.
　事例研究：*Gottwald*, PdW, Fälle 82, 83; *Gursky*, Klausurenkurs im Sachenrecht, Fall 11.

§ 12. その他の取得・喪失原因

1　所有権の取得と喪失は、法律行為により所有権が譲渡された場合や、946

条から950条まで〔付合・混和・加工〕または953条から957条まで〔産出物と構成部分の取得〕の諸規定によって、法律に基づく所有権取得が生じた場合に生じる。もっとも、民法典はそのほかにも、所有権の取得原因と喪失原因を定めている。ただし、それらの原因は、952条を例外として（§12 Rn. 7以下）、実際上の意義に乏しい。

I．取得時効

自主占有者がある動産について、**10年間善意で占有**を継続した場合には、その者は、937条1項によりその物の所有権を取得する。同条項が基準とするのは、事実上の関係である。これにより、善意の自主占有者がみずからの事実上の占有状態を信頼していたときは、その信頼が保護されることになる。自主占有者が自主占有を基礎づける自己の権原〔の不存在〕について善意であれば、935条〔占有離脱物に関する善意取得の不成立〕とは異なり、盗品や遺失物についても、取得時効によって所有権を取得することが可能である。とりわけ、略奪された美術品の所有権の帰属が争われる場合には、取得時効の成立可能性を考慮することが重要である（この問題については、Gottwald, PdW, Fall 73）。

2

取得時効（937条）
1．〔目的物が〕動産であること
2．時効取得者が自主占有者（872条）であること
3．占有を取得した時に善意であったこと（937条2項第1事例。932条2項参照）
4．所有権が自己に属さないことについて、占有取得後もこれを知らなかったこと（937条2項第2事例）
5．10年間占有を継続したこと（938条以下）

例：Kは、精神障がい者Gから絵画を購入した。しかし、KはGが精神病を患っていることを知らなかった。この場合においてKは、929条1文〔物権的合意と引渡し〕によっては所有者になることができない。なぜなら、行為無能力者Gがした物権的合意は無効だからである（104条2号・105条1項。§6 Rn. 12を参照）。

しかし、K（またはKの権利承継人。943条）が10年間、自己が所有者であると信じて占有を継続した場合には、取得時効が成立する。Kは937条1項により所有者になる。

3 　取得時効に基づく善意の所有権取得は、終局的なものである。時効取得者は**不当利得返還請求権に服さない**。時効取得者が（先の設例のように）法律上の原因のない給付に基づいて占有を取得したときであっても、その者は、812条1項1文第1事例・818条1項（給付利得）による所有権返還義務を負わない（*Prütting*, Rn. 450; Palandt/*Bassenge*, vor §937 Rn. 2; 反対説として、RGZ 130, 69; *Wolff/Raiser*, §71 I, V）。ただし、816条1項〔無権限者の処分による不当利得〕の適用は排除されない。同条項によれば、〔無権限者がある目的物について〕有償で〔処分をおこない、〕その物の占有を相手方に移転したときは、その無権限者は、同条項1文によって処分により得た代価を返還しなければならない。しかし、〔その相手方が〕善意の時効取得者〔であるときは、その者〕は937条〔取得時効〕によって保護される。816条1項2文〔無償処分ケース〕に基づく責任は生じない。ただし、今日では、このような検討をおこなう実務上の意義は失われている。なぜなら、不当利得返還請求権は、遅くとも10年を経過すれば消滅時効に服する（195条・199条4項）からである。〔したがって、〕取得時効が成立するときは、不当利得返還請求権は**時効にかかっている**ことになる（この点については、*Anton*, JA 2010, 14, 23）。〔不当利得返還請求権以外の〕（たとえば546条・604条に基づく）債務法上の返還請求権は、取得時効が成立してもそれにより消滅することはない。しかし、それらの請求権についても、不当利得返還請求権と同じように、すでに消滅時効が成立しているのが一般であろう。

II．無主物先占

4 　無主の動産については、物を自主占有した者であれば誰でも、これを先占することができる（958条1項）。自主占有の成立には、占有取得意思があればよい。この意思は法律行為上の意思ではなく、自然的意思である。したがって、行為能力を要しない（§4 Rn. 9）。〔先占による〕所有権の取得は、自主占有が成立したときに、法律に基づきその時点で生じる。先占の要件は次のとおりである。すなわち、先占の対象である物が無主物であること、法律上先占が禁止されていないこと（たとえば植物については、種の保存のために先占が制限されている）、および〔占有の取得が〕他人の先占権を害しないこ

とである（958条2項）。他人の先占権は、とりわけ連邦狩猟法1条に基づいて生じる。

野生の動物は**無主物**である（960条以下）。それ以外に無主物が生じるのはとくに、かつてある物の所有者であった人が自己の所有権を放棄した場合である。959条によれば、所有権を放棄するには、占有者が所有権を放棄する意思で、その物の占有を放棄したことが必要である。放棄には意思表示が含まれるから、そのための行為能力が求められる。**粗大ごみ**を通りに捨てた場合には、原則として、旧所有者がその物につき所有権を放棄し、第三者がこれを先占することに同意したと考えることができる（争いあり）。この見解によれば、粗大ごみの占有を取得しても窃盗にはならない。

Ⅲ．遺失物拾得

拾得により所有権を取得することも可能である。そのためには、一定の要件を満たさなければならない。拾得はその概念上、所有者が物を**遺失**し、これにより**占有を喪失**していることを要件とする。所有者が自己の物を置き忘れたものの、その物がまだそこにあることを知っている場合には、その者がなお物の占有者である（856条2項参照）。965条以下の諸規定が筆記試験で問われるのは稀である。しかしながら、少なくとも一度は条文を読み、拾得者の所有権取得（973条）について大まかなイメージをつかんでおくくらいのことはしておくべきであろう。

拾得者の所有権取得（973条）
1．遺失（占有喪失）した動産があること
2．拾得したこと
3．遺失者、所有者または管轄官庁に拾得したことを通知すること（965条1項・同2項1文）（物の価格が10ユーロ以下であるときは例外。965条2項2文）
4．通知時から起算して6か月の期間を経過したこと（973条1項1文）（10ユーロ以下の物については、拾得時から起算する。973条2項1文）
5．受取権者が管轄官庁に権利の届出をしておらず、かつ、拾得者も期間

> 経過前に受取権者を知ることがなかったこと（973条1項1文）

6 **埋蔵物**については、特則が適用される（984条）。発見者が埋蔵物の占有を取得したときに、その物の所有者になるのは、半分は発見者（いわゆる発見者持分）であり、もう半分はその埋蔵物を包含していた物の所有者（いわゆる所有者持分）である。

発見者とは、埋蔵物を最初に知覚した者である。発見が適法行為によるか、不法行為によるかは問わない。また、発見者は原則として、**被用者**である。これに対して、被用者が埋蔵物の探索計画・目的のために雇われていた場合において、実際にも埋蔵物の探索につき使用者の指示に服していたときは、使用者が発見者である（全体として、*BGH* NJW 1988, 1204, 1206）。984条による所有権の取得は、憲法上の保護を受けるものではない（*BVerfG* NJW 1988, 2593）。

Ⅳ. 債務証書の所有権

1. 非独立型証書

7 952条1項1文によれば、債権について発行された債務証書の所有権は、法律に基づきその債権者に属する。債務証書は動産であるにもかかわらず、債務証書の所有権はこれを独立に移転することができない。むしろ、債務証書の所有権は**債権と不可分に結合**しており、当該債権の債権者に帰属する。したがって、1006条〔占有者のための所有権の推定〕も適用されない（*BGH* NJW 1972, 2268）。債権が398条〔債権譲渡〕によって譲渡された場合には、債務証書の所有権は、特別な移転行為を要せずに法律に基づき新債権者に移転する。紙を目的とする権利は、紙に表れる権利に従うのである。

8 952条1項は債務証書だけでなく、抵当証券と土地債務証券（1116条1項と1192条1項）にも適用される。952条2項が同条1項の規律を引いているからである。また、952条1項は、808条所定の資格証券にも適用される。808条の資格証券にあたるのは、とりわけ貯金通帳である。さらに、952条1項は車検証に類推適用される（BGHZ 34, 134）。

例：Aは自己所有の自動車を、929条1文〔物権的合意と引渡し〕によってBに譲渡した。Bが売買代金をすでに支払ったにもかかわらず、Aは車検証の引渡し

を拒絶している。この場合には、BはAから自動車所有権の譲渡を受けた時点で、法律に基づき車検証の所有権を取得する（952条1項1文の類推適用）。BはAに対し、985条に基づき車検証の返還を求めることができる。車検証を車から切り離して独立に譲渡することはできない。車検証は引渡証券ではないのである。

2．無記名証券と指図証券

952条は、無記名証券と指図証券には適用されない。無記名証券には、無記名債務証券（793条）や807条所定の証書のほか、とくに無記名株式がある（株式法10条1項第1事例）。**無記名証券**は独立型証書として、**動産と同じように**929条以下の諸規定によってこれを移転することができる。ここでは債務証書と反対に、紙に表れる権利が、紙を目的とする権利に従うのである。手形や小切手のような**指図証券**については、929条以下の諸規定が定める移転の要件を満たすことに加えて、**裏書をすることが必要である**（手形法11条、小切手法14条）。指図証券の際にも、紙に表れる権利が紙を目的とする権利に従うことになる。

より深く学びたい人のために：

Edenfeld, Reformfragen des Fundrechts, JR 2001, 485; *Faber*, Eigentumserwerb an sog. vergessenen Sachen, JR 1987, 313; *Kemper*, Besitzverhältnisse an Sachen, die in einem SB-Großmarkt verlorengegangen sind, JA 1987, 623; *Krämer*, Das Bernsteinzimmer-Mosaik – Ersitzung durch den gutgläubigen Erben des bösgläubigen Erblassers, NJW 1997, 2580; *Schreiber*, Eigentumserwerb durch Fund, Jura 1990, 446.

事例研究：*Finkenauer*, Eine Stradivari auf Abwegen, JuS 2009, 935; *Gottwald*, PdW, Fälle 73, 74, 84–89; *Wimmer-Leonhardt*, Fortgeschrittenenklausur: Herausgabeansprüche – Begehrte Goldrahmen, JuS 2010, 136.

第 5 章　動産担保権

§ 13. 担保権の意義と機能

Ⅰ．与信の経済的様態

1　担保権および換価権（所有権留保、動産譲渡担保、動産質権および土地質権）は、与信者が信用を供与する際の重要な基礎となる。それらは、目的物の価値によって、受信者である債務者が与信債務を弁済しない場合の担保を与信者にもたらす。与信者は、債権の弁済を受けなかったときは、担保権または換価権の目的物を自己のもとにとどめることや、譲渡による換価をし、この換価金を与信債権の回収に充てることができる。

1．与信の目的

2　経済活動において与信が行われる主な**目的**は投資にある。工場の建設、機械の設置または住居の建築を望む者は、通常、それに必要な金銭の全額を自己資本から工面することができない。それでも資本の投下を望む。工場での労働や機械を用いた労働にただちに従事して収入を得ること、あるいはすぐにでも家に住むことを希望するのである。自己資本でたりないぶんについては、信用資本を頼みとするしかない。

3　**生産活動**を継続するための与信もよく行われている。生産に必要な商品（たとえば原材料やエネルギー）を購入し、または労働力の対価である賃金を支払うために、他人資本を調達することがあるのである。他人資本は、生産した商品を売却し、その売上金から融資を返済できるようになるまで必要であり続ける。

さらに、**消費目的**での与信に対する消費者の需要も、ますます大きくなりつつある（491条以下参照）。多くの消費者が、特に自動車、家具または洗濯機といっ

た高価な消費財を購入する際に与信を受けている。つまり、蓄えをし、その後にようやく購入するというのではなく、まずは購入し、その後、債務を弁済していくということが頻繁に行われている。

2．与信者

とりわけ**銀行**と貯蓄銀行がする与信が国民経済にとって重要な意味をもつ。銀行と貯蓄銀行は、主に顧客の預金（貯蓄預金、振替預金、定期預金）から融資用の資金を得て、通常は消費貸借の形で融資をする。このほか保険会社も与信者の役割を担っている。さらに個人では、特に小売商人、卸売商人または製造業者が与信をよく行っている。これらの者による与信は、商品供給の時点でただちに売買代金の支払を受けないで、その支払を猶予するという方法による。このように即時の支払を求めないことも、経済的にみれば信用供与の1つの形態にほかならない。この種の信用の担保には、特に所有権留保が用いられている。

Ⅱ．担保の種類

1．人的信用

与信者は、受信者がその金銭債務を履行できない危険と隣り合わせにある。だから、与信者は、受信者の支払停止と支払不能の危険から免れることを望み、それに必要な担保を設定させる。

与信者は、受信者に加えて第2の債務者を立てさせることがある。これが担保手段の1つとなりうる。第2の債務者は、**連帯債務者**（421条）または**保証人**（765条）として、融資の返済につき自己の財産による責任を負う。このような他の債務者による信用担保は、人的信用とも呼ばれる。**債権譲渡担保**も人的信用の特殊な形態とみることができる。与信者は、自己の債権を担保するために受信者が第三者に対して有する債権を譲り受けておくと、受信者がその債務の弁済を行わなかった場合には、譲り受けた債権に基づいて第三者に支払を求められるようになる。

2．物的信用

6 　実務上は、人的信用より物的信用のほうが重要である。物的信用での担保は、受信者がその債務を弁済しなかった場合に、与信者が**動産または不動産**に摑取し、これらを譲渡することで、換価金から満足を得られることにある。物的信用の多くの形態で物権が用いられる。土地での担保は**土地質権**によってもたらされる（1113条以下・1191条以下・1199条以下）。民法典は、動産を目的とする物権的換価権として**質権**を用意している（1204条以下）。もっとも、質権には次の短所がある。すなわち、質物の所有者は、与信をした債権者にその占有を移さなければならないから（1205条。いわゆる占有質権）、質権の設定後は物を自己の営業や取引に用いることができなくなる。

7 　このため、信用取引実務は、多くの場合において動産質権以外の担保手段を用いる。具体的には、**所有権留保**と、929条1文〔物権的合意と引渡しによる動産所有権の移転〕・930条〔占有改定〕の方式による**動産譲渡担保**を使用する。これらには次の長所がある。すなわち、債権者が物の直接占有を債務者にとどめることで、債務者は、当該物を用いた労働や経済活動に従事し、これによって融資の返済に必要な資金を得ることができる。もっとも、それらの担保手段には公示の欠缺という短所がある。

8 　所有権留保および譲渡担保のほかにも、信用実務で発展してきた新たな担保手法として**ファイナンスリース**がある。リース業者は、（それぞれ不動産リースと動産リースのいずれかに応じて）土地所有権または動産所有権を取得し、これをユーザーに貸与して利用させる。不動産リースにあっては、リース業者が所有権の代わりに地上権（§2 Rn. 31以下）を取得するだけでよい。リース業者にとっては所有権や地上権が物的担保となる。このため、ファイナンスリースも物的信用の1つに数えることができるのである。

物的信用担保	
質権	質権以外の担保手段
・約定動産質権（1204条以下） 　約定権利質権（1273条以下） ・土地質権（抵当権・土地債務・定期土地債務。1113条以下、1191条以下、1199条以下）	・所有権留保（449条） ・動産譲渡担保（929条1文・930条） ・ファイナンスリース

§ 14. 所有権留保

I. 基 礎

1. 所有権留保の概念

　売主が買主に対し、売買の目的物を引き渡したにもかかわらず、それと同時に買主から売買代金の支払を受けない場合がある。この場合、売主は、売買代金の支払を猶予し、あるいは分割払の合意に応じることで、買主に信用を付与している。その代わりに、売主は〔買主に対して〕担保を求める。この担保となるのが、所有権留保という法形象である。所有権留保においても、義務負担行為としての売買契約は、条件を付することなく締結される。けれども、物権法上の所有権譲渡（通常は929条1文〔物権的合意と現実の引渡し〕による）は、売買代金の完済を**条件（158条1項）**としておこなわれる（**449条1項**）。つまり、売主による物権的合意の意思表示は、**停止条件付き**のものにとどまる。売主が買主に物を引き渡した結果、買主は代金完済前に物の直接占有を取得し、その物を用いることができる。しかし、所有権が買主に移転するのは条件が成就した時、すなわち買主が売買代金を完済した時である。所有権留保が売主の担保手段になるのは、そのためである。

　この担保〔所有権留保〕は様々な局面で機能する。買主が支払を遅滞したために、留保売主が売買契約を解除した場合には、留保売主は買主に対して商品の返還を、985条〔所有権に基づく返還請求権〕によって求めることができる。216条2項2文によると、売買代金債権がすでに**時効**にかかっていた場合であっても、契約の解除は可能である。それゆえ、買主が売買契約に基づいて有する986条〔占有者の抗弁〕所定の占有権原は、時効完成後であってもこれを排除することができる。第三者が買主〔の占有する売買の目的物〕に対して強制執行をかけた場合には、留保売主は第三者異議の訴え（民訴法771条）によってその不許を求めうる。買主が倒産した場合において、倒産管財人が倒産法103条〔倒産管財人の選択権〕、107条2項〔所有権留保〕により契約の履行を拒否したときは、留保売主は取戻権（倒

1

産法47条）を有する。

2．所有権留保の合意の有効性

2 **a）義務負担行為の中で合意する場合**　所有権留保の法的効果が生じるのは、それが有効に合意された場合に限られる。通常であれば、所有権留保の合意はすでに、処分行為の基礎にある義務負担行為、すなわち売買契約や商品供給契約の枠内でおこなわれる。商人間では、所有権留保は業界慣行上、黙示に合意されたとみることもできる（*BGH* NJW-RR 2004, 555参照）。これに対して、〔即時〕支払のない売買はつねに所有権留保付きでおこなわれる、との一般的な商慣習ないし取引通念は存しない。消費者との間の分割払取引では、**507条2項1文・492条1項**において定められた書面の方式を遵守しなければならない。所有権留保はしばしば、**売主の普通取引約款**において挿入されている。そうした条項は通常であれば、305c条にいう不意打ちにも、307条1・2項による不相当な不利益にもあたらない。

3 所有権留保を**買主の普通取引約款**により排除することも可能である。ただし、この場合には、307条の内容規制が適用される。買主が所有権留保を排除するのは、制定法のルールと合致しない。なぜなら、民法典は、売主が所有権を留保せずに無条件でこれを譲渡するときは、買主は所有権譲渡と引き換えに代金支払をするべきだとしている（320条・322条）以上、売買代金について分割払や支払猶予が認められたときに所有権譲渡が生じることを、予定していないからである。しかし、所有権留保排除条項は、次の場合には307条により無効とはならない。すなわち、買主〔スーパーマーケット〕が多くの供給者から商品を購入しており、一人ひとりの供給者ごとに取り分けて商品を搬入・保管しなければならないとすると、多大なコストがかかってしまう一方で、そうした商品は即金で支払をする者〔客〕にすばやく〔転〕譲渡されるために、所有権留保を付けても売主にとって担保としての意味はあまりない場合である（BGHZ 78, 305）。所有権留保排除条項が有効であるときは、売主は無条件に所有権を譲渡する義務を負担する。

4 所有権留保がすでに**売買契約の中で合意**されている場合には、処分行為について次のルールが適用される。すなわち、物の引渡しにより表示される売主の所有権移転に関する物権的合意の申込みは、売買代金の完済を停止条件（158条1項）としてされたものと推定される（449条1項〔所有権留保の推定〕）。

取得者は物の受領によって、151条1文〔申込者に対する表示のない承諾〕に従い、この条件を受け入れたことになる。これに対して、所有権留保が売買契約の中で合意されていない場合には、供給ないし引渡しは、原則として、無条件に所有権を譲渡するものと評価されるべきである。

b）処分行為の段階で初めて合意する場合　売主が（所有権留保の有無につき定めていない）売買契約に反して、**譲渡行為の時点**で初めて所有権留保の合意をしようと考えた場合には、このことについて明示の意思表示が求められるのが通常である（BGHZ 64, 395）。なぜなら、一般的な解釈ルールに従い、意思表示の相手方の立場からみて客観的に解釈すると（133条・157条）、供給そのものは、原則として、所有権留保を付さずに所有権を譲渡することが黙示に表示された申込みであるとみるのが相当だからである（BGH NJW 1982, 1751）。ただし、車の売主が車検証を渡さなかったときは、通常であれば、所有権留保を付する黙示の意思表示が認められる（BGH NJW 2006, 3488）。所有権留保を付した所有権譲渡の意思表示については、普通取引約款にこれを含めることも可能である。

5

ただし、この問題との関係では、条件付きの所有権譲渡の意思表示は、それが買主に**到達した**（130条）場合に限って効力を生じる、ということが重要である。到達は、買主にとってその意思表示が了知可能であれば認められる。もっとも、売主がおこなう所有権留保の意思表示については、買主が売主から発行された納品書を検査しただけでは、買主は通常これを了知しえない。しかし、買主が売主から提示された売却条件を検査した場合には、了知可能性を認めることができよう。このことは、買主が購入条件の中に拒否条項を入れることで、売主の売却条件に反対していたときですらそうである（BGH NJW 1982, 1749. この問題については、*de Lousanoff*, NJW 1982, 1727; 到達につきより限定的に解するのは、*Kemper*, BB 1983, 94）。契約内容を形成する権限のない履行補助者に到達したとしても、それでは意思表示が了知可能になったとはいえない（BGH NJW 1979, 2199）。到達が欠けたならば、所有権譲渡は原則どおり無条件となる。

後発的所有権留保の意思表示が有効に到達した場合には、——譲渡人が別段の定めをしていない限り——所有権留保付きの譲渡がされるにすぎない。原則論でいうと、売主はこれにより**契約違反**を侵すことになる。売買契約に

6

よれば、売主は無条件の所有権譲渡義務を負担しているからである。そうすると、買主は売主に対し、契約不履行を理由として、あくまで条件を付さずに所有権を譲渡するよう求めることができるはずである。しかし、この買主の売主に対する請求は現実的なものではない。なぜなら、売主はいずれにせよ、代金支払と引き換えに所有権を譲渡すれば足りるからである（320条・322条）。したがって、すぐに商品を使いたいけれども、いまは手持ちがないという買主は、後発的所有権留保の意思表示を飲まざるをえないであろう。

7　**c）無条件で所有権譲渡をした後に合意する場合**　これまでは、売買契約を締結した後、所有権を譲渡する際に所有権留保の意思表示をした場合、すなわち後発的所有権留保を取り上げてきた。これと区別を要するのは、いったん買主に所有権を完全に譲渡した後に所有権留保を付する、という意味での**後発的合意**である。後発的合意にかかる**意思表示の読み方**にはいくつかのものが示されている。一部の見解は、この合意の中に、2つの所有権譲渡を観念する。すなわち、買主は929条1文・930条〔占有改定〕に基づいて、いったん売主に所有権を復帰的に譲渡しなければならない。次いで、売主は買主に対して商品を、929条2文〔簡易の引渡し〕・158条1項〔停止条件〕に従って所有権留保の条件付きで譲渡することができるというのである（このように解するのは、*BGH* NJW 1953, 217）。しかしながら、通説は、一段階で望ましい結論に到達することができるとしている。具体的には、後発的合意について、所有権は売主に復帰的に譲渡されるけれども、そこから買主の期待権が差し引かれると解釈する方法（*L. Raiser*, NJW 1953, 217. *Baur/Stürner*, §51 Rn. 34もおそらくこう考えるのであろう）と、〔復帰的譲渡を観念せずに、買主の所有権が売主に対して〕929条1文・930条〔占有改定〕により解除条件付きで譲渡担保に供されたと解釈する方法がある。両者の区別は重要である。なぜなら、譲渡担保と解釈され、売主は担保所有権しか有しないとされると、売主の権利は買主が倒産した場合に、取戻権ではなく別除権として処遇されることになるからである（§15 Rn. 38）。

3．債務法上の取扱い

8　所有権留保が付された場合には、売主は、留保所有権以外の権利をとくに

有しない。とくに重要なのは、売主は、買主が売買の目的物を適切に取り扱うか、適時に分割払をしてくれるかについて不安を抱いたとしても、担保のために一時的に目的物を返還するよう求めることはできない、ということである。この意味において買主には、売買契約に基づく相対権としての占有権原と、期待権に基づく絶対的な占有権原が帰属する（争いあり。Rn. 14の事例12と Rn. 20以下を参照）。449条2項が明確にしているとおり、——別段の合意がある場合を除いて——〔所有権留保固有のルールではなく〕むしろ売買契約に関する一般規定が適用される。

9　買主が売買代金を支払わない場合には、売主は、買主に対して323条1項に従って相当の期間を定めて履行を催告し、その期間内に履行がされないときは、契約を**解除**することができる。〔もっとも、〕323条2項1号から3号までのケースでは、催告なくして解除することができる。このうちの2号では、一定の期間内や期限までに分割払がされることを合意し、かつ、分割払が適時にされなければ契約を継続する利益が失われる旨を契約において定めることが可能である。しかし、売買代金が分割払でされるケースは、2号が求める相対的定期行為の要件を充足しないのが原則である。催告不要の特約を締結することもできる。しかし、普通取引約款で合意された場合には、309条4号〔評価の余地のない禁止条項〕によって無効になり、また、相手方が事業者であるときは〔310条1項、〕307条1項〔内容規制〕によって無効になる。売買代金の一部がすでに支払われている場合には、323条5項1文〔一部の履行〕によると、売主が解除することができるのは、一部の給付がされただけでは売主に利益がないときに限られる。一般に解除が認められるのは、売買の目的物が不可分のものであり、支払われた売買代金の一部がその物のおおよその価格にも満たないケースである。売買代金の残額がごくわずかなときは、解除は同条項2文によって禁止される。他方で、売買代金請求権が時効にかかっており、支払を受けていない場合であっても、売主は契約を解除することができる（216条2項2文）。

10　買主が**支払遅滞**に陥ったこと（286条）は、原則として売主の解除要件に属さない。ただし、**508条1文**は、売主が消費者（13条）に分割払で売却した場合に限って、解除要件として支払遅滞が存在することを求め、その際にとりわけ、498条1文が定める要件を充足する必要があるとしている。同条文によれば、買主が少なくとも2回連続して分割払を遅滞し、それが最低でも売買代金全額の10パーセント（あるいは5パーセント〔3年を超える場合〕）に上っていなければならない（1

号)。そのうえ、売主が2週間の期間を設定し、当該期間内に支払わなければ残債務全額を請求するとしていたにもかかわらず、その期間内に支払がされなかったことを要する(2号)。事業者(14条)が消費用品売買において引き渡した物を引き揚げたときは、508条5文により解除権を行使したものとみなされる(この点につき、*Habersack/Schürnbrand*, JuS 2002, 833)。以上に反する合意で消費者にとって不利となるものは、無効である(511条)。

II. 買主の期待権

1. 概　念

11　買主は所有権を取得する前に、売買の目的物の頭金を支払うのが通常である。また、分割払のケースでは、大部分の支払を終えていることもある。それにもかかわらず、所有権は、売買代金が最後まで支払われた時に買主に移転する。売買代金の支払が完済に近づいたことで、経済的にみれば物の帰属がほぼ完全に買主にあるとみられる場合ですらそうである。他方において、買主は、売主から干渉を受けることなく、支払によって所有権を取得することができる地位にある。そのうえ、買主はすでに物を占有している。この意味において、買主は、所有権取得に対する強固な地位を手中に収めているのである。この地位は所有権の前段階であり、物権的な法的地位そのものと捉えることができる。期待権の概念は、この地位を特徴づけるために作り出されたものである。期待権は、所有権取得の権利を保全するものとして、将来取得する所有権の前段階にある。その経済的価値は、買主が売買代金を支払い続けることで、だんだんと上昇する。期待権が、所有権と「**本質において同一の、量的に少ないもの**」と呼ばれることになった(BGHZ 28, 16, 21)のは、そのためである。

　期待権の法的性質については、異なる考え方も主張されている。しかし、そうした試みはいずれも首尾を得なかった(*Eichenhofer*, AcP 185, 162が主張したいわゆる未確定理論、*Mülbert*, AcP 202, 912, 946による時間的に分割された所有権の理論を参照。法的性質論につき詳しくは、第23版 Rn. 679)。

12　**期待権**は、次の場合に肯定することができる(*BGH* NJW 1955, 544)。すなわち、ある権利の発生要件が段階的に複数の要件から構成されている場合に

おいて、すでに多数の要件が充足されているため、譲渡人の一方的な意思表示によってはもはや侵奪しえない法的地位が、取得者に確保されているということができるときである。期待権が生じるのは、所有権留保以外では、譲渡担保において、債務が履行されたら譲渡担保の目的物の所有権がその時点で自動的に設定者に復帰する、と定められている場合である。このケースでは、譲渡担保設定者は期待権を有する。さらに、所有権留保に対応する物権的な法的地位は、土地や土地質権を取得する場合にも考えられる。そのためには、一定の要件を充足しなければならない。そのほか、後位相続（2100条以下）においても、期待権を語ることができる（RGZ 101, 185を参照）。

物権的期待権
・所有権留保付きで売買目的物の所有権を取得した買主の地位
・解除条件付き譲渡担保を設定した譲渡担保設定者の地位
・土地登記所に登記申請をした土地譲受人の地位（§17 Rn. 47）
・仮登記権利者の地位（§18 Rn. 25）
・抵当権設定登記を備えた後、債権が発生する前または抵当証券の引渡しを受ける前における抵当権者の地位（§27 Rn. 7）

2．中間処分に対する買主の保護

　独立の物権的期待権の承認は、とりわけ次のことから正当化される。すなわち、160条以下の諸規定が留保買主に対し、所有権取得について多様で強固な地位を与えていることである。留保買主が売買代金の支払をしたときは、この地位を侵奪することはできない。たしかに、売主は条件が成就するまでは依然として所有者であり、理論的にはこの所有権を他人に処分することができる。しかしながら、売主は所有者であるにもかかわらず、こうした中間処分によって**買主の所有権取得を妨げる**ことは原則として**もはやできない**。なぜなら、こうした処分は161条1項1文によって無効になるからである。このことを以下の事例で明らかにしておこう。

13

14　**事例12——草刈機の二重売却**：AはBに草刈機を、所有権留保を付して売却した。BはすぐにAからこの機械の引渡しを受けた。売買代金の支払は10か月の分割払とされている。その1週間後、Aは草刈機をCに売却した。AはBに対する返還請求権をCに譲渡し、Cには、Bは草刈機の〔留保買主ではなく〕使用借主であると称している。CはBに対し、機械の返還を請求することができるか。BがAに最後の分割払をした場合にはどうなるか。

　解決へのすじみち：

I．CはBに対し、985条〔所有権〕に基づく返還請求権を有するか。

　1．Cの請求が認められるためには、Cが草刈機の所有者でなければならない。

　a) もとはAが所有者であった。

　b) AはBに草刈機を譲渡したけれども、所有権は喪失していない。なぜなら、Aは所有権を売買代金の完済まで留保したからである（929条1文・158条1項・449条1項）。

　c) Aは自己の所有権を、929条1文・931条によってCに譲渡した。すなわち、譲渡は、AがBとの占有仲介関係に基づく返還請求権をCに譲渡する方法でおこなわれている。AとBの間の所有権留保の合意は、双方に権利義務を生じさせるものであり、868条による占有仲介関係を創設するのに十分である。譲渡の対象である請求権は、留保売主が346条1項・323条・449条2項に基づき買主に対して有する潜在的な返還請求権であると解することができる。この返還請求権が現実化するのは、とくに買主が支払を遅滞したケースであろう。また、AはCとの間の合意の時点では、譲渡権限を有する者である。したがって、Cは草刈機の所有者になる。

　2．Bは機械の占有者である（854条1項）。

　3．BはCに対して、986条1項〔占有者の抗弁〕所定の占有権原を有さないか。BはAに対し、売買契約（433条1項）に基づいて、機械を占有する権原を有している。986条2項によれば、占有者Bは新所有者Cに対し、譲渡された請求権に対して有する抗弁を行使しうる。したがって、Bは売買契約に由来する占有権原を、Cに対しても維持することができる。それゆえ、BはCに機械を返還することを要しない。

　中間的結論：Cは草刈機の返還を求めることができない。

II．Bが売買代金の最後の分割払を終えた場合に、法状況はどうなるか。

1. Bが売買代金を完済した場合には、158条1項にいう所有権移転に必要な条件が充足される。したがって、Bが真の所有者になるはずである。
2. ただし、条件が成就する前に、Cが所有権を取得している。しかし、161条1項1文によれば、AからCへの譲渡は、Bが最後の分割払をしたことで、絶対的に無効になる。なぜなら、そうした譲渡は〔同条項によって禁じられる、〕条件にかからしめられた効果、すなわちBの所有権取得を挫折せしめるものだからである。したがって、AからCへの譲渡は、Bの所有権取得を妨げることができない。
3. Cが所有権を善意取得し、所有権留保の負担を受けずに取得したといえれば（161条3項を参照）、この場合に限っては結論が異なることになろう。ここで問題となる善意取得の関連規定は、929条1文・931・934条である。一見すると、934条第1事例にあてはまるかのようである。譲渡人（A）は物の間接占有者であり、自己の有する（潜在的な）返還請求権を譲渡することができたからである。こうして負担のない所有権の取得、期待権の消滅が生じると、期待権の保護が不完全になるのはいうまでもない。この場合には、期待権は936条3項の（類推）適用によって保護される。同条項は、物に負担を課する権利（ここでは期待権）が占有仲介者（B）に属するときは、その権利は善意の取得者（C）との関係でも消滅しないことを明らかにしている。本事例では、このことがあてはまる。したがって、Cがかりに善意であったとしても、CのためにBの期待権が消滅することはない。

結論：Bは売買代金の支払時に、草刈機の所有者になる。

第三者が所有権留保の目的物につき、たとえば民事訴訟法808条により〔動産〕差押えをすることでこれに強制執行をかけた場合において、条件が成就した時は、当該差押えは留保買主に対して無効となる（161条1項2文）。留保売主の財産について倒産手続が開始し、倒産管財人が目的物を処分した場合（倒産法80条）にも、その処分は買主に対して効力を有しない。倒産法103条〔倒産管財人の選択権〕は、売主が倒産した場合には適用されない（Rn. 43）。したがって、売買代金を完済すれば、買主は所有権を取得することができる。 15

さらに、売主の過失によって物が滅失し、その他買主の権利取得が害された場合には、買主は160条1項に基づいて、損害賠償請求権による保護を受ける。売主が信義に反して条件成就を妨害した場合には、162条1項により 16

条件が成就したものとみなされる。たとえば、売主が売買代金の受領を拒絶したときがそうである。

3．売買代金債権への従属性

17　しかしながら、期待権が存続するのは、**条件が成就しておらず、かつ条件成就の可能性が残されている**間に限られる。すなわち、期待権は売買代金債権の存続にかからしめられる。売買代金の支払によって条件が成就した場合には、買主の期待権は、自動的に目的物の所有権に変じる。これに対して、売買代金債権が売買契約の解除、取消し、解約その他の原因によって消滅したために、条件成就の可能性がなくなった場合には、期待権もまた消滅する。なぜなら、条件成就が不可能になった以上、買主が所有権を取得することもまたできなくなったからである。たしかに、売買代金の履行期に支払がされず、323条または508条1文の要件を充足すれば、解除権が発生する（Rn. 9, 10）。しかし、それだけでは期待権は消滅しない。期待権が消滅するのは、346条1項・348条に基づく解除権の行使によって売買代金債権が消滅した時である（BGHZ 54, 214）。このことは、瑕疵ある給付を原因として434条・437条2号・323条1項により〔買主に〕解除権が発生した場合にもあてはまる。

18　売買代金債権が存続している間にも、売主と買主の間の合意によって、買主がいったん取得した**期待権をあらためて放棄**することができる。そうした合意は、売主に完全な所有権を帰属させるか、反対に、買主に完全な所有権を取得させることでおこなわれる。留保買主が土地の従物を目的とする所有権の取得につき期待権を有する場合において、〔主物である土地に土地質権が設定されていたときは、〕土地質権の効力は1120条によって従物〔取得に対する期待権〕に及んでおり、期待権が放棄されれば対象の喪失によってその土地質権の効力も失われてしまう。しかし、そうしたときですら、売買契約の当事者は〔従物取得に対する〕期待権を事後的に放棄することができる（BGHZ 92, 280）。

4．期待権の第一取得〔買主による期待権の取得〕

期待権の第一取得
1．合意があること

2．引渡し（929条）または代替的引渡し（930条）がされること
3．合意が存続していること
4．譲渡人に権限があること。権限がない場合には、932条・933条に基づく善意取得の要件を満たす必要がある。
5．条件成就の可能性があり、期待権が存続していること

　期待権は、所有権と本質において同一の、量的に少ないものである〔Rn. 11〕。期待権の取得は**所有権の取得と同様の諸規定**、すなわち929条以下の諸規定によっておこなわれる。物権的合意（所有権留保の場合には、所有権移転にかかる条件が付された物権的合意）と、物の引渡しが要件となる。物の引渡しは通常、929条1文〔現実の引渡し〕の方法によるが、929条2文〔簡易の引渡し〕、930条〔占有改定〕または931条〔返還請求権の譲渡〕によることも考えられる。売主が留保合意に基づいてまず物の間接占有者としての地位を留めることについては、4つの引渡しのいずれがされた場合でも問題はない〔買主の占有権原をめぐる問題については、Rn. 20, 21〕。（条件付き）合意は、引渡しの時点で存続していなければならない（いわゆる合意存続の要件）。また、物の譲渡人は原則として、譲渡の権限を有している必要がある。譲渡人が権限を有しない場合には、──完全な所有権を無条件で移転する場合と同じように──無権限者からの善意取得が問題となる。

　例：毛皮商人Ｖは、Ｅ所有の毛皮のコートを預かっていた。ところが、ＶはＥのコートをＫに分割払で売却し、Ｋにコートを所有権留保付きで引き渡した。Ｋは、Ｖが所有者であると信じていた。
　この事例では、善意のＫは、無権限者Ｖから引渡しを受けた時に、〔善意取得により〕期待権を有効に取得する（929条1文・158条1項・932条）。売買代金が完済されたときは、所有権はその時点でＫに移転する。ＥはＫの所有権取得を妨げることができない。Ｋが条件成就前に、Ｖが所有者ではないことを知ったとしても、所有権取得は妨げられない。なぜなら、善意取得においては引渡し時に善意であればよく、条件成就時に善意であることまでは求められないからである。

5．占有権原としての期待権

　売主から物の占有の移転を受けた買主は、直接の他主占有者である。買主

の占有は、売買契約に由来する相対権に基づいて、売主との関係で正当化される。つまり、買主は少なくとも、債権債務関係上の占有権原を有する。争いがあるのは、期待権が買主に、債権債務関係上の占有権原を超えて、**物権的な占有権原**、すなわち所有者に対しても貫徹しうる**絶対的な占有権原**を与えるか否かである（これを肯定するのは、OLG Karlsruhe JZ 1966, 273; Baur/Stürner, §59 Rn. 47; Soergel/Henssler, Anh. §929 Rn. 79; Palandt/Bassenge, §929 Rn. 41. 反対説は、BGHZ 10, 69, 72; Brox, JuS 1984, 657, 659; MünchKomm/Baldus, §986 Rn. 11）。この問題は、〔買主が所有者と称する〕無権限者から期待権を善意取得する場合〔下の例。第一取得〕と、期待権の第二取得との関係で善意取得が問題となる場合（Rn. 35, 36）の規律において重要である。

例：先の設例において、K は毛皮のコートを目的とする期待権を、毛皮商人 V から善意取得する。期待権に基づき絶対的な占有権原が生じると解するならば、期待権者は、986条〔占有者の抗弁〕によって所有権に基づく返還請求をも拒むことができることになる。K は、条件成就前ないし所有権取得前であっても、コートを E に返還する義務を負担しない。この解釈の根拠としては、期待権は所有権の前段階であり、それゆえ期待権には占有権原も属することと、善意取得による保護は、ただちに完全な所有権を取得した場合と、さしあたりは期待権しか取得しなかった場合とを区別せずに与えられなければならないことが挙げられる。

反対説によると、K の占有権原は、売買契約に基づいてのみ生じることになる。それゆえ、K は E に対しては、自己の占有権原を主張することができない。この見解に従えば、K は、とりあえず985条〔所有権に基づく返還請求権〕によって E にコートを返還しなければならない。そして K は、代金完済によって条件が成就し、所有権を取得した後で、E にあらためて985条に基づきコートの返還を求めることになろう。もっとも、あとすこしで条件が成就するときは、K はこのコートのいったりきたりを回避することができよう。なぜなら、そうしたケースでは、E が K に対してコートの返還請求をすることは、信義に反するものと評価することができるからである（*dolo agit qui petit quod statim redditurus est*——ただちに返還しなければならない物を請求する者は、悪意に満ちた者である）。

21　しかしながら、占有権原は次の場合には**消滅**する。すなわち、売買契約がたとえば取消しや解除によってなくなった場合（Rn. 17）や、分割払が遅滞したら解除権の行使がなくても、留保商品を自分の間引き揚げることのできる権利

が有効に合意された場合（BGHZ 34, 191, 197; 96, 182, 187）である。このことは、占有権原が売買契約に基づくものでも、期待権に基づくものでも異ならない。

6．期待権の保護

期待権者の占有権原は、次の保護を受ける。すなわち、期待権者は不法占有者に対して、985条および**987条以下の諸規定**に基づく請求権を、それらの規定の**類推適用**によって行使することができる。なぜなら、期待権は所有権の前段階、所有権と本質において同一の、量的に少ないもの（Rn. 11）であり、所有権と同様の保護を受けるに値するからである（反対説は、*Brox*, JuS 1984, 657, 660. この見解は、期待権者は所有権に基づく請求権の行使を、留保売主から185条によって授権されるにすぎないとする）。

例：AがEから分割払で購入した自動車をDに盗まれた場合には、AはDに対して、まだ所有者でなくても、自己の期待権に基づき自動車の返還を求めることができる（985条類推適用）。所有者EはDに対して自動車を、〔自分ではなく〕Aに返還するよう求めることしかできないのが原則である（986条1項2文類推適用）。

ほぼ異論のない見解によれば、期待権は**絶対権**として、**823条1項**〔不法行為〕（「その他の権利」）による保護も受ける。同じように、1004条〔妨害排除請求権および不作為請求権〕も類推適用されなければならない。そのほか、期待権者を保護するために、992条・823条1項あるいは989条・990条1項に基づく請求権も生じうる。所有権留保の目的物そのものが侵害された場合に、**期待権者の損害賠償請求権**と（代金完済前にはなお）**所有権を有する者の損害賠償請求権**が相互にどのような関係にたつのかが問題となる。結論として、加害者が損害賠償の支払をしなければならないのは、1度だけであるとみなければならない（この問題については、*Eleftheriadou*, JuS 2009, 434; *Bernhard*, Jura 2010, 62に挙げられた事例を参照）。

例：AはVから中古車を、所有権留保付きで購入した。売買代金の一部について分割払を終えた段階で、AはSの過失による交通事故に遭い、中古車が滅失してしまった。この場合において、Sに対し823条1項による損害賠償を請求できるのは誰なのか（AとVの一方なのか、それとも両者なのか）。Sの立場からみれば、

自己の債務が消滅するには誰に弁済すればよいのかを明らかにしなければならない。

24　所有権は期待権とは異なり完全権であることを考慮すれば、所有者である売主のみが損害賠償請求権者である、との解釈に傾くであろう（*Biletzki*, JA 1996, 288, 289）。しかし、この見解は、物の滅失の危険は引渡時に買主に移転していること（446条）を看過しているように思われる。物が滅失したとしても、買主は売主に対し、引き続き売買代金支払債務ないし分割払債務を負う。つまり、目的物の損害は、最終的には買主に「かからしめ」られている。売主の損害は担保の喪失にとどまる。このことから、他の見解は次のように主張している。すなわち、所有者と期待権者は、売買代金請求権のうち、損害発生の時点ですでに弁済を終えた分と、いまだ弁済していない分の割合に応じて、**分割債権関係**を形成する（こう解するのは、BGHZ 55, 20, 32）。しかし、この見解によると、事後の変更（損害発生時以降の売買代金の支払）を説明できなくなる。また、両債権者の持分割合を確定しなければならないとするのでは、加害者の負担が大きい。そこで、第3の見解は、所有者と期待権者を**共同債権者**と解する。債務者が弁済により債権を消滅させることができるのは、双方に対して共同で支払をした場合に限られる、というのがその効果である。この解釈の根拠としては、432条〔不可分債権〕の類推適用（*Baur/Stürner*, §59 Rn. 45）、1281条〔債権質における弁済期前の給付のルール〕の類推適用（*M. Wolf*, JuS 1976, 35 f.）、両規範の総合類推（*Brox*, JuS 1984, 657, 660）が挙げられている。

　しかしながら、より適切な解釈は、第4の見解であろう。それによれば、**期待権者**ひとりが**正当な債権者**となる（*Müller-Laube*, JuS 1993, 529, 534; *Bernhard*, Jura 2010, 62, 65）。突き詰めて考えれば、損害を被るのは期待権者だけである。なぜなら、期待権者は物を利用することができなくなり、滅失事例では所有権取得の可能性も失う一方で、引き続き売主に対して分割払をおこなう債務を負担するからである。また、典型的なケースでは、期待権者が物を占有している。そのため、債務者からみれば原則として（1006条1項参照）、損害賠償を受ける権利を有するのは期待権者であるようにみえるであろう。851条によれば、加害者が対内関係の詳細を知らない限り、加害者

は物の占有者に対して賠償を給付すればその債務を免責される。これに対して、所有者が損害を被るのは、留保買主が支払義務を果たさない場合に限られる。しかし、このリスクは、担保取引の本質に内在するものである。また、このことを捨象したとしても、買主が留保売主のために代担保（たとえば銀行保証）を供する義務を担保約定から導き出すことも、場合によっては可能である。

7．売主の法的地位

売主は**所有者**であると同時に、**間接の自主占有者**であり、その占有は買主が仲介している。けれども、売買代金の既払額が増せば増すほど、期待権の経済的価値は増加し、これに対応して所有権の経済的価値は減少する。 25

売主に所有権が帰属している間は、売主は所有権を処分し、これを929条１文・931条〔返還請求権の譲渡〕によって第三者に移転することができる。しかしながら、この所有権の移転は、期待権の負担をともなったままのものである。その結果、（第一）買主が売買代金を支払った場合には、この（２番目に）取得した者は所有権を喪失する（161条１項１文。Rn. 13）。もっとも、売主が売買契約を解除し（Rn. 17）、あるいはその他の方法で期待権が消滅したときは、（第二）取得者は期待権の負担を受けない所有者となる。

売主は所有者として、985条に基づく返還請求権を行使することもできる。しかし、売買契約に基づく占有権原を有する買主に対しては、この限りでない。他方で、第三者が無権原で物を占有している場合には、売主はこの者に対して、985条・986条によって買主への返還を求めることができる。また、売主が売買契約を、323条または508条１文に基づき解除したとき（Rn. 9, 10, 17）は、売主は買主に対して985条に基づく請求権を有する。 26

期待権の保護に関する概観
・中間処分に対する保護（161条）
・986条による占有権原
・直接占有に与えられる占有保護（861条・862条）
・985条・987条以下の諸規定の類推適用に基づく請求権
・侵害に対する保護（1004条の類推適用）

- 823条1項にいう「その他の権利」として受ける不法行為法上の保護
- 倒産における取戻権（倒産法47条）

Ⅲ．期待権の移転（第二取得）

1．929条以下の諸規定の類推適用による移転

27 　買主は、期待権に含まれる財産的価値を譲渡によって換価し、あるいは期待権を債権者の担保に供することを望む。買主の債権者にとっては、期待権を財貨として掴取することが重要である。これらの需要に対応するために、次の規律が用意されている。すなわち、買主は期待権を法的取引において移転することができ、また、買主の債権者は強制執行によって期待権を差し押さえることができる。期待権は将来の所有権の前段階、ないし所有権と本質において同一の、量的に少ないもの〔Rn. 11〕である。そこで、留保買主は、留保所有者の同意を得なくても、929条以下の諸規定の類推適用によって、期待権を第三者に移転することができる。

期待権の移転
1．期待権の移転に関する合意（929条1文の類推適用）があること
2．引渡しまたは代替的引渡し（929条以下の類推適用）がされること
3．合意が存続していること
4．譲渡人に期待権に関する譲渡権限があること
5．条件成就の可能性があり、期待権が存続していること

28 　例：BはAから、ある自動車を分割払で購入した。Bは自動車を1年間乗り回しているけれども、まだ分割払を終えていない。この段階で、BがCに自動車を譲渡しようと考えたとする。BがCとの間で期待権移転に関する合意をし、かつ自動車を引き渡すことで、その期待権を移転すれば（929条1文の類推適用）、Bは〔自動車を譲渡するという〕みずからの意図を実質的に実現することができる。この場合には、Cは、権限者であるBから期待権を取得したことになる。
　Bがみずからを自動車の所有者であると称している場合には、BはCに（まだAに帰属している）自動車の所有権を移転することを試みるかもしれない。Bが

Aから185条1項によりそうした処分をおこなう権限を授与されていないのならば、所有権の処分は無権限者からのものとされることになろう。そうすると、Cが所有権を取得するには、929条1文・932条の類推適用による善意取得が成立したときに限られる。ここでCが善意であったというには、BがCに車検証を提示していたことが必要である（§7 Rn. 7と§8 Rn. 17を参照）。

Bが自己の期待権を権限者として処分したのか、それともBには属さないAの所有権を〔無権限で〕処分したのかは、契約の解釈によって確定しなければならないこともあろう。その際には、物権的合意の内容が期待権を目的としているのか、そうではなく所有権を目的としているのかが決定的である。なぜなら、引渡しそのものはいずれのケースでもまったく同一だからである。

所有権の譲渡が無効である場合には、その譲渡の対象は期待権の移転に**転換**されうる（140条）。これについては、§15 Rn. 18も参照。 29

例：Vは、実際には期待権しか有していないのに所有者であると称して、外見上Vに属するとおぼしき所有権をKに譲渡した。Kは重過失により真の所有権関係を知らなかった。ここではKに重過失があるから、善意取得は成立しない（932条2項）。けれども、VとKの間の合意は、次のように解釈ないし転換することができる。すなわち、KはVから〔所有権を取得できなかったとしても、〕せめて期待権は取得したはずである、と。

筆記試験における注意点：所有権移転の合意が無効であった場合には、そうした合意が、所有権を移転することができないのならば、せめて期待権を移転しようとする趣旨であったか否かを検討しなければならない。

2．期待権取得者の法的地位

a）条件成就時の所有権取得　期待権の（第二）取得者は、条件成就の時点で自動的に物の所有者になる。通説によれば、第二取得者の所有権取得は、第一取得者〔留保買主〕の**経由的取得なくして**生じる（BGHZ 20, 88参照）。誰が売買代金を支払ったか、すなわち、債務者が弁済したのか、第三者である第二取得者が267条により弁済したのか（BGHZ 75, 221, 228）は、いずれでもよい。そのほか、〔第二〕取得者は、414条または415条に基づき売主との間の合意によって売買代金債務を引き受け、売買代金を債務者として支払うことも可能である。 30

31　**b）期待権**は、〔留保買主との関係と同じように〕期待権の取得者との関係においても、**売買代金債権**の帰趨に**従属**している。したがって、売買契約の取消し（119条・123条）や解除に基づき売買代金債権が消滅したことによって、所有権取得の条件を充足することが不可能になった場合（Rn. 17）には、期待権取得者もその期待権を喪失する。留保買主は自己に属する取消権や解除権を行使する際に、期待権取得者の同意を受ける必要はない。なぜなら、期待権はもともと取消権や解除権による制約を受けており、期待権取得者ははじめからそうした制約を受けた期待権を取得するにすぎないからである。期待権取得者は〔留保買主から〕812条〔不当利得〕または346条〔解除〕に基づく返還請求権の譲渡を受けることで、自己の利益を確保することができる（*Löwenheim*, JuS 1981, 721. *Gernhuber*, FS Baur, 1981, S. 31, 43 ff. も参照）。

32　**c）**留保買主と留保売主が、期待権取得者の登場後にその期待権を害する合意をし、かつ〔この合意により期待権取得者の〕補償請求権が発生しない場合には、そうした**事後の合意**は原則として、期待権取得者に対して効力を有しない。

事例13——トラック(ラスター)にともなう負担(ラスト)（BGHZ 75, 221 = NJW 1980, 175）：Vは1月2日、あるトラックをKに、所有権留保を付して売却した。4月5日、Kは貯蓄銀行（SB）から融資を受け、その担保のためにSBに対してトラックの期待権を移転した。VとKは7月1日、KがVに対して負担していたトラックの売買代金債務以外の債務も、所有権留保の被担保債務とする旨の合意をした。9月1日、Kは最後の分割払を終えた。しかし、Kがそれ以外の債務をまだVに支払っていなかったため、VはKのところにあるトラックを引き取りにきた。SBはこれに異を唱え、トラックの返還を求めた。SBの主張は正当か。

解決へのすじみち：
SBはVに対して、985条〔所有権〕に基づく返還請求権を有するか。
1．このことが認められるには、SBがトラックの所有者でなければならない。もとはVが所有者であった。
　a）Vは1月2日の段階では、まだ所有権を失っていない。なぜなら、VからKへの所有権譲渡は、売買代金の完済を停止条件としておこなわれたか

らである（929条1文・158条1項・449条1項）。
 b) 問題となるのは、Kが9月1日に最後の分割払を終えた時に、SBがトラックの所有者になったか否かである。このことを肯定するには、トラックの期待権がSBに移転していなければならない。それに加えて、停止条件が成就している必要がある。
aa) SBはトラックの期待権者であった。というのは、1月2日にKがトラックの期待権を取得し（929条1文・158条1項・449条1項）、4月5日にその期待権がKからSBに有効に移転したからである（929条1文・930条類推適用）。
bb) 当初の合意では、売買代金の完済が停止条件とされていた。この条件は9月1日に成就している。しかしながら、新たに合意された条件——KのVに対する全債務の弁済——は、まだ成就していない。そこで、VとKが7月1日にした合意によって、条件成就の有無が事後的に変更されたか否かが問題となる。少数説によれば、そうした合意の効力も肯定される。原契約の当事者は自由に条件の成就を妨げたり、困難にすることができる。なぜなら、売買契約は契約当事者の枠内にとどまっており、かつ期待権取得者はこの債務関係に加入するものではないからである（*Serick*, Bd. 1, S. 251 f.）。これに対して、通説によれば、条件成就に関する合意は、期待権の処分にあたるとされる。しかし、留保買主が期待権を第三者に移転した場合には、留保買主は期待権の処分権限（185条）をもはや有しない（BGHZ 75, 221, 226; *Medicus/Petersen*, Rn. 473, *Loewenheim*, JuS 1981, 721, 274）。この問題については、理論的かつ経済的な根拠から、通説に賛成しなければならない。もし契約当事者が完全権の取得に関する条件を自由に変更できるとしたら、独自の担保手段としての期待権の経済的価値は失われてしまうであろう。

　したがって、VとKの間で7月1日にされた合意は、SBの所有権取得に影響を与えない。SBは9月1日の時点で所有者になる。
 2. Vは、占有権原なくトラックを占有する者である（986条）。
結論：SBはVに対し、985条に基づきトラックの返還を請求することができる。

3. 二重の期待権

　期待権それ自体も留保を付して、すなわち期待権の売買代金の完済を停止条件として移転することができる。そうした場合に生じるのが、二重の期待

権である。第一の期待権の目的は所有権である一方、第二の期待権の目的は第一の期待権である。留保売却が２つ、順に接続するわけである。

例：BはVから10000ユーロで自動車を、所有権留保付きで購入した。売買代金は、すでに9000ユーロまで払い終えている。そこで、BはCにこの自動車を7000ユーロで譲渡しようと考えた。ところが、Cは3500ユーロしか支払えなかった。そのため、残金は500ユーロの月賦で支払うこととした。この場合には、Bは、929条１文・158条１項・449条１項の類推適用によって、期待権を留保付きで移転することができる。Cが取得するのは、Bの期待権を目的とする期待権である。Bが所有権を取得するのは、自己の売主〔V〕に対する未払代金1000ユーロを支払った時である。この時点で、Cの期待権、すなわちBの期待権を目的とする期待権は、物上代位によって、新たに取得した所有権を目的とする期待権に変じることになる（*M. Wolf*, JuS 1976, 35 f.）。これに対し、〔BがVに自動車の売買代金を完済する前に、〕CがBに対して期待権の売買代金を支払ったときは、この売買代金の完済時に、Vの所有権を目的とするBの期待権がCに移転する。もっとも、Cが自動車の所有権を取得できるのは、BのVに対する売買代金債務が完済された時である。

34 ただし、以上のルールは、留保買主が**185条１項**によって次の**授権**を受けた場合には適用されない。すなわち、留保買主は売買の目的物につき、これを通常の取引の範囲内で自己の名において、（第一）所有権留保が付されていることを開示しないで転売することができる一方、転譲渡もまた所有権留保付きでおこなわれるものとする、と。この事例では、第一所有権留保に第二所有権留保が接続することになる（いわゆる**接続された所有権留保**）。接続された所有権留保において留保売主が自己の所有権を喪失するのは、自己の顧客（第一買主）から支払を受けた時か、第二買主が第一買主に対して支払をした時のいずれか一方である。

4．期待権の善意取得

35 期待権の譲渡人が譲渡権限を有しない場合には、次の２つのケースがある。
　a）第三者に帰属する期待権の善意取得の可否　期待権が譲渡人ではなく、第三者に帰属する場合には、932条以下の諸規定の類推適用によって、譲受人は期待権を善意取得することができる（通説：*Baur/Stürner*, §59 Rn. 39; *Prütting*, Rn. 393. 反対説：*Wiegand*, JuS 1974, 211 f.; *Brox*, JuS 1984, 657, 661 f.）。

§ 14. 所有権留保

事例14──他人の期待権：EはKにコンピュータ設備を、所有権留保付きで譲渡した。Kは売買代金の3分の1をEに支払っている。次に、Kは事業者Uとの間で、この設備について使用賃貸借契約を結んだ。Uはとてもお金に困っていたので、Dに当該設備を転譲渡した。UはDへの譲渡の際に、コンピュータ設備は自分がEから所有権留保付きで取得したものである、と述べている。そのため、DはUが期待権者であると信じていた。その後、Uが雲隠れしてしまったため、Dは残りの売買代金をみずからEに支払った。さて、コンピュータ設備の所有者は誰か。

関連問題：UはDに対し、Eの売買代金債権はまだ200ユーロ残っていると告げていた。だが、実際には、未払代金は2000ユーロに達していた。Dは所有権を取得するために、いくら支払わなければならないか。

解決へのすじみち：
誰がコンピュータ設備の所有者であるかが問題となる。

1. もとはEがコンピュータ設備の所有者であった。その後、EはKに対してこの設備を929条1文・158条1項・449条1項に基づき停止条件付きで譲渡し、次いで、KはUに対してこれを使用賃貸している。しかし、Eはいずれによっても所有権を喪失しない。さらに、UはDに「期待」を移転したけれども、これによりEの所有権はなんらの影響も受けない。なぜなら、所有権が処分されたわけではないからである。
2. 売買代金の残額が支払われた時に、期待権は完全権に強化され、Eが所有権を失う条件が成就する。だが、条件成就によって所有者になったのは誰か。この問いに答えるには、誰が期待権者であったのかを明らかにしなければならない。

a）まず第一に期待権者になったのは、Kである。KはEとの間で所有権留保について合意し、Eから条件付きで所有権の譲渡を受けたからである。
b）では、DはUから期待権を取得したといえるか。929条以下の諸規定は、期待権の移転に準用される。まず、期待権移転に関する合意はある。また、コンピュータ設備の引渡しは、929条1文の類推適用によっておこなわれている。ただし、Uは期待権の移転について無権限者であった。しかしながら、通説は、期待権が実際に存在している場合には、期待権の善意取得の可能性を肯定する。期待権が他人に帰属していたとしても、取得者が善意であれば無権限の瑕疵は治癒される。この場合には、取得

> 者が権利外観である占有をもとにして期待権が譲渡人に属すると信頼した以上、取得者は保護に値するからである。
> 　本件では、Dは932条にいう善意であり、同条が類推適用される。したがって、Dは期待権を無権限者Uから善意取得することができた。それゆえ、条件成就時に所有権者となるのは、Dである。
>
> **結論**：Dがコンピュータ設備の所有者である。
>
> **関連問題の答え**：取得者が契約のうち、債務法上の事項について善意であったと主張したとしても、この意味での善意が保護されないことにつき争いはない。したがって、Dはその主観的態様を問わず、2000ユーロ全額を支払わなければならない。

36　**b）存在しない期待権の善意取得の可否**　譲渡人が自身に属すると述べた期待権がまったく存在しなかった、つまり第三者にも帰属していなかった場合には、善意取得は認められない。これは、ほぼ異論のない見解である（*Baur/Stürner*, §59 Rn. 40; *Habersack*, Rn. 248）。なぜなら、この場合には、取得者の信頼の対象としては、自身が所有者ではないことを認めている譲渡人の言明しかないはずだからである。したがって、もしこの場合に取得者を保護するとしたら、〔現行法において〕善意の要件が譲渡人の占有と結びつけられていることを、根本から揺るがすおそれがある。次のケースはこれと区別しなければならない。すなわち、みずから物の所有者であると称する者から、期待権を善意取得することは認められている〔Rn. 19と下の2番目の例を参照〕。期待権の第一取得については、善意取得が可能なわけである。

例：
- VはEから自転車を1台借りている。ところが、Dに対しては、Eから所有権留保付きで自転車を購入したと述べた。この場合には、たとえDが善意の取得者であるとしても、Dは、929条1文・932条の類推適用によってVがその存在を主張する上記の期待権を取得することができない。これらの規範は期待権の第二取得について、期待権が存在することを要件としているからである。
- Vは使用借主である。ところが、Vは、善意のDにみずからが所有者であると称し、Dを買主として、所有権は売買代金完済時にDに対して移転する旨

の合意をした。この場合には、DはVから期待権を善意取得する（929条1文・932条・158条1項・449条）。ここでの善意取得は、無権限者からの期待権の第一取得をもたらすものだからである。

Ⅳ. 差押えと執行

1. 期待権の差押え

a）差押えの方式 留保買主の債権者が、強制執行により期待権を差し押さえることについて関心をもつことがある。期待権の差押えにより、そこに実体化した財産的価値を掴取することができるからである。では、どの方式で差押えをするべきか。ある見解によれば、**動産差押え**の方法（民訴法808条）が求められる（*Brox*, JuS 1984, 657, 665; *Bülow*, Rn. 820）。しかしながら、この方法に従うと、差押えの対象が期待権なのか、動産なのかが外形上はっきりとしない。そこで、通説はむしろ、期待権の差押えは民事訴訟法857条による**権利差押え**の方法によりおこなうべきであると主張している（*Prütting*, Rn. 396; Palandt/*Bassenge*, §929 Rn. 54）。この通説によれば、差押えの効力は、執行裁判所の差押命令が第三債務者（＝留保売主）に到達した時に生じることになる（民訴法829条2項・3項）。期待権が独立の権利として構成されていることを最もよく反映している点が、通説の長所である。

権利差押え説の内部でも、売買代金が売主に支払われ、条件が成就した結果、留保買主が物の所有者になったときに、どのような法関係が生じるのかについては**争いがある**。ある見解（*BGH* NJW 1954, 1325）によれば、この場合には補充的に、民事訴訟法808条による動産差押えが必要になる（いわゆる**二重差押え**の理論）。この動産差押えについては、買主がまだ所有者になっておらず、動産を目的とする差押質権がなお発生しえない時点でこれをおこなうことができるし、またそうすべきである。留保買主が動産所有権を取得した時に、〔差押〕質権が自動的に動産上に継続すると説かれている。しかしながら、これは無用に複雑な解釈であるように思われる。反対説を支持すべきであろう。それによれば、権利の差押えがされれば十分である。売買代金が完済された時に、期待権を目的とする〔差押〕質権が、1287条〔債権質の物上代位〕の類推適用によって動産所有権上に継続する（*Baur/Stürner*, §

59 Rn. 41; *Medicus/Petersen*, Rn. 486)。

39　**b）差押えに対する所有者の保護**　期待権が差し押さえられた場合において、（留保）所有者は、第三者異議の訴え（民訴法771条）に基づき強制執行の不許を求めることができない。なぜなら、ここでは期待権を目的として執行されたにとどまり、留保所有権はこれにより影響を受けないからである（動産差押え説に基づき反対説を展開するのは、*Bülow*, Rn. 721, 820）。民事訴訟法771条に基づく訴えが所有者に認められるのは、その所有権が強制執行により干渉を受けた場合に限られる。たとえば、債権者が、留保買主に所有権が帰属していると勘違いをして、これに執行をかけようとしている場合である。

　なお、差押債権者は、みずから留保売主に対して売買代金の残額を支払うこともできる。差押債権者は間接占有者として第三者弁済の権限を、268条1項2文に基づき（*Brox*, JuS 1984, 657, 664）、あるいは少なくとも267条（BGHZ 75, 221, 228）により有する。この場合においても、所有権を取得するのは留保買主である。しかしながら、──すでに述べたように──期待権を目的とする差押質権が、1287条の類推適用による物上代位に基づいて、買主の所有権上に継続する。こうして債権者は、民事訴訟法814条によって、所有権を公の競売により換価することができるようになる。

2．留保買主の倒産

40　留保買主が倒産した場合において、倒産管財人が倒産法103条〔倒産管財人の選択権〕、107条2項〔所有権留保〕により契約の履行を拒否したときは、留保売主は、自己に属する所有権に基づき**取戻権限**（倒産法47条）を有する（BGHZ 176, 86）。〔これに対し、〕留保買主の倒産管財人が契約の履行を選択したときは、売買代金は倒産法55条1項2号による財団債務として、留保売主にこれを全額支払うことを要する。

　売主が売買代金債権と留保所有権を、**真正ファクタリング**の方法でファクターに（留保所有権については931条〔返還請求権の譲渡〕により）移転した場合（Rn. 70）には、留保所有権を目的とする取戻権はファクターの利益のために存続する（*BGH* NJW 2014, 2358. 同様の判断を示すのは、*OLG München* ZIP 2015, 283）。なぜなら、ファクタリングにより移転されても、所有権はそのまま留保所有権であ

り続けるからである。ただし、次の場合にはこの限りでない。すなわち、譲渡がされた結果、〔留保所有権の〕担保としての意味が変容し、信用の担保に供された担保所有権〔譲渡担保権者の権利〕（§15 Rn. 38を参照）と同列のものとなった場合（BGHZ 176, 86〔所有権留保付き売買がされ、銀行がその売買代金を留保買主の委託を受けて立替払したため、支払を受けた留保売主が銀行に対して所有権留保の目的物の所有権を譲渡した場合において、留保買主が倒産したときは、銀行は、その目的物について取戻権ではなく、別除権しか有しないとされた事例〕）である。

3．留保所有権に対する執行

a）留保所有者の債権者は、留保所有権に対しても執行することができる。この場合には、留保買主は執行に対し、自己の期待権に基づき民事訴訟法771条の訴え〔第三者異議の訴え〕によって強制執行の不許を求めることができる（BGHZ 55, 20, 26）。しかしながら、買主は、通常であれば物を占有しているはずである。そうだとすると、留保所有者を債務者とする民事訴訟法808条による差押えの手続は、留保買主の同意がなければそもそもとりえない（民訴法809条）。もっとも、留保所有者の債権者は、売買代金債権（民訴法828条以下）と解除権（民訴法857条）を差し押さえ、民事訴訟法835条によってこれらを行使することができる。 41

b）留保所有者自身は、売買代金債権やその他の買主に対する債権にかかる執行名義に基づき、買主が占有する自己の物に対して民事訴訟法808条により執行することが可能である。消費者との間で所有権留保付きの信用売買がおこなわれた場合において、留保所有者がこれにより自己の物を差し押さえたときは、508条5文により解除権の行使がされたものとみなされる。このことは、目的物の買受人が留保所有者であるか、第三者であるかにかかわらない（BGHZ 55, 59）。解除権の行使によって、留保所有者には346条〔解除の効果〕以下の諸規定による返還義務が生じる。また、売買代金債権は消滅する。留保買主は売買代金債権が消滅したことを、民事訴訟法767条の請求異議の訴えにより主張することができる。 42

c）留保売主が倒産した場合において、留保買主が売買代金の残額を支払ったときは、倒産法47条により目的物を取り戻すことができる。留保売主の 43

倒産管財人が倒産法103条〔倒産管財人の選択権〕により契約の履行を拒否することは、連邦通常裁判所によれば、それが242条により権利濫用にあたらない限り、認められるのが原則であるとされている（BGHZ 54, 214, 216; 98, 160, 168）。しかしながら、161条〔条件の成否未定の間にされた処分の無効〕の1項2文の基本思想にかんがみれば、倒産法103条の適用は排除されると解さなければならない（倒産法107条1項も参照。この解釈については、*Marotzke*, JZ 1995, 803, 805 ff.）。

V．延長された所有権留保と転譲渡

1．序

44　所有権留保は、エンドコンシューマーとの取引で用いられるだけではない。むしろ、購入した商品を自己の事業活動において加工する買主や、これを卸売業者や小売業者として転譲渡する買主との間で、所有権留保の合意がされることもある。もっとも、商品を転譲渡しうるのは一般に、留保買主が取引の相手方に対し、その商品の所有権を取得させることができる場合に限られよう。留保買主が所有権留保の負担を消滅させて譲渡する方策には、様々なものがある。ここでは、留保買主が〔売買代金を完済していないため、〕所有者となっていないケースを考えよう。

45　(1)　留保買主は自己に帰属している期待権を、（第二）取得者に対して移転することができる（Rn. 27以下）。この場合において第二取得者に所有権が移転するのは、留保売主に売買代金全額が支払われた時である（いわゆる**転送された所有権留保**）。第二取得者が期待権取得の対価を分割払とするならば、留保買主は無条件では第二取得者に期待権を移転しようとしないであろう。自己が留保売主から商品を取得したときと同じように、所有権留保の条件を付するはずである（929条・158条1項）。このケースで第二取得者が所有権を取得するには、二重の条件を満たした場合に限られる。すなわち、第二取得者が留保買主に対して負担する期待権の売買代金債務のほかに、留保買主が留保売主に対して負担する商品の売買代金債務についても、支払がされなければならない。両条件が最も理想的に成就するのは、第二取得者が売買代金を留保売主に対して返済し、この支払によって、267条〔第三者（第二取得者）による給付〕に従い留保買主の留保売主に対する売買代金債務が消滅すると同時に、362条〔2項〕、185条1

項〔第三者（留保売主）に対する給付も、債権者（留保買主）の同意があれば有効になる〕により第二取得者と留保買主の間に存する売買代金債務も消滅するときである。もっとも、こうした方式での転送された所有権留保が選択されるのは稀である（例としては、*BGH* NJW 1991, 2285を挙げることができる）。なぜなら、留保買主は、自身が留保売主と信用売買をしている事実を、〔第二取得者に対して〕開示することを望まないからである＊。

(2) 転送された所有権留保は、留保売主が留保買主に対して185条1項に基づき、次の条件を付して転譲渡の授権を付与した場合にも認められる。すなわち、留保買主の第二取得者に対する転譲渡の効力は、留保売主の留保買主に対する売買代金債権が支払われなければ生じない。これを受けて、〔留保買主と第二取得者との間で、〕二重の条件に服する新たな期待権が合意される。それによると、留保買主が留保売主に対して負担する第一売買代金債務とともに、第二取得者が留保買主に対して負担する売買代金債務についても、支払がされなければならない。もっとも、このような方法が選択されるケースもやはり稀である。

46

(3) 以上に対して、**延長された所有権留保**を合意することもできる。実務でひんぱんに用いられているのは、この手法である。延長された所有権留保においても、留保売主は留保買主に対し、185条1項によって転譲渡の授権を与える。だが、転送された所有権留保とは異なり、〔留保売主の〕留保買主に対する売買代金債権の支払を要するという条件は付されない。そのため、留保売主はこの転譲渡授権により、売買代金債権の弁済を受けずにみずからの所有権を失いかねない。そこで、留保売主は、転譲渡授権により喪失する所有権に代えて、それ以外の担保を確保しようと努めることになる。そのための方法には、次のものがある。留保売主が留保買主の第二取得者に対する売買代金債権について、留保買主から**398条**によって**債権譲渡**を受けること（Rn. 54以下）、また、再加工のケースにおいては、留保買主との間の合意に加工条項を挿入すること（Rn. 78以下）である。

47

＊ 原書ではこの後に2つの図が挿入されているが、ヴェレンホーファー教授の指示により、日本語版においてはいずれも削除した。かならずしも正確でなく、誤解を招きかねないからである。

延長された所有権留保のメルクマール
1．所有権留保を付して譲渡すること（929条1文・158条1項・449条1項）
2．留保売主が買主に対し、通常の取引の範囲内で商品を転譲渡することについてその授権を与えること（185条1項）
3．買主が自己の顧客に対して将来取得する（売買代金）債権を、〔留保売主に対して〕事前に譲渡すること（398条）
4．そのほか、買主には通常、〔将来債権譲渡の目的である売買代金債権にかかる〕取立授権が付与される（362条2項、185条）。

48　延長された所有権留保を**約款中の条項で合意**した場合でも、当該条項は原則として、305c条1項の不意打ち条項にあたるとは評価されない。また、いくつかの業界では、延長された所有権留保をおこなうことが業界慣行になっているとみることができる。そうした場合には、別段の合意は不要である（BGH ZIP 2003, 2211）。

2．転譲渡授権

49　留保所有者が自己の商品を供給する場合において、供給先がその商品の転譲渡を業とする卸売業者や小売業者であるときは、原則として、185条1項による転譲渡の授権が黙示的にされたものとみることができる（BGHZ 27, 306）。売買代金が留保売主に対して完済された場合には、この授権は無用である。なぜなら、このケースにおいて買主は、〔留保売主との間で〕拡大された所有権留保を合意していない限り（Rn. 83以下）、所有権を取得しているからである。〔留保買主に〕授権が付与されている場合には、留保売主はこれを自由に撤回することができない。授権を撤回しうるのは、留保売主の利益が危殆化した場合において、相当な理由があると認められるときである（BGH NJW 1969, 1171）。授権については、これをあらかじめ一定の要件にかからしめることも可能である。一般には、転譲渡が**通常の営業**の範囲内でおこなわれることが要件とされる。

50　転譲渡が第三者に対する現金売買や信用売買を原因としておこなわれる場合に

は、**通常性**が認められる。業者〔留保買主〕が信用危機に陥っているときでも、その業者の取引が、もっぱら客観的な観点に照らして通常の営業の範囲内にとどまっている限り、当該業者はなお転譲渡授権を有するのが原則である（BGHZ 68, 199）。

これに対し、転譲渡授権の行使に通常性が認められないのは、〔留保買主が他の債権者に対して〕留保商品を譲渡担保に供したり、質入れしたりする場合である。というのは、〔譲渡担保を例にとると〕これにより留保買主である業者は、自身に終局的に帰属する利益を得るのではなく、譲渡担保の設定により金員を借り受けることで、同時に貸金返還義務を負担することになるからである。そのほか、いわゆるセール・アンド・リースバック取引の方法で転譲渡された場合にも、原則として通常性を満たさない。なぜなら、業者にはリース料の支払義務の負担が課せられるからである（*BGH* NJW 1988, 1774）。そのため、貸金返還義務と同じことがあてはまる。

転譲渡授権については、これを〔留保売主と留保買主が〕合意した**要件に** 51
かからしめることができる。具体的には次のとおりである。
- 留保売主は〔留保買主が第二取得者に対して商品を〕転譲渡することで売買代金債権を〔取得した場合には、これを留保買主から〕取得すること、この将来債権譲渡の有効性は、たとえば留保買主が第二取得者との間で譲渡禁止特約（399条）を締結することによっては妨げられないこと（*BGH* NJW 1988, 1210, 1213. この点については、Rn. 58, 59も参照）
- 〔商品の転譲渡によって〕所有権が第二取得者に移転した時点で、〔留保買主の第二取得者に対する〕売買代金債権がなお存在していること、同債権は〔第二取得者から留保買主に対して〕売買代金が前払されても消滅しないこと（*BGH* NJW-RR 2004, 555）
- 転譲渡により得られる売買代金が留保売主に支払われること（*BGH* NJW 2005, 1365）

〔留保売主から留保買主に対して転譲渡〕授権が付与された場合には、**連鎖的譲渡**（§7 Rn. 16）も認められるのが原則である。このことはたとえば、第二取得者が第三取得者その他の者に対して譲渡しようとする場合（*BGH* NJW 1982, 2371も参照）に意味がある。しかし、〔留保買主が商品を〕第二取得者に対して転売した後、〔留保買主と第二取得者〕双方の債権を清算するために、〔留保買主が〕転売

したときよりも高い価格で第二取得者からふたたびその商品を買い受けることは、授権の範囲に含まれない。なぜなら、もしここで授権の効力を認めてしまうと、留保所有者は、〔延長により留保買主の〕第二取得者に対する売買代金債権を取得することができないにもかかわらず、自己の所有権を失うことになってしまうからである（BGH NJW 1989, 895, 896 f.）。

52 　譲渡が通常の営業の範囲を超える場合には、185条1項による業者〔留保買主〕への授権は存しない。この場合において、第二取得者が所有権を取得することができるのは、**善意取得**が成立するときのみである。ここでは、留保買主の所有権に対する信頼を根拠とする善意取得（932条以下）や、転譲渡授権に対する信頼に基づく商法典366条1項の善意取得（§8 Rn. 22）が問題となる。しかし、第二取得者が業界慣行上〔取引目的の商品について〕供給者〔留保売主〕の延長された所有権留保が付されていることを予期しなければならず、かつ、譲渡が通常の営業の範囲内でおこなわれたものでないことを知ることができた場合には、第二取得者には商法典366条1項にいう重過失があるか、あるいはその者は〔そもそも〕善意でない。たとえば、顧客〔第二取得者〕が売買代金について、売買代金債権が生じる前にすでにこれを留保買主に支払っていたときがこれにあたる。なぜなら、こうしたときは、〔延長された所有権留保に基づく〕留保売主に対する将来債権譲渡が、空振りになってしまうからである（BGH NJW-RR 2004, 555）。ただし、善意取得以外の原因によって所有権を取得することは、もちろん可能である。そうした原因には、946条による〔留保商品が土地に〕据え付け〔られたことによる付合〕、947条1項・948条による〔留保商品とそれ以外の動産との〕付合または混和、950条による加工がある。

3．転譲渡の諸形式

53 　業者による転譲渡が現金売買としておこなわれた場合には、所有権は即時に取得者に移転しうる。他方で、取得者が代金を即時に支払わないならば、転譲渡を所有権留保付きの売買としておこなうこともできる。この場合には、所有権は留保所有者にとどまる。しかし、留保所有者の所有権は、2つの異なる期待権、すなわち第一買主の期待権と第二買主の期待権の負担を受

けたものとなる。

　例：EはHとの間で、所有権留保付き売買をおこない、Hにその目的物であるテレビを引き渡した。その際、EはHに対し、Hが185条1項によってこのテレビをHの顧客に転譲渡することを許している。HはKとの間でテレビを売買する一方、Kが売買代金を完済するまでテレビの所有権を留保した。この場合には、Eが依然として所有者である。しかし、Eの所有権は、Hの期待権とKの期待権の負担を受けている。KがHに自己の売買代金の支払をしたときは、Kの所有権取得の条件が成就し、KはEから所有権を直接取得する。これに対して、Hが先に自己の債務をEに支払ったときは、Hは自己の期待権に基づきEから所有権を取得する。その後、KがHに売買代金の支払をすれば、KはHから所有権を取得することになる（BGHZ 56, 34も参照）。

4．売買代金債権の先行債権譲渡
a）債権の特定可能性

　留保所有者は、第一買主に対して自己の所有権にかかる処分授権を付与する代わりに、第一買主から、顧客への転売に基づいて生じる売買代金債権について事前にその譲渡を受ける。このように、**将来債権**について先行債権譲渡をすることも可能である。もっとも、そのためには、特定可能性の要件を満たさなければならない（BGHZ 7, 365）。すなわち、**債権発生時において**、どの債権が債権譲渡の目的債権であるかを正確に確定できることを必要とする。第三債務者については、留保所有者と第一買主との間で、留保所有者の商品が第一買主の顧客に対して転譲渡されたときは、それにより生じる債権が第一買主から留保所有者に譲渡される旨の合意がおこなわれれば、それで特定可能性が充足される。譲渡目的債権の**額**について、留保売主の被担保債権である売買代金債権の価額の範囲内と定められている場合には、それで特定可能性は満たされる（BGH NJW 1981, 816）。目的債権を具体的に特定するのに若干の費用がかかるときであっても、特定可能性は害されない（BGHZ 70, 86, 89）。以上に対して、次のような先行債権譲渡は、目的債権の不特定により無効となる。すなわち、その内容として、〔当初の目的〕債権が支払により消滅したならば、一定の限度額にいたるまで自動的に、その債権は他の債権と取り換えられるものとする、との合意がされた場合である（*BGH*

BB 1978, 577)。

55　**b）過剰担保の防止**

　特定可能性の要件と合わせて、次の点にも注意しなければならない。すなわち、先行債権譲渡が原始的過剰担保にあたらず、138条1項によって無効にならないことである（この点については、譲渡担保に関する §15 Rn. 30, 31 も参照）。先行債権譲渡の合意が所有権留保とともにおこなわれた、という事情だけでは過剰担保は生じない。なぜなら、双方の担保は重畳的なものではなく、選択的に併存するものだからである。けれども、次の場合には過剰担保が生じうる。すなわち、先行債権譲渡の目的債権額が、留保売主が有する残存債権額よりも、著しく高額である場合である。この状態は、原始的に存在することもあれば、後発の時点で起きることもある。

　過剰担保という状態そのものは、将来担保を換価した時点で**具体化される価値**（いわゆる捕捉価値）が、被担保**債権**額**よりも高い**場合に生じる。被担保債権額には、換価の際に生じる費用が加算される。換価にかかる費用は、倒産法171条1項2文・2項1文を参考にすると、〔換価金の〕10パーセントである。同条項は所有権留保そのものには適用されないけれども、先行債権譲渡についてはこれを引き合いに出すことができる。いわゆる**捕捉限度**とは、この限度を超過すると過剰担保になるラインのことである。被担保債権に加算される換価費用は〔換価金の〕10パーセントであるから、捕捉限度は、換価時において〔被担保債権額が換価金の〕110パーセント〔を超えない範囲〕ということになる（*BGH GS* NJW 1998, 671, 675; *Pfeiffer*, ZIP 1997, 49, 58）。これに加えて、換価金から売上税が支払われなければならない。将来において担保が換価されたときにどれくらいの価値が現実に得られるのかについて、事前に確実な評価をくだすことはできない。そこで、連邦通常裁判所は、利害関係人に評価を割り引くことを認めている。同裁判所が規定するその割引きの程度は、現在の担保価値の3分の1である。これは、237条1文の基準に依拠したものである。そうすると、通常のケースでは、担保の総価値（＝**担保限度**）が、被担保債権額の総計（ここに換価費用は組み入れられない）を100パーセントとして、**150パーセント**を超えない範囲に収まっていればよい。なぜなら、150パーセントの3分の2が、100パーセントとされた債権額に達するからである（*BGH GS* NJW 1998, 671, 675）。担保限度を超過しているか否かが問題となる場合には、先行債権譲渡の目的債権は、原則としてその券面額によって算定さ

れ（BGH NJW 1994, 445; 1996, 253）、そうして得られた債権額が未払代金債権額と対比されることになる。**普通取引約款**において、売上税を考慮して150パーセントよりも高い担保価値を把握すること（BGH NJW 1998, 671, 675, 677）が予定されている場合には、その条項は、原則として307条1項にいう不相当な不利益にあたる。

留保売主に対する先行債権譲渡が**原始的過剰担保**を理由として138条1項〔良俗違反の法律行為〕により無効になるのは、あくまで例外的なケースである。なぜなら、良俗違反性を語りうるのは、担保設定当初から担保と債務の間に著しく重大な不均衡が存在し（たとえば担保価値が〔被担保債権額の〕300パーセントに達している事例）、かつ、これに加えて担保権者に非難されるべき主観的態様が認められる場合に限られるからである。これに対して、**後発的過剰担保**とは、担保設定時よりも後の時点で初めて生じる過剰担保のことをいう。後発的に過剰担保となっても、先行債権譲渡全部が無効になるわけではなく、150パーセントという法定の捕捉限度を超えており、かつこの状態がたんに一時的なものにとどまらない場合に、その時点で留保買主のために**契約に内在する解放請求権**が生じることになる（BGH NJW 1998, 671, 675. §15 Rn. 32を参照）。

ただし、**解放義務**が問題となるのは、その対象が複数であるか、価値を減少させることなく分割することができる場合で、それが先行債権譲渡の目的債権の範囲に含まれているときに限られる。包括債権譲渡においては、〔延長された所有権留保との対立が生じた場合に備えて、〕物権的優先条項を合意しておかなければならない（Rn. 67）。これに対して、原始的過剰担保を回避するために、物権的に作用する解放条項を合意しておく必要はない（BGH NJW 1985, 1836, 1838）。留保買主は通常、過剰担保〔にあたるか否か〕を格別の困難なく確定することができるからである。過剰担保を回避する方法として、〔先行債権譲渡の合意は〕転譲渡に基づき生じる債権のうち、被担保債権額に達するまでのものを一部譲渡させる趣旨にとどまるというように、〔先行債権譲渡の合意を限定〕解釈する途がある（BGHZ 79, 16）。ただし、譲渡の対象となる債権がどれであるかを具体的に定めていないときは、この方法をとることはできない（BGHZ 98, 303, 312 f.）。

c）譲渡禁止をめぐる法関係 第一買主は自己の顧客との間で、399条に基づいて、第一買主が顧客に対して有する債権を譲渡不能とする、あるいは、

同債権を譲渡するためには顧客の追認を要する旨を合意することができる。しかしながら、**商法典354a条**によれば、このような**譲渡禁止**の合意があっても、以下の場合には債権譲渡の効力は失われない。すなわち、債権が双方的商行為により生じた場合、または、債務者が公法上の法人であるかもしくは公法上の特別財産である場合である。けれども、それ以外のケースでは、譲渡禁止の合意は債権譲渡の効力を妨げる。第一買主が〔自己の顧客との間で〕譲渡禁止の合意をすることは、事情によっては、みずからが留保売主に対して負担する売買契約上の義務違反にあたり、損害賠償の義務を生じさせる。もっとも、このように譲渡禁止の合意が留保売主との関係で契約不履行にあたる場合であっても、この合意によって債権譲渡が禁止されることには変わりがない（BGHZ 70, 229）。第一買主が譲渡禁止の合意によって正当な利益を追及している限りは、良俗違反にもあたらない。普通取引約款により譲渡禁止の合意がされるときは、譲渡禁止条項が307条1項〔内容規制〕により無効になることがある（これについては、BGH NJW 2006, 3486）。

59 譲渡禁止の合意が有効である場合には、留保売主は先行債権譲渡により設定を受けた担保を喪失する。しかしながら、売主は次の方法をとることで、この担保喪失のおそれに対処することができる。すなわち、転譲渡に基づき生じる債権について債権譲渡を受けることができる場合に限って、留保売主は〔留保買主に〕185条1項による転譲渡の授権を付与すればよい（Rn. 49以下）。疑わしいときは、契約解釈の方法によってこの合意を推定すべきである。もっとも、このように転譲渡授権の範囲が制限されたケースであっても、946条〔土地との付合〕による取得や、932条または商法典366条による善意取得が認められる可能性はなお残されている。けれども、所有権留保が商品の流通過程においてひんぱんに用いられている実態がある以上、第二買主は、自己の契約の相手方〔である留保買主〕が製造業者や卸売業者である場合には、その者が所有者であると信じることはできない。したがって、第二買主が〔留保買主との合意によって〕売買代金債権の譲渡を禁止するときは、第二買主は〔売買目的物上の〕所有権関係について**照会義務**を負担する。なぜなら、このように譲渡禁止の合意をしたときは、第二買主は、留保買主に譲渡授権が存在することを前提とできない状態にあるからである。第二買主が照会義務を懈怠したならば、原則として重過失が認められる。したがっ

て、第二買主は**もはや善意**取得することができ**ない**（BGH NJW 1980, 2245）。そのほか、第二買主は989条・990条・823条1項による損害賠償責任も負担する（§22 Rn. 42）。もっとも、連邦通常裁判所は〔第二買主に〕照会義務が課せられるか否かを、事例毎に判断している。〔たとえば、〕自己の土地に建築資材の据え付けを依頼した建築主について、照会義務を否定したものがある（BGH NJW-RR 1991, 343）。

交互計算の約定に売買代金債権が組み入れられた場合において、399条により債権譲渡が禁止されるときがある。このケースでは、債権譲渡の禁止は良俗違反にあたらない。なぜなら、交互計算（商法典355条）の基礎には、正当な取引上の需要が存するからである（BGH NJW 1979, 1206）。けれども、交互計算残高〔分の債権〕については、先行債権譲渡条項によってこれを担保とすることができる（その例として、BGHZ 70, 86）。 60

d）取立授権 　　　　　　　　　　　　　　　　　　　　　　　　　　　　61

売買代金債権を留保所有者に移転することは、留保買主の顧客にできるだけ知られるべきではない。そうしないと、業者としての信用力が低下するおそれがあるからである。したがって、留保所有者は第一買主〔留保買主〕に対して、所有権にかかる処分授権を付与するとともに、第一買主が留保所有者に対する支払義務を遵守している限りにおいて、第一買主が**自己の名**で売買代金債権を**取り立てる**ことができるように、取立授権をも付与する（362条2項、185条）のが通常である。第一買主が支払不能になるか、信用危機に陥るか、倒産手続が申し立てられた場合であっても、取立授権がそれにより自動的に消滅することはない（BGH NJW 2000, 1950）。しかし、留保所有者は、自己の担保が危殆化している（BGH NJW 1969, 1171）場合には、転譲渡授権（Rn. 49, 50）と取立授権を撤回することができる。そうすれば留保所有者は、〔第一買主の〕顧客から、売買代金債権を直接取り立てることができるようになる。

5．先行債権譲渡と包括債権譲渡

銀行が信用担保の手段として、受信者がその営業の範囲内で取得するすべての債権の譲渡を受けることがよくみられる。こうした債権譲渡は、**包括債** 62

権譲渡と呼ばれている。ここではすべての将来債権について包括的に先行債権譲渡の合意がされるから、〔留保所有者と受信者との間で〕留保所有者に譲渡するとされた〔受信者による留保商品の〕転譲渡に基づいて生じる売買代金債権も、〔銀行と受信者との間の〕包括債権譲渡の目的債権に含まれることになろう。そこで、与信者〔銀行〕と商品供給者〔留保所有者〕の間に利益衝突が生じる。この場合には、いずれの債権譲渡が有効であるかを明らかにしなければならない。

63　　a）**時間順原則**　包括債権譲渡と延長された所有権留保に基づく先行債権譲渡の優劣が問題となるときは、**時間順原則**が適用される（たとえば、BGHZ 149, 351, 354; *BGH* NJW 2005, 1192）。〔したがって、〕最初に合意された債権譲渡が原則として優先する。この原則は、185条2項2文と161条1項（161条1項を援用するのは、*Hennrichs*, JZ 1993, 225）にあらわれている（*Neuner*, AcP 203, 46 ff. も参照）。

64　　b）**契約違反理論と優先条項**　時間順主義によるならば、最初に結ばれた包括債権譲渡の合意が、これに後れる延長された所有権留保に基づく先行債権譲渡の合意を無効とすることになろう。しかしながら、連邦通常裁判所は、包括債権譲渡の合意が留保所有権の転譲渡に基づく売買代金債権をも目的としている場合には、その合意は**良俗に反し**（**138条**）、それゆえ無効であるとしている（BGHZ 55, 34; *BGH* NJW 1999, 2588）。そもそもこの場合には、包括債権譲渡がひとたびおこなわれたら、〔譲渡人である〕第一買主〔留保買主〕は〔包括債権譲渡の後に結ばれる〕留保所有者との間の先行債権譲渡の合意を履行することができない。そうすると、留保所有者は、延長された所有権留保の有効性について欺かれる。これを第一買主（譲渡人）の側からみれば、この者は、自己の供給者〔留保所有者〕との間の契約に違反するよう仕向けられる。なぜなら、第一買主は、かりに〔みずからが銀行との間で〕包括債権譲渡の合意をしていることを〔供給者＝留保所有者に対して〕明らかにするならば、売買代金を〔即時に〕支払わない限り商品の供給を受けられず、経済的にみて**苦境を強いられる状態**に追い込まれてしまう〔ため、供給者＝留保所有者との約定に反することを知りながら、銀行との間で包括債権譲渡の合意が結ばれていることを秘して供給を受けるほかない〕からである

(BGHZ 55, 34, 35; *BGH* NJW 2005, 1192; **契約違反理論**。この理論を批判するのは、*Medicus/Petersen*, Rn. 527. 同書はこうしたケースをむしろ、債務者の桎梏という視点から捉えようとする。この考え方によっても、138条はもちろん適用される）。良俗違反性は、すでに〔包括債権譲渡の手段としての〕先行債権譲渡がおこなわれた時点で存在していなければならない（BGHZ 100, 353, 359）。また、包括債権譲渡が普通取引約款で取り決めている場合には、307条による内容規制によって無効になる。このようにして、〔延長された所有権留保に基づく〕先行債権譲渡が包括債権譲渡より遅れても、その効力は有効になる。

　ここまで取り上げてきた判例法理は、第一買主／譲渡人の苦境と、商品供給者の要保護性との間に特別な結びつきがあることから正当化されるものである。したがって、銀行に対して包括債権譲渡がされた後に、建設機械の使用賃貸人に対して包括債権譲渡がされた場合には、このルールを転用することはできない。なぜなら、〔銀行に対する包括債権譲渡が優先したとしても〕使用賃貸人は自己の所有権を失うわけではなく、また、使用賃借人（譲渡人）は商品供給者と同じような苦境におかれているわけではないからである（*BGH* NJW 2005, 1192）。

事例15―包括債権譲渡：貯蓄銀行（SB）は商人Kに対して、事業の立ち上げのために20万ユーロを貸し付けた。この債権を担保するために、SBはKから、Kがその営業に基づき現在有し、かつ将来生じる一切の債権について譲渡を受けた。そのすぐ後で、Kは商品供給者Lとの間で、電化製品を継続的に供給するとの枠契約を結んだ。その際、KとLの間では、電化製品の供給は、延長された所有権留保を付しておこなう旨の合意がされた。これにより、電化製品が転売されたときに生じる転売代金債権は、〔Kから〕Lにあらかじめ譲渡されている。大口の消費者であるDがKのところで2万ユーロ分の電化製品を購入したときに、LとSBはすぐにDに手を挙げて、各々自身に転売代金債務の支払をするよう求めた。実際問題として、Kは事実上支払不能に陥っており、SBに対する借入金の賦払をすでに明白に遅滞している。LはDに対して支払を求めることができるか。

　解決へのすじみち：
　Lは433条2項〔買主の代金支払義務〕・398条〔債権譲渡〕に基づき、Dに対する支払請求権を有するか。
　1．KとDの間で締結された契約により、433条2項に基づき売買代金債権が

発生する。

2. この売買代金債権は、延長された所有権留保によってLに対して譲渡（398条）されたのではないか。しかし、そのようにいうためには、債権譲渡の時点で譲渡人に債権が帰属していることを要する。Kが同債権を398条によりSBに対してあらかじめ有効に譲渡していたのであれば、この要件を満たさないであろう。債権が多重に譲渡された場合には、時間順原理が適用される。これによると、誰が398条によって最初に、またはより早く債権譲渡を受けたのかが決定的である。本件を素直にみれば、第一譲渡は、SBに対する債権譲渡だということになろう。なぜなら、〔KとSBの〕包括債権譲渡は、〔Kと〕供給者Lとの間の合意よりも前におこなわれたものだからである。

3. Lに対する債権譲渡が優先するのは、銀行〔SB〕に対する包括債権譲渡が良俗に違反し、これにより無効であった（138条1項）場合に限られよう。

a）債務者の桎梏〔§15 Rn. 28〕や過剰担保を理由とする良俗違反性を根拠づける事情は、本件では存在しない。

b）しかしながら、本件では包括債権譲渡は良俗違反となる。なぜなら、譲渡人Kは〔SBに対して包括債権譲渡をすることによって〕、自己の商品供給者〔L〕との契約に違反するよう仕向けられるからである。〔SBに対して〕包括債権譲渡がおこなわれると、Kはこれによりそれ以降、商品供給者との間で延長された所有権留保の合意を有効にすることができない。けれども、Kは自己の事業に必要な商品の供給を受けなければやっていけないから、すでにSBに対して包括債権譲渡をしているにもかかわらず、供給者〔L〕との間で延長された所有権留保の合意をし、〔SBへの〕包括債権譲渡についてはこれを伏せておくことになる。そうすると、供給者〔L〕は〔延長された所有権留保の有効性につき〕欺かれ、Kは場合によっては詐欺罪を犯したものとして刑罰を受けることになろう。問題となった売買代金債権の対価である商品について、これを取り扱う業界で延長された所有権留保を付した取引がされることを、銀行が知り、あるいは知るべきであった場合には、138条の要件である主観的要素も存する。したがって、SBに対する包括債権譲渡は無効になる。

以上の理由により、KはLに対して債権を譲渡した時点で、なお債権者であったことになる。Lに対する債権譲渡は有効である。本問では、L

> への債権譲渡の有効性を妨げる事情はみあたらない（この点については、§15 Rn. 43の前に掲げた債権譲渡担保の要件に関するリストも参照）。
> **結論**：LはDから売買代金債権の支払を受けることができる。

銀行実務は、包括債権譲渡に関する諸条項をこの判例準則に合わせて調整している（詳しい内容については、*BGH* NJW 1982, 571; *Serick*, BB 1974, 847）。**物権的優先条項**は、次のことを約するものである。それによると、包括債権譲渡の目的となる債権は、延長された所有権留保に基づく先行債権譲渡の対象となっていない債権、または、延長された所有権留保に基づく先行債権譲渡がその目的を達した後に生じる債権である。この条項が挿入されている場合には、それにより包括債権譲渡条項は、〔延長された所有権留保に基づく〕先行債権譲渡の物権的優先を認めていることになる。この物権的優先条項が付されれば、包括債権譲渡は有効になる（*BGH* NJW 1974, 942）。

そのほか、次のような条項が付された場合にも、包括債権譲渡は有効になろう。それによれば、〔延長された所有権留保に基づく〕先行債権譲渡が包括債権譲渡に対して物権的に優先するのは、商品価格の限度に限られる。つまり、留保買主が自身の労力で得た部分については包括債権譲渡の対象に含まれる、とするものである。特定原則にも反しない。商品価格（＝第一買主〔留保買主〕の購入代金）は確定されているからである（*BGH* NJW 1964, 149も参照）。

66

しかしながら、**債務法上の優先条項**が付されたにすぎない場合には、包括債権譲渡は**無効**である。この条項によれば、包括債権譲受人は、〔延長された所有権留保に基づく〕先行債権譲渡の優先を認める義務を負担するにすぎない。このような条項では、留保所有者は包括債権譲受人の給付能力〔延長された所有権留保に基づく先行債権譲渡を優先させる義務を履行する能力〕に関するリスクを負担しなければならず、自己の請求権の実現が困難になるからである（BGHZ 72, 308）。

67

事例16—清算の悪だくみ（BGHZ 72, 316）：商人Kは貯蓄銀行（SB）との間で、SBの債権を担保するために包括債権譲渡の合意をした。ただし、その際には、延長された所有権留保に服する債権は、包括債権譲渡の目的としない旨の限定が付されている。もっとも、KはSBのところに自己の振替口座をもっていて、

68

K自身の債務者がKに支払をするときは、その支払は——SBとの明示の合意により——もっぱらこの口座に入金するものとされていた。顧客AはKから、LがかつてKに所有権留保を付して供給したコンピュータ設備を8000ユーロで購入した。Aの支払は上記の口座にされた。Lは、Kが自己に対する支払を遅滞していることは明らかなので、この8000ユーロを手に入れようと思い、SBに同金額の支払を求めている。これに対して、SBは、問題となっている8000ユーロはすでにKの残債務と清算され、現在では残っていないと考えている。この場合に、法状況はどうなるか。

解決へのすじみち：

LはSBに対し、816条2項〔無権限者に対する給付による不当利得〕に基づいて金銭の返還を請求することができるか。

この請求が認められるためには、無権限者に対して給付がされたといえることが求められるであろう。

1. 8000ユーロの支払は給付にあたる。
2. 問題となっている〔8000ユーロの〕債権がSBに帰属しておらず、Lのみに属していたのであれば、SBはこの限りで無権限者だというべきである。包括債権譲渡には物権的一部放棄条項が付されていたのだから、当該債権は包括債権譲渡の目的債権から除外されていた。他方で、延長された所有権留保は有効とみることができる。そうすると、KがAに対して取得した債権は、Lに先行譲渡されたことになる（398条）。
3. しかしながら、本件ではそもそも銀行に対して給付がされたのかは疑わしい。実際Aが給付の相手方として考えていたのは、SBではなく、もっぱらKないしKの口座である。SBが給付により得た利益は、事実上のものにすぎない。KがAから支払を受ける窓口がSBにあったというだけである。816条2項にいう給付受領者は、もともとKひとりであった。

   したがって、SBとの関係では、816条2項の要件を充足しない。そうだとすると、請求権は、支払不能に陥ったKに対して生じるにすぎないことになろう。けれども、LはKに対して請求する気はない（LはKに対してはいずれにせよ、433条2項〔買主の代金支払義務〕に基づく請求権を有しているのだから、816条2項に基づき請求をする必要はない）。
4. もっとも、連邦通常裁判所の見解によれば、銀行が自己の顧客の残債務をその顧客の口座に振り込まれた金額と清算することで、事実上給付受領者であるように振舞っていた場合には、銀行は信義誠実（242条）に基

> づいて、本来はそうではなくても、給付受領者としての処遇を受けるべきだといわなければならない。判例は、留保供給者〔留保売主〕には保護に値する利益があるとみて、包括債権譲渡に対して厳しい要求をたてている。にもかかわらず、本件において銀行は、この要求を潜脱するために、支払場所であるという自己の地位を濫用していた（BGHZ 72, 316, 321. *Omlor/Spies*, JuS 2011, 56, 59における事例も参照）。こうしてK（留保買主）は、SBとの明示の合意により、自己が債務者から支払を受ける際にはもっぱらSBの口座を経由して決済をおこなうよう義務づけられている。だが、SBはそうすることで、給付受領者としてのKを隠れ蓑にしていたにすぎない。その目的は、816条2項の規律を回避し、物権的一部放棄条項のない不法な包括債権譲渡により得られるのと同一の効果を獲得することである。以上の検討により、SBは第三債務者Aとの対外関係において、Kが給付受領者であったことを援用することができない。
> **結論**：Lは銀行〔SB〕に対して上述の請求権を有する。

包括債権譲渡条項の良俗違反性に関する諸原則は、もともと〔銀行などの〕金銭与信者を念頭に展開されてきたものである。しかし、連邦通常裁判所は、これらの諸原則を〔商品供給者などの〕**商品与信者**によりおこなわれた包括債権譲渡に対しても適用している。商品与信者への包括債権譲渡によって〔他の〕債権者が危殆化する場合には、そのことを理由として包括債権譲渡が無効になることも、金銭与信者に対する包括債権譲渡と同様である（BGH NJW 1977, 2261）。

6．先行債権譲渡とファクタリング譲渡

包括債権譲渡と類似の問題は、延長された所有権留保とファクタリングが競合するときにも生じる。ファクタリングでは、事業者の資金調達に役立つ金融サービスが問題となる。ファクタリングについては、真正型と不真正型が区別されている。

a）真正ファクタリングにおける法状況

実務において一般におこなわれているのは、真正ファクタリングである。この意味でのファクタリングは、**債権売買**のことである（BGHZ 69, 254; 100,

353, 358 f.）。ファクタリング銀行（ファクター）は、留保買主ないし第一買主（ファクタリング顧客）が転譲渡によって取得する債権を買い受け、その代わりに売買代金として券面額の10～20パーセントを割り引いて支払う。他方、ファクタリング顧客はファクターに対して〔売買契約を履行するために〕債権を譲渡する。支払リスク（債権回収不能のリスク）はファクターが引き受ける。したがって、債権を取り立てることができないときでも、ファクタリング顧客に対する償還請求は問題とならない。

71　こうした真正ファクタリング契約に基づいて債権譲渡がおこなわれる場合には、そこに先行債権譲渡が含まれているとしても、**原則として良俗に反しない**。なぜなら、留保供給者〔留保売主〕の利益は害されないからである（*Omlor/Spies*, JuS 2011, 56, 60）。真正ファクタリングは与信ではなく、第一買主〔留保買主〕は、ファクターから支払を受けた金員を終局的に保持する権限を有する。したがって、真正ファクタリングは、あたかも〔留保商品の〕第二買主が第一買主に対して売買代金をみずから現金で支払うのと異ならない（いわゆる現金前払理論：*Canaris*, NJW 1981, 245; *Serick*, NJW 1981, 794）。このケースでは、留保所有者が〔第一買主から〕先行債権譲渡を受けた目的債権は消滅し、その債権が留保所有者に属することはないであろう。このことが許されるのであれば、ファクターが債権の買い集めによってこれと同じ結論を現実にもたらしたとしても、良俗違反にはなりえないというわけである（BGHZ 100, 353, 359; *K. Schmidt*, DB 1977, 65）。

72　良俗違反は問題とならないから、**時間順原則**（Rn. 63以下）に従って、最初に合意された真正ファクタリング譲渡が有効になる。〔また、〕留保売主が第一買主に〔延長された所有権留保に基づく〕先行債権譲渡の目的である債権の取立てを授権している場合（Rn. 61）には、そこに第一買主が真正ファクタリング譲渡を実施することに関する授権も同時に含まれる（BGHZ 72, 15）。取立授権はこれにより、**債権譲渡授権**の意味に拡張されることになる。したがって、真正ファクタリング譲渡は、〔債権譲渡授権を含む取立授権の効力により、〕それが〔延長された所有権留保に基づく〕先行債権譲渡より後れて合意されたときでも有効になる。

後行ファクタリング譲渡の優先は、金銭与信者に対してあらかじめ包括債権譲

渡がおこなわれた場合において、包括債権譲渡とファクタリング譲渡の関係が問題となるときにも、原則としてあてはまる。金銭与信者が〔受信者＝譲渡人に対して〕付与した取立授権は、その利益状況にかんがみれば一般に、譲渡人が第二譲渡によって債権の履行期までの利息を差し引いた完全な対価を得ているときは、その第二譲渡〔に関する授権〕を含むからである（*BGH* NJW 1982, 571. 例外について、Rn. 75を参照）。

　延長された所有権留保がファクタリング譲渡に劣後する場合には、留保売主は〔ファクタリングの〕**売買代金を掴取する**ことで自己の地位を保全することができる。たしかに、ファクターは、ファクタリング契約の内容としては、売買代金が留保売主に還流するよう配慮する義務を負担していない（BGHZ 69, 254, 269）。しかしながら、〔ファクターに〕当然求められる〔留保売主の〕保護措置を怠ってはならないし、留保売主から売買代金を侵奪することに積極的に加功してはならない。ファクターがこの義務に違反する場合には権利濫用となり、ファクターは242条〔信義誠実〕によって留保売主に対してファクタリング譲渡を援用することができなくなる。たとえば、ファクターが〔ファクタリング顧客である留保買主に対して、その者が〕売買代金支払請求権を〔留保売主ではなく、〕金銭与信者に譲渡することに同意を与えるときはそうである。権利濫用にあたる事例ではむしろ、留保売主はファクターに対して、816条2項〔無権限者に対する給付による不当利得〕に基づき譲渡目的債権に基づく利益を返還するよう求めることができる（BGHZ 100, 353）。 73

　ファクタリング譲渡が〔延長された所有権留保に後れる場合において〕、それが有効となるには留保売主の授権が必要である。そうすると、留保売主が**債権譲渡授権**を排除し、あるいはこれを制限すれば、自己の債権譲渡の優先を確保することができる。たとえば留保売主は、〔ファクタリングに基づく〕売買代金支払請求権がみずからに譲渡されなければ、債権譲渡授権を与えないとすればよい。債権譲渡授権の排除または制限については、後から一方的にこれをすることもできる（*BGH* NJW 1982, 571）。しかしながら、そうした授権の排除や制限は、138条〔良俗違反の法律行為・暴利行為〕や307条〔内容規制〕を無視して恣意的にこれをすることは許されない。もっとも、留保買主が留保売主に〔ファクタリング〕譲渡がおこなわれた旨を通知し、かつ、ファクタリングの売買代金が所有権留保の被 74

担保債権である売買代金債権の価額を超える場合に限り、債権譲渡授権を付与する、との約定は138条や307条に反しない（Peters/Wiechmann, ZIP 1982, 1406）。ファクターの売買代金支払債務は通常現金払ではなく、振替口座の貸方に記入されるから、留保売主や金銭与信者は目的債権の譲渡で劣後する代わりに、その代償として貸方記入に基づく債権についてあらかじめ譲渡を受けておくこともできる。

75 　ファクターが割引歩合に加えて過大な手数料を計上し、第一買主が留保売主に対して負担する自己の債務よりも少ない金額しか得ることができないため、留保売主の担保利益が侵害される場合には、**真正ファクタリングの効力は失われる**。この場合には、契約違反理論が主張する良俗違反性は払拭されない。また、留保売主が第一買主に付与した取立授権にファクタリング譲渡の授権が含まれるとみることもできない。〔もっとも、〕ファクターは10～20パーセントの費用ないし手数料の負担を見込んで、その分を自身にとどめておくのが通常である。このことは一般に、留保売主の担保利益を侵害しない。なぜなら、留保買主〔第一買主〕が第二買主に対して取得する売買代金債権には、マージンや商品の加工にかかった費用が上乗せされるため、その金額は、ファクターが10～20パーセント差し引いてこれを買い受けたとしても、留保買主が留保売主に対して負担する債務よりも高いのが通常だからである。しかしながら、この説明は、ファクタリング譲渡と金銭与信者に対する包括債権譲渡との関係についてはあてはまらない。金銭与信者は、担保として譲渡目的債権全額を必要としている。ファクターが得る10～20パーセントの費用ないし手数料分は、金銭与信者の担保利益を侵害することになる。そうすると、金銭与信者が包括債権譲渡により債務者に付与した取立授権に、その債務者がしたファクタリング譲渡の授権も含まれているとみることはできない（BGHZ 75, 391）。

b）不真正ファクタリングにおける法状況

76 　真正ファクタリングは、基本的には債権売買と性質決定することができる。これと区別すべきなのは、不真正ファクタリングである。この種のファクタリングは通常、**信用取引**としてあらわれる。ファクターは〔ファクタリングの目的として〕回収すべき債権につき〔第一買主に対して〕あらかじめ前払する。第二買主が同債権の支払をしなかったときは、ファクターは第一買主に対して前払金の返済を求める。ここでファクターがおこなっているのは、金銭の貸付に相当する行為である。こうして不真正ファクタリングの方法による包括債権譲渡は、ファクターが第一買主に対して有する〔前払金の〕返

済請求権を担保するために機能するのが一般である。この場合には、金銭与信者や商品与信者が担保目的で包括債権譲渡をおこなう場合と同一の諸原則（Rn. 62以下）が適用される。すなわち、不真正ファクターに対する包括債権譲渡は、契約違反理論によって**良俗に反する**ものとなる（このようにいうものとして、*Roth/Fitz,* JuS 1985, 188, 192も参照）。また、この種の譲渡の授権は、留保売主が第一買主に対して付与した取立授権に含まれない（BGHZ 82, 50. 異なる見解を主張するのは、*Roth/Fitz,* JuS 1985, 188, 191 f.）。

　もっとも、不真正ファクタリングが**取立目的の債権譲渡の形式**にとどまることもある。ファクターに対する債権譲渡がもっぱら、債権を取り立て、それにより回収した金銭を第一買主に返還することを目的としているときがそうである。取立目的の債権譲渡がおこなわれた場合において、第一買主みずからが債権を取り立てるケースと比べて留保供給者〔留保売主〕の利益がそれ以上に害されないときは、留保供給者は異議を唱えることができない。この種の債権譲渡では、管理信託の形式〔§2 Rn. 11〕がとられる。その際には、形式的にみれば債権はファクターに帰属するけれども、実質的には委託者の財産にとどまる。そのため、ファクターが倒産したときは、第一買主は倒産法47条によって取戻権を行使することができる。また、ファクターに対して強制執行がされたときは、民事訴訟法771条に基づく訴え〔第三者異議の訴え〕を提起しうる（*Baur/Stürner/Bruns,* Rn. 46.7）。留保売主が〔第一買主＝留保買主から〕先行債権譲渡を受けていたならば、取戻権の行使や第三者異議の訴えの提起は、留保売主に認められる。したがって、包括債権譲渡が債権取立**のみ**を目的としている場合において、ファクターが回収金のうち、留保売主の被担保債権を担保するために必要な金額を第一買主〔留保買主〕に返還するとしているときは、原則として**良俗に反しない**。また、この種の包括債権譲渡の授権は、留保売主が第一買主に付与した取立授権に含まれる。 77

Ⅵ. 延長された所有権留保と再加工

1. 加工条項

　留保所有者が原材料その他の素材を顧客に対して供給し、その顧客が供給された商品を自己の営業の範囲内で加工した場合には、〔完成品について、〕顧客が950条1項〔加工〕にいう製造者にあたる者として所有権を取得する一方、留保所有者は所有権を失う。留保所有者が所有権喪失に反対する意思 78

を有していたとしても、この効果に変わりはない（§9 Rn. 14）。そこで、留保所有者は、所有権喪失の危険からみずからの身を守るために、いわゆる加工条項を挿入しようと試みる。加工条項によれば、供給された材料により新たに製造された物の所有者になるのは、加工に従事した留保買主ではなく、留保売主であるとされる。この結論を得るために、制定法上の「製造者」は売主である旨の合意がされることになる。通説によれば、こうした加工条項**ないし製造者を定める合意**は、適法かつ有効である（BGHZ 20, 159; *BGH* NJW 1989, 3213. 議論状況について詳しくは、§9 Rn. 11以下）。

79 **複数の供給者**がそれぞれ、加工者により製造された新たな物につきその材料の一部を販売した場合において、各々〔加工者との間で〕、新たな物の所有権はすべて自己に移転する旨を合意していることがある。ここでもし時間順原則をそのまま適用するならば、最初に締結された合意のみが有効になろう。しかしながら、〔先行する〕ひとりの供給者が〔自己に後れる〕それ以外の供給者〔が販売した材料〕にかかる経済的価値をわが物にしようとするならば、そうした合意は良俗違反によって無効になるといわなければならない（138条）。この理は、包括債権譲渡と〔延長された所有権留保に基づく〕先行債権譲渡の関係（Rn. 63以下）と同様である。なぜなら、先行供給者と留保買主との間の合意によって、後行供給者は〔留保買主との間で新たな物について〕先行的占有改定の合意をしても首尾を得ないにもかかわらず、その有効性について欺かれることになりうる点において、〔延長された所有権留保に基づく〕先行債権譲渡と同じように考えられるからである。

80 しかしながら、加工条項が競合する場合であっても、次の内容であれば、各々の供給者は947条1項所定の効力を有する合意をすることができる。それは、新たな物につき請求できるのは**共有持分**にとどまり、その持分割合は、加工時における自己の商品の価格とそれ以外の商品の価格に比例して定まる、という合意である。この方法以外にも、共有持分は、新たな物の全価格との関係で、自己の供給した原材料の価格がどの割合を占めているかによって定まる、とすることができるであろう（BGHZ 46, 117, 120 f.）。もっとも、加工条項で合意された持分割合が以上の割合を超えるときは、当該条項は完全に無効となり、共有持分はその範囲で製造者にとどまることになる。

81 **事例17——金属加工**：KはHに数種のアルミニウム板を供給した。それらのア

ルミニウム板は、Hが医療機器を製造するために必要なものである。Kは自分が供給したアルミニウム板の所有権を、売買代金の完済を受けるまで留保した。その際に定められたKの供給条件には、次のようにあった。「本件留保商品の制作・加工は、売主の注文により、950条が定める製造者を売主としておこなわれる。買主が売主に属さない他の商品と合わせて加工するときは、新たな物の共有持分が売主に帰属する。その持分割合は、本件留保商品の算定価格とそれ以外に加工に供された商品の価格に比例して定まる。算定の基準時は加工時である」。

Hはアルミニウム板をケースに加工し、その中に機械を作りつけて固定した。〔その後、〕この〔完成した医療〕機器は、貯蓄銀行（SB）の譲渡担保に供された。Hが借入金を返済できなかったので、SBは医療機器を自力で引き揚げ、これを〔転譲渡により〕換価した。KはSBに対し、所有権侵害を理由として換価金の返還を求めている。この請求は正当か（本問については、BGHZ 20, 159 = NJW 1956, 788およびBGHZ 46, 117、ならびに *Thomale*, JuS 2013, 1097における筆記試験問題を参照）。

解決へのすじみち：
KはSBに対し、816条1項〔無権限者の処分による不当利得〕に基づき換価金の返還を請求することができるか。
1. この請求が認められるためには、SBが医療機器を無権限者として処分したといえなければならない。
   a) アルミニウム板のもとの所有者はKである。KはHに対してアルミニウム板を供給したけれども、Hはその所有権を取得しなかった。KとHの間では、所有権留保の合意（929条1文・158条1項）がされたからである。
   b) 制定法の規律によるならば、Hがアルミニウム板を加工したのであるから、Hが新たに製造された医療機械の所有者になったはずである（950条1項。この事例を947条〔動産との付合〕と950条〔加工〕のいずれに割り当てるべきかについては、BGHZ 20, 159 ff.）。しかし、もしアルミニウム板の供給条件に含まれた条項が有効であり、それにより所有権状況が950条1項所定の内容から変更されるのであれば、結論は異なってくることになろう。950条の規律をどの範囲で契約によって変更することができるかについては、争いがある（§9 Rn. 11参照）。

   ある見解によれば、950条は絶対的な強行法であるとされる（Palandt/Bassenge, §950 Rn. 6）。そうすると、製造プロセスの機構を支配し、かつ、

売れ行きに関する経済的なリスクを負担している者のみが、製造者たりうることになる。これを本件にあてはめると、所有権を取得したのは H だということになろう。なぜなら、客観的にみて製造者にあたるのは、製造をおこなう事業者 H だからである。他方で、950条〔の規範内容〕を当事者の意思に完全に委ねる見解がある（*Baur/Stürner*, §53 Rn. 15）。以上に対して、多数説によると、950条は原則として強行規定であるけれども、製造者が誰であるかについてはこれを合意により定めることができるとされる（BGHZ 14, 114; 20, 159; *BGH* NJW 1989, 3213; *Prütting*, Rn. 464）。どの見解をとるにせよ、みずから手を加えた者を無条件に製造者とみることはできない。そうであるならむしろ、製造を注文した者が製造者であると評価すべきだ、というのが多数説の根拠である。この見解に従えば、本件条項も効力を有することになる。

c）ただし、本件条項が適用されたとしても、K が完成した医療機器について取得するのは単独所有権ではなく、その共有持分にとどまる。本件では、K の持分割合も十分特定しうるように定められていた。もしそうした定めがなかったとしても、製造のために用いられた様々な材料の価格に基づいて、持分割合を算定することができる。H の加工により、K は完成した医療機器の共有者となっている。

d）K の共有持分は、〔H が〕SB に対し〔完成した医療機器を〕譲渡担保に供したことでも失われない。K が共有持分を失うとしたら、それは929条1文・930条・933条による善意取得が適用される場合に限られよう。しかしながら、SB には善意取得は成立しない。SB は933条〔占有改定による善意取得〕の要件である引渡し〔現実の引渡し〕を H から受けていない（SB は自力で機械を引き揚げている）し、また、銀行であれば〔医療機器に〕延長された所有権留保と加工条項が付されていることを予期しなければならないから、SB は善意でもない（932条2項）。したがって、SB は、K に属する共有持分を有効に取得することができなかった。H に残存している共有持分があるときに、その持分を取得することができたにすぎない。それゆえ、SB は〔転譲渡による換価の際に〕、少なくとも一部については無権限者として処分したことになる。

2. SB は医療機器を〔換価のために〕転譲渡している。転譲渡の相手方が善意で所有権を取得したのであれば、転譲渡の効力は K に対して生じる（929条1文・932条）。本件では、善意取得が成立したとみることができる。

> かりにそうでなかったとしても、K は〔SB に対して〕換価金の返還請求をしているのであるから、いずれにせよその返還請求権の行使のうちに、185条2項所定の追認の意思表示が含まれており、これにより換価処分が有効になったといえるであろう。
> **結論**：SB は換価金のうち、K の共有持分に割り当てられる部分を、816条1項・818条1項・2項に従って K に返還しなければならない。

2．〔他人の土地への〕据え付けをめぐる法状況

所有権の喪失は、〔所有権留保の目的物が〕**他人の土地に据え付けられた**場合にも生じうる（946条〔土地との付合〕）。これに対し、留保売主は、次のようにして自己の利益を守ることができる。すなわち、据え付けにより生じる売買代金債権や請負代金債権を有効に譲渡しなければ、据え付けを許諾しないとすることである。留保売主の許諾が欠けている場合には、据え付けは所有権侵害にあたり、留保売主には951条に基づく請求権（§10 Rn. 1以下）が与えられる。また、侵害につき有責であるときは、989条・990条および823条1項に基づく請求権が生じる（*BGH* NJW 1990, 976と Rn. 59も参照）。

82

Ⅶ．拡大された所有権留保

1．概　念

単純な所有権留保は、その基礎にある売買契約に基づく売買代金が支払われることを、〔所有権移転の〕条件とするものである。もっとも、この条件は次のように拡大することができる。それによれば、取得者に所有権が移転するには売買代金債権だけでなく、**それ以外の債権も含めて**弁済されなければならない。

83

例：V は K に対し、K の営業のために継続的に商品を供給している。各々の契約においては、所有権移転は次のことを停止条件とする旨の合意がある。すなわち、所有権移転が生じるには今回の供給だけでなく、それよりも前にした供給についても支払がされなければならない。これにより所有権留保は〔1回の供給にかかる売買代金債権だけでなく〕、それに付け加わる債権に対して拡大され、当該債権を担保するためにも機能することになる（たとえばBGHZ 42, 53）。こうした所有権留保は、**交互計算留保**と呼ばれている。ただし、交互計算留保は、商法典355

条による交互計算関係が成立していることをかならずしも要しない。なお、所有権留保は、将来発生する債権についてもこれを拡大することができる。

2．許容性

84　以上のような拡大された所有権留保が、14条・310条1項所定の事業者の間で個別合意によっておこなわれた場合には、原則としてその効力が認められる。〔これに対し、〕**普通取引約款**によって拡大された所有権留保が約され、これにより〔両者の〕取引関係から生じる全債権が被担保債権とされた場合には、そうした条項は**消費者**との関係では原則として307条2項2号により無効となる。なぜなら、ある物の売買代金が支払われたにもかかわらず、それ以外のすべての物の売買代金が完済されていないというだけで当該物の所有権移転の効力が生じなくなるとすれば、これにより〔売主である事業者が負担する〕売買契約上の主たる義務である所有権移転義務が、契約目的達成を危殆化する方法で制限されるからである。普通取引約款による拡大された所有権留保に正当な利益が認められるのは、例外的かつ限定的な範囲に限られよう。拡大された所有権留保が有効になるのはとりわけ、**商人**との間の取引関係から生じる未払債権を担保する場合である（BGH NJW 1994, 1154 m. w. N.）。拡大された所有権留保が過剰担保にあたるときは、解放請求権（Rn. 56）が生じる。

85　拡大された所有権留保は、それが許される限り、**売買契約締結時**に合意することも、契約締結後に合意することもできる。しかしながら、買主が第三者に対して自己の期待権を移転した場合（Rn. 27）には、この限りでない。すなわち、その後に所有権留保を拡大するには、当該第三者の同意を得ることを要する。なぜなら、取得条件の変更は期待権の内容の変更にあたるため、期待権を喪失した買主はそうした変更をすることができないからである（BGHZ 75, 221; 事例13, 上述 Rn. 32）。

3．拡大された所有権留保の特殊型：コンツェルン留保

86　拡大された所有権留保の被担保債権の範囲が、売主の債権に代えてまたは売主の債権に加えて、第三者に属する債権をも含んでいる場合、この**第三者留保は449条3項**によって無効である。このことはとくに、いわゆる**コンツェルン留保**にもあてはまる。コンツェルン留保とは、ひとつのコンツェルンに

属するすべての企業の債権を〔所有権留保の被担保債権に〕組み入れるものである。もっとも、所有権留保が無効となるのは、第三者の債権を担保するために所有権留保を付した部分に限られる。留保合意が第三者の債権とともに売主の債権の担保を目的としているときは、その部分は無効にならない（449条3項の文言「限りにおいて」を参照）。第三者留保にあたると、債務法上の合意も物権法上の合意も無効となる。

4．法的効果

〔留保〕商品〔の売買代金〕の支払がされたために、拡大された所有権留保が〔留保商品の売買代金債権〕以外の債権の担保として用いられる場合には、拡大された所有権留保は**譲渡担保の機能**（§15 Rn. 1以下）を取得する。その結果、買主が倒産したときに供給者である売主に帰属するのは、〔通常の留保売主とは異なり〕取戻権ではなく、譲渡担保のケースと同じように（§15 Rn. 38）別除権にとどまる（*BGH* NJW 1978, 632; 1992, 2483）。売主が倒産したときは、倒産法103条〔倒産管財人の選択権〕は適用されない（Rn. 43）。 87

拡大された所有権留保の被担保債権がすべて履行された場合には、その所有権留保はつねに消滅する。事後に新たな債権が生じたとしても、自動的に復活することはない（*BGH* NJW 1978, 632）。

所有権留保の諸形式の概観
・延長された所有権留保（Rn. 44以下）
・転送された所有権留保（Rn. 45, 46）
・接続された所有権留保（Rn. 34）
・拡大された所有権留保（Rn. 83以下）

Ⅶ．比較法

物権的効力を有する所有権留保については、国境を超える売買契約が締結されたときでも、**ウィーン売買法**ではなく（ウィーン売買条約4条2文b）、国際私法の規定により所在地法に従って定められる各国の国内法規定が適用される（この 88

ことについては、*BGH* NJW 1997, 461も参照）。商取引における支払遅滞に対処する欧州議会・理事会指令2011/7/EG 9条1項は、次のように定めている。EU加盟国は、国際私法により決定される準拠法である国内法規定に従って、買主と売主の間で商品供給前に所有権留保条項に関する合意が明示的にされたときは、売主は、売買代金が完済されるまで商品の所有権を維持することを規定するものとする。つまり、国内法は、所有権留保の合意の効力を認めなければならないのである。このルールはかつては、指令2000/35/EG 4条により定められていた（この点につき、*Kieninger*, AcP 208, 182, 184）。

89 　フランス法では、2006年信用担保法の改正（Ordonnance Nr. 2006-346 v. 23.3.2006, Journal Officiel（JO）v. 24.3.2006. この改正については、*Klein/Tietz*, RIW 2007, S. 101 ff.; *Kieninger*, AcP 208, 182, 199 ff.）によって、所有権留保（*propriété retenue à titre de garantie*）の明文規定が民法典に挿入された（フランス民法典2367条から2372条まで）。留保合意については書面を要する一方、登録は不要である（同法2368条）。所有権留保がおこなわれると、売買契約による権利移転の効力は、債権が完全に弁済されるまで延期される（同法2367条1項）。フランス法ではドイツ法とは異なり、留保所有権は〔被担保〕債権に付従する。したがって、〔被担保〕債権が譲渡されたときは、留保所有権は譲渡とともに新債権者に移転する（同法2367条2項・1692条）。買主が倒産した際には、留保売主に返還請求権が認められる（取戻権。詳細につき、*Hübner/Constantinesco*, S. 189）。ある種の延長された所有権留保も、フランスでは現行法になっている。たとえば、債務者またはその受任者が占有している同種の代替可能な物について、所有権留保の効力を及ぼすことができる（同法2369条）。また、留保所有権〔の目的物〕が加工された場合にも、目的物が分離可能であれば留保所有者の権利は妨げられない（同法2370条）。さらに、所有権留保は、目的物の損傷または滅失により生じる保険金債権に対して及ぶ（同法2372条）。買主が支払を遅滞した場合には、留保売主は返還請求権と換価権を有する。ただし、〔目的物の価額が被担保債権額を超えるときは、〕超過額を買主に対して返還しなければならない（同法2371条。参考文献を含め、*Baur/Stürner*, §64 Rn. 91を参照）。

90 　イタリア法においては、所有権留保付きの売買（*vendita con riserva della proprietà*）は、動産売買に関する諸規定の中で規律されている（イタリア民法典1523条から1526条まで。もっとも、多数説によれば、これらの規定は不動産売買についても適用されうる）。*vendita con riserva della proprietà* を物権法の観点からみれば、次のルールが通用している。すなわち、所有権が買主に移転するのは、合意主義の原則とは異なり、債務が完全に履行された時である。イタリア法ではドイ

ツ法とは違って、所有権留保が第三者効（*opponibilità*）を取得するには、所定の公示を備えることが求められる。したがって、留保売主が後続の差押えに対して自己の優先を主張し、あるいは留保買主の破産に耐えるためには、所定の公示が必要である。このようにしてイタリア法では、所有権留保は原則として、それが確定日付（*data certa*）付きの証書によって明らかにされるときに、買主の債権者との関係で効力を有するにとどまる（同法1524条1項; *Kindler*, S. 279 f.）。このイタリア法の規律が支払遅滞指令4条と合致しているかについては、EuGHE 2006, I-10 5597, Kommission/Italien および *Kieninger*, AcP 208, 182, 184を参照。

イングランド法において所有権留保は、1976年になって初めて判例により承認 91
され（Aluminium Industrial Vaasen BV v. Romalpa Aluminium Ltd. 事件）、最終的には制定法の改正によって、1979年の動産売買法にとりいれられた（*v. Bernstorff*, S. 117参照）。同法19条は、単純な所有権留保（*retention of title*）を次の要件のもとで許容した。すなわち、所有権が買主に移転するのは買主が売買代金を完済した時であることについて、明示的かつ一義的な合意がされなければならない。同法19条2項と3項が所有権留保の推定をおいているのは、商法上の隔地取引についてだけである（詳しくは、*v. Bernstorff*, S. 118 f.）。買主が倒産した場合において、〔売主が自己の権利を〕適時に行使するときは、〔売主は〕所有権留保の効力を貫徹することができる。所有権留保によって確保されるのは、留保財産の返還であって（*Klötzel*, RIW 1985, 460）その本来の意味は、売買代金債権の担保にはない。所有権留保の合意においては、債務がすべて履行されるまでの間は、売主が自己の所有権を留保することが確定されればよい。それゆえ、交互計算留保やコンツェルン留保の合意も、判例により承認されている。延長された所有権留保の合意によって、所有権留保が新たに生じた財や売買代金債権に対して及ぶとされたときは、判例はこれを登録義務のある担保権（*charge*）であると解している（Tatung (UK) Ltd. v. Gallex Telesure Ltd. (1989) 5 B. C. C. 325, 333. 詳しくは、*v. Bernstorff*, S. 120 ff.）。

より深く学びたい人のために：
Armgardt, Das Anwartschaftsrecht – dogmatisch unbrauchbar, aber examensrelevant, JuS 2010, 486; *Biletzki*, Schadensersatzrechtlicher Schutz beim Eigentumsvorbehalt im Falle der Beeinträchtigung des Sicherungsguts durch einen Dritten, JA 1996, 228; *Bonin*, Probleme des vertragswidrigen Eigentumsvorbehalts, JuS 2002, 438; *Engelhardt*, Schicksal des Anwartschaftsrechts bei der Veräußerung einer unter Eigentumsvorbehalt verkauften Sache – Teil I, JA 2013, 269, Teil II, JA

2013, 330; *Habersack/Schürnbrand*, Der Eigentumsvorbehalt nach der Schuldrechtsreform, JuS 2002, 833; *Haertlein*, Kollision zwischen Factoring und Globalzession, JA 2001, 808; *Harke*, Anwartschaftsrecht als Pfandrecht, JuS 2006, 386; *Hoffmann*, Die Formen des Eigentumsvorbehalts, Jura 1995, 457; *Jork*, Factoring, verlängerter Eigentumsvorbehalt und Sicherungsglobalzession in Kollisionsfällen, JuS 1994, 1019; *Kerbein*, Wettlauf der Sicherungsgeber, JA 1999, 377; *Kindl*, Der Beschluss des Großen Senats für Zivilrecht vom 27. November 1977 zur Freigabe von revolvierenden Globalsicherheiten – eine Nachbetrachtung, Jura 2001, 92; *Köster*, Stillschweigende Vereinbarung eines verlängerten Eigentumsvorbehalts – OLG Düsseldorf (NJW-RR 1997, 946 ff.), JuS 2000, 22; *Leible/Sosnitza*, Grundfälle zum Recht des Eigentumsvorbehalts, JuS 2001, 244, 341, 449 und 556; *Lorenz*, Grundwissen – Zivilrecht: Der Eigentumsvorbehalt, JuS 2011, 199; *Lux*, Das Anwartschaftsrecht bei bedingter Übereignung – bloßes Sprachkürzel oder eigenständiges absolutes Recht?, Jura 2004, 145; *Müller-Laube*, Die Konkurrenz zwischen Eigentümer und Anwartschaftsberechtigtem um die Drittschutzansprüche, JuS 1993, 529; *Schmidt-Recla*, Grundstrukturen und Anfänge des Eigentumsvorbehalts, – insbesondere des Anwartschaftsrechts, JuS 2002, 759; *Schreiber*, Anwartschaftsrechte, Jura 2001, 623; *Zeranski*, Eigentümer und Vorbehaltskäufer im Widerstreit um die Vorbehaltsware, AcP 203, 693.

事例研究：*Derleder*, Der doppelte Eigentumsvorbehalt, Jura 2002, 772; *Eleftheriadou*, Referendarexamensklausur: Die zerstörte Vorbehaltssache – Autokauf mit Folgen, JuS 2009, 434; *Gomille*, „Gepfändeter Triumph", JA 2013, 894; *Gottwald*, PdW, Fälle 177-193; *Omlor/Spies*, (Original-) Referendarexamensklausur: Globalzession und verlängerter Eigentumsvorbehalt – Umgebucht, JuS 2011, 56; *Gursky*, Klausurenkurs im Sachenrecht, Fälle 8, 9; *Koch/Löhnig*, Fälle zum Sachenrecht, Fall 6; *Neuner*, Fall 10, 11, 12; *Repgen*, Stoffes Schicksal, Jura 2002, 267; *Singer/Große-Klußmann*, Ein bösgläubiger Bauherr, JuS 2000, 562; *Thomale*, Referendarexamensklausur: Briefmarken zur Sicherheit, JuS 2012, 728; *ders.*, Fortgeschrittenenklausur: Kreditsicherungsrecht – Heuschrecken, JuS 2013, 1097; *Weitemeyer*, Der Streit um den barocken Dielenschrank, JA 1998, 854.

§ 15. 譲渡担保

I. 基　礎

　所有権留保は、商品供給者の担保手段である。これに対して、金銭与信者 1
は、債務者の**動産**を担保として取得するために、譲渡担保の設定を受けることができる。この場合に〔金銭与信者が有する権利〕は、担保所有権と呼ばれる。譲渡担保は、929条〔物権的合意と引渡し〕・930条〔占有改定〕を用いて設定される。もっとも、譲渡担保そのものについては、制定法は規定をおいていない。民法典が予定している動産担保は、質権（1204条以下）のみである。債務者は債権者に対して、債権担保のために動産を質入れすることができる。しかしながら、質権（これについては、§16 Rn. 1以下）には次の欠点がある。質権においては、質権設定者が目的動産を債権者に引き渡さなければならない（1205条）。そのため、在庫商品はその性質上質権になじまない。機械や乗り物などの営業にとって重要な物も同様である。なぜなら、債務者が担保を設定した後も営業を続けるためには、担保目的物を自己のもとで利用できなければならないからである。譲渡担保が実務上、抜け道として発展してきたのはそのためである。今日では正当にも、譲渡担保は適法なものだと考えられている。

　物権法の観点からいえば、譲渡担保は、債務者から債権者への**所有権の譲** 2
渡である。当事者はこの譲渡のために、929条・930条の方法〔占有改定〕を用いるのが通常である。この方法の利点は次のとおりである。すなわち、債務者は担保を設定した後も担保目的物を占有し、これを自己の目的のために用いることができる。それと同時に、930条による引渡しでは不十分な公示しかされない（§4 Rn. 6）点も、債務者にとっては都合がよい。債務者が担保目的物の占有を継続しているために、譲渡担保を設定したという事実と、事業者として抱える負債の規模を、第三者に即座に知られなくて済むからである。けれども、この債務者にとっての利益は、取引に参加しようとする者

にとっては不利益となる。なぜなら、債務者の信用力を判断するのに、占有だけを手掛かりとして確たる結論を引き出すことは、もはやできないからである。

3 　譲渡担保の関係当事者をあらわす専門用語として、譲渡担保設定者〔担保提供者〕と譲渡担保権者〔担保受領者〕の区別がある。**譲渡担保設定者**とは、担保（たとえば機械）を債権者に与える債務者のことである。この債権者が**譲渡担保権者**、すなわち債務者から担保を受け取る者にあたる。また、信用の付与という観点からみると、債権者は与信者であり、債務者は受信者である。そのため、債権者は与信者であり、かつ担保を受領する譲渡担保権者である一方、債務者は受信者であり、かつ担保を提供する譲渡担保設定者である。このように、譲渡担保設定者は同時に、被担保債権の債務者であるのが通常であろう。だが、そうである必要はない。譲渡担保においては、設定者は他人の債務を担保する義務を負担することもできる。

4 　倒産法51条1号は、譲渡担保を明文で承認している。譲渡担保の公示を確保するために、立法論として、**登録簿**制度を導入すべきだという提案が、少なからぬ論者によって示されている（たとえば、*Dorndorf/Frank*, ZIP 1985, 65, 78 f. 比較法的考察を踏まえたものとして、*Kieninger*, WM 2005, 2353, 2358 und AcP 208, 182, 210 ff.）〔この問題については、§3 Rn. 7も参照〕。

5 　譲渡担保の特殊性は次の点に基づく。すなわち、債権者は、929条・930条によって担保目的物の所有者になる一方で、**担保契約**によって**債務法上の拘束**を受ける。この拘束により、債権者は自己の所有権であるにもかかわらず、被担保債権が任意に履行されないときに換価するためにしかこれを用いることができない。担保目的以外の利用は許されないのである。このように、譲渡担保は〔受託者の利益を含む信託であるため〕、自益信託に属する（§2 Rn. 12）。

II．担保のためにする権利移転

6 　929条1文・930条によって所有権を移転するには、特定性の要件を充足した物権的合意（§3 Rn. 8以下）のほか、担保目的物の占有を継続する譲渡担

保設定者と譲渡担保権者との間に、占有仲介関係の合意が存しなければならない。

譲渡担保の要件
1．担保のために所有権を移転することについて物権的合意があること
2．占有仲介関係の合意による930条の代替的引渡しがされること（占有仲介関係は先行してこれを設定することもできる）。この合意は、担保約定のかたちをとる。
3．担保目的物が十分に特定されること
4．物権的合意が存続していること
5．譲渡担保設定者に譲渡権限があること。ただし、譲渡権限がない場合でも、929条・930条・933条に基づく善意取得によって有効となりうる。

1．物権的合意

譲渡担保においては、物権的合意は条件を付すことなくおこなわれるのが通常である。しかし、被担保債権の消滅を**解除条件**として譲渡担保を設定することも可能である。この方法によれば、譲渡担保の効果は、被担保債権が弁済その他の債権消滅事由によって消滅した時点で自動的に消滅する（158条2項）。この場合には、所有権は解除条件が成就した時に、譲渡担保設定者へと自動的に復帰する。解除条件が付されたときは停止条件が付されたときと同じように、条件成就前に中間処分がおこなわれたとしても、その処分は条件成就による権利の取得を妨げることができない（161条2項）。したがって、解除条件付き譲渡担保を設定した譲渡担保設定者には、物を目的とする**期待権**（*BGH* NJW 1984, 1184）が帰属する。この期待権は、所有権留保において留保買主が有する期待権（§14 Rn. 11以下）に相当するものである。 7

これに対して、解除条件を付すことなく、無条件で物権的合意を締結した場合には、譲渡担保設定者は被担保債権が消滅しても、担保契約に基づく**債務法上の請求権**を有するにとどまる。これは、担保目的物をあらためて自己に譲渡するよう譲渡担保権者に求める権利である（これについては、Rn. 26）。 8

譲渡担保設定者が物の占有をすでに有しているときは、この復帰的譲渡は929条2文〔簡易の引渡し〕による物権的合意で十分である。

9　明示の合意が欠けている場合において、物権的合意は無条件でされたものと解すべきか、条件付きでされたものと解すべきかが**争われている**。この論点は**筆記試験**でも重要である。問題文に物権的合意の内容がはっきりと書かれていないこともあるからである。

連邦通常裁判所（NJW 1984, 1184, 1186; 1991, 353; NJW-RR 2005, 280）は、疑わしいときは**無条件の合意**と解すべきであるとしている。なぜなら、譲渡担保は、付従性がない権利として構成されているからである。そのほか、次の事情もこの解釈を支えている。銀行は信用取引において、〔被担保債権が消滅したときでも〕復帰的移転にかかる債務法上の請求権しか生じない旨を約するのが通常である。つまり、実務は、無条件の所有権譲渡を前提に動いているというわけである。これに反対する見解は、449条1項〔所有権留保〕を類推適用することで、疑わしいときは、譲渡担保は被担保債権の消滅を解除条件として合意されたものとみるべきであるとする。その理由として挙げられているのは、譲渡担保の利益状況は所有権留保のそれと類比することができることである（*M. Wolf*, FS Baur, 1981, S. 147, 159 ff.）。

2．代替的引渡し

10　担保目的物の占有は、譲渡担保設定者が継続するものとされる。したがって、一般には、929条・930条の所有権譲渡方式が用いられることになる。この方式によると、引渡しは、占有改定の合意で代替することができる。要件としては、具体的な**占有仲介関係**（868条）が必要である。これは通常、**担保契約の中に**含まれている（*BGH* NJW 1979, 2308を参照）。担保契約の締結には、無方式の担保約定で十分である。両当事者の権利義務は、明示の合意で定める必要はなく、また、詳しく具体化することも要しない（*BGH* NJW-RR 2005, 280）。譲渡担保設定者が担保契約上の義務を遵守している場合（Rn. 22）には、設定者は直接の他主占有者として、譲渡担保権者の間接自主占有を仲介することになる。よくみられるのは、譲渡担保の目的物に、譲渡担保設定者が将来取得する物を含めるケースである。この場合には、**先行的占有改定**の合意がおこなわれる（これについては、§7 Rn. 33以下）。物権

的合意と占有仲介関係は、譲渡担保設定者が所有者・占有者として〔目的物である〕商品を取得するよりも**前に**、これに先立って合意される。当該商品の所有権が譲渡担保権者に移転するのは、譲渡担保設定者がその商品の所有権を取得した時である。ここでは、譲渡担保設定者が論理的一秒の間、所有権を取得した（185条2項）と構成されることになる。

なお、占有改定以外の所有権譲渡方式を用いて、譲渡担保を設定することも可能である。たとえば銀行が、取立てのために自己に引き渡された持参人払式小切手について、同時に担保所有権を取得した場合には、担保目的物の譲渡は929条1文〔現実の引渡し〕によっておこなわれたことになる（BGH NJW 1977, 387を参照）。

3．特定原則の遵守

先行的物権的合意と先行的占有改定については、**物権的合意の時点**で、次の程度までその内容が特定していなければならない。すなわち、譲渡担保の設定当事者の合意を知る者であれば誰でも、諸々の物のうちの具体的にどれが譲渡担保の目的物とされたのかを、単純かつ外形的な識別方法を手掛かりとして、別段の調査を要せずに明らかにすることができる程度である（BGH NJW 2000, 2898）。この要件はとくに、構成要素の変動をともなう商品倉庫が譲渡担保に供された場合に意味をもつ（§7 Rn. 35, 36も参照）。

11

例：譲渡担保の目的物を次の方法で定めた場合には、十分に**特定されている**といえよう：
 ・特定の空間の中に搬入される全商品（空間担保契約：BGH NJW 1996, 2654）
 ・特定の標識／マーキングを備える商品のすべて（マーキング契約：たとえば、BGH NJW 2000, 2898）
 ・担保契約で援用されている在庫リスト記載の商品（BGH NJW 2008, 3142）
 ・「プレートコンパクター」とあるだけで、製造番号が示されていない場合でも、譲渡担保設定者がどのみちその種の機械を1台しか有していないときは、特定にはそれで十分である（OLG Saarbrücken NJW-RR 2011, 638）。

これに対して、以下の場合には、**特定されていない**とみなければならないであろう：
 ・「商品倉庫の半分」

- 農場で同種の動物がたくさん飼われている場合には、50匹の子豚とするだけでは足りない（*BGH* NJW 1984, 803）。
- 「差押可能な商品」のすべて（*BGH* NJW-RR 1988, 565）

4．処分権

12　譲渡担保設定者が所有者その他処分権を有する者であることは、譲渡担保においても要件である。処分権が欠ける場合には、929条・930条・933条の善意取得が適用されるか否かを検討しなければならない。譲渡担保に供された物に他の権利が設定されていた場合には、譲渡担保権者は原則として、この負担を承継する。936条は善意取得による負担の消滅を定めているけれども、〔譲渡担保は占有改定により設定されるため、〕その要件を満たさないのが一般である。

13　**a）譲渡担保と使用賃貸人の法定質権**

いわゆる**空間担保契約**が締結された場合（§7 Rn. 36）には、562条・578条（今すぐ確認すべし）による使用賃貸人の法定質権との競合が生じる。問題を解決するには、いくつかの紛争類型を区別しなければならない。使用賃借人の所有物が賃借物件にすでに持ち込まれた**後に**、空間譲渡担保が設定された場合には、譲渡担保権者は、使用賃貸人の法定質権が付着した担保所有権を取得する（*BGH* NJW 1992, 1156）。これと同じことは、使用賃借人がその物につき所有権ではなく**期待権**しか有していなかった場合にもあてはまる。使用賃貸人の法定質権は使用賃借人の期待権にも成立し、〔使用賃借人が所有権を取得したときは〕その所有権について継続するからである（*BGH* a. a. O.）。所有権譲渡が929条1文・930条の方式〔占有改定〕でされた場合には、936条による善意取得による負担の消滅の要件を満たさないのが通常である。

14　譲渡担保権者と譲渡担保設定者である使用賃借人との間で、譲渡担保権者が〔賃借物件に〕目的物が持ち込まれると**同時に**担保所有権を取得する、との先行的所有権譲渡の合意がされていた場合には、譲渡担保権者は先のケースと同様に、**使用賃貸人の法定質権**の負担が付着した担保所有権を取得するにとどまる。その理由は次のとおりである。まず第1に、譲渡担保権者が物所有権ないし期待権を取得することができるのは、譲渡担保設定者である使用賃借人が、それ以前に論理

的一秒の間、所有者ないし期待権者になった場合に限られる（185条2項。§7 Rn. 34）。論理的一秒とはいえ、その時に使用賃貸人の法定質権が発生する以上、法定質権の負担は譲渡担保権者に承継されることになる。第2に、562条・578条による使用賃貸人の法定質権の成立は、**制定法上予定されたものである**。この法定の効果は、譲渡担保設定者と譲渡担保権者との間の合意では排除できない。もし排除するなら、使用賃貸人の関与が必要である。したがって、使用賃貸人の法定質権は、譲渡担保設定者と譲渡担保権者が合意をしていたとしても、これを無視して制定法の力によって譲渡担保に優先して成立する（結論同旨：BGH NJW 1992, 1156）。また、使用賃貸人の法定質権と担保所有権が同順位になる、という見解（*Vortmann*, ZIP 1988, 626; *Weber/Rauscher*, NJW 1988, 1571; *Fischer*, JuS 1993, 542）も支持することができない。562条・578条が使用賃貸人に対し、制定法による保護を与えた趣旨に反するからである（BGH NJW 1992, 1156を参照）。

譲渡担保権者が担保所有権または期待権を、目的物が〔賃借物件に〕**持ち込まれる前に**取得した場合には、使用賃貸人の法定質権は成立しえない。なぜなら、この場合には、使用賃借人は持込みの時点で、所有者にも期待権者にもならなかったからである。たとえば、譲渡担保権者が〔使用賃借人との間で〕持込みの前に目的物の所有権譲渡を合意し、かつこれに標識を付けた場合には、譲渡担保権者は、使用賃貸人の法定質権の負担を免れた担保所有権を取得することができる。 15

使用賃貸借契約に供されている建物が売却された結果、**使用賃貸人の交替**が生じた場合には、新所有者は566条・578条1項によって、使用賃貸借契約における使用賃貸人の地位を法律上承継することになる。この場合には、新たな使用賃貸人との関係についても、**目的物が**（最初に）**賃借物件に持ち込まれた**時点に着目しなければならない。なぜなら、このように解さないと、建物の所有権が移転されることで、使用賃借人が〔使用賃貸人の法定質権の負担を免れるという〕より良い地位を得ることになってしまうからである。したがって、建物の譲受人が有する使用賃貸人の法定質権の効力は、建物の所有権が移転されるよりも前に使用賃借人が賃借物件に持ち込んだ目的物についても及ぶ。それゆえ、ある目的物が賃借物件に持ち込まれた後、建物の譲渡によって使用賃貸人の地位が交替する前に、その物について譲渡担保が設定されたとしても、譲渡担保権者は、建物の譲受人が有する使用賃貸人の

法定質権の効力がその目的物に及ぶことを、妨げることができない（BGH NJW 2014, 3775）。この場合において、同一の物を目的とする旧使用賃貸人の法定質権と新使用賃貸人の法定質権は、同一順位である。

16　**b）譲渡担保設定者が期待権しか有していなかった場合**

　譲渡担保設定者が動産の所有者でなかった場合でも、その理由が、たとえば設定者が取得した物に所有権留保が付されていて、その売買代金をまだ支払っていないというようなものであるときは、所有権ではなく、設定者に帰属する**期待権を譲渡担保の目的として**移転することができる。期待権の移転には、所有権移転に適用される929条以下の諸規定が転用〔類推適用〕される（§14 Rn. 27）から、当事者は期待権の譲渡担保についても、929条1文・930条の移転方式〔占有改定〕を用いることができる。この方法によれば、譲渡担保設定者は、目的物の占有を自己のもとにとどめることができる。譲渡担保設定者は譲渡権限を有する〔が、それは期待権を目的とするものである〕。したがって、譲渡担保権者は、期待権についてはこれを設定時に取得できるけれども、目的物の所有者となるのは、売買代金が留保売主に支払われた時である。譲渡担保権者による所有権の取得は、買主ないし譲渡担保設定者の財産を介さないでおこなわれる。つまり、ここでは経由的取得は生じない。

17　　期待権者は、期待権を譲渡担保に供すること以外に、別の選択肢として、みずからが将来取得する所有権を**先行的占有改定**によって譲渡担保権者に移転することも可能である。この方法では、譲渡担保権者は、譲渡担保設定者が留保売主から所有権を取得した時に所有者になる旨の合意がされる。このケースで譲渡担保権者が所有者になるのは、譲渡担保設定者がその前に論理的一秒の間、所有権を取得した後である（経由的取得。185条2項）。

18　　譲渡担保設定者が所有権ではなく期待権しか有しないことを明らかにしていなかった場合において、所有権譲渡の物権的合意がされたときは、この合意は、**期待権の移転**を目的としたものに**転換**されうる（140条）。期待権移転の意思は通常、より少ないものとして所有権譲渡意思の中に含まれていると解することができる（BGHZ 50, 45, 48 f.）からである。この見解は次の点に意味をもつ。すなわち、譲渡担保が929条・930条の方式〔占有改定〕でおこなわれた場合には、善意取得は、譲渡担保設定者が譲渡担保権者に目的物を引

き渡し、かつ、その時点で譲渡担保権者がなお善意であるときにしか適用されない（933条）。もっとも、譲渡担保設定者が担保目的物の直接占有を保持するのが原則である。それゆえ、善意取得は通常成立しない。しかし、ここで述べた考え方によれば、そうした場合でも、期待権の移転という効果が生じることになる。

c）「併存占有」と善意取得　以下のような事例で担保所有権の善意取得 19 が認められるか。この問題は、譲渡担保の古典的論点として争われている。

> **事例18──フライス盤**（BGHZ 50, 45 = NJW 1968, 1382）：V は K にフライス盤を、所有権留保を付して供給した。そのすこし後、K は H のためにその機械を譲渡担保に供した。しかし、当該機械に所有権留保が付されていることは、H に告げなかった。その12か月後、H は同じ機械をさらに L に売却した。その際、H と L は物権的合意をおこない、所有権を L に移転するとした。そのため、H は L に、H が K に対して有する〔返還〕請求権を譲渡した。それと同時に、K は〔H より〕、機械の占有は以後 L のためにのみ仲介するように、との指示を受けた。K は V に売買代金をまだ完済していない。フライス盤の現所有者は誰か。

解決へのすじみち：
フライス盤の所有者は現在誰なのか。
1. フライス盤のもとの所有者は V であった。
2. V はこれを K に譲渡したけれども、所有権はなお失っていない。なぜなら、929条1文による所有権の譲渡は、売買代金全額の支払を条件としておこなわれており（158条1項・449条〔所有権留保〕）、現時点ではまだ全額の支払がされていないからである。
3. K が H に機械を譲渡担保に供したことで、V は自己の所有権を喪失したか。
   a）929条・930条〔占有改定〕による所有権譲渡がおこなわれたのかが問題となる。物権的合意は K と H の間で有効にされている。また、占有仲介関係の合意（868条）は担保契約中に存するのが通常である。
   b）しかし、K は譲渡権限を有していなかった。そうすると、V が所有権を失うのは、929条・930条・933条による無権限者からの善意取得が成立した場合のみである。しかし、善意取得の要件は充足されない。というの

は、機械は引き続きKが占有するものとされ、Hに引き渡されることはなかった〔占有改定による代替的引渡ししかされていない〕からである。したがって、機械の所有権は〔この段階でもなお〕Vに帰属していたことになる。

4．HがLに機械の所有権を譲渡したことで、Vは自己の所有権を喪失したか。

a）この所有権譲渡は、929条・931条の方式〔返還請求権の譲渡〕によるものである。物権的合意は存在する。また、HはLに、自己がKに対して有する返還請求権を譲渡している。

b）Hは所有者ではない。したがって、先と同じように、無権限者からの善意取得が問題となる。善意取得に関する934条第1事例の要件は、HがLに、みずからが機械の間接占有者であるとしてKに対して有する返還請求権を譲渡したことである。実際、HとLの間にはこの点についても合意があった。しかし、HとKが合意した占有仲介関係に基づくHのKに対する返還請求権なるものは、そもそも存在していたのか。すでに確認したとおり、〔Kが〕Hにした担保所有権の譲渡はその効力を生じていなかったのであるから、担保権実行の要件が充足されたとしても、Hは〔Kに対して担保目的物の〕返還を求めることはできないからである。

　　　しかしながら、連邦通常裁判所（BGHZ 50, 45 ff. = NJW 1968, 1382）によれば、所問のようなケースにおいても、934条第1事例の要件は充足される。Kは所有者ではないものの、期待権者ではあったからである。ここでHとKの間の合意は、〔Kが所有者でないときは〕せめて期待権をHの譲渡担保に供するものである（929条・930条類推適用）と解釈し、あるいはそのように合意を転換することができる（Rn. 18）。それゆえ、Hは期待権者となる。そして、期待権移転の基礎にある担保約定は、HとKの占有仲介関係をも有効に生じさせる。したがって、HはLに、間接占有者としてKに対して有する返還請求権を有効に譲渡することができる。その結果、929条・931条・934条第1事例の要件が充足されることになるというのである。

　　　これに対して、反対説（たとえば Medicus/Petersen, Rn. 561）によれば、このケースでは次の点に注意しなければならないとされる。すなわち、占有仲介者〔直接占有者。§4 Rn. 20〕であるKは、取得者Lのためだけでなく、さらに留保売主である所有者Vのためにも占有を仲介してい

ることである。Vは占有法上、Lにより押し退けられない。むしろ、Lと
Vの併存占有が成立している。ここでは、同等の間接占有の併存が生じ
る。こう考えると、取得者Lは、Vよりも物に近接しているわけではない。
KがVとの間で自己の占有法上の地位を解消し、これによってVの間接
占有を消滅させた場合に初めて、Lが〔善意取得により〕所有権を取得
する余地が生まれると説かれている。この主張について第3の見解は、
結論は同じでありつつも、異なる理由づけを提案している。すなわち、
この見解は、934条第1事例を目的論的に縮小解釈する（Neuner, Rn. 374）。
933条は、善意取得は直接占有を取得した場合に限って生じる、との評価
を示している。同条との評価矛盾を避けるためには、934条第1事例を当
面の事案類型に適用することはできないというわけである。

　もっとも、最初に挙げた連邦通常裁判所の解釈にも、理由はある。文
言解釈によれば934条第1事例の要件を充足しているし、また、民法典
には間接併存占有なる概念は定められていないからである。さらに、占有
仲介者〔直接占有者〕が上位占有者〔間接占有者。§4 Rn. 20〕として承
認する者は、原則としてつねにただ一人に限られるとみなければならな
い。そうすると、Kは、まず第1にHを上位占有者として承認した時に
Vのために物を占有する意思を喪失し、次いでLを上位占有者として承
認した時に〔Hのために物を占有する〕意思を失ったということができる。
つまり、「併存占有」なるものはどこにも生じていない。むしろ、Vとの
占有仲介関係は、KがHやLのために占有を仲介し始めた時に終了して
いる。そのため、Lの所有権取得を妨げるVの占有地位は存しないので
ある。

　結論：連邦通常裁判所の解釈に従うと、本件では、Lは931条・934条第1事
例の善意取得によって、フライス盤の所有権を取得することができたことにな
る。

　併存占有の問題は、様々な**事案類型**で生じうる。事例18以外の類型には次　20
のものがある。

- 所有者Eは、倉庫業者Lの倉庫に保管しておいた自己のある商品を、所有権
留保を付してKに売却した。その後、Kは所有者と称して、当該商品を929
条1文・931条・934条に基づきDに対して転譲渡した。Dへの譲渡の要件を
充足するために、KがLに対して有すると称する返還請求権が、Dに譲渡さ

れている。そこで、LはDに倉庫証券を発行した。けれども同時に、Eに対しては、Eのために保管する旨を確認している（RGZ 135, 75; 138, 265）。この事例では、EとDは併存間接占有者であると呼ぶこともできる。

・LNは、LG所有の車両についてリースを受けた。〔その後、〕当該車両は検査のため、Uの工場に出された。そこで、LNはよくできた偽造文書を呈示して、請負契約に基づきUに対して有する返還請求権を譲渡することで、当該車両を929条1文・931条・934条によりKに譲渡した。このときは、LGとKは間接占有者として併存関係にたつ。

III. 担保契約

1. 概観

21　担保契約は、譲渡担保設定者と譲渡担保権者の関係を定める**債務法上の基礎**である。担保契約は両当事者の権利義務を規律する。これにより、譲渡担保設定者は、目的物を譲渡担保に供するよう義務づけられる。また、譲渡担保権者は目的物の所有権を、812条1項〔不当利得〕にいう法律上の原因に基づき有することができる。さらに、担保契約は、譲渡担保設定者と譲渡担保権者との間の占有仲介関係（868条）を基礎づける。担保契約は一般に、いわゆる目的決定の意思表示を含む。この意思表示により、所有権譲渡がどの債権を担保する目的でおこなわれたのかが定められる。これに対して、被担保債権は担保契約からは生じない〔担保契約とは別個の契約から生じる〕のが通常である。

担保契約は原則として、**無方式**でかまわない。これに対し、担保契約が土地売買契約と一体のものとして締結された場合には、担保契約についても土地売買契約と同様に、311b条1項1文が定める公正証書による必要がある（旧313条につき、*BGH* NJW 1983, 565）。

一方当事者が特定の物を譲渡担保に供する義務を負担することと引き換えに、他方当事者がこの者に貸付を約束する場合には、担保契約は320条以下の諸規定にいう**双務契約**である。双務契約としての担保契約は、消費貸借の予約を含むことがある。これにより、消費貸借契約を締結する義務が生じる。予約にとどまらず、消費貸借契約そのものを担保契約の中に包含することもできる。これに対して、担保契約が既存の債権の担保のために締結される場合には、片務契約にすぎない。

担保契約は通常、**継続的債務関係**である。期間の定めがあればそれにより、期間の定めのないときは解約告知によって終了する。継続的債務関係としての担保契約が終了した後は、担保所有権は終了時に存在していた債権のみを担保する。それより後に生じた債権については、この限りでない（777条2項も参照）。

2．譲渡担保設定者の義務

譲渡担保設定者は担保契約に基づいて、担保のためにする所有権譲渡をおこない、かつ、担保目的物を注意深く取り扱う義務を負う。特別な合意がある場合には、譲渡担保権者のために目的物を保険に付さなければならない。さらに、譲渡担保設定者は、債権が任意に履行されずに弁済期が到来したときは、譲渡担保権者が担保目的物を換価できるようこれを譲渡担保権者に返還する義務を負う。この返還義務は、被担保債権が時効にかかっているときでも存続する（216条1項の類推適用。旧223条1項につき、BGHZ 35, 191, 198）。

譲渡担保権者が譲渡担保設定者に**転譲渡**または再加工を許可する場合には、転譲渡に基づく債権や新たに生じた物について、延長された所有権留保と同じように（§14 Rn. 44以下・78以下）、新しく担保の設定を受ける旨を約することができる（例としては、BGH ZIP 1989, 1584）〔延長された譲渡担保〕。担保目的物の収益について譲渡担保権者がその返還を求めることができるのは、担保契約の中にその旨の約定がある場合に限られる（BGH NJW 2007, 216）。問題となるのはたとえば、担保目的物が第三者の使用賃貸借に供された場合の賃料である。

3．譲渡担保権者の義務

譲渡担保権者は自己に属する物の所有権について、次の義務を負う。すなわち、被担保債権の支払がされないときに、換価するためにこれを用いることしかできない。**換価**は原則として、担保目的物の譲渡によっておこなわれる。譲渡担保権者が換価のための返還を請求できない間は、担保目的物の占有は譲渡担保設定者に属する。また、譲渡担保権の実行期に入った後も、収益に対する権利は譲渡担保権者に属さない。物を利用し、あるいはすでに収取された収益の返還を求める権利は、担保契約の本質からは生じない（BGH NJW 2007, 216）からである。ただし、これと異なる合意をすることは可能である（BGH NJW 1980, 226）。

24 　**換価権**は、被担保債権の弁済期が到来した時に生じる。換価の方法は、第一次的には、担保契約の定めによる。ただし、その合意は、質物売却（1234条以下）の基礎にある制定法の基本的な評価に反して、譲渡担保設定者の利益を一方的に害するものであってはならない。特段の約定がなかった場合や、合意が307条〔内容規制〕や308条〔評価の余地をともなう禁止条項〕によって無効になった場合には、譲渡担保権者は1234条の定めに従い（BGH NJW 1995, 2221）、目的物を任意売却に付する権限を有する。譲渡担保権者は、できるかぎり譲渡担保設定者にとって最も有利な売却の相手方を選択しなければならない（例としては、BGH NJW 2000, 352）。換価先の決定の際には、相手方の支払能力も重要な要素となる。売却代金は被担保債権に充当される。残金については、譲渡担保権者が譲渡担保設定者に返還しなければならない（1247条2文類推適用）。

25 　譲渡担保権者は担保目的物について、被担保債権の弁済期を徒過した後、これを換価するために処分することができる。しかし、それ以外には、**処分**は禁じられている。もっとも、譲渡担保権者がこの制約に反し、担保目的物を929条・931条〔返還請求権の譲渡〕により第三者に譲渡してしまった場合には、その**処分**は完全に有効である。ただし、譲渡担保権に解除条件が付されていたときは、この限りでない（161条2項。Rn. 7以下）。〔処分が有効であっても義務違反を構成することに変わりはないから、〕譲渡担保権者は〔譲渡担保設定者に対して〕損害賠償義務を負う（その例は Rn. 26）。譲渡担保権者が被担保債権を第三者に譲渡したときでも、担保所有権は、401条1項〔従たる権利と優先権の移転〕により債権譲受人に対して法定移転しない。なぜなら、担保所有権は質権とは異なり（§16 Rn. 10, 11）、付従性を有しないからである（BGHZ 78, 137, 143も参照）。

26 　譲渡担保に解除条件が付されていない場合（Rn. 7以下）には、〔被担保債権が弁済により消滅したならば〕譲渡担保権者は（929条2文〔簡易の引渡し〕により）目的物の**復帰的譲渡**をおこなう義務を負う。〔当然復帰が生じないのは、〕譲渡担保には付従性がない（BGH NJW 1984, 1184, 1186; 1991, 353; Jauernig, NJW 1982, 268）ため、被担保債権が消滅してもなお有効に存在するからである。このことは、216条2項1文からも読み取ることができる。なぜなら、同条項では、〔ある権利が担保のために供された場合において、被担保債権が消滅時効にかかったときに、〕「復帰的移転」を請求しうるか否か

が問題とされ〔、そうした請求はできないと定められ〕ているからである。復帰的譲渡義務は、被担保債権が弁済により消滅した場合だけでなく、被担保債権がそもそも発生しなかった場合にも生じる。後者の例は、担保のためにする譲渡がおこなわれたにもかかわらず、貸金が債務者に交付されなかったときである。貸金の交付はされているけれども、消費貸借契約が（たとえば暴利によって）無効となった場合には、復帰的譲渡を請求できるのは、債務者が交付を受けた貸金を返還した後である。なぜなら、譲渡担保の効力は、疑わしいときは、812条1項1文第1事例〔不当利得〕に基づく請求権にも及ぶからである。被担保債権が消滅時効にかかっただけである場合には、〔上述のように〕復帰的譲渡を請求することはできない（216条2項1文類推適用）。

例：譲渡担保設定者（SG）が譲渡担保権者（SN）に対し、ある機械を譲渡担保に供した。SNは、929条1文・930条が定める譲渡方式〔占有改定〕によって所有者になる一方で、担保契約に基づく拘束に服する。そうした拘束の中でとくに重要なのは、SNが担保目的物について、〔通常の所有者のように〕これを自由に処分することが許されない点である。ただし、SNがこの約定に反して担保目的物を929条1文・931条〔返還請求権の譲渡〕によってDに譲渡した場合でも、当該処分は〔無権限者による処分ではなく〕権限者による処分であり、Dが所有者になる。しかしながら、SGが担保契約に基づき目的物の占有権原を有している場合には、SGは、986条2項〔占有者の抗弁〕によってDに対する返還を拒むことができる。しかし、SGがSNに対して担保契約に基づき有する復帰的所有権移転請求権は、275条1項〔給付義務の排除〕によって消滅する。なぜなら、このSNの債務は、Dへの譲渡によって履行不能になったからである。このケースでは、SNはSGに対し、280条1項・3項〔義務違反による損害賠償〕・283条〔給付義務が排除される場合における履行に代わる損害賠償〕に基づく損害賠償請求権を有するにとどまる。

Ⅳ．担保契約の良俗違反性

1．利益状況

譲渡担保権者が債務者を、その立場の弱さに乗じて搾取しようと画策することがある。そのうえ、競合債権者に対する優位を得ようと専心し、他の債権者のことを顧みない者が少なくない。こうした事例では、譲渡担保は

条の良俗違反にあたり、無効となりうる。判例はこの問題について、様々なケースを類型化している。

2. 桎梏

28 譲渡担保設定者が譲渡担保の設定によって経済活動の自由と事業執行の自由を拘束され、譲渡担保権者に対する一方的な従属状態が生じた場合には、その譲渡担保は譲渡担保設定者の、いわゆる桎梏にあたることを理由に良俗違反となりうる（BGHZ 26, 185; *BGH* NJW 1970, 637）。

　例：事業者は担保契約の定めに従い、自己の機械、商品その他のすべての営業財産を譲渡担保に供する義務を負う。その反面で、譲渡担保権者には、事業者が営業上おこなうすべての重要な決定について意見を聴取し、かつこれに異議を述べる権利が与えられる。このような担保契約は、桎梏による良俗違反にあたる。

3. 債権者の不利益

29 譲渡担保は、譲渡担保設定者に対する譲渡担保権者以外の債権者の利益が十分に顧慮されなかった場合にも、良俗違反となりうる。このケースが良俗違反とされるのは、債権者の不利益とその危殆化に基づく。判例の中ではとくに、**過剰担保、信用詐欺**および倒産申立遅延の事案類型を挙げることができる（概観については、*BGH* NJW 1970, 637; *Koller*, JZ 1985, 1013）。担保合意が普通取引約款において取り交わされている場合には、合意を無効とする根拠としては、138条〔良俗違反の法律行為・暴利行為〕以外に307条〔内容規制〕も問題となる（*BGH* NJW 1985, 1836）。〔ただし、138条とは異なり〕307条によって約款の内容をコントロールするときは、〔同条では直接的には相手方の利益しか保護されないため〕譲渡担保設定者に対する債権者の利益は間接的にしか顧慮することができない（§6 Rn. 13, 14）。

30　**a）過剰担保**　過剰担保が生じるのは、譲渡担保目的物の価値と被担保債権額の間に**重大な不均衡**が存し、かつ、この不均衡について譲渡担保権者に非難されるべき主観的態様が認められる場合である（*BGH* NJW-RR 2010, 1529）。担保価値の評価の際には、将来担保目的物を換価したときに現実化する価値と、担保約定によって被担保債権とされた債権のうちの未履行分を

比較する（この点については、§14 Rn. 55, 56も参照）。その限度を超過したら原則として過剰担保が生じる、というラインを引くのが担保限度である。担保限度は、237条1文が定めるところを参考にすると、被担保債権額の**150パーセント**であり、これに売上税を考慮して（倒産法170条2項参照）確定される（*BGH GS* NJW 1998, 671, 675）。過剰担保の法的効果については、契約締結段階で生じる原始的過剰担保と、後発的過剰担保とでこれを区別しなければならない。

譲渡担保が**良俗に反する**として138条1項により無効となるのは、譲渡担保が原初的ないし**原始的過剰担保**にあたる事例に限られる。このタイプの過剰担保が認められるのは、のちに担保目的物が換価された場合において、換価により具体化される価値と被担保債権額との間に看過できない不均衡が生じることが、契約締結段階ですでに確実なときである。原始的過剰担保により譲渡担保設定行為が良俗違反となるのは、次のケースである。すなわち、譲渡担保設定行為がその内容、動機および目的の総合考慮から明らかとなるその全体的性格にかんがみて、当該行為の締結の時点で良俗に合致しないと判断される場合である。その要件としてとくに、譲渡担保権者に非難されるべき主観的態様があることが求められる。そうした主観的態様を肯定できるのは、譲渡担保権者が利己的な理由に基づき譲渡担保設定者の正当な利益を顧慮していないことが明らかであり、それが良俗則からみて耐え難いときである（*BGH* NJW 1998, 2047が示した指導原則）。これにあたるか否かは、事例における全事情を評価して決定される。もっとも、一般論としていえば、過剰担保の許容限度は被担保債権額の150パーセントであるから、担保が常態としてその2倍、つまり300パーセントに達し、あるいはこれを超える場合には、良俗違反ないし無効になるということができる。

後発的過剰担保となりうるのは次の場合である。すなわち、譲渡担保設定後に被担保債権の一部が弁済された場合や、譲渡担保に供された商品倉庫が過大な在庫をかかえるようになった場合である。これらのケースでは、担保契約が無効になることはない。むしろ、**契約に内在する解放請求権**が生じる（基本となる判例は、*BGH* NJW 1998, 671）。この請求権は、明示の合意がないときでも、利益状況にかんがみ、157条〔契約の解釈〕・242条〔信義誠実〕に基づく補充的契約解釈によって担保契約から引き出される（*Pfeiffer*, ZIP 1997, 49; *Canaris*, ZIP 1997, 813参照）。したがって、担保価値が売上税を考慮して被担保債権の150パーセントを超えており、かつ、この状態がたんに一時的なものにとどまらないときは、譲渡担保設定

者はこの超過部分につき解放、つまり復帰的譲渡（929条2文による）を求めることができる。担保がどれだけの**価値**を有しているのかは、相場価格や市場価格があるときはそれにより、そうした価格がないときは購入価格によって評価ないし算定される。目的物が新たに生産されたときは、製造費用が基準となる。譲渡担保権者が様々な複数の担保をもっていて、解放すべき担保につき選択の余地がある場合には、譲渡担保権者は262条により選択権を有し、返還すべき担保を自由に選ぶことができる（*BGH* NJW-RR 2003, 45）。

33　**普通取引約款中の解放条項**において、以上と異なる定めをおくこともできる。しかし、そうした条項は、契約に内在する解放請求権の基本内容およびその諸要件と本質的に異なるものであってはならない。約款の中で合意された解放条項が無効になる場合でも、担保全体が無効になるわけではない。むしろ、〔契約自体は有効なまま、〕契約に内在する解放請求権が生じる（*BGH GS* NJW 1998, 671）。被担保債権の一部が弁済されたために過剰担保が生じた場合において、解放義務が問題となるのは、原則として、担保目的物が複数のケースのみである。これに対し、担保目的物が単一のケースでは、解放義務は問題とならない。担保目的物が換価された場合において、換価金が被担保債権額を超えたときに、残余額の返還請求権が生じる（Rn. 24）。

34　**b）信用詐欺と倒産申立遅延**　**信用詐欺**とはたとえば、譲渡担保設定者と譲渡担保権者が通謀して、他の債権者による債務者の信用力の評価を誤導する場合のことである。与信者が悪意でなくても、他の債権者を欺き、かつ害することを知らなかったことにつき重過失がある場合には、良俗違反の信用詐欺となりうる（BGHZ 10, 228, 234）。もっとも、譲渡担保権者が銀行である場合には、銀行が、当該譲渡担保によって譲渡担保設定者の執行可能な財産をすべて把握することになることを知っていたとしても、そのことだけからただちに良俗違反となるわけではない（*BGH* NJW 1984, 728）。

35　**倒産申立遅延**が問題となるのは、譲渡担保権者が譲渡担保設定者に対し、その者が支払不能に陥ることがもはや避け難い状況下において、新たな目的物に譲渡担保の設定を受けたうえで融資をおこなう場合である。その目的は、支払不能が生じる時期を引き延ばし、その間にできるだけ自分が満足を受けることにある（BGHZ 10, 228, 233）。倒産申立遅延は、信用詐欺とかさなることがある。

4. 良俗違反の法律効果

担保契約が良俗違反として138条により無効になった場合には、譲渡担保は**法律上の原因を失う**。したがって、譲渡担保設定者は、812条1項1文第1事例〔不当利得〕・929条2文〔簡易の引渡し〕に基づき**復帰的譲渡**を求めることができる。また、〔担保契約のみならず〕同時に物権的な担保所有権譲渡も良俗違反とされるときは、985条〔所有権〕に基づく返還請求権も生じる。物権行為まで無効になるのは次の場合である。すなわち、譲渡担保の有効性が条件によって（158条）担保契約の有効性にかからしめられていた場合、2つの法律行為が一体としておこなわれた場合（139条）、瑕疵の同一性（§6 Rn. 7）が肯定されうる場合。譲渡担保の際には一般に、物権行為も無効になるとみなければならないであろう。なぜなら、反良俗性はまさに給付が実行されるところで生じるからである。

V. 差押えと執行

1. 譲渡担保設定者側の債権者による摑取

譲渡担保設定者側の債権者が、民事訴訟法808条により譲渡担保の目的物を差し押さえた場合には、譲渡担保権者は質権者とは異なり、同法805条に基づく訴え〔優先弁済の訴え〕に制限されることなく、同法771条の**第三者異議の訴え**によって差押えの不許を求めることができる。なぜなら、譲渡担保権者は担保目的物の所有者であり、他の債権者により換価を強いられる理由はないからである。

しかし、**譲渡担保設定者が倒産**した場合には、譲渡担保権者は所有者であるにもかかわらず、取戻権（倒産法47条）ではなく、**別除権**（同法51条1号）しか有しない。というのは、倒産のケースでは、いずれにせよ倒産債務者の全財産が換価されるからである。倒産管財人が担保目的物を占有している場合には、担保目的物を換価する権限を有するのは、〔譲渡担保権者ではなく〕倒産管財人である（同法166条以下）。もっとも、倒産管財人が担保目的物を換価したときは、同法48条〔代償的取戻権〕の類推適用によって、譲渡担保権者は換価金について代償的別除権を有する（*BGH NJW-RR* 1999, 271）。また、譲渡担保に解除条件が付されていた場合には、譲渡担保設定者側の債権者は設定者に属する期待権について、民事訴

訟法857条〔その他の財産権に対する強制執行〕に基づきこれを執行することができる。これに対し、譲渡担保が無条件でおこなわれていた場合には、譲渡担保設定者側の債権者は、設定者が担保契約に基づき有する債務法上の復帰的移転請求権につき、同法828条以下の諸規定〔債権に対する強制執行〕に基づきこれを執行することができる。

2．譲渡担保権者側の債権者による摑取

39　譲渡担保権者側の債権者は、譲渡担保の目的物に対して執行することができる。これに対し、譲渡担保設定者は、**民事訴訟法771条**〔第三者異議の訴え〕によって執行の不許を求めることができる（BGHZ 55, 20, 26）。その基礎となる権利は、〔解除条件付き譲渡担保の際には〕期待権、〔無条件ならば〕復帰的移転請求権である。ただし、このことは、譲渡担保権者が担保目的物を換価する権限を有していない場合に限られる（*BGH* NJW 1978, 1859）。譲渡担保権者が倒産した場合でも、上記と同一の要件を満たせば、譲渡担保設定者は取戻権を行使しうる（倒産法47条。ただし、争いがある）。

VI．債権譲渡担保

1．概　念

40　動産譲渡担保のほかに、**債権譲渡担保**も実務において重要である。とりわけ、包括債権譲渡や先行債権譲渡の方式を利用するものは重要性が高い（§14 Rn. 54以下）。動産譲渡担保と同様に、債権譲渡担保においても、債務法上の担保契約と、債権譲渡（398条）の形態でおこなわれる処分行為とを区別しなければならない。債権譲渡担保が債権質権との対比において有するメリットは、次のとおりである。すなわち、債権譲渡担保の際には、第三債務者への通知が不要である。それゆえ、〔譲渡担保設定者は〕担保を設定した事実を秘密にしたままにできる。しかも、譲渡担保設定者には、取立授権が付与されるのが通常である。これにより、譲渡担保設定者は自己の名において目的債権を取り立てることができる（前述§14 Rn. 61参照）。反対に、債権質権を設定する場合には、1280条により、その旨を第三債務者に通知しなければならない。

債権譲渡担保の構成は、他の目的物の譲渡担保と同様である。すなわち、完全権が移転する一方で、完全権者は担保契約に基づく**債務法上の義務を負担**する。したがって、債権譲渡担保権者は目的債権を、被担保債権の不履行が生じた際に換価するために用いることしかできない。それゆえ、債権譲渡担保も自益信託であるといわなければならない（§2 Rn. 12, 13）。 41

　債権譲渡担保も動産譲渡担保と同じように、**付従性を有しない**。したがって、401条〔従たる権利と優先権の移転〕は適用されない（*BGH* BB 1982, 890）。しかしながら、被担保債権の存在を解除条件として合意することができる。このことも動産譲渡担保と同様である。 42

2．有効要件

債権譲渡担保の要件
１．担保のために債権を譲渡することについて合意があること
２．債権が存在すること（将来債権でもよい）
３．債権が特定可能であること
４．債権に譲渡性があること（399条・400条）
５．譲渡人に譲渡権限があること
６．他の無効原因がないこと（たとえば138条〔良俗違反の法律行為・暴利行為〕）

　譲渡担保設定者（債権譲渡人）と譲渡担保権者（債権譲受人）との間で、**債権譲渡の合意**がおこなわれることが必要である。目的債権は複数のこともある。方式は不要である。存在しない債権は、譲受人が善意であっても取得することができない。この意味で、譲渡の目的とされた債権が存在することは、絶対的な有効要件である。ただし、目的債権は、将来生じる債権であってもよい（その論拠は185条2項1文〔無権限者による処分も「処分者が当該処分の対象を取得したときは」有効となる〕）。この場合において譲渡が有効になるのは、譲渡人に債権が発生した時である。将来債権譲渡の際には、目的債権の特定性あるいは**特定可能性**に注意しなければならない。債権譲渡の時点で、少なくとも、債権が発生した時に〔目的債権の〕第三債務者と債権の内容の双方 43

を疑いなく特定できる程度に、将来債権の発生原因と譲渡〔目的債権〕の範囲を確定しなければならない（§14 Rn. 54）。

例：営業上の設備と在庫商品が銀行の動産譲渡担保に供された。それと同時に、担保目的物の転売により生じる債権も、あらかじめ債権譲渡担保に付されている。その後、商品と設備を含む営業財産全部が、一体価格で第三者に売却された。この場合には、担保目的物にかかる先行債権譲渡は空振りになる。なぜなら、売買代金債権のうち、どの部分が担保目的物の対価であるかを特定することができず、それゆえ、債権譲渡担保の要件である目的債権の特定可能性が欠けるからである（*BGH* NJW-RR 2009, 924）。

44 さらに、譲渡担保の目的である**債権**は、**譲渡可能**でなければならない〔§14 Rn, 58以下も参照〕。債権の譲渡性は、制定法（399条第1事例・400条）または契約（399条第2事例）によって奪われることがある。しかしながら、商取引では**譲渡禁止特約**があっても、特約に反しておこなわれた譲渡の有効性は、原則として妨げられない（商法典354a条1項）。ただし、目的債権が、信用機関を債権者とする消費貸借契約に基づく債権であるときは例外である（同条2項）。そのほか、譲渡担保設定者は、現実に（将来）債権を有していなければならない。なぜなら、債権の善意取得は認められていないからである。包括債権譲渡担保は、場合によっては良俗違反として無効になりうる。たとえば過剰担保のケースである（Rn. 30, 31）。

VII. 比較法

45 フランス法、イタリア法およびイングランド法においては、譲渡担保の可否と重要性がドイツ法とは異なる。これらの法秩序でより大きな意義を有しているのは、非占有質権である。非占有質権は、登録質権として構成されるのが通常である。

フランスにおいて譲渡担保は、公示が欠けることを理由に長い間承認されてこなかった。もっとも、2007年の初頭に、信託（*fiducie*）がひとつの法制度として法典化（フランス民法典2011条以下）された。信託は担保権の設定にもこれを利用することができる（*fiducie-sûreté*）。

46 **イタリア**法では、譲渡担保それ自体は承認されていない。しかしながら、譲渡担保権者への売却と、譲渡担保設定者のための再売買条項を組み合わせて同一の

§ 15. 譲渡担保　255

機能を実現することは可能である。すなわち、譲渡担保設定者は、譲渡担保権者に対して売却により所有権を移転する一方で、担保目的物の占有を自己のもとにとどめる。そして、被担保債権を弁済したときは、形成権の意思表示として再売買権を行使することができる。この意思表示がおこなわれると、所有権は譲渡担保設定者に復帰する (*Kindler*, S. 261 f. 参照)。イタリア法は原動機付車両について、いわゆる自動車抵当権を認めている。自動車抵当権は自動車登録証に登録され、非占有質権の機能を果たす。イタリアにおいて自動車抵当権が設定された場合に、目的物である自動車がドイツに運び込まれたときは、その自動車抵当権の効力はドイツでも認められ、できるかぎりドイツ動産譲渡担保法のルールにより規律される (*BGH* NJW 1991, 1415)。

　イングランド法でも、ドイツ法と同一の特徴を備えた譲渡担保は認められていない。しかし、譲渡担保に機能的に対応する制度として、動産譲渡抵当 (*chattel mortgage*) が構築されている。動産譲渡抵当は、あらゆる動産と無体物についてこれを設定することができる。動産譲渡抵当の設定は、担保目的物の所有権を担保権者に移転する契約によっておこなわれる。もっとも、それと同時に、この所有権には復帰的移転義務の負担が付着する。復帰的移転義務は、被担保債権が正常に弁済されたときに生じる。コモン・ロー上の権原 (*legal title*) が完全に生じるには、売渡証書登録官 (*registrar of bills of sale*) に対して設定後 7 日以内に、担保権の設定を申請しなければならない。その際には、合意と反対給付に関する書類を添付する必要がある。会社が担保設定者である場合には、適式な登録を、会社登録官 (*registrar of companies*) に対して21日以内におこなうことを要する。方式手続規定を遵守しないときは、エクイティ上の権原 (*equitable title*) が生じうるにすぎない。しかし、この権原では、善意取得による負担の消滅を妨げることができない。動産譲渡抵当が実務上ほとんど意義を有していないのは、このコストの高い方式手続要件が理由であるとみられている (*v. Bernstorff*, S. 122 f.; *Baur/Stürner*, § 64 Rn. 106参照)。 47

　ドイツ以外の EU 加盟国のうち、たとえばイタリアは、ドイツ法における非占有型で、かつ登録不要な担保所有権を認めていない。したがって、たとえば自動車が銀行の譲渡担保に供された後で、その自動車がドイツからイタリアに運ばれたときに、銀行の担保所有権が所在地法 (前述 § 1 Rn. 28) によって消滅するおそれがある。たしかに、イタリアでも、非占有質権として自動車抵当権の設定を受けることができる。しかし、自動車抵当権が有効となるには、登録簿にそのための登録をしなければならない。譲渡担保が認められず、担保所有権を失う危険が高いとすれば、**域内市場**における商品の自由な流通 (欧州連合運営条約26条 2 項) 48

が妨げられ、商品流通の自由（同条約34条）が害される。サービスと資本の流通の自由（同条約56条1項・63条1項）との関係も問題となる。この問題について詳しくは、*Röthel*, JZ 2003, 1027, 1032 ff.; *Kieninger*, AcP 208, 182, 191 ff.

より深く学びたい人のために：
Canaris, Die Problematik der Sicherheitenfreigabeklauseln im Hinblick auf §9 AGBG und §138 BGB, ZIP 1996, 1109; *Geibel*, Die Kollision zwischen verlängertem Eigentumsvorbehalt und antizipierter Sicherungsübereignung, WM 2005, 962; *Huber*, Sicherungseigentum in Zwangsvollstreckung und Insolvenz, JuS 2011, 588; *Kieninger*, Nationale, europäische und weltweite Reformen des Mobiliarsicherungsrechts, WM 2005, 2310 und 2353; *Meyer/von Varel*, Die Sicherungszession, JuS 2004, 194; *Schwab*, Übersicherung und Sicherheitsfreigabe – BGH NJW 1998, 671, JuS 1999, 740.

事例研究：*Derleder/Pallas*, Der Transportpark des Kleinunternehmers, JuS 1999, 367; *Gottwald*, PdW, Fälle 194-199; *Hofmann/John*, Anfängerklausur – Zivilrecht: Sachenrecht – Von Melkmaschinen und Traktoren, JuS 2011, 515; *Koch/Löhnig*, Fälle zum Sachenrecht, Fall 7; *Omlor/Spies*,（Original-）Referendarexamensklausur: Globalzession und verlängerter Eigentumsvorbehalt – Umgebucht, JuS 2011, 56; *Weitemeyer*, Der Streit um den barocken Dielenschrank, JA 1998, 854; *Zenker*, Die verworrenen Wege zweier Lagerfahrzeuge, JA 2010, 578.

§16. 質　権

Ⅰ．概念と意義

1．概　念

1　（金銭）債務を負う者は、自己の債権者のために、その**請求権の担保とし**て質権を設定することができる。質権の設定を受けた債権者は、自己の債権の履行がなかった場合に質物を換価するとともに、換価金を債権の回収に充てることができる（1204条1項参照）。このように質権は、制限物権（換価権）を物（または権利。1273条以下参照）に課す。ここでは動産質権と権利質権を扱う。ただし、質権は、いわゆる土地質権という形で不動産に設定すること

もできる（これについては§26 Rn. 1以下参照）。

2．質権の種類

質権（土地質権を除く）の種類
１．約定質権（1204条以下） 　・物上質権（1204条以下） 　・権利質権（1273条以下） ２．法定質権 　・占有質権（たとえば647条） 　・非占有質権（たとえば562条・592条・704条） ３．差押質権（民訴法804条）

a）**約定質権**　約定質権（占有質権とも称される）は、物の所有者である設定者と質権者になろうとする債権者との間における**法律行為**によって成立する。設定者は、債務者と同一人でもよいし、第三者でもよい。動産（1204条以下）と権利（1273条以下）に設定することができる。　2

例：Sは、友人Fから5千ユーロを借り受けた。Sは、Fが担保を望んだから、高価な真珠のネックレスに質権を設定した。

b）**法定質権**　民法その他の法律は、〔法律行為によらずに〕質権を成立させる規定をいくつか設けている。この質権は、契約関係から生じた一方当事者の債権（たとえば使用賃料債権）を担保する。他方当事者の所有物を目的とするが、これが契約関係の中に持ち込まれている場合に限って成立する。たとえば、使用賃貸人または用益賃貸人のためには、**使用賃借人**または用益賃借人が賃貸目的物に持ち込んだその所有物を目的とする質権が**法律上当然に**成立する（562条・578条・592条）。さらに、修繕契約が結ばれて修理のために物が請負人に引き渡されると、**請負人の質権**が〔法律に基づいて〕成立する（647条。これに関しては Rn. 44・45参照）。　3

c）**差押質権**　債権者は、自己の債権の強制的な満足を受けるため、強制　4

執行手続において動産および債権その他の権利を差し押さえることができる（民訴法808条以下、828条以下および857条）。債権者は、差押えによって差押質権と称される質権を取得する（同法804条1項）。差押質権は、強制執行法に別段の定めがない限り、法律行為によって設定された質権が1204条以下により有する効力を備える（民訴法804条2項）。

3．取引における意義

5　今日、約定質権は、動産譲渡担保と債権譲渡担保によって広く取って代わられている（§15 Rn. 1以下、Rn. 40以下）。約定質権には、質物の占有を債権者に移さなければならないという短所があるからである。しかし、法定質権と差押質権の重要性はいまなお変わらない。だからこそ、1204条以下の意義もまた損なわれない。1204条以下の規定が法定質権と差押質権に準用されるからである（1257条、民訴法804条）。

6　とはいえ、約定質権は**銀行取引**では現在でも意味をもつ。銀行は、自らの債権の担保として自行に預けられた顧客の有価証券および高価な物に質権を設定させることがある。この場合の質権は理に適う。なぜなら、質権を設定させようがさせまいが、銀行が物を占有しており、また債務者にはそれらの物を用いた生産活動または労働活動に従事する意思がないからである。銀行に預けられた物への質権の設定は、多くの場合において個別の合意ではなく、銀行普通取引約款によって行われる。

II．法律行為による動産質権の設定

7　質権は、法律（1257条）または強制執行手続における差押え（民訴法804条）に基づいて成立する場合を除けば、**法律行為**によって設定しなければならない（**1205条**）。この法律行為については、——動産譲渡担保を設定する場合と同様に（§15 Rn. 21以下）—— 一方で債務法上の義務負担契約と、他方で物権的合意および引渡しからなる物権設定行為、つまり処分行為との間での区別が必要である。債務法上の義務負担行為とは担保契約をいう。この契約から質権者と所有者との間に質権の設定その他の義務が生じる。所有者が同時に債務者であることは、可能であるが、必然でない。第三者であっても債

務者が負う債務のために自己の所有物を質物として債権者に差し出すことができる。担保契約は、継続的債務関係の1つであり、この関係は、合意された期間の満了または告知によって終了する（BGH NJW 2003, 61）。

約定動産質権の第一取得
1．動産質権の設定に関する物権的合意（1205条1項）
2．被担保債権の存在
3．質物の引渡し（1205条以下）
4．合意の存続
5．質権設定者の処分権限または善意取得（1207条）

1．物権的合意

1205条1項の物権的合意は、929条1文〔物権的合意と引渡しによる動産所有権の移転〕所定のそれと同様に、物権契約の1つではある。だが、1205条1項の合意は、質権の設定を内容としていなければならない。合意の当事者は、質物の所有者と債権者である。合意は、質物の引渡時まで存続していなければならない（いわゆる合意の存続。第4の検討ポイント）。ただし、合意の存続は、これが問題になる場合にのみ検討すればよい。

質権を設定するための物権的合意を普通取引約款で定めておくこともできる（BGH NJW 1995, 1085）。銀行普通取引約款14条1項の定めどおりに、何らかの形で債権者が占有するに至ったあらゆる物を目的とする質権の設定をあらかじめ受けておくことは、305c条1項の不意打ちに当たらないし、307条により無効となることもない（BGH ZIP 1983, 1053）。

質権の目的となる物も物権的合意から確定される。異なる債権を担保するために1個の物に重ねて質権を設定することは可能である。この場合の物は、複数の質権の目的となる。ただし、同一物に存在する、これらの複数の質権の効力は等しくない。むしろ、それらの質権の間には、第1順位の質権者が第2順位の質権者に優先して換価金から満足を受けるという**順位関係**がある。質権の順位は、質権が1205条、1206条もしくは1274条に基づいて設定された時（1209条）または法律に基づいて成立した時（1257条、1209条）を基準として定まる。

2. 被担保債権の存在

10　民法典は、債権の担保を質権の目的と定める。被担保債権は、金銭債権である必要はないが、これに変じうるものでなければならない（1228条2項2文）。立法者は、その担保目的に鑑みて、質権を債権に強く従属させ、また様々な形で依存させることにした。この債権への依存は、質権の**付従性**と称される。質権は、付従性を有する点で抵当権や保証債務と共通する（§27 Rn. 11以下）。担保権と〔被担保〕債権は、付従性が及ばない限りでは、法的に互いに独立して存在する。このため、たとえば312条の訪問販売取引に該当するか否かは、各権利について別個に検討される必要がある（*BGH* NJW 2006, 845. これに対して *EuGH* NJW 1998, 1295）。

11　質権の付従性は、特に、被担保**債権がなければ**質権は**存在しえない**という点にあらわれる。質権は、被担保債権が存在しなければ成立しない。被担保債権の範囲でしか存在しない。被担保債権とともに消滅する（1252条・1273条2項1文）。もっとも、将来債権または条件付債権のために質権を設定することはできる（1204条2項）。

12　**将来債権または条件付債権**のために設定された質権は、物権的合意と占有移転の時点で現在の権利として成立する（*BGH* NJW 1983, 1123, 1125）。この限りで付従性の原則は緩和される。しかし、質権に基づく換価は、将来債権または条件付債権が発生し、その履行期が到来するまで許されない。他方で、倒産法129条以下による倒産否認の基準時となるのは、質権が成立した時であって、その換価が可能となった時ではない（*BGH* NJW 1983, 1123, 1125）。以上に対し、当事者は、1204条2項が定めるところとは異なり、債権の発生を質権成立の停止条件とする合意をすることもできる。

　同一の債権者と債務者との間にある**複数の債権**のために〔1個の〕質権を設定することもできる。たとえば、ある取引関係から生じる現在および将来の債権のすべてを担保するために（*BGH* NJW 1965, 965）、または未払の複数の修理代金債権を担保するために質権を設定することも可能である。

3. 引渡し

13　法律行為によって質権を設定するには所有者から債権者への占有物の引渡しが必要である（**占有質権**）。1205条1項1文の引渡しには929条1文に関し

て定立されている諸原則が妥当する。質権者がすでに物を占有しているときは、物権的合意があればたりる（1205条1項2文）。しかし、占有改定による質権の設定は禁じられる。質権の設定は、占有関係の変更によって他の債権者がそれを外形上認識できるようにならなければならないところ、930条による占有改定では占有関係の変更が生じないからである。物を占有し続けることを望む債務者は、動産譲渡担保を設定するしかない。

所有者が間接占有者である場合における引渡しは、929条1文および931条に準じて、占有仲介関係に基づく返還請求権の譲渡をもって代えることができる。だが、この場合には931条所定の要件に加えて、所有者が質権の設定を直接占有者に通知することが必要となる。間接占有者が所有者に占有を仲介するときは、間接占有者への通知もしなければならない（1205条2項）。 14

例：Sは、Gに対する債務の担保として自己の株式にGのための質権を設定しようと考えているが、その株券は、銀行Bに寄託されている。この場合には、SがBに対する返還請求権をGに譲渡し、Bに対しても質権設定の通知をすれば、Gは質権を取得することができる。

単独での直接占有または間接占有の質権者への移転は、いわゆる**制限付共同占有**の承認（§4 Rn. 15）をもって代えることもできる。制限付共同占有の承認は、所有者が債権者からその共同占有を一方的に奪って自己のために単独占有することを禁じることによってする（**1206条**。例として *BGH* NJW 1983, 1114, 1116）。質物を所持する者がいるとして、この者が債務者と債権者の双方に対してでなければ物を返還することができないという場合を想起されたい。 15

質物を保管する金庫または倉庫の鍵が債権者に引き渡された。設定者は、それを唯一の鍵と称しておきながら、実は**秘かに合鍵**を手元に残しておいた。この場合の引渡しをどう評価すべきか。**見解の対立がある**。この場合の設定者は依然として占有を有するため、929条1文にいう引渡しがない。このことから質権の取得を否定する立場がある。しかし、所有者がなおも物に干渉しうるとしても、このことと質権の設定とは全く両立しえない関係にあるわけではない。そのことと所有権の移転とが両立しえないのとは違う。所有者が質権を設定した後に期せずして合鍵がまだ手元にあることに気付いた場合を考えてみよ。このことを措くとし

ても、設定者が秘かにした行為を理由に債権者を不利に扱うことは許されない。したがって、上記の場合には原則として質権の取得が認められるべきである（NK-BGB/*Bülow*, §1205 Rn. 27参照）。

4．設定者の処分権限

16　設定者は、質権を設定する権限を有しなければならない。すなわち、質物の所有者であるか、その処分権限を有する者（185条）である必要がある。これが原則である。しかし、質権を設定した者にその権限がなかったとしても、法律行為によって質権が設定されたときは、932条・934条・935条の準用により質権の**善意取得**がなされうる（1207条）。1207条は933条に触れない。この理由は、929条1文・930条に相当する〔占有改定による〕質権の設定が禁じられていることにある（Rn. 13）。質権者は、目的物上にすでに存在する他の質権に優先する順位を善意取得することもできる（1208条）。935条1項にいう占有離脱物の善意取得は許されない（1207条参照）。

17　**善意か否か**は事案ごとの判断を必要とする。自動車を目的とする質権の善意取得は、所有権の善意取得が問題となる場合とは異なり、質権の取得者が車検証を提示させないことからして、除外されない（BGHZ 68, 323）。カーラジオや自動車電話といった自動車の内装品を目的とする修繕請負人の質権も善意取得の対象となりうる（*BGH* NJW 1981, 226）。譲渡担保であれば一般的な照会義務が〔担保権者に課されるため、その〕善意を否定することもあろうが、質権者はそのような義務を負わない（*BGH* NJW 1983, 1114, 1116）。

5．法的効果

18　質権が有効に設定されると、債権者はその目的物上に質権を取得する。所有者（債務者または第三者）は、質権を設定した後も所有者のままである。だが、その後の所有権は、制限物権（換価権）である質権を負担する。債務者が被担保債権を適時に弁済することができなかったときは、物を**換価する権利**が債権者に帰する（Rn. 28以下）。もっとも、質権者は、質物を換価する代わりに、なおも被担保債権の履行を求めることもできる。

19　　**a）法定の債務関係**　質権者と設定者（質権が善意取得されている場合があるため、設定者が常に所有者であるとは限らない）との間には法定の債務関係

が成立する。これは債務法上の権利と義務をともなうが、義務への違反があれば280条に基づく損害賠償義務も生じうる。

質権者は、質権を有することによって質物の**管理**義務を課される（1215条）。質権者は、物を慎重に取り扱わなければならない（1217条）。また、物が腐敗し、またはその価値が減損するおそれのあるときは、設定者は、**質物を差し替え**ること、もしくは他の担保の提供と引き換えに質物を返還することを質権者に請求することができる（1218条1項）。正当な質物差替請求権の履行を遅滞した質権者は、280条1項による損害賠償義務を負う（*BGH* MMR 2013, 708. 倉庫業者の質権をめぐる事案）。質権者は、質権の消滅後、または被担保債権の満足と引き換えに（273条1項）、1223条1項に基づく**質物返還**義務を設定者に対して負う。このことは、設定者が所有者ではなく、さらには所有者に対して占有権原を有しない場合であっても同様である（*BGH* NJW 1979, 1203）。質権者は、換価権行使の意向を有するときは、その旨を設定者に予告しなければならない（1220条・1234条）。質物の譲渡とその結果を所有者に通知する必要もある（1241条）。質権者は、換価に関する規定のうち所有者の保護を目的とするものに反したときは、損害賠償義務を負う（1243条2項）。

用益質（1213条・1214条）に基づいて用益する権利をもたないにもかかわらず、**質物から用益**を収取した質権者は、取得したものを681条2文・667条に基づいて設定者に返還する必要がある。このことは、使用賃借人の属具に対して〔法定の〕質権（562条）を有する使用賃貸人についても同様である。1215条・1217条に基づく管理義務に反して賃借人の属具も含めて部屋を第三者に使用賃貸した者は、賃料のうち属具のぶんを質物所有者に償還する必要がある（*BGH* NJW 2014, 3570）。被担保債権への充当は許されない。1214条2項は用益質にしか適用されないからである。

設定者にも**義務**が課される。すなわち、設定者は、質権者が質物につき支出した費用（§23 Rn. 2）を償還しなければならない（1216条1文）。あるいは、収去権の行使を受忍する必要がある（1216条2文）。さらに、質権者と共同占有（1206条）を有する設定者は、売却権が発生した後は（1228条2項）、質権者が換価をすることができるよう物を質権者に引き渡さなければならない（1231条）。もっとも、1216条から1218条までに基づく請求権は、6か月の消滅時効に服する（1226条1文）。

21　**b）設定者の抗弁**　設定者（質物の所有者）は、質権者に対して自己が人的に有する**抗弁権**によらなくとも、質権の換価権の行使を阻止することができる。質権の付従性のため、債務者が債権に対して提出可能なすべての抗弁権も質権に対する抗弁権として設定者に帰する（1211条・1273条2項1文）。ただし、消滅時効の抗弁権はその例外である（216条1項）。この抗弁権は、債務者のみが債権に対して有するにとどまる。

例：銀行Bは、Aとの間における銀行取引から生じるすべての債権の担保として、自己の占有下にあるAとその妻Fの物を目的物とする質権の設定をAおよびFから受けた。Fは有価証券を銀行に預けていた。Aが貸金債務の弁済を怠ったから、Bは、Fに有価証券の換価を予告した。この場合において、Bが過失によって夫Aの信用を害する誤った情報をAの取引相手に提供したことから、AがBに対して損害賠償請求権を有し、これが確定判決で認められていたとする。このときFは、Aが損害賠償請求権を有すると抗弁することができる。その賠償額の範囲内で、Bが相殺による満足を得ることができるという主張を1211条、770条2項に基づいて行えるのである。Fは、損害賠償請求権の債権者ではないため、自ら相殺の意思表示をすることはできない。しかし、だからこそFに認められるのがこの抗弁権である。この抗弁のため、Bは、Fの有価証券を換価することができない。

22　**c）質権の保護**　質権の設定を受けた者は、一定の保護を受けられる法的地位を得る。質権は、**物権**であり、**絶対的な権利**であるため、万人の干渉から保護される。動産質権は、占有質権であることが法で予定されているため、**占有権原**となる。したがって、質権者は、占有権原なき第三者に対して質物返還請求権（1227条、985条）、損害賠償請求権および収益償還請求権を行使することができる（987条以下）。その一方で、質権者は、994条以下による費用の償還に応じる必要もある。1004条〔妨害排除請求権および不作為請求権〕も準用される。

例：質権者Gは、自己の占有下にある物をDによって盗まれたときは、Dに対して物の返還を請求することができる（1227条、985条）。Gだけでなく、所有者Eも、985条に基づく自己の返還請求権をDに対して行使することは可能である。だが、986条1項2文が準用されるため、Eは、さしあたって〔自らにではなく〕

質権者に物を返還することしか請求できない。

　質権者は、質物への侵害があったときは、985条・1004条に基づく固有の物権的請求権とならんで、823条1項の損害賠償請求権または侵害利得返還請求権（812条1項1文第2事例）も行使することができる。これらの請求権と所有者の請求権の関係が物の価値に関するものである限り、期待権に関して説明したこと（§14 Rn. 23・24）がその関係にも妥当する。

Ⅲ．質権の移転

約定動産質権の第二取得
1．質権によって担保される債権の譲渡に関する合意（398条）
2．被担保債権の存在
3．譲渡可能な債権であること
4．債権譲渡人の譲渡権限

1．債権譲渡による取得

　質権は債権の担保を目的とする。また、債権と質権との間には厳格な付従性が妥当する（Rn. 10・11）。これらのため、法律行為によって債権が譲渡されると、これにともなって質権も自動的に債権の譲受人に移転する。この帰結は、401条1項〔債権譲渡にともなう従たる権利の移転〕のみからでも一般的に導かれはする。**1250条1項1文**は、それを質権について再度明文によって確認する規定である。質権は、**それ単体を譲渡する**ことが**できない**。当事者が「質権」を譲渡する意思を有していたとしても、その合意は、むしろ質権によって担保される債権の譲渡を意図するものとして解釈される必要がある（133条〔意思表示の解釈〕・157条〔契約の解釈〕）。債権と質権の結合は不可分である（1250条1項2文）。債権者と質権者は、常に同一人でなければならない。債権譲渡にあたって、その当事者が質権の譲受人への移転を除外したときは、質権は消滅する（1250条2項）。

　質権の（第二）取得には質物の**引渡し**は**不要である**。新たな質権者は、質権を〔合意のみによって〕取得することで旧質権者に対する**質物返還請求権**を取得する（1251条1項）。

2．存在しない質権の善意による第二取得

26　〔債権が譲渡されても〕目的債権が存在しなければ、譲受人が債権を取得することはない。債権が善意取得されることはないのである。この場合には、債権がないからには、どうあっても質権は存在しえない。これと区別する必要があるのが、債権は存在するが、質権の設定に不備があり、この表見質権で担保される債権が第三者に譲渡された場合である。この場合の第三者は債権を取得することにともなって質権も善意取得することができるのか。争いがある。

27　**事例19 ─狙われた絵画**：Aは、ある高価な絵画を所有するが、金に困ったため、Bから貸付けを受けた。Bは、前々からその絵画に目をつけていたので、Aに金の貸渡しこそしたものの、暴力を振るって、その貸金債権の担保として絵画に質権を設定することをAに強要した。恐怖を感じたAは、Bの求めに応じて絵画をBに引き渡した。だが、BはBで、自己に対する債権者たちと向かい合わなければならなくなり、Aに対する債権の譲渡と絵画の引渡しを債権者Cに強いられた。その直後、AがBとの間で質権の設定を有効に取り消したうえで、Cに絵画の返還を求めた。いかなる権利関係があるか。

　　解決へのすじみち：
　　Aは、Cに対して985条に基づく絵画の返還請求権を有するか。
　　1．Aは、絵画の所有者のままである。質権が設定されても、所有権〔の帰属〕に影響は生じないからである。
　　2．Cは、絵画を占有している。
　　3．CがBから有効な質権を取得していたとすれば、Cは986条1項による占有権を有することとなる。Cによる有効な質権の取得を認められるか。
　　a）Bは、488条1項2文の貸金債権を398条により有効にCに譲渡した。Bは、当該債権の債権者でもあった。
　　b）債権の譲渡にともなって質権がCに移転する（1250条1項1文）ようにも思える。しかし、質権の存否が問われる。当初、Aは、自己の債務の担保として物権的合意と引渡しによって1204条以下の質権をBに設定していた。ところが、Aは123条1項・142条1項により質権の設定を有効に取り消した。したがって、Bによる質権の取得は、遡及的に否定される。このため、Bは、Cに対して質権を処分した当時、無権利者として行動していたこととなる。

c）無権利者からの質権の取得は、法律で予定されていない。1207条は、第一取得にしか適用されない規定である。第二取得には適用されない。このため、ほぼ異論のない見解（*Baur/Stürner*, §55 Rn. 32；*Erman/Michalski*, §1250 Rn. 4参照）は、善意による質権の第二取得を否定する。詳言すれば、これは次の理由による。仮登記と抵当権はいずれも土地登記簿に登記されうるところ、これらとは異なり、質権には善意者保護に必要とされる客観的な権利の外観が存在しない。そもそも質権の移転は、占有の移転がなくとも生じるのである（1251条参照）。さらに、質権の第二取得は法律に基づく取得である（401条・1250条参照）が、民法典は、法律行為による取得がなされた場合にしか善意取得を認めていない。

したがって、CがBから質権を取得することはない。986条に基づくCの占有権は否定される。

結論： Aは、985条に基づく絵画の返還をCに請求することができる。

Ⅳ．質権の換価と消滅

1．動産質権の換価

被担保債権が**弁済期**にあるのに弁済されなかったときは（＝**質権実行期**の到来）、質権者は質物の換価を求めることができる（1228条2項1文・1282条）。換価の代わりに質物の所有権を質権者に帰属させる合意が交わされたとしても、この合意は1229条により無効である。動産質権の換価は**売却による**（1228条1項）。この売却には1233条から1240条までの規定が適用される。売却は、原則として公の競売手続で実施される（1235条1項、383条3項〔供託に適さない物の自助売却〕）。質権者の主導のもとでそれらの規定に即した売却がされることによって、買受人は物の所有権を取得する（1242条1項1文）。これと同時に、物に存在していた質権その他の物権は消滅する（1242条2項）。

もっとも、所有権の取得は、1243条1項が定める**適法な譲渡という要件**の具備を前提とする。その要件を満たさないときは、所有権の取得は否定される（1244条による善意取得が認められる場合を除く）。質物の売却にあたって、1234条から1240条までの規定のうち、1243条1項が適法譲渡の要件として掲げない規定への違反があった場合には、質権者は所有者に対して1243条2項に基づく損害賠償義

務を負う。ただし、それらの規定の適用が合意によって排除され、または規定からの逸脱が追認されたときは、この限りでない（BGH ZIP 1995, 572）。

30 　質権に基づく**換価権**の行使が許される**上限額**は、被担保債権額によって**画される**（1210条1項1文）。この点にも質権の債権への依存性があらわれるのである。ただし、質権は、主たる債権だけでなく、利息債権や違約金債権といった従たる債権（1210条1項1文）ならびに質関係から生じる債権（1210条2項）も担保する。

31 　競売によって得られた**換価金**は、被担保債権その他質権で担保される請求権（1210条）の満足に必要な限度で質権者に交付される（1247条1文）。余剰金は、物上代位によって質物の代わりとなる（1247条2文）。この結果、競売の対象となった物の上に存在していた〔所有権その他の〕物権は、直接的に換価金の上において存続する。このため、換価金のうち質権者に交付されなかった部分については、所有者がこれを取得する。

　質権者は、1234条から1240条までの規定による換価のほかにも、**強制執行に関する規定による換価**（民訴法814条以下）を選択することもできる（1233条2項）。ただし、後者を選んだ質権者は、自己の質権に基づく換価権を根拠づける物的債務名義（判決）を求められる（§26 Rn. 16も参照）。

2．質権の消滅

32 　a）質権は、適法な**質物の売却**によって消滅する（1242条2項）。**それ以外の質権の消滅原因**には、次の一連のものがある。

- ・債権の消滅にともなう質権の消滅（1252条）
- ・任意の（錯誤または詐欺による場合も含む）質物返還（1253条）
- ・債権者の側からの一方的な放棄（1255条）
- ・質権と所有権の同一人への帰属（いわゆる混同。1256条1項1文）
- ・法律行為による〔所有権の〕善意取得にともなう負担からの解放（936条）
- ・法律に基づく所有権の取得にともなう945条・949条・950条2項による負担からの解放
- ・不適法な質物の売却がされた場合における善意取得（1244条）
- ・質物の滅失

b）以上に対して、第三者が債務者の代わりに債権者に弁済したときは（267 33 条）、質権の**消滅は生じない**。この場合には**債権**が**法律上当然に**質権とともに（401条・1250条）第三者に**移転する**（1225条1文）。これと区別する必要があるのが、質物の所有者が弁済した場合である。この場合も、たしかに債権は設定者に移転する（1225条1文）。しかし、質権は、所有権と質権が同一人に帰属することによって消滅する（1256条1項1文。ただし、同条1項2文・2項の例外がある）。

3．複数人の担保提供者の併存

それぞれ異なる担保を供した複数の者が併存し、そのうちの1人が債権者 34 に満足を与えた場合に困難な問題が生じる。これは、筆記試験で好んで出題される問題の1つでもある（*Rußmann,* JuS 2012, 1008参照）。

例：Sが債権者Gに対して負う貸金債務について、その妻が保証を引き受け、またSの兄が担保として自己の土地に抵当権を設定した。さらに、Sの友人がその硬貨のコレクションにGのための質権を設定した。

民法典の文言によれば、担保提供者の1人の弁済によって債務者に対する**債権**が**法律上当然に**当該弁済者に**移転する**ことになる。質権設定者、保証人および抵当不動産の所有者は、そのような担保提供者に該当する。それぞれ1225条1文・774条1項1文・1143条1項1文がこれを定める。弁済がされるたびに、債権とともに、弁済者以外の者が供した従たる担保も弁済者に移転する（401条・412条）とすれば、最初に弁済した者は、債権者の他の担保すべてから満足を得ることができそうである。そうだとすると、最初の弁済者は、他の担保提供者から求償権の満足を得られる可能性が最も高いため、最良の地位に就くこととなる。しかし、これでは求償リスクの分配が法律による債権の移転をめぐる**競争**によって決まることとなってしまう。これは不当な結論であろう。通説（*BGH* NJW 2009, 437, Tz.13; *Medicus/Petersen,* Rn. 939f.）は、その結論を避けるため、付従性を有する異なる担保が複数併存する場合にも**共同保証に関する規律**（769条〔共同保証〕・774条2項〔共同保証人の責任への426条の準用〕・426条〔連帯債務者の求償義務〕）の準用を認める。つまり、複数人の対等な担保提供者の間には、**426条1項の類推**によって、

清算を目的とする法定の債務関係が生じる。したがって、担保は部分的にしか取得されず、求償リスクは適切に分配されることとなる。この場合には、内部関係では全員が等しい割合で責任を負うのが原則である（426条1項1文）。こうして、理論的にいえば、同種の担保を供した同順位で責任を負う者の間で妥当する原則（複数の質権設定者間にもこれが妥当する。1225条2文・774条2項・426条参照）は、異種の担保が併存する場合にまで拡大されることとなる。

　複数の担保がある場合については、さらに次の点の注意が必要である。すなわち、**債権者が担保を放棄**すると、保証人は、その放棄がなければ担保権に基づいて774条による償還を受けることができた限度で法律上当然に免責される（776条）。この免責は、債権者が後に再び担保を取得した場合にも生じる（BGHZ 197, 335＝NJW 2013, 2508）。

V. 権利質権

35　質権の目的となりうるのは動産だけではない。移転が可能なものであれば（1274条2項）、質権以外の**あらゆる**権利も、その目的となることができる（1273条1項）。権利質権には動産質権に関する規定が適用される。ただし、1274条から1296条までに特則があるときは、この限りでない。

　権利質権のうち特に重要なのが**債権質権**である。その目的となる債権は、設定者が質権者に対して有するものでもよい。だからこそ、銀行普通取引約款14条1項2号に基づいて顧客の預金（たとえば貯蓄預金、定期預金）債権を目的とする銀行の質権も成立しうるのである（*BGH* ZIP 1983, 1053）。このほか権利質権には株式、出資持分、無記名債権証券または手形を目的とするものがある。

1．質権の設定

36　権利質権は、目的となる権利を譲渡する際に適用される各規定に基づいて設定される（1274条1項1文）。もっとも、合意は、譲渡ではなく、質権の設定のみを内容とするものでなければならない。

　したがって、債権質権は、質権設定に関する合意によって398条〔債権の譲渡〕に基づき設定される。ただし、1280条が質権の設定を債務者に通知するよう求め

ることで〔債権譲渡よりも〕要件を重くしている。この通知の趣旨は質権設定行為の公示を図ることにある。その公示を免れたいがために債権譲渡担保が行われるようになった（§15 Rn. 40以下）。1280条は、質権設定の通知を債権者がすることを求める。もっとも、債権者の代理人または使者が通知することも可能である（*OLG Köln* NJW-RR 1990, 485）。925条の方式をとればアウフラッスンク期待権に質権を設定することもできる（1274条1項。§17 Rn. 49）。

2．質権の実行期前における法律関係

債権質権については、特に質権の実行期（1228条2項）の到来前における質入債権の取立権者に関する規律が必須である。もっとも、規定が必要なのは**質入債権**だけである。質権の被担保債権に関する規定は不要である。質入債権の取立ては、設定者と質権者の関与を必要とする一方で、被担保債権は、この債権者である質権者に帰属し、質権者が単独で処分することができるからである。

1281条1文は、債務者は質権の実行期前においては質権者と（〔質入債権の〕債権者である）設定者の双方に対してでなければ、**給付をすることができない**と定める。質権者と設定者の各人はいずれも、質入債権の債務者に対して単独で給付を請求することができる。しかしそうはいっても、この場合の各人は、両者双方に対して給付することしか求められない（1281条2文）。このため、両者は、互いに、取立てに協力する義務を負う（1285条1項）。これらの規定の目的は、取り立てた給付を設定者と質権者のいずれもが自己のために単独で保持することをより確実に防ぐことにある。より正確にいえば、質権の責任対象となる取立ての対象を保全することにある。

質入債権の債務者は、1275条、404条により、自らが有するあらゆる抗弁および抗弁権を質権者に対しても主張することができる。

質入債権は、弁済されると消滅する。だが、質入債権が消滅しても、質権は消滅しない。むしろ、**物上代位**によって給付目的物上に存続する（1287条）。

例：Gは、亡伯母の高価な装飾品の給付を目的とする債権を遺贈によって取得した。Gは、自身の銀行Bに対する貸金債務の担保としてその遺贈債権（2174条）を目的とする質権をBのために設定した。装飾品が相続財産からGに給付されると、Bは、物上代位によって装飾品を目的とする質権を取得する。質権は動産質

権として存続するのである（1287条1文）。

39　質入債権が動産の給付ではなく、土地の給付を目的としていたのであれば、〔給付が行われることで〕質権は、土地上の保全抵当権に転換する（1287条2文前段）。1287条は、期待権を目的とする質権に類推適用される（§14 Rn. 38）。このため、所有権留保に基づく期待権を目的とする質権は、条件成就の後には所有権の上に存続するし、またアウフラッスンク期待権を目的とする質権は、土地上の保全抵当権となる。

3．質権の実行期後における法律状態

40　**被担保債権の弁済期が到来**すると、質権の実行期が到来する（1228条2項）。その後の質権者は、様々な方法で自己の換価権を行使することができる。1つの方法として強制執行による満足（民訴法828条以下・857条）を求めることができる（1277条）。質権の実行期が到来した後であれば、それに代えて、設定者の関与がないまま単独で債権を取り立てることができる（1282条）。ただし、質権者は、1275条、404条により、質入債権に対するあらゆる抗弁および抗弁権の主張を債務者から受けなければならない。質入債権が金銭の給付を目的とするときは、取り立てられた金銭は、被担保債権の満足のために質権者に与えられる（1288条2項）。

VI．法定質権

1．成　立

41　法定質権は法律に基づいて当然に成立する。その成立には物権的合意を要しない。しかし、債権の存在は法定質権についても欠くことのできない成立要件である。法定質権の多くが**占有質権**である。したがって、質物は債権者の占有下になければならない。また、質権の存続は、債権者が質物を占有する間に限られる(583条・647条、商法典397条・441条・464条・475b条)。しかし、法定質権は占有質権だけではない。占有をともなわない**持込質権**もある。この質権は、債権者が質物の占有者であることを必要としない。ただし、物が使用賃貸借または用益賃貸借の目的土地に「持ち込まれ」ていなければならない。使用賃借人の家具や、宿泊契約が結ばれた場合における宿泊客の手荷

物といった物がそのような物に該当する（233条・562条・578条・592条・704条）。空間担保契約との競合については§15 Rn. 13以下を参照。法定質権は期待権にも成立しうる（*BGH* NJW 1965, 1475）。期待権が、所有権と本質において同一の、量的に少ない権利として扱われるからである。

法定質権
占有質権
・請負人の質権（647条）
・属具を目的とする用益賃借人の質権（583条）
・問屋の質権（商法典397条）
・運送取扱人の質権（同法464条）
・倉庫業者の質権（同法475b条）
・運送人の質権（同法441条）
非占有質権（持込質権）
・使用賃貸人の質権（562条）
・用益賃貸人の質権（592条）
・旅館主の質権（704条）
・供託がされた場合における権利者の質権（233条）

2．善意取得の不成立

法定質権は、原則として契約の相手方の所有物にしか成立しない。**法定の占有質権を善意取得することの可否については見解の対立がある**。これは、筆記試験で好んで出題される問題の１つである。

事例20—請負人の質権（BGHZ 34, 122; *BGH* ZIP 2002, 2217）：Aは、自動車購入資金を調達するために貯蓄銀行（SB）から貸付けを受けた。この貸金債務を担保するため、購入した車を担保目的でSBに譲渡した。Aは、SBとの間の担保契約によって自己の費用で自ら〔車を〕修理する義務を負わされた。返済を滞らせたときは、占有権の喪失を求められ、これと同時に車をSBに引き渡す義務を課されることにもなっている。その後、Aは軽微な物損事故に遭ったため、車をWの工場に持ち込んだ。Wは必要な修理を施した。Aは、資産状況が悪化したためにWに代金を支払うことができなかったから、Wのもとに車を引き取

りに向かわなかった。AがSBへの返済も滞らせたため、SBはWに車の引渡しを求めた。Wは、代金の支払を受けるまで請負人の質権に基づく占有権を有すると主張する。この主張は正しいか。

解決へのすじみち：

SBは、Wに対して985条〔所有権に基づく返還請求権〕による車の返還請求権を有するか。

1. 929条・930条により譲渡担保が設定されたことで、SBが車の所有者になる。Wは車の占有者である。
2. 問題は、請負人の質権（647条）を根拠とする986条〔占有者の抗弁〕1項第1事例にいう占有権（他の根拠による占有権に関しては、§23 Rn. 24の事例29参照）がWに帰属するか否かである。

a）Wは、Aとの間での請負契約に基づく債権を有する（631条1項）。

b）647条によれば、Wは、修理のために自己の占有下に置かれ、かつ自ら修理を施した動産を目的とする質権を取得する。本件車はおおよそそのような物に当たる。

c）もっとも、647条は注文者の物に関する規定である。本件車は、SBの所有にあるため、原則としてそれにWの請負人の質権は成立しない。Aが単独で修理の手筈を整えるべき旨の取決めがあるため、SBを請負契約における共同注文者とみなすこともできない。

d）そうはいっても、SBは、自らAに修理実施の義務を課したことで、647条により請負人の質権が法律上当然に成立する事態を承知していたと考えられなくもない。*Medicus/Petersen*, Rn. 594は（BGHZ 34, 122, 125とは反対に）、その事態が法律行為によって作出されたものであることを根拠に、183条〔同意の撤回の可否〕・185条1項〔無権利者による処分の追認〕を類推適用するのが適切であると主張する。この見解によれば、修理目的での引渡しという質権の設定に類する行為が所有者の同意に基づいてされていたことを理由にWは請負人の質権を取得することができるとされる。しかし、SBの意思は、修繕費を一切負担しないことにあったにすぎないから、その立場を採ることは困難である。さらにいえば、647条の質権は、まさに処分ではなく、法律によって生じるものである。

e）しかし、Wが請負人の質権を善意取得する可能性がなお残されている。もっとも、法定質権の善意取得を認めることには疑問がある。1207条・932条以下の善意取得は不可能である。なぜなら、1207条は、法律行

為による質権の取得を規律しているだけであって、法定質権の取得をその対象とはしてはいないからである。1207条・1257条の善意取得も否定される。というのも、1257条は、その文言によると「法律に基づいて成立した質権」に適用をみるにとどまるからである。

せいぜい考えられるのは、そのような取得が1207条の類推適用によって認められるとの主張だけであろう。商法典366条3項がその種の善意取得が可能であることを明文で規定することは、その類推適用に有利な材料とみることができるかもしれない。さらに、請負人の質権の成立には引渡しが必要であるところ、これは法律行為によって質権を設定する場合にもちょうど求められるものである。このことから一部の見解は、請負人の質権の善意取得を肯定する (*Baur/Stürner*, §55 Rn. 40 ; *Hager*, Verkehrsschutz, S.310f.)。しかし、通説 (BGHZ 34, 153 ; *Westermann/Grunsky/Eickmann*, §132 Rn. 2) は、1207条の類推適用による善意取得を否定する。次の理由から通説が正しい。商法典366条3項は、商法上の特別な規範または例外規定であるため、その一般化は許されない。民法典ではそれに相当する規律がちょうど認められていない。善意を保護するための基礎は法律行為による処分である。これが存在しないからには、1207条の類推適用は否定されなければならない。修理のための引渡しを質権設定時の引渡しと等しく扱うことはできない。

結論：W は、請負人の質権に基づく占有権を主張することができない。もっとも、W には1000条1文・994条1項に基づく履行拒絶権が帰属する (§23 Rn. 24の事例29参照)。このため、返還請求権は、費用の償還と引換給付の関係にあるにとどまる。

もっとも、上記に関わる実際の事案では、明示の合意と請負人の**普通取引約款**のいずれかによって、修理が加えられた物を目的とする**約定質権**が生じることがある。たしかに、約定質権を設定するには質権設定者の権限もその要件になる。しかしながら、その瑕疵は、約定質権であれば善意取得によって治癒することができる (BGHZ 68, 323参照。前述 Rn. 16・17)。修繕契約に質権設定条項を置いておくことの意味は、以上のほか、設定者が物の所有者ではないが、185条1項に基づいて質権の設定を授権されている場合にも存在する。

44

45　上述の〔法定質権の善意取得は認められないという〕法律状況に鑑みて（約定）質権の善意取得を図ろうとする**普通取引約款条項**は、原則として307条の内容規制に服しない。なぜなら、請負人は担保を得ることに正当な利益を有するからである（BGHZ 68, 323参照）。この点については、いくつかの法定質権につき善意取得による保護に正当な利益を認める商法典366条3項に比類して考えることができる。約款の濫用については、事案ごとに善意を否定する対処をすればよい。また、請負人の約定質権が**過去に行われた仕事**に基づく債権までも担保するという条項も、その債権が注文の対象物と関連性を有するのであれば問題ない（BGHZ 101, 307）。例として、〔過去にある請負人によって修理されたことのある〕車が再び修理のために同一の請負人の占有下に置かれ、未払のままである過去の修理代金債権の担保としても請負人の質権が主張されたという場合をあげることができる。

VII. 比較法

46　**フランス法、イタリア法およびイングランド法**も、ドイツ法と同様に、動産を目的とする占有質権を規定する。それらの国の動産質権もやはり付従性を有することが予定されている。しかし、いずれの法秩序においても占有質権だけでなく、非占有型の登録質権が数多く存在する。この非占有質権はドイツ法にはない。それらが所有権留保と譲渡担保に対する需要をドイツ法におけるほどには際立たせないでいると思われる。

47　**フランス**では、2006年の担保法の改正（2006年3月23日のオルドナンス2006-346号、2006年3月24日付官報）によって動産担保法は根本的に新たな姿へと改められた。普通質権（*gage commun*）が導入されたが、この質権は、担保目的物の種類や当事者の属性に関わりなく、有体物でありさえすれば、将来の物であろうと集合物であろうと、いかなる物にも設定することができる（フランス民法典2333条。Klein/Tietz RIW 2007, 101ff. 参照）。さらに、在庫商品のための特別な質権（*gage des stocks*）が創設された（フランス商法典 L.527-1条から L.527-11条まで）。いずれの担保権も、書面での契約による設定を当事者間における成立要件とする。この書面には、当事者、被担保債権および担保財産を特定するのに必要な事項が記載されていなければならない（フランス民法典2336条）。担保権が対抗力を有するためには、さらに、質権者または質権者から委託を受けた者に占有が移され、あるいは土地管轄を有する商事裁判所（*tribunal de commerce*）で質権が登記され

る必要がある（同法2337条・2338条）。この登記は、第三者が質物を善意取得することによって質権が消滅することを防ぐ（同法2337条・2276条）。登記が可能となったことで公示の担い手としての役割が占有から奪われた。このことは、事実上、物の流通と法的安定性に制限を加え、ついには商取引への障害をもたらす（*Kieninger*, AcP 208, 182, 201参照）。最後に、改革によって、現在および将来の債権を目的とする登録の不要な質権（*nantissement des meubles incorporels*）が導入された。この質権は、当事者間では質権の設定が書面により合意された時に成立する。また、その対抗力も第三債務者への通知だけで生じる（同法2355条以下）。

イタリアでは、動産、集合物および債権に質権（*pegno*）を設定することができる（イタリア民法典2784条以下）。動産質権は、占有質権であり（同法2786条、2787条）、被担保債権に強く付従し、特定原則の厳格な遵守が求められる（同法2787条3項）。〔動産質権を設定するには〕原則として、合意と占有の移転だけでなく、質権設定契約が公証されていることが必要である。質権者が債権質権によって優先的な満足を受けるためには、第三債務者への送達または適式な通知を必要とする（同法2800条）。質権の公示と特定性に関するイタリア民法典の高次の要求は、質権を経済実務でほとんど用いられない担保手段へと貶めてしまっている（*Kindler*, S.261, 263参照）。判例は、これに対処するため、特定原則を慎重に緩和していく過程で、将来の価値を質物として取り込むことや、それを代位の形で取り込むことさえも認めてきた（*Baur / Stürner*, §64 Rn.95参照）。しかし、これらの承認ですら、セール・アンド・リースバック・モデルまたは売買および買戻しの合意（同法1500条以下）によって非占有担保への需要を満たそうとする実務の努力に対する有効な対抗措置にはなっていない（*Kindler*, S.262参照）。 48

イタリア法は、非占有質権として、特に動産抵当権（イタリア民法典2808条から2899条まで）を定めており、これは、登録義務がある動産にのみ設定することができる（同法815条）。その成立要件として動産ごとに備えられている登録簿への登録（*inscrizione*）が必要である（同法2827条から2846条まで）。このうち実際上重要なのは、自動車に関する動産抵当（*ipoteca automobilistica*. 同法815条、2810条3項）である。

イングランドでもやはり占有質権（*pledge* または *pawn*）が認められている。この質権は、付従性を有し、合意と占有の移転によって成立する。また、質権の実行期が到来すると、質物の売却によって行使される換価権を債権者に付与する。国際的な物品取引において実務上重要なのが、特に商人の無記名証券または引渡 49

証券を目的とする質権である（詳細は、*v. Bernstorff*, S.122ff.）。この占有質権の短所は、*chattel mortgage*（§15 Rn. 47）によって回避されている。これは、非占有型の担保手段である点でドイツの譲渡担保に相当する。さらに、イングランド法には、補充的な非占有型の担保手段として *hypothecation* がある。*letter of hypothecation* でその設定を合意することで、担保権者は、担保目的物に関する受託者の地位に就く。登記は不要である。もっとも、*hypothecation* に服する担保目的物は、裁判所の助力を得なければ換価することができない。*hypothecation* は、時に銀行に包括的な信用担保を確立するために利用される。しかし、純粋に判例法上の権利であるため、その利用は担保権者にとって危険が大きい（詳細は、*v. Bernstorff*, S.124）。

最後に、担保設定者の現在および将来の総財産を目的とする信用担保手段としては *fixed charge* または *floating charge* の利用が可能である。*fixed charge* は、商品の在庫、債権または有価証券を担保として把握する。しかし、占有なき担保権であるため——会社によって設定される場合に限られるが——これを第三者に対抗するには、会社登記官（*registrar of companies*）への登録と、目的財産に関する詳細な表示が行われなければならない。担保設定者は、*fixed charge* に服する財産の処分について制限を受ける。*floating charge* は——会社しかこれを設定することができず、このため常に登記義務がある——債務者である会社の総財産を目的とする包括的な担保権である。*floating charge* は、契約書に記載された担保事由が発生するまで浮動的に無効である。したがって、担保設定者は、さしあたって目的財産を担保の責任対象から外し、他の新たに取得した財産によってそのぶんを埋め合わせる処分をすることができる。*floating charge* は、担保事由が発生した時に債務者に帰属する財産について具体化し（*cristallisation*）、強制管理人による当該財産の換価が許されるようになる（*v. Bernstorff*, S.127f.; *Baur/Stürner*, §64 Rn. 107参照）。*floating charge* は、イングランドでは広範囲にわたって債権譲渡担保（*security assignment*）の代わりを果たしている。

より深く学びたい人のために：*Alexander*, Gemeinsame Strukturen von Bürgschaft, Pfandrecht und Hypothek, JuS 2012, 481; *ders.*, Gesetzliche Pfandrechte an beweglichen Sachen, JuS 2014, 1; *Berg*, Gutgläubiger Erwerb eines Unternehmerpfandrechts bei Autoreparatur, JuS 1978, 86; *Bredemeyer*, Regresskollision bei Mehrheiten von Sicherungen, Jura 2012, 612; *Reinicke/Tiedtke*, Der gutgläubige Erwerb eines Pfandrechts an beweglichen Sachen, JA 1984, 202; *Schanbacher*,

§ 16. 質　権　279

Grundfälle zum Pfandrecht, JuS 1993, 382 und 475; *Schmidt*, Neues über gesetzliche Pfandrechte an Sachen Dritter, NJW 2014, 1; *Schreiber*, Vertragliche Pfandrechte an Mobilien, Jura 2004, 36; *Schwerdtner*, Die gesetzlichen Pfandrechte des BGB, Jura 1988, 251; *Spieß*, Das vertragliche Pfandrecht an beweglichen Sachen, JuS 1990, L 33.

事例研究：*Derleder/Pallas*, Der Transportpark des Kleinunternehmers, JuS 1999, 367; *Fröde*, Übungsklausur － Zivilrecht: Mobiliarsachenrecht, JuS 2008, 232; *Gottwald*, PdW, Fälle 200-209; *Gursky*, Klausurenkurs im Sachenrecht, Fall 17; *Koch/Löhnig*, Fälle zum Sachenrecht, Fall 5, 7; *Neuner*, Fall 9; *Petersen*, Der eigensinnige Vermieter, JA 1999, 292; *Rußmann*, Referendarexamensklausur － Zivilrecht: Scheingeheißerwerb, Ausgleich unter verschiedenartigen Sicherungsgebern, JuS 2012, 1008; *Stegmüller*, Originalexamensklausur: Anfechtung, Ausschlagung und Pfandrechtserwerb, JuS 2012, 442; *Stock*, Der Kleinbus-Fall, JA 1997, 458.

第6章　土地に関する権利の得喪

§ 17.　土地所有権の移転と負担設定

Ⅰ．はじめに

1　土地所有権の移転と土地所有権に負担を課す設定（873条・925条）は、実務上、とても重要である。これに対して、法定取得原因、すなわち、900条と927条に定められている時効取得や928条に規定されている所有権の放棄による〔国庫の先占〕は、ほとんどみられない。

　無因主義は、土地所有権の移転や負担設定の場合にも遵守される必要がある。物権法上の処分行為は、その原因となる債務法上の義務負担行為から厳格に区別されなければならない。債務法上の行為となりうるのは、土地への負担設定の場合には担保契約である。所有権を譲渡するときの債務法上の行為は、通常、433条による売買契約である。この売買契約は、土地を目的物とする場合、311b条1項所定の方式を要件とする。また、そのような方式の具備が要求されるのは、〔土地売買契約のみならず、〕当該契約と法的関連性を有するすべての合意、すなわち、当事者の意思に基づいて土地売買契約の成否が左右される合意である（BGHZ 101, 396）。土地売買契約の場合には、買主を土地登記簿に登記するにあたって妨げとなっている障害をすべて除去することも、売主の義務に含まれる（*BGH* NJW 2007, 3777）。

2　民法上の**土地**とは、地籍調査による測量を通じて空間的に区分された地表の一部であって、土地登記法3条1項所定の個別の登記簿用紙により（Rn. 27・28）、土地登記簿に独立の一体物として登記されているものをいう。ある部分が、法的に1つの土地として取り扱われるか否かは、それが土地登記簿において法的統一体として統合されているか否かによって決まる。たとえ地籍調査によれば当該部

分が複数の地表にまたがっている場合であっても、登記簿上、法的統一体として扱われているならば、それは1つの土地である（890条1項）。

II．873条の適用範囲

　法律行為による動産所有権の移転が929条以下の規定により定められているのに対して、土地の権利の移転と土地への負担設定については、873条が定めている。873条は、**物権的合意**とともに**土地登記簿上の登記**も要件としており、具体的には下記のケースについて定めている。

(1)　**土地所有権の移転（住居所有権も含む）**。その要件である物権的合意についてのみ、925条の方式が遵守されなければならない（Rn. 13以下）。

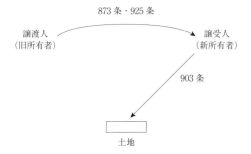

(2)　**土地所有権への負担を課す権利の設定**。たとえば、土地債務や役権の設定。

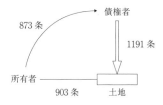

(3)　土地に**負担を課している権利**の移転。たとえば土地債務の移転。

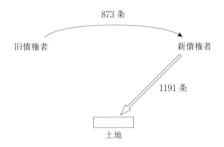

6 　(4) 　土地に負担を課している権利への用益権 (1080条) あるいは質権 (1291条) の**設定**。

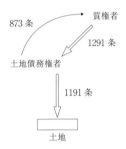

7 　873条は、877条により、土地を目的とする権利の**内容変更**、たとえば、役権に関する対象通路の変更や土地債務に関する利率の変更についても適用される。土地上の制限物権を875条に基づいて**放棄**するためには、土地登記簿への登記がなされれば、あとは権利者の一方的な放棄の意思表示のみでたりる。しかしながら、第三者が放棄の対象である権利に対して権利を有している場合には、その第三者の同意がなければならない (876条)。同じく、928条1項が、所有権の放棄に関して、一方的な放棄の意思表示とその登記を要件としている。

Ⅲ．873条の要件

8 　873条は、所有権を含む土地の権利の移転と土地への負担設定の要件として、権限者との物権的合意および土地登記簿上の登記を定める。

873条の要件
１．物権的合意 　・土地所有権の移転についての物権的合意 　・土地に負担を課す権利を設定することに関する物権的合意 　・土地に負担を課している権利の移転、あるいは、負担を課している権利に対するさらなる負担を課す権利を設定することに関する物権的合意 　・877条所定のケースについての物権的合意 ２．土地登記簿への登記 ３．合意の存続（873条２項を参照） ４．処分者の処分権、〔あるいは、当該権限が欠ける場合における〕892条に基づく善意取得による治癒

１．物権的合意

　物権的合意とは、権限者と取得者の間で締結される**物権的処分契約**である。9 物権的合意には、法律行為の一般的な有効要件に関する規定が適用される（制限行為能力者との物権的合意について、Rn. 11を参照）。

　たとえ真の権利者が土地登記簿に登記されていなくても、物権的合意は原則として真の権利者と締結されなければならない（*BGH* NJW-RR 2006, 888）。物権的合意は、所有権譲渡の場合には、その内容に即して、土地所有権が譲渡人から譲受人に移転するということを対象としなければならない。物権的合意の内容は、物権の負担を課す設定を行う際には、設定されようとしている各権利を対象としなければならない。

　筆記試験で出題するのに好適な事案として、次のものがある。すなわち、10 物権的合意の内容が、両当事者の主観としては、それらの者が望むところに合致するものの、客観的に判断すれば、証書にはそれとは別の事柄が記載されているという事案である（*BGH* NJW 2002, 1038）。この場合、**偽りの陳述**は害しないという原則が、公正証書でなされた契約についても適用される（*BGH* NJW-RR 2013, 789; *OLG Frankfurt* NJW 2008, 1003）。このことは、両当事者が売却対象地の一部しか含んでいない誤った土地の記載を間違って利用

した場合にも、あてはまる。この場合、**偽りの陳述の原則**に従って、土地の他の部分もともに売却される（*BGH* NJW 2008, 1658）。さらに検討されるべき事例として、以下のものがある。両当事者が目的の土地を現地検分してそれが障壁で囲まれている特定の土地であることを確認したのであれば、契約中で用いられた土地の名称と、土地登記簿と土地台帳で用いられている名称が異なっていても、その土地が特定できないわけではない（*BGH* NJW-RR 2013, 789）。

事例21 ── 偽りの陳述（BGHZ 87, 152をもとにした設例）：Vはビルケン通りに2筆の土地（16番と26番）を有している。VはKに16番の土地を売却したいと考えた。しかし、売買契約とアウフラッスンク〔土地の譲渡に関する要式合意〕の公正証書中では、その地番として、26番と誤って記載されていた。その後、Kは26番の土地の土地登記簿に所有者として登記され、その26番の土地を占有することにした。というのも、Kは26番の土地をより気に入ってしまったからであった。この場合におけるVK間の法律関係は、いかなるものか。

事例21の解決へのすじみち：

Ⅰ．Vは985条に基づく26番の土地の明渡し請求権をKに対して有するか。

1．Vはいぜんとしてこの土地の所有者でなければならない。
 a）もとはVがその土地の所有者であった。
 b）Vは、アウフラッスンクと土地登記簿上のKの登記を理由として、所有権を失ったのではないか（873条・925条）。しかしながら、所有権譲渡の要件である有効な物権的合意が存在しない。たしかに、公正証書でなされた契約は26番の土地を目的としている。しかし、両当事者ともに、16番の土地の譲渡を望んでいた。両当事者が、用いた地番が実際には他の土地の地番であることを、知らなかっただけである。「偽りの陳述は害しない」という原則によれば、この誤った記載は考慮対象とならない。当事者の意思によって望まれた物だけが目的となる（133条）。このため、物権的合意の意思表示は16番の土地だけを目的としている。したがって、26番の土地に関する有効なアウフラッスンクは存在しない。
　これにより、Vはいぜんとしてその土地の所有者であって、土地登記簿はKの登記によって不真正の状態にある。

2．Kはその土地の占有者である。

3．さらにまた、Kは、26番の土地について、986条が定める占有権原を有し

ていると主張することもできない。これに関する請求権も占有権原も、売買契約からは発生しない。というのも、26番の土地の売買に関しては、有効な債務法上の合意も締結されなかったからである。両当事者は、16番の土地についての売買契約だけを締結しようとしたのである。

結論：V は985条に基づき、K に26番の土地の明渡しを求めることができる。

Ⅱ．K は433条1項1文に基づき、16番の土地の所有権譲渡と明渡しを V に対して請求することができるか。

1. このためには、16番の土地につき方式を遵守した売買契約が存在しなければならない。合意はなされている。ただし、その合意が有効であるためには、売買契約が公正証書によって結ばれていなければならない（311b条1項1文）。

   有効な売買契約が存在しているかは、本件では疑問である。なぜならば、売買契約の文言は形式的には26番の土地を目的としており、実際に意図された16番の土地を目的としてはいないからである。しかしながら、一般的な見解によれば、客観的な表示が311b条の方式要件をみたしているのであれば、誤った記載がなされていても、方式を遵守しているとするのに十分であるとされる。この見解に従うべきである。というのも、311b条の警告機能と保護機能は、この方法でも果たされるからである。公正証書作成（警告機能）の必要性と、公証人による忠告と助言（保護機能）は、誤った記載が間違ってなされた場合にも、結局のところ維持されることになる（BGHZ 87, 153）。たしかに、311b条の証拠保全機能だけは問題となりうる。しかし、それならば、方式を要する意思表示の解釈について、証書外にある諸状況を考慮すればよい（とりわけ、相続法におけるいわゆる暗示理論を参照）。このため、いずれにしても、証書の実際の記載内容には解釈にあたって間接証拠以上の機能はないので、偽りの陳述の事例では、証拠保全機能が実現されないことを甘受せざるをえない（BGHZ 87, 153）。以上から、有効に公正証書が作成されたといえる。

2. K は土地登記簿に所有者としてまだ登記されていないので、履行もまだなされていない。

結論：K は、433条1項1文により、16番の土地の所有権譲渡と明渡しを V に求めることができる。しかし、正しい地番がわかるアウフラッスンクの公正証書を土地登記所に提出できるようにするためには（土地登記法29条・20条）、再

度正しい記載をした公正証書を作成しなければならない。

2．未成年者との物権的合意の特殊性

11　制限行為能力者による**動産所有権の取得**は、通常、107条所定の法的に利益だけをもたらす行為にあたる。したがって、動産所有権を取得するための物権的合意には、法定代理人の同意を要しない（§6 Rn. 11）。これに対して、873条1項による物権的合意に関しては、具体的な事案により異なる。たとえば、**使用賃貸または用益賃貸されている土地**を未成年者が取得する場合には、そのための物権的合意は、法的に利益をもたらすだけではない。というのも、取得者は566条と581条2項に基づいて使用賃貸借契約または用益賃貸借契約関係に入ることになり、その契約上の義務をも引き受けるからである（BGHZ 162, 137, 140）。**住居所有権**の取得も、一般的には法的に不利益をともなうものとして位置づけられる（BGH NJW 2010, 3643）。なぜならば、未成年者は住居所有権法による義務（たとえば、住居所有権法10条・16条2項）を負うことになり、このために自らの全財産が責任の引き当てとなるからである（*Obergfell/Hauck*, JA 2012, 178の筆記試験問題を参照）。これらの事例における制限行為能力者の物権的合意は、両親がその行為に対して同意または追認を与えない限り、108条に基づいて無効である（たとえば、BGH NJW 2005, 1430を参照）。このことは別として、1643条1項に基づいて、家庭裁判所の追認も補充的にさらに必要になることがある（たとえば、OLG Hamm NJW-RR 2014, 1350を参照）。

しかし、**土地の取得**は、抵当権や**土地債務**の負担が設定されていても、**法的にはただ利益**をもたらすのみである（BGH NJW 2005, 415）。というのも、土地債務は未成年者に人的な義務を負わせることがなく、土地債務権者が土地を摑取することだけを認めるにすぎないからである（1147条）。**用益権**が負担設定されている場合にも、用益権者が通常の範囲を超える改良費、修繕費および土地負担を負うこととされているのであれば、その土地の取得は〔未成年者にとって〕法的に利益を有するのみとされる（前掲BGHを参照）。さらに、**公的な負担**、たとえば土地（取得）税の支払義務も、法的な不利益ではない。なぜならば、これにともなう負担はわずかであり、土地の収益から支出できるのが通常であって、未成年者の財産が危険にさらされることはな

いからである（通説。*BGH* NJW 2005, 415; 詳しくは、*Keller*, JA 2009, 561を参照。この問題の全体像につき、*Hager*, LA Leenen, 2012, S. 43 ff.を参照）。

　未成年者が、取得行為に関与した**民法典上の組合の組合員**であり、その未成年者の同組合への加入が1643条1項と1822条3号に従って規則通り家庭裁判所の許可を得ていた場合において、民法典上の組合が土地取引行為を行ったときは、その土地取引が組合の目的の範囲内である限り、1643条1項と1821条1項1号による許可をさらに得る必要はない。というのも、1822条3号の許可が土地取引行為をその対象としてすでに含んでいるからである。ただし、財産管理行為が問題となっている場合には、これとは異なる。土地の譲渡は財産管理行為に含まれない（*OLG Nürnberg*, NJW 2013, 82）。

3．物権的合意の無方式の原則

　873条は、物権的合意の要件について、原則として**方式を求めていない**。物権的合意は、特定性の要件だけを満たしていればよい。ただし、土地所有権譲渡の重要な事例（共有持分の移転と住居所有権法4条による住居所有権の創設についての物権的合意も含む）は、例外である。住居所有権法4条2項1文と民法典925条が、例外としてアウフラッスンクの方式（Rn. 13以下）を定めている。 12

　したがって、**土地所有権への制限物権の負担設定**、たとえば役権（1018条・1090条）や土地債務（1191条）を土地所有権に設定することについての物権的合意の方式は自由である。同じく、地上権（地上権法11条1項1文）のような**土地上の制限物権**の移転やその制限物権に対する負担を設定するために必要な物権的合意も、873条に基づき、無方式である。ただし、重要な土地上の制限物権は、独立して移転することが認められていないか（たとえば、1059条・1092条）、または、このために追加的な別の方式が定められている。たとえば、抵当権と土地債務については、1154条1項と1192条の定めがある。

4．アウフラッスンクの方式

　a）**土地所有権を譲渡する**ために必要な物権的合意は、無方式ではない。要件である物権的合意は、925条に基づき**アウフラッスンク**と称される。925条は方式要件を定めている。これによれば、アウフラッスンクは、譲渡人と 13

譲受人（または各人の代理人）が**同時に出頭**して、管轄を有する者の面前で表示されなければならない。この方式要件を通じて、関係当事者は土地所有権の譲渡の重要性を認識し、かつ、法律実務家はあらゆる規定を遵守するようになる。

14　**管轄を有する者**として925条1項2文でまず定められているのは、**公証人**である。債務法上の義務負担行為（311b条1項1文）とは異なり、実体法上の意思表示としてのアウフラッスンクを公正証書で作成することは、925条によって求められてはいない（BGH NJW 1992, 1101, 1102）。それにもかかわらず、通常は、アウフラッスンクは義務負担行為とともに公正証書中に加えられる。これにより、土地登記法29条と20条が土地登記簿への登記のために手続法上定めている要件が、同時に満たされる（Rn. 37）。第三者が、たとえば177条1項、185条あるいは1365条などが規定する場合において、アウフラッスンクに**同意**しなければならないときには、撤回できない同意がなされるのでない限り、この同意は182条2項に基づいて方式がなくても可能である（BGH NJW 1998, 1482）。さらに、アウフラッスンクは、裁判上の和解において行うこともでき（民法典925条1項3文、民事訴訟法794条1項1号）、既判力をもって確定した倒産計画において行うこともできる（民法典925条1項3文・倒産法248条以下）。

15　アウフラッスンクは、登記とあいまって、警告機能と証拠保全機能を果たすものであり、この点において、311b条1項1文により義務負担行為について求められる公正証書の作成と、その制度目的を同じくする。それゆえ、311b条1項2文は、公正証書の欠ける義務負担行為であっても、アウフラッスンクと登記が行われた場合には、当該行為は将来に向けて有効になるものとする（いわゆる**治癒**）。

16　b）925条2項は、方式要件とともに、アウフラッスンクの第2の特殊性について規定している。すなわち、アウフラッスンクには、**条件**（158条）や期限（163条）**を付すことはできない**。このため、土地を所有権留保（449条）を付して譲渡することはできない。所有権留保は、925条2項があるため、〔目的物が〕動産の場合のみ可能である。したがって、たとえば「既判力のある離婚のケース」を対象とするアウフラッスンクも無効であろう（OLG Düsseldorf NJW 2015, 1029）。

§ 17. 土地所有権の移転と負担設定　289

　しかしながら、**条件になじまない**のは、**アウフラッスンク**だけ、つまり所有権移転に関する物権的合意（Rn. 14）だけである。これに対して、土地に対する負担設定と制限物権の移転のために必要な物権的合意には、条件や期限を付すことができる。

　ただし、**撤回の留保**を付して締結された裁判上の和解の中でアウフラッスンクを行うことはできる（*BVerwG* NJW 1995, 2179）。また、将来独立した土地になる予定の地表の一部について、アウフラッスンクを行うこともできる。しかし、この地表の一部は十分に特定されていなければならない（*BGH* NJW 1984, 1959）。

　c）**従物**も、土地所有権の譲渡とともに譲渡することができる。従物は独立した動産であって（97条）、この移転は原則として929条以下により行われる。独立して譲渡する方法の他に、**926条**は、土地の従物を土地所有権とともに譲渡しうることを定める。ただし、その旨が土地の譲渡人と譲受人との間で合意されていなければならない。この場合に必要となるのは、物権的合意だけである。〔現実の〕引渡しや代替的引渡しは、926条が適用される場面では、必要とされない。 17

　d）ある**合手的共同関係**が有する土地所有権を、同一人から構成されている第二の合手的共同関係に移転する場合にも、アウフラッスンクの方式による物権的合意が必要である。たとえば、現存する相続人共同体の土地所有権を、その相続人によって設立された合名会社や合資会社へ移転する場合や、民法典上の組合の土地所有権を、同一人によって構成されている第二の民法典上の組合に移転する場合である。これらの場合には、各合手的共同関係は独立した帰属主体であり、かつ、処分主体だからである（*BayObLG* NJW 1982, 109）。これに対して、合名会社が合資会社や民法典上の組合に改組される場合には、アウフラッスンクは必要とされない。なぜならば、これによりたしかに組織の法的形態は変わるが、組織の財産の合有的な帰属の同一性に変化はないからである（RGZ 155, 75, 84）。また、社員の加入や脱退の場合にも、アウフラッスンクは必要とされない。このことは、とりわけ組合持分の移転をともなう場合でも同様である。したがって、この場合には増額減額原則が適用される（738条。BGHZ 50, 307, 309; *BGH* NJW 1999, 715; *BayObLG* NJW-RR 1992, 227）。 18

5．合意の存続

　873条1項による物権的合意は、同条2項の例外（これについて、Rn. 42を 19

参照）を除いて、自由に撤回することができる。このため、権利を取得するためには、物権的合意が撤回されていないこと、つまり、登記時まで合意が存続していること（いわゆる合意の存続）が要件となる。この点が問題にならない場合には、筆記試験において言及する必要はない。

6．登 記

20　物権的合意（873条）またはアウフラッスンク（925条）とともに求められる要件として、**土地登記簿への権利変動の登記**がある。物権的合意と登記がともになされてはじめて、当事者の欲した法律効果が発生する。物権的合意がないのに誤って登記をしてしまった場合には、後から物権的合意をすることができる。いかなる場合にも、両要件が満たされてはじめて権利変動が発生する。土地登記所による登記が不当に遅滞した場合には、職務上の行為にかかる損害賠償請求権が発生する可能性がある（BGH NJW 2007, 830）。

21　土地に存在する物権関係は、登記によって公示される。土地登記簿への登記は、**物権的合意と、その内容において一致**していなければならない。登記と物権的合意が同一の権利と同一の権利の移転過程を対象としていない場合には、当事者の意図した権利変動は発生しない。

　例：AとBの間で、土地Xの所有権をAからBに移転するという内容のアウフラッスンクが行われた。Bの代わりに誤ってCが新所有者として土地登記簿に登記された場合には、CもBも所有権を取得しない。というのも、Bにとってはその登記がなく、かつ、Cについてはアウフラッスンクがないからである。Aが所有者のままである。Bが所有者として登記される場合のみ、Bについて全ての取得要件が満たされる。

　物権的合意と登記の記載が内容に関して合致しているかどうかは、解釈によってこれを確定しなければならない。この場合、一般人に向けられた表示としての登記の文言が、決定的な意味をもつ（例として、BGH NJW 2002, 1797を参照）。

7．処分者の権限

22　動産所有権を移転する場合と同じく、土地（の権利）を処分する場合にも、原則として処分者の権限が必要である。処分者は、土地所有者ないし各土地

物権を有する者でなければならない。あるいは、たとえば、倒産管財人や遺言執行者として処分権を有していなければならない。ただし、処分権限に対する制限が登記所における登記申請の後に（たとえば、倒産手続の開始により）はじめて生じた場合には、その制限は、処分の有効性に影響を与えない（878条）。処分者に権限がない場合には、892条による無権限者からの善意取得の成否を検討する必要がある（§19 Rn. 14以下）。

　さらに留意すべき事柄は、アウフラッスンクが行われた場合には、そのアウフラッスンク自体の中に、〔上記アウフラッスンクを行った〕**譲渡人による以下のような内容の同意**もすでに含まれていることである。すなわち、そのアウフラッスンクの相手方は、185条1項により、目的不動産を自由に処分することができ、第三取得者は、当該相手方の登記あるいは取得〔の申請〕がなくとも、直接に自らを登記することができるという同意である（BGH NJW 1989, 1093; BayObLG NJW-RR 1991, 465）。

23

　例：AはBに土地を売却し、Bとの間でアウフラッスンクを締結した。しかし、Bは〔売買代金の〕支払いが困難になったので、その土地をすぐに買主Kに譲渡したいと考えた。この場合、土地登記簿上のBの登記を待つ必要はない。Bはアウフラッスンクの受諾者として自らの名前でAの土地所有権を処分することができ（185条1項）、873条と925条に基づいて権限者として物権的合意をKと締結することができる。

Ⅳ．土地登記簿と登記手続

1．物権の記録

　土地登記簿は、土地の物権関係についての情報を提供する。債務法上の権利関係、たとえば使用賃貸借、用益賃貸借、売買といった契約を土地登記簿に登記することはできない。同じく、公法上の負担金もほとんど登記することができない。これを記載するために、特別な維持費負担目録が用意されている。さまざまな公法上の先買権といわゆる公的負担、たとえば沿道居住者分担金に関する土地を対象とする責任も、土地登記簿には登記されない。

24

　土地登記簿は、その対象である土地と土地所有者に関する情報を提供し、たと

25

えば土地に土地債務の負担が設定されている場合には、土地債務の権利者、額面、利息、支払条件について情報を提供する。土地登記簿の負担を軽減するために、権利内容の詳細な記載に関しては、登記許諾（Rn. 36）を援用することができる（874条）。しかしながら、権利の本質的内容については、その件名（たとえば「通行権」）に即して、土地登記簿自体から一義的に明らかでなければならない。

登記の内容は**特定**されていなければならない。土地登記簿上の登記がかりに不明確であれば、できるかぎり、解釈によって内容が明らかにされなければならず、この場合には、登記の文言と意味から、予断をもたない公平な者にとってもっとも自然な内容は何かということが、探求される必要がある。登記で援用される登記許諾は、解釈をするにあたってともに考慮されなければならない（BGH NJW 1995, 2851, 2853; 2002, 3021）。解釈をしても不明確さを取り除けない登記は、特定されていないことを理由として無効である。

2．登記可能な権利主体

26　所有者とその他の物権を有する者として登記することができるのは、自然人と法人である。**合名会社**（商法典124条）と**合資会社**（商法典161条2項）も、これに含まれる（商法典17条以下）。長い間争われてきたのは、民法典上の組合をどのように扱うべきかであった。連邦通常裁判所は、民法典上の組合の対外的な権利能力と当事者能力を認めた（NJW 2001, 1056）後、**民法典上の組合**の手続法上の**登記能力**も承認した（BGH NJW 2009, 594）。民法典上の組合は、その組合員が組合契約の中で当該組合のために定めた名称で、所有者として土地登記簿に登記されることが可能である。したがって、民法典上の組合の下に実体法上存在する所有権は、手続法上も登記可能である。（土地）所有権は、団体としての民法典上の組合に帰属し、組合員の構成が変更されても影響を受けない。

　2009年8月18日に施行された土地登記法47条2項（土地登記規則15条1c項）は、登記手続において誰が民法典上の組合のために行為する権限を有しているのかということを明確にするために、民法典上の組合のために権利の登記をする際には土地登記簿に全ての**組合員を登記すべきであること**を定めている。これに加えて補充的に、899a条によれば、登記された者は実際上もその民法典上の組合の組合員であると推定される（この点につき、§19 Rn. 36以下）。民法典上の組合が2009年8月18日よりも前にその名称で所有者として

土地登記簿に登記されているのであれば、組合員の構成を事後的に登記することが望ましい。さらに土地質権者は、土地登記法14条の類推適用により、組合員の構成を登記するように求める申立権を有する（OLG Schleswig NJW-RR 2011, 1033）。

3．土地登記簿とその区分

　従前まで紙媒体で管理されていた土地登記簿は、**電磁的土地登記簿**に、ほとんどおきかえられた（土地登記法126条以下を参照。その概念につき、土地登記法施行規則62条）。さらに、登記申請とその実行に際してこれまで全て紙媒体で行われていた土地登記所と手続関与者のやりとりを電子的な登記手続におきかえることも、中期的な目標である（BT-Drs. 16/12319, S. 16）。2013年10月1日のデータバンク土地登記法（BGBl 2013 I 3719）が、この目的の達成をさらにおし進めている。

　各土地には、土地登記簿上にそれぞれに固有の**土地登記簿**が備えられる。この土地登記簿が、民法典と土地登記法3条1項にいう「土地登記簿」である。各土地登記簿は、表紙、表題部および3つの区からなる（土地登記規則4条）。表題部には、土地の所在地、面積、用法および地番が記載される。

　1区には、所有者と所有権取得事由についての情報が記載される。

　2区には、土地質権を除いた土地所有権の負担となる全ての制限物権が登記される。つまり、ここに登記されるのは、地上権、役権、用益権、先買権、物的負担それぞれの内容と権利者である。

　3区には、土地質権に関する情報のみが、すなわち、抵当権、土地債務、定期土地債務の内容と権利者が登記される。

　1人の所有者が**複数の土地**を有する場合には、その者は、土地登記法4条が定める要件の下で、全ての土地に共通する1枚の土地登記簿によってそれらを管理することができる。この場合、複数の土地は表題部中でそれぞれ別々の所有権として記載されるのであって、890条1項にいう併合が行われるわけではない。

　地上権については、負担が設定された土地の登記とともに、特別な地上権登記簿が備えられる（地上権法14条1項1文）。同じく、住居所有権については、特別

な住居登記簿が用いられるのがふつうである（住居所有権法7条1項1文）。

4．土地登記簿の閲覧

29 　土地登記簿は公示のための公的な記録簿であるため、**正当な利益**を有する者は誰でも閲覧することができる（土地登記法12条。くわしくは、*Grziwotz*, MDR 2013, 433 ff.）。この正当な利益の要件によって、土地登記所が不要に多忙をきわめることを避けられるだけでなく、登記名義人の秘密保持の利益を保護することが図られている。秘密保持の利益の保護は、基本法にも合致する（*BVerfG* NJW 1983, 2811; 2001, 503）。正当な利益は、**私的な性質**のものでも**公的な性質**のものでもよい。正当な利益があるとされるのは、原則として、土地に権利関係を有する者やこのような権利関係に直接関わろうとする者である。たとえば、執行対象である土地の権利について調査する利益がこれにあたる（*OLG Zweibrücken* NJW 1989, 531）。土地の買主も閲覧権を有する。ただし、たんに購入に興味があるというだけではたりない。法定財産制によって生活している**配偶者同士**も、他方配偶者が登記されている土地登記簿を閲覧する正当な利益を有する（*OLG Rostock* NJW-RR 2012, 400）。

　報道機関も、報道の自由（基本法5条1項）に基づいて、原則として、土地登記簿の閲覧請求権を有する（*BVerfG* NJW 2001, 503; *BGH* NJW-RR 2011, 1651）。しかし、土地質権（抵当権や土地債務）について調べたいと考える使用賃借人は、正当な利益を有しない（*BayObLG* NJW 1993, 1142）。土地登記法12条は連邦データ保護法と調和しているので、データ保護の観点は閲覧と矛盾しない。公証を依頼された公証人には、**閲覧義務**がある（公証法21条1項1文）。

30 　登記されている権利者は、土地登記所による閲覧の許可に対して、土地登記法71条1項に基づく抗告をすることができない。というのは、権利者は閲覧によって自らの権利を侵害されるわけではないからである（*BGH* NJW 1981, 1563）。しかしながら、土地登記所によって閲覧が認められなかった者には、土地登記法71条1項に基づく**抗告**が許される。公共の利益に基づく閲覧が、たとえば報道機関に対して〔社会から〕求められる場合には、登記名義人の利益が慎重に考慮される必要があり、この点につき登記名義人から意見を聴取しなければならない（*OLG Düsseldorf* NJW-RR 1992, 695）。

5. 登記手続

土地登記簿への登記は、土地登記所としての**区裁判所**によって行われる（土地登記法1条）。司法補助官もこの権限を有しており（司法補助官法3条1h号）、登記するかしないかについての司法補助官の決定に対しては、区裁判所裁判官に異議（司法補助官法11条）を提起することができる。ただし、司法補助官法11条3項、土地登記法71条2項に基づいて異議が認められない場合は、この限りではない。土地登記簿への登記を恣意的に行うことはできない。むしろ、土地登記法が登記の実行に関する一定の要件と手続を定めており、これにより、真の権利状態に合致する登記だけが土地登記簿になされるよう保障されている。

土地登記法の規定が定めているのは登記手続だけなので、土地登記法は**形式的な登記法**と称される。これに対して、民法典の中にある実体的な土地登記法、とくに873条以下の規定は、土地上の物権を処分するための実体法上の要件を定める。形式的な土地登記法は、第1次国家試験の出題範囲に原則として含まれない。しかしながら、この分野の基礎知識は、民法典が定める土地実体法を理解するために不可欠である。

a）登記要件の概観

土地登記簿への登記のための要件
1．申請（土地登記法13条）
2．登記義務者の許諾（土地登記法19条）
3．方式（土地登記法29条）
4．先行登記（土地登記法39条・40条）

上記の要件は、〔いずれも〕手続法上の**規定**に関するものである。〔したがって、〕それらに対する違反があっても、実体法上の権利変動の要件（873条・925条）が満たされているのであれば、土地登記簿は不真正とならない。

例：債権者G1のためにEの土地を目的とする土地債務の登記が土地登記所に2月1日に申請され、債権者G2のために設定された別の土地債務の登記が遅れて2月5日に申請された。しかし、ここで、土地登記所は、先に行われた申請から先

に処理されなければならないという**時間順原則**（土地登記法17条・45条）に違反してしまい、G2のための土地債務を先に、つまり、G1のための土地債務に優先して登記してしまった。この場合でも、土地登記簿は不真正ではない（BGHZ 21, 98）。G1は894条に基づく請求権を有しない。また、G1はG2に対して、812条1項1文第2事例によっても何も請求することができない。したがって、879条の規定は、812条1項1文にいう法律上の原因として把握される。〔G1には、〕職務上の行為にかかる損害賠償請求権が認められるのみである。しかし、これと異なるのが、以下の場合である。すなわち、登記が、登記される権利の順位に関して当事者間で交わされた、実体法上の合意（879条3項を参照）に反してなされた場合である（*BGH* NJW-RR 2014, 788）。この場合には、土地登記簿は順位関係に関して不真正である。

34 登記するための別の要件が、土地登記法以外にも規定されている。たとえば、土地取得税が支払われているとする税務署の納税証明書〔の提出〕、地方自治体が建設法典24条以下に基づいて先買権を行使しないとする消極的証明書〔の提出〕、あるいは、農地や林地を譲渡する場合における土地取引法2条・8条による許可が、その例である。

35 **b）申請の必要性**　土地登記簿への登記は原則として**申請**に基づいてのみ行われる（土地登記法13条1項1文）。申請がない登記が職権によって行われるのは、その例外である（たとえば、土地登記法25条・53条）。申請権限があるのは、土地登記法13条1項2文によれば、とりわけ、登記により自らの物権について不利益を受ける者と登記によって利益を受ける者である（その他の権限者につき、土地登記法14条を参照）。公証人は、土地登記法15条2項に基づき、推定される代理権に基づいて関係当事者全員のための代理人として行動する。要件である申請がなされた場合には、土地登記所はその申請に拘束される。土地登記所がこの拘束〔要件としての申請〕を無視した場合、職務上の損害賠償請求権が発生しうる（*BGH* NJW 1986, 1687も参照）。複数の申請を処理するにあたっては時間順原則（Rn. 46）が適用されるので、申請を受理した日時が注記されなければならない。登記が完了するまでの間は、申請人により申請を取り下げることができる（土地登記法31条）。

36 **c）許諾の必要性**　申請とともに登記の要件とされているのは、**権限者の**

許諾である（土地登記法19条）。実体的な土地登記法（873条）によれば、物権の譲渡あるいは設定には、〔権限者と〕取得者との物権的合意がその要件とされている。しかし、形式的な土地登記法は、登記によりその権利を直接または間接に侵害されるおそれのある権限者の同意の存在さえ証明されていれば〔物権的合意の証明がなされていなくても〕たりるとする（いわゆる**形式的合意主義**）。このような主義を支えているのは、次のような問題、すなわち、登記の申請に同意をした権限者は、実体法的な権利変動にも同意をしている〔はずである〕こと、そして〔まさしく〕そのことにより〔形式的合意主義の下でも〕登記事項と実体的な権利関係との一致が保障されるということである。

土地所有権の譲渡と地上権の設定の場合のみ、両当事者の物権的合意（アウフラッスンク）が土地登記所に対して証明されなければならない（土地登記法20条。いわゆる**実体的合意主義**）。

d）方式の必要性　土地登記所が、提示された許諾が実際に付与されたこと、つまり、アウフラッスンクが実際に行われたことにつき、信頼できるようにする必要がある。このため、**土地登記法29条1項**は、登記許諾が**公文書**（公文書と公に認証された証書につき、128条・129条）によって証明されなければならないと定めている。このため、実務では、無方式でも実体法上有効な許諾について（873条）、手続法上の理由から意思表示と同時に公正証書が作成されることになる。

民法典上の組合が**土地登記簿**に登記されうることとされて以来（Rn. 26）、民法典上の組合は、その申請内容（とりわけ、現在の組合員の構成に関する申請内容）の真正をいかなるかたちで土地登記所に対して証明すべきであるかが議論されている（たとえば、*OLG Brandenburg* NJW-RR 2011, 166; *OLG Köln* NJW-RR 2011, 452; *Tolani*, JZ 2013, 224, 232を参照）。連邦通常裁判所は、**民法典上の組合が土地所有権や住居所有権**を取得する事案について、民法典上の組合とその組合員が公証されたアウフラッスンクに明記されているのであれば、土地登記簿への所有権変更の登記にとって、それで十分であると明確に述べている。民法典上の組合の存在、同一性、代理関係に関するそれ以上の証明は、土地登記所に対して行われる必要はない（BGHZ 189, 274; *OLG*

München NJW-RR 2011, 1311)。ただし、物権法と登記法の特定原則をみたすために、民法典上の組合の同一性は一義的に確定されるものであることを要し、また、他の民法典上の組合と区別できなければならない（*BGH* NJW-RR 2012, 86; DNotZ 2912, 223）。

組合員の構成が変更されたことにより土地登記簿の訂正がなされる場合には、通説によれば、899a条の推定は、登記されている組合員の許諾権限を証明するための根拠になりうるとされる（*OLG Brandenburg* NJW-RR 2011, 1036）。すなわち、登記された組合員の許諾が付与されたのであれば、その他の証明はいっさい必要ない。組合員が死亡した後に土地登記簿を訂正するためには、ふつう、組合への権利の承継に関する規定が定められている組合契約を、提出する必要がある（*OLG München* ErbR 2015, 54）。

38　**e）先行登記の原則**　先行登記の原則（土地登記法39条）とは、〔新たな〕登記によって不利益を受ける者が**権利者としてすでに登記されてもいる**場合に限り、申請され許諾された登記を〔登記所は〕行うことができるという原則である。登記されていない権利者が許諾を与えても、要件を満たさない。権利者として登記されている者こそ、自らの権利にとって負担となる登記につき許諾を与えなければならない。土地登記簿が適切に管理されているならば、登記名義人が真の権利者でもあるということを前提にすることができるため、先行登記の要件は、土地登記手続の範囲では、処分が正当な権利者によって行われた証拠として機能する。ただし、相続の事例においてのみ、先行登記の原則の例外が妥当する（土地登記法40条）。

39　**f）土地登記所の審査範囲**　土地登記所が登記に関して審査しなければならないのは、原則として、土地登記法19条・20条・29条の要件のみである。しかし、不真正の登記は防止される必要があるので、実体法上の処分行為の瑕疵を認識できるのであれば、これも考慮されなければならない。この瑕疵につき確実に認識しているのであれば、土地登記所は申請された登記を行ってはならない（適法審査主義）。土地登記所は、実体法上の処分行為の瑕疵について詳細な審査をする必要はなく、明白で顕著な瑕疵のみを考慮すればたりる（たとえば、*BayObLG* NJW-RR 1989, 910; *Nieder*, NJW 1984, 329, 336 ff.）。しかし、土地登記所は、無因主義に基づき、義務負担行為の有効性について

審査する必要はない。ただし、例外的に、義務負担行為が有効であることが処分行為の有効性の条件とされている場合には、この限りでない（*OLG Frankfurt* NJW 1981, 876）。

V．登記前の取得者の法的地位

　土地所有権や制限物権の移転とこれらに対する負担設定は、物権的合意と登記がともにある場合にのみ、その効力が生じる。このため、原則として、登記の時点で権利変動が生じるべき場合には、その時点でもなお有効な物権的合意が存在し続けなければならず（929条におけるいわゆる「合意の存続」を参照。この点につき、§7 Rn. 18を参照）、かつ、譲渡人は権利変動を行うための処分権限を権利変動時まで有していなければならない。 40

　しかしながら、登記手続の実施には時間を要する場合がある。その**遅滞**の原因が、土地登記所の負担過多にあることもある。しかし、土地所有権を譲渡するには、官庁による様々な許可がしばしば必要とされ（たとえば、土地取引法2条・7条、民法典1821条1項1号・1643条1項、建設法典144条を参照。これらの条文は、それぞれ土地登記法29条と関連する）、あるいは、納税証明書を提出しなければならないことがある（土地取得税法22条1項）。これらの許可や証明書がなければ、土地登記所は登記を行ってはならない。しかし、これらが提出されるまでには、いくらか時間がかかることがある。

　物権的合意と登記の間には、一方当事者が物権的合意に拘束されることをやめたり、譲渡人が自らの処分権限につき制限を受けたりするといった**危険**が存在する。これらによって、権利変動が登記時にはもはや有効に生じなくなっているという可能性もある。というのも、この場合には、登記時に全ての要件が満たされてはいないからである。立法者は、登記手続が長くかかってしまう危険に対処するために、いくつかの重要な事案に関して対策を講じ、譲受人の地位を強化した。 41

1．物権的合意の拘束力

　873条1項に従って表示された物権的合意は、登記がなされる前であれば、原則として〔各当事者が〕一方的に、また理由も要せず自由に撤回すること 42

ができる。しかしながら、873条2項によれば、一定の要件のもとで合意の拘束力が生じ、これにより、物権的合意をもはや一方的には撤回できなくなる。

たしかに、物権的合意の拘束力により自由な撤回は認められないが、この場合であっても、いぜんとして錯誤（119条）や悪意の詐欺（123条）による取消しは認められる。

43 物権的合意の拘束力が**生じる**のは、下記要件のいずれか1つが存在する場合である。

・意思表示、すなわち物権的合意が公正証書により作成された場合。
・物権的合意が土地登記所の官吏である司法補助官の面前で締結された場合。
・物権的合意が土地登記所に申請された場合。この場合には、物権的合意への拘束が生じることにつき、単なる書面が提出されるだけでかまわない。
・権限者が取得者に土地登記法29条の方式に適合する登記許諾（土地登記法19条）を与えた場合。
・撤回権を放棄することもできる。

2．処分制限の無害化（878条）

44 物権的合意がなされてから登記が行われるまでの間に、譲渡人に対して処分制限が行われることがありうる。878条は、このような処分制限により、譲受人による物権の取得が妨げられることのないよう、当該譲受人を保護しようとする規定である。この処分制限が絶対的であっても相対的であっても、878条は適用される（この点につき、§7 Rn. 23以下を参照）。しかしながら、この場合にも、物権契約の締結だけでは同条適用の要件を満たさない。2つのさらなる**要件**が必要である。すなわち、物権的合意が873条2項に基づいて**拘束力**のあるものとなり、かつ、処分制限の効果が発生する前に土地登記所へ**登記申請**がすでになされていなければならない。これら要件の根本にある考え方は、当事者は権利変動を発生させるために自分たちでできるだけのことをすべて行っていなければならず、権利変動のためにあとは登記を待つだけという状況になる必要があるというものである。

これに対して、878条は、譲受人自身が招いた遅滞については保護の対象

としていない。このため、不完全な申請が適法に却下される場合には、878条の保護効は終了する（BGH NJW 1997, 2751）。無権限者が登記を申請した場合には、権限者が追認をしてはじめて、878条の効果が発生する（OLG Nürnberg NJW 2015, 562）。878条は、875条を参照していることからも明らかなように、単独行為としての処分の意思表示に対しても適用される。したがって、878条は、885条による**仮登記の許諾**に対しても**準用**される（§18 Rn. 11・12）。

例：A は経済的に困窮していたため、自らの土地を B に売却した。売買契約とアウフラッスンクが公正証書で作成され、かつ、土地登記簿に B を所有者とする登記申請がすでになされたため、B は A から、登記が完了する前に売買代金の全額を支払うよう説得を受けた。A は、売買代金を受領したにもかかわらず、その 2 か月後、B の登記がまだなされる前に倒産した。

この場合、倒産手続開始とともに A に対する処分制限の効果が発生する（倒産法80条1項）。しかし、この時点ですでに物権的合意が拘束力を有しており、かつ、登記申請は済まされていた。したがって、B が登記されて所有権を取得することが、A の処分制限により妨げられることはない（民法典878条、倒産法91条2項）。倒産管財人は、アウフラッスンクをもはや撤回することもできない。

878条によれば、譲受人と譲渡人のどちらが**登記申請**を行ってもよい。しかしながら、譲渡人は自らの登記申請を取り下げることができ、これによって878条の効果がなくなってしまうので、譲受人が自ら登記申請を行った方がよい。譲受人が自らの登記がなされる前に〔譲渡人の〕処分制限について認識していたかどうかは、権利取得に影響を与えない。というのも、878条が規定しているのは権限者からの取得であるので、信頼の有無は問題にならないからである（*Schönfeld*, JZ 1959, 140; 異なる見解として、BGHZ 28, 182を参照）。また、878条は、処分者が権利者ではなく、権利者から185条に基づく処分権限を付与されている場合にも、適用されなければならない。このことは、権利者が倒産した場合にも、処分者が倒産した場合にもあてはまる（たとえば、Soergel/*Baur*, §878 Rn. 7を参照。異なる見解として、処分者の倒産につき、RGZ 135, 378, 381を参照）。

3．アウフラッスンクの期待

46　**a）取得者のための保護規定**　取得者の地位は、合意の拘束力（873条2項）と処分制限の無害化（878条）以外の規定によっても保護される。

物権的合意を構成する意思表示は、表意者がその意思を表示した後に死亡したり行為無能力になったりしたとしても、130条2項に基づき有効である。これらの事由が登記前に発生しても、このために権利取得が妨げられることはない。さらに、土地登記法17条と45条によれば、土地登記所は、**時間順原則**に従って土地登記簿に対する登記を行わなければならない。それらの規定によれば、最初に申請を行った者が、最初に土地登記簿に登記されなければならない。土地登記所が土地登記法17条と45条に違反しても、これにより登記の有効性は影響を受けないが、この違反は基本法34条と民法典839条による損害賠償義務の根拠となる。

例：Aは、自らの土地につきBとの間でアウフラッスンクを行った後、Bの土地登記簿への登記がなされる前に、同土地につきCとの間で2度目のアウフラッスンクを締結した。Bは登記申請をCより前に土地登記所に対して行った。

この事例においては、Bが最初に登記されたので、Bが同土地の所有者になる。Cが登記されることはもはや不可能である。なぜならば、Cによって提出されたアウフラッスンクは（先行）登記されている所有者Bとの間で締結されたのではなく、アウフラッスンクを締結した相手方であるAは所有者としてもはや登記されていないからである（土地登記法39条）。Cが最初に申請をしていたのであれば、Cが最初に登記され、これにより所有者となっていたであろう。この場合には、AはBとアウフラッスンクを行ったにもかかわらずいぜんとして所有者であり、Cのためにさらに処分できたからである。

47　**b）期待と物権的期待権**　不動産の譲受人は、たとえいまだ土地登記簿に登記されていなくても、民法典130条2項・873条2項・878条、土地登記法17条・45条の諸規定による保護を受けることができ、その限りにおいて、自らの登記申請と所有権取得に対する譲渡人の妨害を禁止しうる**一定の法的地位**を有する。このことは、譲受人が土地登記法13条1項1文に基づいて自ら登記申請を行った場合にもあてはまる。なぜならば、譲渡人は、この場合、もはや登記申請の撤回によって権利取得を妨げられることがないからである

(BGHZ 49, 197, 200; *BGH* NJW 1989, 1093)。仮登記が譲受人のためのアウフラッスンクとともに存在する場合であってもよい（BGHZ 83, 395, 399; 他の見解として、*Reinicke/Tiedtke*, NJW 1982, 2281を参照）。仮登記があるのであれば、譲受人の上記法的地位は仮登記から生じる（§18 Rn. 15以下）。登記申請がなされている必要はない（*OLG Hamm* NJW 1975, 879）。以上の事案では、保護される譲受人の地位は**物権的期待権**の根拠となる。その特徴はまさに、譲渡人はもはや一方的には〔譲受人の〕権利取得を妨げることができないという点にある。

アウフラッスンクが表示されたが、譲受人による登記申請がなされておらず、仮登記もまだ存在しない場合には、それらがなされている場合と比べると、譲受人は脆弱な地位にある。この場合、第三者は第一譲受人より早く登記申請を行うことによって、いぜんとして所有権を取得することができる（Rn. 46）。この場合における取得への期待は、878条による保護も土地登記法17条・45条による保護も受けない。873条2項による拘束力にしか拠りどころがない。通説は期待権の発生を認めない。債権法上の土地取得請求権の債務者（たとえば売主）が、契約に反して他人にその土地を処分した場合には、債権者（買主）は、285条に基づいてのみ、代償の引渡しを債務者に求めることができる。たとえば、債務者が自ら第三者に土地所有権を譲渡して債権者への履行を不能にしたことによって得た売買代金の引渡しを、債務者に対して求めることができる（この点につき、たとえば、*BGH* NJW-RR 2005, 241を参照）。

48

c）物権的期待権の移転　アウフラッスンクの物権的期待権は——完全権と同様に——**925条の方式**で物権的合意をすることにより他人にこれを**移転することができる**（BGHZ 49, 197, 200）。この移転は物権的期待権の処分であって、土地所有権の処分ではない。このため、土地所有者が同意する必要はない。物権的期待権の差押えには、民事訴訟法857条が適用される。質入については§16 Rn. 35・36を参照。物権的期待権がまだ存在しない場合には（Rn. 48）、土地の買主は売買契約（無方式）に基づく請求権のみを398条に基づいて譲渡することができる。

49

例：Aが自らの土地をBに売却し、アウフラッスンクの意思表示をした。Bは

土地登記所に登記申請を行った。しかし、Bは支払いが困難となったので、土地登記簿上に自らの登記がなされる前に、Dに同土地を譲渡したいと考えている。

Dへの譲渡は可能である。というのも、Bは物権的期待権を取得したからである。Bは925条に基づいて、Dとの間でこの物権的期待権につきアウフラッスンクを締結することができる。Dは、AからBへのアウフラッスンクと、自らへの物権的期待権のアウフラッスンクを土地登記所に提出して（土地登記法20条）、直接、自らを所有者とする登記を請求できる。この場合、Bが先行して所有者として登記されている必要はない。Bが中間取得することなく、所有権はAからDに直接に移転する（BGHZ 49, 197, 205）。Bが、以上の方法によらないで、無権利者としてではあるが、185条1項に基づくAの授権によりAの土地所有権を直接に処分した場合には、所有権譲渡の効力はAによる授権に依存するところ、Aは、その授権を撤回することができる。このため、DとBにとってより確実なのは、物権的期待権の移転である。

50　アウフラッスンクの物権的期待権を移転するという**債務法上の義務を負担**させる契約は、**311b条1項1文の方式**を要件とする。同じく、売買契約を合意解除するためにも、311b条1項1文の方式を要件とする。というのも、売買契約の解除によって、物権的期待権も消滅するからである。

> **事例22 ― 心変わり**（BGHZ 83, 39をもとにした設例）：EがKに対して6月1日に公正証書を用いて自らの土地を売却した。同じ公証の席で、Eはアウフラッスンクの意思表示をし、Kに登記許諾を付与した。6月8日にKが土地登記所に移転登記申請を行う。しかしながら、6月12日に新たな事情が判明したため、両当事者は今回の土地取引をとりやめたいと考えるにいたった。このため、EとKは文書で売買契約を解除する意思表示を行い、そこには、Kが土地登記所にもこの旨を伝えるとあった。しかし、2日後、Kは再び考えを変えるにいたった。Kは契約の履行を主張している。正当な主張といえようか。
> **解決へのすじみち：**
> Kは433条1項1文に基づき、Eに対して土地所有権とその占有の移転を求める請求権を有するか。
> 　1．EとKは売買契約を6月1日に方式上も有効に締結した（433条・311b条1項1文）。
> 　2．この売買契約の解除は有効であろうか。

EとKは解除の合意をかわした。しかしながら、6月12日の文書による解除契約は、もしこれについても311b条1項1文の方式が遵守されなければならないとすれば、方式上無効となりうる。
a）311b条にいう方式要件の意義と目的は、土地所有者に対して、土地を移転する義務をもたらす行為の重要性について注意を喚起することにある。このため、解除契約に基づき、Kに土地返還義務が発生するのか否かが問題となる。そのような義務が発生するのは、当該土地に関する物権が6月12日の時点ですでにKに帰属していた場合のみである。
b）Kはまだ土地の所有者ではなかった。なぜならば、アウフラッスンクはたしかに有効であったが（873条・925条）、土地登記簿上の登記がまだなかったからである。
c）しかし、Kは、土地についての物権的期待権をすでに有していた可能性がある。物権的期待権が存在するのは、権利発生のための複数段階の要件のうちすでにいくつかの段階まで要件が満たされ、権利発生に関与している他方当事者がもはや一方的には壊すことのできない法的地位が譲受人にすでに認められると考えられる場合である。通説（BGHZ 106, 108; MünchKomm/*Kanzleiter*, §925 Rn. 36）によれば、アウフラッスンクに基づく期待が発生するのは、譲受人自身が、アウフラッスンクの意思表示と登記許諾の付与がなされた後に、土地登記所に登記申請を行った場合である。というのも、土地登記法17条と45条によれば、譲受人による登記申請がなされた時点以降、譲渡人は、譲受人の同意なしには、登記申請の撤回により、譲受人の権利取得を妨げることがもはやできなくなるからである。反対説は、アウフラッスンクに基づく期待の発生を仮登記の事案だけに限定して、本件ではアウフラッスンクに基づく期待の発生を否定する（*Medicus/Petersen*, Rn. 469; *Habersack*, JuS 2000, 1145, 1146）が、この反対説は説得的ではない。土地登記法17条によってもたらされる譲受人の保護は、動産の場合に161条によってもたらされる保護よりも、たしかに限定されたものであろう。それでもなお、この〔土地登記法17条による〕保護は、譲受人の地位が保護されているとするために、きわめて十分な内容を有する。
　したがって、この設例において、Kはすでにアウフラッスンクの物権的期待権を取得していたといえる。この期待権の処分は、完全権〔の処分〕に関する規定に従う。この場合、売買契約を解除することによって、物

> 権的期待権も放棄されることになる。物権的期待権者は、土地所有権の喪失からの保護と同じ方法で、この法的地位が軽々しく奪われることから保護される必要がある。それゆえ、この場合にも、311b条1項の方式が類推適用される（BGHZ 83, 395）。この方式が遵守されなかったため、本解除契約は125条1文により無効である。
> このため、もとの売買契約の解除は有効ではない。
> **結論**：Kは433条1項1文に基づき、Eに対して売買契約の履行を求める請求権をいまだ有している。

51　**d）アウフラッスンクの物権的期待権の保護**　問題となるのは、アウフラッスンクの物権的期待権が、**絶対権として**所有権と同じ程度に、つまり、**985条・1004条・823条1項**により保護されるのかという点である。このことは、原則として肯定されなければならない（Palandt/*Bassenge*, §925 Rn. 23 ff.）。連邦憲法裁判所（NJW 1992, 2812）も、物権的期待権は基本法14条によって所有権と同じく保護されると考えている。このため、物権的期待権者は、不法に物権的期待権を侵害する第三者に対して、985条と1004条（の類推適用）による請求権を行使することができる。同じく、物権的期待権者は、原則として、823条に基づき、損害の賠償を請求することも可能である（823条2項と909条につき、*BGH* NJW 1991, 2019を参照）。しかしながら、823条1項による請求権に関しては、旧所有者に対する善意取得者の過失責任は892条のゆえに問題とならないことに、留意しなければならない（BGH JZ 1956, 490）。ただし、故意による行為があった場合には、826条による損害賠償請求権が認められる（この点につき、*Hager*, JuS 1991, 1, 7を参照）。

例：Aが、自己の土地についてBとアウフラッスンクを締結した後、Bの登記がなされる前に、同土地について再びアウフラッスンクをCと締結した。BはCよりも先に登記申請を土地登記所で行った。

この事案では、Bが自らの登記申請をCより先に行ったにもかかわらず、土地登記所の過失によりCがBより先に登記されると、BはCに対して823条による損害賠償請求権を行使することができない。このことは、たとえCがBのアウフラッスンクに基づく物権的期待権について過失により知らなかったとしても、同様である。というのも、Aが所有者ではないにもかかわらず土地登記簿に登記さ

れていた場合には、Ｃは過失があったとしても土地登記簿の公信力を援用することができ、所有権を取得するからである（§19 Rn. 17・21）。したがって、Ａが登記されていてなおかつ真の所有者である場合に、〔Ａが真の所有者ではなかった場合と比較して、〕Ｃがより劣後する立場にたつと解することはできない。892条とのこの矛盾は、物権的期待権者を、823条1項に基づき、譲受人から保護することを否定すべき根拠となる（結論として同じように述べるものとして、BGHZ 45, 186も参照。ただし、単なる期待に関するのみの事案であった）。同じく、812条1項1文第2事例に基づく侵害利得も認められない。というのも、土地登記法17条と45条は秩序規定にすぎず、絶対的な割当内容を有しないからである。しかしながら、839条と基本法34条による職務上の責任は残る。

　また、物権的期待権者には、所有者とともに、土地に損害を与える第三者に対する**823条1項に基づく損害賠償請求権**が認められる。なぜならば、823条1項と892条は矛盾しないからである。所有者と物権的期待権者はともに、1281条の類推適用により、この損害賠償請求権を主張することができる（§14 Rn. 24も参照）。占有権原も、物権的期待権者のために認められるべきである（*Hager*, JuS 1991, 1, 7; 異なる見解として、*OLG Celle* NJW 1958, 870を参照）。

VI. 比較法

　フランス法においては、土地所有権の移転と土地への負担設定は、（土地の売買契約にあたって方式を要することなく可能な）契約の一部をなす合意に基づいてのみ行われる（フランス民法典1138条・1583条。土地の売買契約における事実上の方式強制につき、*Baur/Stürner*, §64 Rn. 9 ff.を参照）。売買契約と物権的合意の分離は行われない（一体主義と合意主義）。このため、土地謄記簿上の謄記は、権利移転や負担設定のための設権的要件ではない。土地謄記簿と抵当権謄記簿（*bureau de la conversation des hypothèques*）上の謄記に依存するのは、権利変動の第三者対抗力（*opposabilité aux tiers*）だけである（この点につき、§19 Rn. 39を参照）。

　イタリア法においても、土地所有権の移転は、原則として、私書証書または公正証書による売買契約の中に含まれる合意に基づいてのみ行われる（一体主義と合意主義。イタリア民法典1376条）。つまり、権利移転に関して、合意以外の事実行為、とりわけ登記は必要とされない（同法1321条・1350条・1351条・1376条・1470条）。同じことが、ほとんどの制限物権に適用されている。しかしながら、抵当権（*ipoteca*、同法2808条以下）は重要な例外である。抵当権は、不動産登記簿

(*registro immobiliare*, 同法2673条以下）に設権的登記（*inscrizione*, 同法2827条から2846条まで）がなされてはじめて生じる。この登記は、事実行為として法律行為の一部をなす。なお、かつてオーストリアだった地域では、ドイツ型の土地登記簿制度が現在も用いられている（*Baur/Stürner*, §64 Rn. 17; *Kindler*, S. 135）。

55　**イングランド法**においては、土地の移転と土地への負担設定は（イングランドの不動産概念につき、*v. Bernstorff*, S. 105 ff.; *Baur/Stürner*, §46 Rn. 31を参照）、動産所有権の譲渡とは異なり、原則として、書面による売買契約の締結ではまだ行われたことにならない（*contract of sale*, 1989年の所有権法（雑則）2条1項。*Henrich/Huber*, S. 103 f.）。これに、事実行為としての登記が、2002年の土地登記法1条2項に基づき、当事者間での権利移転（*transfer of title*）と第三者に対する完全な効力を作り出すために加えられなければならない。この点では、ドイツの土地登記簿制度と類似している。土地の移転と土地への負担設定に関しては、義務負担と処分の分離もイングランド法の伝統に合致する。署名と捺印がなされた証書を引き渡すという、方式化された所有権移転の象徴的な事実行為から発展したのが、捺印証書による財産移転（*conveyance by deed*）である。この制度は、1997年の土地登記法が施行されるまで、登記されていない土地の権利を移転するのに利用されていた（*v. Bernstorff*, S. 111; *Henrich/Huber*, S. 103 f.）。しかしながら、この内容をみると、ドイツ法とは異なる形で分離がなされている。というのも、買主は、売買契約の締結によってすでにエクイティ上の権原（*equitable title*）を取得しているからである。1997年の土地登記法が施行される前は、エクイティ上の権原だけで、売主の債権者による摑取と善意の第三者の取得から〔買主を〕保護するのに十分であった。しかしながら、2002年の土地登記法は、現在つねに、エ・ク・イ・テ・ィ・上・の・権原の一部の効力のために、土地登記簿（*HM Land Register*）上に売買契約（*notice*）をひとしく登記することを求めている（*Baur/Stürner*, §64 Rn. 36）。

　　より深く学びたい人のために：*Armgardt*, Das Anwartschaftsrecht - dogmatisch unbrauchbar, aber examensrelevant, JuS 2010, 486; *Berger*, Der Immobilienkaufvertrag, JA 2011, 849; *Böttcher*, Die Entwicklung des Grundbuch- und Grundstücksrechts bis Juni 2013, NJW 2013, 2805; *Habersack*, Das Anwartschaftsrecht des Auflassungsempfängers - gesicherter Bestand des Zivilrechts oder überflüssiges Konstrukt der Wissenschaft, JuS 2000, 1145; *Hager*, Die Anwartschaft des Auflassungsempfängers, JuS 1991, 1; ders., Schenkung und rechtlicher Nachteil, Lieber Amicorum Leenen, 2012 S. 43 ff.; *Keller*,

Grundstücksschenkung an Minderjährige, JA 2009, 561; *Scherer*, Neuregelung für Grundstücksgeschäfte mit einer GbR – Rückschritt auf dem Weg zur Rechtsfähigkeit der GbR, NJW 2009, 3063; *Schmitz*, Wegweiser durch das Grundbuchverfahren, JuS 1994, 962 und 1054; *Schürnbrand/Weiß*, Land in Sicht? – Die Gesellschaft bürgerlichen Rechts im Grundbuch, ZJS 2009, 607; *Weirich*, Der Rang im Grundbuch, Jura 1983, 337; *Zimmer*, Die Gesellschaft bürgerlichen Rechts im Grundbuch, MDR 2009, 237.

事例研究：*Eickelmann*, Anfängerhausarbeit Zivilrecht: Grundstücksschenkung an einen Minderjährigen, JuS 2011, 997; *Gottwald*, PdW, Fälle 11-18; *Koch/Löhnig*, Fälle zum Sachenrecht, Fall 10; *Neuner*, Fall 13; *Obergfell/Hauck*, Klausur Zivilrecht „Riskante Schenkung", JA 2012, 178.

§ 18. 仮登記

Ⅰ．仮登記の意義

債務法上の義務負担行為が締結されると、譲渡人は、これにより土地所有 1 権を譲受人に移転する義務や、制限物権を相手方のために設定する義務を負う。しかし、義務負担行為が締結されても、譲渡人は、譲受人に対する義務に反して土地所有権を他の方法で処分することを妨げられない。

例：Aは、公正証書によってなされた売買契約に基づき、自らの土地所有権をBに譲渡する義務を負った。Bとのアウフラッスンクが締結される前に、Aは土地をより高い価格でCに売却し、Cに対してアウフラッスンクの意思表示をした。Cがこの時点で土地登記簿に登記されている場合には、Cがこの土地の所有者である。Bは、もはや所有者になれない。たしかに、Aはこれにより、Bとの売買契約から生じた義務に違反し、損害賠償義務を負うことになる。しかし、このことは、Cへの土地所有権譲渡の有効性になんら影響を与えない。AがBに対して債務法上の義務を負担したことは、Aの処分権限を制限しないのである。

たしかに、譲受人は、アウフラッスンクに基づく期待を有する場合には、いくらか保護を受けることができる（§17 Rn. 46以下）。しかし、アウフラッスンクが締結される時点よりも前までであれば、譲渡人は、第三者に処分す

ることによって、譲受人による〔権利〕取得を挫折させたり妨げたりすることができる。ほかにも、目的物に対する強制執行がなされるという危険もある。そこで、これらの危険に対処するための制度として、仮登記（**883条**）がある。

2　仮登記は、物権ではなく、土地登記簿に登記すべき**保全手段**であって、債権者が、物権変動を目的とする債務法上の請求権の履行を保全するのに役立つ（*BGH* NJW 2014, 2431）。仮登記がなされることによって、譲渡人（債務者）は、〔義務負担行為により負うことになった〕義務に反して土地を処分する権限が制限され、譲受人（債権者）は、譲渡人による義務違反の処分があっても物権を取得することができる。具体的にいうと、保全された債務法上の請求権の内容と矛盾する処分がなされても、これは仮登記権利者との関係においては**無効**とされる（883条2項）。

同時に、仮登記は第三者に対して以下のことを予告する機能をもつ。すなわち、第三者は、仮登記された請求権に反する権利を〔仮登記〕後に取得したとしても、仮登記が存在し、その仮登記が主張された場合には、いったん取得した権利を失う（883条2項・888条）ということを甘受しなければならない（*BGH* NJW 2014, 2431）。

Ⅱ．仮登記の要件

仮登記の要件
1．保全可能な請求権の存在（883条1項）
2．仮登記の許諾
a）一方的な許諾（885条1項、土地登記法29条）
b）仮処分（885条1項、民事訴訟法935条以下）
c）民事訴訟法895条所定の判決
3．許諾者の権限
4．土地登記簿への登記（883条・885条）

1．請求権の保全

a）保全可能な請求権 仮登記は、土地上の権利に関する物権変動を目的 3
とする請求権を保全するためのものである（883条1項1文）。動産上の権利
については、これを保全するための仮登記は、存在しない。〔土地に関する
権利の物権変動を目的とする〕請求権は、契約に基づくものでもよいし、法
律に基づくものでもよい。条件付請求権や将来請求権も、これらを仮登記に
よって保全することができる（883条1項2文。*OLG München* NJW-RR 2009,
950; さらに、*BGH* NJW 2012, 3431も参照）。同じく、遺贈に基づく請求権も、
仮登記をすることができる（この点につき、*BGH* NJW 2001, 2883）。しかし、
最も重要なのは、たとえば、売買契約により生じた土地所有権の移転請求権
である（いわゆるアウフラッスンク仮登記）。この場合、アウフラッスンク仮
登記の許諾請求権は、その旨の特約がなくても、売買契約から発生するのが
原則である（*Hager*, JuS 1990, 429, 433）。

　土地に制限物権の設定を求める請求権も、仮登記によってこれを保全する 4
ことができる。たとえば、土地債務の設定を求める請求権や、土地債務の譲
渡を求める請求権をあげることができる。**将来請求権**も仮登記によってこれ
を保全することができる。そのような請求権〔の仮登記の可否〕が主として
実際に問題となるのは、予約がなされる場合や売買契約締結の申込みが拘束
力をもつ場合（145条）である（この点につき、たとえば、*BGH* NJW 1967, 153
を参照）。しかし、将来請求権を仮登記によって保全することができるのは、
法的不安定性と土地登記簿への過度の負担を避けるため、将来請求権の発生
の法的基礎が確実な場合にかぎられる。この法的基礎がとくに認められるの
は、将来債務者が〔予約等によって〕すでに固く拘束されており、このため、
最終的な請求権の発生が債務者の意思に左右されない場合である（BGHZ 12,
115, 118; *BGH* NJW 1997, 861, 863; *N. Preuß*, AcP 201, 580, 587）。この要件は、予
約と拘束力のある売買の申込みの場合には満たされている。

　条件付請求権は、通常はこれを仮登記によって保全することができる（*BGH* 5
NJW 1997, 861, 863）。仮登記によって保全することができるのは、たとえば、贈
与に基づいて移転した土地の**復帰的譲渡**を求める請求権である。受贈者が重大な
忘恩行為（530条）をした事例（*BGH* NJW 2002, 2461）や、受贈者が贈与者より

も先に死亡した事例、あるいは、受贈者の財産に強制執行が開始されるおそれがある場合（*OLG München* NJW-RR 2009, 950）である。これら請求権は、十分に**特定されてもいる**。譲受人が譲渡人との約束に反して譲渡目的土地を処分したとき、とりわけ土地所有権を第三者に譲渡したときには復帰的アウフラッスンクを求める請求権が発生するとの合意がなされている場合、そのような条件付きの復帰的アウフラッスンク請求権も、仮登記によってこれを保全しうる。この場合は、137条1文〔法律行為に基づく処分の禁止〕に反する譲渡禁止にもあたらない（*BGH* NJW 1997, 861, 863; *Kohler*, DNotZ 1989, 339; 異なる見解として、*Timm*, JZ 1989, 13, 21）。

ただし、将来請求権や条件付請求権の**債権者**は、**特定されている**か、あるいは、少なくとも特定可能でなければならない。不特定の将来債権者のために仮登記をすることはできない（異なる見解として、*Ludwig*, NJW 1983, 2792, 2797; 特定性の要求をより低く見積もる見解として、*N. Preuß*, AcP 201, 580, 605 ff.も参照）。というのは、その債権者が不特定であるような将来請求権は、そもそも存在しえないからである。**真正な第三者のための契約**が存在する場合には、第三者自身の請求権を仮登記によって保全することができる。これに対して、真正な第三者のための契約が存在しない場合には、第三者は固有の請求権を取得していないので、要約者の請求権を保全するためにのみ、仮登記することができる（*BGH* NJW 2009, 356）。

6 　土地の単独所有者が、たとえば50％の土地持分を譲渡したいと考えても、これに相当する観念的な**持分**について仮登記を行うことはできない。たとえ被保全請求権がこの持分の移転だけを目的としていても、仮登記は、土地全体にしか行うことができない（*BGH* NJW 2013, 934）。「（いまだ）存在していない持分に仮登記を設定することはできない」という原則が適用される。

7 　**b）仮登記の付従性**　仮登記が存在しうるのは、**請求権が発生し、かつ、存在している間に限られる**。仮登記は、債権を保全する目的をもち（883条1項1文）、債権の存在とその実現可能性に対して絶対的に従属する（886条）。このため、仮登記は**付従性を有する権利**とされる（たとえば、BGHZ 150, 138, 142を参照）。

8 　所有権譲渡を求める請求権が**売買契約の取消し**により消滅すると、仮登記もこれにともなって自動的に消滅する。したがって、土地登記簿は不真正となる。仮

登記権利者は、その登記が不真正である場合、894条により抹消登記の許諾を与えなければならない。所有権譲渡を求める請求権が債権と債務の一致（混同）によって消滅する場合も、同様である（*BGH* NJW 1981, 447）。条件付請求権が〔仮登記の〕対象となっている場合に、その条件の不成就が確定したときは、同仮登記は消滅する（*BGH* NJW 2000, 1033）。また、所有権譲渡を求める請求権が、完全に履行されたために消滅する場合（362条1項〔履行による消滅〕）にも、法律に基づいて**仮登記は消滅する**。しかし、仮登記に反する処分が土地登記簿に登記されたままである場合、譲渡がなされてもなお仮登記は存続する。これにより、善意取得を妨げられる。

アウフラッスンク仮登記の運命が問題となるのは、債務者（土地所有者）が土地を売却し、新所有者が（仮登記）債権者に対する同意義務を引き受けた場合である。連邦通常裁判所の見解（BGHZ 200, 179=*BGH* NJW 2014, 2431）によれば、新所有者による**免責的債務引受**（414条・415条）がなされても、債権者の仮登記された（所有権譲渡を求める）請求権は、消滅しない。むしろ、原債務が存続し、原請求権も内容変更がなされることなく存続し、仮登記も存続する。このことの根拠となるのが418条1項2号の法思想である。これによれば、〔仮登記による〕保全の存続について当事者間で合意がなされているのであれば、債務引受があっても保全された請求権は消滅しない。仮登記されるのはつねに権利者（債権者）だけなので、債務者の変更も登記されない（Rn. 14を参照）。 9

虚偽行為に基づく請求権が仮登記によって保全される場合にも、付従性が意味をなす。このことは、よく筆記試験の問題になる。 10

事例23 ― 公証人費用の節約（BGHZ 54, 56をもとにした設例）：Ｖは、自己所有の土地をＫに60万ユーロで売却したいと考えた。ＶとＫは、売買契約が公正証書によってなされる前に、公証人に対して売買価格を40万ユーロと伝えることで合意した。これにより、Ｋは公証人費用を節約できるからであった。この合意に基づいて、売買価格を40万ユーロとする契約が公正証書によってなされ、アウフラッスンク仮登記がＫのためになされた。しかし、Ｋが所有者として登記される前に、Ｖは銀行Ｂのために同土地に土地債務を設定し、これを登記した。ＫはＢに対して土地債務の抹消を求めることができるか。

解決へのすじみち：

KはBに対して888条1項による土地債務抹消請求権を有するか。
このためには、Kは有効な仮登記を有する者でなければならない。
1．権利者Vによる仮登記の許諾が存在する（885条1項1文）。
2．Kは仮登記権利者として登記されてもいた（883条・885条）。
3．ただし、仮登記することのできる請求権の存在も必要である。
a）仮登記の許諾の対象となるのは、通常は、公正証書によってなされた売買契約に基づく433条1項にいう所有権移転請求権である。しかし、本設例において、この請求権が有効に成立したのか疑問である。というのは、60万ユーロの価格で土地を売却するという本来の意図である合意は、公正証書によってなされたものの、311b条1項1文の方式に適っていなかったため、125条1文〔方式不適合による無効〕により無効だからである。これに対して、実際に公正証書によってなされた意思表示は本来意図されたものではないため、虚偽行為として無効である（117条1項）。かくして、有効な請求権が存在しないことから、仮登記することのできる請求権も存在しない。
b）しかし、本設例における仮登記の許諾は、（さしあたり）方式上無効な口頭の契約を対象としていたといえるかもしれない。そうすれば、311b条1項2文に基づき、Kが所有者として登記されることで契約の治癒が発生し、遡及的に、仮登記することのできる請求権が発生したと解する余地がある。しかし、このように解するためには、遡及効を有する治癒が要件となるところ、311b条1項2文は遡及効を定めていない。むしろ、売買契約は、アウフラッスンクと登記によって契約が治癒された時点ではじめて有効になり、その効果が及ぶのは将来に向かってのみである。当事者の裸の意思は実際には〔もともとの〕口頭での合意に依拠しているのであるから、仮登記可能な請求権〔の存在〕を擬制することはできない（BGHZ 54, 56）。
c）311b条1項1文の方式に適っておらず、治癒することができるにすぎない口頭の契約からは、仮登記可能な将来請求権も発生しない。たしかに、将来請求権も883条1項2文により仮登記によって保全することができる。しかし、ここでいう将来請求権の存在が認められるのは、その請求権が発生するための法的基礎がすでに整えられている場合に限られる（BGHZ 134, 182）。このための要件は、有力説によれば、将来債務者によりもはや一方的に排除できない拘束力がすでに存在していること

(Erman/*Lorenz*, §883 Rn. 15; Palandt/*Bassenge*, §883 Rn. 15)、つまり、権利者の意思にのみ依存する拘束力（たとえば、拘束力のある申込み）がすでに存在することであるとされる。しかし、本設例はこのような事例にあたらない。というのは、売買契約の治癒の効果は、KとVが〔アウフラッスンクと登記とを〕共同して実行することによってはじめて、発生しうるからである。このように、純粋に事実上の取得見込みだけでは〔仮登記可能な将来請求権発生のための〕要件を満たさないというのが、異論のない一致した見解である。

かくして、仮登記することができる（将来）請求権は存在しない。このため、Kは仮登記権利者ではない。

結論：KはBに対して、888条1項による土地債務の抹消を求めることはできない。

2．仮登記の許諾

　保全可能な請求権の存在に続いて、有効な仮登記を発生させるための次の要件は、仮登記の許諾である（885条）。873条による物権的合意は、要件ではない。ここでの許諾とは、875条1項2文〔権利の放棄〕と876条3文〔負担付権利の放棄〕の類推により、譲受人または土地登記所に対してなされることを要する一方的な意思表示をいう。この許諾は、登記手続の目的にてらして、土地登記法29条の方式を要件とする。〔許諾がなされた後に〕権利者側に対して処分制限がなされても、それにより一度なされた許諾の効力は覆されない（878条の類推適用。BGHZ 28, 182, 185 f.; 131, 189, 197）。

　例：土地の売主Vが、875条2項の類推適用により拘束力のある方式で〔その買主〕Kに対して仮登記を許諾し、かつ、土地登記所に仮登記を求める申請がなされると、Kは仮登記を取得する。このことは、Kの仮登記が土地登記簿になされる前に、たとえば、倒産手続（倒産法80条1項）により、Vの処分権限が制限されたり、あるいは、Vの死亡後、その相続人の処分権限が遺言執行（2211条1項）にともない制限を受けたりしても、変わらない。というのは、当事者は、この場合において、仮登記を取得するために必要な自らの側でできることを全て行っており、土地登記所が登記申請をすぐに処理しなかったことについて責任を負うべきではないからである（民法典878条、倒産法91条2項）。

12 　取得者が譲渡人に対して仮登記の許諾を求める権利を有するかは、最終的には判決によって決まる（これについては、*Mülbert*, AcP 214, 309, 320）。しかし、権利者〔売主等〕が仮登記の許諾の意思表示を任意にしないときは、債権者〔買主等〕は自らの請求権を保全するために、債務者である権利者を相手方として裁判所に**仮処分**を申し立てることができる（民法典885条1項、民事訴訟法935条）。そして、この仮処分に基づき〔職権で〕仮登記が行われる。これと同じこと〔職権で仮登記がなされること〕が、物権変動についての仮執行宣言付き判決が権利者に言い渡されたときにも、民事訴訟法895条に基づき生ずる。

3．許諾者の権限

13 　許諾者は、仮登記が付される物権を有する者でなければならない。これが原則である。しかし、〔許諾者に〕権限がない場合には——土地〔所有権〕を取得する事案と同じく——892条と893条の類推適用による善意取得の問題となる（この点につき、§19 Rn. 33以下を参照）。

4．仮登記の設定と「再利用」

14 　**仮登記**は通常の〔本登記と同じ〕手続で行われる。登記されるのは、請求権の目的（たとえば、土地所有権の譲渡や土地への負担設定）と、その債権者である。債務の原因（たとえば売買契約）と債務者（仮登記時の土地所有者や目的である土地上の権利者）は、記載されない。債務者は土地登記簿の内容からわかるのが普通である（*BGH* NJW 2014, 2431を参照）。

　　仮登記は、物権的合意が有効になる前の時点でも、これを行うことができる（BGHZ 193, 152 = NJW 2012, 2032）。このため、当事者は、すでになされている仮登記を、当初の被保全請求権が（たとえば契約の解除により）消滅した後、同じ当事者間に生じた同内容の新たな請求権を保全するために、再び使うことができる。このことにつき、旧仮登記の抹消と新仮登記の設定は必要とされない（BGHZ 143, 175を参照。この判決を厳しく批判するのは、*Kesseler*, NJW 2012, 2765）。この場合、仮登記の効果は、新たな許諾がなされた時点から発生する。ただし、不真正になった仮登記を、事後の許諾により新たな請求権を対象として使えるようにするための要件は、**請求権・〔仮登記の〕記**

載・許諾がいずれも従前とまったく同じであることである。すなわち、ここでの仮登記と許諾は、同じ当事者間の物権変動を目的とする、従前と同じ保全可能な請求権を対象としなければならない（BGH NJW 2012, 2032, 2654）。

上述した〔請求権・仮登記の記載・許諾の〕一致のうち、請求権が〔一致しないという点で〕否定されるのは、たとえば次の場合である。すなわち、仮登記が、一身専属の復帰的移転請求権、つまり相続不可能かつ移転不可能な復帰的移転請求権を対象としていたところ、その後の許諾が相続可能な請求権を保全するものであるときである（BGH NJW 2012, 2032）。つまり、既存の仮登記の内容が、この仮登記の再利用可能性の限界を定める。仮登記が再び同じ債権者のために使われるのではなく、第三者のために利用される場合にも、仮登記の「再利用」は認められない（BGH NJW 2012, 3431）。

さらに、すでに存在する仮登記に、**別の被保全請求権を「上乗せ」する**こともできる。 14a

例：MはFに土地を譲渡した。離婚した場合にはMはFに土地の復帰的譲渡を請求できるとの合意がなされ、同請求権は仮登記によって保全された。2年後、「FはMの生存中は同土地を譲渡してはならない」との合意がさらになされた。加えて、公正証書によってなされた契約において、「すでに土地登記簿になされている復帰的アウフラッスンク仮登記は、譲渡禁止特約に違反した場合における復帰的譲渡請求権を保全するためにも利用される」との合意がなされた。契約の正本が土地登記所に提出され、記録にとどめられた。2年後、Fは同土地をWに譲渡し、Wが所有者として登記された。このため、Mは、Fに対して自らへの土地の復帰的アウフラッスンクを、Wに対しては土地登記簿に所有者としてM自身を再登記することについての同意を、それぞれ求めている。

この事案において、MはWに対して888条1項による同意を求めることができる。前述の通り（Rn. 3・4）、仮登記は条件付請求権または将来請求権のためにも設定しうるところ、本件では、883条1項に基づき、そのような仮登記がさしあたり有効になされていた。その後、復帰的アウフラッスンクを求める請求権が発生するための別の事由〔譲渡禁止特約〕についてもMとFの間で合意があり、この合意によれば、既存の仮登記がこの〔譲渡禁止特約に基づく〕請求権を同じく保全するものとされていた。このことは、通説によれば、新たな仮登記の許諾と登記がなくても可能とされる。従前の被保全請求権（すなわち、離婚を停止条件と

する復帰的譲渡請求権）は、別の合意によってこれを制限し、拡張し、それどころか入れかえることすらできる。これらによって、仮登記の保全効が失われることはない（*BGH* NJW 2008, 578, 579）。ただし、新たな請求権、あるいは別の請求権が、従前の被保全請求権と同じ給付を目的としていることが要件である（*BGH* NJW 2000, 805, 806）。本事例において、この要件は満たされている。この問題については、*Gergen*, JuS 2005, 523の筆記試験問題も参照。

Ⅲ．仮登記の効果

仮登記の法的効果
・保全効
・順位効
・完全効

1．保全効

15　**a）概要**　仮登記の最も重要な効果は、被保全請求権の履行をさせなくしたり侵害したりする処分が、**仮登記に反する処分**として**無効**になる点にある（883条2項1文）。この無効は、仮登記権利者との関係で**相対的無効**である。すなわち、仮登記権利者は、仮登記に反して権利が登記されている者に対して、仮登記された自らの請求権を実現するために同意を求めることができる（888条。Rn. 20以下）。これにより、仮登記権利者は保護される。仮登記の有効要件（Rn. 3以下）がすべて満たされると、その時点から保全効が発生する。つまり、ほとんどの場合、仮登記がなされることによって保全効が発生する。将来債権あるいは条件付債権が対象となっている場合には、これら債権が現実に発生する前に行われた処分も〔仮登記の〕保全効の対象となるが、〔そのためには〕その後、同債権が実際に発生しなければならない。888条による請求権の行使にあたって、仮登記権利者が仮登記された請求権の行使時に所有者（またはその他の権利を有する者）としてすでに登記されていることは、要件ではない（*BGH* NJW 2010, 3367）。

16　しかし、保全効によって〔被保全請求権が〕保護されるのは、仮登記に反する

処分に対してのみである。土地の使用賃貸や用益賃貸は、処分ではない。通説によれば、アウフラッスンク仮登記によって保全されている買主が、売主と第三者の間で締結された使用賃貸借契約の無効を主張することは、883条2項を類推適用してもできないとされており、この解釈は正当である。買主は、売主と第三者に対してこの賃貸借契約を566条〔売買は使用賃貸借を破らない〕に基づいて容認しなければならない（BGHZ 13, 1; *BGH* NJW 1989, 451; *Habersack*, Rn. 341; 異なる見解として、*Prütting*, Rn. 190; Palandt/*Bassenge*, §883 Rn. 20）。ただし、たとえば物権の設定は、処分にあたるだろう。処分と同視されるのは、別の仮登記について許諾したり、別の仮登記をすることである。この場合、883条2項と888条が類推適用される（Rn. 21）。

アウフラッスンク仮登記が権利者を保護するのは、〔権利者による〕所有権の取得ができなくされたり侵害されたりすることに対してのみである。**先順位の権利**を有する債権者（たとえば土地債務権者）が、強制執行により当該所有権を取得しようとしたり、開始された強制競売手続を続行したりすることを、仮登記により妨げることはできない（BGHZ 170, 378）。

b）相対的無効　処分の無効は、請求権を保全するのに必要な範囲に限られる。このことの**客体**の観点からの意味は、処分が被保全請求権の実現を妨げない限り同処分は有効であるということにある。 17

例：仮登記が、Gの土地債務設定請求権を保全していても、Eは自らの土地を有効に買主Kに譲渡することができる。Kは所有者になる。このことは、883条2項1文と矛盾しない。というのは、この処分（Kへの所有権の移転）は、土地債務の設定を求めるGの請求権を実現させなくしたり、侵害したりしていないからである。ただし、Kは既存の負担とともに土地を取得する。つまり、仮登記を負担する。このため、Gは新所有者Kに対しても土地債務の設定を求めることができる。また、復帰的アウフラッスンクを求める請求権を保全するための仮登記がなされていても、その仮登記の前に発生していた所有者土地債務を有効に譲渡することができる（BGHZ 64, 316）。

以上にくわえて、仮登記に反する処分は、**主体**の観点からしても相対的にのみ無効である。すなわち、仮登記に反する処分は、仮登記権利者との関係においてのみ無効である。それ以外の者との関係においては、同処分は有効である。このため、仮登記に反する処分も、土地登記簿に登記することがで 18

きる。したがって、仮登記は、**土地登記簿を閉鎖する効果を有しない。**

　例：Aは公正証書によってなされた売買契約において、自らの土地所有権をBに譲渡する義務を負った。Bのためにアウフラッスンク仮登記が土地登記簿になされた。これにもかかわらず、Aは同土地をその後Cに譲渡し、さらに、Cは自らを所有者として登記するための申請を行った。

　この事案において、たしかに、Cは所有者として自らをまだ登記することができ、これによって、B以外のすべての者との関係で所有者となる。しかし、仮登記に反する処分は相対的無効であるため、Bとの関係ではいぜんとしてAが所有者である。Cへの所有権の移転は、Bとの関係では無効である。このことは、Cへのアウフラッスンクが仮登記の登記前にすでに行われていたとしても、同様である。アウフラッスンクと登記とで1つの処分の過程を形成しており、〔Cによる〕それは、Bによる仮登記（883条1項）がなされた後にはじめて完結したからである。

19　**保全効が消滅する**のは、保護されている仮登記権利者が仮登記に反する処分に対して同意を与えた時、たとえば、アウフラッスンク仮登記の後に設定された土地債務を追認した時である。この場合、土地債務やそのほかの権利は、仮登記があるにもかかわらず、有効に発生したことになる。このことは、土地登記簿に有効な注記をすることによって明らかにすることができる（*BGH* NJW 1999, 2275）。また、仮登記が抹消されることにより、その時点で保全効は終了する（たとえば、875条の類推による放棄や被保全請求権の消滅による仮登記の抹消）。さしあたり無効とされていた処分は、仮登記の抹消により有効となる。ただし、仮登記が抹消される前に、その被保全請求権が実現された場合には、この限りでない（*BGH* NJW 1992, 1683）。

　例：Aは自己の土地を息子Sに贈与し、その所有権を譲渡した。その際に、「Aの存命中にSが土地を〔他人に〕譲渡した場合には、復帰的アウフラッスンクを求める請求権がAに生じる」との合意がなされた。復帰的アウフラッスンクを求める将来請求権を保全するために、仮登記がなされた（883条1項2文）。お金が必要になったSは土地をKに売却し、Kはアウフラッスンクに基づいて土地登記簿にも登記された。Kによる取得は、Aとの関係では883条2項により無効である。Aの存命中は、Aは復帰的アウフラッスンクを求めることができ、Kはすでに取得した所有権を失う。Aが復帰的アウフラッスンクを行う前に亡くなると、この

復帰的アウフラッスンクを求める請求権は〔上記 AS 間の〕合意により消滅し、同請求権とともに仮登記も消滅する。〔これにより、〕K の所有権取得は完全に有効となる。このため、A の娘 T が相続人に指定されても、T はこの土地所有権を取得することはもはやできない（BGH NJW 1992, 1683 も参照）。

契約違反の中間処分に対する保護
・883 条 2 項に基づく仮登記
・1098 条 2 項と 883 条 2 項に基づく物権的先買権
・所有権留保または 161 条に基づく停止条件付権利の取得の合意

c）仮登記に反する処分後の登記　仮登記権利者が自らの権利〔物権〕を取得するためには、仮登記権利者の本登記が土地登記簿になされなければならない。このため、仮登記に反する処分がすでに本登記されていても、仮登記権利者による本登記を可能にする規定が必要となる。これを実現するのが、**888 条 1 項に基づく請求権**である。同項は、仮登記された請求権を実現するのに必要な本登記や〔仮登記に反する〕登記の抹消について、〔第三者が〕**同意**することを目的とする。

888 条 1 項に基づく請求権の要件
1．請求権者のための有効な仮登記の存在
2．請求の相手方のために権利が登記されていること
3．その権利が 883 条 2 項に基づいて相対的に無効になる仮登記に反する処分に依拠していること
4．請求権に対する抗弁権や抗弁が存在しないこと

例（Rn. 18 と同内容の設例）：A は自らの土地を B に売却し、土地登記簿にアウフラッスンク仮登記をすることについて許諾を与えた。その後、A は同土地を C に売却し、C が所有者として土地登記簿に登記された。

この事案において、B との関係では A がいぜんとして所有者であるので、B は、自らの売買契約に基づく請求権を根拠として、A に対して土地のアウフラッスンクを求めることができる。しかし、C に対してアウフラッスンクを求めることは

できない。というのは、BはCと売買契約を締結していないからである。Bが土地登記簿への登記を望むのであれば、Bは登記申請を行って（土地登記法13条1項）、Aとのアウフラッスンクを提出することができる（土地登記法20条）。しかし、先行登記の原則（土地登記法39条。§17 Rn. 38）があるために、難しい問題が生じる。アウフラッスンクの意思表示をしたAは登記されておらず、〔Cの〕登記が存在するため、Cが土地登記法上の利害関係人として登記の許諾を与えなければならないところ（土地登記法19条）、Cとの関係では、Bは売買契約に基づく請求権を有していない。この状況を解決するのが、888条1項である。この規定により、Bは、仮登記に反して〔本〕登記されているCに対して、CがBの〔本〕登記を土地登記法19条に基づいて同意するよう求める請求権を有する（*BGH* NJW 2000, 3496も参照）。そして、この〔Cの〕許諾に基づき、Bを所有者として登記することができる。

21　譲渡人がアウフラッスンク仮登記について許諾をし、その仮登記がなされた後に、その譲渡人が目的の土地を「処分」して、その処分につき第三者のための**新たな仮登記**が設定された場合には、たしかに、888条1項所定の「登記された権利」もその土地についての権利も、厳密には存在しない。しかし、通説によれば、ほかの債権者のための仮登記は、883条2項のいう**仮登記に反する処分**にあたる（MünchKomm/*Kohler*, §883 Rn. 53を参照）。このため、**888条1項が準用される**。上記設例においてCが所有者としてまだ登記されておらず、Cのための仮登記がなされているにすぎない場合には、BはCに対してこの仮登記の抹消を求めることができるだろう。

　仮登記に反する処分として、土地に第三者のための**物権を設定**した場合、たとえば土地債務や役権の設定がなされた場合を考えるとする。この場合、仮登記によって保全されている譲受人は、888条1項に基づいて、仮登記に反して登記されている権利の抹消を、物権を有する第三者に対して求めることができる。ただし、このように譲受人が物権の権利者に対し独自の登記抹消請求権を有するからといって、それにより、売主に対して負担なき〔権利の〕移転を求める請求権（433条1項2文・435条2文）と抗弁権（320条〔未履行の抗弁権〕）が不要になるわけではない（*BGH* NJW-RR 1986, 310; NJW-RR 2004, 1135）。

22　888条1項による請求権は、たしかに物権的請求権であるが、通説によれば、**遅滞に関する規定**もこれに準用されるべきである（Palandt/*Bassenge*, §888 Rn.

4; 異なる見解として、BGHZ 49, 263を参照)。同意義務者がその意思表示をするにあたって遅滞に陥った場合には、その者は280条2項と286条に基づいて損害賠償義務を負う。888条1項による同意義務を負う第三者は、768条〔保証人の抗弁権〕と1137条〔抵当土地の所有者の抗弁権〕の類推適用により、債務者の抗弁権も有する（*BGH* NJW 1989, 220, 221)。というのは、仮登記は被保全請求権に付従するからである (Rn. 7以下)。ただし、この第三者は、債務者がまだ履行していないとの抗弁権を主張することはできない (*BGH* NJW-RR 1988, 1357)。また、不適法な権利行使の異議をも、888条1項に基づく請求権に対して主張できる (BGHZ 79, 201, 204)。しかし、216条1項〔被担保請求権の消滅時効の効果。被担保債権が時効消滅しても抵当権等は消滅しない〕を仮登記に類推適用することはできない (*BGH* NJW 1989, 220, 221)。

　法律または官庁による譲渡禁止 (135条・136条) に違反する処分が行われた場合にも、888条1項による請求権が存在する (888条2項)。また、善意で仮登記の移転を受けた者の処遇には、888条を類推適用することができる (§19 Rn. 33)。

2．順位効

　仮登記は、被保全請求権が履行されることで発生する将来の権利の存在を予告する。法律は、この予告を効果と結びつけている。すなわち、仮登記の順位保全効として、将来の権利が仮登記の順位を得ること (883条3項) により、その権利は仮登記の付された法的地位となる。 23

3．完全効

　さらに、将来の権利の効果が仮登記によって現時点ですでに現れる（完全効)。これは、たとえば**倒産** (倒産法106条) や強制競売 (強制競売法48条) の場面で、将来の権利があたかもすでに存在するものとして、仮登記が扱われることによる。 24

　たとえば、倒産法129条以下による倒産否認の基準時は、仮登記時であって所有権の名義書換時ではない (*BGH* NJW 1983, 1543; *Gerhardt*, ZIP 1988, 749)。さらに、倒産管財人は、仮登記によって保全されている請求権の履行を倒産法103条〔倒産管財人の選択権〕によって拒絶することはできない。

4．985条以下の類推適用

25　〔仮登記は，〕広範囲にわたって完全権としての物権に近い保護を〔将来の権利に〕与えるので，完全な権利を保護するための上記以外の規定も，——物権的期待権と同じように（§14 Rn. 22 以下）——将来の権利の予備的効果として仮登記権利者のために適用することが正当化される。このため，仮登記に反する譲受人と仮登記権利者の関係に対して，**985条以下を類推適用**することができる（通説。異なる見解として，*Mülbert,* AcP 214, 309, 335 ff.）。結局のところ，譲受人は，仮登記権利者との関係においてはたんなる登記占有者にすぎない。したがって，登記占有を返還すべき譲受人の義務は，利益状況にてらすと，占有を返還するべき無権原占有者の義務（985条）に準じてこれを考えることができる。

例：M は妻 F に住宅用地の所有権を移転し，その際，F は同土地を M の存命中は譲渡しないという義務を負った。この譲渡禁止に関する復帰的アウフラッスンクを求める（条件付）請求権が，仮登記によって保全された。その後，F は土地を W に譲渡した。公正証書の文言には，M のために存在するアウフラッスンク仮登記についての指摘もあった。W は〔請負人に〕同土地上の家屋の傷んだ屋根を修理させ，家屋の正面部分を新たに塗り直させた。M はこの〔FW 間の〕土地取引を知り，F に同土地の復帰的アウフラッスンクを求めた。M が勝訴し，最終的に W の同意を得て，M を同土地の所有者とする土地登記簿上の再登記がなされた。この事案において，W は自らが出損した費用の償還を求めることができるか。

994条と995条による W の費用償還請求権は，否定されなければならない。というのは，W が費用を支出した時には，W 自身が所有者だったからである。したがって，987条以下は〔この事案に〕あてはまらない。それどころか，仮登記権利者（この事案では M）と仮登記に反する譲受人（この事案では W）の関係にあてはまる規定が存在しない。この計画されていなかった法律の欠缺に直面している以上，987条以下の類推適用を試みるほかはない（BGHZ 75, 288）。〔987条以下の直接適用の場面と〕利益状況は同じである。すなわち，占有者は費用を支出したが，その支出による利益は最終的には占有者自身ではなく第三者に帰属している。屋根の修理が必要費であることは，明らかである。しかし，W が悪意ではなかった場合にかぎり，W は994条1項1文の類推適用による償還を求めることができる。しかし，公正証書の内容によれば，W は仮登記の存在を認識していたといわざる

をえない。このため、Wは悪意であった。したがって、Wの費用償還請求権は、せいぜい994条2項の類推適用により発生する程度である。有益費にすぎない正面部分の塗り直し費用に関しては、Wはなにも請求することができない（996条）（*Auer*, JuS 2007, 1122の筆記試験問題の事例も参照）。

987条と990条も**利用利益の返還**について類推適用することができるのが、原則である（BGHZ 87, 296, 301; 144, 323）。たとえば446条に基づいて、利用利益は所有者との関係においても仮登記権利者に帰属すると解することで、仮登記権利者は、仮登記に反する譲受人に対して、987条の類推適用によりその範囲内で利用利益の償還を求めることができる（BGHZ 144, 323; *Kern*, JuS 1990, 116, 118）。ここでも、**悪意**とは、仮登記の存在を知っているか、または、重過失により知らないということである（先買権の同様の事案につき、*BGH* NJW 1983, 2024を参照）。さらに、第三者が土地に対する妨害行為を行う場合、仮登記権利者であっても、1004条に基づく妨害排除請求権を有する。

26

IV. 仮登記の移転

仮登記は、債権的請求権の保全を目的とするため、法的にもこの**請求権に結びつけられている**。仮登記は、これを独立して譲渡することはできない。**被保全債権の譲渡**（398条）だけが可能であり、仮登記は、401条1項の類推適用により、法定の効果として自動的にその請求権に随伴する（RGZ 142, 331, 333）。実際には有効に発生していない仮登記を善意取得できるかについては、争いがある（くわしくは、§19 Rn. 34以下を参照）。

27

アウフラッスンクがすでになされていても、仮登記の基礎となる債務法上の履行請求権は、所有権の移転が土地登記簿上の登記により完全になされるまで、いぜんとして消滅することはない（*BGH* NJW 1994, 2947, 2948）。しかし、アウフラッスンクをもう一度求めることはできない。このため、債務法上の履行請求権の譲渡は、アウフラッスンクがなされた後は、アウフラッスンクの期待とともにのみこれを行うことができる。というのは、〔履行請求権の〕譲受人はアウフラッスンクがなければ所有者になることができず、また、アウフラッスンクの期待をともなわない履行請求権の譲渡を認めると、同請求権の内容が変じられることになり、これは、399条第1事例〔内容が変じられた際の譲渡の排除〕のいう独立した

28

譲渡可能性に矛盾するからである。

29　仮登記は〔被保全請求権の〕譲渡によって法律に基づいて譲受人に移転するので、土地登記簿は不真正になる。しかし、譲受人は、894条による〔仮登記の〕訂正を求めることで、新権利者として土地登記簿に自らを仮登記することができる。条件付の〔請求権〕譲渡がなされた場合には、条件成就前であっても、この譲渡を土地登記簿に登記することができる。これにより、161条3項に基づく善意取得を防ぐことができる（*BayObLG* NJW-RR 1986, 697）。

V．仮登記の法的性質

30　仮登記は、将来の権利の個々の効果をあらかじめ公示し、しかも、〔被保全請求権の目的である土地の〕各譲受人との関係において相対的無効をもたらす。それにもかかわらず、立法者は、種類が限定された〔法定〕物権の中に仮登記を採用しなかった（§3 Rn. 2以下）。仮登記は、**独自の方法で請求権を実現するための保全手段**であって、〔その限りで〕**個別の物権的効果をともなう**制度として構築されている（BGHZ 34, 254, 257; 60, 46, 49）。たとえば、仮登記権利者による取得は、仮登記によって保全されているために、他人がこの取得を奪うことはもはやできず、取得が覆されることもない。この点にてらせば、〔仮登記に物権的効果があることは〕明らかである。法律は、仮登記のこの絶対的な第三者効を先買権にも認めており（1098条2項）、先買権を物権として認めるきっかけにしている。このように、仮登記にも〔先買権と〕同じ絶対的な第三者効があるため、そのほかの物権と同じように、仮登記にも、823条1項と1004条の保護を与えるべきである（*BGH* NJW 1991, 2019; *Canaris*, FS Flume, 1978, S. 384 ff.; 異なる見解として、*Paulus*, JZ 1993, 555）。894条も類推適用することができる（§20 Rn. 4）。

VI．物権的先買権

31　先買権は法律に基づいて成立するか（たとえば577条に基づく使用賃借人。*BGH* MDR 2015, 328）、あるいは、債務法上の合意による（463条以下）。後者は、土地の制限物権としても設定することができる。この場合、登記することもできる。物権的先買権（1094条以下）は、仮登記と同じく、第三者に対して

効果をもつ（1098条2項）。先買義務者が目的物または共有持分を第三者に売却すると（463条〔先買権の行使要件〕）、先買権利者は先買権に基づいて一方的な形成権の意思表示をすることで、先買義務者との間に売買契約を成立させることができる（1098条1項1文、464条2項〔先買権の行使〕）。このため、同一物について2つの売買契約が、先買義務者との関係で存在する。すなわち、先買義務者が売却したいと考えた第三者との売買契約と、先買権利者が一方的な形成の意思表示をしたことで成立した売買契約である（464条）。先買義務者と第三者が、先買権利者を排除する方法を模索することがある。たとえば、砂利を採取するための土地に関して、売買の代わりに長期間（99年）の役権〔の設定〕について、合意することができる。このような方法で先買権利者を排除することも許されている（*BGH* NJW 2003, 3769）。

先買義務者は2つの売買契約のうち1つしか履行することができない。このため、先買権利者は、自身の請求権がしっかりと履行されるように、なにか**担保**となる方法がないか、考えるにちがいない。たとえば、**制限物権**である物権的先買権がある。この権利は仮登記と同じ効果をもっている。すなわち、先買権に反する処分を相対的に無効にするのである（1098条2項、883条2項）。さらに、先買権利者は、第三者に対して、自身を所有者として登記することにつき同意を求めることができる（1098条2項、888条1項）。

〔第三者である〕買主と先買権利者の関係に対しては、仮登記がなされた場合（Rn. 25・26）と同じように、987条以下と994条以下を類推適用することができる（*BGH* NJW 1983, 2024）。第三者は、売主である先買義務者に支払った売買代金の償還を受けるまで、1100条に基づき、買主として履行拒絶権を有する。先買権が複数の土地に及んでいる場合、先買権利者は1つ（それぞれ）の土地に限定して先買権を行使することもできる（467条2文の準用。BGHZ 168, 152）。（分筆されていない）土地全体を対象とする物権的先買権を制限する方法として、その土地の一部が十分に特定されている場合に限って、物権的先買権利者が土地の売買に際して取得できるのはその一部のみとするものがある（*BGH* NJW 2014, 3024）。物権的先買権の成立が土地登記簿に登記されていなかったために認められない場合にも、解釈によって、少なくとも債務法上の先買権の成立が求められているかが検討されなければならない（*BGH* BB 2014, 65）。

より深く学びたい人のために：*Baker*, Zu viele Vormerkungen, Jura 2010, 450;

32

Denck, Die Auflassungsvormerkung für den Versprechensempfänger und der Schutz des unbenannten Dritten, NJW 1984, 1009; *Hager*, Die Vormerkung, JuS 1990, 429; *ders.*, Die „Wiederaufladung" der Vormerkung, FS Kanzleiter, 2010, S. 195; *Kesseler*, Das Missverständnis um die Rechtsnatur der Zustimmung nach § 888 I BGB, NJW 2010, 3341; *ders.*, Segen und Fluch der „Wiederverwendbarkeit" einer Vormerkung, NJW 2012, 2765; *Löhnig/Gietl*, Grundfälle zur Vormerkung: Die Handlungsmöglichkeiten des Auflassungsvormerkungsinhabers, JuS 2008, 102; *Medicus*, Vormerkung, Widerspruch und Beschwerde, AcP 163, 1; *Morell*, Schicksal der Vormerkung beim redlichen Erwerb eines Auflassungsanspruchs, Jura 2008, 165; *Stamm*, Die examensrelevanten Probleme der Vormerkung in der Falllösung, JuS 2003, 48.

事例研究：*Auer*, Referendarexamensklausur: Vormerkung und EBV - Wie gewonnen, so zerronnen, JuS 2007, 1122; *Edenfeld*, Die übertragene Apotheke, JA 1997, 122; *Ehricke/Diehn*, Durchsetzung des gutgläubigen Erwerbs einer Vormerkung, JuS 2002, 669; *Fehrenbacher/Kharag*, Fortgeschrittenenklausur: Vormerkung und Leistungsstörungsrecht, JuS 2009, 930; *Finn*, Grundfall zum dinglichen Vorkaufsrecht, Jura 2009, 442; *Gergen*, Übungsklausur: Zum Problem der erneuten Bewilligung einer inhaltsgleichen Auflassungsvormerkung, JuS 2005, 523; *Gottwald*, PdW, Fälle 19-28; *Gursky*, Klausurenkurs im Sachenrecht, Fälle 2-4; *Kaiser*, Referendarexamensklausur: Scheingeschäft und Vormerkung, JuS 2012, 341; *Koch/Löhnig*, Fälle zum Sachenrecht, Fall 11, 13; *Neuner*, Fälle 14, 15; *Ohly/Werner*, Grundprobleme der Auflassungsvormerkung, JuS 2007, 449; *Thomale*, Fortgeschrittenenklausur: Vormerkung und ungerechtfertigte Bereicherung - Todtnauberg, JuS 2013, 42; *Thümmler*, Referendarexamensklausur: Gutgläubiger Ersterwerb einer Vormerkung, JuS 2009, 635; *Vieweg/Röthel*, Fälle 32-34, 38; *Witt*, Schicksal einer Auflassungsvormerkung, JuS 2004, 48.

§ 19. 土地登記簿の公信力

Ⅰ．891条による真正性の推定

　登記手続の要件は厳格に定められており（§17 Rn. 31以下）、かつ、登記は土地の権利に関する物権的処分行為を有効にするための実体法上の効力要件とされている。このため、土地登記簿が土地上の物権関係を正確に反映しているということは、ある程度保障されている。たとえば権利の移転や消滅が法律に基づいて生じたり、相続によって発生したりして、土地登記簿外で物権〔の帰属〕状態に変化が生じることがある。それでもなお、ほとんどの事案で、土地登記簿が土地の物権〔の帰属〕状態を正確に反映しているものと〔一般に〕いうことができる。

　891条は、以上の事柄をふまえて、土地登記簿に権利者として登記されている者が真正権利者でもあることと、登記されている内容通りの権利が登記名義人に帰属していることとを**推定**する。この推定は、土地台帳に登記されている境界線が真正であることにも及ぶ（BGH NJW-RR 2006, 662; OLG Hamm MDR 2014, 1251）。権利〔の登記〕が抹消されている場合には、この権利はもはや存在しないことが推定される（891条2項）。推定は**証明責任の転換**をもたらす。権利者として登記されている者は、自らの権利を立証する必要がない。この権利は存在するものと推定される。むしろ、登記を真正ではないと考える者が、登記の不真正を立証しなければならない。この限りで、891条は、〔目的物が〕動産の場合の1006条と同じ推定機能を有している。ただし、891条は、所有権だけではなく、土地登記簿に登記された物権すべてに及ぶ。さらに、同条は、抹消された権利の不存在も推定する。

　891条の推定は、相手方の立証によってのみ、これを覆すことができる。もっとも、所有権の推定を否定するためには、ありうべきすべての取得事由が存在しないことを立証しなければならないわけではなく、登記名義人が関係している事由だけを立証すればたりる（BGH NJW 1979, 1656）。

3 　891条は、2009年10月1日以降、**899a条1文の推定**によって補われている。同条項によれば、土地登記簿に権利者として登記されている民法典上の組合に関しては、土地登記法47条2項1文〔民法典上の組合の登記〕により土地登記簿に登記されている者が組合員であること、および、それ以外には組合員が存在しないことも推定される（くわしくは、Rn. 36以下）。

II．土地の権利の善意取得

1．土地登記簿の公信力

4 　891条の真正性の推定は、一方で、登記名義人の利益のためにはたらく。他方で、民法典は、土地登記簿が真正であることを信頼して法的取引に参加する者も保護する（土地登記簿の公信力）。たとえ土地登記簿に登記されている権利が実際には存在していなくても、あるいは、登記されている内容通りには存在していなくても、土地登記簿を信頼した者は、土地登記簿上に登記されている権利を善意取得することができる。すなわち、権利が土地登記簿に正確に登記されていない場合に、まさに土地登記簿の公信力が問題となるのである。真正権利者が土地登記簿に登記されていないと、この権利者は自らの権利を失う。なぜならば、土地登記簿の真正性を信頼して法律行為に基づく取引が行われたのであれば、この取引の保護が〔真正権利者の保護に〕優先するに値するからである。

例：
・Ａ（たとえば表見相続人）が、誤って所有者として土地登記簿に登記されていた。Ａがこの土地についてＢとアウフラッスンクを締結すると、たとえ、実際には（真正相続人）Ｅが所有者であり、Ａがこの土地の処分権限をまったく有していなかったとしても、Ｂは善意であればこの土地所有権を取得することができる。
・債権者Ｇのために設定され、登記された土地債務が、無権代理人によるものであるために存在しない場合（177条〔無権代理人による契約の締結〕）であっても、善意の取得者は、Ｇから土地債務の移転を受けることができる。

5 　〔公信力の〕保護の対象となるのは、原則として、物権関係に関する登記〔内容〕についての善意に限られる。とりわけ、土地上の物権〔所有権等〕や、土地に関する権利を対象とする権利〔用益権を対象とする質権等〕の存在・

内容・権利者についての登記が、公信力により保護される。これに対して、土地登記簿外の事実関係についてなされる土地登記簿上の注記、たとえば建物の建築方法に関する注記は、これを信頼しても、公信力による保護を受けない。登記に異議が付されると、善意取得することができなくなる。また、登記不能な権利は、これを善意取得することができない (BGHZ 130, 159, 170)。なお、Rn. 20を参照。

例：AもBも同じ土地の単独所有者として登記されている場合、善意取得は排除される。民法典が定めていない権利が、不適法な方法で登記されていても、この権利を善意取得することはできない。土地に対する共有持分をともなわない住居の特別所有権は、たとえそれが土地登記簿に登記されているとしても、この特別所有権を取得することも許されないであろう。なぜならば、両権利は不可分のものだからである (*BGH* NZM 2004, 876)。

しかし、892条は、登記を要する権利と、たんに登記可能な権利のいずれにも適用される。**登記を要する権利**とは、（とりわけ873条により）登記を効力発生要件とする権利、つまり、登記が設権的効果をもつ権利である。これに対して、たんに**登記可能**な権利とは、登記がなくても法律に基づいて発生する物権である。たとえば、民法典1287条2文や民事訴訟法848条2項による保全抵当権である。この場合、登記はたんに宣言的効果をもつにすぎない。それにもかかわらず、保全抵当権は、登記されていれば、法律行為による移転によってこれを善意取得することができる。逆に、取得者が保全抵当権〔の存在〕を土地登記簿から認識することができず、かつ、この権利の存在を土地登記簿以外の方法によっても知ることができない場合には、取得者はこの土地を負担のないものとして善意取得することができる (Staudinger/*Gursky*, §892 Rn. 23; MünchKomm/*Kohler*, §892 Rn. 19)。

6

2．892条の適用範囲

892条と893条は、法律行為に基づく取引の保護について、詳細に定めている。892条によれば、土地登記簿に対する信頼があることによって、無権限者から土地の権利を善意取得することができる。

7

a）法律行為に基づく処分　土地登記簿の真正性に対する信頼が保護されるのは、土地登記簿に登記することができる物権が**法律行為に基づいて処分**

された場合に限られる。法律に基づいて発生する権利変動や行政行為による権利変動は、〔公信力による〕保護の対象にならない。892条1項1文が保護の対象になる処分行為として挙げているのは、土地の権利の取得である。これに具体的に該当するのは、土地所有権の取得である。しかし、それだけではなく、役権や土地質権などの土地に対する制限物権の設定や、新たな権利者への制限物権の移転も該当する。さらに、892条1項1文は、制限物権を目的とする物権の取得も保護の対象とする（「又はその権利を目的とする権利」）。この権利にあたるのは、用益権（1068条1項）と質権（1273条1項）である。これら権利は、権利をも目的として発生しうる。

8　892条1項1文に定められていないその他の処分行為はすべて、一般条項である**893条**によって、土地登記簿の公信力による保護に服する。これに該当しうるのは、たとえば、内容の変更（877条）、順位の変更（880条）または仮登記（883条。Rn. 33・34）である。893条の適用を受ける事案のうち、同条が明文で定めているものは、〔土地登記簿に記載された〕物権の内容に合致するかたちで、正当な権利者として登記されている者に対し給付が行われた場合である。

　　例：無権限者Nが土地債務権者として登記されているけれども、実際にはGが土地債務を有している場合、このことを知らないEは、〔登記名義人〕Nに対して給付をすることができる。すると、Gのための土地債務は消滅する。

　　ある組合の**組合持分**が処分されたとしても、その組合が所有している土地所有権の処分が行われたわけではない。したがって、892条と893条のいずれの適用もない（*BGH* NJW 1997, 860）。

9　**b）権利取得と善意取得による負担からの解放**　公信力の保護の対象は、登記されているけれども実際には存在しない権利の善意取得に限られるわけではない。それ以外に、〔実際には〕存在する権利が登記されていないか、あるいは、これが抹消されている場合には、892条は善意取得による負担からの解放も認める。

　　例：土地登記所は、Gの土地債務〔の登記〕を誤って抹消してしまった。Eが、土地債務は存在するけれどもその登記がなされていない土地を有していたところ、

Eはこの土地所有権をDに譲渡した。Dはこの土地登記簿〔の内容〕が真正であると信じていた。その後、Gが自らの土地債務が誤って抹消されたことを知ったとしても、GはDになにも請求することができない。たしかに、〔登記が〕誤って抹消されたとしても、土地債務が消滅するわけではない。しかし、Dは負担なき土地所有権を善意取得することができる。つまり、土地債務の負担を受けない土地所有権を取得できる。なぜならば、Dは、土地登記簿上すでに抹消されたものとして記載されている土地債務が、実際上も、もはや存在しないということを信じていたといえるからである。Dの善意取得により、土地債務は消滅する。Dは、土地債務の登記の回復について同意をする必要はない。

善意取得による負担からの解放は、仮登記が誤って早く抹消されてしまった場合にも可能である。たとえば、アウフラッスンクの仮登記が買主のためになされ、所有者がこの仮登記に反して土地債務を自らの債権者のために設定した場合、この土地債務は〔仮登記をした〕買主との関係では無効である（§18 Rn. 15以下）。しかし、買主が所有者として登記され、仮登記が抹消されたにもかかわらず、土地債務〔の登記〕が抹消されていないと、債権者はこの土地債務を第三者に譲渡することができ、この第三者は892条により仮登記の負担がないものとして土地債務を善意取得することができる。この場合には、所有者は888条による土地債務の抹消をもはや求めることができない。したがって、仮登記に反する処分がなされる可能性が排除されるまでは、仮登記を抹消するべきではない。このことに注意を払わなかった公証人は、公証人法19条による責任を負う（*BGH* NJW 1991, 1113の例）。

c）処分制限 ある者が、登記の記載にてらして、登記されていない**相対的処分制限**、あるいは、一度登記されたもののその後に抹消された**相対的処分制限**は実際にも存在しないものと信頼した場合には、このような善意も892条1項2文により保護される。

例：Eは複数の土地を含む多くの財産を相続した。Eは土地登記簿に所有者として登記されたが、遺言執行の規範に則って処分権限の制限を受けた（2211条1項）。しかし、複数の土地の1つに関する遺言執行の注記が、土地登記簿になされていなかった。この場合、Eはこの土地を善意取得者に有効に譲渡することができる。

12 　しかし、これ〔相対的処分制限の場合〕と異なるのが**絶対的**処分制限である。この点に関連して、筆記試験との関係で重要なのは1365条である。同条は、夫婦財産制のうち剰余共同制の夫婦に対して適用される。これによれば、〔一方配偶者が、〕経済的な観点からみて夫婦の唯一の財産と判断される土地所有権を処分した場合、他方配偶者が〔この処分の〕同意を拒絶したときは、〔同処分は〕絶対的に無効である。

　　例：Aは妻と剰余共同制とされた財産で生活していた。Aは、本質的に唯一の財産である自らの土地を、妻の同意を得ることなくBに譲渡した。BはAの財産関係を知っていた。この場合、たとえBがすでに土地登記簿に登記されているとしても、妻はBに985条による土地の返還と894条による土地登記簿の訂正を求めることができる（1368条〔無効の主張〕を参照）。というのは、売買契約も物権的処分も妻の同意がなければ絶対的に無効だからである。892条1項2文（の類推適用）によるBの善意取得は、認められない。

　　ただし、判例は**取引保護**の観点から〔1365条の適用範囲に対して〕制限を加えている。個別の財産（たとえば土地）が処分された場合、取得者が、譲渡された目的物が本質的に唯一の財産にあたることを知っているか（BGHZ 43, 174）、あるいは、少なくとも、このこと〔当該財産が夫婦の全財産にあたること〕を基礎づける財産関係〔剰余共同制を採用した夫婦関係〕を知っている（*BGH* NJW 1993, 2441）ときにのみ、1365条の適用がある。配偶者の一方が土地債務を設定することにより、全財産の処分と同様のことを行ったというかが問題となる場合には、土地債務の額面だけではなく、将来執行される際に積算される土地債務の利息（土地債務の年利の2.5倍の額）をも、判断の考慮要素にしなければならない（*BGH* NJW 2011, 3783）。

13 　892条1項2文により保護されるのは、未登記の処分制限あるいは抹消された処分制限の**不存在**についての信頼に限られる。これに対して、既登記の処分制限とそこから導き出される処分権限の存在についての信頼は、892条1項2文によって積極的には保護されない。

　　例：遺言執行の注記が土地登記簿に記載されている場合において、買主が遺言執行者から土地を取得したとしても、遺言執行が土地取得時にすでに終了していたときは、買主は登記を援用することができない。

3．善意取得の要件

892条の要件
1．**法律行為に基づく**取得（873条）
2．**取引行為**の存在
3．譲渡人が権利者または負担のない権利者として土地登記簿に**登記されている**こと
4．土地登記簿上に〔登記することが〕**適法な登記**があること
5．取得者が土地登記簿の登記の不真正について**知らない**こと
6．土地登記簿に**異議が登記されていない**こと
7．〔善意〕取得されるべき権利が土地登記簿に**登記される**こと

a）873条による物権的合意 892条が対象とするのは、法律行為に基づく取得に限られる。このため、892条の〔要件の〕検討は、873条（および場合により925条）に基づいて行われるそれぞれの物権的処分行為の検討に吸収される（§17 Rn. 8の表）。譲渡人に〔処分〕権限がない場合にかぎって、善意取得は補充的に検討されるべきである。

b）取引行為 公信力の保護が認められるのは、取得者が譲渡人と別人である第三者である場合の取引行為に限られる。法的にも経済的にも、同一性があってはならない（§8 Rn. 2・3）。

例：Aは、有限会社の単独社員である。業務執行者Gは、この有限会社のために土地を取得した。譲渡人Vは、この土地に関する売買契約とアウフラッスンクを、悪意の詐欺を理由に取り消した。これにより、有限会社による取得は無効である（123条1項・142条1項）。しかし、この有限会社はいぜんとして土地登記簿に所有者として登記されていた。そこで、Gはこの土地を有限会社の名においてAに譲渡した。Aは、上記事実についてなにも知らず、かつ、土地登記簿が真正であることを信頼していた。しかし、それにもかかわらず、Aは〔この土地を〕善意取得することができない。なぜならば、取引行為がなされていないからである。たしかに、形式的には、この有限会社は独立した法人格を有する。しかし、Aはこの有限会社の単独社員であるため、事実上、譲渡人側と取得者側の両方に同一人格が関与している。Aは、土地登記簿上の登記を援用することができない。

〔単独〕社員であるAは、この有限会社の権利について照会しなければならなかった。

16　遺産分割による**共同相続人**間の処分も同じく取引行為ではないので、892条あるいは2366条と2367条に基づく善意取得は、いずれも認められない（*BGH* NJW 2015, 1881）。これに対して、共有者間で**共有持分**を法律行為に基づいて移転する行為は、取引行為である。登記されている共有持分の取得者がすでに他の持分の1つについて持分権者であっても、あるいは、取得者自身の土地登記簿上の登記が不真正であっても、取得者は土地登記簿の公信力によって保護される。同じことは、共有者が土地を共同で取得したところ、全当事者につき取得行為が無効とされた場合にも、あてはまる（*BGH* NJW 2007, 3204; *Gottwald*, PdW, Fall 32）。

　相続による取得（1922条）は法律行為に基づく取得ではないので、善意取得は認められない。このことが、892条の目的論的な縮小解釈により、相続を先取りして行われる行為、たとえば、土地所有権が被相続人の生存中に相続人に譲渡される場合にもあてはまるのかについては、争いがある（この点につき、*Kohler*, Jura 2008, 321, 324 f.）。

17　**c）譲渡人が権利者として登記されていること**　譲渡人が土地登記簿によって権利者として正当性を備えていることも、善意取得の要件である。したがって、その物権〔に関する処分権〕が土地登記簿から明らかでなければならない。185条1項〔無権利者の処分に対する権利者の同意〕に基づく処分権限の存在についての信頼は、保護されない。とくに、権利者ではない者に処分権限が存する旨が登記されていたけれども、実際には権利者からの授権がなかった場合には、取得者が登記から処分権限の存在を信頼したとしても、善意取得は適用されない（*BGH* NJW 1989, 521, 523〔土地の買主が、与えられた代理権の範囲外にもかかわらず、所有者として登記を経由する前に自らのために土地債務を設定した事例〕）。〔善意取得の〕基準となるのは、権利取得の**完成時**〔最後の取得行為時〕における登記内容、つまり、通常は取得者の登記時における土地登記簿のその時点での内容である。登記されている民法典上の組合から〔権利を〕取得する場合については、Rn. 36以下を参照。

18　**相続の事案**においては、例外として、相続人が譲渡する際に、その相続人

の先行登記が土地登記簿上になくてもよい（土地登記法40条を参照）。この場合に善意取得が認められるかについては、場合によって区別すべきである。〔無権利という〕瑕疵が処分者である相続人の地位に関してのみ存在する場合は、**相続証書に基づいて〔権利を〕取得する**ことによって、〔瑕疵を〕治癒することができる（2365条〔相続証書の真正性の推定〕・2366条〔相続証書の公信力〕）。しかし、登記名義人のままである被相続人（すでに生存中の段階で土地登記簿に誤って真正な権利者として記載されていた被相続人）の権限も、譲渡人である相続人の地位も、いずれも存在しない場合には、892条と2366条が重畳適用される。この場合、取得者は2つの点〔被相続人の無権限と相続人の地位〕について善意でなければならない。

　例：〔実際には〕Gが有する土地につき、Eが所有者として不法に土地登記簿に登記されていた。Eが亡くなり、Vが相続した。Vは自らを土地の所有者であると信じており、この土地を方式要件も満たした上でKに譲渡し、Kが所有者として登記された。

　この場合、Kは892条に基づいて無権限者Vから所有権を善意取得することができる。たしかに、Vは土地登記簿に所有者として記載されていなかった。しかし、1922条〔包括承継〕によれば、相続人は被相続人の法的地位を引き継ぐ。その結果、〔被相続人Eが有していた〕登記名義人としての資格が、財産的価値を備えた1つの利益として相続人Vに移転する。相続人Vもまた、登記簿に記載されずとも、自らの相続人としての地位を土地登記法35条に基づき証明しえたときには、被相続人と同じ範囲において権利者となるのであり、これにより〔Kによる〕善意取得の成立にとって十分な外形が満たされる。Kは、EあるいはVの所有者としての地位を信頼しており、かつ、土地登記簿には異議が登記されていなかった。善意の基準時は、土地登記所への申請時である（892条2項）。

　応用事例その1：上述の事案において、Eは実際に土地の所有者であったけれども、Vは真正相続人ではなかったとする。この事案において問題となるのは、相続法のみである。Vが、相続証書によって相続人としての地位を証明しうるのであれば、Kは〔この土地を〕善意取得することができる（2366条）。この場合、相続人の地位に関する善意の基準時は、〔この土地の〕取得完成時、つまり、土地登記簿への登記時である。申請時に基準時を前倒しすることは認められない。というのは、これに適用することのできる規定が存在せず、また、通説（Erman/*Simon*,

§ 2366 Rn. 5 f.）によれば、892条2項を類推適用することもできないからである。

応用事例その2：Eが所有者として土地登記簿に登記されていたが、これは不真正な登記であった。そして、Vは真正相続人ではなかったが、相続証書によって〔Vの地位が〕正当化されていたとする。この場合、「二重の瑕疵」が存在している。ここでは、892条と2366条の重畳適用の可否が問題となる。Vの相続人としての地位の瑕疵は2366条によって、Eの所有者としての地位の不存在は892条によって、これらを治癒することができる。それぞれの善意の基準時については、すでに述べた事柄がそのままあてはまる。

20　**d）土地登記簿上に適法な登記があること**　善意の対象となる土地登記簿上の登記は、**登記することのできる権利**を目的とするものであり、かつ、〔登記〕**内容についても適法な**ものでなければならない。さらに、内容について異議が登記されていてはならない。土地登記簿に記載された登記が、矛盾していたり意味をなしていなかったりする場合には（たとえば全部あわせると100％を超えてしまうような共有持分割合の記載）、善意取得は認められない（*OLG Rostock* NJW-RR 2015, 77）。このため、そのほかの〔登記することができない法律〕関係、たとえば建築物、使用賃貸借〔の存在〕、家族関係に対する信頼も、保護の対象とはならない。

21　**e）土地登記簿の不真正について知らないこと**　土地登記簿の公信力によって保護されることになるのは、土地登記簿の真正性を信頼して法的取引に関与した者に限られる。これに対して、土地登記簿上の登記が不真正であることを知っている者は、保護に値しない。さらに、異議の登記や許容されない登記がある場合にも、善意取得は認められない。善意取得者は、自らにとって利益となる土地登記簿上の登記だけを立証すればたりる。善意取得者は、自らが土地登記簿を取引前に実際に閲覧したことを主張する必要はなく、自らの〔権利〕取得と土地登記簿の内容に対する信頼の間に因果関係があったことを主張する必要もない（*BGH* NJW 1980, 2413; NJW-RR 2013, 789）。このため、善意取得を争う者は、取得者が登記の不真正を知っていたこと、あるいは、適時の異議の登記（Rn. 27以下）があることを立証しなければならない（*BGH* NJW 2001, 359）。

22　〔善意取得するために〕重要な信頼要件の根拠となっている土地登記簿は、

官庁によって管理されているので、善意取得が**排除されるのは〔取得者に〕積極的な悪意があった場合に限られる**（NJW-RR 2013, 789を参照）。法律行為に基づく取引において、土地登記簿に記載されている情報を得ること以外に、さらなる**調査義務は課されない**。このため、動産の善意取得（932条2項を参照）とは異なり、〔土地の善意取得において、取得者は善意〕重過失でも保護される。しかし、取得者が、事案の状況にてらして自然に認識すると思われる事実に対して、やむをえない理由がないのに耳を塞いでいる場合には、積極的な悪意があるとされる（BGH LM §892 BGB Nr. 5）。代理人の悪意については、166条〔悪意の帰責〕により本人がその責めを負う。

基準時の問題についてはどうか。善意取得の場合にも、善意取得の要件が充足されるまで、すなわち、通常は土地登記簿上に登記がなされるまで、原則としてすべての要件が存在していることを要する（BGH NJW 1980, 2413）。これにより、取得者は、自らが登記を経由するまで、土地登記簿の不真正につき悪意になってはならない（BGH NJW 2001, 359）。しかし、この点につき、**892条2項**が**例外**を定める。物権的合意があり、かつ、すでに土地登記所への**登記申請**がなされている場合には、取得者は、自らの登記がなされる前に土地登記簿の不真正について積極的な悪意になってしまっても、善意取得することができる。というのは、この場合の取得者は、権利を取得するために自らの側でできることをすべて行っており、自らが責めを負わない長時間にわたる登記手続の間に、〔自らが〕悪意となることによって権利を取得できなくなるという危険を、課されるべきではないからである。ただし、このことが当てはまるのは、なされた登記申請が実際に実現され、土地登記所に却下されなかった場合にかぎられる。

例：Gのための土地債務の登記が誤って抹消された後に、所有者Eが土地をDに譲渡した。Dはこの土地債務についてなにも知らなかった。Dは、自らがこの土地の所有権を取得したとして、土地登記所に登記申請を行った。この場合、たとえDが所有者として登記される前にGから土地債務の存在につき情報を得たとしても、Dが土地登記所に登記申請した時点で善意であったのであれば、Dは負担なき権利を善意取得することができる。

ただし、892条2項が適用されるのは、登記以外のその他すべての取得要

件が満たされている場合に限られる。そのほかの要件（たとえば、官庁や家庭裁判所の許可）がまだ満たされていない場合には、善意の基準時は、（登記以外の）最後の要件が充足された時点となる。要するに、登記申請の要件をも加えてまとめるならば、悪意の判定には、つねに、**登記申請の1つ前の取得要件**が充足された時点における認識が問題とされるべきである、ということになる。

25 　**仮登記**によって保全されている〔権利の善意〕取得については、**仮登記時における土地登記簿の内容**が基準となる。すなわち、仮登記権利者は、保全されている権利を、仮登記時に土地登記簿上で登記されている通りの内容を有する権利として、〔善意〕取得する。その後に悪意になってもよい。このことは、仮登記の被保全請求権の譲渡を受けた者にもあてはまる（*BGH* NJW 1994, 2947）。

26 　特殊なルールが通用している事案として、土地登記簿が当初は真正であったが、取得者が土地登記所に申請した後にその登記簿の内容が不真正になる場合がある。この場合、（事後に）不真正となった土地登記簿上の登記についての善意は、この善意が〔取得者の〕登記時も継続している場合にかぎって保護される。

　　例：債権者Gのための土地債務がAの土地に〔設定され、〕登記された。Aはこの土地をBに譲渡するとともに、Gの土地債務はかなり前に消滅していると述べて、Bの登記をする前に〔Gの土地債務の登記を〕抹消すると約束した。Bが土地登記所に〔登記〕申請した後、（実際には存在している）Gの土地債務が誤って抹消され、Bが新所有者として登記された。この場合、Bは自らの登記時に善意であれば、負担なき権利を善意取得することができる（*BGH* NJW 1980, 2413を参照）。

27 　**f）異議の登記**　土地登記簿が不真正である可能性を摘示して、土地登記簿に対する信頼がもたらす効果を遮断するために、土地登記簿に異議の登記をすることができる（899条）。**異議は取得者に対する警告機能を有している**。これにより、取得者はもはや保護を受けられなくなる。取得者が土地登記簿における異議を確認したかどうかは、問題とならない。重要なのは、異議が土地登記簿に登記されていることのみである。取得者が土地登記簿を閲覧し

ていない場合には、取得者は善意取得することができない。

民法典上の組合も、現在では権利者として登記することができる。組合員も土地登記簿に登記されうることとなった（土地登記法47条2項1文〔民法典上の組合の権利の登記〕・土地登記法施行規則15条1c項〔土地登記簿上の権利者の名称〕）。そのため、民法典上の組合の構成員に関する公示が不真正であるときは、899a条2文と899条に基づき、土地登記簿に異議の登記をすることができる（Rn. 36以下も参照）。

異議は、権利者として登記されている者による**許諾**に基づいて注記されるか、または、仮処分（899条2項）、仮執行宣言付き判決（民事訴訟法895条）、もしくは、土地登記法53条に基づいて土地登記所によって登記される。異議は、これらすべてのケースにおいて、真正につき不服申立てがなされる権利に関してなされる。

28

異議の登記を申請するための要件（899条）
1．土地登記所への登記申請
2．利害関係人の許諾または仮処分

留意点：899条2項の規定は、**訴訟係属の注記**が土地登記簿上に登記されるべき場合に、準用される（*BGH NJW* 2013, 2357）。これにより、土地所有権や土地登記簿上に登記されている土地の権利に関して、訴訟が係属していることが示される。この注記については、たしかに法律上規定がないが、民事訴訟法325条2項〔既判力の主観的範囲〕と民法典892条1項にかんがみて、一般に認められている。

異議は、**土地登記簿を閉鎖する**効果を有する**わけではない**。登記名義人は、引き続き、自らの権利を存在するものとして処分することができる。異議が登記されていても、891条に基づく〔登記の〕推定力も存続する。しかし、登記されている権利がそもそも存在しないか、または、〔存在してはいても〕登記されている内容通りには存在しない場合には、異議を登記することにより、善意取得を防ぐことができる。ただし、異議の効果〔の対象〕は、この異議が登記されている者のために限られる。

29

例（Rn. 23と同じ設例）：土地登記所が、Eの土地に存するGの土地債務〔の登

記〕を誤って抹消してしまった。この場合に、土地登記所が、「実際には自らのために土地債務が存在している」と主張するHのために異議を登記しても、この土地債務が〔実際には〕Gに帰属していてHのものではないときには、Dによる負担なき土地の善意取得を防ぐことはできない。IIの異議がGのために効果を有することはない。GがDの善意取得を妨げたいのであれば、Gは自ら異議を登記しなければならない。土地登記所が土地債務の抹消について自らの誤りを認めるのであれば、土地登記所はGのために、許諾や仮処分がなくても、むしろ職権で異議を登記しなければならない（土地登記法53条）。

30 　892条2項は、異議それ自体に対しては適用されない。異議は、取得者が登記申請した後であっても、取得者の登記がなされる前までに登記されていればよい。この場合にも、善意取得を妨げることができる。しかし、異議の登記がなされる前に、すでに**仮登記**が善意取得されていたときには、例外となる。この場合、取得者は883条の類推により、仮登記後の異議からも保護され〔、権利を善意取得することができ〕る。このように解さなければ、仮登記がその保全機能を十分に発揮することができなくなってしまうからである。

4．善意取得の効果

31 　土地登記簿の公信力の効果は、あたかも土地登記簿上に登記されている権利状態が真の権利状態であるかのように、善意取得者がこの権利を取得するというものである。このため、たとえ登記されている権利が実際には存在していなくても、取得者は登記されている通りの権利を取得する。同じく、土地債務の登記がなされている設定者が所有者ではなくても、善意取得者はこの土地債務を取得することができる。存在している権利が登記されていないか、あるいは、抹消されている場合には、土地の善意取得者は負担なき土地としてこれを取得する。しかし、この効果は、善意取得者のために相対的にのみ発生する（BGHZ 51, 50, 53）。善意取得者以外の者は、〔実体法上、存在している権利が存在しないものとして扱われることを、〕援用することができない。ただし、善意取得者がその取得した権利を他人に譲渡するには、善意取得の要件が満たされている必要はない。というのは、善意取得者は今やすでに真の権利者だからである。

登記されていなかった真の権利者は、善意取得されることによって自らの 32
権利を失う。しかし、816条1項1文〔無権限者による処分〕により、処分
を行った無権限者に対して収益の返還を求めることができる。たとえば、〔真
の権利者は、〕無権限者が土地所有権の善意取得者から得た売買代金の返還
を求めることができる。登記されていた無権限者が善意の銀行のために土地
債務を土地に設定した場合には、無権限者は、816条1項1文と818条2項〔不
当利得返還請求権の範囲〕に基づき、目的土地の所有者に対して、土地債務
の設定により得た貸付金を、自らに課された〔銀行に対する〕貸金返還債務
から〔その所有者の尽力で〕解放してもらうことの引き換えに、返還しなけ
ればならない（*BGH* NJW 1991, 917; 批判として、*Kohler*, NJW 1991, 1999）。

5．仮登記の善意取得

　仮登記の設定も土地の処分とみなされる。このため、893条に基づき、仮 33
登記の取得者も公信力の保護を受ける（BGHZ 57, 341）。善意の**基準時**は仮登
記時、あるいは、仮登記の申請時（892条2項）である。このことは、将来請
求権を保全するための仮登記が設定された場合にもあてはまる（*BGH* NJW
1981, 446を参照。ただし、争いがある）。異議を事後に登記しても、仮登記さ
れた権利の取得を妨げることはできない。仮登記の善意取得者は、〔自らの〕
権利を実現するために（または、土地登記法19条・39条の形式的登記要件を満た
すために）、888条1項の類推適用により、新所有者として自らを登記するこ
とについての同意を、真の所有者に対して求めることができる。というのは、
888条は、その立法趣旨によれば、権利の取得者を、その権利の取得を妨げ
るあらゆる侵害、したがって権利取得を妨げる真の所有者の権利に対しても、
仮登記という手段を用いて保護しようとする規定だからである。これによ
り、〔仮登記権利者は、その〕取得を妨げている真の所有者の権利との関係
でも、保護を受ける。しかし、善意取得が適用されるのは、許諾を得た仮登
記を法律行為に基づいて設定した場合に限られる。〔仮登記が〕仮処分に基
づいて設定された場合には、〔善意取得の〕適用はない（885条）。

　仮登記の善意取得は──譲渡人による最初の〔仮登記の〕設定がなされた 34
場合（第一取得）にとどまらず──存在しない仮登記が買主から第三者に移
転した場合（**第二取得**）にも認められるか。そもそも債権が存在しない場合

に、善意取得が認められてはならないことについては、争いがない。というのは、民法典は、債権の善意取得についての規定を原則として予定していないからである。しかし、債権は存在するけれども登記されている仮登記が実際には無効であった場合に、どのような処理がなされるべきかについて争いがある。

事例24──仮登記の善意取得：父Vが亡くなった後、単独推定相続人である息子Sが、土地の所有者として登記された。そこで、Sは、この土地を公正証書によってなされた売買契約に基づいてKに売却し、アウフラッスンク仮登記についてKに許諾を与え、この仮登記が土地登記簿上になされた。ここで、Kが売買代金を公証人Nの口座に入金したら、Nはすぐに土地登記所に登記申請を行うものとされていた。しかし、その後、Vの遺言が発見され、そこには、VがTSV1860ミュンヘン〔というスポーツクラブ〕を単独相続人として有効に指定していた。Kは現在このことを知った上で売買代金を支払い、土地登記簿に所有者として登記されている。土地登記簿は真正か。

応用事例：Kは、当初から、Sが真正相続人ではないことを知っていた。Kは、自身のためのアウフラッスンク仮登記がなされた後、所有権移転請求権を善意のCに譲渡した。異議がTSVのために登記された後、Cは自らを所有者とする登記を了した。

解決へのすじみち：

Kが土地所有権を有効に取得したために、土地登記簿が真正なものとならないか。

1. もとは、Vが所有者であった。相続により、TSV1860ミュンヘンが1922条〔包括承継〕に基づいて所有者になった。
2. しかし、TSVは、この土地がSからKに譲渡されたことによって、自らの所有権を失ったのではないか。Sは相続人ではなく、土地の所有者でもなかったので、問題となるのは、Kが無権限者Sから善意取得することができるかだけである。
   a）法律行為による物権的合意（873条と925条）が行われた。
   b）取引行為も存在する。
   c）譲渡人Sは、土地登記簿上で所有者として記載されていた。
   d）問題となるのは、Kが善意であったかどうかである。〔善意の〕基準時となるのは、892条2項により原則として、（所有権の名義変更についての）

土地登記所に対する申請が行われた時である。この時点で、Kはすでに遺言を認識していたため、土地登記簿が不真正であることも知っていた。これにより、K自身は悪意であった。

e) しかしながら、Kはアウフラッスンク仮登記を事前に有効に取得していた可能性があり、善意の存否に関しては、この時点〔仮登記時〕に焦点を合わせるべきであるとも考えられる。

aa) 仮登記することのできる請求権は、Sとの有効な売買契約に基づく所有権譲渡を求める請求権という形で、存在している（433条1項1文・311b条1項）。

bb) 登記名義人Sが、Kに仮登記の許諾を与えた。

cc) 仮登記が土地登記簿上にもなされた。

dd) ただし、Sは無権限者であった。しかし、通説（Rn. 33を参照）によれば、完全な権利と同じく、これを保全するための権利である仮登記も、無権限者から善意取得することができる。たしかに仮登記は物権ではないので、892条の〔直接〕適用は認められない。しかし、仮登記は土地の物的な制限なので、仮登記の許諾は、これを893条第2事例のいう処分とみなすことができる。したがって、893条に基づき、892条が準用される。善意取得の要件は、処分者が土地登記簿上に真正な所有者とされていることと、取得者が善意であることである。本設例では、これら要件が満たされている。というのは、SはKによる仮登記時に所有者として土地登記簿上に記載されており、異議が登記されておらず、Kは土地登記簿の不真正についてまだ知らなかったからである。

ee) 仮登記がその保全効を発揮することができるように、通説は、悪意の基準時を、883条2項1文・885条に規定されている（相対的に無効な）処分の時点としている。この結果、所有権を取得する場合、悪意については仮登記時が基準時であり、その後に悪意となっても、善意取得することができるということになる（BGHZ 57, 341）。アウフラッスンク仮登記をすることによって、物権的期待権が発生し、この権利をKから剥奪することはもはやできないということも、この〔判例の〕見解を支持する理由となる。

したがって、Kは基準時に善意であった。

結論：土地登記簿は真正である。

応用事例：Cが土地所有権を有効に取得したとすると、土地登記簿は真正な

のではないか。
1. まず、この場合においても、相続人 TSV が、1922条に基づいて土地の所有者になっている。
2. ここでは、K は S から所有権を善意取得することができない。なぜなら、K はもともと悪意だったからである。
3. ただし、C は、無権限者 K から所有権を善意取得することができたのではないか。たしかに、C による所有権取得と矛盾する異議が登記された。しかし、C が、この異議の登記がなされる前に仮登記を有効に取得していたとすれば、この異議は、883条2項の類推適用により、C にとって無意味であると解しうるのではないか。C が、仮登記を K から取得した可能性も残っている。仮登記は付従性を有する保全手段であり、自動的にその被保全請求権に随伴するので（401条1項の類推適用）、すでに存在している仮登記の（第二）取得は、被保全請求権を譲渡（398条）することによって行われる。

a）この応用事例において、C は、S に対する K の売買契約に基づく債権を、398条による無方式の譲渡によって取得することができた。311b 条の適用対象は、義務負担行為に限られる。925条の方式は、請求権の譲渡に対して類推適用されるべきではない。

b）有効に成立した仮登記が、401条1項の類推により、債権譲渡に伴って譲受人に移転したのではないか。しかし、この事案では、有効な仮登記が存在していなかった。というのは、許諾を与えた S は無権限者であり、取得者 K は S に権限がないことを知っていたからである。したがって、K が無権限者から仮登記を第一善意取得したと解することは不可能である。

c）残された問題は、この場合に（つまり、債権が存在する場合に）、（この事案では C が）土地登記簿上になされている仮登記を無権利者（K）から892条を類推適用して（第二）善意取得するとしてよいかである。

一方で、肯定説がある（限定的ではあるが、BGHZ 25, 16; ほかにも、*Hager*, JuS 1990, 429, 438; *Prütting*, Rn. 198）。〔肯定説によれば、〕法律行為による債権譲渡と仮登記の移転は機能的に一体であるため、法律行為による取得があったといえる。土地登記簿が真正であることと、これにより作り出された権利の外観を信頼している第二善意取得者は（892・893条、1154条・1155条を参照）、第一善意取得者と同じ保護に値すると

いうのである。

他方で、反対説（Staudinger/*Gursky*, §892 Rn. 58; Palandt/*Bassenge*, §885 Rn. 19; *Habersack*, Rn. 338）は、401条を援用する。〔反対説によれば、〕ここにみられる仮登記の承継取得は、法律行為の性質を有するのではなく、法律に基づいてなされると解される。さらに、債権譲渡による仮登記の善意取得は、土地法における公示の要請に適合しないと主張される。この解釈〔反対説〕が支持されるべきである。特別な保護の必要性は、債権の譲受人にはとくに認められないからである（Medicus/Petersen, Rn. 557）。

以上により、Cは仮登記を善意取得することができなかった。このため、土地登記簿上の異議は、Cにとっての負担としても効果を有する。したがって、Cは所有者になれなかった。

結論：土地登記簿は不真正である。

6．登記された民法典上の組合からの善意取得

a）899a条の規律　民法典上の組合が土地登記簿に登記されると、899a条1文により、登記された権利に関して以下のことが推定される。すなわち、土地登記法47条2項1文〔民法典上の組合の登記〕に基づいて土地登記簿に登記された者は**組合員**であること、および、そのほかの組合員は存在しないことである。これに続けてさらに、899a条2文は、892条から899条まで〔土地登記簿の公信力〕を準用すると定める。したがって、899a条は、民法典上の組合について、次のような**推定**をもたらす（BT-Drs. 16/13437, S. 26）。すなわち、**民法典上の組合**は、その組合員として登記簿に記載されている者が自らの名義で土地の取引を行っているときには、その取引に関して**適法に代理されているとの推定**である。すなわち、法的取引の相手方は、登記されている者が組合員であって、かつ、それ以外に組合員が存在しないことを、信頼することができる。たしかに、代理関係についてはなにも登記されていない。しかし、その全組合員が取引を行った場合には、民法典上の組合は、709条1項と714条の規定に基づき、適法に代理されたことになる。899a条は、この問題に関して、2009年10月1日の899a条の施行前に登記されていた民法典上の組合に対しても適用される（*OLG Zweibrücken* NJW 2010, 384）。したがって、過去〔899a条施行前〕の事案、すなわち、民法典上の組合の

36

表示に関して、その組合の名前ではなく全組合員の名前が土地登記簿に記載されていた事案も、899a条の適用対象である。

例：VはX組合に土地を売却した。しかし、同組合は、アウフラッスンクを行う際に、適法に代理をされていなかったので、その物権的合意は無効であった。しかし、〔VX間の物権的〕合意が無効であることは知られないままだったので、（組合員GとHによって構成されている）同組合が所有者として登記された。ここで、Hは自らの組合持分をKに譲渡した。しかし、組合員の変更は、（その変更がなされたことについて〔土地登記簿の〕訂正を義務づける土地登記法82条3文〔登記訂正の申請義務〕に反して、）登記されなかった。その後、X組合は、GとHによる代理のもとで、この土地をEに売却した。

本件においては、有効な物権的合意がないのであるから、X組合は土地の所有者になっていなかったことになる。したがって、Eは、善意でなければ、無権限者であるX組合からこの土地を取得することができない。ここでさらに問題となるのは、有効な物権的合意（873条・925条）がEX間にあったのかである。すなわち、HからKへ組合持分が譲渡された後は、X組合の組合員は、もはやGとHではなく、GとKであった。このため、X組合は、アウフラッスンクをした時に、GとHによって有効に代理されていなかった。そこで、ここでの問題は、方式に適っていない代理をされている者からの善意取得となる（899a条2文）。登記されている組合員GとH両者の代理権限（709条1項〔組合業務の共同執行〕と714条〔組合業務の執行に関する代理権〕を参照）についてのEの善意は、892条と899a条2文により保護される。したがって、Eは――土地所有権と、登記された組合構成員についての、いわば二重の善意に基づいて――所有者になることができた。

ただし、Kが、Eの登記がなされる前に、登記されている組合員の構成に対する異議を登記していたのであれば、状況は異なる。**899a条2文**は899条の準用をも定める。これにより、組合員の構成に関する異議を登記することができ、組合員の構成についての善意を否定することができる。

37　**b）不当利得返還請求の遮断の有無**　上記設例との関連で**争いがある**のは、899a条による**善意取得**は不当利得返還請求権を受けずにすむのか、それとも、民法典上の組合は取得者に対して812条1項1文第1事例により土地の復帰的譲渡を再び求めることができるのかである。まず、不当利得返還請求権の要件自体は満たされている。すなわち、善意取得者は、組合が給付した

ことによって土地所有権を取得した（したがって、通説によれば、給付不当利得の問題となる。たとえば、*Lautner*, DNotZ 2009, 650, 671; 給付不当利得ではないとする見解として、*Ruhwinkel*, MittBayNot 2009, 421, 423）。そして、追認が組合によって拒絶されれば、原因となる債務法上の法律行為が無効になるのであるから（177条1項）、〔善意取得者による〕取得は法律上の原因のないものとなる。この場合において、代理権がなかったことは、組合との売買契約にも影響を与え、物権行為を行っても、〔債務法上の法律行為である売買契約に関する瑕疵は〕治癒されない。

　しかし、以上から、不当利得返還請求権の発生を肯定するのであれば、民法典上の組合が有する土地の流通性が、──〔善意〕取得を完全に保護することを想定していた立法者の意思に反して──〔899a条が制定される前と同じように〕再び疑問視されることになってしまう。多数説は、この見解を採用できないという（たとえば、*Böttcher*, NJW 2010, 1647, 1655）。このため、899a条と892条を通じて、〔実際にはすでに組合員ではないが〕まだ登記されている組合員の代理権を、**債務法上の行為**についても擬制することが提案されている（*Miras*, DStR 2010, 604, 607; 異なる見解として、*Kohler*, Jura 2012, 83, 85）。別の見解は、899a条を債務法上の行為に類推適用することによって、同じ結論を得ようとする。ただし、この見解のいう〔899a条の〕類推適用は、不当利得返還請求権の排除だけを目的として行われるものであって、〔善意取得者の〕履行請求権や瑕疵担保請求権の発生までも目的としているわけではない（*Prütting*, Rn. 235a; *Lieder*, Jura 2012, 335, 338; *Suttmann*, NJW 2013, 428）。

　反対説によれば、上述の規定〔899a条〕の**物権的性質**とその物権法上への体系的位置づけに基づいて、〔899a条の適用範囲を債務法上の行為である〕義務負担行為に拡張することは、否定される。892条にいう善意の対象となるのは、まさしく「登記されている権利に関する」処分行為だけであって、義務負担行為を（も）対象としているわけではない。この見解は、解釈論としてもっとも説得的である。結局のところ、これ以外の見解はすべて無因主義に反する。さらに、709条と714条の任意規定（組合員の共同代理権）は、実務においてほとんどの場合、機関代理がなされるために適用されないという事情がある。このため、立法者が892条と899a条を適用して、まさにこの規範モデル〔709条と714条に基づく共同代理〕のために、法律上の推定を設

けようとしていたとは、ほとんど考えられない（*Ulmer*, ZIP 2011, 1689, 1696）。したがって、本設例においては、物権的には有効であるけれども債務法上は不当利得返還請求の対象となりうる〔善意〕取得がなされた、という解釈が優れている（*Bestelmeyer*, Rpfleger 2010, 169, 175; Palandt/*Bassenge*, §899a Rn. 6; *D. Schmidt*, Jura 2012, 7, 9; *Teichmann/Schaub*, JuS 2011, 723, 729）。

38 　義務負担行為が、具体的な事案において、**認容代理や表見代理**の原則に基づいて、治癒されうるのであれば、上述の論点は問題にならない（*Kuckhein/Jenn*, NZG 2009, 848, 851）。この場合、組合が組合員の構成の変更に際して――土地登記法82条3文による〔土地登記簿の〕訂正義務に反して――土地登記簿の内容を更新することに努めていない場合には、事情によっては組合が責任を負うこともありえよう。同じ組合員によって物権行為がくり返されている場合には、権利外観の要件が満たされることがある（*Ulmer*, ZIP 2011, 1689, 1697）。ただし、商業登記簿（商法典15条を参照）と同じ機能が土地登記簿にはないことに、留意しなければならない。土地登記簿から明らかになるのは組合員の構成だけであって、まさしく〔前述したように〕709条1項の規定するところとは異なった定めが行われるのが通例の代理権に関する事柄は、そこには含まれていないのである。つまり、権利外観の基礎はむしろ乏しい（*Krüger*, NZG 2010, 801, 806）。さらに、**売買契約の解釈**に基づいて、行為をした組合員が人的に（も）給付義務を負ったことが明らかになる場合も考えられる（*Kesseler*, NJW 2011, 1909, 1913を参照）。この場合には、この給付義務が、あるいは履行行為の法律上の原因となり、〔その場合には〕不当利得返還請求権の発生が排除されることになる。

　さらに、〔民法典上の組合からの土地〕取得者のために有効な**仮登記**（883条）の許諾を〔表見的組合員が〕なしえたか否か、という問題も、債務法上の請求権の存否にかかっていることに注意しなければならない（*Teichmann/Schaub*, JuS 2011, 723の設例）。すなわち、アウフラッスンクは、厳格な付従性を有する権利として、被保全請求権の存在を前提とする（§18 Rn. 7）。したがって、民法典上の組合について適法性に欠ける代理が行われた場合に、有効な売買契約の成立を否定するのであれば、土地の取得者は有効な仮登記を取得することもできない。

c）（現在は）存在しない民法典上の組合からの〔善意〕取得　そのほか、39
899a 条は、有効に存在していない（表見的）組合、および、現在は存在していない民法典上の組合から〔善意〕取得することも認めているのか、という問題も**争われている**。

　例：民法典上の組合 AB は、ある土地の所有者である。組合員の構成（A と B）が、登記されていた。A は、組合の名前で土地取引行為を単独で行うことについて、B から代理権証書により授権された。その後、A は、組合に対する自らの持分を B に譲渡した。しかし、その際、登記の変更はなされなかった。今、A は同土地を、「組合の名」において、善意の買主 E に対して、代理権証書を提示しつつ譲渡した。そして、E が所有者として登記された。

　この組合が存在していたときは、A が業務執行者として対外的に代理権を有していた（714条〔組合業務の執行に関する代理権〕）。しかし、A から B への組合持分の譲渡により、組合は清算を経ることなく消滅した。同時に、A の代理権も消滅した（168条1文〔代理権の消滅〕）。しかし、組合が消滅したことを土地登記簿から確認することはできない。そこで問題となるのは、899a 条は、登記されている組合の**存続に対する信頼**をも、登記されている構成員〔の存在〕（土地登記法47条2項〔民法典上の組合の権利の登記〕を参照）に対する信頼とともに保護しているのか、である。とくに、民法典上の組合の存在は、組合員が存在するための必要不可欠な要件だからである。

　この点〔899a 条は登記されている組合の存続に対する信頼をも保護する、ということ〕を肯定するのであれば、E は、172条2項〔代理権証書〕に基づいて、A の代理権が存続しているという権利の外観を援用することができるだろう。本設例においても、この見解（たとえば、Miras, DStR 2010, 604, 606; Ulmer, ZIP 2011, 1689, 1698; Lieder, Jura 2012, 335, 340; Suttmann, NJW 2013, 423, 427）に依拠するならば、E は、もはや存在しない権利主体から善意取得することができたことになる。899a 条の立法趣旨、つまり、民法典上の組合が当事者になる土地取引を簡便にするという目的と、立法理由中の文言は、いずれもこの見解に親和的である。なぜなら、立法理由によれば、899a 条は、「方式に適っていない方法で代理されている権利者、あるいは、（もはや）まったく存在していない権利者からの善意取得」を可能にする条文であ

るとされているからである（BT-Drs. 16/13437, S. 27）。このため、筆記試験を受ける際には、この見解に従うことが得策である。これに対して、**反対説**（*Krüger*, NZG 2010, 801, 805; *Bestelmeyer*, Rpfleger 2010, 169, 174; *D. Schmidt*, Jura 2012, 7, 10; *Tolani*, JZ 2013, 224, 232）によれば、899a条の文言は、存在している民法典上の組合を要件としていると解される。したがって、〔同条の〕保護を受けられるのは、〔譲渡人が〕権利を有することに対する信頼に限られる。処分者〔譲渡人〕の存在〔自体〕に対する信頼は、保護されない。このように解さなければ、土地登記簿は、組合登記簿とほぼ同じ機能を有することになってしまい、このことまで意図されてはいなかったと、反対説をとる論者は主張する。この反対説に従うのであれば、もはや存在していない民法典上の組合からの善意取得は、否定されるべきことになろう。

40 　以上と区別されなければならない問題は、**はじめから不存在である組合からの〔善意〕取得**である。

　　例：民法典上の組合XYは、土地の所有者としてたしかに登記されていたが、法的には存在していなかった。というのは、この〔組合の〕設立にあたって、根本的な瑕疵があったからである（たとえば、117条1項〔虚偽行為〕・134条〔法律上の禁止〕・138条〔良俗違反の法律行為〕）。その上で、登記されている組合員が、この土地をKに譲渡した。Kはこの組合の存在を信じていた。

　　この場合には、**899a条の意義と目的**にてらして、「善意」取得は肯定されなければならないだろう。結局のところ、まさに権利者が〔この土地の〕処分を行ったのであるから、〔899a条に直接に〕該当しないのは、処分者の権利形態が想定されたものとは異なっていた、という点だけである。組合は、組合員によって代理され、〔その存在が〕推定される。しかし、この〔処分〕行為は、合有主体である組合によってなされたのではなく、組合の背後に存在する持分権者である個人によってなされたのである（*Ulmer*, ZIP 2011, 1689, 1698）。立法者も、899a条がこの事案に適用されることを意図していた（BT-Drs. 16/13437, S. 27）。

III. 比較法

フランス法においては、公示行為としての謄記 (*publicité foncière*) は、土地所有権の移転や他物権の設定にとって、対内的には設権的機能を有しない (§17 Rn. 53)。土地謄記簿と抵当権謄記簿上の謄記 (*bureau de la conversation des hypothéques*) によって与えられるのは、権利変動の第三者効 (*opposabilité aux tiers*) だけである。〔土地の〕所有権取得や〔他物権の〕設定は、これらが、第二譲受人によって取得される前に謄記されていた場合にのみ、善意の第三者に対して対抗することができる。ここで謄記がもたらす効果は、消極的な効果に限られる。すなわち、その〔第一譲渡〕後の〔第二〕取得者は謄記簿に記載がなければ物権変動も存しないことを信頼してよい、という効果がもたらされる（消極的な公示〔機能〕）。——ドイツの土地登記簿のような——積極的な公示〔機能〕は、フランスの土地謄記簿にはない (*Hübner/Constantinesco*, S. 208を参照)。 41

フランスにおいては、一体主義が採用されている結果、義務負担〔行為〕と処分〔行為〕の間の分離と無因が存在しないため、契約形成の自由と取引保護が制限される。土地取引についての合意と履行の間には時間的な隔たりがあるため、実務においては、予約 (*avant-contract*) がなされることにより、〔第二譲受人が土地取引の計画から実行までの間に現れるリスクを回避したいという〕要求が満たされている。この方法により、多くの場合に、分離主義と無因主義が採用されたのと同じ効果を達成することができる。〔フランス法においては、〕売買契約の無効は物権的効果をも有する。そこでフランス法は、この効果を軽減しようとして、取得時効の規定を適用している（フランス民法典712条・2258条以下・2272条以下）。

イタリア法においても、不動産登記簿上の権利変動の登記は、原則として設権的効果を有しない（例外については、§17 Rn. 54）。むしろ、権利変動は、これを目的とする売買契約の締結によって発生する。ただし、第三者との関係においては、権利変動の登記 (*pubblicità per trascritione*. イタリア民法典2644条) が不動産登記簿 (*registro immobiliare*. 同法2673条以下、*Kindler*, S. 134 f.を参照) になされてはじめて、権利変動の効果が発生する。登記簿への登記は、消極的な公示効果のみを有する。すなわち、取得者は、登記簿に記載がないことを信頼することは許される。しかし、取得者は、登記された無権限者から〔権利を〕取得することはできない。 42

一体主義が適用されている結果は、イタリア法においても、契約形成の自由と

取引保護の制限をもたらす。実務においては、〔フランスと〕同じく予約（*contratto preliminare*）を利用することで対応している。売買についての予約は、売買契約自体と同じく、私書証書や公正証書による方式を要件とする（同法1351条）。予約がなされることにより、給付障害が生じた場合に、履行請求権や損害賠償請求権が保障される。これにより、イタリア法においても、多くの点で、分離主義と無因主義に相応する結果がえられる。さらに、予約を登記する（*trascrizione del preliminare*. 同法2645条以下）ことで、仮登記と同じように、履行請求権を、第三者によるその後の権利取得から物権的に保全することができる。また、イタリア法においても、土地所有権を時効取得することができる可能性がある（*Kindler*, S. 134 f., 228 f.; *Baur/Stürner*, §64 Rn. 21）。

43　**イングランド法**においては、土地所有権の譲渡や土地への負担設定に関して、対内的にも第三者に対しても完全な効果を得るために、売買契約の締結とともに、土地登記簿（HM Land Register）への登記が要件とされている（分離主義。詳細については、*v. Bernstorff*, S. 106 ff.）。〔ただし、〕ここでの不動産登記簿上の登記が有する効果は、消極的な効果にかぎられ、積極的な効果はない。登記名義人であってもその者が非所有者であった場合には、その者からの善意取得は、登記があったとしても、認められない。不真正の登記によって不利益を受ける者は、〔登記〕訂正請求権を有する。そして、〔登記の〕訂正によって不利益を受ける者は、場合により、国家に対する損害賠償請求権を有する（*v. Bernstorff*, S. 107; *Baur/Stürner*, §64 Rn. 38 f.）。イングランドにおいては、不動産法の領域で広範囲にわたって分離主義が確立しているので、土地取引の計画と実行の間の時間的な隔たりに由来する問題については、すでに対応がなされている。さらに、無因〔主義〕を採用したのと同じ効果も、衡平法によって認められている（詳細につき、*Baur/Stürner*, §64 Rn. 41）。

より深く学びたい人のために：*Böttcher*, Die Entwicklung des Grundbuch- und Grundstücksrechts in den Jahren 2008/2009, NJW 2010, 1647; *Görner*, Gutglaubensschutz beim Erwerb einer Auflassungsvormerkung, JuS 1991, 1011; *Hepting*, Der Gutglaubensschutz bei Vormerkung für künftige Ansprüche, NJW 1987, 865; *Kesseler*, Die GbR und das Grundbuch, NJW 2011, 1909; *Kohler*, Gutglaubensschutz im Grundstücksrecht bei Erwerb kraft Gesetzes?, Jura 2008, 321 und 481; *Latta/Rademacher*, Der gutgläubige Zweiterwerb, JuS 2008, 1052; *Lieder*, Die BGB-Gesellschaft im Grundstücksverkehr, Jura 2012, 335; *Röthel*, Der lastenfreie Erwerb, Jura 2009, 241; *D. Schmidt*, Der gute Glaube an die Gesellschafterstellung nach § 899a BGB, Jura 2012, 7; *Schreiber*, Gutgläubiger Vormerkungserwerb, Jura 1994, 493; *Suttmann*, Grundstücksgeschäfte mit Beteiligung einer GbR – Hinweise für die Praxis, NJW 2013, 423; *Tolani*, Grundbuchfähigkeit der Gesellschaft bürgerlichen Rechts – Publizität und Rechtssicherheit, JZ 2013, 224; *Ulmer*, Die rechtsfähige GbR: auf Umwegen im Grundbuch angekommen, ZIP 2011, 1689; *Wellenhofer*, Grundstücksgeschäfte mit der BGB-Gesellschaft, JuS 2010, 1048.

事例研究：*Casper*, Das bösgläubige Organ, JuS 1998, 910; *Fehrenbach*, Wie gewonnen, so zerronnen, Jura 2013, 47; *Gottwald*, PdW, Fälle 29-33; *Hengemühle*, Wirbel um das Villengrundstück, JA 2015, 177; *Nick*, „Grundstückssorgen", JA 2013, 888; *Schünemann/Bethge*, Übungsklausur: Gutgläubiger Grundstückserwerb und dessen Folgen – Der missratene Enkel, JuS 2009, 331; *Teichmann/Schaub*, Referendarexamensklausur Zivilrecht: Gesellschaftsrecht und Sachenrecht – Der aktive Ex-Gesellschafter, JuS 2011, 723; *Vieweg/Röthel*, Fälle 28, 31, 33; *Witt*, Schicksal einer Auflassungsvormerkung, JuS 2004, 48; *Zenker*, Zwischenprüfungsklausur: Ungezogen umgezogen, Jura 2008, 379.

§ 20. 土地登記簿の訂正

Ⅰ. 不真正の土地登記簿

不真正の登記記録は、多くの原因により生じうる。土地登記簿外で生じる権利変動が、この原因になりうる。たとえば、被相続人が土地登記簿上にまだ〔登記名義人として〕存在していても、相続人は、1922条が定めるとおり、相続に基づき土地所有者になる。他方で、形式的合意主義（§17 Rn. 36）も、**誤りの原因**になる。土地登記所が審査するのは、まさに意思表示や許諾が書面の上になされているか否かだけであって、その実体的な有効性については〔審査〕対象とならない。このようにして、方式に適ったアウフラッスンクの意思表示が精神病患者や無権代理人により行われ、土地登記所がそのことに気づかない場合には、たとえ物権的の合意が無効であり、それらの者が実際には有効に権利を取得することができないときであっても、土地登記所は、

1

通常、これらの者を譲受人として登記することとなる。そして、最後に、物権的合意と登記の不一致により、〔土地登記簿の〕不真正が生ずることもありうる。すなわち、登記の不真正は、当事者が意図していたこととは客観的に異なる別の内容が証書に記載されたり（誤表の事案）、土地登記所が誤って記載したり、あるいは登記したりした場合にも、生じうる。

2 　これらの原因により、自らの物権が土地登記簿にそもそも登記されていないか、あるいは、〔自らの物権につき〕真正の登記がなされていない者は、**891条の推定**を援用することができず、892条に基づいて善意取得されることによって自らの権利を失う危険を負う。同じく、相対的処分制限が土地登記簿に登記されていないと、この処分制限は善意取得者との関係では効果のないものとされる（§19 Rn. 11）。これらの場合には、暫定的な救済として、異議の登記を用いることができる（§19 Rn. 27以下）。しかし、物権を有する者と相対的処分制限による保護を受ける者は、なによりも、不真正の土地登記簿が訂正されて、真正の権利状態が土地登記簿に登記されることについて〔正当な〕利益を有する。この要求に応えるのが、894条のいう土地登記簿の訂正請求権と公正証書に基づく訂正（土地登記法22条〔土地登記簿の訂正〕）である。

Ⅱ．土地登記簿の訂正請求権

3 　〔訂正を求める〕真正権利者が土地登記簿への登記を求める場合、権利者は、土地登記所に対して登記手続の要件〔の存在〕を立証しなければならない。この要件として、とりわけ重要なのは、利害関係人がその登記を許諾していることである（土地登記法19条〔登記許諾〕）。自由意思による許諾をつねに得ることはできないため、894条は、登記されていない真正権利者に対して、土地登記法19条において必要とされている許諾の意思表示を求める請求権を保障する。

894条の要件
1．土地登記簿の不真正、すなわち、形式的な権利状態と実体的な権利状態の不一致

> 2．請求権限
> 3．〔登記〕義務者としての登記簿上の権利者〔の存在〕
> 4．抗弁の不存在

1．土地登記簿の不真正

　894条に基づく請求権は、土地登記簿の不真正を要件とする。この不真正　4
についての証明責任は、登記されていない真正権利者にある。不真正とされるのは、たとえば、土地債務などの権利や相対的処分制限が実際には存在しているのに、全く登記されていないか、登記はされていても内容において不完全な登記がなされている場合、あるいは、不法に抹消された場合である。さらに、実際には存在しなかった権利や、または、以前は存在していたが現在はもはや存在していない権利が登記されている場合にも、土地登記簿の不真正とされる。仮登記についても、これは土地の物権を公示していないにもかかわらず、本登記と同様に解される。仮登記には、894条が類推適用される（BGHZ 25, 16, 23 f.）。

　例：アウフラッスンク仮登記が、Kのために登記されていた。Vは、Kの詐欺を理由として売買契約を取り消した。そこでVは、Kに対して、土地登記簿上の仮登記の抹消につき同意するよう求めた。この事案において、土地登記簿は不真正である。なぜなら、売買契約の取消しにより、〔Kの〕請求権とこれにともなう仮登記が消滅したにもかかわらず（123条1項〔詐欺に基づく取消し〕・142条1項〔取消しの効果〕）、アウフラッスンク仮登記が、Kのためになされたままだからである。このため、VはKに対して、894条に基づき、土地登記簿の訂正について同意するよう求める請求権を有する。

　民法典上の組合の登記能力が認められ（§17 Rn. 26）、現在では、組合員も　5
登記されるべきである（土地登記法47条2項1文〔民法典上の組合の権利の登記〕、土地登記規則15条1c項〔土地登記簿上の権利者の名称〕）。このため、〔登記〕訂正請求権は、民法典上の組合の**組合員の構成**が変更された場合にも、意味をもつようになった。

　例：
　・民法典上の組合 ABC は、組合員A・B・Cから構成されており、土地の所有

者として土地登記簿上に記載されている。ここで、Aが組合から脱退することを希望して、ほかの組合員の同意を得た上で自らの組合持分をZに譲渡した。これにより、A・B・Cを組合員とする土地登記簿上の登記は不真正となった。この事案において、ZはAに対して、**899a条2文**および894条に基づく訂正請求権を有する。
- Aが亡くなったため、組合が727条1項〔組合員の死亡による解散〕により解散した。しかし、同組合は、さしあたり清算組合として組合員Aの相続人を構成員として存続していた。この場合にも、訂正請求権が〔Aの相続人に〕認められる（*OLG München* NJW-RR 2010, 1667）。

2．請求権者

6 　土地登記簿の訂正請求権を有するのは、真正権利者である。すなわち、自らの**権利がそもそも登記されていないか、正しい内容では登記されていない**者、または、存在しない負担によって自らの権利が侵害されている者である。

　〔実際には〕存在しない**土地債務**が登記されている場合、所有者は外観上の土地債務権者に対して訂正を求めることができる。これに対して、土地債務が存在してはいるが誤った債権者が登記されている場合には、所有者ではなく、登記されていない真正債権者だけが訂正を求めることができる（*BGH* NJW 2000, 2021）。現在、土地登記簿に所有者として記載されているものの、自らは所有者ではなく、したがって不法に所有者として登記されているにすぎないと主張する者には、894条に基づく請求権は帰属しない。このような不法に登記されている者は、せいぜいのところ、民事訴訟法256条に基づく確認の訴えを提起しうるにすぎない（*BGH* NJW 2005, 2983）。

7 　土地登記簿に登記されていない所有者も、仮登記に反する（つまり、仮登記に矛盾する）登記がなされている所有者に対して、〔894条の訂正〕請求権を有する。さらに、譲渡禁止により保護される者、たとえば処分の巻き戻しを求める倒産管財人にも、894条の請求権が認められる（BGHZ 130, 347, 354; *BGH* NJW 2001, 359）。これに対して、アウフラッスンク仮登記を有する者は、同請求権を有しない。というのは、仮登記は、新しい所有者が登記されても、それにより侵害されるわけではないからである（*BayObLG* NJW-RR 1987, 1416）。そのかわりに、仮登記権利者には、888条に基づき、〔本登記の同意

を求める〕請求権が認められる（§18 Rn. 15. 20）。

3．義務者

自らの権利が訂正により影響をうける者は、894条により、同意の意思表 8
示をする義務を負う。これにあたるのは、通常は、土地登記簿に登記されて
いる者（登記簿上の権利者）である。しかし、登記されていない者が、〔同意〕
義務を負うこともありうる（BGHZ 41, 30, 32）。倒産手続が開始した場合、〔同
意を求める〕請求権の相手方は、倒産管財人である（*OLG Celle* NJW 1985, 204）。

〔894条の訂正の〕対象となる権利が、たんなる登記簿上の存在にすぎないこと
もある。すなわち、土地登記簿に登記されてはいるが、実際には存在しない権利
も対象となりうる。たとえば、買主のためにアウフラッスンク仮登記がなされた
が、その後アウフラッスンクが消滅した場合をあげることができる。この場合、
買主はたんなる登記簿上の権利者として、〔その仮登記の〕抹消を許諾しなければ
ならない。しかし、実際に存在する権利も対象となることがありうる。たとえば、
誤って抹消された土地債務の再登記を求める事案をあげることができる。この場
合には、土地債務権者は、所有者に対して894条に基づいて許諾を求めることがで
きる。土地債務を再登記しないと、この土地所有権は、実際には土地債務を負担
しているにもかかわらず、土地登記簿上では負担をしていないような外観を呈す
るからである。

4．抗弁の検討

土地登記簿の訂正請求権は、侵害から物権を保護する機能を有するので、 9
物権的請求権の1つである。訂正請求権は、権利者に土地登記簿上の真正の
登記を実現するので、985条に基づく請求権と同様に考えることができる。
985条の占有のかわりに、894条においては、土地登記簿上の真正の登記が〔真
正権利者に〕与えられる。このため、**987条以下と994条以下**を、894条に基
づく請求権に**類推適用することができる**（RGZ 158, 40）。この類推適用によ
り、たとえば、登記簿上の善意の権利者がその土地に関して必要な修繕を行
っていた場合、この権利者は、土地登記簿の訂正について同意するのと引き
換えに994条1項の類推適用に基づく費用償還を求めることができる（1000
条1文の類推適用）。しかし、登記簿上の権利者が土地の占有者ではなかった

場合には、273条2項の〔債務法上の〕**履行拒絶権***だけが問題となる（BGHZ 41, 30; *BGH* NJW 2000, 278も参照）。〔達成されなかった〕契約の巻き戻しが問題となっている場合には、348条〔引換給付〕と273条1項〔履行拒絶権〕に留意しなければならない。この場合、土地登記簿の訂正についての同意は、反対給付の返還と引き換えになされることを要する。

10   土地登記簿訂正請求権は、**消滅時効にかからない**（898条）。しかし、権利失効の抗弁や権利行使不許可の抗弁（242条〔信義に基づく給付〕）が認められることもある。

例：Aは自らの土地をBに売却した。Bは、Aと締結したアウフラッスンクに基づいて、所有者として登記された。その後、Aはこのアウフラッスンクに瑕疵があったことを知った。というのは、当事者双方が同時に公証人のもとに出頭したわけではなかったからである（925条1項を参照）。

この事案においては、Bは、アウフラッスンクに瑕疵があったために所有者になっていないので、たしかに土地登記簿は不真正である。しかし、Aは、売買契約に基づいて所有権を譲渡する義務を負っている。このため、Bが売買契約に基づいてアウフラッスンクと自らの登記を同時に〔Aに〕請求することができる場合には、Aが894条の〔訂正〕請求権を主張することは、許されない権利行使にあたる（害意請求の抗弁〔通行地役権の例〕。*BGH* NJW 1974, 1651も参照）。

11   たとえば、売買契約とアウフラッスンクが、家庭裁判所による許可の不存在を理由として、無効であったとする（1821条1項1号〔土地に関する行為の許可〕・1829条1項〔追認〕）。この場合において、未成年の譲渡人が代金を受領した上で売買契約を実現させ、成年に達してからだいぶ経過した後に、〔当該売買契約の無効を主張して〕894条の請求権を行使したときは、この請求権の行使は**矛盾挙動**の禁止を理由としても、無効になりうる（*BGH* NJW 1979, 1656）。

---

*   同時履行の抗弁権（320条）は、双務契約の存在を前提とする。これに対して、Zurückbehaltungsrecht（273条）は、双務契約が基礎となっていない場合に行使可能であり、その対象は、請求権一般に及ぶ。これまでわが国では、Zurückbehaltungsrechtは留置権と訳出されてきたが、この権利は、日本法上の留置権と異なり、物権の一類型とは理解されていない（ドイツ法における物権の種類については、§1 Rn. 12を参照）。そこで本書においては、Zurückbehaltungsrechtを、留置権ではなく履行拒絶権と訳出した。

5．請求権競合

登記がそもそもなされていないか、あるいは、不真正の登記がなされているということは、物権に対する侵害にあたる。894条の請求権は、この侵害の除去を目的とする。この請求権は、その法的効果が及ぶ範囲で、特別な請求権として、1004条の請求権を排除する。しかし、985条は、土地の明渡しを目的としているので、同条を894条とともに適用することは可能である。

物権的訂正請求権とともに、**債務法上の訂正請求権**も生じうる（BGH NJW 1982, 761）。すなわち、契約、812条〔給付不当利得返還請求権〕あるいは816条1項2文〔無権限者による処分〕に基づく請求権である。債務法上の訂正請求権は、不法に設定された権利の抹消と、法律上の原因なく消滅した権利の再設定を目的とする。たとえば、仮登記とこれに必要な許諾（土地登記法19条）が、法的根拠がないにもかかわらずなされてしまった場合には、812条1項1文第1事例（給付不当利得）に基づき、相手方に抹消の許諾を求めるという方法で、原状を回復することができる。

Ⅲ．公文書に基づく訂正

土地登記法22条1項〔土地登記簿の訂正〕によると、土地登記簿の訂正は、土地登記法19条の許諾を要することなく、これをすることができる。したがって、この場合には、894条の請求権は無用ということになる。しかし、不真正の原因になった事実が、土地登記法29条〔登記の基礎の証明〕の公文書によって証明されることが必要である。

例：Gのための土地債務が、Eの土地を目的として登記されている。Eは、担保される債権の弁済をGに対して行い、これについて公文書によって証明された受取証書をGに発行させた（1192条1項・1144条）。この領収書により、Eは土地登記所に対して、土地債務がE自身に移転したことを証明することができる（§28 Rn. 12・13）。土地登記所は、Eの申請に基づいて、この土地債務の抹消を行うことができる。この際に、Gの許諾は不要である。

証券土地質権の移転や設定については、土地登記簿外で行うことができる（§27 Rn. 31以下, §28 Rn. 9）。土地登記法26条〔証券化された権利の譲渡と負担〕は、さらなる〔手続の〕簡素化の方法について定めている。土地登

法19条の登記許諾のかわりに、1154条（および1192条1項）に従いすでに行われた旧債権者による譲渡の意思表示があればよい。ただし、この意思表示は、ここでもやはり、土地登記法29条の方式でなされていなければならない。

Ⅳ. 法律に基づく訂正

15 　法律に基づく訂正として、900条に定められている物権の**取得時効**をあげることができる。30年間土地登記簿上で抹消されることなく登記され、同期間にわたって目的の土地を自主占有した者は、法律に基づいて所有権を取得する（900条1項1文）。これにより、法的状態を事実状態に合致させ、真正の権利状態と土地登記簿の状態が一致する。900条の目的は、登記されている者の保護ではなく、**所有権と占有**とが長い間、**分離**することを防ぐことにある（BGH NJW 1994, 1152）。原所有者は、補償を受けることなく、自らの所有権を失う。賠償なき所有権の喪失は、これを正当化することができる。なぜなら、985条による返還請求権も、所有者が30年もの間権利行使を怠ったために、197条1項2号〔30年の消滅時効期間〕に基づき時効により消滅したからである。所有権以外の物権も、占有を内容とするものであれば、同じく時効取得することができる（900条2項）。しかし、登記されていない権利は、901条に従って消滅する。

　900条に定められている土地登記簿に合わせた時効取得（つまり登記取得時効）と、927条に定められている占有取得時効は、区別されなければならない。占有取得時効により、土地登記簿上に登記されていない自主占有者も、土地登記簿の内容に反して、〔土地を〕時効取得することができる。

　より深く学びたい人のために：*Köbler*, Der Grundbuchberichtigungsanspruch, JuS 1982, 181; *Möritz*, Schließt die Doppelbuchung eines Grundstücks den Anspruch aus §984 BGB aus?, Jura 2008, 245.

　事例研究：*Casper*, Das bösgläubige Organ, JuS 1998, 910; *Edenfeld*, Die übertragene Apotheke, JA 1997, 122; *Ehricke/Diehn*, Durchsetzung des gutgläubigen Erwerbs einer Vormerkung, JuS 2002, 669; *Gottwald*, PdW, Fälle 29-33; *Koch/Löhnig*, Fälle zum Sachenrecht, Fall 11, 13, 16; *Preisner*, Examenstypische Klausurenkonstellationen des Familien- und Erbrechts – Teil Ⅳ Sachen- und Zwangsvollstreckungsrecht, JA 2010, 705; *Vieweg/Röthel*, Fälle 26, 28, 33.

第7章　所有者・占有者関係

§ 21. 所有権に基づく返還請求権

Ⅰ. 所有権の保護

所有権は、所有者が自らの意思で自己を発展させ、所有物を用いて様々な　1
活動を行うための自由領域を当該所有者に保障するものである（§2 Rn. 2,
3）。それゆえ、所有者には、その者の所有権に対する違法な侵害を排除・予
防しうるような防御権が認められなければならない。所有権を保護するため
の請求権および法的救済手段こそ、このような法目的を実現すべきものであ
る。

1. 防御請求権

私人による所有権の侵害に対しては、一方で、当該侵害の予防あるいは排　2
除に向けられた防御権の形で、他方では、所有者に価値填補を得させる補償
請求権の形で保護が与えられる。所有権に対する侵害のうち、所有者が所有
物の**占有を奪われている**場合あるいはその引渡しを受けられない場合におい
ては、所有者には、不法占有者に対する**985条**所定の**所有物返還請求権**が発
生する。それ以外の態様による侵害に対しては、所有者は、1004条に基づく
不作為請求権*および妨害排除請求権を行使しうる（この点につき、§24 Rn.
1以下を参照）。さらに、所有権に対する**侵害**を防御するために、所有者には
227条の正当防衛権と、229条・230条が定める自力救済権とが認められる。
これらに加えて、所有者は、〔その者が占有者でもある場合には〕占有者と

---

*　日本において一般に妨害予防請求権と呼ばれているもの。これを不作為請求権と訳す
　理由については、§24の訳注＊を参照。

して、859条の自力救済権を行使することもできる。

3 　所有権の侵害は、不当**執行**によっても生じうる。債務者に帰属しない物に対して強制執行が行われた場合には、真正な所有者は、民事訴訟法771条に基づく訴え〔第三者異議の訴え〕により、当該強制執行の不許を宣言する裁判を得ることができる。同様に、所有者は、〔占有者について倒産手続が開始したときには、〕倒産法47条に基づき、取戻権を行使して、倒産財団からの所有物の返還を請求しうる。

2．補償請求権

4 　所有権に対する侵害は、通常、所有者に**損害**を与え、あるいは所有者から金銭的価値を備えた**利益**を奪う。所有権侵害に基づく損害については、所有者は、一般に823条1項・249条に基づき、さらに特定の施設に起因する所有物の毀損については環境責任法1条・2条に基づき、その賠償を請求することができる。さらに、他人の所有物を無断で換価し、消費し、あるいは使用することは、侵害利得の構成要件（812条1項1文第2事例）をも満たす。非所有者による無断譲渡が行われた場合には、816条1項〔無権限者による処分に基づく不当利得〕の請求権が発生する。他人の所有物への加工、付合あるいは混和が起きた場合には、951条に基づく請求権の成否が問題となる（§ 10 Rn. 1以下を参照）。自己の利益のために故意に違法な事務管理が行われた場合〔準事務管理〕には、687条2項、677条・678条・681条・667条に基づく返還請求権および損害賠償請求権が生ずる。また、特に904条2文は、同条1文に基づき所有者が甘受しなければならない適法な所有権侵害について、損害賠償請求権を規定している。

3．985条以下の諸規則

5 　所有権は、所有者に所有物の完全な支配を保障すべきものであり、他方、現実の支配は物の占有を前提にしている。それゆえ、所有者には、その所有権に基づき、占有権原も認められる。したがって、所有者から所有物の占有が奪われた場合には、所有者は、不法占有者に対して、985条に基づき、その返還を請求し、所有物の占有を回復することができる。

　また、その物が所有者の下にではなく、他人の占有下にある場合には、そ

の物の使用および収益から生み出される利益もまた、本来それを得るはずであった所有者にではなく、占有者に事実上、与えられることとなる。また、占有者がその物を使用、損傷あるいは破壊することにより、占有物の本来の価値が失われることもありうる。反対に、占有者がその物を育てたり、保護したり、費用をかけてその価値を高めたりすることも考えられるところである。以上の説明からも明らかなように、所有者と不法占有者との関係については、民法典に占有の返還請求権のみを規定すれば足りるというものではなく、それ以外の権利義務関係の変化をも考慮しておかなければならない。そのために、所有者の**利益返還請求権**や**損害賠償請求権**（987条～993条）および占有者の費用償還請求権（994条～1003条）が定められている。これらの請求権は、**土地**と**動産**の双方について、同じように問題となる。

Ⅱ．985条に基づく返還請求権

1．概　観

　985条は、所有者に、占有者に対する物の返還請求権を与える。ただし、占有者が適法な占有権原を有する場合もある。例えば、その占有者が占有物を所有者から購入し、あるいは使用賃借し、あるいはそれを用益賃借した場合である。すなわち、985条の請求権は、すべての占有者に対して発生するわけではない。このような理由から、986条は、当該請求権に関する制限を設けている。これによれば、所有者との関係において占有権原を有する者は、その占有物を（未だ〔占有権原が存続する限り〕）返還することを要しない。所有者の占有物返還請求権は、不法占有者に対してのみ、つまりは占有権原なき占有者に対してのみ発生するのである。

　このように所有権〔に基づく〕返還請求権の要件が985条と986条とに分けて規定されているのは、**証明法上の理由**によるものである。証明法の一般的な基本原則によれば、請求権者はその者にとって有利な請求権の要件を、また請求の相手方はその者にとって有利な防御手段（抗弁および抗弁権）の要件をそれぞれ証明しなければならない。985条は、返還請求権を所有権の存在と占有の存在とにのみ係らしめており、そのため、所有者はこれらの要件についてのみ証明責任を負担する。他方、返還請求権に対して自らの占有を

守ろうとする占有者は、986条に基づく抗弁の要件に関して証明責任を負う。したがって、所有者は、自らの所有権と他者の占有を証明した場合には、占有者が自身の占有権原を証明しえない限り、自己の請求権を貫徹することができる、ということになる。

8　985条所定の請求権は、占有の返還を求めるものである。にもかかわらず、これについて所有権返還請求権という〔あたかも所有権の返還を求めるものであるかのような〕概念が用いられるのは、まさしく当該請求権が所有者に、その所有権に基づいて発生するからである。所有権に基づく〔占有の〕返還請求権に相当するものは、ローマ法においては、レイ・ウィンディカチオという制度の中で定められていた。そのため、今日でもなお、返還請求権は、ヴィンディカチオーンあるいはヴィンディカチオーン請求権と呼ばれる。また、985条・986条の規定する3つの要件が充足する場合のことを、**返還請求可能状態**という。

通説によれば、985条に基づく請求権は、原則として、これを独立に**譲渡することはできない**。当該請求権と所有権とは、不可分のものとして互いに結合しているからである（BGHZ 111, 364）。にもかかわらず、「請求権譲渡」が私人により行われた場合には、それは通常、929条以下の規定に基づく所有権の譲渡として〔その意味を転換して〕理解されるべきである。もっとも、第三者が所有者から〔請求権の譲渡という形で〕授権を受けて、返還請求権を自らの名で行使することは許されよう。また、それは、訴訟では任意的訴訟担当に該当することとなろう。

985条の返還請求権の発生要件
1．請求者に所有権が存すること
2．請求の相手方が占有していること
3．占有権原が欠如すること（986条）

2．請求者の所有権

9　**a）所有者としての地位**　985条に基づく請求権は、所有者にのみ認められるものである。筆記試験においては、この要件に関して、請求者が実際に所有者であるか否かを、場合によっては詳細に分析しなければならない。そ

の際には、特に873条〔土地の物権の取得〕、925条〔土地の所有権の譲渡〕、892条〔土地登記簿の公信力〕、929条以下〔動産の所有権の譲渡〕、932条以下〔動産の善意取得〕にそれぞれ定められた法律行為による所有権取得の構成要件、および946条から950条まで〔付合、混和、加工〕または953条以下〔果実等の取得〕に規定された法律に基づく所有権取得の構成要件の双方に注意すべきである。

985条に基づく請求権は、**共有者**にも認められる。ただし、それは、その共有持分に応じた**共同占有**の侵害が生じている場合に限られる。このとき、当該共有者は、自らの共同占有（866条）の回復を請求することができる。さらに、上記共有者は、1011条に基づき、その**物全体の返還**を請求することも可能である。しかし、その際には、共有者は自分一人に物を返還するよう請求することは許されず、432条〔不可分債務〕の規定に従い、すべての共有者に共同で返還することを〔占有者に〕請求しなければならない。

要注意：所有権に加えてさらに、地上権や用益権、質権もまた物の占有を正当化する。これらの物権を有する者による目的物の占有を保障するために、985条以下の規定は、参照規定（地上権法11条1項、民法1065条、1227条）により、それらの権利にも準用されている。

b）所有権の推定 所有者は、その所有権を証明するために、**土地所有権**については891条による法律上の推定を、また**動産所有権については1006条2項・3項**による推定を援用することができる。しかし、所有者に1006条2項が適用されるのは、当該所有者が、同条1項により現占有者の利益のために行われている、その占有者の所有権の推定を反証した場合に限られる。そのような反証のためには、所有者は1006条1項2文所定の要件を申し立てるか、または、占有者が例えば929条以下〔物権的合意〕、932条以下〔善意取得〕、946条以下〔不動産への付合〕もしくは953条以下〔果実等の取得〕に基づき主張する所有権取得事由が実際には存在しないことを証明しなければならない。1006条の推定は**自主占有者**（§4 Rn. 18）にのみ働くものであり、他主占有者には及ばない。また、所有権をめぐる法律関係がすでに確定している場合には、1006条の推定は働かない（BGH NJW 2006, 3488）。

1006条は、まず、**所有権取得の推定**、すなわち、自主占有の取得には所有

権の取得が、しかも何らの条件も付されていない無制約の譲渡に基づく所有権の取得が伴っている、との推定を行う（BGH NJW-RR 1989, 1453）。このような所有権取得の推定は、**所有権存続の推定**、すなわち、一度取得された権利はその後も存続している、との推定により補完される（BGH NJW 1992, 1162をも参照）。所有権取得の推定は、所有権取得のためのあらゆる構成要件〔929条1項、2項、930条、931条〕に妥当する。それゆえ、間接占有を伴わずに返還請求権が譲渡される場合〔931条〕のように所有権の取得が自主占有に先行するのか、あるいは929条2文〔簡易の引渡し〕に関する場合のように自主占有の方が所有権の取得に先行するのかは重要ではない。したがって、1006条の推定は、所有権取得が先行する場合には、その後に到来する自主占有の取得時から適用され（これとは異なる見解を採るものとして、BGH NJW 1984, 1456を参照。同判決は、1006条の適用を否定する）、所有権取得が自主占有の取得に遅れる場合には、当該所有権の取得時から適用される。また、1006条の適用は、もう1つの推定により、さらに容易なものとなる。すなわち、ある占有の存在が証明された場合には、それは自主占有であって、他主占有ではないと推定されるため（BGHZ 54, 319, 324）、占有の証明がなされれば、1006条所定の推定が働くのである。さらに、1006条1項の推定を受けるためには、〔現時点における〕**直接占有の事実が証明**されれば、それで十分である。もっとも、1006条の推定を援用する者は、自らが法的な意味における占有者であり、単なる占有補助者（855条）ではないことについても証明責任を負う（BGH NJW 2015, 1678）。占有を取得した理由（例えば、贈与を受けたこと）は問われない。**取得要件**の如何〔929条1項、2項、930条、931条のいずれによるものであるか〕にかかわらず、占有〔という事実のみ〕に基づき、所有権が推定されるのである（BGH a. a. O., *OLG Saarbrücken* NJW-RR 2014, 1241）。1006条の推定は、例えば間接占有者として、その占有権原を自らに先行する占有者〔例えば直接占有者〕から導き出す者〔例えば、占有改定の方法で動産の引渡しを受けた譲受人〕のためにも機能する（BGH NJW 2002, 2101, BGH 2005, 359. Staudinger/*Gursky*, §1006 Rn. 35）。

13　所有権の**推定**は、それが反証されるまで**継続する**。また、その推定は、間接占有が成立した後、直接占有者が占有仲介の意思を放棄したことにより占有仲介関係が消滅した場合であっても存続する（BGH NJW 2005, 359）。所有

者が891条あるいは1006条2項・3項の定める要件を証明した場合には、今度は、占有者が所有権の不存在を証明しなければならない。しかし、占有者は、考えられるすべての所有権取得原因を否定する必要はなく、所有者が主張したもののみについて反証すれば足りる（891条に関する BGH NJW 1979, 1656を参照）。原動機付き車両の占有者と、当該車両の車検証にその所有者として名前の記載されている者とが、その車両の所有権を争っている場合には、1006条1項により、占有者が所有者であると推定される。占有者以外の者が車検証を占有しているという事実のみでは、1006条1項による所有権の推定〔車両の占有者がその所有者であるとの推定〕を覆すのに十分ではない。むしろ、車両の占有者は、上記車検証の所有者としても推定される。なぜなら、その車検証は952条の意味における証書にあたるからである（BGH NJW 2004, 217）〔この点については、§12 Rn. 8参照〕。

　自主占有者が**共同占有**（§4 Rn. 15, 16）しか有していない場合には、まず、その者の共有持分（741条以下・1008条）が推定される。このことは、共同名義の貸金庫に預けられた有価証券に成立する共同の間接占有にもあてはまる（BGH NJW 1997, 1434）。しかし、共同占有者の一人が、自分以外の占有者は皆、他主占有者であり、自らのみが自主占有者として物を占有していることを証明したときには、1006条に基づき、その者の単独所有が推定される（具体例として OLG Düsseldorf NJW-RR 1994, 866を参照）。 14

　1006条1項の**特則**にあたるものが**1362条1項1文**である。それによれば、一方の**配偶者**の債権者のために、当該夫婦の占有する動産については、債務者たる上記配偶者の単独所有が推定される。この推定が排除されるのは、その夫婦が別居しているか（1362条1項2文）、あるいは当該動産が、〔債務者ではない〕他方の配偶者による個人的使用にのみ供されることが決められている場合である（1362条2項を参照）。これに対して、1006条2項の規律は、夫婦による占有の場合にも他の事例と同じように妥当する。すなわち、婚姻の前から継続している占有あるいは857条に基づき相続された占有には、1006条2項が1362条に優先して適用される（BGH NJW 1992, 1162、BGH 1993, 935）。

　会社の機関、例えば有限会社の業務執行者が、まさしくその資格において会社のために占有を行っている場合には、1006条の推定は、当該会社の所有 15

権について働く。上記業務執行者の地位が消滅した後、なおその者が物を占有するときには、会社の占有は終了する。そして、このとき、かつての業務執行者が自主占有を行うと、1006条に基づき、今度は、その者自身の所有権が推定されることとなる（*BGH* NJW 2004, 217）。

16　　**c）返還されるべき物**　985条に基づく請求権は、**動産**および**不動産**（例えば住居）の返還を求めるものである。この請求権は、常に具体的な物のみを追求し、もともとの目的物に代わる物（〔285条所定の〕代償）には及ばない。

　　例：Fは、レストランの床に50ユーロ札が1枚落ちているのを発見した。Fは、その50ユーロ札で、自らの飲食代金30ユーロを支払い、お釣りとして20ユーロ札1枚を受け取った。Eは、上記50ユーロ札は自分のものであったと主張し、985条に基づき、Fに対して当該20ユーロ札の返還を求めた。

　　しかし、この場合において、Eは、985条をその請求の根拠とすることはできない。Fがお釣りとして受け取った20ユーロ札は、929条1文に基づき、レストランのウェーターからFに対して譲渡されたものである。その紙幣は、一度もEの所有に帰属していない。また、985条は、いわゆる**価値のヴィンディカチオーン**〔物権的価値返還請求〕を可能にするものではない。同条は、具体的な物の返還を請求するものであり、金銭的価値に対しては向けられない。それゆえ、EはFに対し、985条によっては、20ユーロ札の返還も、また50ユーロの返還も求めることはできないのである（これとは異なる見解を説くものとして、Westermann/*Pinger*, 6. Aufl. 1988, §30 V 3）。だが他方で、Eには、816条1項1文に基づく〔不当利得返還〕請求権が発生する。Fは、拾得した50ユーロ札の所有権をウェーターに移転することにより、20ユーロ札を得るとともに、30ユーロの債務を免れた。したがって、Fは、816条1項1文に基づき、当該20ユーロ札を返還し、さらに同条および818条2項に基づき、30ユーロの価値賠償をEに対して行わなければならない。

3．請求の相手方による占有

17　　**a）現在の占有**　985条に基づく返還義務は、物の**占有者に、その者が占有者である限りにおいて**課されるものである。占有補助者（855条）は、法的には占有者ではないため、請求の相手方にはならない。

　　占有者がその占有を失ったり、あるいはその者が占有を他者に移転したりした場合には、もはやその者に対して985条に基づく返還請求権を主張する

ことはできない。この場合には、当該請求権は、新しい占有者に対して向けられるべきである。また、通説（例えば、*Medicus/Petersen*, Rn. 599）によれば、旧占有者は、占有物の返還が**不能**になったことについて、283条に基づく損害賠償義務や285条に基づく代償の引渡義務も負わ**ない**。その限りにおいて、これらの一般規定の適用は、厳格な要件の下でのみ損害賠償義務の発生を認める987条以下の特別規定により排除される。そのように解しないと、987条以下に規定された要件は、容易に潜脱されてしまうであろう。しかし、旧占有者に対しては、それぞれの事案における事実関係に基づき、812条、816条1項、823条、951条の定める各請求権が生じうる（§22 Rn. 34以下、43）。占有者に利得消滅の抗弁（818条3項）の主張を許容する816条1項と、善意占有者にとって不利益となる、より厳しい〔善意占有者にも上記のような抗弁の主張を認めない〕285条とを合わせて適用することは、原理上、許されない。また、もし285条の適用を肯定すれば、所有者が二重の利益を受けることになろう。すなわち、所有者は、新占有者から所有物の返還を受け、それを保持しうるとともに、他方で、旧占有者に対して代償請求権を取得することになってしまう。

b）間接占有者に対する請求　所有権に基づく返還請求権は、**直接占有者**に対してのみならず、**間接占有者に対しても**発生する。通説によれば（*BGH NJW-RR* 2004, 570; *Palandt/Bassenge*, §985 Rn. 9）、所有者は、自らの選択に基づき、返還請求権の譲渡による間接占有の返還（870条。これは民訴法894条〔意思表示の擬制〕により強制執行される）あるいは直接占有の返還（これは民訴法883条〔特定動産の返還〕・886条〔返還目的物を第三者が保管している場合に関する特則〕に基づき強制執行される）のいずれかを間接占有者に請求しうる。このような方法により、所有者は、特に直接占有者が占有物を一時的に間接占有者に返還している場合にも対応することができる。 18

例：（BGHZ 53, 29の事案を基にした設例）：Vは、その所有権を留保したまま、ボウリング・レーンをPに引き渡した。Pはそれを、PがHから用益賃借したホテルの中に設置した。その後、Pが賃料を支払わなかったため、HはPとの用益賃貸借契約を解除し、上記レーンともどもそのホテルを今度はBに用益賃貸した。その間に無資力となったPがやはりボウリング・レーンの代金も支払わなかった

ため、VはHに、当該レーンの返還を求めた。

　上記ボウリング・レーンは、95条により、ホテルの建物の本質的構成部分とはならない。それゆえ、依然としてVがその所有者である。Bは、その建物の新しい用益賃借人として、レーンに対する直接占有を取得した。用益賃貸人たるHは、そのレーンの間接占有者である。したがって、Vは、985条に基づき、間接占有者であるHに対して、ボウリング・レーンの返還を求める訴えを提起し、常に、870条〔間接占有の移転〕が定めたところに従って間接占有を自己に移転するよう求めることができる。だが、通説によれば、Vは、さらにもう1つの選択肢として、Hに直接占有の返還を求める訴えを提起して、当該返還を命ずる判決を得ることも可能である。もっとも、上記の事案においては、Hは、レーンの直接占有を返還しうる状況にはない。なぜなら、用益賃貸借契約に基づき、BがHとの関係においてボウリング・レーンの占有権原を有しており、そのため当該契約の終了前にHがBに対し、その直接占有の返還を請求することはできないからである。それゆえ、Vは、990条2項の要件が充足していることから、次なる段階として、損害賠償請求訴訟を提起し、280条2項および286条に基づき、Hに対して、985条に基づく返還請求権〔返還義務〕の遅滞を理由とする損害賠償を求めうる。Hは、そのような遅滞の責任を負わなければならない。というのも、Hは、ボウリング・レーンの所有関係を問い合わせ、それをBに賃貸することの許否をVに尋ねるべきであったからである（この点に関連する具体例として、BGH NJW 2003, 3621をも参照）。遅滞に基づく損害賠償に代えて、Vは、280条3項、281条1項または2項に基づき、Hに給付に代る損害賠償を請求することも可能である。

19　倒産手続が開始しても、占有者たる倒産債務者の代わりに、倒産管財人が985条に基づく返還請求訴訟の被告となるわけではない。倒産管財人が返還請求訴訟の被告となりうるのは、例えば**倒産管財人**自身が物の占有を得て、その物の**占有者**となった場合のみである（BGH NJW 2008, 2580を参照）。

4．占有権原の不存在

20　985条に基づく請求権は、占有者に所有者との関係において有効な占有権原が存在する場合には、発生しない。986条は、その文言〔「占有者は、……物の返還を拒むことができる」〕に反して、抗弁権ではなく、職権により斟酌されるべき**抗弁**を定めた規定である。このように解すべき理由は、986条を1004条2項、861条2項、862条2項と同じように解釈することが望ましいからである（BGHZ 82, 12, 18, BGH NJW 1999, 3716）。

占有者に占有権原が欠ける場合としては、占有当初からそれが存在しない場合のみならず、占有権原が占有開始後に消滅した場合（いわゆる**もはや適法ではない**占有者。これについては、§22 Rn. 38以下を参照）もそれに含まれる。そのため、使用賃借人は、使用賃貸借契約の有効な解約告知がなされ、告知期間が経過したときには、不法占有者となる。しかし、占有権原は、占有者がその権原の範囲を逸脱したこと、例えば使用賃借人が占有物〔賃借物〕に関する契約上の義務を怠ったことによっては消滅しない（いわゆる**それほど適切ではない**占有者。これについては、§22 Rn. 37を参照）。この場合には、契約に基づく請求権が問題とされるべきである。

986条の占有権原にあたるのは、

物権

債権債務関係に基づく権利

法律によって定められた占有権原

期待権（争いあり。Rn. 22参照）

である。

a）物権的な占有権原　占有権原は、物権から生じうる。とりわけ、用益権（1036条）や質権（1204条）あるいは個別の利用については例外的に地役権（1018条。BGHZ 79, 201, 207）からも発生する。物権はあらゆる者に対して（§1 Rn. 4）、すなわちその時々における所有者に対してさえも**絶対的な**効力を持つ。 21

所有権留保がなされた場合における買主の**期待権**が、どの範囲において占有権原をもたらすかについては争いがある。留保売主と買主との間では、当然のことながら、このような問題は生じない。なぜなら、いずれにしても売買契約が債権債務関係上の占有権原を発生させるからである。だが、上記問題は、譲受人が無権利者から期待権を第二善意取得した場合〔すでに存在している期待権について、無権利者による譲渡が行われ、譲受人が当該期待権を善意取得した場合。これについては、§14 Rn. 35を参照〕には重要なものとなる。この場合には、善意取得者がその期待権に基づき、所有者に対して自らの占有権原を主張しうるか否かが問われる。本書の採る見解によれば、この点を肯定すべきである（より詳しくは、§14 Rn. 20）。 22

23　**b）債権債務関係に基づく占有権原**　**債務法上の法律関係**、特に使用賃貸借、用益賃貸借、使用貸借あるいは売買などの法律関係も占有権原を生じさせる。売買契約に基づく占有権原は、買主の所有権移転請求権の消滅時効期間がすでに経過している場合においても、目的物を占有している買主のために存続する（*BGH* NJW 1984, 1960）。しかし、債権債務関係に基づく占有権原は、原則として、**相対的な**効力しか有しない。すなわち、所有者に対して当該占有権原を主張しうるのは、その所有者自身が契約の相手方である場合に限られる（986条1項1文第1事例）。もっとも、986条1項1文第2事例によれば、〔直接〕占有者が、所有者に対し占有権原を有する間接占有者から占有権原を取得した場合には、当該〔直接〕占有者は、所有者に対しても占有権原を有する。このような場合のことを、**占有権原の連鎖**と呼ぶ。

例：
- ―Dは、あるコインをその所有者Eから盗み、それを買主Kに売った。この場合に、Kは、935条1項により、その所有権を善意取得することはできない。その後、Eが985条に基づき、そのコインの返還をKに請求した。このとき、Kは、確かにDとの関係においては売買契約に基づく占有権原を有するものの、DにはEに対して主張しうる占有権原が存しない。そのため、占有権原の連鎖が断たれている。したがって、KはEにそのコインを返還しなければならない。
- ―Eは、その居住用建物をVに使用賃貸し、Vは、その一部分をUに転貸した。この場合において、Uは、確かにEと使用賃貸借契約を締結しているわけではない。にもかかわらず、Uは、Eとの関係において、その建物を適法に占有することができる。なぜなら、Uは、その占有権原を間接占有者Vから取得しており、Vは、使用賃貸借契約に基づき、Eに対して占有権原を有しているからである（986条1項1文第2事例）。ただし、Uの占有が適法に存続するためには、E-V-U間における占有権原の連鎖に加えて、さらに、間接占有者であるVが、Eとの関係において、当該建物の占有をUに移転しうる権限を備えていなければならない。そのためには、この点に関するEの特別な同意が必要である（553条をも参照）。Vがそのような占有移転を行うことができない場合には、Eは、占有権原の連鎖が存在するにもかかわらず、Uに対し、Vに建物の占有を返還するよう（＝明け渡すよう）請求することができる（986条1項2文。Eが、Uに対し、建物をEに返還するよう請求するこ

とは許されない)。このような方法により、所有者は、その所有物の占有が、自らがその占有を許した占有者の下にのみあり続けることを実現しうるのである。

占有権原の保持者は、当該権原を基礎付けている物権(例えば質権。Rn. 21参照)を譲渡することにより、あるいは債務法上の請求権を第三者(新しい占有者)に譲渡(398条)することにより、占有権原を移転することができる(BGH NJW 1984, 1960)。〔その結果、〕現在の直接占有者が占有仲介者となることは必要ではない。直接占有者は、自主占有者であってもよい。例えば、占有権原をかつて保持していた者との間で売買契約を締結し、それに基づき現在、占有を行っている者でもよい(BGH NJW 2006, 3488＊＊, Krüger, JuS 1993, 13)。この場合には、986条1項1文〔第2事例〕が類推適用されうる。ここで重要なことは、直接占有者が自らの占有権原を、もともと占有権原を保持していた者から取得したということのみである。

c) 法定の権利義務関係に基づく占有権原　占有権原は、法定の権利義務関係に基づいても生じうる。例えば、夫婦のそれぞれが負っている婚姻生活を共同で営む義務(1353条1項)からは、一方配偶者が単独で所有する婚姻生活用の住居および家財道具に対する他方配偶者の共同占有の権原が発生する。この占有権原は、夫婦が別居した場合であっても、離婚が有効に成立するまで存続する(BGHZ 71, 216, 22も参照)。

両親の子に対する監護権(1626条1項)からも、両親は、その子の財産に属する物について占有権原を取得する。さらに、適法な事務管理(677条以下)に基づき、事務管理者の利益のために占有権原が生ずる。事務管理者が本人

＊＊　これは、所有権留保特約の下にAからBに譲渡された原動機付き車両が、代金未払いのままBからCに転売された事案に関するものである(転売代金は、完済されている。また、Cによる善意取得は、否定された)。この場合に、原動機付き車両を転売したBと現占有者たるCとの間には、占有仲介関係は存在しない。というのも、Cは、当該車両を自己のものとして占有しており、自主占有者にあたるからである。このような事案に関して、判例は、Cが所有者Aに対して986条1項1文第2事例に基づく抗弁を主張し、車両の返還を拒否しうる可能性を肯定した。なぜなら、判例によれば、同条項は、その文言(「間接占有者」)にもかかわらず、現占有者が自主占有者である場合にも適用されるからである。

の請求に応じていつでもその物を返還しなければならない立場にあるとしても、そのような返還が請求されない限り、事務管理者は、適法な占有者である。

26　**d）所有者の交代後における占有権原**　占有権原は、まさしく所有者との関係において存在しなければならない。このことは、物権的な占有権原については、特に問題とはならない。なぜなら、物権的な占有権原は、いずれも、あらゆる者に対して絶対的な効力を有するからである。所有者が交代した場合には、物権は、新しい所有者にもその効力を主張することができる。他方、占有権原が債権債務関係に基づく場合には、まず土地の所有者の交代に関して、次の点に留意が必要である。すなわち、土地の新しい所有者は、566条により、使用賃貸借契約または用益賃貸借契約に基づく占有権原（578条1項、581条2項）を、自らにとっても有効なものと認めなければならない（*BGH* NJW 2001, 2885）。また、動産の占有者には、**986条2項**がその手助けとなる（*BGH* NJW 1990, 1914）。同条項によれば、当該占有者は、旧所有者との関係において有していた抗弁を、新所有者に対しても主張することができる。

　例：A は、B に、その年の9月末日までシェーンフェルダー法令集を1冊貸した。その後、A は、929条1文・931条に基づき、B に対する返還請求権（604条）を移転することにより、当該法令集を E に譲渡した。この場合に、E が、その年の8月の時点ですでに、B に対し法令集の返還を請求したときには（985条）、B は、986条2項に基づき、9月末までの自らの占有権原を主張して、法令集の返還を拒むことができる。

27　986条2項は、間接占有をしている所有者が、929条・930条〔占有改定〕に基づき、その占有物を譲渡した場合にも類推適用される。なぜなら、この場合においても、物の所有権が、直接占有者の頭越しに移転されるからである（BGHZ 111, 142）。

　例：E は、ある機械を長期間にわたり M に使用賃貸した。その後、E は、929条・930条に基づき、その機械を担保の目的で貯蓄銀行 SB に譲渡した。その際、E は第一段階の間接占有者の地位に止まり、SB は第二段階の間接占有者となった。その後、債務不履行が生じたため、SB は当該譲渡担保を実行することとし、M に

その機械の返還を求めた。この場合に、Mは、SBに対しても、自らの賃貸借期間が未だ満了していないこと〔そのため、なお上記機械の占有を継続しうること〕を主張することができる。

e）**履行拒絶権、不当な権利行使**　985条の請求権に対しては、**273条**あるいは**1000条**所定の履行拒絶権を主張することも可能である。しかし、通説によれば、上記履行拒絶権は、986条の意味における**占有権原を権利者にもたらすものではない**（Palandt/*Bassenge*, §986 Rn. 5, Erman/*Ebbing*, §986 Rn. 18, 19。また、今日では、*BGH* LM H. 4/1998 ApothG Nr. 8も、この見解に立つ。だが、これとは異なる立場を採るものとして、BGHZ 64, 122, 124, *BGH* NJW 1995, 2627, 2628）。すなわち、もし履行拒絶権が本来の意味における占有権原を基礎付けるものであるとすれば、そのことを厳格に捉える限り、履行拒絶権の行使により、985条に基づく返還請求権は消滅する、と解さなければならないこととなる。しかし、そのように考えると、当該履行拒絶権は、〔請求権の〕相互性の要件（*Brox/Walker*, §13 Rn. 3を参照）を欠くこととなり、その存在を自ら否定する結果となってしまう。このような帰結を認めることはできない。したがって、履行拒絶権は、**抗弁権**として主張されなければならない。履行拒絶権は、占有および利用に関する利益を保護するものではなく、複数の請求権〔に対する各債務〕の同時履行のみを保障するものであり（*BGH* LM H. 4/1998 ApothG Nr. 8）、それゆえにまた、その効果として、**引換給付**判決をもたらすのである（274条）。985条の請求権に関して、これと異なる取扱いをすべき理由は見当たらない。また、履行拒絶権が行使される場合にも、その間における返還請求権の消滅時効期間の進行を認めることが妥当である。しかし、もし履行拒絶権から占有権原が生じるものと考えるならば、返還請求権の消滅時効期間はもはやまったく進行しないこととなろう。

　985条所定の請求権に対しては、例外的に、**242条に基づく不当な権利行使の抗弁**を申し立てることもできる。もっとも、土地の返還が問題となる場合には、次の点に注意を要する。すなわち、土地登記簿の記載には強力な権利保障的効力が認められており、この効力は、242条の適用によってもこれを損なうことが許されない、ということである（*LG Itzehoe* JZ 1983, 308を参照＊＊＊。これと異なる見解を採るものとして、*Olshausen*, JZ 1983, 288）。さらに、

民法典は、土地所有権については、登記簿外におけるその時効取得およびその時効消滅を認めていない（902条1項）。それゆえ、242条の抗弁により返還請求権が失効しうるのは、占有物の返還が占有者にとって真に耐えがたいものである場合のみである（BGH NJW 2007, 2183）。他方、242条に基づく抗弁が、動産の返還請求権（985条）に対して例外的に有効に主張された場合には、その請求権は将来にわたって確定的に否定される。すなわち、242条に基づく不当な権利行使の抗弁という迂回路を経ることにより、占有者に占有権原が発生することとなる。さらに、その場合には、物の所有権と占有とが長期間分離し続けることを避けるために、占有者には、242条に基づき、所有者にその所有権の移転を求める請求権が認められる（Olshausen, JZ 1983, 288, 290）。

5．消滅時効

30　所有権に基づく返還請求権（985条）は、197条1項1号により、30年の消滅時効期間に服する。しかし、動産については、善意の自主占有者は、この期間が経過する前であっても、その所有権を時効取得することができる（937条）。（987条以下に規定された請求権をも含め）それ以外の物権的請求権には、原則として、195条が定める3年の通常の消滅時効期間が適用される。

　占有者をその相手方とするすべての物権的請求権（985条に基づくものもこれにあたる）に関して、占有者は、旧占有者の下で経過した当該請求権の消滅時効期間を援用することができる（198条）。

　＊＊＊　この判決は、ある土地の真正な所有者であり、この土地の登記簿にもその旨が記載されている者（A）と、この土地を長年にわたって自らのものと信じて耕作してきた善意の自主占有者（B）との間で起きた、当該土地の現時点における帰属をめぐる争いに関するものである。判決は、Aによる土地の返還請求（985条）に対してBが主張した不当な権利行使の抗弁（242条）について、このような抗弁を認めること（そしてその結果、上記土地の現時点における所有者をBと解すること）は、土地の実体的権利義務関係はその土地に関する土地登記簿の記載と常に一致すべきであるというドイツ民法典の基本原則に反することを理由として、土地登記簿に所有者として記載されている者が土地の返還請求（985条）を行った場合には、占有者がこれに対して前記抗弁を申し立てることは一般的に許されない、と判示した。

6．法的効果：返還

　985条に基づく請求権は、〔原則として〕物の所有者に対する返還を、また 986条1項2文第1事例に関する場合には、間接占有者に対する返還を求めるものである。当該返還請求権に基づき、所有者と占有者との間に法定**債務関係**が成立し、所有者・占有者ともに当該関係を注意深く処理すべき義務を負う。また、そのような債務関係に基づき、例えば指示義務のような付随義務が生じ、その義務違反は280条1項所定の〔損害賠償〕請求権を発生させる。その際、有責性の帰責については、278条の規範〔債務者がその法定代理人などの行為について第三者に対し損害賠償責任を負うべき場合に関する規範〕が妥当する。

　物の**返還場所**に関しては、269条の一般規則が適用される。占有物は、原則として、現にそれが存する場所において返還されなければならない。これによれば、別段の定めがない限り、善意占有者との関係においては**取立債務**が成立すべきこととなる。

　例：Eの下から盗まれた自動車が、ベルリンに住む善意占有者Bの下で発見された。この場合に、Bはその自動車をベルリンにおいて返還すれば足りる。当該自動車をEの住居まで持ち帰るための費用は、E自身がこれを負担しなければならない。なぜなら、この場合には、取立債務が発生しているからである（*BGH NJW* 1988, 3264を参照）。

　もっとも、占有者が〔987条以下に基づく〕**責任の加重後**（訴訟が係属した後、あるいはその者が悪意となった後）に占有物を**他の場所**へと移動した場合に、その者にどのような規範が妥当するものと解すべきか、については見解の対立が見られる。相対的に有力な見解によれば、この場合には、悪意の占有者は、自らの費用で、占有物を、責任が加重された時点〔訴訟が係属した時点あるいはその者が悪意となった時点〕においてその物が存在した場所に戻さなければならない（*BGHZ* 79, 211, 214）。もし占有者がそれを行わないときには、所有者は、そのために生じた余計な費用について、684条1文および812条以下に基づく償還を請求することができる。他方、これとは異なる見解（例えば、*Gursky,* JZ 1984, 604, 609）によれば、所有権に基づく返還請求権は、常に、物がまさしく存するその場所において実現されるべきものである。ただし、所有者にとって不利益な場所の変更が行われた場合には、占有者は、所有者に対し、989条または990条の類推適用に基づき、引取りのために余分にかかった費用について責任を負わなければならな

7．請求権の競合関係

33 **a）契約に基づく返還請求権との関係**　契約関係から占有権原が生ずる場合には、当該契約関係の終了後、通常は、契約に基づく物の返還請求権も発生する（例えば346条〔解除〕、546条〔使用賃貸借契約終了後における賃借人の返還義務〕、581条2項〔用益賃貸借契約終了後における賃借人の返還義務〕、604条〔使用貸借契約終了後における使用借人の返還義務〕、667条〔受任者の委任者に対する引渡義務〕、695条〔受寄者の返還義務〕）。通説によれば、これらの請求権は、985条により排除されず（Palandt/*Bassenge*, §985 Rn. 1を参照）、部分的には同条に基づく返還請求権に比べてより大きな効果を発揮する。

　例：546条の返還請求権〔使用賃貸借契約終了後における、使用賃貸人の使用賃借人に対する目的物の返還請求権〕は、使用賃借人の契約の相手方である使用賃貸人により、その者が物の所有者でなくとも行使されうる。また、使用賃貸人は、使用賃借人が物の占有者ではなくとも、その者に対して物の返還を請求することができる。このとき、当該賃借人は、自ら占有をしていなくとも、使用賃貸人に占有を取得させるよう努めなければならない。また、546条に基づく物の返還請求に対しては、賃借人は履行拒絶権を行使することはできず（570条、578条参照）、さらに使用賃貸借関係が終了した後には986条の占有権原を主張することもできない（*BGH* WM 1998, 2041）。

34 　985条所定の請求権は、**契約に基づく返還請求権**に対して、例えば次の点で長所を備えている。すなわち、所有者は、同条の請求権については、891条、1006条の推定を用いることができる。この推定は、契約に基づく請求権には働かない。さらに、所有者は、第三者に対しても物の返還を請求しうる。これは、契約に基づく請求権では原則として不可能である（例外として、使用賃貸借契約に関する546条2項）。

　例：Eは、その土地をKに売却した。Kが代金を未だ支払っていないため、Eは、その土地の占有については、これをKに移転したものの、所有権に関しては未だ譲渡していなかった。その後、Kは、その土地を倉庫用地としてPに用益賃貸した。しかし、Kが売買代金を支払わないため、Eは、323条に基づき、Kとの売買契約

を解除した。この場合に、Eは、確かに346条によりKに対して上記土地の返還を請求することができる。だが、Eは、自らの契約の相手方ではないPに対しては、そのような請求をすることはできない。この場合に、EはKに、KのPに対する返還請求権をEに譲渡させることが可能であろう（346条・285条）。しかし、そのときには、Eは、自らPに解約告知を行いうるようになるまで待たなければならないであろう。これに対して、985条は、Eに、Pに対する独自の請求権を与える。Eは、当該請求権をPへの解約告知なくして行使することができる。なぜなら、EとKとの法律関係が終了した後には、Eと〔Kと〕Pとの間における完全な占有権原の連鎖もなくなるからである。すなわち、Kは、もはや占有権原を持たず、PはKとの関係においてのみ適法に占有をなしうるに止まり、Eに対しては占有権原を有しない。それゆえ、Eは、985条・986条に基づき、Pに対して、直接占有の返還を請求することができる。

b）法律に基づく補償請求権との関係 985条所定の請求権は、**法律に基づく請求権**、例えば812条〔不当利得返還請求権〕、823条および249条〔不法行為損害賠償請求権〕、861条〔占有保護請求権〕、1007条による請求権〔前占有者の返還請求権〕などとも合わせて適用される。817条2文の規定〔給付の目的に照らして、当該給付の受領者がその受領により法律違反または良俗違反を犯す場合（そのため、給付者の受領者に対する返還請求が原則として許される場合）において、給付者もまたその給付により同じく法律違反または良俗違反を犯すときには、給付者の受領者に対する返還請求が例外的に否定される旨を定めた規定〕は、985条の請求権と矛盾するものではない（BGH WM 1983, 393）。無権限者によりある物の無効な処分が行われた場合（例えば、935条に基づき、ある物に関する処分が無効とされる場合）には、所有者は、985条によりその物の返還を請求するか、あるいは当該無効な処分について追認（185条2項）を行った後、816条1項1文に基づき、無権限者が上記処分により取得した利益の返還をその者に対して求めるか（BGHZ 56, 131）のいずれかを選択することが可能である。989条、990条に基づく〔損害賠償〕請求権は、816条1項1文による請求権とともに行使されうる（§22 Rn. 45）。また、それらは、**許されない越境建築が行われた場合**においては、912条の規定とも同じく両立する（§25 Rn. 33を参照）。

c）相続回復請求権との関係 985条に規定された所有権に基づく返還請

求権は、**2018条**所定の相続回復請求権により排除されない。2018条は、ある者が実際にはその者に帰属していない相続権に基づき相続財産から何らかの利益を得た場合において、その者に対する返還請求権を相続人に付与するものである。2018条以下の諸規定は、985条以下の諸規定と多くの点で類似している。しかし、これらの間には重要な**相違**も存在する。すなわち、2018条の相続回復請求権が、もっぱら相続財産に関する包括的請求権であるのに対して、985条の請求権については、（訴状において）返還されるべき物が個別に表記されなければならない。さらに、2019条によれば、相続回復請求権については、物上代位が生じうる。なによりも、善意でかつ未だ提訴されていない表見相続人は、その者が支出した費用に関して広範囲に保護される。なぜなら、表見相続人は、原則として、すべての費用の償還を請求することができるからである（2022条）。

　このような特殊性に照らして、筆記試験においては、必ず2018条から検討を始めるべきである。すなわち、**2029条**によれば、表見相続人の責任〔の範囲〕は、相続財産に属する個々の対象について相続人に発生する〔個別的〕請求権に関するものであっても、2018条以下の規定に従って定められる。つまり、相続人がその請求を985条以下の請求権により基礎付けたとしても、表見相続人の責任は、2018条以下の規定が定める以上の範囲には及ばないのである（詳しくは、*Röthel*, Jura 2012, 947 ff.）。

37　**d）その他の競合関係**　債務者以外の者の所有物に**強制執行**が行われた場合においては、985条に基づく請求権は、民事訴訟法771条所定の第三者異議の訴えにより排除される（*BGH* NJW 1987, 1880, 1882, *BGH* NJW 1989, 2542）。さらに、夫または妻が、離婚の際に夫婦の共有物である特定の**家財道具**について自らの単独所有権を主張する場合にも、985条の請求権は排除される。この場合には、1586 b 条 1 項の特別規定が適用される（BGHZ 67, 217, 219を参照）。しかし、当該規範は、一方の配偶者が単独で所有する財産には及ばない。その場合には、985条が適用される。また、別居を契機として生じた家財道具をめぐる紛争に関しては、1361 a 条が985条に優先する。

より深く学びたい人のために：

Büdenbender, Rückgewähransprüche im Bürgerlichen Recht, JuS 1998, 38, 135, 227.

325; *Gast*, Das zivilrechtliche System des Eigentumsschutzes, JuS 1985, 611; *Gursky*, Der Vindikationsanspruch und § 281 BGB, Jura 2004, 433; *Kindl*, Das Eigentümer-Besitzerverhältnis: Vindikationslage und Herausgabeanspruch, JA 1997, 23; *Raue*, Grundriss EBV: Struktur, Anspruchsgrundlagen und Konkurrenzen, Jura 2008, 501; *H.* Roth, Grundfälle zum Eigentümer-Besitzer-Verhältnis, JuS 1997, 518, 710, 897, 1087; *ders.*, Das Eigentümer-Besitzer-Verhältnis, JuS 2003, 937; *Schreiber*, Der Herausgabeanspruch aus § 985 BGB, Jura 2005, 30; *Völzmann*, Der Eigentumsherausgabeanspruch gegen den gutgläubigen Werkunternehmer bei Verarbeitung bestellerfremder Sachen, JA 2005, 264.

　事例研究：*Ann/Naumann*, Der verschollene Riemenschneider, JA 1999, 20; *Auer*, Wie gewonnen, so zerronnen, JuS 2007, 1122; *Derleder/Pallas*, Der Transportpark des Kleinunternehmers, JuS 1999, 367; *Deutsch*, Undank ist der Welten Lohn, JA 2007, 504; *Gottwald*, PdW, Fälle 90—93; *Haas*, Das Ballkleid, JA 1995, 381; *Pajunk*, Die „geliehene" Luftpumpe, JuS 2001, 42; *Stamm*, Autoverkauf auf Raten, JA 2004, 885; *Ranieri*, Was wird aus dem Stein des Anstoßes, JuS 1997, 341; *Vieweg/Röthel*, Fälle 14—66, 18.

§ 22. 利益返還請求権および損害賠償請求権

Ⅰ. 総　論

1. 987条以下の保護目的

　所有物を不法に奪われた所有者は、実際の紛争においては、物の返還を受　1
けるだけでは満足しない。占有者が（例えば、その物を使用することにより、あるいはその物から果実を得るという形で。100条参照）占有物から利益を引き出した場合には、所有者は、それらの利益の返還をも求めたい、あるいは少なくともその価値賠償を請求したい、と望むであろう。また、占有者が物を損傷したり、滅失したりした場合には、所有者は損害賠償に関心を持つであろう。しかし、他方では、そのような利益返還責任や損害賠償責任が、ときに占有者にとって過大な負担となりうることにも注意を要する。

例：AはBから中古車を1台購入し、すでに1年にわたり、自らが所有者であると信じてその自動車を運転していたところ、それを盗まれたEがAの前に現れた。この場合に、EはAに対して、985条に基づき、当該自動車の返還を請求することができる。だが、このとき、もしAがその自動車から得た利益をもEに返還しなければならないとすると、すなわち、その使用利益に相当する額の金銭をもEに支払わなければならず、また自動車に生じた個々の破損について損害賠償をしなければならないとすると、それは、Bに売買代金をすでに支払ってしまったAに対し、不測の不利益を与えることとなろう。

2　987条以下の規定は、善意の占有者、すなわち実際には自らに占有権原が欠如していることを知らない占有者を、このような不測の不利益から保護しようとするものである。それらの規定は、**善意であり、かつ未だ訴え〔985条に基づく物の返還訴訟〕を提起されていない占有者を保護するための特則**である。もしこれらの特則が存在しなければ、そのような占有者であっても、812条1項1文第2事例、818条（侵害利得）に基づき、占有物から受けた利益を「その他の方法」による利得として返還しなければならず、また物の損傷についても、823条1項に基づき、軽過失（276条2項）のみを要件として損害賠償責任を負担しなければならないはずである。しかし、987条、989条により、そのような占有者の責任が緩和されている。

他方、**悪意の、またはすでに訴えを提起された占有者**は、所有者に占有物を返還しなければならないことを予期し、そのような事態に備えることができる。そのため、民法典はこれらの者に対して、またこれらの者にのみ、占有物の返還に加えて、さらにその物から得た利益の返還と損害の賠償をも命じている。これに対して、自らの占有権原の存在を信頼して然るべき善意の占有者は、原則として、利益の返還についても、損害賠償についても責任を課されるべきではない。このような理由から、987条、989条はそれらの責任の成否を、占有者に対する訴訟が係属したこと（987条、989条）、または占有者が自らの無権原に関して善意ではなかったこともしくは占有開始後に悪意に陥ったこと（990条）のいずれかに係らしめることにした。それら以外の場合には、占有者は、原則として、利益返還責任、損害賠償責任のいずれをも負わされない（993条1項後段）。

留意点：通説によれば、987条以下の諸規定は、未だ訴えを提起されていない善意の占有者のための保護規定としての機能を持ち、それらは812条以下、823条に規定された一般規定の適用を排除する。

2．要件としての返還請求可能状態

987条から993条までの諸規定は、占有者に物の返還を請求しうる所有者に対して、利益返還請求権と損害賠償請求権というさらなる請求権を与えるものである。それゆえ、これらの請求権は、**所有権に基づく返還請求権**の発生要件が充足されていること、すなわち、いわゆる返還請求可能状態（§21 Rn. 8 以下を参照）が存在することを各々の要件とする。985条所定の請求権〔所有権に基づく物の返還請求権〕が所有者の主たる請求権であるのに対し、987条以下に規定された各請求権〔利益返還請求権、損害賠償請求権〕は、付随的な請求権である、と言うことができる。それらの請求権は、総体として、所有者と占有者との間に1つの包括的な法律関係を作り出す。そのような法律関係こそすなわち、「所有者・占有者関係（Eigentümer-Besitzer-Verhältnis）」、略してEBVである（ただし、筆記試験においては、このような略称を使用しないように）。987条以下の規定は、812条1項や823条などの他の請求権根拠〔これらの規定の適用〕を排除しうる（Rn. 35以下参照）。そのため、返還請求可能状態が認められる場合には、常に987条以下の適否についてまず検討しなければならない。 3

返還請求可能状態は、利益返還請求権あるいは損害賠償請求権が成立する**まさにその時点において**、つまりは利益の享受あるいは物の損傷が行われたその時点においてのみ存在しさえすれば足りる。返還請求可能状態が、各請求権の主張時点においてもなお存続していることを要しない。その時点においてすでに物が滅失していても構わない。所有権に基づく物の返還請求権の存在が前訴において認められ、その判決が確定した場合には、〔そのようにして行われた〕返還請求可能状態〔に関する前訴の判断〕は、987条以下の請求権に関する後訴の判断を拘束する（*BGH* NJW 2006, 63）。 4

3．訴訟係属

987条、989条は、訴訟係属とともに、不法占有者に、加重された責任を課 5

す。訴訟係属という概念は、訴訟法上のものである。訴訟係属は、所有者が占有者に対する**訴え**を裁判所に**提起し**、その訴状が被告〔占有者〕に到達した時に直ちに生ずる（民訴法261条1項, 253条1項）。987条および989条の適用には、985条による訴えの係属が必要である（*BGH NJW* 1979, 1529, 1531）。894条所定の登記訂正請求権に基づく訴えでは足りない。なぜなら、当該訴えにおいては、裁判所は、被告の占有権原の存否について判断しないからである。これに対して、985条に基づく訴えが提起された場合には、所有権に関する問題とともに、占有権原の有無についても判断が示される可能性がある。そして、それにより占有者に警告が与えられる。すなわち、その場合には、占有者は、裁判所が原告の訴えを認め、占有者に占有物の返還を命ずることを予期しなければならない。そのため、占有者は訴訟係属の時点から、占有物から得た利益をも〔その物とともに〕返還しなければならず（987条1項）、さらに損害賠償責任を負わなければならないのである（989条）。

4．悪　意

6　　a）**占有当初からの悪意**　占有者が善意でない場合には、その者は、訴訟係属前からすでに、987条、989条の責任を負わなければならない（990条1項）。ここにいわゆる善意とは、占有者が、自らは（実際には存在しない）**占有権原**および占有に伴う利益を享受する権原を持っている、と信じていることを意味する。この点に関連して、占有開始当初からの悪意とその後に生じた悪意とを区別すべきである。占有開始当初からの悪意は、占有者が占有**取得**の時にすでに善意ではない場合に認められる。民法典は、932条2項に、この場合に関する規則を設けている。それによれば、占有者が占有権原を有しないことを積極的に知っているか、あるいは重過失により知らない場合には、その者は善意ではない。これらの場合には、占有者は、占有を取得した時点から前記責任を負担する（990条1項1文）。重過失については、例えば、隣地との間の境界が正確にどこにあるかを確認しないまま、その境界付近に建物を建てた〔その結果、隣地を不法に占有した〕者に重過失が認められる（*BGH NJW* 2003, 3621）。また、相続人は、857条に基づき、被相続人の占有者としての地位を承継する。そのため、被相続人が悪意であった場合には、その相続人もやはり悪意の占有者として扱われることとなる。

§ 22. 利益返還請求権および損害賠償請求権　387

適法な他主占有者が後に不法な自主占有者に「跳ね上がった」場合にも、　7
990条1項1文の意味における「占有取得」を承認しうるか。この点については争いがある（肯定するのは、BGHZ 31, 129）。

事例25―相続人による機械の追及：TとUとは、ともに建築業者として、同じ建築現場で働いていた。Tが急死したため、UはTの建設機械を一時的に預かることにした。その機械はUの下で使用されずに保管されていた。その後間もなく、Uの新しい現場監督者であるWが、以上の事情を重過失により知らないまま、当該機械を第三者に売却した。当時、未だ判明していなかったTの相続人のためにNが遺産管理人としてすでに選任されていたところ、Nは、Wによる売却の事実を認識しつつも、それに対して何らの措置も取らなかった。それから5年後、その後に現われたTの相続人Eが、Uに対し、損害賠償あるいは機械の売却によりUが得た収益の返還を請求した。このような請求は認められるか（*Gottwald*, PdW, Fall 98をも参照）。

解決へのすじみち：
I. Eは、Uに対して、677条・681条2文・667条第1事例・280条1項・3項・283条に基づく損害賠償請求権を取得するか。
   1. Uによる上記機械の占有およびその後における保管は、事務管理に該当する。Uは、それらの行為によりその機械の所有者の事務を行い、また他人の事務を行う意思を有していたからである。
   2. しかし、事務管理を始めたことに関する有責性（678条）あるいは事務処理の方法に関する有責性（677条、280条1項）に基づくUの損害賠償責任は認められない。なぜなら、Uによる事務の引受け、つまりは前記機械の占有および保管は、Eの推定的意思と利益とに適うものであり、また、現場監督者〔W〕による機械の売却は、他人の事務を行う意思によりになされたものではなく、したがってEのための事務管理にはあたらないからである（事務処理の方法に関する有責性につき異なった見解を採るものとして、*Schiemann*, Jura 1981, 631, 640）。
   3. もっとも、681条2文・667条第1事例〔事務管理者の引渡義務〕に基づき、Eには機械の返還請求権が発生する。
      確かに、事務管理関係は、Uが、その占有補助者であるWを通じて機械に対する自主占有（872条）を取得した時に終了する。だが、それにより、それ以前にすでに生じていた請求権が消滅するわけではない。本件

において、681条2文・667条第1事例が定める要件は、それ自体として充足している〔当該機械のEに対する返還義務が発生している〕。しかし、機械を譲渡した後には、Uがその機械を返還することは不可能となった。したがって、Uは、280条1項・3項・283条、278条（WのUに対する帰責）により、Eに対する損害賠償責任を負う。

4．しかし、当該損害賠償請求権については、195条・199条1項所定の消滅時効がすでに完成している。なぜなら、Eは、〔Wによる機械の売却に関する〕Nの認識〔悪意〕を自らに引き継がなければならないからである（1960条2項、1915条、1793条1項1文、166条1項）。

結論：前記損害賠償請求権については、その消滅時効期間が経過している。

II．Eは、Uに対して、989条・990条1項の損害賠償請求権を取得するか。

1．EとUとの間には、返還請求可能状態が存在しているものと解される。Uは、事務管理における「管理者」として、もともと適法な他主占有者であった。Uは、その占有補助者Wによる機械の売却を通じて、当該機械の所有者であるかのような行動を取った〔ものと評価される〕。その結果、その瞬間にUの適法な他主占有は、不法な自主占有（872条）へと転換した（いわゆる他主占有者の自主占有者への「跳ね上がり」）。それゆえ、この時点において、EとUとの間に所有者・占有者関係が成立したこととなる。

2．さらに、990条1項所定の要件も充たされているものと考えられる。U自らは、機械が譲渡された時点において不法占有者となった。また、その自主占有も932条2項の意味における重過失により取得されたものである。そのため、Uの悪意を肯定すべきであろう。もっとも、990条1項1文は、占有者が「占有の取得時に善意でなかった」ことが必要であると定める。しかし、Uは、始めに占有を取得した時点においては悪意ではなかった。したがって、適法な他主占有からの不法な自主占有への転換〔前記「跳ね上がり」〕を、990条1項1文の意味における新たな占有取得と把握しうるかが問題となる。

――連邦通常裁判所（BGHZ 31, 129）は、これを認める。その理由として、他主占有と自主占有とは異なった性質を持つものであること、および〔先述のような事例に関する〕規律の欠缺を埋める必要があることが指摘されている。それゆえ、自主占有の取得あるいは他主占有からの自主占有への転換は新たな占有取得として扱われるべきであり、したがって、990条1項を

これに適用することが可能である、とされる（Palandt/*Bassenge*, Vor §987 Rn. 11も同旨）。

― 他方、別の見解（例えば、*Baur/Stürner*, §11 Rn. 27）によれば、そのような解釈は否定されるべきである。なぜなら、990条は、854条1項の意味における物に対する支配を最初に獲得した場合にのみ適用されるべきものだからである。そのため、占有開始後における占有意思の変更を新たな占有の取得と同視することはできない。この説は、そのような場合には、むしろ、契約違反あるいは不法行為に基づく〔損害賠償〕請求権の成否が問題となるのみである、と主張する。

3. ただし、ここでは、以上のような見解の対立に深入りする必要はない。なぜなら、989条・990条に基づく請求権についても、すでに消滅時効が完成しているからである（195条、199条1項）（注意：BGHZ 31,129の判決時には、未だ989条・990条の請求権につき30年の時効期間を定めていた旧消滅時効法が適用されていた。そのため、当時においては、当該請求権が訴訟の対象とされたのである）。

結論：消滅時効期間が経過しているため、Eは、前記請求権を実現することもできない。

Ⅲ. 本件ではさらに、**816条1項1文、818条2項に基づく売却代金の返還請求権の要件**も充足され、当該請求権が発生しうる。この請求権の成否は、987条以下の規定により左右されない。しかし、その請求権の消滅時効もまたすでに完成している。

Ⅳ. **Eは、Uに対して、831条に基づく損害賠償請求権を取得するか。**

1. 本件において、不法行為に関する規定の適用が987条以下の規定により排除されるか否かについては、見解の対立が見られる。通説と目される見解によれば、所有者・占有者関係においては、不法行為に関する規定の適用は、原則として全面的に排除される。992条の要件が充足される場合あるいは**他主占有者の逸脱**が認められる場合に限って、それらの規定が適用される。これに対して、他の見解によれば、そのような不法行為に関する規定の適用排除は、未だ訴えを提起されていない善意の占有者のためにのみ行われるものである（詳しくは、Rn. 43）。

2. 本件では、823条1項の意味における所有権の侵害が認められる。なぜなら、Eの機械が今どこにあるのかを突き止めることは、おそらくもはや困難であり、したがってその所有者である相続人E（857条、935条参照）

は、当該機械を利用する可能性を永遠に奪われてしまったからである。
　　　823条所定のその他の要件もまた充たされている、と考えてよいであろう。
　　　他方、WはUの被用者（831条）にあたると解すべきである。なお、推
　　　定〔831条1項2文による使用者の有責性に関する推定〕を覆す事柄は、
　　　先述の事実関係の中では、特に何も述べられていない。
　3．前記請求権についてもまた、195条・199条1項に基づき、消滅時効期間
　　　が経過している。しかし、損害賠償義務の負担者〔加害者〕が、不法行
　　　為により、被害者の損失の下で何らかの利益を獲得した場合には、被害
　　　者の損害賠償請求権の効果は当該利益の返還にまで及び、このような損
　　　害賠償請求権は、852条により、より長い消滅時効期間に服する。そして、
　　　本件においては、これが認められる。というのも、Uは、Eの所有権に
　　　対する侵害、つまりは機械の売却を通じて、その売却代金を得ており、
　　　当該利益は（おそらくなお）Uの下に現存しているからである。
　　結論：本件に823条以下の規定を適用することが可能であるとの立場に従うと
　　すれば、EはUに対し、831条・852条に基づき、売却代金相当額の損害賠償請
　　求権を有する。他方、反対説に従う場合には、そのような請求権も発生しない。

8　**b）占有開始後に生じた悪意**　占有取得の時点において善意であったとし
ても、占有者は、その後、自らに占有権原が存在しないことを積極的に認識
した時以降、責任を負担しなければならない（990条1項2文）。占有取得時
点における悪意とは異なり、この場合には重過失では足りず、制定法上、**積
極的な認識**が要求されている。もっとも、それは、占有権原の欠缺が確実に
認識されている場合にのみ肯定されるべきものではなく、誠実な判断を行う
者であれば自らに占有権原が欠けていることを認識しえたであろう事情を当
該占有者が知っている場合にも認められる（BGHZ 32, 76, 92; *BGH* NJW 1996,
2652をも参照）。また、占有者が、自らがその者から占有の承継を受けた前占
有者を、適法な占有者と考えていたことは必要ではない。

9　〔悪意の〕占有者に課される**加重された責任**は、その者が後に善意の占有
者となった場合には、以後、**消滅する**。例えば、悪意の占有者が、物の所有
者と事後的に結んだ契約に基づき、自らに占有権原が具備されたと重過失な
く信じたものの、実際にはそのような占有権原が発生していなかったときに
は、当該占有者は、契約締結以降、悪意者の負担すべき責任を負わない。悪

意でなくなった時点からは、990条、987条・989条を適用することは、もはやできないのである（MünchKomm/*Baldus*, §990 Rn. 16. これと異なる見解として、*Gursky*, JR 1986, 225）。

c）補助者が有していた認識の帰責　占有者が補助者を用いている場合に、誰の認識あるいは重過失による不知に焦点を合わせて「悪意」の存否を判断すべきかについては、争いがある。

　例：上司であるCから自転車の購入を任された従業員Aは、売買契約を締結する際に、売主Vが自転車の所有者であることを大いに疑わせるとても怪しげな事情を認識していた。にもかかわらず、Aはその自転車をCの名前で購入した。実際のところ、その自転車はEから盗まれたものであり、したがって、Cは不法占有者となった。この場合に、そのことにつき購入当時、何も知らず、今も何も知らないCは、善意・悪意いずれの占有者であるか。そのいずれであるかにより、Cが自転車を損傷した場合に、989条・990条に基づきCがEに対して損害賠償責任を負担すべきであるか否かが決まる。

　連邦通常裁判所は、一般的に、166条1項の類推適用による**認識の帰責**を出発点とする（BGHZ 41, 21）。これによれば、「背後者」（上記具体例におけるC）は、あたかもその者自身が占有権原の欠缺を認識していた、あるいは重過失によりそのことに関する認識を有していなかったものとして扱われる。これと異なる見解は、831条1項を類推適用する。なぜなら、占有権原を有しない者による占有の取得は所有権の侵害にあたり、それゆえ不法行為に類比しうるからである、という（*Baur/Stürner*, §5 Rn. 15, *H. Roth*, JuS 1997, 710, 711）。

　しかし、この問題に関しては、以下のような**場合分け**を行うことが適切である、と思われる。すなわち、占有者が、その者のために行動する者に任意代理権を与え（上述の具体例ではこれが認められる）、そして占有権原が当該代理権の範囲内で行われる法律行為により生ずべきものであった場合には、166条1項を類推適用することが自然である。この場合には、本人〔占有者〕は、法律行為を行うために自らが用いた者の認識をそのまま引き受けるべきであり、そのことは、166条1項が定めているような意思表示の法的効果についてのみならず、上記法律行為から生ずべき占有権原の存否に関する認識

についてもあてはまる。これに対して、占有取得が法律行為とは無関係に行われる場合（例えば、Ｃの被用者が、その占有補助者として誤ってＥの機械を持ち帰り、それを使用している場合）には、当該占有取得が所有権侵害〔という不法行為〕と結び付いているため、831条１項を類推適用する方が事案により適合的である。この考え方によれば、占有者は、その者自身に占有権原欠缺の認識あるいは重過失によるその不知が認められない限り、責任を負わない。

11　**事例26─仕入担当者による盗品売買**：被用者Ａは、Ｃの織物工場で働いていた。Ａは、たびたび材料を着服していた。というのも、Ａは、ファッション関連の有限会社の仕入担当者Ｅを、着服した材料の売却先として確保していたからである。Ａから購入する材料の由来〔それが盗品であること〕を知っていたＥは、上記有限会社の名前でこれをさらに別の買取先に譲渡した。その後、Ｃは、当該有限会社に対し、材料の売却により得られた利益の返還および逸失利益に関する損害賠償を求めた。その会社の業務執行者であるＧは、ＡとＥの行為についてＧは何も知らなかったと述べて、Ｃの請求を拒んだ。この場合における法律関係は、どのようなものか。

　　解決へのすじみち：
Ⅰ．**Ｃは、有限会社に対して、816条１項１文に基づき、売却代金の返還を請求することができるか。**
　１．816条１項１文は、Ｃと有限会社との間に返還請求可能状態が存在する場合にも適用されうる。なぜなら、993条１項後段は、同条に基づく〔不当利得返還〕請求権を排除していないからである。
　２．816条１項１文の要件は充足している。前記有限会社は（その機関あるいは占有補助者を通じて）無権利者として占有離脱物を処分したため、確かに、当該処分それ自体は無効である（929条、932条、935条１項）。しかし、Ｃがそれを追認した場合（184条１項、185条２項）には、それは有効になる。そして、ＣのＥに対する売却代金の返還請求には、そのような追認の黙示の意思表示が含まれている。
　結論：Ｃは、816条１項１文に基づき、売却代金の返還を請求することができる。
Ⅱ．**Ｃは、有限会社に対して、989条・990条１項に基づく損害賠償請求権を取**

得するか。

1. Cと有限会社との間には、返還請求可能状態が存在する。というのも、当該有限会社は、所有者Cとの関係において占有権限を有していないからである。
2. 上記有限会社は、占有取得の時点において悪意であると解される（990条1項1文）。この点の判断については、法人では機関の認識（31条）に、また有限会社においては業務執行者の認識（有限会社法13条、6条）にそれぞれ焦点が合わせられる。本件では、代表業務執行者Gは善意であった。だが、Gが仕入担当者であるEの悪意に関して責任を負わなければならない場合もありうる。どのようにすればこのような結論を理論上、最も整合的に基礎付けることができるか、をめぐって見解が対立している。

a）278条は、有責性の帰責について規定するのみであり、認識に関しては関知しない。それゆえ、本件には当てはまらない。

b）しかし、認識の帰責については、831条1項あるいは166条1項の類推適用によることが考えられる。831条1項の類推適用を肯定すべき理由として、989条・990条所定の損害賠償責任に関する事案が不法行為責任の構成要件と内容上、近似していることを挙げることができよう。だが、本件のような（無効な）法律行為に基づく占有取得の事例においては、166条の規範を用いる方が、より自然であると思われる。判例（BGHZ 32, 53, BGHZ 41, 21）は、従業員が、占有取得に際して、何を買うかあるいは買わないかを（代理人のように）自由に決定することが許された事案に、166条1項を類推適用した。この事案とは異なり、従業員が他者の指示に拘束されている場合には、166条2項を類推適用するか、あるいは——免責の可能性を残しつつ——831条1項の評価を援用することが可能である（そのような見解として、Palandt/*Bassenge*, §990 Rn. 6）。ただし、本件においては、後者の解決方法を採り上げる必要はない。前述の事案では、Eは、仕入担当者として、物の購入に関する独自の裁量権限を持った従業員であった。それゆえ、166条1項の趣旨が本件には最も適合的である。したがって、Gは、Eの悪意について責任を負わなければならない。

結論：Cは、前記有限会社に対して、989条・990条1項に基づき、損害賠償を請求することができる。

12　**d）未成年者の悪意**　以上と類似した問題は、未成年者による占有取得の際にも生ずる。その両親が法定代理人（1629条）として、占有取得の基礎となる〔無効の〕法律行為を行った場合には、166条1項に即して、両親の認識が問題とされる。他方、両親が占有の取得に関与していない場合については、通説によれば、やはり場合を分けて検討すべきである（BeckOK BGB/*Fritzsche*, §990 Rn. 26. Staudinger/*Gursky*, §990 Rn. 39以下）。未成年者が物の占有を法律行為に基づく給付関係の範囲内において取得した場合には、すべての**未成年者保護措置**が取られる。そのため、悪意の判断においては、104条以下および166条がその基準とされなければならない。すなわち、法定代理人の認識状態が決定的な意味を持つこととなる（166条1項参照）。しかし、未成年者が占有をそれ以外の方法で、特に不法行為により取得した場合には、その未成年者は、単に不法行為法がその者に与える限りの保護に値するに過ぎない。それゆえ、828条3項の類推適用に基づき、当該未成年者自身の判断能力が問題とされるべきである（819条に関するBGHZ 55, 128, 135を参照）。

　例：17歳の学生であるSは、その小遣いを使って、怪しげな状況の下で、たった50ユーロで高価な腕時計を購入した。この場合には、法律行為に基づく取得が行われているため、悪意に関しては、107条以下の規定の類推適用に基づき、両親の認識が問題とされるべきである。両親が購入時における状況について何も知らない限り、Sは悪意の占有者とは認められない。Sは、985条に基づき当該腕時計を返還しなければならないものの、腕時計を損傷してしまったとしても、それについては損害賠償責任を負わない。

II．利益返還請求権

1．987条1項に基づく請求権

13　不法占有者は、**訴訟係属以後**またはその者が**悪意**である場合には、もはや保護に値しない。それゆえ、そのような占有者は、訴訟が係属した時点あるいは悪意となった時点以降に取得した利益を所有者に返還しなければならない（987条1項あるいは990条1項、987条1項）。利益返還請求権の発生には、以下の要件が充足されることを要する。

> **987条1項に基づく請求権の発生要件**
>
> 1．返還請求可能状態
> 2．占有者による利益の取得
> 3．当該利益取得が訴訟係属以後（987条1項）あるいは悪意の発生以後（990条1項）に行われたこと

利益とは、100条によれば、**果実**（99条参照）と物の使用利益である。利益が独立の物体である場合には、その現物が返還されるべきである（例えば、動物の子、木から生じた果物、採石場から出た石など）。987条1項、990条1項所定の請求権は、占有者が955条以下〔善意の不法な自主占有者による物の産出物の取得など〕の規定に基づき、それら果実の所有権を取得した場合においても発生する（§11 Rn. 4, 7をも参照）。当該請求権は、占有者に、その者が果実について取得した所有権をその元物の所有者に移転すべき義務を負わせる。そして、これにより、955条以下に基づく所有権の取得〔という結果〕を修正するのである。それ自体をそのまま返還することができない**使用利益**（例えば自動車や住居の使用利益）については、占有者は、その**価値を賠償しなければならない**（BGHZ 39, 186. BGHZ 63, 365, 368）。住居からの利益の取得が第三者に対する**賃貸**を通じて行われた場合には、その住居の所有者は、不法占有者〔賃貸人〕が実際に受け取った賃料の返還（のみ）を請求しうる（*BGH* NJW 2002, 60）。不法占有者が自ら住居を使用している場合には、客観的な賃貸価値が利益の額を算定する際の基礎とされるべきである（*BGH* NJW-RR 2009, 1522）。

14

例：（*BGH* NJW 2008, 2333より）：高齢のAとそのパートナーであるLとは、結婚をしないまま、Aの住居に住んでいた。Aが認知症を患ったため、BがAの世話人に選任された。Bは、Aを社会福祉施設に入居させるとともに、Lに対して「解約告知」の意思表示を行った。この場合に、にもかかわらず、Lが上記住居から退去しないときには、Lは987条1項、990条1項に基づき、直ちに当該住居の**使用利益を返還**しなければならない。住居に対するLの占有権原は、婚姻によらない共同生活が続いている間、Aの事実上の同意により基礎付けられていたものであり、世話人Bの「解約告知」の意思表示に基づき消滅する。また、その

時点でLは自らに占有権原が〔もはや〕欠けていることを認識する。その結果、Lは悪意となり、987条1項、990条1項に基づく責任を負担する。使用利益の返還として、Lは、当該住居所在地の平均的な賃料に相当する額の金銭を支払わなければならない。以上のような場合には、〔Lは〕適時に物権的な居住権を設定することにより、〔Aの社会福祉施設入居後においても〕前記建物の使用を確保することができる（1093条）。

他方、夫婦に関しては、1361b条、1568a条が、同居のために用意された住居の別居後または離婚後における利用について特則を設けていることに注意を要する。

15　所有者は、その所有権に基づき、**自らに法的に割り当てられている利益に限り、その返還を請求する**ことができる。例えば、ある所有者の土地の上で悪意の占有者が商品を販売している場合、その商品の販売から得られる売上金は、法的には当該所有者の土地所有権に〔その内容として〕割り当てられているものではない。そのため、この所有者は、占有者に対し、上記売上金を〔990条1項、987条1項所定の〕利益として返還するよう求めることはできない。

賃貸借期間中に（例えば住居の）**転貸借**が**不法**に行われた場合には、住居の所有者あるいは賃貸人は、転貸料に関する返還請求権を有しない。なぜなら、この場合には、賃借人にのみ住居の占有権原および利用権原が帰属しており、またいずれにしても返還請求可能状態が存在しないからである（BGHZ 131, 297, BGH NJW 2012, 3572）。しかし、**賃貸借契約がすでに終了し**、返還請求訴訟が継続した後に初めて賃借人が転貸借を行ったときには、事情が異なる。このときには、返還請求可能状態の存在が認められ、所有者は、転貸料を利益として返還請求することができる（546条1項・292条2項・987条1項）。賃借人の占有権原が消滅するとともに住居の利用〔権原〕はその所有者にのみ帰属することとなり、それゆえ転貸料も99条3項の意味における収益として当該所有者にのみ割り当てられるからである（BGH NJW-RR 2009, 1522）。転借人が賃借人とともに訴えの被告とされた場合には、転借人もまた、事情によっては987条、990条に基づく利益の返還を命じられることがある（BGH MDR 2014, 644）。このときには、賃借人に対する請求権と転借人に対する請求権とが相互にどのような関係に立つか、が問題となる。

例：(BGH NJW MDR 2014, 644 より)：ある家屋の賃借人 M は、賃貸借契約が終了し、当該家屋からの退去を命ずる判決がすでに出ているにもかかわらず、その家屋の所有者かつ賃貸人である E に対してこれを返還せず、上記家屋の 2 部屋を転借人 U に転貸した。U は前記判決の存在を知っている。この場合に、M は、E に対して、987 条 1 項に基づき、当該家屋全体の使用利益について返還義務を負う。他方、U は、E に対して、987 条・990 条 1 項 1 文・991 条 1 項に基づき、U が占有している 2 つの部屋の使用利益に関して返還義務を負担する。このように E の M に対する請求権と U に対する請求権とは異なった内容を有するため、421 条の意味における **連帯債務** は発生しない。だが、所有者に不当な二重の満足が生ずることを避けるべく、このとき、426 条〔連帯債務者相互の求償義務〕の中に示された規則が準用されるべきである。すなわち、M が先に E に債務を履行した場合には、その後、U は E にもはや何らの義務をも負わない。U が E に対して自らの債務を履行したときには、M は、残額〔転貸目的たる 2 部屋以外の家屋部分の使用利益に相当する額〕についてのみ、なお債務を負担する。

さらに、所有者が占有者に返還を求めることができる利益は、不法占有がなされる前の状態においてその物から客観的に引き出すことが可能であった利益（客観的な賃貸価値）に限られる。例えば、ある家に長い間、誰も住んでおらず、占有者の **投資** により初めてその家が人の利用しうる、あるいは賃貸しうる状態となった場合には、その家の所有者は、占有者に対し、利益の返還を請求することはできない。同様の事柄は、その家の使用利益が、占有者の投資により家の価値が高められたことに基づく場合にもあてはまる (BGHZ 109, 179, 191)。これらの投資は、客観的な賃貸価値を算定する際には、考慮の外に置かれなければならない (*BGH* NJW 1992, 892)。このように、債務者〔不法占有者〕の特別な給付や能力に由来する利益は、返還の対象とされるべきではない (*BGH* NJW-RR 2009, 1522)。 15a

利益返還請求権が、無効な契約あるいは挫折した契約の巻戻しとの関連において主張される場合には、987 条以下に基づく当該請求権は **不当利得法上の請求権**（例えば売買代金の返還請求権）と衝突することがありうる。このような場合に、連邦通常裁判所は、不当利得法と所有権法との間における評価矛盾を回避するために、一貫して **差額説** の考えを用いる (*BGH* NJW 1995, 2627, 2628)。法律上の原因を有しない占有者は、法律上の原因を有しない所 15b

有者よりも有利な地位に立つべきではない。それゆえ、裁判所の職権による清算の結果、余剰が生じた者にのみ請求権の行使が許される。

　例：Aは、B所有家屋の購入を希望し、売買契約が未だ成立していないにもかかわらず、すでにその代金をBに支払った。その対価として、Bは、Aに対して当該建物の占有を移転した。Aは、当該建物に費用をかけた。その後、予期に反して売買契約の締結には至らなかったため、BはAに対し、上記建物の返還を求める訴えを提起した。だが、Aはその建物を明け渡さず、それを賃貸して利益を得ている。この場合に、Aは訴訟係属以後、987条1項に基づく利益の返還義務を負担する。もっとも、その額は、Aによる投資がなされる前の状態において、その建物が市場で獲得することのできた客観的な賃料相場相当額に止まる。また、この場合における契約関係の巻戻しには、差額説が適用される。812条1項1文第1事例に基づく買主の売買代金返還請求権は、所有者の利益返還請求権と清算される。そのため、Aには、Aに利益としてなお残っている差額の限度においてのみ、Bの家屋返還請求権に対する履行拒絶権が認められる。さらに、AがBに対し、投資に関する費用償還請求権を有する場合には、この請求権もまたBの利益返還請求権と清算される。

2．987条2項に基づく請求権

16　987条1項は、不法占有者が**現実に取得した利益**にのみ適用される。取得されなかった利益は、原則として返還の対象にはならない。987条2項の規定は、通常の経営法則に従えば、占有者が利益を取得することが可能であったにもかかわらず、故意または過失によりその利益を取得しなかった場合に限り、その例外を認める。すなわち、その場合には、占有者は、当該利益の価値賠償を行わなければならない。それゆえ、占有者は、訴訟が係属したために、あるいは悪意のゆえに〔将来、〕利益の返還を義務付けられることを予期すべき場合には、占有物を利用せずに、ただ遊ばせておくことは許されない。

　例：AはEから果樹園を買い取り、柵で囲まれたその土地の引渡しを受けた。その後、Eは、当該土地に関する売買契約は方式不備のために無効である（125条・311b条1項）と主張して、Aに対し、その占有の返還を求めた。Eによる訴訟提起がなされた後、Aは畑の手入れを止め、果物も腐らせてしまった。このよう

なAの行為は、通常の経営法則に合致しない。したがって、Aは、訴訟が係属した時点以降、987条2項に基づき、またはAが悪意である場合には987条2項・990条1項に基づき、Eに対して、Aが通常の経営法則に則った物の使用を行っていれば987条1項によりEに帰属していたであろう価値の賠償義務を負う。ただし、Aにそのような賠償義務が発生するのは、Aによる占有の基礎となった表見的な法律関係〔上記無効の売買契約〕に基づき、Aが利益の取得についても権原を有していた場合〔もし当該売買契約が有効であったならば、それに基づき、利益を有効に取得しうる法的権原がAに帰属していたであろうと認められる場合〕のみである（*BGH* LM Nr. 7 zu §987 BGB）。上述の事案においては、この要件は充たされている。なぜなら、Aは、Eとの売買契約に基づき、果樹園を占有しているからである。すなわち、たとえ当該契約が〔Eの主張するとおり〕無効であったとしても、それがもし有効なものであったとすれば、Aはそれに基づき利益〔果実〕の取得についても正当な権原を得ることができたであろう（446条2文）と考えられるからである。

3．988条に基づく利益返還請求権

a）無償での占有取得　占有者は、物の返還訴訟を提起された場合、あるいは自らの無権原につき悪意である場合にのみ、利益を返還すべき義務を負う。しかし、988条は、善意の占有者がその**占有を無償**で得た場合に関して、このような原則に対する例外を定めている。すなわち、その場合には、占有者は、訴訟係属前に実際に取得した利益をも、不当利得法の規定に従って返還しなければならない（988条）。このような加重された責任が無償の善意占有者に課される理由は、無償の取引を保護すべき必要性が一般的に低いことに求められる（816条1項2文および822条をも参照）。すなわち、不法占有が無償の取引に基づくものである場合には、所有者の要保護性の方が善意占有者のそれに比べてより大きいものと考えられる。

ただし、〔988条において〕不当利得法の規定の参照が指示されていることから、占有者は〔無償の占有者であっても〕**利得の消滅**（818条3項）の主張を行うことが可能である。占有者は、占有物の使用に本来的に伴うものとして行われた、その物に対するあらゆる支出を、988条による利益返還請求への支払いから差し引くことができる。そのために、994条以下が定める費用償還の要件が充たされていることを要しない（*BGH* NJW 1998, 989．より厳格

な要件を説くのは、Staudinger/*Gursky*, §988 Rn. 10, 14）。無償の善意占有者からは、まさしくその者に現存する利得のみが、利益から物に対する支出を控除した差額として剥奪される〔その物の所有者に返還される〕べきである。

988条に基づく請求権の発生要件
1．返還請求可能状態
2．自主占有者、あるいは利用権原が自らに存在するものと誤信した他主占有者による利益の取得
3．無償による占有取得
4．当該占有者が善意であり、かつ未だ訴えを提起されていないこと

18   988条についても、原則として、占有者が利益を取得した時点において返還請求可能状態がすでに成立していなければならない。また、占有者は善意であり、未だ訴えを提起されていないことを要する。これらの要件が充たされていない場合には、987条1項所定の請求が発生する。988条は、善意の自主占有者および自らに物権的利用権原が存在するものと誤信している他主占有者に適用されるだけではない。同条はさらに、**他主占有者**が、自らには所有者に対する債務法上の無償の利用権原が備わっていると信じていたものの、当該権原が実際には第三者に対する相対権であり、したがって所有者に対してはこれを主張しえない場合にも適用される（RGZ 163, 348, 353）。

　例：DはEの自転車を盗み出し、それを善意のBに貸与した。この場合に、Bは他主占有者であり、使用貸借契約に基づく債務法上の利用権原（598条）の存在を信頼している。しかし、Bは、その契約上の占有権原をEに対しては主張しえないため、不法占有者である。そして、Bは当該権原を無償で取得していることから、Eは、Bに対して、利益の返還を請求することができる。

19   **b）法律上の原因なき占有取得**　占有が〔無効な契約などに基づき〕法律上の原因を欠く形で取得された場合にも988条が適用されるか否かについては、争いがある。通説は、挫折した契約関係の巻戻しには、987条以下の規定とともに、812条以下の規定を直接適用しうる、と唱える。これに対して、連邦通常裁判所は、この場合に988条を類推適用しようとする。

§ 22. 利益返還請求権および損害賠償請求権　401

事例27—法律上の原因なき利用：精神病を患っているものの、外見上それとは分からないDは、自らの所有する新しい自転車を400ユーロで、何も知らないKに売却した。また、Kは、その自転車を50ユーロで、Mに1週間、賃貸した。その後、Dのために世話人Bが選任され、Bは、Kに対し、上記自転車とMから受け取った50ユーロの返還を求めた。このような請求は認められるか。

解決へのすじみち：
I. Dは、その世話人による代理（1902条）を通じて、Kに対し、**985条**に基づく自転車の**返還**を求めることができる。929条1文が規定する合意は、Dの精神病のために無効である（104条2号、105条1項）。それゆえ、自転車の所有権はDの下に止まる。
II. **987条1項・990条1項1文に基づく利益返還請求権**は、Kに悪意が欠けるために発生しない。
III. では、**988条の類推適用に基づき、利益返還請求権が発生しうるか**。KがMから受け取った賃料は、法定果実として、99条3項、100条の意味における利益に該当する。だが、988条を直接適用することはできない。なぜなら、Kは自転車の占有を無償によってではなく、対価を支払って得ているからである。もっとも、本件では売買契約自体が無効であり、そのため、Kの反対給付の義務は発生しない。このような状況の下では、無償の占有者と法律上の原因なき占有者とを同等のものとして扱うことも考えられるところである。というのも、もし本件においてKが利益の返還を義務付けられないとすれば、それはとてもおかしな結論である、と思われるからである。すなわち、〔本件とは異なり〕もし売買契約のみが無効であり、自転車の譲渡〔物権行為〕は有効であったとすると、返還請求可能状態は存在しないこととなり、Kは、812条1項1文第1事例・818条1項・2項に基づく不当利得法による巻戻しとして、利益を返還すべき義務を常に負うことになる。本件において、〔売買契約とともに〕譲渡も無効であり、また「たまたま」返還請求可能状態が発生したからといって、そのことを理由に、Kに、上記の場合に比べてより良い地位を認めることはできない。不法占有者は、少なくとも、有効な譲渡〔物権行為〕により所有者になった者と同じ範囲において利益の返還を命じられるべきである。
BGH（BGHZ 32, 76, 94）は、本件に988条を類推適用することで、以上のような評価矛盾〔債務負担行為のみが無効である場合と債務負担行為、物

権行為の双方がともに無効である場合との間における評価矛盾〕を解消する。この立場に従うならば、988条が同条に定められた利益返還請求権の効果につき不当利得法の参照を指示しているため、同条を通じて、本件に不当利得法が適用されることとなる。これに対して、通説（Palandt/*Bassenge*, §988 Rn. 8. *Medicus/Petersen*, Rn. 600）は、988条の文言を理由に、正当にもこのような類推適用を否定する。なんと言っても、上述の事案では、反対給付〔KのDに対する売買代金の支払い〕が実際に行われているのである〔から、この点に照らしても、やはり988条を類推適用することはできない〕。しかし、通説の立場によっても、結論は同じである。すなわち、占有者は、本件において利益の返還義務を負わなければならない。このような結論は、812条以下の規定の直接適用を〔本件のような場合に限り〕例外的に許容することにより導かれる。993条1項後段による善意占有者の保護は、その限りで、目的論的解釈に基づく制限を受ける。なぜなら、立法者は、987条以下の規定を設ける際に、〔本件のような〕給付関係が挫折した場合を見落としていたからである。

結論：通説・判例いずれの見解によっても、Kは、812条1項1文第1事例・818条2項、または988条・818条2項のどちらかの根拠規定に従って、利益の返還を義務付けられる。

20 　事例27が示すとおり、2人の当事者間の関係については、通説・判例いずれの立場に立っても、同じ結論に至る。しかし、**三者間の関係**は、より複雑になる。

　　例（事例27の変形）：精神病を患っているDは、Eの自転車を盗み出し、それを善意のKに売却した。Eは今、Kに対して、自転車の返還と利益の返還とを求めている。

　　この場合において、まず、Kは、985条に基づき、Eに自転車を返還しなければならない。しかし、利益の処理については、不明確な部分が残されている。連邦通常裁判所の前記見解に従うならば、Kは、988条・818条2項に基づき、利益の返還義務を負担すべきこととなる。だが、その結果、KがDに支払った売買代金の額と同じ額だけの利得が消滅した、との主張をも、Kに許すべきこととなろう。そもそもKが上記自転車の占有とその使用に関する利益を得るには、実際のところ、Dに売買代金を支払うことが不可欠であったからである。しかし、このよう

な結論を解釈論として基礎付けることは容易ではない。というのも、占有取得以前に行われた売買代金の支払いは、818条3項の意味における利得の消滅にはあたらないからである。

これに対して、通説に従うとすれば、本件には812条以下の規定が直接に適用される。その結果、812条1項1文第2事例〔侵害利得〕に基づくKのEに対する責任は、給付利得の優先性のために排除される。なぜなら、本件の紛争の対象を成す自転車の占有は、DからKに与えられたものだからである。したがって、Kは、Dからの請求にのみ晒されることとなる。ただし、Kは、売買契約の巻戻しに際しては、Dに対して、自転車の返還と引換えに、売買代金の返還を請求することができる。これにより、自らの反対権〔Dに対する売買代金返還請求権〕を保持するというKの重要な利益が実効的に保護される。そして、以上のように解釈することで、売買契約のみが無効である場合との調和を最も良く実現しうる。それゆえ、通説の立場を支持すべきである。

4．果実の過剰取得が行われた場合における拡張された請求権

993条1項は、未だ訴えを提起されていない善意占有者の保護につき、さらなる制限を設けている。それは、占有者が占有物から通常の利益を得るだけでなく、さらにその物から果実を過剰に取得した場合に関するものである。すなわち、占有者が通常の経営法則に照らした限界を超えて占有物を酷使した場合には、そのような占有者の要保護性は一般的に低いものと考えられる。そのため、その場合には、善意の占有者であっても、**現実に取得したすべての果実**（99条）を返還しなければならない。ただし、この場合にも、占有者の返還責任の範囲は、818条3項により限定される。

5．善意占有者の保護

これまでに取り上げた事例以外の事案においては、善意の占有者は、自らが物を占有しうること、およびその物から自ら利益を得ることができるということについて、信頼することが許される。このような占有者の信頼を保護するために、民法典は、訴訟係属が生じた時点または占有者が悪意に転じた時点の前にまで利益の返還義務の発生を遡及させないこととしている（993条1項後段）。さらに、812条や823条に基づく請求権〔上記両時点前における占有者の利益取得に関する不当利得返還請求権・損害賠償請求権〕は、

987条および988条の特則により排除される。

23 991条に定められた**占有仲介連鎖**が存在する場合には、直接占有者自身が悪意であっても、上位占有者〔間接占有者〕が善意であるならば、善意占有者に関する保護が、上記直接占有者に対しても与えられる。

例：Aは、Eの所有するコンピューターを自己の所有物と誤信して占有しており、それをMに賃貸した。Eは、Mに対しては、自らがそのコンピューターの所有者であることを告げたものの、Aにはそのことを知らせなかった。その結果、Mは、990条1項2文に基づき、悪意の占有者となった。しかし、Aは、善意のままである。この場合において、Eは、Aが善意である限り、991条1項により、Mに対して、その悪意にもかかわらず、コンピューターの使用から得られる利益を賃料の形で〔賃料相当額において〕返還するよう請求することはできない。これにより、MがAに対して536条3項・536a条所定の求償を行うことが防止され、Aが善意であるにもかかわらず責任を負わなければならなくなる事態が回避される。

Ⅲ．損害賠償請求権

1．訴訟係属または悪意の場合における989条、990条1項に基づく責任

24 987条以下の規定が企図する善意占有者の保護は、何よりも、物の返還請求訴訟が係属する前においては、原則として、その者に損害賠償責任が課されないということにも良く現われている。993条1項後段は、この点を明確に定めている。**訴訟係属以後**（989条。これについては、Rn. 5）**または悪意となった時点以後**（990条1項・989条。Rn. 6）**に初めて**、占有者は、その者の有責性に基づく占有物の損傷またはその物の返還不能に関する損害賠償責任を負担する。当該責任の発生には、以下の要件が充足されることが必要である。

989条、990条1項に基づく損害賠償請求権

1．返還請求可能状態
2．占有物の損傷、滅失またはその他の理由による返還不能
3．それらの事象が
　a）物の返還請求訴訟の係属以後（989条）あるいは

b）悪意での占有取得以後（990条1項1文）あるいは
　　c）占有権原欠如の認識が占有者に生じた時点以後（990条1項2文）
　　　のいずれかに発生したこと
 4．有責性
 5．損害

　a）返還請求可能状態　筆記試験では、しばしば、その答案の冒頭において、985条に基づく返還請求権の成否を検討すべき場合がある。そのような場合に、その後、答案の別の箇所で所有者・占有者関係〔返還請求可能状態〕の存在について分析するときには、すでに記述した当該冒頭部分の参照を求めればよい。それ以外の場合には、損害賠償請求権の成否という枠組みの中で、それに付随させながら、上記返還請求権あるいは不法占有の存否に関する検討を行わなければならない。もちろん、占有物がすでに滅失したために、あるいはそれ以外の理由によりその物をもはや返還しえなくなったために、985条の返還請求権が現時点ではすでに存在していないとしても、そのことは問題ではない。まさしくそのような場合にこそ、所有者にとっては、損害賠償請求権が特に重要なものとなる。当該請求権の発生にとって必要なことは、返還請求可能状態が**物の損傷行為が行われた時点において**存在したということのみである。

　b）占有物の損傷、滅失またはその他の理由による返還不能　占有物の損傷とは、用法に反する取扱いや不適切な保管によりもたらされる、あるいは通常の利用に基づく損耗として引き起こされるその物のあらゆる態様における物理的な損壊およびその機能に関するすべての障害を意味する。しかし、経年に伴って一般的に生じうる物としての価値の減少は、これには含まれない。また、単なる占有物不返還に基づく損害も、989条、990条1項によっては填補されない。そのような損害は、992条2項、823条以下〔不法行為損害賠償請求権〕または990条2項・280条2項・286条〔給付の遅滞に基づく損害賠償請求権〕によってのみ賠償される（Rn. 39を参照）。

　占有物の**滅失**は、946条以下〔付合など〕の規定に基づきその物の法的独立性が失われた場合、およびその消費あるいは破壊による物の物理的な消失

が起きた場合に認められる。**それ以外の理由による物の返還不能**とは、上記以外の態様で〔985条の〕返還請求権の相手方から物の占有が失われ、その結果、当該請求権もまた消滅するすべての場合をいう。とりわけ、第三者に対する譲渡目的で行われる占有移転がこれに該当する。

27　　c）**時点：訴訟係属以後／悪意となった時点以後**　占有者がその占有権原の不存在について占有開始当初から悪意であった場合（990条1項1文）であれ、占有開始後に占有権原の欠如を積極的に知った場合（990条1項2文）であれ、または返還請求訴訟を提起された場合（989条）であれ、上述のような占有物の損傷などは、占有者がもはや法的保護に値しなくなった**時点**〔占有者が悪意となった時点、または訴訟係属が生じた時点〕〔以降〕において発生したものでなければならない。しかし、占有者が善意である限りは、その者に責任が課されることはない。

　　例：精神病を患っているものの、外見上それとは分からないEは、Dに対して、DVDプレイヤーを売却した。Dは、その機器を、自らの住居内に設置された背の低いサイドボードの上に置くこととした。だが、その後、当該プレイヤーは、不幸にもDの2歳の娘に発見され、直ちに、完全に壊されてしまった。今、Dの前にEの世話人が現れ、Dに対して、Eの所有権を侵害したことを理由として、それに基づく損害の賠償を請求した。

　　この場合に、まず、Dは、Eから上記プレイヤーの所有権を取得することはできない。Eが行った物権的合意は無効だからである（104条2号、105条1項）。また、DE間における売買契約も無効である。その結果、当該契約からも、Dの占有権原（986条）は発生しない。それゆえ、上述の事案においては、DとEとの間に返還請求可能状態が存在する。また、989条の意味における占有物の有責な滅失も認められる。というのも、Dは、その過失により、自らの娘が前記DVDプレイヤーを破壊することを防止しなかったからである。しかし、Dは、当該プレイヤーの返還請求訴訟を提起されていない（989条）。また、990条1項の悪意者でもない。なぜなら、Dは、占有開始時点においては、有効な譲渡に基づく占有権原が自らに備わっているものと信じており、かつそのような信頼も許されるものであったし、さらにその後もずっと、自らに占有権原が欠けていることを積極的に認識していたわけではないからである。したがって、989条、990条1項に基づく責任はいずれも発生しない。また、Dは、823条によっても損害賠償責任を課されない（Rn.

41)。

d）有責性 通説によれば、占有者の有責性には、**276条が定める有責性の基準**に従って、故意と過失とが含まれる（この点については、Palandt/ *Bassenge*, §989 Rn. 5のみを挙げておく）。また、この有責性は、物の損傷あるいはその返還不能に関わるものであることを要する。それゆえ、占有権原の欠如に関する認識あるいは重大な過失に基づくその不知、つまりは無権原に関する悪意と989条の意味における有責性とは区別されなければならない。有責性は、占有物の損傷および返還不能について存在することが必要であり、また軽過失でも足りる。そのような有責性は、特に、自由意思に基づき占有物が譲渡された場合や、通常の使用に伴う物の損耗が生じた場合においても肯定される。どちらの場合であっても、故意が認められることとなろう。**補助者**の有責性は、278条の規定〔履行補助者の行為に関する債務者の責任〕に則って占有者に帰責される。所有者・占有者関係が、同条の適用に必要な債務関係に該当する。

28

例：複数のレストランを経営しているAは、さらにもう1つ新しい店を開きたいと考えている。Aは、その支配人Pに、それに適した店舗を探すよう依頼した。そのような店舗を見つけたPは、反対の指摘〔下記Gは上記店舗の所有者ではない、との指摘〕が銀行からなされているにもかかわらず、Gのことを当該店舗の所有者であると判断し、Aの代理人として、Gとの間でその店舗の用益賃貸借契約を締結した。だが実際には、Eが上記店舗の所有者であり、そのことはPが登記簿を確認しさえすれば容易に判明した事柄であった。用益賃貸借契約締結後、Pは、Aのために、その店舗を改装した。その際、当該店舗の壁に穴が開けられたため、上層階の積載能力〔一定の重みまで持ちこたえる能力〕が低下した。それから2ヶ月が経過した頃、以上の事実を知ったEが現われ、Aに対して、2ヶ月分の賃料の支払いと損害賠償とを請求した。

この場合において、まず、利益としての賃料の支払いを求める〔利益返還〕請求権は、987条・990条1項1文により生ずる。PがEとの関係における占有権原の不存在を重過失により認識しなかったことについては、166条1項に基づき、Aがその責任を負担しなければならない（Rn. 10参照）。これと同じことが、989条・990条1項1文に規定された損害賠償請求権の要件である悪意に関しても妥当する。しかし、当該請求権の発生には、それに加えてさらに、Aに占有物〔店舗〕

の損傷に関する有責性が認められることが必要である。A自身が店舗の壁に穴を開けることを指示した場合には、Aは、少なくとも過失により自ら当該損傷をもたらした、と考えることができる。他方、それがPの指示によるものであり、A自身はこれに関与しなかった場合には、上記損傷に関するPの有責性をAに帰責しうるか、が問われる。166条1項は、この点について関知しない。だが、989条との関連における第三者の有責性の帰責に関しては、278条の直接適用あるいは831条の類推適用が問題となる。278条は、債務関係の存在を前提としているところ、上記の場合には、所有者・占有者関係がこれにあたる。また、当該所有者・占有者関係からも、〔278条の適用要件の1つである〕債務が発生する。なかでも特に、占有者は、989条に基づき、訴訟係属以後あるいは悪意となった時点以降、占有物を適切に、かつ壊すことなく所有者に返還しうるよう必要な配慮をなすべき義務を負う。このような義務は、Aにも生じている。Aはその義務の履行をPに委ねているのであり、したがって、278条により、Pの有責性について自ら責任を負担しなければならない。

29 **e）損 害** 占有物について生ずる損害のうち、賠償されうるものは、**989条、990条1項の保護範囲**内に含まれる損害、すなわち、占有物の損傷あるいはその返還不能と内在的な関連性を有する損害のみである。通常、第三者に対する権利追及にかかる費用は、そのような損害にはあたらない（BGH NJW 1990, 909）。損害賠償の態様および方法は、249条以下の規定が定めるところによる。損害賠償の範囲は、もはや返還しえなくなった占有物の客観的価値に限定されない。それゆえ、逸失利益もまた賠償の対象となる（252条）。さらに、物の消滅とともに発生するその他の財産的損失も賠償されうる（BGH NJW 2014, 2790）。返還義務の履行遅滞に基づく損害については、Rn. 39を参照せよ。

2．991条2項に基づく占有仲介者の責任

30 **a）責任根拠** 991条2項は、（未だ訴えを提起されていない善意の）占有者が〔物の所有者にとっては不法占有者であると〕同時に第三者にとっては占有仲介者にあたる場合において、〔所有者に〕当該占有者に対する独立の損害賠償請求権を認める規定である。このような占有者は、──たとえその者が悪意者ではなく、また未だ訴えを提起されていないとしても──占有仲介

関係に基づき、（自らと物との間を取り持っている）間接占有者に対して損害賠償責任を負うべき場合もあることを覚悟しなければならない。少なくともその限りにおいて、上記占有者は、法的保護に値しないものと思われる。

991条2項に基づく損害賠償請求権
1．返還請求可能状態
2．直接占有者が第三者に対する占有仲介者であること
3．直接占有者が善意であり、かつ未だ訴えを提起されていないこと
4．989条の意味における占有物の損傷、滅失またはそれ以外の理由による返還不能
5．直接占有者が間接占有者に対し、989条所定の損害について賠償責任を負担すること

例：Vは、ある賃貸用家屋を相続したものと信じて、その一室をMに賃貸した。だが、実際には、Eがその真正な相続人であり、所有者であった。この場合に、Mがその住居を失火により損傷したときには、Eは、991条2項に基づき、善意のMに対しても損害賠償を請求することができる。なぜなら、このとき、もしVが〔本当に上記家屋の所有者であり、そのために〕損害を被っていたとすると、Mは、賃貸借契約上の義務違反を理由に、Vに対しても、同じように損害賠償責任を負担することになったはずだからである。また、EのMに対する損害賠償請求権は、Mが無効な契約に基づきVに〔間接〕占有を仲介した場合においても発生する（§4 Rn. 23）。そのような場合であっても、Mは、他主占有者として、Eとの関係においては保護に値しないからである（BGHZ 24, 188, BGHZ 46, 140)。

このように、991条2項〔の適用領域〕には、**他主占有者の逸脱**に相当する事例の1つが含まれる（Rn. 41, 42を参照）。そのような逸脱が行われた場合には、未だ訴えを提起されていない善意の占有者に与えられる責任軽減の特典（993条1項後段）は例外的に否定される。991条2項の基礎にある評価とは、自らの表見的な占有権原〔もし認定行為が有効であれば存在したであろう占有権原〕の範囲を逸脱した他主占有者に上記特典を認めることは不公平である、なぜなら、その者は間接占有者に対する自らの責任を本来、予期すべき立場にあるからである、というものである。このような考慮に基づき、他主占有者は、民法典上、訴えを提起された占有者と同列に置かれている（991条2項では、989条所定の構成要件が一定

の限度で参照されている〕。

31 **b）責任範囲**　直接占有者は、991条2項に基づき、その者が間接占有者に対して負担したであろう範囲においてのみ、所有者に対する責任を負う。例えば、〔賃貸借契約などの〕占有仲介関係の中で免責の合意が行われていた場合には、991条2項により、直接占有者は、所有者に対しても責任を負担しない。法律上の責任制限も、これと同じように扱われるべきである。ただし、これらの場合にも、989条、990条1項所定の責任〔訴訟係属以後の損害賠償責任または悪意者の損害賠償責任〕を追及することは可能である。また、991条2項は、「989条に掲げる損害」に関する責任を定めている。このような規定ぶりからは、同項所定の責任は有責性に基づくものに限定されることを読み取ることができる〔989条は、不法占有者がその有責性に基づき発生させた損害について、その者に賠償責任を課す旨を定めているから〕。このような理解によれば、占有者が所有者に対して、偶発的な損害に関する責任（例えば、287条2文による責任〔履行遅滞の間に生じた偶発的損害に関する債務者の責任〕）を負うことはない（Palandt/*Bassenge*, §991 Rn. 3）。なお、直接占有者が間接占有者と所有者との双方から責任を追及されることがないように、851条〔無権限者に対する弁済〕の規定が類推適用されるべきである。

> **事例28――二度も盗まれた自転車**：Dは、Eから自転車を盗んだ。Dは、その自転車をもっぱら自らの仕事のために使うつもりでいたものの、しばらくの間、自分の妻であるFに、Fが日用品の買い物に出かける際、それを使用させていた。もちろん、Fは、Dがその自転車を正規に購入して手に入れたものと考えていた。ある日、Fは、パン屋の前に自転車を停め、「少しの間、買い物をするだけのことだから。」と、それに鍵をかけなかった。しかし、Fがパン屋の中にいる間に、その自転車は何者かにより盗まれてしまった。この場合に、Eは、Fに対して、自転車に関する損害賠償を請求することができるか。
>
> **解決へのすじみち**：
> **Ⅰ．Eは、Fに対して、989条・990条1項に基づき、損害賠償を請求しうるか。**
> 　確かに、EとFとの間には所有者・占有者関係が存在する。というのも、Dは、上記自転車の所有者ではなく、また、Fが986条1項1文に基づき援用しうるような、Eに対する占有権原も有していないからである。しかし、Fは、その占

有権原の不存在につき一貫して善意であったため、989条・990条1項所定の損害賠償請求権は発生しない。

Ⅱ．EはFに対して、989条・991条2項に基づき、損害賠償を請求しうるか。
1. 991条2項は、占有仲介関係の存在を前提とした規定である。本件においては、DとFとの間で締結された使用貸借契約（598条）、あるいは——もしDF間には法律行為としての使用貸借契約は成立していないと解するならば——好意による関係（これに基づき、868条の意味における注意義務が発生する）がこれにあたる。
2. 991条2項によれば、占有者は、たとえ善意であっても、その者が間接占有者に対して責任を負うべき範囲において、所有者に対し、989条に示された損害に関する賠償責任を負担する。そのため、間接占有者Dと占有仲介者Fとの間にいかなる請求権が(理論上)発生しうるか、について検討しなければならない。
a) もしDが前記自転車の所有者であったとすれば、Fは、事情によっては、598条・280条1項（使用貸借契約の成立を肯定する場合）、または823条1項に基づき、Dに対して損害賠償責任を負うべきこととなりうる。なぜなら、Fは、鍵をかけずに自転車を停めておくという過失を犯しているからである。
b) もっとも、本件では、1359条の規定に注意しなければならない。同条によれば、婚姻に基づく生活関係から生じた義務の履行に際して、一方配偶者が自己の事務に関するのと同様の注意を尽くし、かつその者に重過失が認められない場合には（277条参照）、上記義務の不履行について他方配偶者に対する損害賠償責任は生じない。それゆえ、Fは、Dに対して、責任を負わないこととなろう。自転車の鍵をかけないことは、短時間での買い物の際には、通常、重過失とは評価されないからである。
c) 問題として残るのは、Fが、Eとの関係においても以上のような責任軽減の抗弁を申し立てることができるか、という点である。991条2項の文言上、同項所定の責任は、直接占有者が間接占有者に対して責任を負うときに「限り」肯定される。したがって、FはEに対しても、上記責任軽減を主張しうる。

それ以外の責任の発生は、993条1項後段により排除される。

結論：Eは、Fに対して、何らの損害賠償をも請求することができない。Eは、Dに対する損害賠償請求権を行使しなければならない。

3. 992条、823条以下に基づく責任

32　992条は、自主占有者・他主占有者の別を問わず、およそ占有者が違法な私力（858条）または犯罪（例えば、刑法242条〔窃盗〕、263条〔詐欺〕）によりその占有を取得した場合について、そのような占有者に対し、**加重された責任**が課されるべきことを規定している。すなわち、その場合には、占有者は何らの法的保護にも値せず、823条が定める完全な範囲において損害賠償責任を負担しなければならない。さらに、占有物の偶発的な損傷または滅失に関しても、848条による〔損害賠償〕責任が発生する。加えて、987条以下の規定も適用されうる。

　992条それ自体は、**請求権根拠ではない**〔同条が独自の請求権を基礎付けるわけではない〕。同条は、987条以下の規定が有する不法行為法の遮断効〔不法行為法の規定の適用を妨げる効果。Rn. 35を参照〕を、不法行為に基づく占有者に関して解除するものである。また、992条は、823条以下に定められた法律効果についてのみならず、当該効果の発生要件についても、同条以下の諸規定を参照するよう指示している（いわゆる**権利根拠の参照**）。したがって、〔992条の適否を判断する際には〕例えば823条1項所定の、有責性（故意または過失）をも含めたあらゆる構成要件の充足の有無が検討されなければならない。ただし、そこで問題とされる有責性は、〔占有の取得に関するものではなく〕占有物の損傷に関するもののみである。

33　992条が**占有取得**についても占有者の**有責性**を要件としているか否か、は明確ではない。犯罪（なによりも窃盗）により占有が取得される場合には、もちろん、有責性は当然に認められる。なぜなら、犯罪の構成要件は、常に、有責性をその内容としているからである。窃盗犯あるいは盗品の有償譲受人は、他人の所有物の不法占有を故意に獲得する者であり、したがって、法的保護に値しない。これに対して、違法な私力の行使により占有が取得される事案においても、たいていの場合には、有責性が存在する。しかし、そのことは、858条1項の要件とはされていない。実際の事案では、占有者が、占有取得の際に法的非難を受けるべき過失や故意を有していないときであっても、違法な私力の行使が起こりうるのである。

　例：レストランで食事をした後、Aは、そのクロークで傘を1つ受け取った。

Aはその傘を自分の傘と考えたものの、実際には、それはAの傘と同じ型、同じ色をしたEの傘であった。しかし、そのような傘をまさしくクロークで渡されたのであるから、Aがそれを自らのものと信じたことに過失はない。この場合に、Aがその後、Eの傘を過失により壊してしまったときには、992条の文言からすれば、Aは、それに対する損害賠償責任を自ら負わなければならない。なぜなら、Aは、その傘の占有を違法な私力により取得しており、かつ823条1項が定める、過失による物の毀損という要件が充たされているからである。しかし、Aの立場を犯罪者と同等のものと評価することは妥当ではない。善意の占有者として、Aは、むしろ法的保護にこそ値する。

そのため、通説によれば、992条所定の構成要件は、目的論的に解釈をして、**違法な私力が有責性に基づき行使されること**と限定的に理解されるべきである（Staudinger/*Gursky*, §992 Rn. 10. 異なる見解として、*Brox*, JZ 1965, 516）。そのように解釈しないと、992条が想定する2つの事例の間に、まさしく評価矛盾が生じることとなろう。というのも、その場合には、有責性に基づかずに行使された違法な私力と、典型的には故意により実行される犯罪とが、同じように不法行為責任を発生させることとなるからである。それゆえ、違法な私力の行使が〔占有者の〕有責性によるものではない場合には、992条は適用されない。〔同条に定められた〕占有者の加重された責任は、当該占有者が990条1項2文に基づき悪意となったとき、または訴えを提起されたとき（989条）に初めて生ずる。ただし、他主占有者の逸脱に関する責任（Rn. 41, 42）は、そのような場合でなくとも発生する。

34

992条、823条に基づく損害賠償請求権

1．返還請求可能状態
2．有責性に基づく違法な私力または犯罪による占有の取得
3．823条1項所定の要件の充足
　a）法益侵害
　b）侵害行為
　c）因果関係
　d）違法性
　e）有責性

> f）損害

Ⅳ．適用範囲と競合関係

1．987条以下による遮断効

35　987条以下に定められた諸規定は、所有者・占有者関係に関する特則として重要な意義を有する。すなわち、それら諸規定は、未だ訴えを提起されていない善意の占有者を保護するために、他の（ときに、より重い内容を持った）責任規範の適用を排除する。987条以下所定の要件が充たされるときには、同時に、823条以下〔不法行為損害賠償責任〕あるいは812条以下〔不当利得返還責任〕所定の要件が充足されることもありうる。しかし、993条1項後段は、そのような場合に関する原則として、損害賠償責任あるいは利得返還責任の成否に関して、善意占有者の不利益となるような形でこれらの規定〔823条以下、812条以下の各諸規定〕が適用されてはならないことを明確にしている（いわゆる**適用除外特別規定**あるいは所有者・占有者関係の「遮断効」）。このような遮断効が具体的にどこまで及ぶかについては、不明確な部分も残っており、激しく争われている。そのため、筆記試験において、この点が問われる可能性も大きい。主要なものとしては、以下に取り上げる諸問題が重要である。

2．契約に基づく請求権

36　ある物の占有者が、契約に基づき占有権原を有する場合には、987条以下の規定は、原則として適用されない。これらの規範〔987条以下の規定〕は、返還請求可能状態の存在を前提としているところ、占有権原が生じているときには、まさしくそのような状態が欠けているからである。それゆえ、この場合には、契約に基づく請求権〔契約規範〕がそのまま適用される（BGHZ34, 122, 130）。契約に基づく請求権が存在する場合に、987条以下の規定が規範の欠缺補充に寄与しうるのは、せいぜいのところ、費用償還請求権が問題となるときのみである（§23 Rn. 1以下を参照）。損害賠償請求権については、債務法総則の不能、遅滞およびそれ以外の義務違反に関する規則が妥当する。

§22. 利益返還請求権および損害賠償請求権　415

すなわち、989条、990条によっても、それらの規則を排除することは許されない。契約期間中に取得された利益の返還請求権が発生するか否かについても、まずは契約の定めるところに従って決まる。

　占有者が、自らに引き渡された占有物を、契約により認められた範囲を超　37
えて利用した場合には、契約上の損害賠償請求権の成否と不法行為に基づく損害賠償請求権の成否とが問題となりうる。上記占有者が契約に基づき占有権原を有しているときには、987条以下の規定は適用されない。契約に基づく適法な占有者がその占有権原の範囲を超えてしまった場合に、987条以下の規定が類推適用されることもない（いわゆる**それほど適切ではない占有者**〔この概念については、§21 Rn.20を参照〕）。

　例：Eは、その所有する耕運機を、自らの代理商であるHに、当該耕運機を顧客に披露させる目的で2日間、引き渡した。だが、Hは、そのうちの1日、上記耕運機をBに、〔Bが〕その畑を耕すために賃貸した。この場合に、Hは、〔準委任〕契約に基づく自己の権利の範囲を超えて行動している。その結果、〔観念的なものではなく、金銭に〕算定可能な損害が発生したときには、HはEに対して、280条1項による損害賠償責任を負わなければならない。ただし、上記契約が存続しているため、Hは、自らの占有権原を失わない。それは、住居の賃借人が、たとえ賃貸借契約に違反して転貸を行ったとしても、当該契約が解約されない限り、その占有権原を喪失しないことと同じである。したがって、返還請求可能状態の不存在のゆえに、987条以下は適用されない。上記の場合には、契約に基づく請求権に加えて、823条1項による損害賠償請求権あるいは812条1項1文第2事例に基づく侵害利得の返還請求権が生じうる。

3．契約終了後の請求権

　使用賃貸借契約あるいは用益賃貸借契約などの占有関係が終了した後、さ　38
らには、例えば売買契約の解除（346条以下）が行われた後にも、それまで適法な占有者であった者は、不法占有者となる（いわゆる**もはや適法ではない占有者**〔この概念については、§21 Rn.20を参照〕）。そのような不法占有者は、契約に基づく物の返還義務（例えば、546条に基づく賃貸借契約終了後における賃借人の目的物返還義務）とともに、985条・986条によっても占有物の返還義務を負う（§21 Rn.33）。それゆえ、契約期間が満了した後には、返還請求

可能状態も発生することとなる。この場合に、損害賠償あるいは利益の返還が請求されたときには、987条以下の諸規定が、契約法上の規範（例えば346条〔解除の効果〕、347条〔解除後における利益の価値賠償請求〕、546a条〔使用賃貸借目的物の返還が遅れた場合における賃貸人の賠償請求〕、571条〔使用賃貸借目的住居の返還が遅れた場合における賃貸人の賠償請求〕、さらには280条1項、2項〔義務違反に基づく損害賠償請求〕、286条〔履行遅滞〕、287条〔履行遅滞の間に生じた偶発的損害に関する債務者の責任〕）およびその他の一般規定とともに適用されうるか。連邦通常裁判所は、かつては、この問いを無制限に肯定していた（例えば、BGHZ 34, 122）。これに対して、学説の一部は、契約の巻戻しに関する規定のみを適用すべきである、と主張していた（L. Raiser, JZ 1961, 529）。その後、連邦通常裁判所（BGH NJW 1968, 197, BGH NJW 1989, 2133, 2135. 同旨として、OLG Düsseldorf ZMR 2010, 755）は、確かに987条以下の規定に加えて812条以下の規定をも合わせて適用することを認めつつ、しかし、規範が競合するときには、**契約の巻戻しに関する規定を優先する**との立場を採るに至った。

例：Mは、ある物を3年の約定で賃借した。その後、当該賃貸期間はすでに経過したものの、Mはそのことに全く気付いていない。この場合に、Mが賃貸期間満了後に賃貸借目的物を壊したときには、契約法が適用され、Mは、契約終了後の注意義務違反を理由として損害賠償責任を課されることとなる。これに対して、もし上記の事案に987条以下の規定を適用するのであれば、まず、Mが悪意の占有者であるか否かが問われることとなる。この点は、否定されなければならない。というのも、Mは、賃貸期間の満了に気付いていなかったため、従前どおり、自らのことを適法な占有者と考えていた。990条1項2文によれば、そのようなMの善意が覆されるのは、Mがその占有権原の消滅につき積極的に認識していたときのみである。上述の事例では、そのような事実は存しない。また、987条以下の規定を適用するときには、993条1項後段に基づき、**善意の占有者**は、あらゆる損害賠償責任から解放される（Rn. 22）。このように、987条以下の規定と契約の巻戻しに関する規定とは、前記事案について、また他の事例においても、正反対の帰結をもたらす。そのため、両者を同時に適用することはできない。むしろ、上記の具体例においては、契約の巻戻しに関する規定のみが基準とされる〔べきである〕。すなわち、それらの規定は、契約ごとの特別な関係〔各契約の特殊性〕を顧

慮して作られた規定であり、そのような特殊性を考慮していない987条以下の一般規定の適用を排除する〔ものと解すべきである〕。したがって、契約の終了後には、確かに985条所定の返還請求権は発生するものの、987条以下に規定された付随的請求権は、原則として生じない（*Prütting*, Rn. 563）。

以上に述べた事柄は、546a 条 2 項の存在によっても左右されない。なぜなら、同条項は、賃貸人が、特に280条 1 項、2 項、あるいは286条のような契約に基づく請求権根拠を基礎として、546a 条 1 項に基づく請求によっては填補されないさらなる損害につきその賠償を請求しうる旨定めた規定に過ぎない〔つまり、546a 条 2 項は、当該損害賠償請求が契約法上の規範に基づき行われるべきことを述べているに過ぎない〕からである（Palandt/*Weidenkaff*, §546a Rn. 16. これと異なる見解を説くのは、Soergel/*Heintzmann*, 12. Aufl., §557 a. F. Rn. 24）。

4．占有物不返還に基づく損害賠償請求権

280条 1 項、2 項、286条および287条に定められた**履行遅滞に関する諸規定**は、990条 2 項によれば、985条の返還請求権にも適用される。ただし、990条は、**悪意の**占有者が当該返還請求権〔これに対応するところの物の返還義務の遅滞〕に関して負うべき責任を規定しているに止まる。このこと〔占有者が悪意である場合が念頭に置かれていること〕は、990条 2 項においても同様である（具体例として、*BGH* NJW 2003, 3621）。そのため、占有開始当初に善意であった占有者は、990条 1 項 2 文に定められているとおり、その者が無権原の事実を知り、悪意に転じた時点以降においてのみ、返還請求権〔返還義務〕に関する履行遅滞に陥ることとなる。過失による占有物不返還〔不法行為〕を理由とする823条 1 項に基づく請求権の発生——当該請求権は〔286条が規定する〕履行遅滞の要件、特に催告の要件の充足なしに生じうる——は、990条の特則によりそもそも排除される。987条以下、994条以下所定の付随的請求権〔利益返還請求権、損害賠償請求権〕について履行遅滞が生じたときには、履行遅滞に関する一般規定である280条 2 項、286条、287条をそれらの場合に適用することが可能である。この点に、特段の問題はない。また、このこと〔280条 2 項等の一般規定を適用しうること〕は、888条〔に定められた仮登記権利者による同意請求に対し、同意義務者が同意の意思表示を遅滞している場合〕にも当てはまる（§18 Rn. 22）。さらに、861条〔占有保護請求権〕に基づく物の返還についても、その義務者は履行

遅滞となりうる。

例（*BGH* NJW 2012, 528より）：不法駐車をしていたPの自動車がレッカー移動された後、そのレッカー移動を担当した業者Uは、レッカー移動にかかった費用の支払いと引換えに、その自動車をPに返還しようと考えていた（§5 Rn. 21の例を参照）。だが、Pがその支払いを拒否したため、Uは自動車をPに返さなかった。その2週間後、PがUに対して、その間、Pが当該自動車を使用することができなかったことを理由として、利益喪失に関する損害賠償を求めた。この場合に、Pに990条2項・280条1項・2項・286条所定の〔物の返還義務の履行遅滞に基づく〕損害賠償請求権が生ずる可能性がある。なぜなら、PとUとの間には、原則どおり、所有者・占有者関係が成立しているからである。しかし、Uには、273条1項・2項に基づき、上記自動車の返還に関する履行拒絶権が生じている。そのため、Uの自動車の返還義務は未だその履行期を迎えていない。それゆえ、Uは、当該義務につき履行遅滞に陥っておらず、したがって、Pは、履行遅滞に基づく損害賠償請求権を有しない。

5．241a条による987条以下の排除

40　注文していない商品が〔一方的に〕送り付けられる場合には、送り主と受取人との間に契約関係は存在しない。それゆえ、この場合には、消費者〔受取人〕に当該商品に関する占有権原を何らかの形で認めない限り（この点については見解が対立している）、送り主と受取人との間には返還請求可能状態が成立している、ということになる。しかし、消費者の利益を保護するために、985条以下の規定の適用は、241a条により排除される。すなわち、送り主は、985条に基づく返還請求権も（*Lorenz*, JuS 2000, 833, 841. 争いあり）、損害賠償請求権も有しない。

例：Fは、V出版社から、郵便で、大百科辞典の送付を受けた。それに添えられた手紙には、それが大注目の特別提供品である旨が謳われていた。それによれば、Fは、その辞典を2週間、試用し、もし気に入ったならば、その代金を銀行振込でVに支払うことができる。もし気に入らなければ、Vがそれを回収しに来ることとされていた。しかし、Fは、その配達物に興味がなかったため、それを放置しておいた。だが、Fが飼っている犬は、日に日にそれに興味を示し、ついにはその辞典を完全にボロボロにしてしまった。

この場合に、FとVとの間には上記百科辞典の売買契約は成立していない。そのため、Vは、433条2項に基づく代金支払請求権を有しない。しかし、989条・990条1項1文に規定された要件に照らすならば、本来、上記の事案において ―― 契約が欠けているために ―― Fに占有権原が認められないとすると、989条・990条1項1文に基づく損害賠償請求権が〔Vに〕発生しうるはずである。だが、241a条1項によれば、注文していない給付が行われた場合には、〔事業者の〕消費者に対するいかなる請求権も発生しない。すなわち、契約に基づくもののみならず、987条以下、812条〔不当利得〕あるいは823条1項〔不法行為〕による請求権も生じない（通説。Palandt/*Grüneberg*, §241a Rn. 7を参照）。したがって、Vは、Fに対する損害賠償請求権を取得しない。

6．987条以下の諸規定と不法行為法との関係

a）概 観 987条以下の規定は、占有者を保護するために、不法行為法に対して**遮断効**を発揮する〔Rn. 35〕。これが原則である。それゆえ、筆記試験においては、返還請求可能状態が存在する場合には、必ず987条以下に関する検討から問題の分析を始めなければならない。993条1項後段からも明らかであるように、そのような場合には、不法行為法の適用は原則として排除される。だが、**例外的に**、〔987条以下所定の責任に加えて〕不法行為法に基づく責任の成否が問題となることもある。第1の例外は、992条自体がこれを定めている。すなわち、占有が犯罪または（有責性に基づく）違法な私力により獲得された場合（Rn. 32, 33）である。第2の例外は、他主占有者の逸脱に関する場合である。民法典には、これにあたる事例として、991条2項の事案が規定されている（Rn. 30, 31参照）。他主占有者の逸脱は、さらに、契約が無効である場合にも現れる（Rn. 42）。また一般に、良俗に反する加害行為が行われた場合には、上記遮断効にかかわらず、常に826条による不法行為損害賠償請求権が発生する、と解されている（*K. Müller*, JuS 1983, 516, *Prütting*, Rn. 542を参照）。

b）契約が無効である場合における損害賠償請求権（他主占有者の逸脱）
当事者が契約を締結したとしても、その契約が当初から（ときには当事者にも分からない形で）無効であったり、取消しにより事後的に無効になったりすることがある。このような場合には、無効な契約（例えば使用賃貸借契約）

は占有権原を基礎付けず、したがって返還請求可能状態が成立する。その結果、987条以下の規定が適用されることとなる。このとき、契約に基づく原状回復請求権との競合は生じない。なぜなら、そのような原状回復請求権は、契約が無効である場合、あるいはもはや存在しない場合には発生しないからである。しかし、その場合に、823条以下（あるいは812条以下）所定の請求権のうち、いずれの請求権が生じうるかが問題となる。

例：Mは、Eから賃借した機械を過失により壊してしまった。その後、Mは、その機械の稼働能力につき詐欺が行われたことを理由として、Eとの使用賃貸借契約を取り消した。その結果、当該契約に基づく請求権は消滅した。Mは機械の損傷時点においてはなお善意の占有者であったため、993条1項後段に基づき、そもそも損害賠償義務を負わないこととなりそうである。しかし、このような結論は不当であろう。なぜなら、Mは、他主占有者として──賃貸借契約の有効性如何にかかわらず──Eの機械を壊してはならないことを知っていたからである。もし契約が有効であったならば、280条1項〔義務違反〕、823条1項〔絶対権侵害の不法行為〕のいずれによっても、Mに損害賠償義務が発生していたはずである。なぜ契約が無効である場合における不法占有者Mが、契約が有効である場合における適法占有者に比べて、より良い地位に立つことができるのか。この点に関する合理的説明を見出すことは困難である。987条以下の保護目的は、第一義的には、まさしく善意の自主占有者に即したものであり、他主占有者には妥当しない。

適法な占有者の地位が不法占有者のそれに劣後することを避けるため、通説は、善意の不法占有者が、仮にその者が適法な占有者であったとしても所有権侵害につき責任を負うべき場合には、993条1項後段にもかかわらず、823条に基づき、その者に損害賠償責任を負わせる。このような解決は、正当である。他主占有者は、他者の所有権の侵害につき、常に自らの責任を覚悟すべきだからである（Palandt/*Bassenge*, §993 Rn. 4, *Roth*, JuS 2003, 937, 942）。

43　**c）悪意占有者の広範囲にわたる不法行為責任の成否**　争いがあるのは、すでに訴えを提起された占有者あるいは悪意の占有者が──上述のような例外的な場合を超えてさらに──一般的に不法行為責任〔規範〕に服すべきであるか、についてである。これを肯定すべき理由としては、987条以下の規定による責任制限は、通説によれば、未だ訴えを提起されていない善意占有者を保護するために行われるものであること、それゆえ、これらの規定

による遮断効を悪意の占有者にまで及ぼすべき理由は存在しないことが挙げられよう。すなわち、悪意の占有者は、その点ではまず法的保護に値しないように思われる。このような理由から、一部の学説は、悪意の占有者に、一般的に不法行為責任を課すべきである、と主張する（例えば、*Schreiber*, Jura 1992, 356, 362, *Prütting*, Rn. 542）。だが、993条1項後段の文言は、悪意の有無を問うことなく、占有者の広範囲にわたる責任を基本的に排除している。これは、上記学説にとっては不利である。さらに、992条の規定もまた、立法者が、不法行為法の発動を、同条所定の要件の下でのみ許容する意図であったことを示している。これらの事柄と悪意占有者の広範囲にわたる不法行為責任とは合致しないであろう。したがって、上記学説とは反対の立場（通説。BGHZ 56, 73, 77）を支持すべきである（旧版の見解を改める）。

7．987条以下と812条以下との関係

a）給付利得　個別の事案においては、987条以下所定の請求権とともに、812条以下による給付利得に基づく不当利得返還請求権が発生することもありうる。具体的には、給付が当事者相互により行われる事例（§6 Rn. 6）のうち、その基礎を成す契約のみならず、譲渡〔物権行為〕までもが（例えば104条2号〔行為無能力〕により）無効である場合に、そのような請求権の競合が起きる。このとき、もし不法占有者が本当に物の所有者になっていたとしたならば、その者は、〔適法な占有者として〕812条1項1文第1事例〔給付利得の要件・効果〕に従って、その物を返還しなければならなかったはずである。上記不法占有者には、そのような適法な占有者に認められる保護よりもさらに良い保護を与えるべきではない〔したがって、不法占有者には、985条所定の返還義務およびこれに付随する987条以下所定の責任とともに、812条以下に定められた給付利得の返還義務もまた合わせて生ずるものと解すべきである〕。

b）侵害利得　これに対して、812条1項1文第2事例に基づく侵害利得返還請求権は、**物の利益**に関する限り、**原則として**、987条以下による請求権とともに**発生することはない**。なぜなら、987条以下の規定は、その本質上それ自体が、善意占有者を保護するために設けられた、侵害利得の事案に

44

45

関する特別法だからである。そのような保護が〔一般的な〕侵害利得返還請求権により潜脱されることは許されない。

　もっとも、**占有物の価値それ自体**の返還が問題となる場合には、816条・951条・812条1項1文第2事例に基づく請求権（侵害利得返還請求権）が989条・990条1項による利益返還請求権とともに発生しうる（BGHZ 55, 176）。どのような場合であっても、ある物の価値は、最終的には、その所有者に帰属すべきである。物がなお存在する限り、所有者は、もちろん985条の返還請求権をも有するであろう。993条1項がいわゆる果実の過剰取得が行われた場合についてすでに不当利得返還責任を定めていること（Rn. 21）〔占有者が、その物から通常、得られる利益以上のものを獲得した場合には、当該占有者は、たとえその者が善意であり、未だ訴えを提起されていなくとも、過剰に取得した利益を不当利得として返還しなければならない〕に照らすならば、占有者が物のすべての価値を自らのものにしたときには、なおさら同様の事柄〔993条1項の基礎にある評価。占有物から通常、生ずる利益としてその享受を許される以上のものを獲得した占有者は、それをその物の所有者に返還すべきであるとの規範〕が妥当する。そのために重要であるのは、なによりも816条1項1文の請求権である。

　例：ある貴重な絵画がEの下から盗まれた。その絵画を善意の美術商Kが購入し、そしてそれを匿名の希望者に対して転売した。Eは、935条1項により（§8 Rn. 30）、上記絵画に対する所有権を失わない。だが、この事案では、985条の返還請求権は、Eの役には立たない。なぜなら、その絵画を現在、占有している者の素性が分からないからである。また、Kに対する989条・990条1項に基づく利益返還請求権は問題とならない。Kは、悪意ではないからである。しかし、EがKによる絵画の売却を――Kから金銭の支払いを受けられないことを解除条件としつつ――追認した場合には、Eは、816条1項1文に基づき、Kに対して、絵画の売却代金の返還を求めることができる。もし上記とは異なり、Kが悪意である場合には、816条1項1文に加えて、687条2項1文・681条2文・667条および989条・990条1項もまた適用されうる。816条1項1文との関連において行われる追認は、989条・990条1項の適用と矛盾しない（*BGH* NJW 1960, 860）。なぜなら、そのような追認により、所有権に対する違法な侵害と無権利者の下にかつて存在した不法な占有状態〔の事実〕とが〔遡及的に〕消滅するわけではないからである。追

§22. 利益返還請求権および損害賠償請求権　423

認は、物の取得者の下に所有権を新たに生じさせるに過ぎない。

　さらに、**951条1項・812条1項1文第2事例**の規定もまた、987条以下所　46
定の規定とともに、これを適用することが可能である。このことも、946条
以下の諸規定に基づき、なかでも加工の結果として物の所有権が失われる場
合において重要な意味を持つ。

　例（BGHZ 55, 167より）：　Dは、Bの牧場から2頭の若い雄牛を盗み出し、そ
れらをHに売却した。Hは、それら2頭の雄牛を、犬のえさ用の肉に加工してし
まった。Dが行方をくらましたため、Bは今、自らのHに対する〔何らかの〕請
求権の存否について調べている。

　この場合に、雄牛を占有していたHが、上記加工が行われた時点におい
て善意であり、かつ未だ訴えを提起されていなかったときには、Bには989
条・990条1項に基づく損害賠償請求権は発生しない。しかし、Bは、Hに
対して、951条1項・812条1項1文第2事例所定の価値賠償請求権を取得す
る。これらの規定は、987条以下によりその適用を排除されない。なぜなら、
それらは、987条以下のそれとは異なる目的、すなわち価値賠償を追求する
ものだからである。そもそも、Hは、加工を行う前には、たとえ善意の占
有者であったとしても、985条に基づき、2頭の雄牛をBに返還しなければ
ならない立場にあった。985条の返還請求権が950条の加工の結果として消滅
した場合には、その請求権の代わりとして、上記価値賠償請求権が発生する
のである。

　812条1項、818条2項に基づく請求権は、993条1項後段にもかかわらず、　47
占有物の**消費**に関する事案においても発生しうる。というのも、987条は、
利益、したがって利用（100条）のみをその保護対象として把握し、消費に
ついては関知しないからである。他方で、989条は、消費による損害をもそ
の賠償対象に含みうる規定である。だが、同条は、占有者の有責性を損害賠
償請求権の発生要件として定めている。かくして、所有権が、消費という形
態で、有責性に基づかずに侵害された場合には、その保護につき欠缺が生ず
る。このような欠缺は、侵害利得返還請求権によりこれを埋めなければなら
ない。

より深く学びたい人のために：
Ebel, Die verschärfte Haftung des Minderjährigen im Eigentümer- Besitzer-Verhältnis, JA 1983, 296; *Ebenroth/Zeppernick*, Nutzungs- und Schadensersatzansprüche im Eigentümer-Besitzer-Verhältnis, JuS 1999, 209; *Kempny*, Zum Verständnis und zur Prüfung des § 992 BGB, JuS 2008, 858; *Kindl*, Das Eigentümer-Besitzer-Verhältnis: Schadensersatz und Nutzungen, JA 1996, 115; *Lorenz*, Mala fides superveniens im Eigentümer-Besitzer-Verhältnis und Wissenszurechnung von Hilfspersonen, JZ 1994, 549; *ders.*, Grundwissen — Zivilrecht: Das Eigentümer-Besitzer-Verhältnis, JuS 2013, 495; *Moebus/Schulz*, Die Haftung des redlichen Besitzmittlers nach § 991 Abs. 2 BGB, Jura 2013, 189; *Müller*, Deliktsrechtliche Haftung im Eigentümer-Besitzer-Verhältnis, JuS 1983, 516; *Schiemann*, Das Eigentümer-Besitzer-Verhältnis, Jura 1981, 631.
さらに、§ 23の末尾に記載した文献をも参照。

事例研究：*Bayreuther/Arnold*, Rückabwicklung einer rechtsgrundlosen Verfügung durch einen Nichtberechtigten, JuS 2003, 769; *Gottwald*, PdW, Fälle 94—101; *Hellfeier*, Schadensersatz- und Herausgabeansprüche des Eigentümers gegen den unredlichen Besitzer, JuS 2005, 436; *Hoeren*, EBV in der Krippe — Sachenrecht zum Weihnachtsfest, JuS 1996, 1094; *Horn*, „Die Vogelhändler", JA 2012, 575; *Koch/Löhnig*, Fälle zum Sachenrecht, Fall 12; *Meder/Flick*, Sachenrecht — Altersvorsorge auf Nachbars Kosten?, JuS 2011, 160; *Metzger/Schmidt*, Pfand ist nicht gleich Pfand, JA 2011, 254; *Pajunk*, Die „geliehene" Luftpumpe, JuS 2001, 42; *Schulz/Gade*, „Neues Heim, Glück allein?", JA 2013, 425; *Vieweg/Röthel*, Fälle 14-16; *Zenker*, Von einem fremden Fahrrad und einem robusten Baum, JA 2008, 417.

§ 23. 費用償還請求権

Ⅰ. 費用という概念

1 　占有者の下に物がある間に、その者が占有物を改良したり、それに保存措置を講じたりすることがありうる。この場合に、その物が所有者に返還され

たときには、それらは所有者の利益となる。994条以下の規定は、このとき、占有者が自らの支出した費用について償還を請求しうるか、請求することができるとして、いかなる範囲において請求することが可能であるか、を明らかにする。これらの点については、必要な支出（必要費。994条、995条）、有益な支出（有益費。996条）、そして無用な支出（明文なし）が区別されるべきである。また、民法典は、ここでもやはり、訴訟係属が生ずる前と生じた時点以降、あるいは占有者が悪意に転ずる前と転じた時点以後の各状況を分けて規律している（§22 Rn. 5, 6を参照）。

要注意：費用とは、物の保存、回復あるいは改良に資する財産的出費をいう（BGHZ 131, 220）。

費用〔の支出〕とは、占有物に対する財産的給付としての**自由意思による出費**であり、占有物を利用するために、その物を現在の状態において維持する目的で、またはその状態を改良する目的で、またはその使途を変更する目的で行われるものをいう。このような費用には、物および金銭の給付（995条参照）と金銭的価値を備えた労務の給付とが含まれる。また、占有者自身の労働力も、それが市場価値を有する場合には、償還されるべき費用にあたる。この点について決定的であるのは、占有者が〔占有物の保存などのために〕財産的犠牲を払ったということである。なぜなら、994条以下は、〔占有者の〕損失を所有者に転嫁する規定だからである。不当利得法〔に基づく返還請求権〕とは異なり、〔費用償還請求権の発生には〕物の所有者に、上記費用の支出の結果として、何らかの財産的利益が、例えばその者が本来なすべき出費の節約という形で残っていることを要しない（BGHZ 131, 220）。それゆえ、費用の償還〔請求〕の要件としては、特に、物の価値が実際に増加することは不要である。そのことは、996条所定の例外規定を通じて明らかにされている。

2

例：
- 物の修理、修繕（例えば、新しい塗装を施すこと）、古い自動車の全面的な解体整備、あるいは家屋の増築や改装などは、すべて費用の支出である。
- とても古い家の屋根の修理〔のために行われた出費〕は、その修理が当該建物自体の価値に影響を及ぼすものではなくとも、償還されるべき費用にあた

―動物については、給餌、肥育、病気の治療〔など〕が費用の支出となる。
―土地への建物の建築〔そのための出費〕が費用の支出に該当するか否かについては、見解の対立が見られる（これに関しては、Rn. 12）。

3　占有者が（例えば、盗人に対して）支払った物の購入代金は、**費用ではない**。なぜなら、このような出費は、その物の利益になっていないからである（*BGH NJW* 1980, 2245, 2247）。これと同様の事柄は、占有者の支払った使用賃料や用益賃料にもあてはまる。その他の出費のうち、物の利用にとって有益であるに止まり、物自体の価値を維持したり、高めたりしないもの、例えば自動車の走行に使われたガソリン〔の代金〕や税金、保険料の支払いなども〔ここにいわゆる〕費用ではない。

Ⅱ．必要費の償還

1．訴訟係属前または悪意となる前に行われた支出

4　物の返還請求訴訟が**係属する前**に、善意の占有者が必要費を支出した場合には、その占有者は、994条1項1文に基づき、所有者にその償還を請求することができる。

994条1項1文に基づく費用償還請求権
1．返還請求可能状態
2．必要費が支出されること
3．当該支出が 　a）985条に基づく物の返還請求訴訟が係属するより前で、かつ 　b）占有者が悪意となるより前の時点で 　　行われること

5　**a）必要費**　民法典は、**必要費**と**必要とまでは言えない**（＝有益な）**費用**とを区別している。必要費（994条）とは、ある物を維持して、それを通常の使用や営利的利用に供する上で不可欠な費用であり、かつ、その物の所有者が占有者による出費のために自らそれをなさずに済んだものをいう

(BGHZ 64, 333, 339)。これ以外の費用はすべて、必要費ではない。

例：必要費にあたるものは、物の**修理**〔費用〕、動物のえさ代である。物に課される料金や税金の支払いは、概念上、本来、費用には含まれないであろう〔Rn. 3参照〕。しかし、995条が定めるとおり、それらは、制定法により必要費と同視されている。これに対して、流行遅れのファサード〔建物正面〕の改装や馬の調教など〔に対する出費〕は必要費ではなく、有益費に過ぎない。

b）**支出の時期**　支出された費用全額の償還請求は、善意で、かつ未だ訴えを提起されていない占有者にのみ許されるべきである。したがって、支出は、**訴訟係属が生ずる前に、または占有者が悪意となる前に**行われなければならない。しかし、返還請求可能状態は、遅くとも費用償還が請求される時点において存在していれば足りる。すなわち、支出がなされた後に返還請求可能状態が生じてもよい（より詳しくは、Rn. 22）。 6

c）**支出者＝請求権者**　支出は、**占有者により行われたもの**でなければならない。支出者とは、通常、支出を自らの利益のために、その負担においてなす者である。支出〔に該当する行為〕の実行は、第三者、例えば職人に対して委ねられていてもよい（*BGH* NJW 1996, 921）。 7

未だ決着の付いていない問題として、次のような事柄が議論されている。すなわち、ある請負人が、占有者との間で結んだ請負契約上の義務の履行として、例えば占有物の修理を行った場合において、上記占有者が631条1項に基づく報酬支払義務を（例えば倒産のために）履行しえないときには、当該**請負人**は、その物の所有者に対して、994条1項に基づく費用償還を請求することができるか。通説（Erman/*Ebbing*, vor §§994―1003 Rn. 21, *Wieling*, §12 V 1b）は、このような場合における費用は、占有者のみがこれを清算すべきであるとし、職人〔請負人〕には、当該占有者に対する請求権（契約に基づくもの、あるいは812条1項1文第1事例〔給付利得〕によるもの）しか認めようとしない。これに対して、連邦通常裁判所（例えば、NJW 2002, 2875）は、上述の事案において、請負人に994条1項に基づく請求権を与える（より詳しくは、下記 Rn. 24の事例29を参照）。

d）**効果：費用の償還**　占有者は、994条1項所定の請求権に基づき、所 8

有者に対して、1001条以下の規定に従い（Rn. 13以下）、当該占有者が支出した費用の償還を請求することができる。ただし、占有物の保存に通常要する費用であって、上記占有者が987条以下に基づき〔その占有物から生じた〕利益を保持しうる間に支出されたものは、償還の対象から除かれる（994条1項2文）。

例：乗用車の善意占有者は、通常の検査に要する費用の償還を所有者に請求することはできない。なぜなら、当該占有者は、他方で、その乗用車の使用利益を保持しうるからである。しかし、破損した個々の部品の取替え〔にかかる費用〕は、通常の保存費には含まれない。

2．訴訟係属以後または悪意となった時点以後に行われた支出

9　物の返還請求**訴訟が係属した時点以後**または占有者が**悪意となった時点以後**に、その者が必要費を支出した場合には、当該費用は、事務管理の要件の下でのみ占有者に償還されうる（994条2項）。同条項は、〔事務管理に基づく費用償還請求権に関する〕請求権根拠を（部分的に）参照するよう指示している。すなわち、〔上記の場合に、費用償還請求権が発生するためには〕費用の支出が所有者の利益と意思とに適合するか（683条1文または2文）、または所有者がそれを追認しなければならない（684条2文、683条）。しかし、占有者に他人の事務を処理する意思が認められることは不要である。というのも、費用償還請求権は、自主占有者にも認められるべきだからである。それゆえ、要件としては、任意の支出により物に何らかの利益を与える意思で十分である。これらの要件が充たされる場合には、占有者は、**670条**に基づき、**費用償還**を請求することができる。

994条2項、683条1文および670条に基づく費用償還請求権

1．返還請求可能状態
2．必要費の支出
3．当該支出が
　a）985条に基づく物の返還請求訴訟が係属した時点以後に、または
　b）占有者が悪意となった時点以後に

> 　行われること（990条1項）
> 4．上記支出が所有者の利益とその者の実際の、または推定上の意思に適合すること（683条1文）

　費用の支出が所有者の利益と意思とに適合しない場合には、所有者は、994条2項および684条1文に基づき、不当利得法の規定（特に818条3項）による利益の返還義務を負うに止まる。このような684条による不当利得法の参照指示は、〔請求権根拠に関するものではなく〕請求権の効果に関する参照指示に過ぎない。

　例：取り壊されることがすでに決まっている家屋が現在、占有されている。占有者により、その壁と床とが修繕された。この場合に、仮にそれらの修繕が必要費の支出に該当するとしても、占有者は、費用償還請求権を取得しない。上記占有者は占有権原を有しておらず、占有取得の際にも自らの占有権原〔の不存在〕について善意ではなかった（990条1項1文）。それゆえ、費用償還請求権は、994条2項によってのみ生じうる。壁と床の修繕は、所有者の利益と意思とに適合しない。そのため、所有者には、683条1文・670条に基づく償還義務は発生しない。684条1文・818条所定の責任のみが生ずる。しかし、所有者は、占有が継続している間〔にはまさしくその占有のために〕、さらに占有が終了した後には建物が〔予定どおりに〕取り壊されたために、〔当該修理により〕何らの利益をも得ていない〔したがって、上記の場合に、結局、占有者には、所有者に対する費用償還請求権は認められない〕（以上の全体について、*Schröder*, JuS 1981, 635も参照）。

Ⅲ．有益費の償還

1．996条所定の請求権の発生要件

　必要費ではなく、有益費に止まるものについては、占有者は、次の場合にのみ、その償還を請求することができる。すなわち、物の返還**訴訟が係属する前に、または占有者が悪意となる前に**、当該費用が支出された場合である。しかし、費用償還の範囲は、その費用の支出により増加した物の価値、しかも、所有者が物の占有を回復した時点において、なおその物に残存している価値に限定される（996条）。〔その存否の判断の〕基準となるのは、原則として、〔通常の〕所有者であればそれを利用するであろう、と合理的に推測

される**客観的価値**である（*Haas*, AcP 176, 23 ff.; MünchKomm/*Baldus*, §996 Rn. 7も参照。より緩やかな基準をとるのは、*Brehm/Berger*, Rn. 8.72. この点については、争いあり）。このように所有者にその利用を合理的に期待しうる価値に判断の焦点を絞り込むことにより、所有者が占有者による不適切な支出、すなわち押し付けられた利得（§10 Rn. 7, 8）に対する費用償還を行うか、あるいは〔それをせずに〕占有を放棄するかのいずれかを迫られるような過酷な状況から所有者を保護すべきである。

訴訟係属が生じた時点以後または占有者が悪意となった時点以後に支出された有益費については、占有者は、その償還を請求することはできない。また、贅沢な出費、すなわち〔物の保存、回復、改良に〕必要でも有益でもない支出（例えば、物の色の塗り替えなど）は、それが実施された時点の如何にかかわらず、994条以下による償還の対象とはならない。この場合には、占有者には、せいぜいのところ、997条に規定された収去権（Rn. 19）が認められるのみである。

996条に基づく費用償還請求権

1．返還請求可能状態
2．有益費の支出
3．当該支出が
 a）985条に基づく物の返還請求訴訟が係属するより前で、かつ
 b）占有者が悪意となるより前の時点で
  行われること
4．上記支出による物の価値の増加

2．狭い支出概念と広い支出概念

12　有益費の支出については、占有物の使途を変更するための出費もこれに含まれるか否かが問題となる。この問題が最もよく議論されるのは、土地に建物が建てられる事案に関してである。連邦通常裁判所（BGHZ 41, 157, 160. 建物が隣地との境界を超えて建築された事例に関わる）は、当該問題について、支出の存在を否定した（いわゆる狭い支出概念。ただし、*BGH* NJW 2015, 229は、

この点に関する判断を〔その必要がなかったため〕示さなかった)。その理由として、使途の**根本的変更**は、「支出」という言葉の〔旧来の〕用法〔「支出とは、ある物自体を保存し、または回復することを目的とした措置のみをいう。」との先行判例や学説によるこの言葉の定義。前掲・BGHZ 41, 157を参照〕に照らしても支出にはあたらず、かつ所有者にそれを押し付けることも許されない、とする。したがって、この立場によれば、994条以下の規定の適用領域をそのような場合にまで拡張することはできない、ということになる。しかし、通説と目される見解（*Haas*, AcP 176, 16, *Brehm/Berger*, Rn. 8. 63, *Wilhelm*, Rn. 1309 ff. さらに、すでに RGZ 152, 101）は、広い支出概念を採用する。この見解が妥当である。なぜなら、上述の場合において、未だ訴えを提起されていない善意の占有者を、他の場合における同様の占有者に比べて劣位に置くべき理由はないからである。このようにして、ときに困難な狭い支出と広い支出との区別は解消される。利得の押付けに対する所有者の保護は、さらに1001条、1002条により行われる。

　例：ある土地登記簿に誤って所有者として記載された V は、自らがその土地の所有者であると信じ、その上に家屋を一軒建てた。この場合に、たとえ当該家屋の建設がその土地の保存や改良には役立たず、むしろその用途を家屋用の土地に変更するものであったとしても、996条の意味における費用の支出の存在を肯定すべきである。しかし、このとき、所有者は、上記支出の結果としてその土地に生じた客観的な増加価値のみを償還すれば足りる。これにより、所有者はその利益を保護される（以上のような事案における費用償還請求権と侵害利得返還請求権との区別については、Rn. 26を参照）。ただし、所有者は、場合によっては、費用の償還との引換え（1000条）でのみ、その土地の占有を回復することができる。

Ⅳ．費用償還請求権の主張

　占有者が物に対する大規模な支出を行った場合には、所有者が、広範囲にわたる複数の費用償還請求権にさらされることもありうる。それゆえ、民法典は、所有者の利益を保護するために、占有者による請求権の主張に種々の制約を設けている。

13

1. 所有者による追認または占有回復の後にのみ許される自由な権利主張

14　占有者は、所有者が支出を**追認した**場合に、その支出に関する費用償還請求権を独立の訴訟物として主張することができる（1001条1文第2事例、184条）。所有者は、支出が行われる前に事前の同意（183条）を与えることも可能である（*BGH* NJW 2002, 2875）。所有者が支出を了承したのであれば、その所有者をさらに保護する必要はない。

追認がなされていない段階においては、占有者は、所有者が直接占有あるいは間接占有をすでに回復した場合、すなわち985条による返還請求権が満足された場合に限り、費用償還請求権を行使することができる（1001条1文第1事例）。この場合に所有者の償還義務が正当化されるのは、次のような理由による。すなわち、その場合には、所有者は、物の占有を回復するとともに、自らそれを利用し、あるいは他人にその物をより良い条件で賃貸することにより、支出に基づく利益をも享受しうるようになるからである。所有者が支出の追認あるいは費用の償還をすることなく占有を回復した場合には、当該所有者は、〔旧〕占有者に物を再び占有させることで自らの償還義務を免れることができる（1001条2文）。

15　所有者が〔現在、不法占有されている〕その**物を第三者に譲渡し**、その代金を取得するという方法で、占有者による支出の実質的価値を手に入れた場合には、所有者がその物の占有を取得したのと同じことになる〔したがって、それ以降、占有者は、1001条1文第1事例に基づき、費用償還請求権を行使しうる〕（*Wieling*, §12 V 7c aa. これとは異なり、*BGH* NJW 1996, 52は、占有者には999条2項所定の請求権〔不法行為損害賠償請求権〕が認められる、とする）。所有者に占有を仲介している占有仲介者に対する物の返還、例えば賃借人や譲渡担保設定者に対する物の返還もまた、占有の取得と見なされるべきである（*BGH* NJW 1983, 2140も、譲渡担保設定者に対する返還で十分であるとする）。これに対して、所有者が占有取得を拒絶し、それにより債権者遅滞（293条以下）に陥った場合には、占有取得と同視されるべきではない。この場合には、占有者には1003条に基づく権利〔解放請求権〕が認められるのみである。

16　所有者は、占有者による費用償還の請求に〔実際に〕応じなければならないのか、また、いくらまで償還しなければならないのか。これらの点について、所有者を予測がつかないほどの長期にわたり不確実な状態に置くべきで

はない。そのため、1002条1項は、動産が返還されてから1か月、土地が返還されてから6か月がそれぞれ経過したときには、費用償還請求権は**消滅**する、と定める。

2. 権利承継人による主張と権利承継人に対する主張

999条1項は、旧占有者から新占有者に対する費用償還請求権の法定移転について規定する。そのような請求権の移転は、新占有者が占有を包括承継（例えば相続）により取得した場合、あるいは法律行為に基づく譲渡により取得した場合のいずれであっても生ずる。移転する費用償還請求権の額は、新占有者が占有を取得するために旧占有者に支払った対価の額に左右されない（*Gursky*, AcP 171, 82）。999条2項によれば、債務者の側においても、物の新所有者は、旧所有者の償還義務を承継する。すなわち、新所有者は、その者による所有権取得の前にすでに支出されていた費用についても償還義務を負わなければならない。ただし、999条1項および2項に基づき移転した請求権は、旧占有者のために、あるいは旧所有者に対して存在していた範囲と同じ範囲においてのみ存在する。

例：Sは、自らの母親Mに対し、Sの所有する土地の上に家屋を建てることを許可した。Mは、Sに対し、〔当該建築に関する〕費用償還請求権を放棄する旨の意思を伝え、その代わりに、無償の債権的居住権を取得した。この場合に、Sは、946条〔動産の土地への付合〕に基づき、上記家屋の所有者となる。その後、Sは、当該土地を妻Fに贈与し、Fはさらに、Sと離婚した後に、その土地をKに譲渡した。このような事案において、KがMに対し、985条による前記土地の明渡しを求める訴えを提起した場合には、Mは、費用償還請求権〔とそれを基礎とする家屋返還義務の履行拒絶権（1000条）〕を主張することはできない。なぜなら、Mが前所有者Sに対して行った上記放棄の意思表示のために、そのような請求権は一度も発生しなかったからである（*BGH* NJW 1979, 716）。

3. 占有者の履行拒絶権行使に伴う主張

占有者は、985条に基づく物の返還をなす際に、それとの**引換え**において、〔所有者に〕自らが支出した費用の償還を求めることができる。すなわち、1000条は、占有者に返還義務の履行拒絶権を認めている。当該履行拒絶権は、

273条に規定された履行拒絶権と基本的に同じものである。しかし、1000条は、〔273条とは異なり〕費用償還請求権がその履行期にあることを権利行使の要件とはしていない。この違いは重要である。なぜなら、その結果、費用償還請求権の履行期が1001条に基づき未だ到来していない場合においても、1000条により、占有者に履行拒絶権が保障されることとなるからである。ただし、273条は、1000条と競合して適用されうる（*BGH* NJW 1983, 2140をも参照）。

V. 収去権

19　占有者は、997条に規定された収去権を行使することによっても、費用償還請求権の主張に課された各種の制限を免れることが可能である。すなわち、占有者は、自らが所有者の主物に本質的構成部分として付合させた物（例えば、建物の内部に組み込んだもの、94条参照）を分離し、それを自分自身で先占することができる。

それゆえ、収去権は、次の3つの要素から成る：

物の構成部分に関する**分離権**

当該分離を所有者に対して忍容するよう求める**忍容請求権**

分離され、独立の物となった構成部分に所有権を創設する**先占権**

先占権は、付合した物が付合前には第三者の所有に属しており、占有者の所有物ではなかった場合であっても、当該占有者に認められる（占有者が「自ら」先占する〔と定める997条1項の文言参照〕）。他方、この場合における第三者には、占有者に対する契約上の請求権、989条・990条1項に基づく損害賠償請求権、823条に基づく損害賠償請求権または侵害利得返還請求権のいずれかが与えられる。収去を行う者が、収去〔自体〕に要する費用と、所有者の物を支出が行われる前の状態にまで戻すための費用とを負担する（258条）。占有者が収去権を行使するまでは、所有者がその構成部分について暫定的な物権的占有権原を有し、この権原は、収去権が時効消滅をした後、時効完成の抗弁が提出されると、それにより永続的な占有権原となる（*BGH* NJW 1981, 2564）。997条は、占有者が付合〔に該当する行為〕を行ったことを前提にした規定である。第三者による付合に関しては、951条2項2文が、その第三

者の収去権について定めている。

　所有者は、構成部分が実際に収去されたならば有するであろう当該部分の価値を占有者に賠償することで、収去権の行使を排除することができる（997条2項）。また、分離された構成部分が占有者にとって何らの価値をも持たない場合（997条2項）や不当な権利行使（242条）にあたると認められるその他の理由が存する場合にも、占有者は収去権を行使しえない。 20

VI. 適用範囲と他の規範との競合

1．契約上の請求権との関係

　994条以下の規定は、当事者間の法律関係が契約により、あるいは契約の巻戻しに関する規定によりすでに規律されている場合には、原則として適用されない（*BGH* NJW 1979, 716, *BGH* NJW 1996, 921, *BGH* NJW 2015, 229）。当事者間に契約が存在する場合には、たいてい、その契約に基づき何らかの占有権原が発生しているため、いずれにしても未だ返還請求可能状態が生じていない〔であろう〕。だが、物の返還が請求された時点においては当該状態がすでに発生していることも、しばしば見られるところである。そのような事案の中には、994条以下が、**欠缺補充**の目的で、契約関係にある当事者間にも例外的に適用される場合がありうる（Rn. 24の後に挙げられた具体例を参照）。 21

　連邦通常裁判所の見解によれば、その場合に、占有権原がなお存在し、したがって返還請求可能状態が未だ発生していない時点において費用が支出されたとしても、そのことは、費用償還請求権が占有者に認められることの妨げにはならない。**占有権原が支出後に消滅をし**（BGHZ 34, 122, 131, BGHZ 75, 288, 292, *BGH* NJW 1996, 921. これとは異なる見解として、*Baur/Stürner*, §11 B I 3, *Wieling*, §12 V 2, *H. Roth*, JuS 1997, 518, 521）、遅くとも費用の償還が請求される時点までに返還請求可能状態が生じていれば（*BGH* NJW 1987, 1880, 1881, *BGH* NJW 1996, 921, *BGH* NJW 2015, 229）、それで十分である。このような場合に、占有者の占有権原を基礎付ける**契約**において**費用の償還に関する取決めが何らなされていなかった**ものの、その金銭的犠牲〔費用〕の償還が当該占有者に認められるべきことが明らかであるときには、その者に994条以下 22

に規定された請求権の行使を許さなければならない。というのも、支出〔例えば994条所定の必要費の支出〕が行われる場合には、事務管理の要件（667条以下）は、容易には充たされないからである。ただし、994条以下の諸規定は、**補充的**にのみ適用される。すなわち、契約に基づく費用償還請求権がすでに発生している場合には、それが優先する。

23　**契約関係**が〔占有者と〕所有者との間に直接、成立したのではなく、**第三者**（例えば使用転貸人や用益転貸人）との間に発生した場合には、占有者は、契約により排除されていない限り、当該所有者に対し、費用償還請求権を主張しうる。

例：Eは、その所有する店舗〔用建物〕をPに賃貸し、Pは、それをUに転貸した。Uは、その店舗に感じのよい外観を与えることで、より多くの顧客を呼び込もうと考え、古くなった入口正面を改装した。その後、Pが倒産した際に、Uとの用益転貸借について解約告知が行われた。今、Eは、Uに対して、当該店舗の返還を求めている。他方、Uは、Eから〔上記改装に要した〕費用について償還を受けるつもりである。

この場合において、Uの占有権原は、用益転貸借契約の解約告知により消滅する。そして、その結果、返還請求可能状態が現れる。Uが前記費用を支出したのは、確かに、Uが未だ占有権原を有していた時点〔返還請求可能状態が成立するよりも前の時点〕においてであった。だが、支出をなした適法な（他主）占有者の法的地位は、（占有当初から）不法占有者であった者のそれに比べて劣るものとされるべきではない。それゆえ、占有者の保護にとって必要である限り、このような場合にも994条以下の規定が準用されるべきである（Rn. 24の事例29をも参照）。そのため、Uは、自らに対する費用償還との引換えでのみ、Eに店舗を返還すれば足りる（996条、1000条1文）。したがって、Uは、〔Eとの間ではなく〕Pとの間に賃貸借契約を結んでいても、Eに対して、費用の償還を請求することができる。結論として、Uは、善意の占有者として、Uの支出した費用によりその価値が上昇した店舗を、その費用の償還を受けないまま返還することを要しない。上記の事案においても、占有物〔店舗〕に対して費用が支出されたのであり、他人に対する給付がなされたのではない。なぜなら、Uは、EやP〔などの人〕に対して給付をしたわけではなく、店舗その物自体の価値を高めたからである。

もしPとUが使用賃貸借契約において**費用償還請求権の排除**を合意していた場合には、以上とは異なる帰結が導かれることとなろう。すなわち、この場合には、

994条以下を準用する余地はない。というのも、当該契約関係には排除的規制〔任意規定の適用を排除する条項〕が含まれているからである（BGH NJW 2015, 229）。そして、このことはＵとＥとの間にも妥当する。というのも、Ｕは、用益賃貸人と所有者とが別人であったという偶然の事情により、〔賃貸人と所有者とが同一人であった場合＝契約上の合意により、994条以下の適用が排除される場合に比べて〕より良い地位を得ることは許されないからである。このような連邦通常裁判所の見解によれば、同様の理由から、951条1項および812条1項1文第2事例に基づく請求権〔付合等により権利を失った者の不当利得返還請求権〕もまたその発生を否定される。

これに対して、占有者が、ある**契約関係**に基づき**第三者**に**給付を行った場合**に、そのことを理由に、当該占有者が所有者に対する費用償還請求権を取得するか否かについては、争いがある（これを否定するのは、*M. Wolf*, AcP 166, 206 ff., *Haas*, AcP 176, 17. これらとは異なる立場に与するものとして、*Wieling*, § 12 V 3a）。問題の所在を具体的に明らかにするものとして、以下のような（前述 §16 Rn. 43で、請負人の質権の成否如何という観点からすでに取り上げた）事案がある。この事案は、物権法に関する古典的事例の1つに数えられるものであり、また、ここで集中的に検討する問題以外にも、これまでにすでに言及した多くの論点を含んでいる。 24

事例29―じっと待つ請負人（§16 Rn. 43の事例20を参照）：Ｂは、自動車を1台購入するための資金を得るべく、貯蓄銀行（SB）から金銭の貸付けを受けた。その貸付債権を担保する目的で、Ｂは、上記自動車をSBに譲渡した。担保契約によれば、Ｂは、自動車の修理を自分自身で、かつ自らの費用で行わなければならないこととされていた。また、金銭の返済が滞ったときには、Ｂは自動車の占有権原を失い、それをSBに返還すべき義務を負うこととなっていた。しばらくして、Ｂは事故に遭い、上記自動車に物損を被ったため、それをＷの工場に持ち込んだ。Ｗは、必要な修理をその自動車に施した。Ｂは、〔その後〕自らの経済状態が悪化したため、Ｗの支払請求に応じることができなくなり、Ｗから当該自動車を引き取る意思も失くしてしまった。さらに、ＢがSBに対する返済をも停止したことから、SBは、Ｗに上記自動車の返還を請求した。Ｗは、修理代金の支払いを受けるまでは、自動車を返還する必要はない、と考えている。これは正当であるか（BGHZ 34, 122 ff.. 類似の事案として、*BGH* NJW 2002,

2875）。

解決へのすじみち：
SB は、W に対し、985 条に基づく自動車の返還請求権を取得するか。
1. まず、SB は、その自動車の所有者でなければならない。元来は、B がその所有者であった。B は、929 条 1 文・930 条に従い、上記自動車に対する所有権を、SB に担保目的で有効に譲渡した。そのため、SB がその自動車の所有者となる。
2. W は、当該自動車の占有者である。
3. W は、986 条に規定された占有権原を取得することはできない。
a）W は、B・SB 間における請負契約を基礎として、前記自動車に対する占有権原を有するか（986 条 1 項 1 文第 2 事例）。確かに、W は、上記請負契約（631 条）に基づき、B に対する関係では、当該自動車の占有権原を取得する。しかし、W がこの権原を SB に対しても主張しうるのは、B もまた、SB に対し、その自動車の占有権原を保持している場合のみである。しかし、本件においては、B と SB との間における取決めにより、返済の遅滞を理由として、SB に対する B の占有権原は、もはや存在しない。したがって、986 条 1 項 1 文第 2 事例に基づく W の派生的な占有権原〔B の SB に対する占有権原を基礎として、それから派生しうる W の占有権原〕は認められない。
b）W は、前記自動車に関して、請負人の質権に基づく固有の占有権原（647 条、1257 条、986 条 1 項 1 文第 1 事例）を有するか。その自動車は注文者〔B〕の所有物ではないため、647 条所定の質権は発生しない。また、質権の善意取得の可能性についても、通説は、これを否定する（この点に関しては、§16 Rn. 43 の事例 20 においてすでに詳しく説明した）。
c）ただし、場合によっては、W が SB に対する費用償還請求権を取得し、それゆえ 1000 条 1 文に定められた履行拒絶権を有することもありうるのではないか。そして、この履行拒絶権が、SB との関係において、986 条の意味における占有権原となりうるのではないか。

　　1000 条 1 文の規定から、986 条の意味における占有権原を導き出すことができるか。この点については、見解が対立している。判例はこれを肯定する。その根拠として、986 条〔1 項 1 文〕の文言を挙げることができる。すなわち、同条は、1000 条 1 文と同様に、占有者は物の返還を「拒

むことができる」と定めている。さらに、986条が985条〔所定の返還請求権〕に対する防御権を独占的に規定している、という事情もまた、判例の見解の論拠となりうる。〔他方、〕より説得的な通説（詳しくは§21 Rn. 28）によれば、1000条と986条とは、それぞれ異なる目的に基づく規定である。すなわち、1000条は、費用を支出した占有者の財産（費用償還請求権）を保護するための規定である。これに対して、986条は、占有権原を守ろうとするものである。さらに、1000条〔所定の履行拒絶権〕が単なる抗弁権であるのに対して、986条は、裁判所の職権により顧慮されるべき抗弁を定めている。また、判例の見解を厳密に突き詰めるならば、占有者による支出がなされることにより986条の意味における占有権原が基礎付けられ、その結果、そもそも返還請求可能状態が事後的に存在しなくなる、という奇妙な帰結へと至ることになろう（だが、もちろん、判例も、このような結論を採るわけではなく、費用償還との引換えによる物の返還を命ずるのみである）。

　以上より、Wは、自らの支出に基づいても、986条の意味における占有権原を取得しない。したがって、Wは、SBに対し、前記自動車の返還義務を負う（985条）。

4. Wは、SBによる自動車の返還請求に対し、あるいは、1000条1文に規定された履行拒絶権を主張しうるかもしれない。それが認められるための要件は、Wが占有者としてその支出に関する費用償還請求権を有していることである。では、本件において、Wには、994条1項の費用償還請求権が発生するか。

a）994条が定める第1の要件は、所有者・占有者関係の存在である。

　しかし、Wは、自動車の修理を行った時点においては、Bとの請負契約に基づく占有権原を持っていた。その占有権原は、自動車の修理、つまりは費用の支出が行われた後に初めて消滅したものである。では、当初、占有権原を有していた占有者がその権原を事後的に失った場合に、当該占有者を上記支出に関してどのように取り扱うべきであるか。この点については、未だ問題が残されている。1つの解決策として、当該占有者を適法な占有者と同じように処遇し、その者に契約に基づく請求権と不当利得返還請求権とを認めることが考えられよう。他方、その占有権原を事後的に失った者〔一度は適法な占有者であった者〕が、初めから占有権原を有していなかった者〔一度も適法な占有者になれなかった者〕

に比べてより少ない保護しか受けられないとすれば、それは奇妙な結論であろう。そして、後者のような占有者でさえ、994条に基づき、自らが支出した費用の償還を所有者に請求することができるのである（以上、BGH NJW 2002, 2875 f.）。したがって、占有物の返還が請求された時点において返還請求可能状態が〔実際に〕存在していれば、それで前記第1の要件は十分に満足される、と言わなければならない。本件では、そのことが肯定される。また、もう1つの解決策として、これらの事案に、994条以下を類推適用することも可能である（Prütting, Rn. 557）。

b）第2に、Wが994条1項所定の請求権を取得するためには、Wは、〔支出の時点において、〕未だ物の返還請求訴訟を提起されていない善意の占有者であることが必要である。この要件を充たさない場合には、994条2項の費用償還請求権が発生するに止まる。本件において、Wは、Bが前記自動車を担保目的でSBに譲渡した事実を何も知らなかった。また、自動車が修理に出される際には、それが売買される場合とは異なり、通常、その所有者を明らかにした車検証は提示されない。そのため、Wには、重過失（932条2項）も存在しない。

c）Wによる自動車の修理は、物に対する支出に当たる。なぜなら、それはその自動車の修復あるいは改良に資するものだからである。また、本件では、994条1項1文が定める必要費の支出が行われている。上記自動車は、Wの修理により初めて、客観的に使用可能な状態に戻るからである。

d）しかし、〔994条1項1文所定の〕必要費は、それが物の保存に通常、要する費用に該当しない場合に限り、償還の対象となる（994条1項2文）。物の保存に通常、要する費用とは、定期的に繰り返して行われる出費のことをいう。そして、修理費用がこのような費用に含まれるのは、一般的な用法どおりの使用の結果として物に損害が発生し、これを取り除くために修理費用が支出される場合のみである。事故の結果を除去するためになされる出費は、これにあたらない。したがって、Wの費用償還請求権は、994条1項2文による制限を受けない。

e）さらに、Wは、自ら「支出者」であることを要する。判例は、〔本件と同様の事案において〕この点を簡単に肯定する（BGH NJW 2002, 2875を参照）。だが、別の見解（Staudinger/Gursky, Vor §§994―1003 Rn. 20）によれば、〔請負契約の〕注文者のみを支出者と捉えるべきである、とされる。すなわち、この見解は、単にある契約〔上の債務〕を履行するた

めに物に対する出費を行った者は、その自由な意思に基づき支出をしたわけではない、と説く。しかし、このような主張に対しては、次のように反論することが可能である。すなわち、本件で、自動車の所有者であるSBとの関係においては、W自身による支出がなされた、と解することに何ら支障はない。また、条文の文言も〔上記見解が唱えるような〕制限を全く課していない、と。

f）だが、Wは、Bとの請負契約〔に基づく義務〕を履行するために前記支出を行ったのであり、それゆえ、その対価の支払いについても、あくまでBのみを請求の相手方としなければならない、と考えることもできよう。相当数の論者（Staudinger/*Gursky*, Vor §§994—1003 Rn. 21）は、不当利得法の基礎にある評価、すなわち、Wは、自らの契約の相手方たるBが倒産するかもしれないリスクを自分自身で負担しなければならず、それをSBに転嫁することはできないとの評価を論拠として、以上のような主張を展開する。しかし、Wは、請負人として法的保護に値する。そのことは、請負人の法定質権に関する規定にも示されている。物が（偶然にも）注文者ではなく、第三者の所有に帰属しており（この点について、§16 Rn. 43の事例20を参照）、そのために法定質権による保護が請負人に認められない場合に、当該請負人をそのような〔法定質権による保護を享受しうる他の請負人のそれと比べて〕劣位の立場に止めておくことは許されない。その場合には、請負人の質権の代わりに、994条1項による請求権と1000条に基づく履行拒絶権が発生する〔と解すべきである〕。さらに、そのように解したとしても、所有者に何らの不利益も生じない。なぜなら、その者には、物の返還とともに、修理の利益もまた帰属することになるからである。

以上より、Wは、994条1項に基づく費用償還請求権を取得する。また、それに伴い、Wには、1000条1文所定の履行拒絶権が認められる。1000条2項が定める履行拒絶権の排除は、本件では生じない。

結論：SBは、Wに対し、985条の〔所有物返還〕請求権を有する。しかし、Wは、1000条1項に基づく履行拒絶権を行使して、自らに対する費用償還と引換えにおいてのみ、Wに自動車の返還が命じられるべきである、と主張しうる。

ただし、1002条1項によれば、請負人が当該物〔自動車〕をその自由意思で返還した場合には、**費用償還請求権は消滅する**（BGHZ 51, 250. これについ

ては、Rn. 16を参照)。さらに、請負人が〔一度、修理をするために占有し、その後、返還した〕物を、新たな修理のために再度、占有したとしても、従前の修理に基づく費用償還請求権〔一度発生し、占有の放棄とともに消滅した費用償還請求権〕は、それにより復活しない（*BGH* NJW 1983, 2140)。

2．不当利得返還請求権との関係

26　994条以下の規定〔に基づく請求権〕と不当利得返還請求権との関係については、見解が分かれている。994条以下〔所定の請求権〕に加えて、951条1項・812条1項1文第2事例の請求権（**侵害利得返還請求権**）がさらに発生するかは、疑わしい（§10 Rn. 10, 11）。同様の事柄は、(951条に関する事案以外において) 812条1項1文第2事例から直接に導かれる支出利得返還請求権との関係でも問題となる。

　　例：Bは、ある土地の登記簿に誤ってその土地の所有者として記載されていることから、自らが現在、その土地の上に建築している建物の所有者もまたB自身であると信じた。しかし、その後、真実の所有者であるEが土地登記簿に記載され、Bは、当該土地から立ち退いた。そして、Bは、Eに対し、上記建物に関する価値賠償を請求した。

　　この場合において、Bによる建築が土地を保存あるいは改良するに止まるものではなく、むしろその使途を宅地に変更するものであるため、支出の存在を否定することも可能である（いわゆる**狭い支出概念**。Rn. 12を参照）。その結果、上述の事案が994条以下の適用領域には含まれないとすれば、この事案に対する812条1項1文第2事例の適用が容易に基礎付けられることとなる（このような見解を唱えるものとして、例えば、*Schapp/Schur*, Rn. 145, 259 f.）。これに対して、連邦通常裁判所は、一方で、狭い支出概念を確かに採りつつも、他方で、にもかかわらず、994条以下の規定を、出費の態様とは無関係の絶対的な独占規定〔費用償還請求権の成否を排他的・独占的に規律する規定〕と捉える（BGHZ 41, 157）〔すなわち、994条以下の規定により812条以下の規定の適用がそもそも排除されると解する〕。したがって、この立場によれば、Bは、Eが建物の利益を享受しているにもかかわらず、Eに対する請求権を何ら有しない、ということになる。Bには997条の収去権のみが認められるに過ぎず、しかも上記事案では、この権利は、Bの役にはほとんど立たない。このような結論は、説得力に欠けるものであろう。

　　通説は、Bによる建築を994条以下の意味における支出にあたるものと考え、あ

るいは、少なくとも994条以下の規定を前記事案に類推適用する。しかし、その後の問題処理については、さらに異なる見解が複数、主張されている。ある論者は、994条以下の規定を排他的な特別規定と捉え、それらの示す評価が812条以下の適用により潜脱されてはならない、と説く（Palandt/Bassenge, §994 Rn. 4, Baur/Stürner, §11 Rn. 55）。これはすなわち、善意の占有者のみが996条による費用償還請求権を有し、すでに物の返還訴訟を提起された占有者や悪意の占有者には、上記請求権は与えられないということを意味する。また、それらの占有者には、812条1項1文第2事例による保護も否定されるべきこととなる。これに反対する立場（Canaris, JZ 1996, 344, Medicus/Petersen, Rn. 895 f.）によれば、994条以下の規定と812条以下の規定とは、**広い支出概念**を基礎として、併存的に適用される。以下の理由より、この見解が妥当である。まず、951条2項1文の文言を〔論拠として〕挙げることができる。すなわち、この規定は、明確に、〔812条以下に定められた一般的な〕不当利得返還請求権と、それ以外の費用償還請求権とを同列に位置付けている。さらに、支出を行った者の間で、占有をしている者としていない者（後者には994条以下が適用されない）とを区別して取り扱うべき理由は存しない。それらの者を同じように扱ったとしても、そのことにより、所有者の保護が後退するわけでもない。なぜなら、いずれの場合にも、所有者は、951条1項・812条1項1文第2事例に基づく請求権の主張に対し、押し付けられた利得の抗弁権を提出しうるからである。994条以下の規定が特別な評価を行っているとすれば、それは、1000条1文に定められた占有者の履行拒絶権との関連においてである。すなわち、994条以下の規定が〔費用償還請求権の発生について、一般の不当利得法と比較して〕より厳格な基準を設けているのは、それらの規定〔の内容がどのように規律されるか〕により、所有者がその物を取り戻すためにいかなる犠牲を払わなければならないかが決定されるからであり、かつそれだけのためである。しかし、そのことから、すでに自らの所有物を取り戻した所有者が、その物の価値を高めた〔他者による〕支出に関して、償還義務を何ら負担しなくてよい、との結論を導き出すことはできないのである。

しかし、給付の目的不到達を理由とする**812条1項2文第2事例に基づく不当利得返還請求権**の発生は、994条以下により排除されない。例えば、占有者が、将来、〔自らが占有している〕土地の所有権を取得しうることを期待して、当該土地に建物を建築した場合〔しかし、結局、その土地の所有権を取得することができなかったとき〕には、上記請求権が発生しうる（BGH 27

NJW 2001, 3118)。この請求権は、物に対する単なる支出を超えて、さらなる目的を追及するものであり、その目的を達成しえない場合にはまさしく不当利得法が発動されるのである。

より深く学びたい人のために：
Canaris, Das Verhältnis der §§994 ff. BGB zur Aufwendungskondiktion nach §812 BGB, JZ 1996, 344; *Haas*, Die Verwendungsersatzansprüche im Eigentümer-Besitzer-Verhältnis und die aufgedrängte Bereicherung, AcP 176, 1; *Hähnchen*, Notwendige und nützliche Verwendungen im Eigentümer-Besitzer-Verhältnis, JuS 2014, 877; *Häublein*, Zum Verhältnis von §§994 ff. BGB zu sonstigen Verwendungsersatzansprüchen, Jura 1999, 419; *Hager*, Grundfälle zur Systematik des Eigentümer-Besitzer-Verhältnisses und der bereicherungsrechtlichen Kondiktionen, JuS 1987, 877; *Hönn*, Nutzungsherausgabe und Verwendungsersatz im Eigentümer- Besitzer- Verhältnis, JA 1988, 529; *Kindl*, Das Eigentümer-Besitzer- Verhältnis, JA 1996, 23 und 115 und 201; *M. Wolf*, Die Verwendungsersatzansprüche des Besitzers im Anspruchssystem, AcP 166, 188; *Roth*, Grundfälle zum Eigentümer-Besitzer-Verhältnis, JuS 1997, 518 und 710 und 897 und 1087; *Roth*, Das Eigentümer-Besitzer-Verhältnis, JuS 2003, 937.

　事例研究: *Gottwald*, PdW, Fälle 102-107; *Gursky*, Klausurenkurs im Sachenrecht, Fälle 10 und 17; *Hoeren/Hilderink*, Die Schwarzmacher, JuS 1999, 668; *Koch/Löhnig*, Fälle zum Sachenrecht, Fall 8; *Martinek*, Mausbäuchls Schlösschen im Köllertal, JuS 1999, L 35; *Neuner*, Fälle 4-6; *Stock*, Der Kleinbus-Fall, JA 1997, 458; *Vieweg/Röthel*, Fall 17.

第 8 章　所有権妨害除去請求権と相隣法

§ 24. 不作為請求権と妨害排除請求権

I. 序

　985条は、所有者に占有を現実に取得する可能性を保障することにより、所有権を保護する。例えば、所有者は、盗人に、自らの所有物の返還を請求することができる。これに対して、1004条は、**占有の侵奪あるいは物の留置以外の方法によるあらゆる態様での所有権侵害**について、それらに対する防御手段を定めた規定である。すなわち、1004条は、目前に差し迫った侵害に対する不作為請求権＊（1004条1項2文）と、すでに生じ、なお継続している侵害に対する妨害排除請求権（1004条1項1文）とを所有者に認めることで、所有権を保護しているのである。これらの請求権は、所有者に与えられる。また、それらの成否が問題となる事案のうち、その中心を成すものは相隣法に関する事例である。

　例：X は、E の所有する土地の上にゴミを投げ捨てた。この場合に、E は、

＊　不作為請求権（Unterlassungsanspruch）とは、日本において一般に妨害予防請求権と呼ばれるものである。その効果は、違法な侵害の不作為、すなわち当該侵害を将来にわたって発生させないことである。その訳語としては ――わが国における呼称に合わせる形で―― 「妨害予防請求権」という名称を採用することも選択肢の1つとして考えられるところである。しかし、①従来、日本でも、特にドイツにおける判例・学説を紹介する際には、「不作為請求権」という訳語がしばしば用いられてきたこと、②上記請求権の強制執行は、不作為債務一般および受忍義務の強制執行について規定するドイツ民事訴訟法890条の下で行われること（それゆえ、同条の訳語と平仄を合わせることがドイツ法全体の体系的理解にとって便宜であると思われること）などから、特段の必要のない限り、当該請求権を不作為請求権と訳すこととした。

1004条1項1文に基づき、そのゴミを撤去するようXに求めることができる。さらに、ゴミの投棄が繰り返されるおそれがあるときには、Eは、Xに対し、その不作為を請求しうる（1004条1項2文）。

ローマ法では、**アクチオ・ネガトリア**〔役権否認訴権〕が、これらの請求権に相当する制度として機能していた。そのため、1004条に基づく請求権は、今日でも、ときにアクチオ・ネガトリアあるいはネガトリア請求権と呼ばれる。さらに、1004条所定の請求権は、所有権の保護を超えて、他のすべての絶対権および絶対権以外のあらゆる法益の保護にとっても特別な意義を有する。なぜなら、この請求権は、それら所有権・絶対権以外の法益が侵害されている場合においても、その保護に関する範例と基本的要件とを示すものとして〔判例・学説により、広く〕援用されるからである（詳細については、Rn. 44）。なお、当該請求権は〔被請求者の〕有責性をその要件としない。この点にも注意が必要である。

Ⅱ．1004条に基づく請求権の発生要件

1004条所定の要件
1．請求者の所有権
2．所有権に対する侵害
3．請求の相手方が侵害者であること
4．侵害の違法性
5．所有者に受忍義務が存しないこと（1004条2項）
効果：不作為と妨害排除の双方またはいずれか一方の請求

1．請求者の所有権

2　1004条に定められた請求権は、同条の文言によれば、所有者に与えられるものである。ただし、当該請求権は、単独所有者にのみ認められるにとどまらず、1011条が規定するように、**共有者**も、それぞれ物の全部についてこれを行使することが可能である。複数の、あるいはすべての共有者が上記請求

権を行使する場合にも、それらの所有者〔による訴訟〕は、民事訴訟法62条が定める必要的共同訴訟にはあたらない（BGH JZ 1985, 633）。期待権の権利者にも、1004条が準用される。これに対して、物の（単なる）占有者は、1004条に基づく権利を主張することはできない。ただし、862条〔占有保護請求権〕によることは可能である。

しかし、所有権だけでなく、他のあらゆる絶対権もまた、違法な侵害から保護されるべきである。それゆえ、**1004条は**、特に823条1項〔絶対権侵害の不法行為に関する損害賠償請求権〕とともに、**様々な事案において類推適用される**（Rn. 44, 45）。また、所有権以外の物権に関しても、1004条がそれらに準用される旨が規定されている（例えば、1027条（地役権）、1065条（用益権）、1227条（質権）参照）。さらに、無体的権利の保護を目的とする不作為請求権に関する同様の規律が、例えば著作権法97条1項、特許法139条1項あるいは商標法14条5項に見られる。

2．所有権に対する侵害

1004条が要件とする侵害には、所有権に対する**あらゆる妨害**が含まれる。ただし、占有の侵奪または物の留置〔による侵害〕は、その例外を成す（これらには、985条が適用される）。侵害の対象は、土地・動産のいずれであってもよい。何が侵害にあたると解すべきであるか、については、理性的な平均人の感覚を基準として判断される（BGH NJW 1993, 925, 929）。また、それは、所有権の内容に照らし、いかなる範囲までが、他人の干渉から自由な領域としてその所有者に割り当てられている〔と言いうる〕かに係っている。所有権は、所有者に対し、公共の利益との調和の下で、その所有物に関するあらゆる利益享受と使用とを保障すべき権利である。それゆえ、このような利益享受〔と使用と〕に対して加えられる法的あるいは事実的な妨害は、すべて侵害に該当すると考えるべきである。

3

a）積極的作用 一般的な見解によれば、いわゆる積極的作用、すなわち物〔土地〕の空間的領域に対する不法な介入やその物体に対する違法な干渉は、常に〔1004条所定の〕侵害となる。

4

このような積極的侵害の具体例として、以下のものを挙げることができる。

すなわち、物を**損傷すること**、〔他人の〕物の上に広告チラシを貼ってその物を利用すること（BAG SAE 1980, 187. 雇用者所有の防護ヘルメットに労働組合のマークを貼付すること）、土地に立ち入ること、土地上に建物などを建築すること、〔隣地の〕掘下げにより、土地に自然に備わっている支えをその土地から奪うこと（909条）、土地の上に物などを運び込むこと（BGH NJW 1997, 2595）、例えば建築用クレーンの一部〔ジブ〕を土地の上に突き出すこと（905条1文）あるいは**土地の上に物を投棄すること**、頼まれもしない広告類を郵便ポストに入れること（BGH NJW 1989, 902）、所有者が同意したものとは別の液体を占有者がタンクに流し込むこと（BGH NJW 2003, 3702, BGH GRUR 2006, 167, BGH GRUR 2007, 623）などである。また、受取人が**望んでいない**政党の**広告**に関して、その投函を1004条所定の請求権に基づき停止させたとしても、そのことは、憲法上の疑義を生じさせない（BVerfG NJW 2002, 2938）。

物を占有しうる可能性あるいは利用しうる可能性が減少している場合には、〔積極的侵害はそれにより直ちに肯定され、さらに〕物体への侵害がなされることは不要である。他人のケーブル網を通じて電気信号を伝送することも積極的侵害に該当する（BGH NJW 2003, 3762）。ある土地の上に設置された**太陽光発電設備**から生ずる**眩惑効果**〔光の反射〕もまた、それが隣地の内部に届いているときには、〔その隣地の〕所有権に対する侵害となりうる（OLG Stuttgart NJW-Spezial 2013, 419, OLG Karlsruhe MDR 2014, 711）。さらに、906条1項1文に列挙された**蒸気、騒音、振動**などの物質や現象を他人の土地内に侵入させることも、積極的侵害である（§25 Rn. 6）。また、積極的侵害は、**動物**のにおいや鳴き声などの形でも生じうる（これについては Scheidler, MDR 2009, 242）。

5　**相隣間における典型的な侵害**については、906条（インミッシオン。詳しくは、§25 Rn. 6）、**909条（土地の掘下げ）**および910条（樹木の越境）が規定する。隣地から流れ込むタバコの煙もまた、原則として、所有権侵害となる（§25 Rn. 4）。909条〔の適用対象〕には、例えば、建物の基礎工事が不十分であるために、その隣地に立つ家屋から必要な支えを奪ってしまう場合が含まれる（BGH NZM 2005, 239）。そのような場合に、不作為義務〔上記家屋に必要な支えを施すべき義務〕は、掘り下げられた土地の所有者のみならず、掘下げに関与したすべての者、すなわち、例えば建築士、建設業者あるいは土木

技師などにも課される。近隣の複数の土地が掘り下げられた場合には、これに830条１項２文〔複数の行為者のいずれが損害を惹起したか不明である場合〕を適用することが可能である（BGHZ 101, 106）。しかし、外塀が撤去された結果、隣地がその支えを失った場合には、909条を適用することはできず、さらに類推適用することも許されない（BGH NJW-RR 2012, 1160〔原告所有の土地（高地）と被告所有の土地（低地）との間に1.6ｍの高低差があり、原告の土地は、被告の土地の上に設置されている外塀により支えられていた。被告がこの外塀を撤去しようとしたため、原告がその不作為を求めたところ、連邦通常裁判所は、当該請求を棄却した〕）。枝が隣地に越境している場合、あるいは木の根が隣地内にまで伸びている場合には、隣地の所有者には910条所定の自力救済権が認められる。しかし、この場合には、それとともに、1004条を適用することが可能である（BGH NJW 2004, 603）。

また、906条および909条は、823条２項の意味における保護法規にあたる（909条につき、BGHZ 101, 290, BGH NJW 1996, 3205）。しかし、妨害排除請求権や不作為請求権は、906条、912条、917条（Rn. 29以下、§25 Rn. 7以下）により、さらには信義則（242条）に基づく相隣共同体関係（BGHZ 101, 290, 293 f. LG Potsdam NJW-RR 2014, 1418）により部分的に制限される。

　ｂ）**立入りへの妨害**　所有権に対する（直接）侵害の〔さらなる〕典型として、〔所有者の〕土地への**立入りを妨げること**、例えば、交通違反の駐車により土地への自動車の進入を妨害すること（BGH NJW-RR 2011, 1476, BGH NJW 1998, 2058, OLG Karlsruhe NJW 1978, 274）を挙げることができる。また、建築作業とこれに伴う土砂等の積上げにより、〔入口がふさがれ〕土地への立入りが妨げられることもありうる。これらの場合には、〔1004条１項１文に規定された〕妨害排除請求権とともに、営業権侵害を理由とする823条１項所定の損害賠償請求権が生じうる。 6

　ｃ）**消極的作用**　いわゆる消極的作用の特徴は、ある物〔土地〕から環境との自然的つながりを奪うことにある。すなわち、消極的作用とは、**日照**や**風**あるいは**電波**が自然に〔当該土地へと〕もたらされることを妨げることである。このような消極的作用は、たいてい、隣地の上で行われる建築作業の間接的な影響として生ずる。 7

例：ある土地の上に、隣地との境界に接する形で3階建ての建物が建てられ、それによりEの家屋の窓に陽がほとんどささなくなった場合、さらには、同じくそれにより新鮮な空気の出入りが遮られたり（*BGH* NJW 1991, 1671: Kaltluftsee〔寒気のかたまり〕事件）、ラジオやテレビ電波の受信が妨げられたりする場合（これについては、*Ostendorf*, JuS 1974, 756）、これらはすべて消極的作用にあたる。

8 　消極的作用もまた1004条の適用領域に含まれるか否かについては、**争いがある**。判例および通説は、上記具体例のような事案において、土地に対する「干渉」を、したがってそのような意味における〔1004条が想定するところの〕侵害の存在を否定する（*BGH* NJW 1984, 729〔テレビ電波の遮断について否定〕, *BGH* NJW 1991, 1671〔上記 Kaltluftsee 事件〕, *LG Potsdam* NJW-RR 2014, 1418. 事案を区別して分析するのは、MünchKomm/*Baldus*, §1004 Rn. 124, 125）。その理由として、立法者は、これらの事案を1004条の適用領域から意図的に排除した、と主張する（*BGH* NJW 1984, 729）。しかし、事案によっては、906条2項2文の類推適用に基づく相隣法上の補償請求権が所有者に認められる〔§25 Rn. 23以下を参照〕。

　しかし、消極的作用をも原則として1004条の下で〔土地所有権に対する侵害として〕把握することには、これを支持すべき多くの理由がある。すなわち、いかなる土地〔の利用〕についても、その上で経済活動が営まれているか否かにかかわらず、空気や日照（さらに、太陽光エネルギーの利用）を含む周囲の外界および環境とのつながりが必要である。このようなつながりもまた、原則として、土地所有権の構成要素を成す。903条と1004条とは、物体としての物に対する作用および侵害のみならず、所有権のあらゆる内容に対する作用と侵害からも所有権を保護すべきものである。そのために、それらの作用や侵害が物〔土地〕に直接、接触することは不要である。積極的作用についてと同様に、消極的作用に関しても、妨害排除請求権の発生が認められるべきであるか否かは、その侵害がどれほど重大であるか、あるいは〔被侵害者に〕その受忍義務〔906条〕があるか否かにより決せられるべきであろう。公法上の規定によりその実施を許された建築作業から生ずる作用は、たいていその場所にとって慣行的なものであり、それゆえ受忍されるべきこととなる。

d）感覚的作用　ある物の利用者が第三者の行為によりその**美的あるいは** 9
道徳的感受性を害されており、しかも当該利用者がそのような状態から自らの力で逃れることを期待しえない場合、そのような侵害を一般に感覚的作用と呼ぶ。このような侵害もまた、第一に隣接する土地の間で生ずる。

　例：ある者が、住宅用地域内にあるその所有地を廃車置き場として利用している。その隣地の所有者である〔その上に居住している〕Eは、窓の外を眺めるたびに、どうしてもそれらの廃車を常に目にせざるをえず、それにより〔自らの美的感覚を〕侵害されていると感じている。この場合に、もし当該感覚的作用が許容限度を超えているときには、これに対する妨害排除請求権が認められるべきであろう（AG Münster NJW 1983, 2993を参照）。

　連邦通常裁判所は、上記のような感覚的作用に関しても、903条・1004条 10
の意味における侵害の存在を原則として否定し（BGHZ 54, 56. 古城ホテルの隣に廃車置き場が設けられた事案）、それゆえ、所有者に妨害排除請求権や不作為請求権をそもそも認めない（事案類型ごとに分析する見解として、MünchKomm/*Baldus*, §1004 Rn. 132 ff.）。しかし、連邦通常裁判所は、ある判決（*BGH* NJW 1975, 170）では、重大な〔感覚的〕侵害に関して以上とは別の考えが妥当すべきであるか〔そのような程度の重い感覚的作用については、これを1004条の意味における侵害と捉えるべきであるか〕否かについて、自らの態度決定を留保した。このような判例の立場に対しては、〔反論として〕次の点を強調しなければならない。すなわち、感覚的侵害もまた、それを合理的・理性的に評価した結果、当該侵害が〔他者による〕所有物の利用を著しく阻害すると認められるときには、個々の事情によっては、903条・1004条所定の侵害に該当すると解することが可能である（まさしくそのように主張するものとして、*Jauernig*, JZ 1986, 605, 606 ff.）。〔実際に〕連邦憲法裁判所は、高層建物がもたらす「圧迫効果」〔＝隣地居住者などが感ずる圧迫感〕を、基本法14条1項により保護された所有権に対する侵害として把握している（*BVerwG* NJW 1984, 250を参照）。

　感覚的作用の下位類型にあたるものが、いわゆる**「道徳的」インミッシオ** 11
ン、つまりは隣地において行われる、他人の道徳感情や羞恥心を害する行為である。そのような行為は、外形上、知覚しうるものでない限り、所有権侵

害には該当しない（BGH NJW 1985, 2823：隣家内での売春宿の経営）。土地の市場価値を下落させるのみでは、〔1004条の意味における「侵害」としては〕十分ではない。

「道徳的」インミッシオンについては、所有権の侵害とともに、あるいはそれに代えて、人格権の侵害が問題となり、823条1項・249条に基づく損害賠償請求権が発生しうる。その際、人格権の侵害が認められるためには、前記の行為が被害者の人格に対して直接、向けられていることが必要である。ある行為が一般に不道徳なものとされていても、それだけでは当該行為は上記要件を充たさない（BGH NJW 1985, 2823, 2824）。

12　e）**写真の撮影**　物の写真を利用する行為も、1004条1項に定められた所有権の侵害にあたりうる。もっとも、公衆が自由に、かつ一般的に目にすることのできる物を写真に収めることは、著作権法59条〔公の場所に継続的に展示された作品を絵や映像などに写し取り、それを公表等することは適法である旨規定する〕の根底にある法思想に鑑みれば、未だ当該物の所有権を侵害するものではない（BGH NJW 1989, 2251, フリーゼンハウス事件）。というのも、その場合には、物やその利用に対する干渉が行われていないからである。それゆえ、公道から撮影された家屋の写真は、その家屋の所有者による同意がなくとも、これを商業目的に使用することができる。だが、公衆の自由な接近が許可されていない物の写真を撮るために、**撮影者が他人の土地に立ち入る**場合については、事情が異なる。この場合には、当然のことながら、土地に立ち入ること自体がすでに土地の所有権に対する侵害となる。したがって、少なくとも不作為請求権に関しては、写真の撮影が当該所有権の侵害に該当するかという厄介な問題は生じない〔そのような困難な問題を検討せずとも、土地の立入り（とそれに伴う撮影行為）に対する不作為請求権の発生を肯定しうる〕。しかし、連邦通常裁判所は、これらの事案に関して、土地に対する所有権は、当該土地がその所有者の意思に反する形で利用されること、つまりはその土地から〔他人が〕映像あるいは写真の撮影という形で果実あるいは収益を〔上記所有者の同意を得ずに〕獲得することにより侵害される、との立場に立っている（BGH ZUM 2011, 333）。

例（BGH NJW 2013, 1809より）：写真家Fがポツダムでサンスーシ城の写真を

撮影した場合には、Fは、その城の所有者である財団の同意を得た場合あるいはその対価を支払った場合に限り、当該写真を商業目的に利用することができる。なぜなら、城の敷地内にある庭園への立入りは、**私的な目的**に関してのみ認められているからである。それゆえ、連邦通常裁判所によれば、ある土地への立入りやその土地の利用から生み出される**経済的利益**を誰がその手中に収めることが許されるか、を決定する権利もまた、その土地の所有権の割当内容に含まれる、ということになる。したがって、所有者の同意が欠ける場合には、**写真利用に対する不作為請求権**が発生しうる（BGH NJW 2013, 1809）。さらに、このような判例の立場の論理的帰結として、違法な写真利用がなされたときには、所有権侵害および所有権の割当内容に対する侵害が認められるべきこととなり、損害賠償請求権（823条1項）および不当利得返還請求権（812条1項1文第2事例〔侵害利得返還請求権〕）も生じうる。

f）権利の僭称 所有権の侵害には、いわゆる権利の僭称も含まれる。すなわち、所有者以外の者が、不当にも第三者に対し、自らにその物に関する権利が帰属していると主張し、これにより、例えば所有者がその物の買主をもはや見つけることができなくなり、その権利行使を妨げられる場合には、これもまた所有権に対する侵害となる（その具体例として、BGH NJW 2006, 689）。 13

g）侵害の継続 14
妨害排除請求権の発生には、所有権の侵害が現在なお継続していることが必要である。ただし、侵害原因が除去された後、あるいは侵害行為自体はすでに終了した後であっても、これらに基づく結果が所有者による権利行使を引き続き阻害しているならば、侵害の継続を認めることができる。侵害を受けている所有者がその侵害を自ら除去したために所有権に対する侵害が消滅した場合には、1004条1項に基づく妨害排除請求権も合わせて消滅する。ただし、その場合には、677条・683条1文・670条に基づく〔上記所有者の〕侵害者に対する費用償還請求権が発生しうる（Rn. 41）。

例：Nの所有する物置小屋から、Eの所有する隣地内へと有毒な液体が流れ込み、その土壌を汚染した。その後、Nは、当該液体が漏れ出ていた容器をその土地上から取り除いた。EがNに対し、E所有地の汚染された土壌を撤去するよう請求

したところ、Nは、次のように主張した。すなわち、上記有毒物質は、今ではEの土地に付合しており、その所有物となった。したがって、Nの下からは、もはや何らの侵害も生じていない、と。

　しかし、この場合に、N〔の支配領域〕から生じた侵害は、なお継続している。侵害者は、侵害を惹起している物に対する所有権を放棄することにより、あるいは所有権の法律による喪失（例えば946条〔土地への付合〕に基づく所有権の喪失）を理由として、〔一度、生じた〕自らの妨害排除義務を免れることはできない。所有権の侵害は、所有者がその無制約な物支配を妨げられている限り、継続するのである（*BGH* NJW 2005, 1366は、いわゆる権利簒奪理論、すなわち、侵害者が他者の所有物に関する所有権限を簒奪している場合にのみ侵害を肯定する立場を支持しない旨判示する）。

3．請求の相手方が侵害者であること

15　侵害の不作為および妨害排除は、侵害者に対してのみ、これを請求することができる。侵害者の承継人、例えば相続人は、その者自身が侵害者であると認められる場合に限り、請求の相手方となる（*BGH* NJW-RR 2006, 1378）。侵害者とは、侵害をある者に対し**帰責**しうる場合におけるその者のことをいう。そのような帰責根拠として、惹起主義〔侵害をその行為により発生させたこと〕（これについては、BGHZ 28, 110, 111）、または侵害を引き起こしている物に対する支配とそれに基づく義務〔当該侵害が生じないように注意すべき義務〕を挙げることができる。侵害は、少なくとも間接的に、侵害者の意思に基づくものでなければならない。ただし、そのような意思の存否は、〔純然たる事実の問題としてではなく〕評価を伴う観察により確定されるべきである（*BGH* NJW 2007, 432, *BGH* NJW-RR 2011, 739）。共同行為者や教唆者、幇助者もまた、830条〔共同行為者および関与者の損害賠償責任〕の類推適用に基づき、侵害者となりうる（*BGH* NJW 2003, 2525）。これに対して、まったくの自然現象〔によりもたらされた侵害〕は、侵害者に帰責することができない（Rn. 19）。侵害者は、その帰責根拠の違いに応じて、行為侵害者と状態侵害者とに区別される。

16　**a）行為侵害者**　行為侵害者とは、その行為（積極的作為もしくは義務に違

§ 24. 不作為請求権と妨害排除請求権　455

反する不作為〕または意思的活動により、相当因果関係が認められるような形で侵害を発生させた者をいう。有責性の有無は問題とならない。

　例：
　――夜間〔その演奏により〕隣人の睡眠を妨げるトランペット奏者や、正当な権原なく他人の私有地に駐車する者、あるいは他人の家の壁に政治的スローガンを〔無断で〕掲げる者、空気銃で他人の鳩を撃つ者は、いずれも行為侵害者である。行為侵害者は、自らが侵害を惹起したことに基づき妨害排除義務を負う。その者が自身の行為を〔侵害を発生させた後、さらに〕継続することは必要ではない（具体例として、*BGH* NJW 1996, 845）。
　――ある乗用車が、走行中の道路から第三者により押し出され、その運転者の有責性によらずに他人の土地に入り込んだ場合には、当該運転者は、乗用車を上記土地の外へと移動させなければならない。このことは、たとえ乗用車がその運転者の所有物ではなかったとしても変わらない。また、当該運転者が904条所定の緊急避難として他人の土地に侵入した場合、つまり運転者の行為が違法ではない場合であっても同様である。

　間接的行為侵害者とは、侵害行為を自ら〔直接に〕行わないものの、第三者による侵害を誘発し、あるいは許容し、あるいはそれを阻止しうるにもかかわらず阻止しないことにより、他者を介して〔侵害を〕相当な範囲で惹起する者をいう（*BGH* NJW 2000, 2901, *BGH* NJW 2014, 2640）。被侵害者は、このような間接的行為侵害者に対しても、侵害の不作為および妨害排除を請求することができる。例えば、スーパーマーケットの経営者が、スーパーマーケットの広告チラシを郵便ポストの中に、その所有者の意思に反してでも投函するよう他人に依頼した場合（*BGH* NJW 1989, 902）には、上記経営者は〔間接的〕行為侵害者となる。ただし、そのためには、この者〔他人に侵害行為の実行を依頼した者〕に行為義務が認められ（例えば、所有者あるいは経営者として。*BGH* NJW 2014, 2640を参照）、かつ他者による侵害を停止しうる法的可能性が存在することを要する。

17

　例：
　――Ｖは、その土地を市に賃貸し、市はそこに薬物患者支援施設を設置した。当該施設が開設されたために、その周囲において薬物取引が行われたり、注射

器やゴミが散乱したりするようになった。この場合に、それらにより自らの土地所有権を侵害されている近隣住民は、賃貸人 V を、間接的行為侵害者として妨害排除請求などの相手方にすることができる。V は、賃貸借契約に基づき、直接侵害者の行為に影響を及ぼす〔賃借人たる市に対し、上記事態の改善措置を求めるなどの〕法的可能性を有している（BGHZ 144, 200 = NJW 2000, 2901. この事案については、§25 Rn. 26 をも参照）。

―住居所有権者が自らの住居を用益権者に貸し、用益権者がこの住居を建物利用規約により定められたものとは異なる目的で利用している場合には、上記住居所有権者も〔他の住居所有権者との関係において〕間接的行為侵害者となる（BGH NJW 2014, 2640）。

―売買契約の売主は、物の所有権が未だ買主に移転していない場合であっても、446条2文に基づき、すでにその物の利用権限が移転しているときには、もはや買主による侵害を停止する法的可能性を持たない（BGH NJW 1998, 3273）。このとき、278条〔法定代理人または履行補助者の行為に関する債務者の責任〕を適用することはできない（BGH NJW 2006, 992）。

18　**b）状態侵害者**　ある侵害が人の行為に直接、起因するものではなく、物や設備の状態から生じている場合には、それらの保有者や上記設備を稼働させている者、あるいは侵害源たる当該状態を自らの意思によりその支配領域内で保持している者が、状態侵害者として、妨害排除義務などを負担する。これらの者が上記状態〔の作出あるいは維持〕に寄与しているか否か、あるいはその存在を認識しているか否かは問われない（BGH NJW-RR 2001, 232）。決定的なことは、状態侵害者により侵害行為が行われることではなく、当該侵害者がその支配権限あるいは干渉権限に基づき、**侵害原因たる状態を取り除くことができる**ということである。このことは、状態侵害者が危険状況を作り出した場合、あるいはその者が第三者により生み出された危険状況を保持している場合に特に良くあてはまる。しかし、第三者が隣地から侵害を生じさせたものの、当該侵害がその隣地の状態に由来するものではない場合には、この限りではない〔その場合には、上記第三者のみが侵害者として妨害排除義務等を負う〕。

例：

―第三者が、ある者の土地から石を他人の土地の上に投げ入れたり、あるいは

その土地の状態に起因しない他の目的物を他人の土地の上に持ち込んだりした場合、その土地の所有者は、状態侵害者ではない（BGH NJW 2005, 1366）。——しかし、ある使用賃借人が賃貸目的物〔たる建物〕の構造変更を拒むとき、例えば賃貸人＝所有者により〔その建物に〕違法に設置されたバルコニーを〔そのバルコニーにより自らの土地に対する所有権を侵害されている第三者が1004条1項1文に基づく妨害排除として〕撤去しようとするのを拒むときには、当該賃借人は状態侵害者となる。この場合には、被侵害者〔第三者〕は、賃貸人＝所有者に対しては妨害排除〔そのための措置の実施〕を、賃借人に対してはその措置の実施に関する受忍をそれぞれ請求することができる（BGH NJW 2007, 432）。

もっとも、状態侵害者という概念は、誤解を招きやすいものである。すなわち、この概念は、物に対する支配それ自体、あるいは当該支配と結び付いている、侵害を除去しうる可能性そのものによりすでに侵害者の地位〔妨害排除義務など〕が基礎付けられるかのような印象を与える（MünchKomm/Baldus, §1004 Rn. 156を参照）。だが、このように解することは、妥当ではない。状態侵害者に妨害排除義務などを課すためには、さらにもう1つの帰責要素が必要となる。すなわち、**状態侵害者の責任の要件**は、(1)侵害が物の状態、たいていの事案においては土地の状態に由来すること、および(2)侵害者が、侵害源たる物に対して法的あるいは事実的支配を有することに加えて、さらに、(3)その物から生じている侵害が、少なくとも間接的に侵害者の**意思**に基づくものであることが要求される。それゆえ、**純粋な自然現象**が人間の関与なしに物に対して作用している場合には、何人の妨害排除義務等も発生しない（BGH NJW 1985, 1773, BGH NJW 1993, 1855, BGH NJW 1995, 2633, OLG Nürnberg NJW-RR 2014, 792（ビーバーによる損傷））。

19

例：嵐のせいで、Nの土地の上に植えられていた樹木がEの土地の上に倒れてしまった。Eは、Nに対し、その撤去を求めた。この場合には、上記樹木が適切に植えられていなかったとき、あるいはその管理が適切に行われていなかったときにのみ、1004条1項に基づき、Eに当該樹木に関する妨害排除請求権が生ずる。これに対して、樹木が適切に植えられ、あるいは管理されており、それがEの土地の上に倒れたことが、特に強い嵐が吹いたという自然現象にのみ起因するときには、妨害排除請求権は発生しない（BGH NJW 1993, 1855）。

20 　だが、ある土地の所有者やその前主により植えられた樹木〔の枝〕や根が自然に伸びたために隣地に侵害が生じた場合（BGH NJW 1995, 395では、隣地の地中にある下水施設内に**木の根**が入り込んだ事案が問題となった）には、その侵害は、これを上記所有者に帰責することが可能である。なぜなら、この場合には、当該侵害は、樹を植えるという人間の行為に由来するものだからである。さらに、人工池から生ずる侵害についても、妨害排除義務等の発生を肯定しうる（BGH NJW 1993, 925, 928）。ただし、侵害〔の実質を成す自然現象〕が自然保護法上の理由により受忍されるべきものであるときには、当該侵害は違法性を欠く（Rn. 30）。

　さらに、人間の手が加えられていない自然の岩石が、**地崩れ**により、ある土地から他の土地の上へと移動した場合にも、それは、人に帰責しえない純粋な自然現象によるものである。このような侵害は、人間の行為に全く起因しないため、これに対する1004条1項所定の請求権は発生しない。同様の事柄は、畑地が〔流水などにより、他の土地の上に〕流された場合にも妥当する。たとえ、その畑地が農業に利用する目的で耕作されているものであったとしても、同じである（BGH NJW 1984, 2207, 2209）。さらに、雨水が〔ある土地から他の土地へと〕流れ込む場合（BGH NJW 1991, 2770）、あるいは隣地上の庭に自然に生息している害虫が〔他の土地内に〕侵入する場合にも、それらに関する妨害排除義務等は生じない（BGH NJW 1995, 2633）。

21 　もっとも、これらの具体例は、個々の事案における行為侵害者と状態侵害者との**区別**が、ときに**困難**であることをも示している。そのような困難のゆえに、学説では、上記区別とは別の仕方による整理がすでに提案されている（特に、MünchKomm/*Medicus*, 4. Aufl., §1004 Rn. 42 ff. を参照）。しかし、行為侵害者と状態侵害者との区別は、1004条が定める法的効果に関して、ほとんど何らの違いをももたらさない。そのため、筆記試験の際に、この点に多くの時間を割く必要はない。

22 　（隣地の）所有者のみならず、**占有者**もまた、その者が侵害の原因を成している物に対して事実的支配を行使している限り、そのことを理由として、状態侵害者となりうる（BGH NJW 2007, 432）。それゆえ、同様の理由に基づき、権利承継者もまた、侵害源たる物あるいは施設に影響を及ぼすことができる場合には、それらを自ら作出したのではないとしても、状態侵害者とし

§ 24. 不作為請求権と妨害排除請求権　459

て妨害排除義務等を課される。

　さらに、状態侵害者の責任は、侵害の原因を成している土地の現在の状態　23
（例えば、ある土地の上に生えている木の枝が隣地の上に伸びている状態）にのみ
関わるものである。前主あるいは旧占有者の行為〔に基づく結果〕が、隣地
を現在なお侵害しているとしても、それが土地の現在の状態に基づくもので
はないとき（例えば、〔前主により〕隣地上に投棄されたゴミがなおそこに残っ
ているとき）には、これに関する〔現所有者・現占有者等の〕状態侵害者と
しての責任は発生しない（BGH NJW-RR 2001, 232）。

侵害者のさらなる具体例　24
　――Eは、住宅街において、評判の良いレストランを経営していた。年金生活に
　　入った後、Eは、そのレストランをPに賃貸した。それ以降、このレスト
　　ランにはいかがわしい評判が立ち、うさんくさい連中がその周辺をうろうろす
　　るようになった。そのため、レストランの近隣に住むNは、今、その所有す
　　る家屋の一室を、本来の適正な値段で賃貸しえなくなることを心配している。
　　また、自分の子供たちの教育にも悪影響が出ることを恐れている。この場合
　　に、上記レストランの占有者Pは、状態侵害者として妨害排除義務等を負担
　　する。なぜなら、Pは、そのレストランをどのように経営するか、を決定す
　　ることができるからである。さらに、賃貸人Eもまた、状態侵害者となる。
　　Eは、Pとの賃貸借契約を終了することにより、Nに対する侵害を取り除く
　　ことが可能だからである（BGH NJW 1982, 440も参照）。
　――Eは、自らの所有する土地の上に複数の樹木を植えた。それらの木々が高く
　　なりすぎ、あまりに多くの光を遮るようになったため、Eは何本かの木々を
　　切り倒した。その後、Eは、上記土地をKに売り渡した。今、**嵐**が、それら
　　の**木々**のうち、〔切り倒された後〕固定されずに上記土地の上に置かれていた、
　　そして〔それゆえに〕多くの風を受ける状態にあった1本を吹き飛ばし、それ
　　がNの所有する隣地の上に落下した。この場合に、Nは、状態侵害者であ
　　るKに対して、妨害排除請求権を有する。このとき、Kが自分自身でその木
　　を植えたわけではないことは重要ではない。肝心なことは、KがEから土地
　　の引渡しを受けた後、吹き飛ばされた樹木に対して影響を及ぼし、それが実
　　際に吹き飛ばされる危険を除去しうる可能性を持っていた、ということのみ
　　である。
　――ある家屋に設置された電線の技術上の不備により、その家屋から**出火**した結

果、隣地〔上の建物など〕が損傷した場合には、当該家屋の所有者は、状態侵害者である（*BGH* NJW 1999, 2896）。家屋に設え付けられた設備が、その不具合を原因として発火し、それが隣地上における火事をもたらした場合には、上記家屋の使用権限を有する者も状態侵害者となる（*BGH* NJW 2008, 992（台所設備），*BGH* NJW-RR 2011, 739（電動ベット））。

——さらに、飛行場の経営者も、その飛行場を離発着する**飛行機の騒音**に関して、状態侵害者として妨害排除義務等を負担する（*BGH* NJW 1977, 1920）。

—— 一度、妨害排除義務が発生した場合には、状態侵害者は、侵害源たる物の占有を放棄しても、それにより自らの義務を免れることはできない（*BGH* NJW 2007, 2182（他者の土地の上に存在するボート設備））。すなわち、上記放棄がなされた後も、その者は侵害者としての地位にとどまる。

4．侵害の違法性

25　不作為請求権および妨害排除請求権は——たとえ民法典の文言にはそのことが明確に記述されていないとしても——違法な侵害に対してのみ発生する（Palandt/*Bassenge*, §1004 Rn. 12）。侵害は、その結果が〔他者による〕所有権の自由な行使を妨げるものであれば、原則として、それだけで直ちにすべて違法である。ただし、侵害について所有者の同意があり、あるいはその者に特別な受忍義務（1004条2項。Rn. 26以下）が認められる場合には、この限りでない。このように、上記両請求権には、不適切な状態の存在のみからその違法性を導き出す**状態不法の原理**が妥当する。つまり、所有権の内容に反する状態が妨害排除請求権や不作為請求権を基礎付けるのである。

5．所有者に受忍義務が存しないこと

26　所有者は、侵害を受忍すべき義務を負っている場合には、その不作為や妨害排除を請求することができない（1004条2項）。このような主張は抗弁にあたり、その証明責任は、民法の規定の仕方によれば〔妨害排除請求権等の発生要件を定めた1004条1項の後に、所有者に受忍義務が課される場合における当該請求権の不発生を規定した同条2項が置かれている〕、侵害者がこれを負担する。受忍義務は、一般に、法律に基づき、あるいは物権的もしくは債権的権利の設定により発生する。

27　**a）物権的および債権的権利**　制限物権は、その権利者に、所有権の個々

の権能を帰属させ、それにより所有権の内容を制限する。それゆえ、所有者は、自らが設定したか否かにかかわらず、制限物権の行使を受忍しなければならない。

例：例えば、所有者は、その土地上において行われる、地上権に基づく建築作業、さらには用益権あるいは役権に基づく所有地の利用を忍容しなければならない。しかし、それらが各利用権の範囲を超える場合には、所有者は、これに対して、1004条に基づく措置を取ることができる（*BGH* NJW 2008, 3707を参照）。さらに、制限物権によるそれと類比しうる所有権への制限は、建設法典9条1項21号に基づき建築計画の中に定められた通行権・車両通行権・〔送電線等の〕敷設権に関する規定からも生ずる。

1004条所定の請求権は、例えば使用賃借権や用益賃借権のような**債権的権利**により侵害が正当化される場合にも発生しない。しかし、**契約**に基づく債権的権利は、通常、所有者自身が当該契約の一方**当事者**である場合にのみ、その所有者に対して主張しうるものである。契約当事者ではない第三者との間では、所有者は受忍義務を負わない。債務法上の合意がなされた後に所有権を取得した者も、その者が414条、415条に基づきこの合意を引き継いだのでない限り、当該合意に拘束されない（例外として、565条〔営業目的による転貸借〕、566条〔売買は賃貸借を破らない〕）。同様に、被侵害者が所有権に対する侵害を〔侵害源たる物の〕前主との関係において受忍しなければならなかったとしても、そのことは、〔前主から当該物を譲り受けるなどした〕後の取得者に対する妨害排除請求権を失効させるものではない（*BGH* NJW-RR 2014, 1043を参照）。この場合に〔上述のような不安定な状態から取得者を救い出し、その者に〕安定した法的関係をもたらすことができるのは、土地登記簿に記載された物権のみである（Rn. 27を参照）。

28

例：Eは、その所有する土地の地表に、コンクリート製の私道を設置した。当該私道は、N所有の隣地の上に建てられた〔境界〕壁に直接、接しており、Nは、Eがそのような形で上記私道を設けることに同意していた。その後、Nがその土地を買主Kに譲渡したところ、Kは、〔今やKの所有物である〕その壁が、Eの私道に圧されて、いつ倒れてもおかしくない状態にあると主張し、当該私道の撤去をEに求めた。この場合に、前主Nによりなされた侵害に対する同意は、Kの

妨害排除請求権の発生を妨げない。Kは、その同意に拘束されないからである（*BGH* NJW-RR 2008, 827）。

29　**b）法律上の受忍義務**　法律上の受忍義務は、侵害が動産に対するものであるか土地に対するものであるかを問わず、防御的緊急避難（228条）および攻撃的緊急避難（904条）に関する規定から生ずる。防御的・攻撃的のいずれの緊急避難においても、防御意思または加害意思が要件となる。もっとも、そのような意思としては、限定的な故意で足りる。

例：

―狂犬病にかかっているEの犬が、Aに襲いかかってきた。これに対して、Aは、その犬を棒で撲殺した。この場合に、Eは、228条に基づき、このような〔犬の所有権に対する〕侵害を受忍しなければならない。なぜなら、90a条3項により、228条は、動物にも準用されるからである。他方、227条〔正当防衛〕は、この事案には適用されない。同条の意味における加害は、人間によるものを前提としているためである。

―自動車事故の現場で、包帯として利用しうる材料が十分に見つからなかった。このとき、Bは、被害者の重傷部分の手当てを行うために、Eの自動車に備え付けられていた救急箱を〔Eの同意を得ることなく〕使用することが許される。Eは、そのような自らの所有権に対する干渉を忍容しなければならない（904条1文）。ただし、この場合に、Eは、904条2文に基づき、Bに対して損害賠償を請求することができる。さらに、当該所有権侵害〔救急箱の利用〕により利益を受けた事故の被害者に対しても、連帯債務者として損害賠償を請求しうる。

30　さらに、〔法律上の〕受忍義務は、私法上の規定あるいは**公法上の規定**がある特定の行為を許し、あるいはある事柄の除去行為を禁止している場合にも発生する。

例えば、午前6時に鳴らされる教会の鐘の音などのように、隣地に対するインミッシオンが禁じられていない場合には、**連邦インミッシオン保護法22条1項**に基づき、受忍義務が生じうる（*BVerwG* NJW 1984, 989）。航空交通法1条1項によれば、〔飛行機の所有者等には、〕905条1文にもかかわらず、他人の土地上を飛行機で通過する権限が認められる。例えば〔獲物を待ち構えるための〕木の上のやぐらのような狩猟設備に関する受忍義務は、連邦狩

猟法に基づき発生する（BGH NJW 2006, 984）。さらに、受忍義務は、公的な共同利用、**公共の利益**のために不可欠な公的任務の遂行（BGH NJW 2000, 2901. 薬物患者支援施設の設置・運営）、あるいは行政機関の命令により規制された、インフラ供給企業〔ガス会社や電気会社など〕の供給約款からも生じうる。それゆえ、例えば〔当該約款に基づき、周辺地域の住民のために自らの土地の上に設置された〕**変圧器**〔から生ずる騒音など〕について、〔その土地の所有者は〕受忍義務を負う（BGH BB 1981, 875）。加えて、侵害源〔たる物〕の除去が、自然保護などを理由として禁止されている場合にも、受忍義務が肯定される。したがって、隣地から聞こえる蛙の鳴き声も、蛙の駆除が行政当局により禁止されている場合には、これを忍容しなければならない（BGH NJW 1993, 925）。

　同じく、土地の所有者には、**電気通信法76条1項**に基づき、その土地の上空における電信用**ケーブル**の敷設およびその稼働について受忍義務が課される（電気通信法旧57条に関して、BGH NJW 2000, 3206, BGH NJW 2002, 678）。しかし、そのケーブルを建物内に通すことについては、所有者は受忍義務を負わない（BGH NJW-RR 2004, 231）。なお、上記ケーブルの敷設および利用を受忍すべき所有者は、906条2項2文による場合と同じように、電気通信法76条2項に基づき、その設置・利用に基づく不利益に関して〔金銭による〕補償を請求することができる。さらに、地下を通過する**送電線**に関しても、受忍義務が生じうる（BGH NJW 2010, 2802）。**パラボナアンテナ**の受忍義務は、原則として、基本法5条1項〔意見表明の自由〕に基づき発生する（BVerfG NJW 1996, 2858）。ただし、その際には、〔被侵害者が受ける所有権の侵害との〕相当性が確保されなければならず、かつ当該侵害を最小限度に止めることが必要である（BGH NJW 2000, 2901）。 31

　土地所有者に課される重要な受忍義務は、**相隣法**に基づくものである。特に、904条、906条、912条、917条の各規定がこれに関連する。これらの規定については、後に詳述する（§25 Rn. 1以下）。 32

　一度、発生した妨害排除請求権が時効で消滅したとしても、これにより侵害の受忍を請求する権利が侵害者に生ずるわけではない（BGH NJW-RR 2014, 1043）。しかし、妨害排除請求権について強制執行をすることができなくなった結果、所有者は事実上、侵害の忍容を強いられることともなりうる。 33

ただし、侵害行為があらためて行われた場合には、これに対する新たな不作為請求権が発生し、この請求権に関して新しい消滅時効が進行を開始する（*BGH NJW* 1990, 2555, 2556）。それ以外の場合には、1004条1項の妨害排除請求権は、確かに、時効完成後にはもはや強制執行しえない。だが、これにより903条に基づく所有者の権利は何らの影響をも受けない。例えば、所有者は、侵害源たる〔他人の〕物（木の根や私有の送電線）を自己の土地から自ら取り除くことで、所有権に対する侵害を除去することができるのである。

Ⅲ．効果：不作為および妨害排除の請求

1．不作為請求権

34　所有者は、その所有権に対する違法な侵害を甘受する必要はない。むしろ、その侵害が現実のものとなる前に、それを予め防ぐことができる。そのための要件は、単に、当該侵害が差し迫っていること、つまりは、その発生の具体的な危険が直接かつ切実なものとして存在することのみである。侵害が繰り返し生ずる場合には、不作為請求権はその都度、新たに発生する（*BGH NJW-RR* 2006, 235）。さらに、1004条1項2文の文言（「さらなる侵害」）は、すでに侵害が生じたことおよびその侵害が繰り返されるおそれのあることを不作為請求権の要件としているかのように読める。だが、今日、圧倒的多数を占める見解によれば、**侵害が**〔未だに一度も生じていなくとも、その発生の危険が〕**最初に差し迫ったとき**からすでに、所有者はこれに対する不作為請求権を行使しうる。

　907条1項1文（危険な設備）は、差し迫った具体的な危険に代えて、侵害が現に差し迫ったものではなくとも、その発生が確実に予見されうる場合には、それにより不作為請求権が生ずることとして、当該請求権〔による保護〕の前倒しを図っている。

2．妨害排除請求権

35　侵害がすでに生じており、かつその状態がなお継続している場合には、所有者は、1004条1項1文に基づき、侵害者に対して、妨害排除を請求しうる。妨害排除請求権の請求内容は、（継続している）侵害を取り除くのに適した措

置を実施することである。取りうる措置が複数存在する場合には、侵害者がそれらの中から実際に行うべき措置を選ぶことができる。しかし、取りうる措置が1つしか存在しない場合には、〔裁判所は、〕侵害者に当該措置をなすよう直接に命じる判決を下すことが許される。

例：
— 侵害者Sが〔その所有物から〕流れ出ている油により隣人N所有の土壌を汚染している場合には、その油の吸引濾過および汚染された土壌の除去も妨害排除義務の内容に含まれる（*BGH* NJW 1996, 845）。
— ある土地に植えられている木の根に圧迫されて、その隣地の上に立っている壁にひびが入った場合には、侵害を取り除くための唯一の適切な措置として、裁判所は、その木の撤去を命ずることができる（*BGH* NJW 2004, 1035）。

1004条1項1文が定める請求権の目的〔効果〕は、損害賠償とは区別されるべきである。所有権の侵害に関する損害賠償は、有責性を要件とする823条1項の下でのみこれを請求することが可能である。損害賠償請求権は、249条1項が定めるとおり、損害が生ずる前の状態を回復すること（原状回復）を目的とするものである。これに対して、1004条1項1文に基づく妨害排除請求権の目的は、妨害排除に尽きる。もっとも、この点に関するそれら2つの請求権の境界付けは、容易ではなく、そのため、妨害排除請求権の発生が肯定されるべき本来の範囲の画定をめぐっては、見解が対立している。

a）学説の争い　権利重畳理論ないしは権利簒奪理論（*Gursky*, JZ 1996, 684 f., *Picker*, FS Gernhuber, 1993, S. 315）によれば、侵害者とは、現時点において、その行為あるいはその所有物の状態を通じて、他者の所有権を自らのために〔事実上〕奪い（権利を簒奪し）、それを通じて真正な権利者による物への支配を妨げている者をいう。このような見解の下では、所有権に対する侵害の発生は、被侵害者の側における損失のみならず、これに対応する侵害者の側における利益の存在を要件とする。また、この説によると、妨害排除請求権は、〔侵害者に対して、〕侵害者あるいはその所有物が侵している他者の権利領域からの撤退を要求しうるにとどまる。他方、過去の出来事による他人の所有物の損傷〔その原状回復を行うという課題〕は、不法行為法に割り当てられるべきである、ということになる。以上のような理論に対しては、

以下の反論をなすことが可能である。すなわち、この理論は、1004条所定の請求権が発生すべき範囲を、継続的な権利篡奪が生じている事案に限定するものである。しかし、他人の土地の上に〔それに対する所有権を保持したまま〕ゴミを継続的に放置することと、所有権を放棄する意思でその土地の上に一度だけゴミを捨てること（この場合には、権利篡奪は起らない）とを区別することはできない〔どちらの事案も、ゴミを土地の上に捨てる行為が行われ、かつその後、そのゴミが当該土地の上に存在し続けることに外形上、変わりはない。だが、権利篡奪理論によれば、前者では妨害排除請求権の発生が肯定され、後者においては否定される〕。また、侵害者が、侵害源たる物の所有権を放棄することにより、自らの妨害排除義務を免れることも許されるべきではない。

38　妨害排除請求権の生ずべき範囲をより広く捉えるのは、多くの論者により主張されている**反対行為理論**ないしは**侵害源理論**である。この説によれば、物の所有者が継続的に強いられるその物に関する利益享受の放棄（Baur, AcP 160 (1961), 465, 489, Baur/Stürner, §12 IV 1）、または人の行為もしくは物の状態に帰責しうる侵害源の継続的存在（Larenz/Canaris, Lehrbuch des Schuldrechts, Band II/2, 13. Aufl. 1994, §86 V 3a）もまた、1004条の意味における侵害に含まれる。これに対して、損害賠償法は、〔上述のような一定の態様における利益享受への干渉に限らず〕利益喪失〔全般〕について〔1004条とは〕独立に規律する。このように考えると、1004条は、侵害者に、侵害が作用し続けている状態を可能な範囲において巻き戻すこと、そしてその状態を将来に向かって除去することを義務付けるものである、ということになる。したがって、所有者は、侵害者に対し、その者により行われた侵害行為とは反対向きの行為〔反対行為〕あるいは侵害源の除去を請求することができる。だが、侵害の結果として生ずる、所有権行使に対する障害あるいは所有物の損傷に関しては、侵害者はそれらを排除すべき義務を負わない。それゆえ、例えば、他人の土地の上にひっくり返ったクレーンは、〔1004条の妨害排除請求権により〕その土地から撤去されなければならない。しかし、クレーンが転倒したために壊れてしまった垣根については、823条1項に規定された要件が充足されている場合にのみ、〔当該クレーンの所有者などに〕その修理を請求することが可能である。もっとも、この見解の下では、1004条1項所

定の妨害排除義務は、侵害を排除する際に初めて生ずるすべての損害〔の原状回復〕にも及ぶ（*Lettl*, JuS 2005, 871, 872）。

連邦通常裁判所が支持する**再利用可能性理論**は、妨害排除請求権により保護されるべき侵害の範囲を最も広く把握する見解である。この理論によれば、侵害者は、侵害源を除去すること（例えば、他人の土地の上に倒れた樹木の撤去、他人の土地に侵入した木の根の切除）のみならず、例えば、倒れた樹木により破壊された花壇を元どおりにしたり、侵入してきた根を除去した後に〔その根に圧迫されて〕ゆがんでしまったテニスコートを新しく整備したりするなど、侵害が発生する前の状態あるいは（土地の）利用可能性を回復すべき義務を負う（*BGH* NJW 1997, 2234, *BGH* NJW 2005, 1366, 1367）。すなわち、侵害は、「余すところなく」これを取り除かなければならない（*Wenzel*, NJW 2005, 241, 243）。この説は、そのようにして初めて、所有権の内容に合致した状態が〔再び〕作り出される、と主張する。反対に、以上のように解さない限り、妨害排除請求権は無意味な存在と化してしまう、と説く。しかし、このような再利用可能性理論に対しては、次のような反論を提起しうる。すなわち、この説は、（有責性を要件とする）損害賠償と（有責性を要件としない）妨害排除との間に横たわる境界を失わせるものである。したがって、反対行為理論が支持されるべきであろう。1004条が有責性を妨害排除請求権の要件としていない理由は、当該請求権の効果が妨害排除に限定されること自体に求められる。そうであれば、まさしくそれゆえに、このような制限〔効果の限定〕の意義を軽視すべきではない。なぜなら、そのような制限を堅持することによってのみ、不法行為法上の有責性原理の妥当すべき領域と妨害排除請求権が〔有責性を要件とせずに〕発生すべき場合とを限界付けることが可能となり、危険責任に関する列挙主義を維持することができるからである。さらに、〔このように考えるならば〕1004条が985条〔の規律内容〕に対応するものであることもまた明白である。すなわち、985条によれば、物が不法に占有されている場合に、占有者がその有責性の有無にかかわらず負担すべき事柄は、物の返還のみである。他方、損害賠償のような物の返還を超える効果については〔この場合にも、占有者の〕有責性または悪意が要求されるのである。

例：使用賃借人Mは、〔賃貸目的建物の〕壁に穴を開けた際、〔その裏に設置されていた〕水道管を破裂させた。そして、そこから流れ出た水が、Nの所有する隣の住居の中にまで到達した。

まず、妨害排除義務の生ずべき場合を狭く捉える権利重畳理論ないしは**権利簒奪理論**——この理論は、否定されるべきである——によれば、侵害者は、侵害を惹起している自らの所有物を取り除くべき義務を負うにとどまる。上記の事案では、水道管も水もMの所有物ではない。そのため、Mに対する1004条の妨害排除請求権は発生しない。被害を受けた隣人〔N〕は〔Mに対する〕損害賠償請求権を行使すべきこととなろう。

次に、**反対行為理論ないしは侵害源理論**からすると、侵害者Mは、たとえ水道管と水とがMの所有に帰すものではなくとも、常に、水のさらなる流入を侵害源として除去しなければならない。もっとも、侵害源たる水の流入が阻止されることにより、将来の新たな侵害が予防されるに過ぎず、すでに生じた損害は賠償されない。

これに対して、**再利用可能性理論**は、Mの義務が及ぶ範囲をさらに広げる。すなわち、この説は、侵害者に対し、侵害を受けた所有物が再び利用可能なものとなるまで妨害排除をなすべき義務を課す。これによれば、Mは、水の流入によりNの住居に発生した損害をも取り除かなければならないこととなろう（Rn. 43の事例30も参照）。

40 **b) 1004条に基づく金銭賠償の原則的否定** 所有権に対する違法な侵害が行われた場合において、（例えば823条 1 項〔絶対権侵害〕に基づく）損害賠償義務は、249条以下に規定されているとおり、物それ自体および被害者のその他の財産に関するあらゆる損害に及ぶ。特に、侵害が実際に排除されるまでに生じた財産的損害と252条所定の逸失利益に関する金銭賠償〔義務〕もそれに含まれる。これに対して、1004条 1 項 1 文に基づく妨害排除請求権は、単に侵害者の妨害排除義務を基礎付けるにすぎない。この妨害排除義務は——たとえ再利用可能性理論に依拠したとしても——被侵害対象たる物そのものに関わる義務である（例えば、BGH NJW 2005, 1366）。1004条に基づき金銭賠償を請求することはできない。このような義務内容の制限は、正当である。というのも、妨害排除義務は、有責性をその要件としないからである。

例：建築作業の際に、Bの所有するクレーンが、過積載のために、隣地の上に

立つAの所有家屋の上に倒れ、その屋根を壊してしまった。この場合に、Aは、妨害排除請求権に基づき、前記いずれの学説によっても、Bにクレーンの撤去を求めることができる。さらに再利用可能性理論によれば、Aは、それに加えて、屋根の修理を求めることも可能である。

Bが妨害排除措置を取らない場合には、Aは、訴えを提起して、Bに妨害排除を命ずる判決を得た上で、民事訴訟法887条1項〔代替的作為義務の強制執行〕が定めるところに従い、この判決を強制執行しうる。その結果、〔執行債務者＝侵害者Bの代替執行実施に対する〕同意および費用の前払いを求める執行法上の請求権がAに発生する（民訴法887条2項）。

その権利を侵害されている所有者が、自ら妨害排除措置を行った場合には、当該所有者は、〔それ以降〕もはや1004条1項1文に基づく請求権を行使することはできない。〔所有者自身による妨害排除措置により〕侵害の継続が止むためである。しかし、その場合には、**677条・683条1文・670条に基づく費用償還請求権**の成否が問題となる。なぜなら、所有者は、侵害者〔他人〕の事務を行ったからである（z.B. *OLG Koblenz* MDR 2014, 25. 越境して伸びてきた木の枝の除去）。妨害排除のために費用が支出された結果、（例えば、新しい建築材料や導管などの組込みにより）所有物の状態が、侵害が生ずる前に比べてより良いものとなったときには、「**古きに代えて新しき物**」という観点に基づく**清算**がなされ、償還されるべき費用の額が減額される（*BGH* NJW 2012, 1080）。事務管理の成立要件が充たされない場合においても、所有者は、812条1項1文第2事例に基づき、なお費用の償還を請求することが可能である。というのも、侵害者は、本来自らが行うべき支出をしないままその妨害排除義務を免れており、それゆえ、「それ以外の方法」〔出費の節約＝他人の支出〕により不当な利得〔上記義務の免除〕を得ているからである（*BGH* NJW 2005, 1366, *BGH* NJW 1986, 2640）。その際、請求権者〔所有者〕が侵害者の利益のために妨害排除を行ったか否かは重要ではない。さらに、所有者が侵害者に対し、期間を定めて妨害排除の実施を請求したにもかかわらず、その期間内に侵害が取り除かれなかった場合には、所有者は、280条1項・3項・281条1項1文に基づき、侵害者に損害賠償を請求しうる旨主張されている（*OLG Karlsruhe* NJW 2012, 1520; 争いあり）。

41

42　**c）251条2項および254条の適用**　妨害排除請求権は、その請求権が不相当かつ過大な費用をもってのみ初めて満足されうる場合には発生しない（251条2項、635条3項の類推適用。*BGH* NJW 1979, 1409, *BGH* NJW 2000, 512）。また、所有者の責任領域内にある原因が〔その所有物に対する〕侵害の発生に寄与している場合には、その所有者は、254条を支える法思想に基づき、侵害発生に関するその者自身の寄与割合分だけ相殺された上で、妨害排除あるいは費用償還を請求しうるにとどまる（*BGH* NJW 2012, 1080. これとは異なる見解として、*H. Roth*, AcP 180, 263, 282 ff.）。この点については、次の事例において具体的に説明する。

43　**事例30—使えなくなったテニスコート**（*BGH* NJW 1997, 2234）：Tは、屋外テニスコートを備えたテニス施設を開設した。この施設が建っている土地の隣には、Pが住んでいる。Pは、何年も前からすでに、両土地の間にある境界地帯に複数のポプラの木を植えていた。ある年の春に、上記テニスコートのコート面が、いくつかの場所で突然、隆起した。これは、Tの所有地内にまで伸びたポプラの根により引き起こされたものであることが判明した。Pは、ポプラを切り倒す用意がある旨をTに告げた。Tは、Pにはさらに、Tの土地に侵入している根を除去すべき義務と、新しいコート面の設置にかかる費用を支払うべき義務があると考えている。加えて、Tは、その修復工事が行われる間、テニスコートを使用することができなくなるため、それにより生ずる逸失利益の賠償をもPに求めることとした。この場合におけるTとPとの法律関係は、どのようなものか。

　　解決へのすじみち：
　　Tは、Pに対し、1004条1項1文所定の妨害排除請求権を有するか。
　　1．本件で問題となっているのは、Tのテニスコート〔として使用されている土地〕に対する所有権である。
　　2．1004条1項の意味における所有権の（継続的な）侵害は、ポプラの根により惹起された地面のゆがみとして現に存在する。
　　3．また、このような侵害は、違法である。Pがポプラを植えたのであるから、その侵害は人の行為に帰することが可能であり、純粋な自然力にのみ基づくものではない。
　　4．Pは、隣地の所有者として、状態侵害者にあたる。

5．Tには、侵害の受忍義務は認められない。
6．問われるべきは、1004条1項1文に基づき、TがPにいかなる事柄を請求しうるかである。同条項〔に基づく請求権〕は、妨害排除のみをその効果とし、損害賠償を求めるものではない。
a）1004条1項1文〔所定の請求権に基づき、所有者〕は、所有権の侵害そのものの排除、すなわち本件では、侵害源たるポプラまたはその根の撤去を請求しうる。この点については、争いがない。
b）また、Tの逸失利益が妨害排除請求権の保護対象に含まれないことについても、同じく見解の対立は見られない。逸失利益は、823条1項に規定された〔損害以外の〕さらなる要件、すなわち〔Pの〕有責性の要件が充たされる場合にのみ賠償される。
c）では、侵害者は、もともとの侵害〔一次的侵害〕を排除するのに伴って必然的に生ずる〔新たな〕所有権の侵害〔二次的侵害〕について、果たしてどこまで妨害排除義務を負うべきであるか。
── 連邦通常裁判所（BGHZ 135, 235, *BGH* NJW 2005, 1366）によれば、この問題は、再利用可能性理論に基づき処理される。すなわち、1004条1項1文に基づく請求権は、上記「二次的侵害」〔の排除〕をも、その効果に含むこととなる。このような帰結は、所有権の内容に合致した状態を回復することが妨害排除請求権の制度目的である、との考えに基づき根拠付けられる。この考えの下では、本件において、Pは、テニスコートのコート面の原状回復義務をも負うこととなろう。ただし、もしTが〔Pによる妨害排除の結果として、〕すでに使い古されたコート面の代わりに全く新しいコート面を取得することとなれば、Tは、侵害が生ずる以前に比べてより良い法的地位に立つこととともなりうる。しかし、所有者は、侵害（の排除）により、利益を得るべきではない。したがって、再利用可能性理論の基本的発想〔妨害排除請求権は、被侵害者の状態を、侵害が生ずる以前の状態に回復するための権利であるという先述の考え〕からすれば、本件では、「古きに代えて新しき物」の観点に基づく清算を行うことが当然の帰結となる。
── 反対行為理論ないしは侵害源理論によれば、もし1004条所定の妨害排除請求権により前記二次的侵害をも除去することができるとすると、有責性を要件としない当該請求権の効果は、〔有責性を要件とする〕損害賠償請求権のそれにあまりにも近づき過ぎることとなる〔このような結論は、

不当である〕。したがって、侵害者〔P〕には、原則として、ポプラまたはその根を撤去すべき義務のみが課され、テニスコートのコート面を新たに張り替えることまでは要求されないこととなろう。Tは、せいぜいのところ、823条1項に基づき、コート面の張替えを請求する権利を取得しうるにすぎない。もっとも、この理論の下でも、1004条1項1文の妨害排除義務は、妨害排除行為をきっかけとして初めて生ずる損害〔の原状回復〕にまで及ぶ。それゆえ、根の除去作業を行うためにコート面を広範囲にわたってはがす必要がある場合には、そのような作業により生ずる損害もまた、同条項に基づき賠償されなければならない。それゆえ、本件では、反対行為理論に立ったとしても、連邦通常裁判所のそれと同様の結論に到達することとなる（注意：もちろん、本件において、Tは、Pに対して、新しいコート面の張替えを妨害排除請求権に基づき請求することはできない、との立場も十分に成り立ちうるものである）。

7. 最後に、本件では、Tは共同過失につき自ら責任を負担すべきであるかについて、なお検討しなければならない。

　本件においては、真の意味での共同過失は問題とならない。なぜなら、1004条は有責性を要件としないからである。だが、連邦通常裁判所は、正当にも、254条〔共同過失〕の類推適用を肯定する。というのも、一方で、連邦通常裁判所が用いる侵害概念が広いものであるため、そのような類推適用をなすべき実務的必要性が認められ、他方、法律構成に関しても、254条の類推適用以外の方法によってはその必要性を満たすことができないからである。

　本件では、T所有土地とP所有土地との境界地帯にポプラの木がすでに〔Tによるテニスコートの設置よりも〕先に植えられていた。さらに、Tは、ポプラの根が、周辺の土地の地表にも影響を与えるほどに大きく成長する性質があることを知っており、あるいは知るべきであった。にもかかわらず、Tは、〔その近辺に〕テニス施設を開設した。それゆえ、発生した侵害は、Tがテニスコートを設置した当時、Tにとって予見可能なものであった。したがって、Tは、その共同過失の程度に応じて妨害排除にかかる費用を、例えば50％の割合で部分的に負担しなければならない（それ以外の割合となることもある）。

結論：Tは、Pに対して、ポプラの根の除去およびテニスコートのコート面の張替えを請求することができる。しかし、多くの場合には、その費用の一部

を自ら負担しなければならず、また「古きに代えて新しき物」の観点に基づく清算を承認しなければならない。

3．1004条の適用範囲の拡大

1004条が所有権および共同所有権の保護を図るのに加えて、1027条〔地役権〕、1065条〔用益権〕、1090条2項〔制限的人役権〕および1227条〔質権〕は、各制限物権について、1004条の規定を準用する旨定めている。さらに、**それら以外の絶対権**もまた、不作為請求権および妨害排除請求権により保護される（例えば、住居所有権法34条2項〔住居所有権〕、特許法139条1項〔特許権〕、著作権法97条1項〔著作権〕）。また、862条〔占有保護請求権〕は、占有者の〔占有物に対する〕事実的な支配力を保護する。これらの規定から、現在、一般的に承認されている法原則が導かれる。すなわち、あらゆる絶対権は、1004条が所有権について定めているのと同じように、違法な侵害に対して、不作為請求権および妨害排除請求権による保護を受ける。それゆえ、823条1項に列挙されている絶対権〔生命、身体、健康、自由〕が侵害される場合（〔債権的〕占有権原が侵害される場合も含む）も、また一般的人格権が侵害される場合（例えば、*BGH* NJW 1984, 1886）や社員権や組合〔財産〕に対する持分権が侵害される場合、あるいは営業権が侵害される場合においても、各権利者は、1004条の類推適用に基づき、それぞれの侵害の不作為および妨害排除を請求することができる。

44

例：連邦通常裁判所は、近時、**メール広告**の送付は、すでに確立され、現に行われている営業への侵害となりうること、そして823条1項、1004条の類推適用により、これに対する不作為請求権が生じうることを肯定した（*BGH* NJW 2009, 2958）。

また、民法典その他の法律は、**上記以外の法益を保護する**ためにも、妨害排除請求権および不作為請求権が発生しうることを認めている。その際、当該法益を絶対権と見なすことができるか否かは、問題とされていない（例えば、12条〔氏名権侵害〕、商法37条2項〔商号の不正使用〕、商標法14条2項、15条4項〔商標の不正使用〕、不競法8条1項〔不正競争行為〕、独禁法33条1項〔独占禁止法違反行為〕、経営組織法23条3項〔雇用者による義務違反〕）。判例はさ

45

らに、823条2項の意味における保護法規の違反が差し迫っている場合には、〔被侵害者による〕不作為請求訴訟の提起を許容する（*BGH* NJW 1993, 1580）。このとき、被請求者の有責性の有無は問われない。被侵害者は、違法な侵害の発生を待ち、さらにそれが終わるまでこれを耐え忍んだ上で、初めて事後的にその損害の賠償を請求しうるにとどまる、などと解する必要はない。侵害が生ずる以前の段階ですでに、被侵害者は、差し迫ったその侵害を予防しえなければならないのである。上記のような場合における不作為請求権は、準ネガトリア不作為請求権と呼ばれる。他方で、1004条は、それ自体、823条2項の保護法規に該当する（*BGH* NJW 1993, 925, 928）。

より深く学びたい人のために：
Hermann, Die Haftungsvoraussetzungen nach § 1004 BGB — Neuere Entwicklungen und Lösungsvorschlag, JuS 1994, 273; *Katzenstein*, Der Beseitigungsanspruch nach § 1004 Abs. 1 Satz 1 BGB, AcP 211, 58; *Lettl*, Die Beeinträchtigung des Eigentums nach § 1004 I 1 BGB, JuS 2005, 871; *Olzen*, Zivilrechtlicher Schutz gegen Belastungen aus der Umwelt, Jura 1991, 281; *Schreiber*, Der Beseitigungs- und Unterlassungsanspruch aus § 1004 BGB, Jura 2013, 111; *Walter*, Zivilrechtliche Störerhaftung, JA 2012, 658; *Weick*, Sturmschäden, ein unbewältigtes Haftungsproblem, JR 2011, 6.

事例研究：
§25の末尾に掲げられた文献を参照。

§ 25. 私法上の受忍義務 ——相隣法——

Ⅰ. 序

1. 私法としての相隣法と公法としての相隣法

1　近隣の土地に住む人々の間では、多様な紛争が起りうる。民法典903条から924条までの規定は、それらのうち特に重要と思われる紛争について、〔所

有者らの〕排除権限を制限したり、〔所有者らに〕受忍義務を課したりすることで〔特別〕規制を行っている。実際上、最も重要な規制、しかも他の規制に比べて格段に重要な規制は、906条に基づく**インミッシオンからの保護**に関するものである。さらに、いわゆる越境建築に関する規定（912条から916条まで。Rn. 32以下を参照）および囲繞地通行権に関する規定（917条、918条。Rn. 41以下）の意義も大きい。

相隣法にとっては、それら私法上の規定とともに、多数の**公法**規定もまた重要である（詳しくは、*Baur/Stürner*, §25 Rn. 30 ff., §26）。相隣法、建設法および環境法の各領域は、私法による規律と公法による規律とが協働する法領域の好個の具体例をなす。それら〔相隣法、建設法および環境法〕の一部（例えば、連邦インミッシオン保護法14条）においては、公法の規定により、ある**施設**に対する監督官庁の**許可**が行われた後には、たとえ本来1004条、906条に基づく私法上の請求権〔妨害排除請求権、不作為請求権、補償請求権〕が生じうる場合であったとしても、もはや〔被侵害者は〕上記施設の運営の停止を請求することができない、とされている。その代わりに、この場合には、経済的に期待しうる保護措置（例えば、連邦インミッシオン保護法22条以下）の実施を〔侵害者に〕求める請求権が〔被侵害者に〕認められる。あるいは、そのような保護措置の実施が不可能であるときには、被侵害者は、侵害者に対して〔金銭による〕補償を求めることができる。これらの規律は、事業者に利益をもたらす。すなわち、事業者は、これにより、監督官庁の許可を信頼して施設の建設を進めることが可能となり、私法上の請求権が〔後に〕行使され、その結果、当該建物の撤去を命じられるような事態を〔もはや〕心配せずに済むのである。

以上のような私法上の妨害排除請求権あるいは不作為請求権の不発生は、連邦インミッシオン保護法14条のほかにも、同条をそれぞれ準用する原子力法7条6項や航空交通法11条においても定められている。これに対して、建設法上の〔一般的〕許可が行われても、私法上の請求権は、原則としてその影響を受けない。

２．相隣法の適用範囲

相隣法の適用を受ける〔空間的〕範囲は、地表に限られず、その地上にある空間および地下にまで及ぶ（905条1文）。空間あるいは地下に対する干渉については、それがあまりに高い位置で、あるいはあまりに低い位置でなされるものであるため、合理的見地に照らして、土地の所有者がその除去に関

してもはや何らの利益をも有しない作用についてのみ、その所有者による妨害排除請求や不作為請求が否定される（905条2文）。

例：
— 土地の所有者は、その土地の上を飛行機が飛ぶことを忍容しなければならない。905条1文は、航空交通法1条によりその適用を制限される（906条2項2文に基づく補償請求権については、Rn. 15以下を参照）。
— 同様に、土地の所有者は、その土地のはるか上を通る高圧電線を受忍しなければならない。しかし、低い空中（木の高さほどの低位置）を走る電線に関しては、そのような受忍義務は生じない（*BGH* NJW 1976, 416）。
— 905条2文が定めるとおり、土地の所有者は、その地中深くにおいて土が掘り出され、地下水がそこから汲み上げられても、それらを禁止することはできない（BGHZ 69, 1, BVerfGE 58, 300）。このことは、たとえ〔それらの作業のために〕隣地が掘削される場合であっても（909条）、同様である（ただし、隣地の掘削により自らの土地が必要な支えを失うとき（*BGH* NJW 1981, 50）には、この限りでない〔ある土地が、隣地の掘削により当該隣地からの支えを失い、崩壊する危険が生ずるときには、その土地の所有者等は、上記掘削を禁止しうる〕）。

3 　相隣法は、境界を直接に接する土地同士の法律関係〔それらの所有者等の法律関係〕を規律するのみではない。それは、**2つの土地が離れている場合であっても、一方の土地から生ずる作用が他方に及ぶのであれば、これらの間にも適用される**。

3．相隣共同体関係

4 　2人の人（土地の所有者同士や賃借人同士など）の間に近隣関係があっても、それのみでは法律上の債権債務関係は発生しない。しかし、**242条**〔信義則〕から、隣人間における相互配慮の義務が導かれ（*BGH* NJW 2014, 311, 313, *BGH* NJW 2003, 1392を参照）、これに基づき、所有権から派生する一定の権利の行使が、全面的にまたは部分的に不適法なものとなることがありうる。例えば、このような**相互配慮の原則**から、〔一方の〕喫煙に基づく〔他方の〕不利益を一定限度にとどめるために、どの時間にバルコニーの上で煙草を吸うことが許され、どの時間に吸うことが許されないかについて隣人間で合意

§25. 私法上の受忍義務　477

を結ぶことが要請される（*BGH* WuM 2015, 368）。もちろん、以上のような法制度〔相隣共同体関係に基づく、所有権の行使に対する制限〕は、土地利用をめぐる個々の紛争への当該法制度の適用が、906条以下の相隣法の規定や〔当事者による〕任意の定めにより排除されていない場合に初めて、またその限りにおいて意義を有する。上記法制度を用いて、相隣法の本来の規律内容を反転させることは許されない。それゆえ、例えば車庫の越境建築を受忍するよう求める請求権（912条1項。Rn. 33参照）がある者に認められるとしても、この請求権からさらに、その越境建築部分〔車庫〕を有意義に利用することができるように、隣地の通行までをも要求しうる権利が信義則に基づき生ずるわけではない（*BGH* NJW 2014, 311, 313）。また、相隣共同体関係からは、積極的作為をなすべき独立の義務は、原則として発生しない（*BGH* NJW-RR 2012, 1160, *BGH* NJW-RR 2013, 650）。すなわち、この義務によっては、**権利の行使が単に制限される**に過ぎないのである。

例（***BGH* NJW-RR 2013, 650**より）：Kは、二戸建住宅の半分にあたる住戸を購入した。その住戸には固有の暖房設備が付いておらず、これまでは、前主と隣人Nとの契約上の合意に基づき、Nの設備により暖房が賄われていた。今、Nが上記合意をKとの間でさらに継続することを拒んだときには（604条3項類推適用）、これに対してKは、なす術を何も持たない。1004条からも、相隣共同体関係からも、Nの供給義務は生じない（水と電気の供給について類似の結論を採るのは、*OLG Karlsruhe* MDR 2014, 708）。Kは、上記住戸を購入する前に、自らNと契約を締結するよう、あるいはより良い方策として、地役権（1018条）の形でNから物権的な保障を得るよう注意すべきであった。

Ⅱ．インミッシオンからの保護（906条）

903条1文所定の原則からすれば、土地の所有者は、自らの土地を自由に使用することができ、さらに、所有権の効力が及ぶ範囲から他者を排除しうる。他方、同じことは、その土地の隣地の所有者にとっても許されるはずである。これらの〔利用・排他〕権限がまさしく相隣関係において不可避的に衝突し合い、さらに互いに排除し合う関係に立つことは、容易に理解されるところである。906条は、そのような権限の相互衝突・排除が起こる事案の

うち重要なものに関して、隣人を保護するために〔所有者に〕許されるべき、または禁止されるべき土地利用方法について規律している。すなわち、同条は、一方で所有者の利用権限に限界を設けることで、また他方では、土地の利用を所有者に許す場合には、その隣人に受忍義務を課し、その者の1004条1項に基づく妨害排除・不作為請求権を排除すること（1004条2項）により、**双方の権原を相互に画定する**。これと同様の事柄は、862条の占有保護請求権にもあてはまる（*BGH* NJW 1984, 2207, 2209）。さらに、906条が定める基準は、823条以下に基づく損害賠償請求権が隣人間において行使された場合には、823条1項の違法性に関する判断にも妥当する（*BGH* NJW 1984, 2207, *BGH* NJW 1992, 1389）。

906条以下に定められた相隣法上の規定の保護範囲には、所有者以外にも、侵害を受けている土地の占有者（*BGH* NJW 2001, 1865）および期待権者（BGHZ 114, 161, 164）が含まれる。

1．インミッシオンの概念

6　906条は、ある土地の利用がインミッシオンを伴う場合における当該土地利用の許容性〔如何〕について定めた規定である。インミッシオンとは、**他の土地に対する作用**であり、通常、その拡散を支配したり制御したりすることが非常に困難で、かつその作用の程度が一定しないものをいう（*BGH* NJW 1992, 1389）。

このようなインミッシオンにあたるものとして、906条1項1文は、特に、蒸気、煙、煤、騒音（例えば、犬の吠え声。*OLG Düsseldorf* NJW-RR 1995, 542. 飛行機の騒音については、*BGH* NJW 2005, 660）および振動の流入・到達を挙げており、その他にもさらに「これらに類する……作用」のすべてをその適用対象としている。同条項に具体例として挙げられているものからは、906条の適用対象が**無形の作用**（「騒音、振動」）あるいはせいぜいのところ、軽量の有形物による作用でなければならないことを読み取ることができる。例えば、落ち葉（*BGH* NJW 2004, 1037）、塵埃（BGHZ 62, 186）、煙草の煙（*BGH* WuM 2015, 368）あるいは蜜蜂の飛来（*BGH* NJW 1992, 1389）などはインミッシオンに該当する。他方、石ころは、これにあたらない（Rn. 24）。だが、電磁波や放射線、さらには隣地から流れ込む雨水が含有する有害物質（*BGH*

NJW 1984, 2207) は、やはり906条1項にいわゆる「作用」に該当する。ただし、隣地から流れ込む雨水それ自体、そして消極的作用、感覚的作用（それぞれにつき、§24 Rn. 6以下, Rn. 9 以下を参照）もまた、上記「作用」にはあたらない。

2．インミッシオンの受忍義務

1004条1項の妨害排除・不作為請求権は、所有者が侵害を受忍しなければならない場合には、発生しない（1004条2項）。このような所有者の受忍義務は、906条に基づき生じうる。そのため、906条の適否は、1004条〔が定める妨害排除・不作為請求権の成否〕という枠組みの中で、付随的に検討されなければならない（§24 Rn. 1に掲載された図の検討ポイント5を参照）。

7

906条に基づく受忍義務

1．インミッシオンの存在
2．作用が本質的なものではないこと、または
　本質的な侵害ではあるものの、〔それが生じている〕場所にとって慣行的なものであり、経済的に期待しうる方法でこれを回避することができないこと

---

a）概　観　**非本質的作用**、すなわち、他人の土地の利用をそもそも妨げず、あるいはそれを本質的には妨げない作用は許容される。つまり、〔その土地の所有者等は〕これを除去することができない（906条1項）。**本質的作用**については、さらに場合分けをしなければならない。まず、本質的作用のうち、それが生じている場所にとって慣行的でないものは、これを受忍する必要はない。それゆえ、これに対する1004条1項に基づく妨害排除・不作為請求権が発生する。しかし、その場所にとって慣行的なものであっても、侵害者が経済的に期待しうる方法により重大な侵害〔本質的作用〕を防ぐことができるときには、やはり被侵害者はその侵害を忍容することを要しない（906条2項1文）。これに対して、経済的に期待しうる方法により本質的作用を防止することができないときには、原則として、受忍義務が生ずる。もっとも、このとき、所有者は、場合により、金銭による適切な補償を請求する

8

ことができる（906条2項2文）。

9　ある土地に特別に設置された導管からその隣地に作用が及ぶ場合には、その作用は、それが本質的作用にあたるか否か、あるいはその場所にとって慣行的であるか否かに関わらず、常に違法である（906条3項）。

10　**b）本質的侵害と非本質的侵害**　ある作用が本質的作用にあたるか、あるいは非本質的作用にとどまるかは、**理性的評価に根ざした平均人の感覚**（*BGH* NJW 1993, 1656, 1658, *BGH* NJW 2003, 3699）を基準として、**利益衡量**により決定される。この利益衡量においては、一方で、侵害を受けている土地上での生活の実態やその土地の実際の用途を斟酌しつつ、他方で当該作用の深刻度と期間の長短とが考慮されなければならない（例えば、*OLG Hamm* MDR 2015, 155. ガソリンスタンドの洗車用スペース）。立法者は、〔906条1項を制定し〕本質的作用の流入を禁止することにより、基本法2条2項1文〔生命および身体不可侵の権利〕から導かれる、国民の健康を保護すべき義務を果たしているのである（*BVerfG* NJW 1997, 2509）。また、基本法により保護されているそれ以外の価値や、例えば環境保護に関する利益や子供および青年の自由という利益（*BGH* NJW 1993, 1656, 1658）のような一般的利益、さらには共同体的伝統（*BGH* NJW 2003, 3699）も上記利益衡量において顧慮されるべきである。加えて、作用の本質性〔ある作用が本質的侵害に該当するか否か〕に関わる事柄として、その作用を回避することが可能であるか、あるいは必要とされる官庁の許可をそもそも受けているか、ということも考慮しなければならない（*BGH* NJW 1999, 356, *BGH* NJW-RR 2006, 235）。侵害の発生源が、その被害を受ける隣人よりも先にすでにその場所に存在している場合、例えばある事業が、隣地に住居用建物が建てられるよりも前からすでにそこで営まれている場合には、そのことが、個別の事情によっては、〔当該隣地の所有者等による〕不作為請求権の行使を不適法とすることもありうる（*BGH* NJW 2001, 3119）。

11　906条1項2文と同3文とは、私法と公法との調和を図るために、公法上の**限界値および指針値**の範囲内にとどまるインミッシオンは、原則として本質的作用にはあたらない旨明記している。したがって、ある作用が906条の意味における本質的作用に該当するか否かを判定する際にも、基本的に、連

邦インミッシオン保護法3条1項・22条1項の意味における環境破壊的作用の有無を決定するための基準と同じものが用いられるべきである（*BGH* NJW 1990, 2465, *BGH* NJW 2003, 3699）。しかし、場合によっては、例外を認めることが可能である。ただし、〔学術実験のために行われた〕爆薬の爆破により振動が生じ、その結果、隣地の建物が激しく損傷した場合には、たとえその振動の速度が公法上の限界値以下であったとしても、その振動は本質的作用にあたる（*BGH* NJW 1999, 1029）。

例：
― 1 年に1 回〔だけ〕開かれるガーデンパーティーの席上、焼き網から煙が出て、それが隣地に流れ込むとしても、それは**非本質的**作用である。また、通常の落葉（これについては、*OLG Hamm* NJW-RR 2009, 739）や変圧器から発生するほんの少量の電磁波（*BVerfG* NJW 1997, 2509）も、非本質的作用に過ぎない。通常平均人の観点からすれば、許容値を超える騒音の侵害が**ロック・コンサート**により生ずるとしても、その開催が1年に一度であり、またその地域にとって重要な意義を持ち、かつ午前0 時までであるならば、上記騒音もまた非本質的作用にとどまる（*BGH* NJW 2003, 3699）。街の中心部にある店舗用建物の入口に鐘が設置されており、その鐘の音により隣人が騒音の被害を受けている場合、そのような侵害もやはり過大ではないとされる（*AG Solingen* NJW-RR 2014, 1430）。さらに、隣地上の**太陽光発電装置**から強い反射光が発せられても、それが特定の季節および特定の時間帯にのみ生ずるものであるとき（*OLG Stuttgart* NJW-Spezial 2013, 419）、あるいは当該の住居区域にとってそのような態様の侵害が一般的なものであるとき（*OLG Karlsruhe* MDR 2014, 711）には、これも非本質的作用となる。

― これらに対して、近隣の住民が、例えば飲食店から流れ出る音楽やその客達の話し声、あるいは数日にわたり開催される祭り（*BGH* NJW 1990, 2465）から聞こえてくる音楽や〔その祭りを訪れた人々の〕話し声により日々、夜遅くまで被害を受ける場合には、そのような侵害は**本質的**であると評価される。

― 隣人の〔所有する〕バルコニーから流れ込む**煙草の煙**〔とそのにおい〕が〔906 条1 項1 文の意味における〕臭気、および受働喫煙を通じて人の健康を害する可能性を備えた危険として本質的侵害に該当するか否かは、裁判所が、現場検証を行った上で、個別の事情に即して決定しなければならない（*BGH* WuM 2015, 368）。

12　隣地に侵入する作用が、**騒音防止技術指針あるいは大気清浄化技術指針**において決められた**値**を下回っていても、個々の事情によっては上記作用が本質的なものと判断されることもありうる。なぜなら、上記2つの行政規則は、906条1項3文により、単に「原則として」基準となりうる、とされているに過ぎないからである（*BGH* NJW 1990, 2465, *BGH* NJW 2001, 3119をも参照）。この点に関する**証明責任**〔前記各技術指針に規定された基準を満たしている作用が、それでもなお本質的作用に該当することの証明責任〕は、被侵害者がこれを負担する（*BGH* NJW 2004, 1317をも参照）。**騒音基準値**を遵守しているか否かについて判断するには、通常、専門家による鑑定を実施する必要がある（*OLG Celle* NJW-RR 2011, 1585）。精神**障害者**が生じさせる騒音に関しては、基本法3条3項2文に定められた不利益取扱いの禁止に基づき、それを〔健常者による騒音と比較して〕より寛容に受け入れることが求められる。しかし、そのような騒音であれば、すべてを忍容しなければならないわけではない（個別の事案における限界付けの難しさについては、*OLG Köln* NJW 1998, 763, *Lachwitz*, NJW 1998, 881を参照）。

13　**c）本質的で、かつその場所にとって慣行的でない作用**　**本質的作用**が許されるものであり、したがって受忍されるべきであるか否かは、

— 当該作用が、それが生じている**場所にとって慣行的である**か否か、そして

— その作用が、**経済的に期待しうる措置により防止することが可能である**か否か

による。

本質的作用がその**場所にとって慣行的でない**場合、その作用は許されず、侵害を受けている土地の所有者は、1004条1項に基づき、これを停止することができる。ただし、当該権利行使が242条〔信義則〕に違反し、不適法であるときにはこの限りでない。ある土地の利用が、〔この土地、およびその利用による作用が及ぶ近隣地からなる〕当該地域的空間の内部において比較的頻繁に行われるものである場合には、そのような利用は、その場所にとって慣行的なものと認められる（*BGH* NJW 1983, 751をも参照）。その判定に際しては、侵害を被る土地ではなく、侵害を発する土地の利用〔の頻度など〕が問われることとなる。

　　例：歓楽街で飲食店が開かれている場合には、そこを訪れる客たちから出る騒

音の被害は、その場所にとって慣行的なものである。しかし、同様の騒音が閑静な住宅街で生じた場合には、それはその場所にとって非慣行的なものであろう。

d）経済的に期待しうる措置　本質的作用がたとえその場所にとって慣行的なものであるとしても、それをある措置により**防止**することが可能であり、かつその措置の実施が経済的に期待しうるものであるときには、〔被侵害者に〕そのような作用の**受忍を強いるべきではない**。ある防止措置が経済的に期待しうるものであるか否かについては、客観的基準により判断すべきである。

14

例：Bは、自らが経営するパン屋において、パン生地をこねる際に機械を使用している。そのため、そのパン屋の近隣に住む人々は、朝早くから睡眠を妨げられている。Bのパン屋は、街の中心部に位置しており、その場所にとって慣行的な土地の利用〔方法〕である。しかし、その機械から生ずる騒音は、1500ユーロをかけて簡単な防音措置を施せば、大幅にこれを低減させることが可能である。この場合に、そのような防音措置の実施は、経済的に期待しうるものである。その判断にあたっては、Bが当該措置にかかる費用を支出することができるか否かではなく、Bが営んでいるのと同じようなパン屋の経営者（「そのような態様で利用する者」）に上記措置〔の実施〕を要求しうるか否か、が問われることとなる。それゆえ、近隣の住民は、前記機械の使用がその場所にとって慣行的なものであっても、騒音防音措置が取られるまでの間、その使用をBに止めさせることができる。

3．906条2項2文に基づく補償請求権

本質的作用が、その作用の生じている場所にとって慣行的なものであり、かつ経済的に期待しうる措置によりこれを防ぐことができない場合には、当該作用は**受忍**されなければならない（906条2項1文）。しかし、そのような作用を受けている土地の所有者が、これにより自らの土地をその場所にとって慣行的な形で利用することあるいはそのような形で収益することを過度に妨げられているときには、その所有者は、上記作用をもたらしている隣地の利用者に対し、相当な額の金銭による補償を請求することができる（906条2項2文。ただし、当該利用者自身が侵害者でない場合には、この限りでない（*BGH* NJW 2006, 992））。このような規律は、隣人間における利益を調整するものであり、信義則に依拠している（*BGH* NJW 2010, 3160）。

15

例：ある工業地域において、官庁の許可を得た化学工場が、その場所にとって慣行的な利用の範囲内で、また相当の費用をかけて浄化装置を設置・稼働させているにもかかわらず、少量ながら有害物質を排出している。そのため、上記工業地域に隣接する地域で農業を営む人々は、自らの所有する農場において、その地方では一般に良く栽培されている高価な穀物を育てることができなかった。というのも、当該穀物が有害物質に侵されるかもしれないことに対する不安から、その買い手が現れなかったからである。それゆえ、これらの農家らは、価値の低い家畜用飼料の栽培に甘んじるしかなかった。

　この場合に、農家の人々は、906条2項1文所定の受忍義務を負っており、したがって、上記化学工場の所有者に対し、1004条1項2文に基づく、自らの所有権に対する侵害の不作為を請求することはできない。しかし、それらの人々は、906条2項2文に基づき、金銭による補償を請求しうる。

906条2項2文の補償請求権

1. 他の請求権が存在しないこと（補充性）
2. 906条1項1文の意味における本質的かつその場所にとって慣行的な侵害
3. 防止措置の実施が経済的に期待しえないものであること
4. 隣地の所有者または利用権者にとって当該侵害が過度なものであること
5. 請求の相手方：侵害を発している土地の利用態様を決定している者
6. 請求額の決定：場合により、協働過失あるいは侵害の共同惹起に基づく請求額の控除（254条類推適用）

16　**a）他の請求権との関係**　補償請求権は、損害賠償請求権との関係において**補充的**なものである（*BGH* NJW 1993, 925, 927, *BGH* NJW 1999, 3633. これとは異なる見解として、*Vieweg*, NJW 1993, 2570, 2574）。そのため、筆記試験においては、補償請求権の成否を分析する前に、問題となるそれ以外の請求権、なかんずく損害賠償請求権の成否についてまず検討すべきである。とりわけ、特別法上の規定が適用される場合、例えば、事情により航空機からの騒音に航空交通法の規定が適用される場合には、906条2項2文に基づく補償

請求権は発生しない（BGH NJW 2005, 660）。しかし、ラント法上の相隣関連規定と結び付いた不法行為責任〔ラント法上の相隣関係規定を「保護法規」として発生する、823条2項に基づく損害賠償責任〕は、906条2項2文に優先して適用されるべき特別規定にはあたらない（BGH NJW 2011, 3294）。

b）発生要件　補償請求権の発生要件〔の第1〕は、906条1項1文の意味におけるインミッションに基づき、本質的かつその場所にとって慣行的な侵害が生じていることである（これについては、Rn. 6以下）。ここで重要なことは、侵害〔をもたらしている土地の利用〕がその場所にとって慣行的であることに加えて、さらに侵害を受けている土地の利用もまたその場所にとって慣行的なものであることが必要である、ということである。侵害は、経済的に期待しうる措置により防止しえないものであることを要し、そのことを理由に、1004条2項・906条2項1文所定の受忍義務が〔被侵害者に〕認められなければならない。さらに、侵害されている土地〔の利用〕あるいはその収益が、過度に妨げられていることが必要である。すなわち、侵害の程度が、補償なしで甘受されるべき負担の範囲を超えるものでなければならない。その超過の有無は、侵害者、被侵害者双方の土地利用に関する利益を総合的に**衡量**することにより、これを判定すべきである。

17

c）原告適格・被告適格　906条の文言によれば、補償請求権の**権利者**は、侵害されている隣地の所有者である。しかし、ほぼ争いのない見解によれば、この土地の**占有者**、特にその使用賃借人や用益賃借人、あるいはこの土地に**制限物権を有する者**も、906条1項・2項1文の受忍義務を負う。なぜなら、それらの者に認められる1004条類推適用に基づく請求権〔妨害排除・不作為請求権〕や862条所定の請求権〔占有保護請求権〕は、所有者に与えられる権利に比べて、より強いものであってはならないからである。ただし、このようにして、これらの者による1004条類推適用・862条に基づく妨害排除請求が否定されるときには、所有者についてと同じように、それらの者にも906条2項2文所定の補償請求権が認められなければならない（占有者に関して、BGHZ 70, 212, 220, BGH NJW 2001, 1865）。すなわち、906条2項2文が類推適用されるべきである。

18

土地を単に**一時的に使用する者**、例えば、駐車場の利用者は、通常、その土地の占有者ではない。したがって、そのような使用者には、906条2項2文の類推適用に基づく補償請求権は発生しない。だが、その土地の上にある一時的使用者の所有物〔に対する所有権〕が侵害されている場合には、その者には、原則として1004条1項の不作為請求権または妨害排除請求権が認められる。

19　906条2項2文の補償請求権の**相手方たるべき者**は、侵害を生じさせている土地の**利用**〔方法など〕を決定している者である。それは、その土地を自ら使用している所有者であることもあれば、使用賃借人や用益賃借人のようなその土地の占有者であることもある。その土地の所有者が誰であるかということは、上記相手方の特定にとって重要ではない（*BGH* NJW-RR 2011, 739, *BGH* MDR 2014, 23）。このことは、連邦通常裁判所によれば、906条2項2文の直接適用〔に基づく補償請求権〕のみならず、同条項の類推適用に基づく相隣法上の補償請求権にもあてはまる（これについては、Rn. 25以下）。補償請求権の相手方たるべき者が〔1004条1項に基づく妨害排除・不作為請求権の相手方である〕侵害者にも該当するか否かについては、以上の問題とは区別して、独立に検討されるべきである（これに関しては、§24 Rn. 24を参照）。請求の相手方について有責性の有無が問われないことは、906条2項2文に関しても〔1004条1項についてと〕同様である。

　例：ある土地の所有者の妻も、その者がその土地の利用について夫と共同で決定している場合には、補償請求権の相手方となりうる（*BGH* NJW-RR 2011, 739）。

20　**d）請求の範囲**　906条2項2文は、**損害を完全に賠償**するものでは**ない**（BGHZ 85, 375, 386. これに反対するのは、*Jauernig*, JZ 1986, 612）。特に、同条項によっては、人身損害の賠償と慰謝料とは保障されない（*BGH* NJW 2010, 3160）。906条2項2文は、**金銭による相当な補償**を認めるのみであり、〔その金額は〕公的収用に対する補償に関する原則に従って算定されるべきである（*BGH* NJW 2001, 1865, 1867）。しかし、この補償金には、〔侵害されている土地の上にある〕動産に生じた損害の賠償金も含まれる（*BGH* NJW 2008, 992）。それ以外にも、隣人が被った平均的な逸失利益もまた、上記補償金により填補されるべきである（*BGH* NJW 2001, 1865も参照）。

例えば、所有者が、不可避的に生ずる騒音のために〔自己の土地内で〕昼寝をすることができない場合など、多くの事案においては、〔土地の〕利用価値の減少分を特定することは困難である。これらの事案では、その土地の**交換価値の減少分**が、金銭による補償の〔額の算定にとって〕手がかりとなりうる。また、補償の範囲は、侵害を受けている土地の所有者が、その土地の正常な利用を回復するために支出しなければならない費用の填補にまで及びうる（例えば、BGHZ 62, 186, 190．〔他人が放置した〕セメントくずにより滑りやすくなり、そのために往来の危険を惹起している道路を舗装するのにかかった費用。航空機騒音に対する防音設備に要した費用について、BGH NJW 2005, 660）。占有者への侵害に関しては、その物、例えば建物の利用価値に対する補償のみが認められ、その物自体の価値については補償されない（BGH NJW 2001, 1865）。

補償請求権には、**254条**〔協働過失〕が**類推適用**されるべきである（BGHZ 70, 102, 112）。その際には、請求権者が侵害の発生に寄与した事実も、たとえそれがその者の有責性によるものではないとしても、顧慮されるべきである（BGH NJW-RR 1988, 136）。また、侵害を受けている隣人が、土地利用をめぐる紛争の生起あるいはその激化に自らも寄与したか否かを検討すべきである。このとき、先住性の考え〔請求権者と被請求者のいずれが先に各々の土地を使用し始めたかということ〕も一定の重みを持つ。

21

例：鉄橋のそばに土地を購入する者は、必然的に、騒音と振動とによる被害を予測しなければならない。ほかの土地を選ぶことで、それら予想されるインミッシオンを容易に回避することもできたはずである。このような場合には、補償請求権は、原則として発生しない。しかし、被害の程度が、遵守されるべき基準値の上限を超え、したがって許容限度を超過しているときには、この限りでない（BGH NJW-RR 2007, 168）。

4．インミッシオンの累積

特殊な問題をもたらすのは、**複数の侵害者が共同して、1つの本質的なインミッシオンを引き起こす場合**である（いわゆるインミッシオンの累積）。各侵害者によるインミッシオンがそれぞれ、それ自体として本質的作用にあたる場合には、それらの侵害者は各々、自らが惹起するインミッシオンが非本質的作用またはその場所にとって慣行的なものとなるまで〔そのために必要な措置をなすべき〕義務を負う。各侵害者によるインミッシオンがそれぞれ、それ自体としては非本質的

22

作用にとどまるものの、それらがともに働くことにより〔はじめて〕土地の利用を本質的に侵害する〔１つの〕インミッシオンが生ずるときには、それが非本質的作用またはその場所にとって慣行的なものとなるまで、いずれの侵害者も、請求権者の選択に従い、不作為請求の相手方とされうる。複数の侵害者が侵害の惹起に関与している場合において、ある特定の侵害の結果をいずれの侵害者に帰責することができるかにつきその証明が困難であるときにも、830条１項２文〔複数の加害者が不法行為に関与している場合において、いずれの者の行為が損害を惹起したか不明であるときに関する規則〕の類推適用に基づき、以上と同様の規律が妥当する（BGHZ 66, 70, 77）。906条２項２文に規定された金銭的な補償請求権（Rn. 15以下）に関しては、〔複数の侵害者が存在する場合には、〕原則として、それに対応する金銭債務は〔複数の侵害者の間における〕連帯債務となる（BGHZ 72, 289, 298）。だが、侵害の発生に関する個々の侵害者の寄与度が証明されたときには、各侵害者は自らの寄与度分についてのみ補償責任を負担する。

Ⅲ．906条２項２文の類推適用

1．規律の欠缺 ──その概観──

23 これまで説明してきたような1004条と906条との連携の結果をまとめるならば、まず、土地の所有者等は、その土地に加えられる非本質的作用を忍容しなければならない。他方で、本質的作用に対しては、1004条１項の防御請求権〔妨害排除・不作為請求権〕を行使して、自らの権利を守ることができる。しかし、906条２項１文に基づき例外的に受忍義務が所有者等に課される場合には、上記防御請求権は発生しない。ただし、このとき、所有者には、常に906条２項２文所定の補償請求権が与えられる。以上のような原則により、〔相隣関係における〕適切な利益調整が〔完全に〕保障されるかのように見える。だが、906条は、不可量物が侵入する事案のみを念頭に置いており、それゆえ、その規律には、とりわけ〔いわゆる〕**重いインミッシオン**に関する事案〔これに関してはRn. 24を参照〕について欠缺が存在する。

他方で、906条２項２文は、その直接の適用領域に関して、忍容されるべき侵害の存在、つまりは適法な侵害の存在を〔補償請求権の発生〕要件にしている。違法な侵害に対しては、所有者は、一般に、1004条１項に基づく妨害排除・不作為請求権を行使することができる。しかし、個別の事案におい

ては、妨害排除請求権あるいは不作為請求権を**適時に行使すること**が**不可能**であることもありうる。そのような場合には、違法な侵害を実際に受けている者にも、〔侵害が適法であるとされる場合にさえ被侵害者に補償請求権が認められる以上、〕当然のこととして、金銭による補償が承認されるべきであろう。

以上に加えてさらに、その**場所にとって慣行的でない**本質的**侵害**が生じている場合〔本来であれば、当該侵害に対する妨害排除請求権等が発生すべき場合〕にも、なお例外的に、その侵害の受忍義務が認められることもありうる。この場合にも、906条2項2文は直接適用されず、したがって侵害を受けている所有者に同条項に基づく補償請求権が直ちに肯定されるわけではない。しかし、そのような所有者も、同じように〔上記請求権による〕保護に値するものと思われる。

906条2項2文の類推適用が行われる事案類型
―重いインミッシオン（Rn. 24）
―適時の妨害排除請求が不可能である場合（Rn. 25以下）
―その場所にとって慣行的でない侵害について受忍義務が発生する場合（Rn. 26）
―占有または制限物権を有する者に対する侵害（Rn. 18）

2．重いインミッシオンおよびその他の作用への906条2項2文の適用

906条2項2文は、その文言によれば、ある土地に作用を及ぼす**比較的大きな有体物**、例えば隣の採石場から土地の上に転がり込んできた石のかたまりに対しては適用されない（BGHZ 28, 225, 227）。同様に、ある土地に対する日照や通風を妨げるなどの**消極的作用**（§24 Rn. 7, 8を参照）や隣地の掘下げから生ずる作用（BGH NJW 1983, 872, 874）、さらに物質という要素に欠ける感覚的作用（§24 Rn. 9以下）も、すべて906条2項2文の適用範囲には含まれない。だが、これらの場合にも、隣人の諸権利の保護〔隣人間における諸権利の調整〕が問題となる。この点に関して、かつては、一部の論者により、242条〔信義則〕に基づく**相隣共同体関係**という法律構成を用いること（Rn. 4を参照）、すなわち当該共同体関係から権利行使の制限や隣人間相互におけ

24

る配慮義務を導き出すことが主張された。しかし、このような法律構成よりも、906条を類推適用することの方が優れている。というのも、906条は、〔まさしく〕土地利用をめぐる隣人間の紛争に解決方法を提供するものであり、その妥当性もまたすでに実地に証明されているからである。このような方法によれば、消極的作用および感覚的作用、例えば隣地上に放置された廃車という不快な景色〔それを恒常的に目にしなければならないという感覚的作用〕は、たいてい、**非本質的作用**に該当し、906条1項の類推適用に基づき受忍されるべきこととなる。これに対して、廃車が山をなしている場合には、以上とは別の判断を下すべきこととなろう。

それ以外に〔906条2項の類推適用にとって〕重要であるのは、当該作用が**その場所にとって慣行的なものであること**である。したがって、倉庫などが点在する地域の中にくず鉄置き場がある場合には、閑静な住宅街にそれがある場合と比較して、このくず鉄置き場は、むしろ忍容されるべきである。日照や通風が妨げられたとしても、建物が密集している都市部でそれが起きている場合には、別荘地で起きている場合と比べて、その受忍義務がより容易に肯定されなければならない。しかし、くず鉄置き場については、もし〔その周りに〕木を植えることにより、廃車が置かれている不快な景色が和らげられるならば、たとえくず鉄置き場としての土地の使用がその場所にとって慣行的なものであったとしても、隣地の所有者等は、906条2項1文の類推適用に基づき、上記くず鉄置き場の利用者に対し、経済的に期待しうる範囲内でそのような植樹をなすよう請求することができる。

3．妨害除去が不可能である場合

25 　確立した判例によれば、ある土地が私的な経済的利用に供された結果、その土地から他の土地へと一定の作用が及んでおり、当該作用〔の程度〕が補償なしで受忍されるべき侵害としての許容範囲を超えている場合において、**（法的な、または事実上の）** 特別な理由により、侵害を受けている土地の所有者が1004条1項あるいは862条1項に基づくその侵害の停止〔請求〕を阻まれているときには、その所有者に対し、906条2項2文の類推適用に基づく**相隣法上の補償請求権**が与えられる。その作用の具体的な態様の如何にかかわらず、許容限度を超える侵害が行われ、それを（適時に）除去することが不可能であった場合には、そのことに基づき、常に〔被侵害者に〕補償請求

権が発生する。その限りで、906条2項2文の類推適用による補償請求権は、本来、第一義的な妨害除去〔請求権〕が（事実上または法的に）否定されたことに対する代償として機能する。

妨害除去が不可能である場合における906条2項2文の類推適用に基づく補償請求権

1. 排他的に適用されるべき法律上の規律がほかに存在しないこと〔補償請求権の補充性〕
2. ある土地から生じている、他の土地に対する本質的作用〔侵害〕
3. その侵害が許容限度を超えていること
4. 所有者または利用権者が、法的な、または事実上の理由から、妨害除去を適時に行うことができないこと
5. 請求額の決定；場合により、協働過失あるいは侵害の共同惹起に基づく請求額の控除（254条類推適用）

---

a）**妨害除去に対する法的障害**　重要な事案類型として第一に取り上げられるべきは、例外的な場合である。それはすなわち、不可避的な作用について、法律上の規定に基づき受忍義務が発生するために、あるいは特別な一般的利益を保護するために、相隣共同体関係に基づき受忍義務が生ずる場合である。この場合には、1004条1項に基づく妨害排除請求権または不作為請求権は、**法的根拠**〔法律上の規定あるいは相隣共同体関係〕により、その発生を否定される。このとき、所有者は、少なくとも906条2項2文の類推適用に基づき、その**損失に関する補償**を受けるべきである（これについて、*Hagen*, FS Lange, 1992, S. 483 ff., *Vieweg*, NJW 1993, 2570, 2574）。そのような場合における所有者の法的地位は、その場所にとって慣行的な本質的侵害を被っている場合における所有者の法的地位——この場合には、所有者は、当該侵害を補償金の支払いと引換えでのみ受忍すれば足りる〔906条2項2文の直接適用〕——と比べて劣るものであってはならない〔からである〕。

26

例：
— A所有の**採石場**において〔採石のための〕爆破が行われるたびに、その採石

場から重い岩のかたまりがBの所有する土地上へと飛んでくる。この場合に、そのような作用がその場所にとって慣行的なものではないとしても、Bは、上記作用〔岩のかたまりの飛来〕の予防、少なくとも即時の予防をAに請求することはできない。なぜなら、そのような請求が認められるとすれば、これによりAは自らの採石場の操業を中止せざるを得なくなり、その結果、Aとその従業員とは、不相当に大きな損失を受けることとなるからである。Bが当該作用によりその利益を侵害される程度が、操業中止によりAが被るであろう損失の程度に比べて著しく小さなものにとどまるときには、Bは上記作用を受忍しなければならない。1004条の妨害排除・不作為請求権も、相隣共同体関係〔という法形象〕の中に具体化された、242条に基づく権利行使の制限を受けるからである。だが、このとき、Bは、906条2項2文の類推適用に基づき、金銭による補償をAに対して請求しうる（BGHZ 28, 225を参照）。

―**薬物患者支援施設**およびその訪問者から、その場所にとって慣行的でない本質的作用が生じたとしても、その近隣の土地の所有者等は、例外的にこれを忍容しなければならない。上記施設は、一般的利益にかなう特別な使命を果たしているからである（*BGH* NJW 2000, 2901）。この場合には、〔所有権侵害に対する〕補償として、906条2項2文の類推適用に基づき、金銭による損失填補が行われる。

―**自然保護に関する法規**〔連邦自然保護法29条〕に基づき、ある樹木を伐採することが許されない場合において、その樹木が嵐によりなぎ倒され、その結果として、隣地に損害をもたらしたときには、その隣地の所有者等は、906条2項2文の類推適用により、〔当該樹木の所有者に対して〕金銭による損失補償を請求することができる（*BGH* NJW 2004, 3701）。

―さらに、ラントが定めた法律により、ある樹木の撤去が禁止されている場合において、**その樹木から落ち葉**やこれに類する作用が隣地へと及び、そのために隣地の清掃費用が〔そのような作用が生じなかった場合に比べて〕より多くかかっているときには、上記樹木の所有者は、〔906条2項2文の類推適用に基づき、〕余計にかかった費用について、隣地の所有者等に補償をしなければならない（*BGH* NJW 2004, 1037）。

27　**b）適時の妨害除去請求が事実上、不可能であること**　第二の事案類型は、〔侵害を受けている土地の所有者が〕その**受忍を事実上、強いられる**場合である。この事案類型においては、侵害されている土地の所有者、あるいはその適法な占有者は、特別な理由に基づき、1004条1項あるいは862条による

侵害の適時の排除を妨げられており、その結果、許容限度を超える不利益を被っている（BGH NJW 2003, 2377）。そのような特別の理由としては、例えば、侵害者が自ら進んで侵害を除去するであろうと期待することが許される状況であったために、侵害を受けている土地の所有者が裁判による妨害除去に出なかったとしても止むを得ない、と認められる場合（BGH NJW 1995, 714）が考えられる。だが、そのような特別の理由が肯定される場合のほとんどは、所有者が土地に対する侵害を適時に認識しえなかった事案である。このような事案における隣人〔上記所有者〕の法的地位は、906条2項が明示的に規定する場合のそれと比べて劣るものであってはならない。さらに、この場合にも、〔906条2項が直接適用される場合と同じように、〕侵害者には、その者の有責性の有無とは無関係に、他人の土地にインミッシオンをもたらすような土地利用方法を自ら選んだことに基づく危険を負わせるべきである。また、以上において言及したすべての事柄〔特別の理由による、妨害排除請求の事実上の不能、これに対する補償請求権の成否〕は、例えば水などの重いインミッシオンのような、1004条あるいは906条が直接の適用対象とはしていない作用に関しても同じように問題となりうる。

例：
— 隣接する射撃練習場から飛散してきた散弾銃の**鉛玉**により土壌が汚染されたことが後に初めて判明した場合（BGHZ 111, 158）。
— 捨土の中間集積場の建設に伴い土砂が掘り出され、それがある土地の上に積み上げられたために、その隣地で営まれている葡萄畑への通風が遮断された。その結果、葡萄畑の上に寒気のかたまりができ上がり、これによりその畑に植えられていた葡萄の木々が大きな損害を被った。しかし、このような〔一連の〕因果関係は、損害が実際に生じた後に初めて認識されるものである。さらに、そうでなくとも、この場合に、「1004条1項に基づく妨害排除を請求しよう。」との考えは、葡萄畑の所有者には思い浮かばないであろう。なぜなら、連邦通常裁判所によれば、同条項は、消極的作用には適用されないからである（BGH NJW 1991, 1673）。
— 建築現場における**機械**の使用により土地が揺れ、その結果、隣地に立っている家屋に損害が生じた。この場合に、その家屋の所有者らは、そのような損害の発生を予期しておく必要はない。所有者らは、建築現場では、必要な安

全対策が遵守され、許可された建設方法のみが用いられるであろうと信頼することが許されるからである（BGHZ 85, 375）。ただし、このとき、補償金を支払うべき義務を負担する者は、建築工事が行われている土地の**利用者**あるいは建築主のみであり、その建築工事の監督に当った建築業者はそのような支払義務を課されない（*BGH* NJW 2010, 3158）。〔というのも、〕確かに、当該建築業者は（建築主とともに）1004条1項の意味における侵害者に該当し、違法な侵害の不作為義務を負う。しかし、建築業者は、906条2項2文所定の補償義務の基礎をなす相隣共同体関係の外にいる〔からである〕。

——ある土地に地熱ポンプを設置するために〔その土地の上で〕行われた不適切なボーリング調査が振動を引き起こし、この振動により、隣地に建っている建物にひびが走った場合（*OLG Düsseldorf* NJW-RR 2015, 211）〔この場合には、当該建物の所有者が、906条2項2文の類推適用に基づき、建築主あるいは土地の所有者に対する補償請求権を取得する〕。

——ある土地内に、隣地からの雨水に運ばれて殺虫剤が流れ込み、2週間の間に、その土地から得られるはずであった作物を駄目にしてしまった。この場合には、〔不利益発生の〕危険があまりに早く実現したために、1004条1項に基づく防御が不可能であったと認められる（BGHZ 90, 225）。

28　だが、連邦通常裁判所が、典型的な**土地利用をめぐる隣人間での紛争**とは何らの関係もない事案、すなわち、ある土地が現実に利用され、これによりその隣地に侵害またはその危険が生じたことに基づく隣人間における紛争ではなく、むしろ「普通の」**事故にとどまるような事案**についても、ときおり906条2項2文の類推適用を認めることは、問題であると思われる。

　　例：連邦通常裁判所は、**調理用器具の故障**によりある土地の上で火災が発生した事案において、906条2項2文の類推適用に基づき、その隣地で商店を営む者に対し、上記火災によりその店舗、営業用機器、倉庫内の商品に生じた各損害および逸失利益について広く補償の請求を認めた（*BGH* NJW 2008, 992）。また、ベッドに取り付けられた**電動モーターの故障**に基づきある住居が火事となり、その火が隣地に立っている家屋に損害をもたらした場合に関しても、同様の判断がなされている（*BGH* NJW-RR 2011, 739. さらに、BGHZ 142, 66 = *BGH* NJW 1999, 2896）。

29　このような判例の立場は、もはや支持しうるものではない（*Popescu/Mayer*,

NZM 2009, 181, 183. Staudinger/*Roth*, §906 Rn. 69も判例の見解に反対する）。もちろん、これらの事案においても、隣人らが1004条1項による**適時の妨害除去〔請求〕**をなすことは不可能であった。しかし、前述の考え〔1004条1項に基づく妨害除去請求が事実上、不可能である場合には、損失を填補するための補償請求権が認められるべきであるとの考え〕は、いずれにしても、事故に関する事案にはあてはまらない。なぜなら、事故が予期せぬ形で、また望まれずに起ることは、むしろその本質上、当然の事柄だからである。それゆえ、そこで問題となるのは、まさしく〔1004条1項による将来に向けた〕妨害の排除ではなく、823条に基づく、過去にすでに生じた損害の賠償である。また、したがって、この場合には、906条2項2文の損失填補目的は妥当しない。すなわち、〔823条による損害賠償が行われる（べきな）のであるから、それに加えてさらに〕906条2項2文の類推適用に基づき、侵害されている隣地の所有者等に損失填補を認め、これを通じて侵害者が受ける（使用）利益を清算すべき必要はないのである（より詳しくは、*Wellenhofer*, GS Wolf 2011, S. 323 ff.）。

もっとも、連邦通常裁判所は、**ジルベスターのロケット花火事件**において適切な判断を示した（BGH NJW 2009, 3787. これについては、*Lakkis/Rupp*, JA 2012, 411に掲載された筆記試験問題をも参照）。この事件では、ジルベスターを祝うロケット花火が発射され、それが隣地の上に建てられていた納屋に火を付けてしまった。この場合に、連邦通常裁判所は、侵害行為〔ロケット花火を発射する行為〕に注目し、その本質およびその根底にある動機に照らせば、いかなる場所においても、例えば公道の上でも当該行為を行うことが可能であり、したがって、本件は、もはや906条により規律される、相隣関係における土地利用をめぐる紛争ではない、と判示した。

予期しない方向に飛んで行ってしまった**ジルベスターのロケット花火**に関する事件では、823条1項に基づく損害賠償請求権の発生も否定された。なぜなら、ロケット花火に点火した者には、通常、有責性が欠けるからである。また、1004条の所有権に基づく妨害排除請求権あるいは862条の占有保護請求権も〔納屋の所有者あるいは占有者の〕役には立たない。〔土地所有権あるいは納屋の占有に対する〕違法な侵害は、ロケット花火自体が燃え尽きてなくなること、あるいは納屋の鎮火により終了し、それ以降、継続しない〔それに伴い、上記両請求権も消滅する〕

からである。

29a **c）請求の正当な相手方**　土地の所有者等が違法な侵害の受忍を事実上、強制される事案においては、誰が誰に対して補償請求権を正当に行使しうるのかを確定することが１つの問題である。まず、互いの土地が隣接する２人の所有者の間に補償請求権が生ずることについては、疑問の余地はない。さらに、906条２項２文の類推適用に基づく請求権は、住居所有権法の意味における特別所有者（§2 Rn. 16を参照）の間においても発生する。連邦通常裁判所によれば、例えば、ある**住居所有権者**が所有する〔住居の〕水道管が破裂して、その周辺にある住居の（特別）所有者あるいは利用者がこれにより侵害を受ける場合が、そのような事案に該当する。このとき、その侵害は、確かに「ほかの土地」に由来するものではなく、単に同じ建物内にあるほかの住居からもたらされたものに過ぎない。しかし、**特別所有者**相互の関係は、隣接する土地の所有者同士の関係に類比することが可能である。その限りにおいて外部からの侵害が認められ、これにより906条２項２文の〔類推〕適用が正当化される（BGH NJW 2014, 458）。これに対して、同じ１つの建物または土地〔内にある２つの空間〕をそれぞれ〔別々に〕使用している**２人の賃借人**の間に紛争が生じた場合〔ある建物の上層階にある診療所で水漏れが発生し、そこから流れ出た水がその建物の下層階にある別の診療所内へと浸入した場合における、上層階の診療所の経営者（賃借人）と下層階の診療所の経営者（賃借人）との間での紛争に関しては、906条２項２文の類推適用に基づく相隣法上の補償請求権の発生は否定される（BGHZ 157, 188 = BGH NJW 2004, 775, 水道管の破裂に関する事案）。そのため、侵害を受けている賃借人は、自らの賃貸人に対する賃貸借契約上の請求権を行使すべきこととなる。この場合に、賃貸人は、所有者として1004条に基づき、侵害を惹起している隣人に対して、自ら妨害排除や不作為を請求することができる。

30　**Fall 31―ゴルフ場と牛の死骸**：Bは、酪農を営んでおり、その所有する牝牛を自らの土地に放牧している。また、この土地は、Lが経営するゴルフ場と境界を接している。ある日、Bの所有する牝牛が２匹、外傷や病気のあとが見られないにもかかわらず、突然、死亡した。獣医が解剖を行った結果、その死因として、Bの土地の上に間違って転がり込んだゴルフボールを、それらの牝牛が

飲み込んでいたことが判明した。この場合に、BはLに対して、死亡した牝牛2匹に関する損失の填補を求めることができるか（*Haunhorst*, JuS 1996, 225による設例）。

解決へのすじみち：
I．Bは、Lに対して、823条1項に基づく損害賠償請求権を有するか。
　1．上記牝牛2匹は、いずれもBの所有物である。それゆえ、それらの死亡により、Bの法益が侵害された。
　2．また、法益侵害行為〔不法行為〕にあたる可能性があるものとして、Lがゴルフ場の経営者としてその社会生活上の義務を果たさなかったこと、あるいはゴルフボールがB所有土地上へと誤って飛んでいかないよう適切な保護措置を取らずにいたことを挙げることができる。〔これらのいずれかに端を発して〕最終的に、2匹の牝牛は、ゴルフボールを誤飲したために死亡した。
　　いかなる社会生活上の義務が発生するかについては、個々の事案における事実関係に即して分析しなければならない。ゴルフ場の経営者として、Lは、ゴルフボールがゴルフ場の隣地に飛び込み、そこで損害を生じさせないよう注意を払うべきであった。本件において、例えばゴルフコースの適切な整備・配置、あるいは保護柵の設置によりそのような注意が尽くされていたか否か、上述の事実関係からは明らかではない。
　3．だが、本件では、損害の帰責に必要な相当因果関係が欠けていると言ってよいであろう。Bの土地の上に間違って転がり込んだゴルフボールは、「あれなければ、これなし」という意味であれば、確かに牝牛の死亡を引き起こしている。しかし、思慮深いゴルフ場経営者の観点から見ても、本件において、〔隣地に放牧されている〕牝牛がゴルフボールを飲み込み、そのために死亡する可能性までをも〔Lが〕予め考慮すべき必要はなかった。なぜなら、そのような可能性は、非常に稀な因果経過に該当するものだからである。
　4．さらに、このような理由から、Lの有責性もまた否定されるべきである。
　結論：BはLに対して、823条1項に基づく損害賠償請求権を有しない。
II．Bは、Lに対して、1004条1項1文に基づく妨害排除請求権を有するか。
　1004条1項1文の妨害排除請求権によっては、Bが追求する目的〔損失の填補〕を達成することができない。1004条1項1文は、その効果として、Bの土地に

飛び込んできたゴルフボールの撤去を求める請求権を発生させる。しかし、それは、そのようなゴルフボールから生じた損害に関する賠償請求権を定めた規定ではない。Bは、同条項に基づき、せいぜいのところ、Lがさらなる侵害を行わないこと、すなわち、ゴルフボールがさらにBの土地内へと飛び込まないようにすることをLに要求しうるに過ぎない。しかし、これはBが望んでいる法的効果〔損害賠償〕ではない。

Ⅲ. **Bは、Lに対して、906条2項2文に基づき、金銭的な補償請求権を有するか。**

1. BとLとは、隣人関係にある。
2. 上記補償請求権の発生が肯定されるためには、ゴルフボールが906条1項1文の意味におけるインミッシオンに該当しなければならない。

    原則として、インミッシオンとは、ある土地から他の土地に対して及ぼされる作用のうち、その拡散を支配し、制御することが非常に困難であり、かつ作用を受ける土地の所有権を何らかの形で妨げるものであると理解されている。906条1項1文に列挙された具体例からは、立法者は、そのようなインミッシオンに該当するものとして、ガス、蒸気、熱などの不可量物、あるいはせいぜいのところ、落ち葉や塵などの軽い有体物を念頭に置いていたものと考えられる。いわゆる重いインミッシオン（可量物）には、906条は適用されない。そのような侵害の除去は、1004条そのものに基づきこれを行うことが可能であり、また必要である。

結論：Bは、Lに対し、906条2項2文に基づく補償請求権を有しない。

Ⅳ. **Bは、Lに対し、906条2項2文の類推適用に基づく相隣法上の補償請求権を有するか。**

1. 本件において、Bが所有する土地の上には、ゴルフボールという形で〔その所有権に対する〕作用が存在する。906条2項2文は、その文言によれば、確かに不可量物のみをその適用対象とするものの（上記参照）、ここには重いインミッシオンに関する（立法者の意図しない）法律の欠缺が認められる。そのため、906条2項2文が類推適用されるべきである（Rn. 23）。すなわち、本件のような事案についても、侵害を受けている土地の所有者を保護すべき必要性が肯定される。
2. 上記作用〔ゴルフボールの放置〕により引き起された侵害は、Bにとって許容限度を超えるものでなければならない。本件では、この点を肯定しうる。平均人の観点から見て、短期間における2匹の牝牛の死は、そ

の補償なしで忍容されるべき侵害であると言うことはできず、その適切な調整を図ることが衡平にかなう。
3. Bは、当該作用を法的に受忍することを要しない。ゴルフボールの放置は、放牧地の所有権に対する違法な侵害にあたるからである。だが、それらのゴルフボールから牝牛に対して生じている危険に、その発生当時に気が付くことは、あらゆる関係者にとって困難であった。そのため、Bは、1004条1項1文に基づく妨害排除請求権を適時に行使することが事実上、できなかった。あるいは、その点について何らのきっかけをも実際には有していなかった。Bは、ゴルフボールが自らの土地の上に転がっていることさえ、まず知らなかったであろう。しかし、そのことのゆえに、Bが侵害者〔L〕に対し何らの請求権をも取得しないとすれば、それは不当な結論であろう。したがって、これらのことから、906条2項2文の類推適用が支持される。
4. 本件において、他の請求権は発生しないため、906条2項2文（類推適用）の補充性は充たされる。
5. 906条2項2文（類推適用）によれば、補償の対象となりうるのは、土地に関する不利益、例えば、その土地の利用を制限されたことや土地自体に生じた損傷に基づくものにとどまらない。動産（本件では牝牛。90a条3文）に発生した後続損害も、同じくその対象に含まれる（BGH NJW 2008, 992）。このように動産に生じた後続損害は、その損害がまさしく隣地を侵害するような土地利用の結果として発生する場合、つまりは（比較的長期にわたり持続する）隣人間での土地利用をめぐる紛争の現れとして生ずる場合に限り補償されるのか、あるいは当該損害が一回限りの事故により惹起される場合（Rn. 29）にも肯定されるのかという問題は、ここでは検討する必要がない。本件は、2人の隣人間における典型的な土地利用をめぐる紛争だからである。牝牛の死は、間接的に〔ではあっても〕、ゴルフ場というその用法に適った隣地の利用によりもたらされたものである。それゆえ、侵害者〔L〕の（使用）利益とその隣人〔B〕の受けた侵害とを適切に調整することは、906条2項2文がまさしくその目的とするところである。
6. 906条2項2文の補償請求権は、侵害者が被ったあらゆる損害の賠償を行うものではない。その額は、公的収用が行われる際の補償に関する原則に依拠して算定される（BGHZ 85, 375, 386. ただし、争いあり）。このこ

> とは、〔上記補償請求権と〕823条1項に基づく損害賠償請求権との区別が失われてはならないことからも基礎付けられる。すなわち、土地の所有者が、906条2項2文を通じて、有責性を要件としない危険責任を負わされることがあってはならない。ただし、本件においては、関連する全事情を考慮すると、Bには死亡した牝牛の市場価値に相当する補償が与えられるべきである。
> **結論**：Bは、906条2項2文の類推適用に基づき、Lに対して、牝牛2匹の価値に相当する金額の補償を請求することができる。

4．その他の請求権

31　906条2項2文の補償請求権により填補されない損害、特に**健康損害**（Rn. 20を参照）は、**823条1項**および環境責任法に基づき賠償されることもありうる。環境責任法1条による損害賠償は、確かに、特定の施設により惹起された人身損害と物的損害とに限り認められるに過ぎない。だが、他方で、それは賠償義務者の有責性を要件としておらず、その請求に関しては、同法6条が定める要件の下で因果関係の存在が推定されるため、それをより容易に行うことができる。有責性を要件とする823条所定の損害賠償請求がなされる場合においても、判例は、インミッションに基づく損害については、証明の負担の軽減を図っている。因果関係に関しては、例えば大気清浄化技術指針などの行政法規において設定された上限値を超えるインミッションが発生した場合には、その証明の負担が軽くなる（例えば、BGHZ 70, 102, 107を参照）。有責性については、連邦通常裁判所によれば、経済的に期待しうる防御措置が〔実際に〕取られている場合には、製造物責任〔に関する証明責任の転換を正当化する基本思想〕が類推され、その証明責任が転換される〔当該防御装置が実施されている事実から、侵害者には有責性がないことが事実上、推定される。そのため、このとき、被侵害者は、それでもなお侵害者の有責性が例外的に肯定されるべき特別の事情を証明しなければならない〕。〔ただし、〕上記防御措置が取られていることは、侵害者がこれを証明することを要する（*BGH* NJW 1985, 47, 49）。

Ⅳ．越境建築（912条）

32　とりわけ建物が密集する都市部においては、場合により、ある者が、土地の境界がどこに引かれているかを知らないまま、**その境界を超えて**、他人の

土地の上に建物を建てることもありうる。このとき、その〔越境を受けた〕土地の所有者あるいはその上に建物を建てられた地表の所有者は、当該越境建築を忍容しなければならないか、あるいはその排除を請求しうるかが問題となる。

1. 許される越境建築と許されない越境建築

　912条1項は、越境建築が故意または重大な過失によらずに行われ、かつ隣人が越境に対して直ちに異議を述べなかった場合には、その隣人に当該越境建築を受忍すべき義務を負担させる（いわゆる**許される**越境建築）。ただし、〔建物を建築する〕土地所有者が建築作業を始める前に境界の位置を確認しなかったとき、あるいは建築作業の最中に、越境しないよう注意を払わなかったときには、それだけで直ちにこの者の重過失を肯定しうる（BGHZ 156, 170, 171）。**受忍義務**が隣人に課される場合には、その者の妨害排除請求権、特に1004条1項1文によるそれ、および989条、990条1項、そして823条1項による損害賠償請求権は排除される。また、この場合には、越境建築部分は、**95条1項2文の類推適用**に基づき、越境を受けた土地の本質的構成部分とはならず、946条・94条1項1文により**基幹部分たる土地〔建物の本体部分が立っている隣地〕の本質的構成部分**をなす。そのため、その越境建築部分は、越境建築を行っている者の所有に帰す（BGH NJW-RR 2014, 973）。912条は、原則として、すでに存在していた建物に後から（例えばその屋根に）建築工事による変更が加えられ、これがはじめて越境をもたらした場合にも準用される（BGH NJW-RR 2009, 24）。

　立法者が912条において受忍義務の発生を規定したのは、越境建築部分の撤去に伴い、**経済的価値が失われること**を避けようとしたからである。だが、他人の土地を侵害している越境建築部分を、そのような他人の土地に対する違法な侵害にもかかわらず、なお保持することができるという利益は、故意または重大な過失により越境建築を行った者にはそもそも認められるべきではない（いわゆる**許されない**越境建築）。このような者は、越境建築部分の所有者になることはできず（BGHZ 27, 204, 207, BGH NJW 2011, 1069）、その占有権原をも有しない。上記越境建築部分は、94条1項により、越境を受けた土地の本質的構成部分となる。さらに、その土地〔越境を受けた土地〕の所有

者は、1004条1項1文に基づき、当該越境建築部分の**撤去**を請求することもできる。ただし、この請求権は、3年で消滅時効にかかることに注意が必要である（195条、199条1項）。さらに、越境建築を行っている者は、985条により、越境建築部分が占拠している土地部分の返還義務を負担し——このことは、1004条1項所定の妨害排除・不作為請求権がすでに時効により消滅している場合においても変わらない（BGH NJW 2011, 1069）——、加えて占有物の損傷を理由とする**989条、990条1項**の**損害賠償責任**、さらに場合によっては、992条・858条1項・823条1項に基づく損害賠償責任〔違法な私力に関する不法行為責任〕や990条2項・280条1項・2項・286条に基づく、返還義務の履行遅滞に関する損害賠償責任をも課される（BGH NJW 2003, 3621）。また、越境建築部分が建築物に関する規律〔防火に関するラントの法律〕に適合しておらず、そのため、隣地に対する侵害が単なる越境にとどまるものではないときにも、そのような侵害の受忍義務は生じない（BGH NJW-RR 2009, 24, 25）。

　例（**BGH** NJW-RR 2013, 652より）：Nの所有する家屋には、オイルタンクが付設されていた。このタンクは、その建物の内部に設置されていたのではなく、隣地との境界付近の土地の中に埋め込まれていた。その後、土地の分筆が行われ、それ以前からすでに使われなくなっていた上記オイルタンクは、Eの所有する土地に付属することとなった。このタンクを発見したEは、今、Nに対し、その撤去を求めている。この場合に、Nは、Eに対し、912条1項に基づく当該オイルタンクの〔存続の〕忍容を請求することはできない。確かに、越境建築という構成要件は、オイルタンク設置後に分筆が行われた場合〔その分筆の結果として、越境が生じた場合〕にも充足される。しかし、912条の規律は、越境建築部分の撤去が単にこの部分を取り除くことに尽きる場合ではなく、当該部分の撤去によりその部分と結合している建物の一体性が破壊され、その結果、不可避的に経済的価値の喪失がもたらされる場合を前提にしたものである。上述の事案においては、オイルタンクを取り除いても、このような（さらなる）経済的価値の喪失は起らない。

35　**事例32―越境建築**：Eは、その所有する土地の上に、隣地との境界に沿って車庫を建てた。Eが雇った建築士Aは、建築工事を始めるにあたり、境界標を基に境界の正確な位置を特定する作業をしなかった。むしろ、Aは、境界から

30cm ほど N の土地の方へと移動したところに立っている柵を基準にして、2つの土地を〔E、N それぞれの所有する土地として〕区分けすることとした。その結果、建築業者は、N の土地へと 30cm 越境する形で上記車庫を建てることになった。それ以前には境界の正確な位置を気にしていなかった N は、車庫が建てられてから半年経ち、自らも車庫を建てようとして初めて、E の車庫が 30cm ほど N の土地に越境していることに気が付いた。

解決へのすじみち：
N は、E に対して、自らの土地の上に建てられた車庫の一部に関する1004条1項1文所定の妨害排除請求権を有するか。

1. N は、土地の所有者である。
2. 30cm ほど N の土地に越境して建てられた車庫により、N の土地所有権が侵害されている。
3. また、この侵害は、違法である。
4. E は、N の土地の上に車庫を建築した。それゆえ、E は〔行為〕侵害者であり、妨害排除請求権の真正の相手方である。
5. しかし、1004条2項が規定するように、場合により N が上記侵害を忍容しなければならないこともありうる。このときには、当該侵害は違法ではない。そのような受忍義務は、912条1項に基づき生じうる。

a) 上記車庫の建築により、越境建築が行われた。

b) 越境建築がなされる前に、あるいは越境が行われた後直ちに、隣人〔N〕がこれに対して異議を述べた場合には、912条1項ただし書により、E の有責性〔故意または重過失〕の存否にかかわらず、N の受忍義務は消滅する。重大な経済的価値の喪失を未だ伴うことなく越境建築部分を撤去することができる時点において隣人が異議を申し立てたときには、このような異議は、越境がなされた後直ちに述べられたものと認められる（BGHZ 59, 191, 196）。本件では、N が行った異議は、時機にあまりに遅れるものであった。というのも、車庫はその時点においてすでに建てられていたからである。

c) 時機にかなった異議が認められないとすれば、N の受忍義務が排除されるのは、E が故意または重大な過失により行動した場合のみである。建築工事が始まる際に E 自身がその場に居合わせたわけではなく、また E にとっても境界の正確な位置を識別することは困難であった。そのため、

Eには越境建築に関する有責性は存在しない。Eが雇った建築士〔A〕の有責性がE自身に帰せられるべきであるかについては、疑わしい。連邦通常裁判所（BGHZ 42, 63, 69）は、166条を類推適用し、建築士は建築主の「代弁者」であることを強調する。このような立場によれば、本件では、Aの有責性はEに帰責されることとなろう。他方、建設業者に関しては、建築主の代弁者という性格は否定される（*BGH* NJW 1977, 375）。だが、このような連邦通常裁判所の見解に対しては、166条は意思表示に関する規定であり、それゆえ、他人の所有権に対する侵害〔事実行為〕としての越境建築に類推適用するには適さない、と反論することが可能である。そのような侵害は、不法行為にあたるものと解すべきである。したがって、912条の適否との関係においては、831条〔使用者責任〕の規定が類推適用されなければならない（*Baur/Stürner*, §5 Rn. 17）。このような立場に対する連邦通常裁判所からの反論、すなわち、912条は、〔条文の配置上〕不法行為法〔823条以下〕から切り離されているとの反論は形式的に過ぎ、〔越境建築が有する〕所有権侵害という実体を無視するものである。ただし、831条は、2人の人間の間における、指示権限に基づく従属関係の存在を、その適用の要件としている。だが、建築士と建築主〔注文者〕との間には、そのような従属関係はほとんど存在しないであろう（建設業者の建築主に対する従属関係は、*BGH* BB 1953, 690により否定された）。831条1項2文もまた、Eに免責の余地を与える。結論として、Eは、Aの重過失について責任を負わない。それゆえ、Nは、前記越境建築を、912条1項に基づき忍容しなければならない。

結論：Nは、その所有する土地の上に建てられた車庫の一部について、1004条1項1文に基づく妨害排除請求権を有しない。

もっとも、Nは、Eに対して、定期金の形で補償金の支払いを請求することができる（912条2項）。もう1つの選択肢として、Nは、Eに対し、越境を受けている土地部分の買取りを要求することも可能である（915条）。

36 　重過失に基づき越境建築が行われた事案においても、個々の事情によっては、1004条1項1文の妨害排除請求権の主張に対し、信義則上、**275条2項所定の履行拒絶権**〔債権者が履行により得る利益に比べて履行にかかる費用があまりに不相当である場合における債務者の履行拒絶権〕の行使が許されることもある。そのような場合としては、例えば、〔その土地に越境を受け

ている〕隣人が、254条2項1文および912条に基づく自らの責務（オプリーゲンハイト）──〔越境建築を行っている〕所有者に対し、〔越境建築部分の取壊しにより〕当該所有者に損害の発生する危険が差し迫っていることを警告すべき責務（オプリーゲンハイト）──を怠りつつ、妨害排除の請求をあまりに長く先延ばしにしていた場合〔その結果、越境建築部分の取壊しにより得られる隣人の利益とそのためにかかる費用との関係があまりに不相当なものになったと判断される場合〕（BGH NJW 2008, 3123）を挙げることができる。ただし、上記履行拒絶権が行使されても、妨害排除請求権以外の請求権〔例えば、損害賠償請求権〕は、その影響を受けない。

　越境されている土地の所有者は、越境建築部分の**拡張**、とりわけその部分の増階層を忍容する必要はない（BGHZ 64, 273）。越境して建てられた車庫に関する受忍義務からは、**車庫までの通行**〔その車庫の利用者が、車庫に近づくために、越境を受けている土地の上を通行すること〕をも忍容すべき義務は生じない。なぜなら、上記受忍義務は、越境建築部分とその本質的構成部分とのみを対象とするものだからである。したがって、その義務〔に対応する権利〕には、隣地〔越境を受けている土地〕を特定の方法で使用させるよう請求する権利、あるいはその隣地の上を通行させるよう要求する権利は含まれない（BGH NJW 2014, 311）。

2．受益者である所有者と受忍義務を負う所有者

　許される越境建築においては、越境している土地〔越境建築部分の本体部分にあたる建物が建てられている土地〕（いわゆる基幹部分たる土地）の所有者が912条による利益を受ける。基幹部分たる土地とは、建物の建築を計画し、かつ建築を行っている建築主の土地を指す。建築工事が開始された場所、あるいは越境建築部分の大きさや経済的価値の多寡は重要ではない（BGH NJW 1985, 789, 790）。建築主とは、その名前において、かつ客観的に見てその者の経済的利益のために当該建築工事が行われた者をいう（BGH NJW 1983, 2022）。これに対して、受忍義務を負担するのは、その上に越境して建物を建てられた土地の所有者である。地上権者もまた、越境建築により利益を受ける者となりうる（例えば、Palandt/*Bassenge*, §912 Rn. 3を参照）。しかし、例えば、用益賃借人は、そのような利益を享受しない〔この場合には、土地

所有者たる用益賃貸人が、物権の権利者として越境建築による利益を享受する〕。また、受忍義務を課される可能性がある者としては、土地の所有者（916条）のほかに、地上権者や地役権者が考えられる。

38　越境を受けた土地〔の所有者〕に受忍義務が課される場合には、その所有者は、定期金の支払いによる補償を受けることができる（912条2項）。この定期金〔に関する912条2項〕は、他の規定の適用を排除する特別規則である（BGH NJW 1986, 2639, 2640）。そのため、許される越境建築に関する事案において、823条1項に基づく損害賠償請求権がこれと競合して発生することはない。

39　912条以下の規定は、隣人間において締結された**契約に基づく規制**により、その適用を排除することが可能であり、越境建築部分について912条以下によるものとは異なる規律を行うことができる。例えば、その上に越境されている地表に関して使用賃貸借契約を締結することなどがこれにあたる。この場合には、95条1項2文〔一時的目的の下での他の土地への建物の建築〕が越境建築部分に適用される。すなわち、当該部分の所有権は、基幹部分たる土地の所有者に帰属する。ただし、このような契約に基づく規制は、契約当事者間において債務法上の効力を有するにとどまり、契約締結後に登場した〔越境している〕建物の取得者にまで絶対的に及ぶものではない。もしこの取得者が上記賃貸借契約に参加しないか、あるいはその契約が終了したときには、当該取得者は越境建築部分を撤去するか、またはその部分に関する所有権を、越境を受けている土地の所有者に対して譲渡しなければならない。この譲渡は、〔873条1項所定の〕合意と、越境建築部分と基幹部分たる建物との〔物理的〕つながりを断つこととにより、これを行うことができる（BGH NJW 2004, 1237を参照）。

40　越境建築部分を受忍する必要がない場合には、越境を受けている土地の所有者は、1004条1項1文に基づく**妨害排除請求権**（§24 Rn. 35以下）および隣人により占有されている土地部分に関する返還請求権（985条）を有する。さらに、当該所有者は、987条以下に定められた要件の下で、上記土地部分において〔侵害者により〕享受されていた利益の返還を請求することも可能である（その具体例として、BGH NJW 1983, 164を参照）。

1人の人が相互に隣り合った2つの土地を所有しており、それらの土地の境界をまたいで建物を建築した場合〔そして、その後、それらの土地のうちの1つが第三者に譲渡されたとき〕にも、912条以下の規定が準用される（いわゆる**自己越境建築**、*BGH* NJW 1990, 1791）。

V. 囲繞地通行路（917条）

　917条は、あらゆる土地に、たとえその土地自体が公道に直接に接していない場合であっても、**公道への接続**を保障しようとする規定である。すなわち、ある土地にそのような公道への接続が欠けている場合には、その土地の所有者は、自らが無理のない形で公道に出るための最短距離の通路を提供しうる土地の所有者に対して、この土地を通路として使用することを認めるよう請求することができる。ただし、占有者は、そのような請求をすることができない（*BGH* NJW-RR 2006, 1160）。このような囲繞地通行権は、〔袋地たる〕土地の用法に適った利用にとって不可欠なものでなければならない。囲繞地の通行が本来、隣地の所有権を侵害するものであることに照らすならば、隣地の通行の方が楽であること、およびその方が好都合であることのみでは、〔囲繞地通行権の発生を正当化する〕理由として十分ではない。隣地を通行しえないことによる困難は、そのために〔袋地にあたる〕土地の経済的利用を断念せざるを得ないほどに、あるいはそれゆえに当該利用が不相当に著しく制約されるほどに大きなものでなければならない（*BGH* NJW 2006, 3427）。

　例：住居用土地に関しては、その土地上に駐車するために、〔当該土地の所有者に〕乗用車による囲繞地の通行を認めることは、原則として不要である（*BGH* NJW 1980, 585）。これに対して、原動機付き車両で住居用土地に乗り着けることは、通常、そのような土地の用法に適った利用にとって必要である（*BGH* NJW-RR 2009, 515）。ただし、〔原動機付き車両で〕家屋の入口まで実際にたどり着けるか否かは、原則として問題とならない〔原動機付き車両で家屋の入口までたどり着けなくとも、住居用土地に乗り付けることができる状況にあれば、それは、その土地の用法に適った利用にとって十分な公道との接続である、と言うことができる〕（*BGH* NJW-RR 2014, 398）。

　917条が規定している囲繞地の通行に関する請求権と、物権としての囲繞

地通行権それ自体とは区別されるべきである。917条所定の上記請求権は、法律に基づき発生するものである。これに対して、物権としての囲繞地通行権は、〔法律上、当然に生ずるものではなく、〕囲繞地通行権を正当に取得しうる者が〔917条に基づく〕請求を行うことにより初めて発生する（*BGH* NJW 1985, 1952 に、この問題に関する複数の参考文献および典拠の指示が見られる）。

43　917条は、〔袋地たる〕土地にとって必要な各種の**供給用導管**についても準用される（囲繞地配管権。*BGH* NVwZ 2008, 1150を参照）。しかし、囲繞地配管権は、土地内に供給管を設置することの忍容を義務付けるにとどまり、これに基づき、〔他人の〕建物内に供給管を通すことまでをも請求することはできない（*BGH* NJW-RR 2011, 1458）。

　囲繞地通行権または囲繞地配管権の負担を受ける隣地が、複数の持分権者の共有に属する場合には、これらの共有持分権者〔全員〕を必要的共同訴訟人（民訴法62条）として訴えを提起しなければならない（*BGH* NJW 1984, 2210）。

　隣人による通行を受忍しなければならない者は、定期金（囲繞地通行料。917条2項）の形で、これに対する補償を請求することができる。だが、これが可能となるのは、囲繞地通行権が、それを正当に取得しうる者の請求に基づき現に生じて以降のことである（*BGH* NJW 1985, 1952）。通行の受忍義務を負う者には、1023条の類推適用により、通路として実際に使用される場所に関する変更請求権も認められる（*BGH* NJW 1981, 1036）。918条1項は、特殊な場合に関して、囲繞地通行権の発生を否定する。

VI. その他の相隣関係上の規定

44　民法典は、相隣関係について、部分的には真に特殊な**利益衝突**を調整するために、これまでに取り上げた条文以外にも、さらに規定を設けている。すなわち、910条、911条、923条は土地の境界付近における植物について、また919条と920条とは境界の位置の特定に関して、そして921条と922条とは境界付近に設置された施設の利用について（これに関しては、例えば*BGH* NJW 2000, 512、*BGH* NJW 2003, 1731、*BGH* NJW 2008, 2032）それぞれ定める。さらに、相隣法に関するラントの法律に規定された特別な規律がこれらに加わる。

　1本の樹木が、923条が定めるように、2つの土地の境界上に生えている場合に

は、その樹木がそれらの土地の上に存在する限り、その所有権は各土地の所有者に〔共有として〕帰属する。つまり、当該樹木は、境界に沿って垂直に分割される。各所有者は、その持分に応じて、上記樹木の安全性について責任を負う。ある樹木が病気にかかっており、しかもそのことが外部から認識しうるものである場合において、その樹木が倒れたときには、各所有者は、他の所有者に対して、823条1項に基づき損害賠償責任を負担する。しかし、他の所有者もまた同じく責任を課されるため、各所有者は、254条〔協働過失〕に従い、自らの持分割合に応じた損害賠償額の減額を受けることとなる（*BGH* NJW 2004, 3328）。

より深く学びたい人のために：
Buchwitz, EBV in anderem Gewand — Der Überbau, Jura 2011, 871; *Löhnig*, Das Akzessionsprinzip, JA 2011, 650; *Lüneborg*, Nachbarrechtlicher Ausgleichsanspruch nur bei „grenzüberschreitenden" Immissionen?, NJW 2012, 3745; *Neuner*, Das nachbarrechtliche Haftungssystem, JuS 2005, 385, 487; *Rachlitz/Ringshandl*, Der bürgerlich-rechtliche Aufopferungsanspruch, JuS 2011, 970; *Röthel*, Grundfragen des privaten Nachbarrechts, Jura 2005, 539; *Schreiber*, Der nachbarrechtliche Ausgleichsanspruch im Sachenrecht, Jura 2011, 263; *Vieweg/Röthel*, Der verständige Durchschnittsmensch im privaten Nachbarrecht — Zur Wesentlichkeit i. S. des § 906 BGB, NJW 1999, 969; *Zott/Liehr*, Examensrelevante Probleme aus dem Nachbarschaftsrecht, JA 2011, 260.

事例研究： *Bringewat/Sander*, Assessorklausur Zivilrecht — Mein Freund, der Baum, JuS 2011, 449; *Braun*, Ein Fußballfest mit Folgen: Die zerschossene Fensterscheibe, Jura 2000, 582; *Gerecke/Valentin*, Ausgleich unter Nachbarn, JuS 2007, 834; *Gömöry*, Immer Ärger mit dem Nachbarn, JA 2011, 373; *Gottwald*, PdW, Fälle 107-110; *Gursky*, Klausurenkurs im Sachenrecht, Fälle 5 und 6; *Heinrichsmeier*, (Original-) Referendarexamensklausur: Miet- und Nachbarrecht — Der neue Hauseigentümer, JuS 2010, 998; *Koch/Löhnig*, Fälle zum Sachenrecht, Fall 9; *Lakkis/Popp*, Feuerwerkskörper, JA 2012, 411; *Meder/Flick*, Sachenrecht — Altersvorsorge auf Nachbars Kosten?, JuS 2011, 160; *Neuner*, Fall 7.

第9章 土地質権

§ 26. 土地質権の概観

Ⅰ. 土地質権の種類と社会的意義

1. 抵当権、土地債務および定期土地債務

1 　民法典は、土地質権*として抵当権（1113条）、土地債務（1191条）および定期土地債務（1199条）を定める（ただし、「土地質権」という表現を法文中で用いてはいない）。土地質権は、信用担保の手段となる。それは、土地に関する**物権的換価権**を土地質権者に付与する。すなわち、土地質権者は、消費貸借契約等によって自己に支払われることが約されていた金銭について任意の支払を受けなかったときは、その物権的換価権に基づいて土地の強制競売または強制管理をし、これによって得られた換価金を自ら保持することができる。

2 　抵当権は、債権を前提とし、その存在に依存する（付従性の原則。§27 Rn. 3・11以下）ことが法定されている。土地債務との違いはここにある。**土地債務**は、抵当権とは対照的に、**債権に依存しない**。債権がいまだ発生していなくても、あるいはすでに消滅していても存在しうるのである。法律で強行的に債権の消長に結び付けられてはいない。このため、土地債務の存立は、

---

* 　Grundpfandrecht は、従来、「土地担保権」または「不動産担保権」と翻訳されることが多かった。しかし、それは、動産質権（Pfandrecht an beweglichen Sachen）および権利債権（Pfandrecht an Rechten）と並ぶ概念である（§16 Rn. 1. §13 Rn. 8の図表も参照）。「担保権」に相当するドイツ語は Sicherungsrecht である（§13 Rn. 1参照）。保全土地債務（Sicherungsgrundschuld）という概念の存在からも明らかなように、Pfandrecht の1つである土地債務の用途は、債権担保に限らない（§28 Rn. 16）。以上から、本書は、Grundpfandrecht に「土地質権」という訳語を用いることとした。

抵当権のそれよりも安定する。もっとも、信託的な拘束を契約によって柔軟に合意することは可能である（§28 Rn. 18）。この柔軟性のため、**実務上の意義**は抵当権よりも土地債務のほうがはるかに大きい。

しかし、抵当権は、債権者が他人に対して法定の抵当権設定請求権を有する場合（たとえば648条〔建築請負人の保全抵当権〕）や、強制執行手続において債務者の土地上に自己の債権の担保を得ようとする場合（民訴法866条〔土地に対する強制執行の種類〕・867条〔強制抵当権〕・932条〔仮差押抵当権〕）に固有の意義をもつ。民法典は、**抵当権を**〔土地質権の〕**基本形態とし**、これについて事細かな定めをする（1113条から1190条まで）一方で、土地債務についてはわずかな特則を置くにとどまる（1191条から1198条まで）。したがって、読者の理解を容易にするため、本章での説明は抵当権から始めるべきであろう（§27 Rn. 1以下）。

定期土地債務は、その法的性質からいえば、土地債務の一種である。だが、1回限りの金銭の給付ではなく、定期的に繰り返される金銭の給付を内容とする（1199条）ことに〔普通の土地債務と比べた場合の〕特殊性をもつ。定期土地債務には実務上の意義があまりない。数少ない例の1つとして債務法上の定期金債務を物的に担保するための保全定期土地債務を挙げることができる（BGH NJW 1980, 2198）。だが、これが筆記試験で問われることはまずない。

3

以上3つの土地質権は中核を同じくする。このことは、いずれの権利も所有者と債権者との間の物権的合意と、土地登記簿への登記によって別の土地質権に**転換**しうる（1186条・1198条・1203条）ことから明らかである。

2．土地質権の意義

土地質権は、土地を強制的に換価し、これによって生じた換価金を得る権限を付与することで、土地質権者に一定額の金銭の取得を担保する。したがって、土地質権の利用が典型的に適するのは、与信者が貸金の返済を受けるための担保手段としてこれを用いる場合である。

4

2010年現在、約1.153兆ユーロの信用が土地質権で担保されている（Stat. Jahrbuch 2011, S. 445）。この規模は、土地質権で担保される信用が国民経済にとっ

ていかに重要であるかを物語る。与信者は、主に工場・建物・共同住宅の建設資金や土地の購入資金を貸し付ける際に土地質権を用いる。土地質権の多くが銀行および貯蓄銀行のために設定されている。普通銀行および貯蓄銀行とならび、抵当銀行と建築貯蓄金庫が土地質権で担保される与信に特化した業務を行っている。

II. 土地質権による担保

5　土地質権は担保として優れている。なぜなら、それに基づく換価の対象となるべき土地は、滅失または消失の危険がないため、安定した価値を内包するのが普通だからである。土地質権には次の利点もある。すなわち、人的債権者は、人的債務名義を有するから債務者の総財産に執行することができるが、土地質権で担保される者は、債務者が倒産したとしても人的債権者に優先して満足を受けることもできる（競売法10条1項4号・5号、倒産法49条）。銀行や貯蓄銀行は、自己の担保を確たるものにするためにさらなる追加措置を講じている。一定の担保貸付限度内でしか貸付けをせず、かつ第1順位の土地質権を要求しているのである。

1. 担保貸付限度

6　土地質権は、土地に画された担保貸付限度に応じて設定される。すなわち、土地の価値全体ではなく、一定割合の価値を限度とする設定が行われる。しかし、担保貸付限度は、基本的には、経済的に慎重であることを期すために与信者自らが画した限界であるにすぎない。抵当銀行に関するそれを除けば、法定されているものではない。特に個人の与信者が高い割合の限度を定めることは妨げられない。

　銀行と貯蓄銀行は、〔これらの銀行が求める〕第1順位の土地質権に関する担保貸付限度を土地の価値の約50～60％に定めている。つまり、10万ユーロの価値を有する土地ならば、この土地を5万から6万ユーロまでの貸金債権の担保として用いることができる。担保付債券法14条は、土地の価値の60％を超える貸付けを〔抵当銀行に〕禁じる。建築貯蓄金庫も、自庫のために設定される土地質権が土地の価値の60～80％を超えることを原則として控える。この限界が破られ、土地の価値の100％にまで達する貸付けが行われることは滅多にない。

2. 順位

a) 順位の意義 1筆の土地が複数の制限物権の目的となることは可能である。数個の土地質権の目的となることもあれば、（土地質権に加えて）役権や用益権が設定されることもある。相容れない権利の間では、一方の他方に対する優先を認める序列が定められなければならない。このことは、特に土地の換価金が土地質権のすべてに満足をもたらすには不十分な場合に意味をもつ。 7

例：ある土地を所有する者が総額25万ユーロにまで達する複数の債務の担保として土地質権をいくつか設定した。土地所有者が支払不能に陥ったため、その土地は競売に付された。だが、これによって得られた換価金は20万ユーロだけであった。そこで、20万ユーロを総額25万ユーロの各土地質権にいかに割り付けるかが決められなければならない。

この割付けの基準になるのが順位である（競売法11条1項）。順位が制限物権相互の序列を定める。すなわち、順位に従って第1順位の権利者が第2順位の権利者に優先して満足を受ける。 8

上記**例**の土地に第1順位の額面15万ユーロの土地質権と第2順位の額面10万ユーロの土地質権があったとすると、まず第1順位の権利者が15万ユーロ全額の満足を受ける。後順位の権利者は、残金の5万ユーロに甘んじなければならず、不足額の5万ユーロについては配当に与ることができない。銀行と貯蓄銀行が自行の担保として第1順位の土地質権に固執する理由は上記から明らかである。第2順位および第3順位の抵当権では担保力が弱いため、一種のリスクプレミアムとして通常、より高額の利払が行われる必要がある。これに対して、建築貯蓄金庫には例外が妥当する。建築貯蓄金庫は、担保が第2順位の土地質権である場合であっても、その額面がなお担保貸付限度の範囲内にある限り、高利をとることなく貸付けを行うのが普通である。 9

b) 順位の取得 土地の制限物権の順位は、原則としてその権利が土地登記簿に登記された**時点**の先後によって定まる。この原則論の枠内では先に登記された権利が後に登記された権利に優先する順位を有する。具体的には、同一区（§17 Rn. 27）に登記された権利の間では登記の先後が順位の基準となる（879条1項1文）。その一方で、別の区に登記された権利の間における 10

順位は、登記の日付に応じて決まる（879条1項2文）。

11　仮登記も物権の登記の代わりとなる。仮登記の時点を基準として将来の〔本登記された〕権利の順位が定まるからである（§18 Rn. 23）。

順位は常に**登記の時点**に応じて定まるわけではない。当事者は、最初から登記の時点によらない順位を合意することができる（879条3項）。あるいは、既存の順位を後に変更することもできる（880条）。さらに、いわゆる**順位留保**をすることも可能である（881条）。順位留保をしておけば、将来に設定される権利のため、この権利よりも先に登記された権利に優先する順位を確保しておくことができる。先順位の権利が消滅すると、後順位の権利が昇進し、より高い順位を取得する。

Ⅲ．換価権としての土地質権

1．緒　論

12　土地質権は、任意の弁済を受けなかった土地質権者が土地から一定額の金銭を得ることを担保する（1113条・1191条・1199条）。たとえば107条〔法定代理人の同意〕を適用する原因となるような債務者の弁済義務や人的責任が土地質権から生じることは一切ない。土地質権者が行えるのは、土地の捆取だけである。金銭が土地から自ずと生まれることはない以上、土地またはその収益を**換価しなければ**、担保されている**金銭**の受領を実現することができない。そこで土地質権は、土地所有者に対して土地への強制執行の忍容を請求する権利を土地質権者に与える（1147条）。その一方で、所有者は、支払をして強制執行から免れることもできる。

13　土地質権者は、制定法で定められた土地質権の権利内容としては**換価権**しかもたない。そして、土地質権者は、強制執行（1147条）によらなければ土地を換価することができない。たとえば、換価に代えて、残債務と清算したうえで土地所有権を自身に移すことを求めることは許されない。法律から逸脱した換価方式である流抵当を所有者との間で事前に合意しておくことも、1149条により禁じられている。このように強制執行手続における換価を制定法で強いることに換価権の特徴がある。この強制は、これが求められていない他の担保権と土地質権との違いを大きく際立たせる。

14　土地は、私人の重要な生活基盤である。農業その他の生産活動全般のため

だけでなく、住宅需要を満たすためにも重要な基礎となる。このため、立法者は、土地質権者による土地の換価の時期と方法〔の選択〕をその恣意に任せなかった。換価の実施は、一定の要件を満たし、かつ強制執行の方式によるのでなければ許されない（1147条、1192条1項）。

2．換価の要件

a）訴えによる行使　土地はその所有者にとって重要性が大きい。また、換価要件の充足の有無を判断するのは困難である。これらのため、土地質権者は〔換価にあたって〕所有者に対して**訴えを起こさなければならない**。裁判所は、これを受けて、所有者が土地質権に基づく土地への強制執行を忍容しなければならないかどうかを審査する。以上は、民法典1147条〔強制執行による満足〕、民事訴訟法704条〔執行力ある終局判決〕から明らかとなる。請求の趣旨は「**強制執行の忍容**」でなければならない。所有者は土地質権によって弁済義務を負わされはしないからである。後順位の用益権が存在するときは、用益権者に対する提訴も必要である（*BGH* NJW 2003, 2164）。

15

1147条による訴訟は、土地債務または抵当権という物権に基づくものである。債権に基づくものではない。このため、**物的訴訟**とも称される。債権に基づく人的訴訟が債務者に対して提起されるのとは対照的に、物的訴訟の被告となるのは土地所有者その人である。土地質権を有する者は、物的訴訟と人的訴訟のいずれを提起するかを自ら選べる。物的訴訟に基づいて取得された判決は、強制執行法の用語にいう**物的債務名義**となる。土地質権者は、物的債務名義に基づくことで、土地その他の抵当責任の対象（Rn. 21以下）に限られはするものの、他の債権者に優先して執行することができる。これに対して、人的訴訟による人的債務名義に基づく執行では、債務者の総財産から満足を受けることはできるが、他の物的債権者がその換価権をもって自己に優先することを受け入れなければならない。

16

ただし、実務では**提訴の必要が回避される**のが普通である。債務者または土地所有者は〔通常は〕土地債務の設定証書において自己の土地への**即時の強制執行**を受諾する（民訴法799条・800条）。この受諾は、**普通取引約款**の書式に盛り込まれたものでもよい。銀行がその貸金債権を土地債務とともに任意の第三者に自由に譲渡することができる場合であっても、即時の強制執行の受諾は、307条1項に

17

いう借主の不相当な不利益に当たらない（*BGH* NJW 2010, 2041）。そのように作成された**執行証書**は、民事訴訟法794条1項5号の執行名義になる。所有者が執行に対して不服を唱えようとしても、請求異議の訴えでしかこれを行うことができない（同法797条4項、767条）。

18　　b）**実体要件の充足**　土地質権者が土地を換価することができるのは、土地質権が土地質権者に帰属し、かつ権利を（すでに）行使しうる場合に限られる。

1147条に基づく強制執行の忍容請求権
1．原告への土地質権の帰属
2．実行期の到来または告知
3．土地所有者が請求権を阻止する抗弁権をもたないこと

　　土地質権者が土地質権を有するか否かは、それを**有効に取得**し、かつ後にそれを喪失していないかどうかによって決まる。特に土地質権者が担保されていた金銭債権の弁済をすでに受けているときは、換価権は土地質権者に帰属しない。その他の抗弁の主張を受ける場合も同様である（§27 Rn. 17・§28 Rn. 11）。

19　　土地質権を実行するには、それが**実行期**にある必要もある。実行期は、土地質権者が最も早く換価権を行使できる時点を指す。土地質権の実行期は、所有者と土地質権者との間に合意があれば、これにより定まる。特定の期日が合意されていないときは、**土地債務**の実行期は**告知**によって到来する（1193条）。これに対して、抵当権の実行期は被担保債権の履行期の到来を基準とする（§27 Rn. 15）。告知が必要な場合におけるその意思表示は、土地質権者から所有者に対して、あるいは所有者から土地質権者に対してされなければならない。

3．換価の方式

20　　民法典は、土地の換価方法についても土地質権者の裁量に任せはしない。やはり強制執行法が定める方式の遵守を求める。土地の強制換価は強制競売及び強制管理法で規律されている。同法が換価方法として予定するのは、強

制競売（競売法15条以下）と強制管理（同法146条以下）である。

　強制競売においては公開された期日に執行裁判所（競売法1条）が土地の競り売りをする。最高価格買受申出人は、買受けを許可されると（同法81条）、これによって所有権を取得する（同法90条）。強制競売では土地本体の全体が売却され、売得金のうちの一定額が債権者に交付される。

　これに対して**強制管理**では管理人が執行裁判所によって選任され（同法150条）、この者が土地の収益を金銭に換える必要がある（同法152条1項末尾）。これによって得られた換価金は物的債権者に配当される（同法155条2項）。つまり、強制管理は所有者に土地〔所有権〕をとどめつつ、その収益のみを換価する。土地質権者は、強制競売と強制管理のいずれを実施するかを選択することができるが、適法な権利行使の限界（242条〔信義誠実に適った給付〕）、特に比例原則に配慮する必要がある。わずかな額の金銭（たとえば利息）のみを取り立てるときは通常、所有者にとって負担が軽めの手段である強制管理のほうが適している。

　民法上の組合の土地につき強制競売または強制管理を実施するときは、組合員全員が債務名義から判明し、かつこれが土地登記簿に登記された組合員（土地登記法47条2項参照）と一致することが要件となる。土地登記簿に（まだ）登記されている（旧）組合員は、1148条〔所有権の擬制〕の準用により、組合員とみなされる（BGHZ 187, 344）。

　土地質権は、土地質権者が土地またはこれと共同の責任に服する対象を換価し、これによって満足を得ることで消滅する（1181条1項・3項、1192条1項）。

Ⅳ．責任の対象

1．土地に準じる権利

　土地質権の責任の主な対象は土地である。その責任は、土地が譲渡された後も存続する。だからこそ、所有者は土地を自由に譲渡することができる（1136条）。土地質権は、〔土地の代わりに〕**共有持分**を目的とすることもできる（1114条）。このことは、住居所有権（§2 Rn. 15以下）にとって特に重要である。通常は、1筆の土地や個々の共有持分のみが責任の対象となる。しかし、数筆の土地や、1筆または数筆の土地に係る複数の共有持分を同一の貸金債権の担保に供することも可能である（*BGH* NJW 1986, 1487参照）。この

21

場合には共同土地質権が成立する（1132条）。

22 　共同土地質権による責任を追及された所有者は、特別な合意がない限り、**426条**〔連帯債務者の求償義務〕**1項**の法意により他の土地所有者または土地に準じる権利を有する者に対して**負担部分に応じた求償**をすることができる。このことは、一般的に、同一の債権の担保を負担する（複数人の）土地債務設定者とその他の担保提供者（たとえば質権設定者や保証人）との間の関係にも妥当する（*BGH* NJW 1989, 2530, 2531）。内部での求償額は、特段の合意がない限り、債権者に対して引き受けた責任負担額の割合により定まる（*BGH* NJW 2009, 437）。ただし、担保提供者の1人のみが最終的な責任を引き受ける旨を合意することもできる（*BGH* NJW-RR 1991, 170参照）。

2．共同責任の対象としての動産と権利

23 　土地と**経済的一体性**を有する動産および権利も、土地と**ならんで**、土地質権の責任対象となる（1120条以下）。これによって責任の基盤が拡張されるとともに、土地質権の担保力が強化される。動産や権利が土地と経済的単一体をなすのであれば、それらは換価の際に〔土地とともに〕土地質権者の処分に服すべきである。ここに動産や権利が土地質権の責任対象に取り込まれる理由がある。

24 　**a）従物と構成部分を対象とする責任**　土地から**分離された産出物**および**構成部分**ならびに土地の**従物**も1120条により土地質権の責任対象に取り込まれる。同条は、抵当権と土地債務に等しく適用される（1192条1項）。分離前から存在する土地の本質的構成部分は、すでに93条〔本質的構成部分〕により土地質権で把握されている。けれども、分離後の物に土地質権が及ぶのは、1120条という特則がいまや独立した動産となった物をもその責任に取り込むからこそのことである。

25 　**例**：Fは自己の土地に工場を建てた。この工場には機械や工具がある。さらに、その土地に建てられた車庫には、生産に必要な材料を搬入し、製品を顧客のもとに運搬するためのトラックが何台も停められている。Fは、工場を建てるために銀行から貸付けを受け、この債務を担保するために土地債務を設定していた。現在、Fが利払に困窮しているため、Bは、その土地債務に基づいて土地ではなく、トラックを競売に付そうと考えている。

本件の工場は、93条からして土地債務の責任対象となる。機械および工具ならびにトラックは従物である。それらは工場用地という主物の経済的用途に資すべきものだからである（97条・98条1号）。トラックは、1120条により従物として土地債務の責任対象となる。銀行はその土地債務に基づいてトラックを攫取することができる（例としてBGHZ 62, 49, *BGH* NJW 1991, 695; 2006, 993も参照）。これに対して、運送会社にとっての所有車両と輸送業務は経営活動の中核を占める。このため、運送会社の車は、主物である。土地の従物として責任の対象とはならない（*BGH* NJW 1983, 746）。

ただし、土地質権の責任が及ぶ従物は、**土地所有者の所有物**に限られる。これに対して、分離された産出物その他の構成部分は、それらが土地の自主占有者に属するものでありさえすれば責任の対象となる（1120条）。 26

b）従物上の期待権　ある見解によれば、土地所有者がその土地の従物の所有権をいまだ取得していないとしても、**期待権**をすでに有しているならば、この期待権もまた1120条により土地質権の責任対象となるとされる（BGHZ 35, 85）。適切な見方である。 27

このため、上記の例（Rn. 25）のBは、Fが所有権留保付きで購入し、まだ代金全額の支払を終えていないトラックも競売に付すことができる。期待権を対象とする責任は、Fがトラックを担保目的で第三者に譲渡したとしても存続する。期待権は売買代金の完済によって完全な所有権に強化され、これを対象とする抵当責任が存続する。その一方で、*BGH* NJW 1985, 376によれば、留保売主と買主が期待権を合意によって放棄していた場合には、以上と異なる結論が導かれるとされる。すなわち、この判例は、期待権が抵当責任から解放され、留保売主は期待権という負担のない完全な所有権を第三者に譲渡することができるという。たしかに、1276条1項1文〔質権が設定された権利の放棄〕を土地質権に適用しないことについては、連邦通常裁判所に賛同すべきである（*Wilhelm*, NJW 1987, 1785. 反対説として、*Tiedtke*, NJW 1985, 1305, 1308; *ders.*, NJW 1988, 28; *Reinicke*, JuS 1986, 957）。けれども、土地質権者を保護するために1121条を適用する必要がある。したがって、期待権の放棄は、1121条が定めるとおりに物が土地から搬出されてもいる場合に限って、土地質権者に対する効力を有する（Rn. 32）。

c）権利を対象とする責任 28
1120条が掲げる動産だけでなく、**債権**も土地質権の責任対象となる。その典型

は、土地の使用賃料債権や用益賃料債権である（1123条1項）が、保険金債権（1127条）ならびに属物権に基づく回帰的給付（1126条）もそれに該当する。債権は、土地所有者に帰属するものでなければならない。ただし、**保険金債権**は、自主占有者に帰属するものでもよい（1127条）。保険契約法94条以下は、土地質権者を補充的に保護する（例として BGH NJW-RR 2005, 1054）。それらの債権は、土地または共同責任の対象から派生する経済的価値の具体化したものである。このことから、それらの債権をも責任の対象に取り込むことが正当化される（例として BGH NJW 1981, 1671）。しかし、第三者に対する所有者の損害賠償請求権は、1127条の適用対象とはならない（BGH NJW 1989, 2123）。このことは、契約締結上の過失（311条・241条2項・280条1項）によって生じた保険者に対する損害賠償請求権についても同様である（BGH NJW 2006, 771）。

3．共同責任の対象の換価

29　共同責任の対象は、土地質権者が土地の強制競売または強制管理を実施するときは、**土地と併せて**換価される。土地の強制競売においては経済的一体性を有する従物および産出物が土地とともに競売される（詳細は競売法20条・21条・55条・90条）。だが、使用賃料債権や用益賃料債権は競売の対象とはならない（同法21条2項）。これらは、強制管理の対象となるだけである（同法148条1項1文）。また、それらが強制管理の対象となるとしても、責任に取り込まれるのは原使用賃貸借契約または原用益賃貸借契約に基づく債権だけである。転使用賃貸借関係や転用益賃貸借関係から生じる債権や、987条〔訴訟係属後の利益の返還〕2項・990条〔悪意の占有者の責任〕1項2文に基づく請求権は、責任に服さない（BGH NZM 2006, 1428）。

30　土地質権者は、物的債務名義（Rn. 16）に基づいて共同責任の対象のみを摑取することを選択することもできる。つまり、同時に土地を換価しなくてもよい（民訴法865条2項2文）。ただし、民事訴訟法808条以下の差押えによって従物に個別執行することは原則として禁じられる（同法865条2項1文）。

このことから、上記**例**（Rn. 25）における銀行は、その物的債務名義により、土地債務に基づいて土地とは別個にトラックだけを民事訴訟法808条により差し押さえ、同法814条以下により競売することができない。ただし、同法808条による従物の個別的な差押えであっても、不当に競売から除外されたために事後的に、す

なわち、買受けによって土地質権が消滅した後に（競売法52条・91条）なおも換価がなされるべきときは、例外としてこれが許される（例として BGH NJW 1979, 2514）。共同責任の対象上の期待権は、以上と同一の要件のもと民事訴訟法857条の個別執行手続においてこれを差し押さえることができる。

4．免　責

共同責任の対象となる動産および債権は、独立した財貨である。それらが土地と経済的一体性を有している場合であっても、その結合は必然でない。土地所有者がそれらを単体で譲渡し、あるいは別の用途に充てることもある。したがって、それらが土地との経済的単一体から解かれることによって土地質権の責任から解放される可能性も存在しなければならない。民法典は、その可否を免責に関する規定のなかに定める。 31

a）従物および構成部分の免責　民法典は、産出物その他の構成部分および従物について、それらが譲渡された場合（1121条）ならびに土地との経済的な結合が事実上解消された場合における免責を定める（1122条）。ただし、**譲渡**による免責には土地からの永続的な**搬出**もされていることが必要であり、かつ譲渡と搬出の双方が（その順番は問わない）土地の差押えよりも前に行われていなければならない（1121条）。不動産執行の方法による差押えは、強制競売では競売法20条以下に基づく執行裁判所の決定によってなされる。強制管理では同法148条に基づく執行裁判所の決定による。あるいは、民事訴訟法808条・829条による個々の動産や債権を差し押さえることによってもなされる。 32

1121条の免責
1．産出物、構成部分または従物の譲渡
2．土地からの物の搬出
3．土地の差押前に譲渡と搬出がされること（1121条1項）。あるいは、差押後にそれらがなされたときは、取得者が搬出時に差押えにつき善意であること（1121条2項2文）

例：Fは、工場を建てるために銀行Bから貸付けを受け、この貸金債務の担保

として土地債務を設定した。しばらくすると、Fが債務の返済を滞らせるようになったが、土地の差押えはまだ行われていない。もともとは、あるトラックも責任集合体の一部を構成していたが、後にFはそのトラックをDに売却し、その所有権を譲渡した。Dは、Fからトラックの引渡しを受け、これを自ら用いている。本件では、譲渡と土地からの搬出が差押えよりも前に行われている。このため、そのトラックは土地債務に関する責任から免れる。Bは、もはやトラックを摑取することができない（例としてBGHZ 60, 267も参照）。

33 　搬出がされていなければ、免責は生じない。このことは、特に930条〔占有改定〕に基づいて譲渡担保が設定された場合にも妥当する。この場合の物は、債務者によって占有されたままであるから、免責の対象とはならない（*BGH* NJW 1979, 2514）。産出物または従物の土地からの搬出が土地の差押前に行われていたが、その譲渡が差押後であった場合はどうか。この場合であっても、譲受人は、差押えの事実を知らず、かつ知らないことについて重大な過失がないのであれば、それらの物を善意取得することができる（936条・136条、135条2項）。

　反対に、**譲渡**は土地の**差押前**になされたが、搬出が差押後に行われたときは、抵当権の責任対象である産出物または従物の善意取得は、1121条2項1文により認められない。というのも、この場合には、1121条2項1文が936条〔善意取得による第三者の権利の消滅〕の適用を排除するからである。もっとも、取得者が搬出時に差押えにつき善意であったならば、善意取得による負担消滅または免責が認められる（1121条2項2文。Palandt/*Bassenge*, §1121 Rn. 6）。ただし、土地の強制競売または強制管理の付記登記が土地登記簿に行われていた場合、あるいは取得者が強制競売または強制管理の申立てを知っていたか、重大な過失によりこれを知らなかった場合には、取得者は差押えにつき悪意者として取り扱われる（競売法23条2項・146条）。

34 　例：Eは、銀行Bに対する貸金債務の担保としてホテルの建つ自己の土地に抵当権を設定した。Eは、ホテルの設備を整えるため、Vから厨房機器を所有権留保付きで購入した。Eは、その後すぐに担保目的でKに自己の期待権を譲渡した。数か月後、Eは代金全額をVに支払った。Eが Bに対する貸金債務の返済不能に陥ったため、Bが土地の強制競売を行った。Dがこれを買い受けた。

　Dは、競売法90条1項〔買受けによる所有権取得〕により土地の所有権を取得

している。土地の差押えは、同法55条、20条2項により抵当権の効力が及ぶ物を把握する。だが、1120条の文言からすると、抵当権の責任集合体に含まれるのは、土地所有者が所有する従物に限られる。本件のEが厨房機器の完全な所有権を取得することは一度もなかった。Eが期待権をKに譲渡した結果、この期待権は、売買代金の支払後、Eによる取得を経ることなく、Kの手中で完全な所有権へと強化されたのである。しかし、期待権自体が責任集合体に含まれていた（Rn. 27）。1122条2項の免責は生じていない。厨房機器はいまだに土地に存在するため、1121条1項または同条2項2文の免責も生じていない。それゆえ、期待権が完全権に強化されることで、機器の所有権も責任集合体に含まれるようになった。したがって、Dが土地所有権とともに厨房機器の所有権も取得することとなる。

35　1121条は、所有権ではなく、抵当責任に服する**期待権**が譲渡された場合にも適用されなければならない。留保所有者と買主との間での合意による期待権の放棄は、譲渡と等しく扱う必要がある。期待権が留保所有者に譲渡された場合と同一の効果が〔放棄という〕法律行為によって生じているからである。

36　上記の所有権留保の事例には、権利者（ここでは土地質権者）の同意がない無権利者（ここでは土地所有者）の処分を無効と定める**185条1項を適用することができない**。というのも、同条項の適用が1121条によって排除されるからである（反対説として Kollhosser, JZ 1985, 370）。1121条は、土地質権者が土地所有者の処分によって従物上の権利を奪われようとしている場合すべてを紛争実態に即して解決することを図る規定である。このため、同条は、期待権が譲渡された場合だけでなく、放棄された場合にも適用される。譲渡については1121条の要件として土地質権者の同意が求められていないところ、期待権の放棄につきその同意を求めることでより厳格な要件を課す明確な根拠はない（Wilhelm, NJW 1987, 1785, 1788 も同旨）。これに対して、売買代金債権が消滅すると、期待権は、法律上当然に消滅する（§14 Rn. 17）。期待権が放棄された場合のように法律行為による処分に基づいて消滅するわけではない。したがって抵当責任は、売買代金債権の消滅によって、1121条の適用を待つまでもなく、消滅する。

37　土地から分離された産出物や構成部分が土地の差押えよりも前に通常の営業の範囲内で土地から永続的に搬出されたときは、**譲渡をともなわない免責**が1122条1項に基づいて生じる。これに対して従物は、譲渡と搬出のいずれも行われていないとしても、従物であることが通常の経営法則に即して解消されたときは1122

条2項により免責される。連邦通常裁判所（BGHZ 60, 267, 269; NJW 1966, 835）は、ある工場が操業を停止していた事案で1122条2項による免責を否定した。この場合の従物は、土地質権の責任対象であり続ける。所有権留保付きで供給された従物（たとえばヒーターの放熱装置）が差押後に留保所有者の私力によって搬出された場合も同様である（BGH BB 1972, 633）。

38　　b）権利の免責

使用賃料債権や用益賃料債権のうち差押え（競売法148条〔土地の差押え〕または民訴法829条〔金銭債権の差押え〕）の時点で弁済期が到来してから1年を超えるものは、1123条により免責される。土地の差押えよりも前に所有者が取り立てた使用賃料債権や用益賃料債権、あるいは第三者に譲渡その他の処分をしたそれらの債権も同様である（1124条1項）。ただし、差押後に生じる使用賃料債権や用益賃料債権の〔事前〕処分は無効である（1124条2項）。その処分を無効とすることで、土地質権者のための担保を維持することが図られている。また、そうすることで、土地質権が及ぶ土地の収益（100条、99条3項により使用賃料債権や用益賃料債権もこれに含まれる）が収奪されることから土地質権者を保護することも図られている。ここでは、差押えによって執行に着手した土地質権者を保護するため、処分に通常妥当する時間順原則が後退させられている（BGH NJW-RR 2005, 1466）。

Ｖ．土地質権の保護

39　　土地質権には、土地および共同責任の対象を換価する権能がある。土地質権は、**物権**であり、**絶対権**であることが法律で予定されている。したがって、不法な干渉から保護されなければならない。この保護を与えるのが1134条、1135条および1192条1項である。所有者または第三者の干渉によって土地または共同責任に服する従物が損傷し、これによって土地質権の担保力が害されるおそれのあるときは、土地質権者は、その不作為を求め、あるいは823条1項または同条2項、1134条に基づく**損害賠償**を求めることができる（BGHZ 65, 211; Scheyhing, JZ 1976, 706）。従物が損傷し、または通常の経営の範囲を超えて土地から搬出された場合にも同様に、823条1項および同条2項、1135条に基づき損害賠償請求権と不作為請求権が生じる（BGH NJW 1983, 746; 1991, 695）。これに対して、たとえば自然現象のように他人の干渉によ

らずに土地質権の担保力が害されるおそれのあるときは、土地質権者は、1133条に基づいて期限前の満足を求めることができる。

Ⅵ. 物的負担

立法者は、物的負担（1105条）も物権的換価権として規定した。物的負担は、その権利者に土地から**回帰的な給付**を求める権利を付与する。給付されるべきものは、定期土地債務とは異なり、金銭である必要がない。役務や物でもよい。給付が提供されなかったときは、権利者は、抵当権の利息に適用される規定（特に1118条、1147条）の準用により、換価権を行使することができる（1107条）。権利者は、強制管理を実施することができるが、換価金を用いて他者から給付を調達するために個々の目的物を強制競売することもできる。

40

物的負担の**利用範囲**はあまり広くない。物的負担は、主に私人間の定期債務を担保するために用いられる。たとえば、所有者が私的な老齢年金の支払と引き換えに自己の土地を他人に譲渡する場合に用いられる。この物的負担は、特に農業界で若い世代に農場が譲渡される際にいわゆる隠居分として設定される（*BayObLG* NJW-RR 1988, 464参照）。この物的負担が設定されると、農場の譲渡時に引き受けられた、金銭、食糧または世話（これについては*BGH* NJW 1995, 2780）の給付義務が担保される。企業や宅地を譲渡する場合において、対価が定期金により支払われるときにも稀に物的負担が用いられる（例として*BGH* NJW 2004, 361）。近年は、大規模な居住施設において物的負担の新たな利用がみられる。そこでの物的負担は、たとえば特定の熱供給施設からしか住居に必要な熱を得ないという内容の負担として個々の住居所有権持分に設定される（*OLG Celle* JZ 1979, 268）。

41

Ⅶ. 比較法

2006年の担保法の改正（§16 Rn. 47参照）がなされる前の**フランス法**においては、〔特に厳格な〕付従性を有する抵当権が主な不動産担保権であった。これは、今も公正証書による契約に基づいて設定され（フランス民法典2416条）、対抗力を具備するには土地および抵当謄記簿への謄記を必要とする。その利用範囲は、改正に

42

よって根本的に拡大された。現在の抵当権は、特定可能な将来債権または条件付債権を担保することができる（同法2421条）。一定の条件下では将来に生じる不動産もその目的物としうる。さらに、継続的な取引関係のなかで変動する貸金債権を最高額抵当権として担保することも可能である。債権者は、抵当権に基づいていわゆる追及権（*droit de suite*）を有する。すなわち、土地の譲受人に対しても自己の権利を行使することができる。現在は、強制執行手続で換価し、優先的な満足を換価金から得る権利（*droit de préférence*）に加えて、さらなる換価手段として抵当不動産の所有権の裁判上の移付（同法2458条）と、公正証書による流抵当の合意（*pacte comissoire*）が用意されている。ただし、抵当不動産が債務者の主たる居所である場合には、例外としてそれらの手段をとることができない（*Klein/Tietz*, RIW 2007, 101ff. 参照）。以上のほかにも「充填可能な」抵当権（*hypothèque rechargeable*）も存在する（同法2422条・2423条）。充填抵当権は、多くの点で被担保債権を抽象化しており、ドイツ民法典1191条以下の土地債務に近接している（これについては *Klein/Tietz*, RIW 2007, 101ff.; *Baur/Stürner*, §64 Rn. 14）。

43　**イタリア法**は、土地または土地上の権利を目的とする主な担保権として付従性を有する抵当権を予定する（イタリア民法典2808条以下）。イタリア法にはドイツ民法典1191条以下の意味での無因の土地債務に相当する不動産担保権は存在しない。法律上の区別として、法定抵当権（*ipoteca legale*. イタリア民法典2817条）、裁判抵当権（*ipoteca guidizale*. 同法2818条から2820条まで）ならびに約定抵当権（*ipoteca volontaria*. 同法2821条から2826条まで）がある。法定抵当権は、後に土地の譲受人が設定した抵当権に対抗するための順位の保全を目的として土地の譲渡にともなって職権で登記される（同法2650条3項）。裁判抵当権は、執行処分によるものであり、その成立要件と法的効力は、ドイツ民事訴訟法867条の強制抵当権に相当する。約定抵当権は、公文書または私文書をもって設定され、不動産登記簿（*iuscrizione*. イタリア民法典2827条から2846条まで）への設定登記によって生じる。約定抵当権の登記は、その更新を欠くと20年の経過によって失効する（同法2878条2号、2847条）。抵当権は、強制執行手続における売得金から優先的な満足を受ける権利を債権者に与える。さらに、土地または土地上の権利を目的とする担保権として所有権留保も許されている（同法1523条から1526条まで。§14 Rn. 90）。しかし、その合意が行われることはほとんどない。というのも、たいていの売主は、法定抵当権の登記によって十分に担保されるからである（*Kindler*, S.279参照）。

イングランド法には土地を目的とする担保権として *mortgage* と、会社の財産価値を担保にとる *floating charge* がある。ドイツの土地債務のような付従性のない担保権は存在しない。コモンロー上の *mortgage* とエクイティ上の *equitable mortgage* とで区別がなされる。土地所有者は、コモンロー上の *mortgage* によって債権者に一定期間の支配権を与える。この支配権は貸金債務の返済によって消滅する（*demise for a term of years absolute*）。コモンロー上の *mortgage* は、財産権法（Law of Property Act 1925）に基づいて設定することもできる（*charge by way of legal mortgage*）。同法に基づく *mortgage* の設定は、捺印証書（*deed*）による厳格な方式で行われることを必要とし、支配権の移転でなく、土地の負担（*charge*）であることが予定されている。その設定登記は、第三者効を具備するために求められるにすぎない。

　エクイティ上の *mortgage* は、主に、コモンロー上の財産権（*legal estate*）でなく、エクイティ上の財産権（*equitable interest*）に担保が設定された場合に生じる。たとえば、土地の買主は、財産移転（*conveyance*）の前においては、エクイティ上の *mortgage* によらなければ土地に担保を設定することができない。エクイティ上の *mortgage* は、さらに、当事者がコモンロー上の権原（*legal titel*）の様式を遵守しなかったといった場合にも成立する。このほか、会社の土地には *floating charge* を設定することができる。この担保権は、会社の現在または将来の総財産と、具体的な財産の一部のいずれかに設定することができる。個人や個人事業主または組合の財産に設定することはできない（これに関しては、前述の §16 Rn. 49）。

44

より深く学びたい人のために： *Becker*, Das Anspruchssystem der privatrechtlichen Reallast（§§1105 ff. BGB）, JA 2013, 171; *Klinkhammer-Ranke*, Die Hauptprobleme des Hypothekenrechts, JuS 1973, 665; von Lübtow, Das Grundpfandrecht am Vorbehaltseigentum, JuS 1963, 171; *Reischl*, Grundfälle zu den Grundpfandrechten, JuS 1998, 125, 220, 318, 516, 614.

事例研究： *Eckardt*, Das Unternehmenszubehör im Hypothekenverband, Jura 1997, 439.

§ 27. 抵当権

Ⅰ. 抵当権の設定

1. 基礎

1 　抵当権に関する規定は1113条から1190条までにある。その設定は、物権法上の法的行為（処分行為）であり、これによって物権である抵当権が成立する。抵当権の設定にも873条の適用がある。設定と区別する必要があるのが、抵当権者になろうとする者に抵当権を設定する義務を土地所有者に課す債務法上の義務負担行為である。有効な債務法上の設定義務がなければ、物権法上の設定がなされたとしても、これは法律上の原因なく行われたことになる。したがって、812条1項1文第1事例に基づき抵当権の返還請求権または抹消請求権が生じる。

2 　抵当権の本質的メルクマールは、――土地債務とは対照的に――法律が抵当権を被担保債権に縛り付けて、これに抵当権の存立を依存させていることにある。保証債務や動産質権と同じく、抵当権にも**付従性**の原則が妥当する。
　　抵当権は、登記抵当権と証券抵当権のどちらかとして設定することができる。民法典は、後者を原則形態とみる（1116条1項・2項）。**登記抵当権**の特徴は、その**移転**に土地登記簿への登記が求められることにある。この登記はすぐに行われないことがある。このため、登記抵当権の移転も遅れるおそれがある。そこで立法者は、抵当権が取引において迅速に流通することを実現するため、**証券抵当権**も用意した。証券抵当権が設定されると、抵当証券が交付される（1116条1項）。この証券を通じれば、**登記簿の外**で抵当権を他人に**移転**することができる。このことが抵当権の迅速な移転を実現する。土地債務および定期土地債務も証券土地質権として設定することができる。

2．証券抵当権の設定

証券抵当権の設定（873条・1116条1項・1117条）
1．金銭債権の存在（1113条1項・1115条1項）
2．抵当権の設定に関する物権的合意（873条1項・1113条）
3．抵当証券の交付（1116条1項）
4．929条以下による抵当証券の引渡しまたは1117条2項による合意
5．土地登記簿への登記（873条1項・1115条1項）
6．設定者の設定権限

a）債権の存在 抵当権は**付従性を有する担保権**である。このため、その成立には被担保債権が存在しなければならない（詳細は Rn. 11以下）。この債権は、一義的に特定されなければならないし、**一定額**の金銭の給付を目的とするものである必要もある（物権の特定原則）。後順位の土地質権者が土地登記簿を手掛かりにして土地に最大どれだけの負担があるのかを認識することができなければならないからである。もっとも、判例は、利息に関しては、法律行為によって合意された288条1項〔遅延利息〕に依拠する変動式の利率であってもよいとする。最高利率が土地登記簿に登記されている必要はないというのである（*BGH* NJW 2006, 1341；*OLG München* NJW-RR 2011, 1462）。**条件付債権または将来債権**の担保として抵当権を設定することもできる（1113条2項）。それには債権が発生するための法的基礎が現在すでに存在していなければならない（通説。MünchKomm/*Eickmann*, §1113 Rn. 47・48）。この法的基礎の前提として、債権の発生が予測され、その内容を特定することができる必要がある。ただし、債権者は、それらの債権が発生する前においては、抵当権を〔設定することはできても、これを〕取得することができない。それまでは1163条1項1文〔所有者抵当権〕が適用される（詳細は Rn. 12）。

b）物権的合意、証券の引渡しおよび登記 抵当権の設定は、〔所有権に〕制限物権を課す形による土地の処分の1つである。その設定には873条〔合意と登記による物権の取得〕が適用される。このため、債権を有する者と負担

3

4

が課される土地の所有者との間で抵当権の設定に関する物権的合意が成立し、かつ1115条1項〔抵当権の登記〕が求める事項を含む登記が行われる必要がある。物権的合意それ自体は、無方式によるものであっても有効である。だが、実務では873条2項の拘束力と土地登記法29条1項における方式遵守の要求のため、ほとんど常に公正証書による合意が交わされている。以上に加えて、**抵当証券の交付**と抵当権者へのその**引渡し**も必要である（1117条1項）。

5 　**抵当証券**は土地登記所から交付される。証券には土地登記法56条・57条所定の事項が記載される。土地登記所は、作成した抵当証券を同法60条1項により土地所有者に交付する。債権者が抵当権を取得するのは、土地所有者が債権者に抵当証券を引き渡した時である（1117条1項1文）。証券の**引渡し**は、929条1文〔動産所有権譲渡のための物権的合意と引渡し〕の方式により行う。この引渡しに代えて、929条2文・930条・931条による代替的引渡しをすることもできる。このため、たとえば証券を銀行に寄託している所有者が寄託関係に基づく返還請求権を抵当権者に譲渡することによっても、抵当権者は抵当権を取得することができる（1117条1項2文、931条）。

6 　債権者が**土地登記所**に対して証券の**交付**を請求することができるとの合意が所有者と債権者との間で交わされることによっても証券の引渡しに代えることができる（1117条2項。いわゆる交付の合意）。この場合の債権者は、抵当権がすでに土地登記簿に登記されているのであれば、交付の合意がされた時点でこれにより抵当権を取得する。抵当証券がいつ交付され、実際に誰に引き渡されたかは問われない。

7 　**c) 法定所有者抵当権**　証券が債権者に引き渡されるまでの間は、930条・931条による代替的引渡しの合意と1117条2項の合意のどちらも行われていない限り、抵当権は、債権者に帰属しない。法定所有者抵当権として所有者に帰属する（1163条2項）。ただし、抵当権が債権者との物権的合意に基づいてすでに土地登記簿に登記されていることがその要件となる。登記と物権的合意のいずれかを欠くときは、何らの権利も存在しない。所有者抵当権は、証券が債権者に引き渡されるとただちに債権者のための他主抵当権に転換する。一般に、証券引渡前の段階における抵当権の取得者には期待権が認めら

れている（たとえば Baur/Stürner, §46 Rn. 20 f.）。

3．登記抵当権の設定

登記抵当権も、873条に基づき物権的合意と土地登記簿への登記によって成立する。1115条が登記事項を定める。特段の合意がない限り、1116条1項により証券抵当権が生じる。このため、登記抵当権を成立させるには、所有者と抵当権者が抵当証券の交付を禁じる合意もし、かつこの合意を登記しなければならない（1116条2項）。設定者が土地登記簿に所有者として登記されてはいるが、実際には所有者でなかったときは、登記抵当権も一般原則どおりに善意取得の対象となりうる（892条〔土地登記簿の公信力〕。§19 Rn. 4以下）。

8

登記抵当権の設定（873条・1115条・1116条2項）
1．債権の存在
2．抵当権の設定に関する物権的合意（873条1項・1113条）
3．抵当証券交付の禁止（1116条2項）
4．土地登記簿への登記（873条1項・1115条1項）
5．設定者の設定権限。これがないときは善意取得による補充（892条）

債権者と所有者とが合意したところとは異なり、1116条2項3文による登記抵当権の代わりに証券抵当権が登記され、または証券抵当権の代わりに登記抵当権が登記されたときは、常に証券抵当権が生じる。登記抵当権は、証券抵当権と比べて、証券交付の禁止に関する合意とこれについての登記を追加的に必要とするため（1116条2項）、「より多く」がその成立要件となるからである。

9

4．抵当権の第一善意取得

抵当権も、他の物権と同じく、無権限者からの善意取得が可能である。この善意取得が生じるのは、「自己の」土地として抵当権を設定した者が土地所有者ではなく、かつ所有権以外を根拠とする処分権限ももたない場合である。

10

892条（詳細は§19 Rn. 7以下）に基づく善意取得が可能なのは、処分者が土地登記簿に所有者として記載され、その所有権に対するいかなる異議も登

記されておらず、かつ取得者が土地登記簿の不実について積極的認識を欠く場合である。しかし、被担保債権そのものは、いかなる場合においても存在しなければならない。被担保債権の不存在という瑕疵が善意によって治癒されることはない（抵当権が第二取得される場合に1138条に基づいて債権を擬制する特殊な事例については、Rn. 50・51）。債権が成立に至らない間の抵当権は、所有者に帰属する（1163条1項。Rn. 12）。

Ⅱ．付従性の原則

1．債権の存在への依存

11 　抵当権は、金銭債権について債権者に土地からの満足を可能ならしめるという目的に供せられる（1113条）。土地債務と債権との間における目的拘束〔＝土地質権が債権担保を目的とすることを理由に生じる土地質権（者）の拘束〕は、契約（特に担保契約）によって債権的に生じるものであるにすぎない。これに対して、抵当権と債権との間における目的拘束は、法律で強行的かつ物権的に確立される。抵当権者が同時に債権者でもなければならないのは、そのためである。しかし、債務者と土地所有者が同一人である必要はない。土地の所有者は、他人（たとえば配偶者や会社）の債務を担保するためであっても、自らの土地に抵当権を設定することができる。

12 　**a）一時的所有者土地債務**　抵当権は債権なくして債権者に帰属しえない。ここに抵当権と債権との間における付従性があらわれる。しかし、債権がないまま設定された抵当権は、無効ではない。むしろ、1163条1項1文により所有者に帰属し、1177条1項により所有者土地債務に転換する（前述 Rn. 7）。この転換が生じるのは、土地債務であれば債権の存在を前提としないからである。1163条1項の趣旨は、所有者の一時的な保護と抵当権の**順位**の保全を図ることにある。抵当証券がすでに債権者に引き渡されている場合にも同条項を適用する必要がある。このため、貸金の交付を受けていない間の所有者は、すでに法律によって抵当権の〔不当な〕行使から守られている。この場合の所有者は、〔抵当権に基づく請求を受けたとしても〕債権者が抵当権者ではない旨の抗弁を主張することができる。

債権者の意思表示が無効であるために抵当権の設定に関する**物権的合意が無効** 13
な場合にも所有者土地債務が生じるか。**争い**がある。一部の見解は、1163条が双
方向の有効な物権的合意を要件にしているとの理由から、否定説をとる（RGZ 70,
353, 356；Palandt/*Bassenge*, §1163 Rn. 1）。これに対して肯定説は次のように考え
る。通常は〔抵当権設定の〕物権的合意に関する所有者の意思表示には、同時に
所有者土地債務の成立を目的とする一方的な意思表示が含まれる。すなわち、所
有者は、1163条の順位保全効の利益を受けるため、他主抵当権の設定に不備があっ
たとしても、所有者土地質権が成立することを期待している（*Baur/Stürner*, §36
Rn. 108; Staudinger/*Wolfsteiner*, §1196 Rn. 6）。したがって、上記の場合には、少
なくとも所有者土地債務が生じる、という。肯定説の方が説得力を有する。

b）不当利得返還請求権の担保の可否　次の問題にも争いがある。表見的 14
には合意によって生じた請求権が（たとえば142条1項〔取消しによる遡及的無
効〕に基づく取消しのため）実際には存在しない場合、抵当権は、少なくとも
812条1項1文第1事例に基づく不当利得返還請求権を担保するのか。

例：Wは、Sの土地における建築工事を完成することによって、その請負報酬
債権を担保する保全抵当権を取得した（648条）。請負契約は、建築士Aによって
S名義で締結された。後に、Aが有効な代理権を有しなかったことから、WとS
との間に有効な請負契約がなかったことが判明した。Wは、現在、812条1項1文
第1事例に基づく請求権をSに対して主張するとともに、その請求権が抵当権に
よって担保されるとも考えている。

　本件で問われているのは、（実在しない）請負報酬債権のために設定された抵当
権がWに帰属し、これが少なくとも価値賠償を内容とする不当利得返還請求権
（812条1項1文第1事例・818条2項）を担保するのかどうかである。ここでの出
発点となるのが、抵当権は金銭債権であればこれを担保することが可能であって、
その発生原因が契約と法律のいずれであるかは問われないということである。だ
が、通説と思しき見解（Palandt/*Bassenge*, §1113 Rn. 9; *Prütting*, Rn. 638; *Schreiber*,
Jura 2002, 113）によれば、不当利得法上の債権は、原則として担保されないとさ
れる。そう考えなければ、場合によっては物権の**特定原則**に反しかねないからだ
という（*BGH* NJW 1968, 1134は1204条〔動産質権〕に関して立場の表明を控える）。
しかし、たとえこの立場に従うとしても、実際の事案では、（推測される）当事者
の意思が何を予定していたかを探求しなければばならない（BGHZ 114, 57, 72はこ
の点の検討が粗い）。本件における価値賠償を内容とする812条1項1文第1事例

・818条2項に基づく請求権は請負報酬債権と経済的に同一の価値を内容とするものであるから、過去に設定された抵当権が不当利得返還請求権をも担保するとの当事者の意思を推定することには理由があろう。

2．債権の内容への依存

15　法律によって抵当権を債権に拘束することは、抵当権が原則として債権の内容にも依存することをもたらす。この依存は、抵当権が常に債権の存在する範囲でしか債権者に帰属しないという形であらわれるだけではない。それどころか、抵当権の実行期も原則として債権の弁済期に従うし、債権に対する抗弁権は抵当権に対しても主張することができる（1137条）。

16　抵当権の**実行期**は、これが債権の弁済期よりも早く到来することはありえない。このため、常に債権の弁済期により定まる。債権の弁済期として確定期日が合意されている場合には、抵当権の実行期もその期日に到来する。債権の弁済期の到来が告知によるときは、告知の意思表示が債権者と所有者との間でなされた場合に限り、その効力が抵当権にも及ぶ（1141条）。この限定は、所有者が債務者と同一人でない場合に意味をもつ。すなわち、告知の意思表示が債務者には行われたが、所有者に対して行われていない場合には、債権の弁済期は到来しても、抵当権の実行期は到来しない。

Ⅲ．抗弁と抗弁権

17　所有者は、自己の土地の換価を阻止するため、抵当債務を支払う代わりに、1147条に基づき債権者が提起した物的訴訟において自己に帰属する抗弁および抗弁権＊を主張することもできる。

1．抗　弁

抗弁とは、抵当権が一度も成立していないこと（権利障害の抗弁）、または後日消滅し、もしくは無効となったこと（権利消滅の抗弁）を法的効果として生じさせるあらゆる事実をいう。

＊　抗弁は Einweundung の訳語であり、抗弁権は Einrede を訳したものである。日本語としては、一文字の違いしかないが、両者には以下の本文で言及される違いがある。

権利障害の抗弁は、抵当権を設定する物権的合意が法律行為に関する総則中の規定により無効な場合に存在する。104条以下〔行為無能力〕により無効な場合、取消し（119条〔錯誤による取消し〕・123条〔詐欺または強迫による取消し〕・142条1項〔取消しによる遡及的無効〕）により遡及的に無効な場合、さらには有効な代理権を欠くために177条1項に基づき無効な場合をその例として挙げることができる。物権的合意は138条〔良俗違反行為、暴利行為〕によっても無効となることがある。たとえば暴利行為を理由に無効な貸金債権の担保として抵当権が設定された場合がそうである（BGH NJW 1982, 2767）。そのほとんどの場合において、〔債務法上の契約のみならず、抵当権の設定という〕履行行為も138条2項により無効とされるからである。抵当権は、登記を欠く場合や登記と物権的合意との間に齟齬がある場合にも有効に成立しない。さらに、証券抵当権に関しては、証券が債権者に引き渡されておらず、かつ代替的引渡しの合意のないときも、1163条2項により権利障害の抗弁が生じる。

権利消滅の抗弁は、特に、もともとは債権者に帰属していた抵当権が所有者または第三者の支払を原因として法律に基づき所有者土地債務に転換した場合に存在する（1143条・1177条）。

2．抗弁権

a）永久的抗弁権 抗弁権は、抵当権の存立には影響しないが、所有者に永久的または延期的な給付拒絶権をもたらす。たとえば法律上の原因なく設定された抵当権が行使されると、821条〔不当利得の抗弁権〕により永久的抗弁権が所有者に帰する。821条は、その文言によると債務〔を法律上の原因なく負担すること〕を要件とするが、抵当権に準用することができる。債権者が抵当権を不法行為によって取得したときも、上記と同様に853条〔悪意の抗弁権〕に基づく永久的抗弁権が所有者に帰する。抗弁権は、廃止請求権（853条）や免責請求権（821条）の消滅時効が完成する前であっても主張することができる。

例：Vは、Kに自己の土地を売却し、その所有権を譲渡する際に、Kに対する売買残代金債権の担保として売却した土地を目的とする証券抵当権の設定を受けた。土地登記簿上はVが抵当権者として登記されている。Vは、急に金が必要となったため、金融商品仲介業者Gに抵当権を売却し、公の認証を受けた譲渡の意思表示をし、これと同時に抵当証券を引き渡すことで抵当権をGに譲渡した。こ

の間にKは、その土地に著しい瑕疵があることと、自身がVに騙されていたことに気付いた。それでもKは、土地を手放すつもりはなく、売買代金の減額と抵当権の設定の取消しを望んだ。もともと合意していた売買代金額の債権を抵当権が担保したままになっているから、その設定を取り消そうと考えたのである。Gは、Kから抵当権を取得する前から事情を知っていたが、事態をあまり真剣に受けとめることなく、抵当権を銀行Bに譲渡することでBから多額の与信を得た。この譲渡は、書面による譲渡の意思表示と抵当証券の引渡しによって行われた。Kは、Bが抵当権者となっていないと主張し、894条〔土地登記簿の訂正〕による抵当権の抹消をBに求めた。

本件のKは、Bが抵当権を行使しようとしたならば、Vによる詐欺（民法典823条2項、刑法典263条）を理由とする853条の抗弁権を主張することができるであろう。

20　これに対して、抵当権が登記されている限り、**消滅時効**によって永久的抗弁権が成立することは**ない**（902条）。永久的抗弁権を有する所有者は、1169条により抵当権の放棄を債権者に求めることで、所有者土地債務を取得することができる（1168条・1177条1項）。

21　**b）一時的抗弁権**　永久的抗弁権よりも一時的抗弁権のほうが重要である。ここでは次のものを挙げておこう。
- 債権者が抵当権を行使するにあたって証券を呈示しない場合や、債権者が土地登記簿に登記されていないにもかかわらず、1155条に基づく公の認証を受けた譲渡の意思表示を呈示しない場合における1160条の抗弁権。
- たとえば、告知（Rn. 16）が適式に行われておらず、または債権者が所有者との間で弁済を猶予する合意を交わしていたことを理由とする期限未到来の抗弁権。
- 履行拒絶権（273条）または同時履行（320条）の抗弁権。

例：Vは、上記の例（Rn. 19）で土地登記簿には2年の経過後に抵当権を告知する権利を登記しておきながら、10年間は告知をしないとの合意をKとの間で口頭により行っていた。この場合において、BではなくVが2年の経過のみにより土地登記簿を援用して告知を表明したときは、Kは、告知が不適法であると主張することができる。

c）**債権に対する抗弁権** 所有者は、抵当権の行使に対して、抵当権（の設定）それ自体に基づく自己と債権者との間の関係により自らが有する抗弁および抗弁権を主張することができる（1157条）。だが、これらだけでなく、**債務者が債権に対して有する抗弁権**を主張することもできる（1137条1項）。このことは、人的債務者がその抗弁権を放棄した場合も同様である（1137条2項）。しかし、1137条1項には216条1項の例外がある。すなわち、所有者は、214条1項に基づいて債務者が有する〔債権に関する〕消滅時効の抗弁権をもって抵当権の行使を阻むことはできない。

例：
- 債権者が債務者に対して自ら義務を負う給付を提供しないため、債務者が債権者に対して273条の履行拒絶権を有するときは、所有者も、債務者が有するその抗弁権を1137条に基づいて抵当権に対して主張することができる。
- 債務者が債権者に対して取消権を有し、または債権者が相殺によって満足を得ることができるときは、所有者も、1137条1項に基づいて取消しの抗弁権（770条〔保証人の取消しおよび相殺の抗弁権〕1項）または相殺の抗弁権（770条2項）を抵当権に対して主張することができる。抗弁権は、債務者または債権者がまだ自身の権利を行使していない範囲でのみ存在する。債務者が取消しの意思表示をし、または債権者が相殺の意思表示をしたときは、債権は遡及的に無効となり（142条1項）、または消滅する（389条〔相殺の効力〕）。この場合の所有者は、抵当権が1163条1項に基づいて債権者ではなく、自己に帰属するとの抗弁を主張することができる。
- 770条1項〔保証人の取消しの抗弁権〕は、債務者が有する取消権以外の形成権に類推適用される（Palandt/*Sprau*, §770 Rn. 4）。したがって、所有者は、たとえば債務者の解除権を援用することもできる。

抵当権に対する所有者の防御方法
・ 債権不存在の抗弁または債権無効の抗弁（1163条1項）
・ 債権者との間の所有者自らの関係に基づく固有の抗弁権（1157条）
・ 債権者と債務者との間の債権関係に基づく抗弁権（1137条・770条）

Ⅳ．債権者に対する支払の法的効果

1．債権者の任意の満足

23 　抵当権が有効に設定され、その実行期が到来すると（Rn. 3以下）、所有者は、債権者が1147条に基づいて土地または共同責任の対象（1120条以下）の換価に着手することを覚悟しなければならない。所有者は、抵当権について登記されている額の金銭を債権者に支払うことで換価を阻むことができる。たしかに、抵当権は所有者に支払義務を課さない。所有者は、土地や共同責任の対象が強制執行手続で換価されることを忍容しなければならないだけである。しかし、所有者は、強制執行手続で自らの土地を失わずに済むよう、債権者に対して抵当債務を任意に支払う権利をもつ（1142条1項）。

24 　支払は、債権者を相手方としなければならない。真の債権者が土地登記簿に登記されていないときは、登記された無権利者に対する支払も893条〔登記の名義人との法律行為〕により（§19 Rn. 8）〔土地所有者を換価から〕解放する。しかし、この解放の効果は、抵当権または土地債務に限られ、これらが担保する人的債権には及ばない（*BGH* NJW 1996, 1207）。それでも〔真の〕債権者は、その解放が生じた範囲で、816条2項〔無権利者に対してなされた弁済の不当利得返還請求〕に基づいて〔無権利者に対して〕支払われた金銭の返還を求めることができる（*BGH* NJW-RR 1992, 178）。

2．事案類型

25 　債権者に対する支払の法的効果は、誰（所有者、債務者または第三者）が支払をしたかに応じて異なる。たしかに、債権者は、誰が支払をした場合であっても法律に基づいて抵当権を失う。しかし、所有者は、いかなる場合にも抵当権を取得することができるわけではない。また、所有者が抵当権を取得する場合も、抵当権が所有者抵当権（1117条2項）と所有者土地債務（同条1項）のいずれの形で所有者に帰するかで区別がなされる。

　　例：債権者GがSに貸金債権の担保を債務者Sに求めたところ、Sは自己の土地にGのための抵当権（または土地債務）を設定した。この場合の（土地の）所有者と債務者は同一人である。Sではなく、その妻Eが相応の土地を所有するときは、Eは、自己の土地を担保に供することに応じることが可能であり、GのためにS

に対する債権の担保として抵当権を自己の土地に設定することができる。この場合の所有者（E）と債務者（S）は別人である。

a）債務者（＝所有者）が債権者に支払をした場合　所有者でもある債務者が債権者に満足を与えると、債権は消滅し（362条1項〔給付による債権の消滅〕）、抵当権は所有者に移転する（1163条1項2文）。もはや債権が全く存在しないから、抵当権は、1177条1項に基づいて所有者土地債務となる。この場合の所有者は、債権者に対して土地登記簿の訂正協力請求権（894条）と抵当証券の返還請求権（1114条）を有する。1142条の適用はない。同条は所有者と債務者が別人であることを要件とするからである。

b）債務者（≠所有者）が債権者に支払をした場合　債務者が、所有者と同一人ではないが、所有者との間で債権者に支払をする義務を負っていた〔ために債務者が支払をした〕ときは、上記に準じた扱いがなされる。ただし、この場合において土地登記簿の訂正協力請求権と抵当証券の返還請求権が帰するのは〔債務者ではなく〕所有者である。

債務者と所有者の**内部関係において所有者が給付義務を負っていた**にもかかわらず、債務者がその給付をしたときは、上記の請求権は所有者に帰さない。たとえば、債務者が抵当権の負担の付く土地をKに売却し、債務者とK（新所有者）との間でKが債権者に満足を与えることを引き受ける代わりに、Kはそのぶん減額された売買代金を債務者に支払えばよいという合意がなされたとする。Kが予定に反し、債権者に満足を与えなかったために債務者が債権者に支払をしたときは、債務者は、所有者に対して求償権を取得する。この場合において原債権が保全土地債務で担保されていたときは、債務者にその復帰的移転請求権が帰する（§28 Rn. 27・28）。これとは異なり、担保が抵当権であった場合の債務者は**1164条**に基づいて保護される。抵当権は、債務者が所有者に対して有する求償権の限度で〔土地債務の返還請求権の行使に相当する〕特段の移転行為がなくとも法律上当然に債務者に移転する（1164条1項）。ただし、移転した抵当権は、原債権（もともと債権者に帰属していたが、現在はすでに消滅している）の代わりに、債務者が所有者に対して有する求償権を担保する（法定の債権変更）。それゆえ1164条は、抵当権は債権の消滅にともない1163条1項2文・1117条1項に基づいて所有者土地債務になるという原則の例外をなす。

28　**c）所有者（≠債務者）が債権者に支払をした場合**　人的債務者ではない所有者が債権者に支払をすると、所有者は、債務者に対して求償することができるようになる。そこで、民法典は、1143条1項で法定譲渡を命じる。所有者は、これによって債権者が有していた債権を取得する。つまり、その債権は、履行によって消滅するのでなく、法律上当然に所有者に移転する。抵当権も401条・412条・1153条1項により債権とともに自動的に所有者に移転する。その抵当権は、所有者が債権者でもあるため、所有者抵当権として所有者に帰する（1177条2項）。このように債権と抵当権を所有者に移転することで、現在、債権に基づいて債務者に求償することができる所有者の保護が図られている。もっとも、所有者は、所有者抵当権に基づいて〔抵当権者の〕諸権利を行使することはできない（1177条2項、1197条1項）。

　所有者が債権に基づいて債務者に求償することができるのは、所有者が債務者との内部関係において債権者に給付する義務を負っていなかった場合に限られる。所有者がその義務を負っていたときは、移転した債権に対する権利消滅の抗弁が内部関係に基づいて債務者に帰属する（1143条1項2文・774条1項3文）。これによって当該債権は消滅する。この場合の抵当権は所有者土地債務となる（1177条1項）。

29　**d）第三者が債権者に支払をした場合**　第三者による支払の法的効果は、第三者の弁済権の有無によって異なる。弁済権なき第三者が267条に基づいて債権者に満足を与えたときは、債権が消滅し（362条1項）、1163条1項2文・1177条1項1文の効果が生じる。つまり、抵当権は所有者に移転し、所有者土地債務となる。

　しかし、土地の強制換価によって自己の権利を失うおそれのある第三者（競売法91条1項・52条1項2文・44条）には、**268条〔第三者の弁済権〕に基づく**（場合によっては1150条〔第三者の弁済権〕の準用による）弁済権も帰属しうる。土地の買主、使用賃借人、土地に後順位の物権または仮登記を有する者（*BGH* NJW 1994, 1475）等がそのような第三者に該当する。債権者は、たとえ267条2項の要件を備えるときであっても、第三者による支払の受領を拒むことができない。第三者は、支払をすることで268条3項1文に基づいて債権の法定譲渡（cessio legis）を受け、かつその債権とともに抵当権も取得

する（401条・412条・1153条1項）。ただし、404条・412条により、債務者が債権および抵当権に対して有するすべての抗弁および抗弁権の主張を受けなければならない（*OLG Zweibrücken* BeckRS 2014, 14064）。

例：N は、E が所有する土地に用益権（1030条）を有する。土地登記簿には E の用益権に優先する債権者 G の抵当権が登記されていたところ、G が強制執行に着手したため、N は自己の権利を失いかねない状況にある。N は、この危険から免れるため、自ら268条にいう第三者として債権者〔G〕に満足を与えることができる（268条3項）。これによって N は、債権者が債務者に対して有していた債権を抵当権とともに法定取得する（401条・412条）。

3．共同抵当権の特殊性

所有者土地債務の成立を定める1163条の規定は、複数の土地を同一の債権の責任対象とする共同抵当権（1132条。Rn. 57）にも適用される。ただし、共同抵当権固有の事柄がいくつかある。 30

1163条の適用があるといっても、所有者土地債務が法律上当然に複数の土地所有者または共有者に現実に分割されるわけではない。むしろ、所有者土地債務は、土地所有者または共有者に1172条1項に基づいて共同で帰属する。この共同体は、持分共同関係の1つであり、749条〔持分共同関係の解消請求権〕・752条〔現物分割〕に基づいて一部土地質権に分けることによる現実の分割がなされうる（*BGH NJW-RR* 1986, 233）。この分割を経たものは、複数の一部共同土地質権の形で複数の土地または共有持分の上において存続する。このうち、所有者や共有者自身の土地上のものは所有者土地債務であり、その他は他主土地債務である。1172条2項は、749条・752条による分割に代えて、各所有者にそれぞれの土地上にしか存在しない一部所有者土地債務に分けることも可能とする。この分割が行われると、共同土地質権は存在しなくなる。

所有者の1人が、内部関係において自らが義務を負う範囲で共同抵当権者に満足を与えたときは、その限りで自己の土地上に所有者土地債務を取得する。他の土地上の抵当権は消滅する（1173条1項）。これに対して、自己の義務を超える給付をしたことによって、他の所有者に対する求償権を有する所有者は、自らの土地上の所有者土地債務に加えて、求償義務を負う所有者の土地上の抵当権も取得する（1173条2項）。

V. 債権および抵当権の移転

31　抵当権の移転は、付従性の原則から導かれる。抵当権という物権それ単体を移転することはできない。むしろ、抵当権は、従たる権利として、被担保債権の適式な譲渡にともなって自動的に債権の譲受人に移転する（401条1項・1153条1項）。抵当権は、法律上当然に債権に随伴するのである。

債権と抵当権の移転（398条・1154条・1153条）
1．債権の有効な譲渡（398条） 2．方式　a）登記抵当権：土地登記簿への登記（1154条3項） 　　　　　b）証券抵当権：書面による譲渡と抵当証券の引渡し（1154条1項・2項） 3．債権譲渡人の譲渡権限

1．債権の譲渡

32　厳密に言えば、抵当権の移転ではなく、債権の譲渡が行われる。民法典は、1154条において債権の移転しか定めない。このため、当事者が抵当権の「移転」や「譲渡」を合意したときは、その意思表示は、133条〔意思表示の解釈〕・157条〔契約の解釈〕に基づいて、抵当権の被担保債権の譲渡を意図するものとして解釈される必要がある。債権の一部譲渡も可能であり、これが行われると一部抵当証券が交付される。債権の譲渡は、399条に基づいて当事者の特約によって禁じられると、これをすることができなくなる。

2．債権譲渡の方式

33　債権譲渡は、**方式に従って**行わなければならない。そうでなければ、物権の公示原則に反することになってしまうからである。**登記抵当権**については、1154条3項により債権譲渡に873条〔物権的合意と登記による物権の取得〕・878条〔後続する処分の制限〕の規定が準用される。このため、債権譲渡それ自体は不要式であるにもかかわらず、土地登記簿にその登記をしなければならない。債権譲渡の効力は、その登記時に生じる。

34　**証券抵当権**については、1154条1項が**譲渡人の書面による譲渡の意思表示**

（126条参照）と抵当証券の引渡しを求める。譲受人の意思表示は方式に従う必要がない。また、譲受人が証券を占有しているときは、その〔債権を譲り受けようとする〕意思表示があるものと推定される（*BGH* NJW 1983, 752）。これに対して、〔譲渡人の〕書面による譲渡の意思表示は、債権を譲り渡そうとする意思表示そのもの、土地質権の表示ならびに譲渡人および譲受人が明確に読み取れるものでなければならない（*BGH* NJW-RR 1992, 178）。土地登記簿への登記は不要である。抵当証券の引渡しは、929条1文が定める引渡しの基本形態のほか、1117条〔証券抵当権の取得〕が定める代替的引渡しのどれによってもよい（1154条1項1文）。引渡しまたは代替的引渡しのためには、譲受人が証券を譲渡人から直接に、あるいは譲渡人の指示によって、譲渡人の意思に基づいて取得しなければならない（*BGH* NJW-RR 1993, 369）。

例：売主Vは、Kに対して、トラックを売り渡したことによる433条〔売買契約における類型的な義務〕2項に基づく売買代金債権を有する。Vは、この債権を口頭の合意によって第三者に譲り渡した。398条は債権譲渡の要件として特別な方式を求めていないから、第三者がただちに債権者となる。しかし、Kが売買代金債務の担保としてVのために抵当権を設定していると、そうはならない。この場合、抵当権で担保される債権の移転は、債権移転の方式を定める規定である1154条の要件も満たした時にその効力を生じる。433条2項に基づく請求権が譲受人に帰するのもその時点である。

証券土地質権の譲受人は、これを土地登記簿の外で取得することができる。35 それゆえ、いつでも894条に基づく登記簿の訂正によって登記を自己の名義に書き換えるよう請求することができる。譲渡人がいまだに土地登記簿に登記されているとしても、もはやその者は抵当権者ではないため、土地登記簿が実体に反するからである。しかし、当事者は、証券抵当権を登記簿の外で譲渡することを強いられるわけではない。土地登記簿に登記することによって譲渡することもできる。この場合は、債権譲渡の意思表示に関する書面の方式を必要としない（1154条2項）。

3．譲渡権限

抵当権を処分する者は、債権者であり、かつ抵当権者でなければならない 36

のが原則である。そのような場合でなければ、無権限者からの抵当権の善意取得の成否が問題となる（これについては Rn. 43以下）。

4．抵当権の被担保債権が譲渡された場合の法的効果

37　抵当権の被担保債権が有効に譲渡されると、債権が新債権者（債権の譲受人）に移転する。債権の移転にともない、これと同時に法律上当然に抵当権も債権の譲受人に移転する（401条・1153条1項）。この場合の債務者と所有者にとって重要なのは、その者らが旧債権者（債権の譲渡人）に対して有していた抗弁権を譲受人に対しても主張できることである。

38　**a）所有者の抗弁権の存続**　所有者は、原則として譲渡人に対して有していた抗弁および抗弁権のすべてを譲受人に主張することができる。このことは、抵当権に対する抗弁権（1157条）と1137条1項〔人的債務者の抗弁権等〕に基づく抗弁権のいずれにも妥当する。406条から408条までが定める抗弁および抗弁権は、1156条により除外される（Rn. 42）。404条〔債権譲渡がなされた場合における債務者の抗弁〕とは異なり、抗弁の基礎が譲渡時に存在していたこと、すなわち〔譲渡人と所有者の〕法律関係においてその発生原因があったことだけでは不十分である。むしろ、抵当権に対する抗弁権は、1157条により譲渡の時点でその要件のすべてを完全に備えていなければならない（*BGH* NJW 1983, 752; *Baden*, JuS 1977, 76）。

39　**b）善意取得による抗弁権の切断**　けれども、譲受人が抗弁権の付着しないものとして抵当権を善意取得したときは、〔所有者は〕譲受人に抗弁権を主張することができない。権利障害および権利消滅の抗弁については、そのことが892条〔土地登記簿の公信力〕や1155条〔公証された譲渡の意思表示の公信力〕に直接に定められている（Rn. 43）。これに対して抗弁権は、抵当権の存在自体を否定するものではない。このため、892条を直接に適用することはできない。だが、892条は、1157条〔抵当権に対する抗弁権の存続〕2文によって抗弁権にも適用される。したがって、抵当権に対する抗弁権が土地登記簿に登記されていないならば、譲受人は、抗弁権の付着しない抵当権を善意取得することができる。

例：土地の買主Kは、売主Vに対する売買代金債務の担保として抵当権を設定した。KとVは、売買契約において向こう3年間は抵当権を告知しないと合意していた。しかし、この合意は、土地登記簿に登記されなかった。後日、Vが銀行Bに抵当権を譲渡した。VとKとの間の合意が土地登記簿に登記されておらず、かつBがその抗弁権に関する積極的認識を有してもいなかったことから、Bは、1157条2文、892条に基づいて抗弁権の付着しない抵当権を取得する。したがって、Bは、3年が経過する前においても告知することができる。

1138条により、以上と同様のことが**1137条の抗弁権**に妥当する。所有者は、原則として債務者が債権に対して有するすべての抗弁権も譲受人に主張することができる（1137条1項）。しかし、1138条によって891条から899条までの規定がそれらの抗弁権にも適用され、この結果、抗弁権が土地登記簿から明らかでないときは、善意取得による抗弁権の切断が生じうる。このことは、たとえば債務者の形成権に基づく抗弁権に妥当する。

40

例：Sは、Vからトラクターを取得した。Eは、Vに対する売買代金債務を担保するために抵当権を設定した。後日、Sが物の瑕疵を理由に売買契約を解除した。だが、Vは、この解除が行われる前に債権と抵当権を適式にDに譲渡していた。Dは、解除の〔原因がある〕ことをまったく知らなかった。
本件のDは、1147条によりEの土地につき抵当権に基づく執行をすることができる。Eは、Dに対して、解除とこれから生じる返還義務を主張することができない。Dが抗弁権の付着しない抵当権を善意取得したからである。

善意取得による抗弁権の切断は、**法律行為による債権譲渡を要件とする**（§ 19 Rn. 7・8）。このため、抵当権が法律に基づいて（たとえば1150条、268条3項により）移転したときは、善意取得による抗弁権の切断は生じない（BGH NJW 1986, 1487；BGH NJW 1997, 190. 反対説として Canaris, NJW 1986, 1488; Rimmelspacher, WM 1986, 809）。

41

c）旧債権者への給付があった場合の法律状況 **債務者**を保護するため、債権には404条以下が適用される。債権譲渡の事実を知らずに旧債権者に弁済した債務者は、407条〔旧債権者に対する給付〕によって保護される。だが、1156条によると、**407条**が所有者のために抵当権につき適用されることはない。それでも、所有者が虚偽の債権者に給付をするおそれはない。なぜなら、

42

所有者は、常に、債権者に弁済するのと引き換えに、債権者に対して抵当証券の交付を求めることができるからである（1144条）。1160条によって所有者が呈示を求めることができる証券は、通常、真の抵当権者のみがこれを占有する。真の抵当権者が証券を占有していなかった場合の所有者は、891条・893条・1155条によって保護される。旧債権者がなおも土地登記簿上の名義人のままであり、かつ証券の占有者でもある限り、所有者は、この者に給付をすることで免責を得ることができる。

　例：債務者Ｓは、債務の担保として自己の土地上に債権者Ｇのための証券抵当権を設定した。Ｇは、Ｂ銀行にこの抵当権を譲渡し、抵当証券を引き渡した。Ｓは、被担保債務が譲渡されていたことを知らなかったから、債務の弁済期の到来後にＧに金銭を支払ったが、1144条、1160条の定めにもかかわらず、抵当証券の返還を求めることを怠った。この場合のＳは、債権が消滅したことをＢに主張することができない。なぜなら、Ｂは、407条1項により旧債権者に対する給付の効力が自己に及ぶことを認める必要がないからである。1156条は、同条項の適用を排除している。

Ⅵ. 抵当権の第二善意取得

1. 債権が存在する場合の善意取得

43　被担保債権が存在するならば、抵当権の設定（Rn. 1以下）に不備があったとしても、善意の第三者は、有効に成立してはいないが、土地登記簿に登記されているその抵当権を取得することができる。たとえば、抵当権の設定に関する有効な物権的合意を欠き、または無権利者から抵当権の設定を受けた者がそのことについて悪意であったという理由から、抵当権の設定に不備があった場合がそうである。善意取得が生じるためには、登記抵当権と証券抵当権のいずれが譲渡されたかに応じてそれぞれ異なる特別な要件が課される。

44　a）要件　登記抵当権には892条が適用される。〔同条を適用するには〕抵当権を処分した者が土地登記簿に抵当権者として登記されていなければならない。さらに、その者の抵当権者としての地位に対する異議が登記されておらず、かつ譲受人が土地登記簿の不実または抵当権設定の無効について認識

を有していてはならない。

　証券抵当権については、抵当権を処分した者が土地登記簿に事前に登記されていることを必要としない。なぜなら、証券抵当権は、これを抵当証券の授受のみによって譲渡しうることにこそその本質があるからである。むしろ、**1155条**は、証券抵当権の善意取得の要件として、譲渡人が抵当証券を占有していることと、譲渡人が公の認証を受けた譲渡の意思表示の連続によって自己の権利が最後に土地登記簿の権利者として登記されている債権者から取得されたものであることを証明することを求める。これらの要件を満たすときは、譲渡人が土地登記簿に権利者として登記されていた場合と同様に、891条から899条までが適用される。このように、抵当証券の占有と公の認証を受けた譲渡の意思表示の連続は、土地登記簿への譲渡人の登記に代替し、かつ証券所持者に抵当権者としての形式的資格を付与する。これに対して、1155条は932条〔無権限者からの動産の善意取得〕以下を準用していない。このため、譲受人が譲渡人に無断で抵当証券の占有を自らに移したとしても、これによって善意取得の成立は妨げられない（*BGH* LM H. 6/1997 §1154 BGB Nr. 15）。

証券抵当権の善意取得（873条・1155条・892条）

1．法律行為による取得
2．譲渡人による抵当証券の占有
3．登記された債権者にまで遡る、公の認証を受けた譲渡の意思表示の連続
4．土地登記簿における異議の不存在
5．証券における虚偽の付記の不存在
6．譲渡人が無権限であることに関する譲受人の不知

　例：Ｖは、自己の土地をＫに売却してその所有権を譲渡し、未払の代金債権の担保として売却した土地を目的とする証券抵当権の設定をＫから受けた。土地登記簿にはＶが抵当権者として登記されている。Ｖは、急に金が必要になったため、抵当権を金融商品仲介業者Ｇに売却するとともに、公の認証を受けた譲渡の意思表示と抵当証券の引渡しを同時に行うことで抵当権をＧに譲渡した。Ｇもやはり抵当権を銀行Ｂに譲渡し、Ｂから多額の与信を得た。その譲渡は、書面による譲

渡の意思表示と抵当証券の引渡しによって行われた。Kは、この間、詐欺を理由にVへの抵当権の設定を取り消していた。このため、Kは、Bが抵当権者となっていないとして、Bに対して894条に基づく〔抵当権の〕抹消を請求した。

　本件のKによる抹消請求は、認められない。Gは、登記された債権者Vから始まる、公の認証を受けた譲渡の意思表示を備えていた。これによってGは、登記された債権者にまで遡る、公の認証を受けた譲渡の意思表示によって譲渡人としての形式的資格を与えられる。Gが抵当証券を占有してもいたため、Bは、G自身が土地登記簿に登記されている場合と同様にGの権利を信頼することができる。Bは、取消し（123条1項〔詐欺または強迫による取消し〕・142条1項〔取消しによる遡及的無効〕）によってGがもはや抵当権者ではなくなっていたにもかかわらず、1155条・892条に基づいてGから証券抵当権を善意取得することができる。したがって、Kの抹消請求には理由がない。

　Bによる善意取得には、Bへの譲渡が公の認証を受けた譲渡の意思表示によって行われていることを要しない。書面による譲渡の意思表示があればたりる。譲渡人として公の認証を受けた譲渡の意思表示の連続を呈示しなければならないのはGだけである。しかし、BがBの側で891条の推定による裏付けを望む場合や、自己から譲渡を受けた転得者が公信力による保護を受けられるようにする必要があると考える場合には、Bは、1154条1項2文により公の認証を受けた譲渡の意思表示をGに求めることができる。これによって、自己の権利を、公の認証を受けた譲渡の意思表示の連続によってGを経由し、登記されたVにまで遡らせることができる。もっとも、Bは、894条〔土地登記簿の訂正〕に基づいて直接にVに自己を土地登記簿に登記するよう求めることもできる。

47　抵当権の取得者（被担保債権の譲受人）は、譲渡人の権利の欠缺または抵当権の不存在について**積極的認識**を有する場合に**のみ悪意**とされる。民法典の明文上（1157条2文、892条1項）重大な過失による不知は善意取得の妨げとならない。取引の安全のために原則として取得者の善意が推定される。1147条に基づく訴えでは、その悪意について土地所有者が主張立証責任を負う。

　けれども、譲受人が譲渡人による虚偽の（前）取得を認識しながら土地質権を取得したと**疑わせる**具体的な事実を土地所有者が摘示することができるときは、その取得の背景と取得により追求した目的に関するいわゆる**第二次的主張責任**が譲受人に課される（BGH NJW 2015, 619）。この場合の譲受人は、所有者の陳述を

単純否認するだけではたりない。

　892条1項1文による**異議**が登記されているときは、善意取得は成立しない。1140条は、土地登記簿上の異議がなくても、虚偽を読み取ることのできる**証券**への付記さえあれば、善意取得が妨げられると定める。証券に公信力はない。だが、証券が土地登記簿の公信力を破ることはできるのである。証券の記載内容の確認がなされたかどうかは関係ない。異議が土地登記簿に登記されているだけで、証券にその付記がない場合にも892条と1155条による善意取得は生じない（Soergel/*Konzen*, §1155 Rn. 2も参照）。

　b）**虚偽の意思表示に関する問題**　認証を受けた譲渡の意思表示の連鎖を呈示することはできるが、それらの意思表示の1つが認証も含めて実際には（表面的には認識不能な）虚偽のものであった場合をどう考えるべきか。**争い**がある。ある見解によれば、真の抵当権者を保護するため、この場合の善意取得は認められないとされる（Baur/*Stürner*, §38 Rn. 34; Palandt/*Bassenge*, §1155 Rn. 4）。1155条の文言は、真の譲渡の意思表示を要件とする。土地登記簿に虚偽の登記がなされている場合も、やはり善意取得は認められない、といわれる。反対説（RGZ 85, 58; 86, 262; MünchKomm/*Eickmann*, §1155 Rn. 12）は、取引の安全を強調し、善意取得を認めようとする。取得者が譲渡の意思表示をより慎重に調査しなければならなくなると、証券抵当権の流通力はあまりにも制限されるという。だが、一般的に偽造のリスクは、証書が真のものであることを援用する者が負担する必要がある。このことは反対説に不利な材料となる（Baur/*Stürner*, a. a. O.）。滅多に生じる問題ではないため、善意取得を否定することによって抵当権の流通力が著しく制限されることもない。したがって、前者の立場に従うべきである。

　c）**証券の内容に対する善意保護の否定**　土地登記簿とは異なり、**抵当証券の記載事項**には公信力がない。証券と登記簿との間に食い違いがあるときは、土地登記簿のみが善意取得の基礎になる。

　例：土地登記簿には抵当権が8万ユーロの債権を担保するとの記載があるのに対して、証券には債権額が10万ユーロにまで達するとの記載がある。この場合の債権額が実際には8万ユーロでしかなかったときは、抵当権はその債権額におい

てしか取得されない。

　しかし、証券から——２万ユーロの弁済に関する受領の付記といった形で——土地登記簿の不実が明らかとなるときは、抵当証券が土地登記簿の公信力を破ることはできる。

２．債権が存在しない場合の善意取得

50　　1138条は、債権に関しても891条以下の規定が抵当権のために適用されると定める。これによって抵当権の取得に関する善意保護は、被担保債権が存在しない場合にまで拡張されている。例として想定すべきは、所有者による債権者への抵当権の設定が、瑕疵なく行われはしたものの、それが担保すべき債権が（まだ）存在せず、または無効であったという理由から、結果的に不首尾に終わった場合である。これらの場合には、本来、1153条による債権と抵当権の移転が否定されるべきである。というのも、原則として債権の善意取得は認められないからである。しかし、立法者は、抵当権の流通力を確保するため、1138条を通じて流通抵当権に関する付従性の原則を破る決断をした。すなわち、1138条で被担保債権の存在を擬制することによって抵当権の善意取得を可能とした。もっとも、この擬制の効果が及ぶのは、抵当権の取得に限られる。債権の取得を導きはしない。このため「**債権を纏わない」抵当権**（MünchKomm/*Eickmann*, §1138 Rn. 16）が取得されることとなる。

　例：Ａは、Ｂに対する貸金債務の担保として自己の土地に抵当権を設定した。Ａが借受金の返済をしたにもかかわらず、いまだ土地登記簿に登記されているＢがその（表見的な）債権を抵当権とともにＣに譲渡した。貸金返済の事実を全く知らないＣは、Ａに弁済を求めた。Ａは弁済しなければならないか。

　たしかに、本件Ｂの抵当権は、貸金の返済によって所有者土地債務として所有者に移転していた（1163条１項２文）。だが、Ｂがまだ土地登記簿に登記されていた。このため、892条によると、Ｃは抵当権を善意取得することができる。もっとも、民法典は、原則として存在しない債権の善意取得を認めない。その一方で、債権とともにでなければ抵当権を取得することはできない。そこで、1138条は、抵当権の移転という目的に必要な限りで債権の善意取得をも可能とする。ただし、Ｃが債権そのものを取得することはない。債権の取得が擬制されるのは、債権が抵当権の善意取得を実現し、その内容を確定するのに必要な限りにおいてである。

したがって、Cは、善意取得を理由として1147条により、Aに対して抵当権に基づく訴えを起こすことができる。しかし、1138条によっても債権そのものを善意取得してはいないため、債権に基づいてAを訴えることはできない。

3．二重の瑕疵

上記の2つの事案類型は重ねて問題となることがある。抵当権設定の瑕疵が892条・1155条によって治癒されるのと同時に、債権の不存在という瑕疵が1138条を通じて治癒されることがあるのである。この場合の譲受人は、債権と抵当権のいずれについても善意でなければならない。

例：精神病に罹患したため、行為能力のない買主KがVとの間で売買契約を締結し、売買代金債務の担保として自己の土地に抵当権を設定した。この場合におけるKの行為無能力は、105条1項により売買契約および債権の無効と抵当権の設定の無効の両方を来す。それにもかかわらず、Vは892条または1155条（Rn. 45）により善意の第三者に抵当権を有効に移転することができる。この移転のために1138条が債権の存在を擬制する。しかし、この場合の第三者も、抵当権のみを取得するのであって、債権は取得しない。

4．債権と抵当権の分離

被担保債権が転々譲渡されることによって理論上は債権と抵当権の帰属先が分かれる場合に、より複雑な問題が生じる。

事例33—連れ去られた債権：Aは、消費貸借契約に基づく債権をSに対して有する。Sは、その担保として自己の土地にAのための抵当権を設定した。Aは、抵当権で担保されている、Sに対する自己の債権をBに譲渡した。だが、その時点でAは、発覚してはいなかったが、精神病に罹患していた。その後、Bは、抵当権の被担保債権を善意のCに譲渡した。Cは、貸金債権の弁済期が到来したならば、Sに対して請求を行おうと考えている。その請求は認められるか。

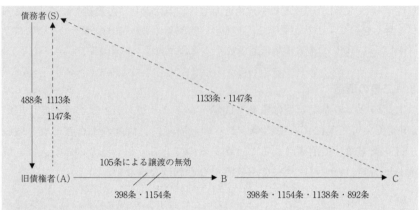

解決へのすじみち:

I．Cは，1147条によるSの土地への強制執行の忍容請求権をSに対して有するか。

1．それにはCが抵当権者でなければならない。

a）もともとはAが抵当権者であった。すなわち，Sは，Aのために有効に抵当権を設定している。被担保債権は，貸金債権（488条1項2文）の形で成立している。SとAとの間では抵当権の設定に関する物権的合意が行われている（873条）。土地登記簿への登記も行われていたと想定することは許されよう。

b）Aが抵当権を有していたことから，BがAから抵当権を取得することができるようにも思える（398条・1154条・1153条・401条）。しかし，そのためにはAとBが貸金債権の譲渡に関する合意を有効に行っている必要もある（398条）。本件では有効な合意がない。Aの意思表示は，Aが精神病に罹患していたために無効だからである（104条〔行為能力〕2号・105条1項〔行為無能力者による意思表示の無効〕）。それゆえ，Bは，債権と抵当権のいずれもAから取得することができない。

c）それにもかかわらず，CはBから抵当権を取得することができるか。Bが債権者でも抵当権者でもないため，善意取得のみが検討対象となる（398条・1154条・1138条・892条）。

aa）BとCは，抵当債権の譲渡に関する合意をしている（398条）。1154条の方式は遵守されていたことを前提にしてもよいであろう。

bb）Bが債権を有しなかったことは，Cの善意によって治癒される（1138条・892条）。

cc) Bが物的権利を有しなかったことも、Cの善意によって治癒される（892条または1155条）。したがって、Cは抵当権者となる。
2. Sは、土地所有者として抵当権も負担する。
3. Sの抗弁権は見当たらない。

小括：Cは、1147条に基づく強制執行の忍容請求権をSに対して有する。

Ⅱ. **Cは、488条1項2文に基づく貸金返済請求権をSに対して有するか。**
1. AとSは、消費貸借契約（488条）を締結している。貸付金はSに交付されている。返済請求権は弁済期にある。
2. 貸金債権のAからBへの譲渡は、Aの精神病により無効である（398条、104条2号・105条1項）。
3. Cは、BからCへの譲渡によって債権を取得しない。債権の善意取得は原則として許されないからである。1138条は、たしかに抵当権の取得との関係で債権の不存在を埋め合わせる。しかし、債権の取得をもたらすものではない。

小括：Cは、488条1項2文に基づく請求権をもたない。むしろ、Aが依然として貸金債権の債権者である。

Ⅲ. **問題**

以上のように民法典を規定どおりに適用すると、1153条に反する債権と抵当権の分属が生じることとなる。このため、Sは、二重の請求を受けるおそれがある。Aからは貸金債権に基づく請求を受け、Cからは抵当権に基づく請求を受ける危険があるのである。問題は、この結論を受け容れるかどうかである。

1. 次の一体説（通説。Soergel/*Konzen*, §1138 Rn. 7；*Schreiber*, Jura 2002, 109, 113; *Baur/Stürner*, §38 Rn. 28）が説得的であろう。同説によれば、本件では404条に反し、抵当権の善意取得者が債権も取得する。債権は、いわば抵当権によって「連れ去られる」（1153条2項の類推適用）。二重の請求の危険に有効に対処しうることが同説の強みである。債務者は効果的に保護される。特に債務者は、債権と抵当権の分属を知らないのが普通である。貸金債権の債権者にとって債権は、実質的には無価値である。なぜなら、所有者兼債務者は、証券の呈示と引き換えでなければ給付をする必要がない（1160条以下・1144条・1167条）ところ、旧債権者は、それを行える状況には全くないからである。
2. これに対して、分離説（Staudinger/*Wolfsteiner*, §1138 Rn. 6, 9; *Petersen/Rothenfußer*, WM 2000, 657; *Westermann/Gursky/Eickmann*, §104 Ⅲ

7) は、債権と抵当権の分離があった場合にこれをそのまま放置し、この点で付従性の原則を破ろうとする。もっとも、この見解によれば、債権と抵当権は、いわゆる「満足共同体」を構成するとされる。これは、抵当権者の満足によって債権が自動的に消滅し（例証として1181条）、また債権の履行によって抵当権が所有者土地債務になる（1163条1項2文）ことを意味する。ただし、債務者は、分離説によるとしても抵当証券の返還と引換えに弁済をすればたりる（1160条・1161条）。

結論：一体説に従うならば、Cが貸金債権の債権者となる。このため、Sに対して488条1項2文に基づく請求権を有するのは、AではなくCである。

Ⅶ. 抹消仮登記と抹消

53　債権者が満足を受けると、抵当権は、消滅することなく、所有者抵当権として所有者に帰する（1163条1項2文）。だが、後順位の権利者は、自己に優先する権利が消滅することに利益を有する。先順位の権利が消滅すれば、後順位権利の順位が昇進するからである。この利益は、法定抹消請求権によっても保護される。成立した所有者土地債務は、放棄の手続（875条）で抹消される。所有者が所有者土地債務の抹消をする債務法上の義務を負うときは、この義務を抹消仮登記によって保全することができる。

1．法定抹消請求権

54　立法者は、土地登記簿が膨大な数の抹消仮登記で埋め尽くされることを防ぐため、債権をもつ者がいなくなることで所有者が所有者土地債務を取得したときは、所有者に対する抹消請求権が同順位または後順位の**土地質権者に法律に基づいて帰属する**と定めた（1179a条1項1文）。連邦通常裁判所は、先順位または同順位の土地質権者が土地の競売後にその権利を放棄したため、土地債務がもはや所有者土地債務に転換しえない場合も同一の扱いをする（*BGH* NJW 2012, 2274）。1179a条の規律は違憲ではない（BGHZ 99, 363, 370）。抹消請求権は、同順位または後順位の土地質権の法定の効力であり、土地登記簿への仮登記を要することなく、これがなされた場合と同一の効果を法律に基づき具備する（1179a条1項3文、883条2項・3項・888条）。

1179a 条は、889条〔土地を目的とする物権に関する混同の不発生〕・1143条〔抵当債権の消滅による所有者抵当権の成立〕・1163条1項〔抵当債権の不成立による所有者抵当権の成立〕・1168条〔抵当権の放棄〕または1170条〔不明な抵当権者の失権〕2項所定の場合に適用される。1179a 条1項1文に基づく請求権は、倒産手続の開始による影響を受けない（BGHZ 193, 144 = NJW 2012, 2274）。

証券引渡しの未了を理由に1163条2項に基づいて所有者土地債務が生じたときは、その抹消を請求することが**できない**（1179a 条2項2文。Rn. 7）。所有者が自己のために自ら法律行為によって所有者土地債務を設定したとき（1196条3項）も同様である。土地所有者が土地債務を他人から取得し、新たな後順位の土地債務権者が登場する前にその登記が行われたときも、1196条3項の類推適用により抹消請求権は生じない（*BGH* NJW 1997, 2597）。法定抹消請求権は、一般的または個別的な合意によって排除することができる（1179a 条5項。例として *OLG Düsseldorf* NJW 1988, 1798）。

2. 約定抹消請求権

役権、用益権、物的負担もしくは先買権を有する者またはそれらの権利の設定請求権や土地所有権の移転請求権を有する者は、土地所有者との**合意によらなければ抹消請求権を取得することができない**（1179条1項1号・2号）。このような法律行為による抹消請求権は、抹消仮登記によって保全することができる。だが、これには法律行為による同意と土地登記簿への登記を要する。抹消仮登記は、883条1項からして登記できるように思えるかもしれない。だが、883条の仮登記は、仮登記と関連する権利についてしかこれを行うことができない。このため、同条の仮登記は、該当の権利〔ここでは所有者土地債務〕が土地登記簿に登記されるまで行うことができない。これに対して、1179条は、所有者土地債務が生じる前の段階で抹消仮登記をすることを可能とする。法律行為による抹消仮登記の権利者として登記可能な者は、1179条1号および2号が定める権利が具体的に帰属するものに限られる。それらの権利を将来取得する可能性があるにすぎない者の登記はできない。その時々の権利者のための抹消仮登記は、属物権（たとえば1018条〔地役権〕・1094条〔先買権〕2項、1105条〔物的負担〕2項）についてしか許されない（*BayObLG* NJW 1981, 2582）。

Ⅷ. 抵当権の種類

1. 共同抵当権と単独抵当権

57　**共同抵当権**が設定されると数筆の土地が同一の債権の責任対象となる（1132条1項1文）。共同抵当権を設定した土地所有者の地位は、連帯債務者の地位（421条）と等しい。抵当権者は、自らの選択に基づいて目的土地のどれに対しても債権全額に関する強制執行に着手することができる。同一の債権の担保として数筆の土地に1個の抵当権が設定されれば自動的に共同抵当権が生じる。これに対して、単独抵当権が設定されると1筆の土地のみが責任対象となる。同一の債権のために複数の単独抵当権を設定することはできない。

2. 他主抵当権と所有者抵当権

58　**他主抵当権**という概念は、所有者以外の者が抵当権者である通常の抵当権を指す。これに対して**所有者抵当権**は、土地所有者と抵当権者が同一人である場合の抵当権をいう。所有者抵当権は、債権が成立するまでの間、1163条に基づいて存在する（Rn. 12）。また、所有者が人的債権を取得し、これによって抵当権も所有者に移転した場合にも生じる（Rn. 28）。

3. 流通抵当権と保全抵当権

59　流通抵当権は、立法者が〔抵当権の〕**原則形態**として予定したものである。当事者が明示的に保全抵当権の設定を合意せず、あるいは土地登記簿に保全抵当権が登記されていないときは、流通抵当権が成立する。これまでの説明は、**流通抵当権**に関するものである。その特徴は、立法者が取引を保護するため、流通抵当権に関する付従性原則の厳格な貫徹を放棄したことにある。このことは、特に1138条の規律にあらわれている。同条により債権者は、（実在しない）債権についても土地登記簿における登記を援用し（1138条、891条）、擬制された債権を介して抵当権を善意取得することができる（Rn. 50）。

60　これに対して、**保全抵当権**にはあらゆる点で厳格な付従性が妥当する。保全抵当権については、土地登記簿に保全抵当権であること自体を表示しなければならず（1184条2項）、登記抵当権としてでなければ設定することができ

ない（1185条1項）。その内容は、債権のみから定まる。債権者は、債権について891条の推定を主張することができない（1184条1項）。それどころか、債権の存在を証明した後でなければ（BGH NJW 1986, 53）、抵当権の証明に891条を援用することができない。しかし、債権が存在する限り、892条に基づいて抵当権を善意取得することはできる。1138条の規定は、保全抵当権に適用されない（1185条2項）。もっとも、抵当権者は、債権が消滅時効に服したとしても、216条1項により保全抵当権に基づく諸権利をなおも行使することができる。保全抵当権の厳格な付従性もこの点で破綻を示す。

強制執行手続で取得される強制抵当権（民訴法866条）や、建築請負人の抵当権（648条）も保全抵当権である。ただし、後者は、建築物に瑕疵のない場合に、または瑕疵のない範囲でしかその設定を求めることができない（BGHZ 68, 180）。

4．最高額抵当権

通常は、被担保債権額が土地登記簿に登記される（1115条）。「普通」抵当権は、その金額が固定されるため、継続的な取引から生じる流動的な債権群を担保するのに適しない。そのような債権群を担保する手段となるのが最高額抵当権である（1190条）。最高額抵当権は、保全抵当権の特殊形態である。最高額の合意のもと、その上限内で継続的取引、特に当座貸越から生じる債権を担保する。担保される債権額は、その時々の貸付残高である。貸付額が最高額に達しないときは、その余剰額ぶんに相当する所有者土地債務が存在する（1163条1項1文・2文・1177条1項1文）。今日の実務では保全土地債務を利用するのが普通であり、最高額抵当権はほとんど使われない。

より深く学びたい人のために: *Von Bismark*, Grundpfandrechte: Einführung in die Rechtsverhältnisse und den Ersterwerb, JA 2011, 572; *ders.*, Grundpfandrechte: Der rechtsgeschäftliche Zweiterwerb und die Gegenrechte, JA 2011, 652; *Büdenbender*, Grundsätze des Hypothekenrechts, JuS 1996, 665; *Habersack*, Die Akzessorietät — Strukturprinzip der europäischen Zivilrechte und eines künftigen europäischen Grundpfandrechts, JZ 1997, 857; *Klose*, Leistungen an den (Alt-) Gläubiger von Hypothek oder Sicherungsgrundschuld, JA 2013, 568; *Kohler*, Gutglaubensschutz im Grundstücksrecht bei Erwerb kraft Gesetzes? — Die Ablösung von falsch oder unvollständig eingetragenen Grundpfandrechten, Jura

2008, 481; *Latta/Rademacher*, Der gutgläubige Zweiterwerb, JuS 2008, 1052; *Preuß*, Eigentümergrundschuld und Eigentümerhypothek, Jura 2002, 548; *Reischl*, Grundfälle zu den Grundpfandrechten, JuS 1998, 125, 220, 318, 414, 516 und 614; *Schwerdtner*, Grundprobleme des Hypotheken- und Grundschuldrechts, Jura 1986, 259 und 370; *Thomale*, Der gutgläubige Forderungserwerb im BGB, JuS 2010, 857; *Wagner*, „Happy Hypo(thekenbrief)" — Zur Formbedürftigkeit der Abtretungserklärung nach § 1154 I BGB, JA 2014, 18.

　事例研究： *Berger/Göhmann*, Zahlung an den ehemaligen Hypothekar, Jura 2005, 561; *Gottwald*, PdW, Fälle 143-176; *Gursky*, Klausurenkurs im Sachenrecht, Fälle 13-15; *Kern/Klett*, Klausur: Abtretung und Schuldübernahme bei hypothekarisch gesicherter Forderung, JuS 2013, 541; *Koch/Löhnig*, Fälle zum Sachenrecht, Fälle 14-16; *Lieder*, Die übereifrige Sekretärin, JuS 2011, 901; *Luth/Riggert/Sticken*, Die treuewidrige Bank, JA 2004, 453; *Martinek*, Knopps Pech mit der Glücksfee, JuS 1999, L 20; *Neuner*, Fall 16; *Richter/Dietrich*, Die gefälschte Beglaubigung und der Wettlauf der Sicherungsgeber, JuS 2007, 45; *Scherpe*, Grundpfandrechte, Bürgschaft und Zivilprozessrecht— Wer zuerst zahlt..., Jus 2014, 51; *Servatius*, Folgenschweres Missverständnis, JA 2006, 692; *Vieweg/Röthel*, Fälle 35, 37.

§ 28. 土地債務

Ⅰ. 概念・設定・移転

1. 概念

1　1191条が土地債務の概念を規定する。同条によれば、土地債務は、その権利者が土地から一定額の金銭の支払を受けられることを内容とする権利である。したがって、土地債務は、抵当権と同じく、債務の履行がなかった場合において換価によって土地から満足を求めることを権利者に可能ならしめる土地質権の1つであるといえる。しかし、抵当権とは対照的に、土地債務には付従性がない。土地債務は、債権の成立と存続のいずれにも依存しない。

2　土地債務には付従性がない。このため、抵当権に関する規定のうち債権の存在を前提とするものは、土地債務に適用されない（1192条1項）。具体的に

は、1137条から1139条、1141条1項1文、1153条、1161条、1163条1項、1164条から1166条、1173条1項2文、1174条、1177条、1184条から1187条および1190条が適用されない。これらを除いた1113条以下の規定は、土地債務に準用される。

土地債務に付従性がないことからは、特に次の帰結も導かれる。すなわち、土地債務とこれが担保する債権は、それぞれ別人に譲渡することができる（Rn. 38・39）。1192条1項・1154条に基づく譲渡の方式〔書面による譲渡の意思表示と抵当証券の引渡し〕の遵守は、土地債務の譲渡にしか求められない。これに対して、債権は、方式に従うことなく譲渡することができる。

2．登記土地債務の設定

a）物権的合意と登記 土地債務の設定にも873条が適用される。土地債務も、抵当権と同じく、登記土地債務と証券土地債務のいずれかの形で設定することができる。その要件は、抵当権の設定（§27 Rn. 2以下）に準じる。ただし、その例外として、債権は土地債務を設定するための要件とならない。したがって、債権が土地登記簿に登記されることもない。**登記土地債務**であれば、873条に基づいて物権的合意と土地登記簿への登記によって成立する。その登記事項については、1115条〔抵当権の登記〕、1192条1項が適用される。

3

登記土地債務の設定（1191条・1192条1項・873条・1115条・1116条2項）
1．土地債務の設定に関する物権的合意（873条1項）
2．土地債務証券の交付の禁止（1192条1項・1116条2項）
3．設定者の設定権限
4．土地登記簿への登記（1192条1項・1115条）

b）法律行為による所有者土地債務 土地債務は、土地所有者以外の者のために設定され、この者が土地債務権者となるのが一般的である。けれども、土地所有者は、自己の土地に自らのための土地債務を設定することもできる（1196条1項）。こうすることで順位を保全することができる。この所有者土地債務は、後に必要に応じて第三者に譲渡することができる。第三者に譲渡されると、普通の（他主）土地債務となる。第三者は、この土地債務に基づ

4

いて1192条1項・1147条〔強制執行による抵当権者の満足〕により強制執行に着手することができる。土地を売り渡そうと考えている所有者が〔売買代金債権の〕担保として所有者土地債務を設定しておくこともある。この場合の土地債務は、土地所有権がその取得者に移転した時に土地債務の名義人のもとで他主土地債務に転換する。

5 　もっとも、**所有者土地債務**は、自ら強制執行に着手する権利を所有者に与えはしない（1197条1項）。所有者が強制競売において競売法91条〔強制競売による権利の消滅〕1項・52条〔存続する権利〕1項により後順位の物権者からその権利を奪うことを許すべきではないからである。しかし、1197条1項が禁じるのは、所有者自身のためだけに強制競売をすることである。〔所有者土地債務を目的とする〕約定質権（1291条）や差押質権（民訴法857条4項・837条）を有する者による〔所有者土地債務に基づく〕強制競売は、1197条1項によっては妨げられない（*BGH* NJW 1988, 1026）。

3．証券土地債務の設定

6 　**a）物権的合意・登記・証券の引渡し**　証券土地債務を設定するには、物権的合意と登記に加えて、**土地債務証券の交付**（1116条・1192条1項）と土地債務権者への**その引渡し**（1117条1項・1192条1項）も必要である。

証券土地債務の設定（1191条・1192条1項・873条・1115条・1117条）
1．土地債務の設定に関する物権的合意（873条1項）
2．土地債務証券の交付（1192条・1116条1項）
3．1192条1項・1117条1項・929条・930条による土地債務証券の引渡しまたは1117条2項による合意
4．設定者の設定権限
5．土地登記簿への登記（1192条1項・1115条）

　当事者が288条1項〔遅延利息の法定利率〕に準じて利息の合意をするときは、土地債務を登記するにあたって最高利率を土地登記簿に登記する必要はない。金利が変動式のものであっても、法定の基準金利の援用によってその利率が明らかなときは、物権の特定原則に反しない（*BGH* NJW 2006, 1341）。

b）**法定所有者土地債務** 証券が土地債務権者に引き渡されておらず、か 7
つ代替的引渡しも合意されていないときは、土地債務は、1163条2項〔証券
未交付の間の所有者抵当権〕・1192条1項により、法定所有者土地債務とし
て所有者に帰する。この所有者土地債務は、証券が引き渡された時に他主土
地債務に転換する。これに対して、1163条1項〔被担保債権成立前の所有者
抵当権〕は、土地債務に適用されない。

所有者は、1163条2項・1192条1項により、土地債務権者から土地債務の反対
給付（通常は貸金の交付）を受けるまで土地債務証券を自己のもとにとどめてお
くことが許される。したがって、証券の引渡しと土地債務の移転は、貸金の交付
と引き換えに実現すればよい。その一方で、所有者土地債務の制度趣旨は、土地
債務の順位を保全することにもある。この保全があるから、設定は後れるが、証
券の引渡しが先に行われた土地債務は、先に登記された土地債務の順位に昇進す
ることができない。

土地所有者は、1163条2項・1192条1項により所有者土地債務が自己に帰属し 8
ている間、この土地債務を**中間融資者**に担保として譲渡することができる。中間
融資者は、特に土地債務が設定されてから建物のおおよそが完成するまでの間に
おける建物建築資金が主たる与信者から〔土地所有者に〕付与されていない場合
におけるつなぎ融資を行う。〔このつなぎ融資に基づく債権が土地所有者から譲渡
された土地債務によって担保される。〕中間融資者は、自己の債権の担保として、
所有者土地債務に加えて、所有者の主たる与信者に対する貸金交付請求権も譲り
受けることがある。この譲渡がされると、主たる与信者は〔中間融資者が占有する〕
土地債務証券の引渡しと引き換えに貸金を中間融資者に交付する。主たる与信者
は、土地債務証券の引渡しを受けることで土地債務を取得する。これと同時に、
中間融資者は、主たる与信者から貸金の交付を受けることによって、所有者に対
する貸金債権の弁済を受ける。

4．土地債務の譲渡

登記土地債務は、873条の一般規定に基づき物権的合意と登記によって譲 9
受人に移転する（1192条1項・1154条3項〔登記抵当権の譲渡〕）。土地債務が
譲渡人名義で登記されているものの、実際にはこの者に帰属していないとき
は、その土地債務は892条による善意取得の対象となる。

証券土地債務の譲渡には、土地登記簿への登記を省くことができる。登記

簿の外で証券土地債務を譲渡するには、1192条1項・1154条1項〔証券抵当権の譲渡〕により、物権的合意と書面による譲渡の意思表示ならびに証券の引渡しまたは代替的引渡し（§27 Rn. 33・34参照）の要件を備えていなければならない。1192条1項は、証券土地債務に1155条〔公の認証を受けた譲渡の意思表示の公信力〕も準用する。同条によれば、譲渡人が土地債務証券を占有し、かつ自己の権利について土地登記簿の最後に登記された土地債務権者から取得したものであることを公の認証を受けた譲渡の意思表示の連続に基づいて証明することが〔譲受人による土地債務の〕善意取得の要件となる（§27 Rn. 45）。

10　413条〔債権以外の権利の移転〕・**399条**〔債権譲渡の禁止〕に基づき所有者と債権者との間の合意によって土地質権の**譲渡**を**禁じる**ことができる（*Buchholz*, AcP 187, 107, 111; *Bülow*, Rn. 258. 反対説として *Maurer*, JuS 2004, 1045）。このことの意味は、まさに保全土地債務について大きい。土地債務の譲渡を禁じることによって被担保債権と土地債務が別人に帰属することを防ぐことができるからである（Rn. 38）。譲渡禁止の合意は、〔土地を目的とする物権の〕内容の変更（877条）に当たる。したがって、その合意が効力を有するのは、これが土地債務の内容として土地登記簿に登記されてもいる場合に限られる（*KG* MDR 1968, 768）。

5．所有者の抗弁および抗弁権

11　土地債務には付従性がない。このため、土地債務権者が1192条1項・1147条に基づいて忍容請求をした場合における土地債務の目的土地の所有者は、抵当権の目的土地の所有者であれば有する抗弁および抗弁権のすべてを主張することができるわけではない。土地債務の目的土地の所有者に帰する抗弁権は、所有者と土地債務権者との関係に基づく抗弁権（様々な抗弁権について§27 Rn. 19以下）か、所有者と土地債務権者との間に存在する担保契約から生じる抗弁権に限られる。担保契約から所有者に認められる抗弁権に当たるものとしては、特に貸金未交付の抗弁権がある（Rn. 36）。

Ⅱ．土地債務に対する支払

1．債務者または所有者による支払

　土地債務に関する支払の法的効果も、〔抵当権と同様に（§27 Rn. 25以下参照）〕誰が（債務者・所有者・第三者のいずれが）土地債務権者に支払をしたかに応じて異なる。もちろん、債務者と所有者が同一人である場合もある。債務者が貸金債権に対する支払をすると、この債権は消滅する。その債権の担保として保全土地債務が設定されていたならば、担保契約に基づいて債務者または債務者ではない所有者に土地債務の復帰的移転請求権が生じる（Rn. 27）。

　債務者ではない所有者が土地債務権者にした支払は、原則として土地債務のみに対する給付と扱われる〔被担保債権そのものに対する支払とは扱われない〕。この場合の土地債務権者は、満足を受け、もはや土地債務を必要としない。このため、土地債務は、**所有者土地債務**として所有者に帰する。

　この結論には異論がない。しかし、**理由づけに争いがある**。〔所有者土地債務の所有者への帰属という〕その法的効果は、**抵当権**に関しては、支払によって債権が消滅する（362条1項）ことから、1163条1項2文〔債権の消滅にともなう所有者による抵当権の取得〕・1177条1項1文〔抵当権の所有者土地債務への転換〕に基づいて生じる。1181条1項〔強制競売による抵当権の消滅〕とは対照的に、1163条1項2文で所有者土地債務の取得が予定されているのは、支払が土地から行われておらず、土地および共同責任に服する対象の価値が完全に保たれたままだからである。かりに抵当権が消滅するとすれば、後順位の権利は、順位が上昇し（§26 Rn. 11）、より大きな担保力を得ることとなる。しかし、担保力の小ささを理由に土地所有者が〔後順位者に対して〕高利の支払に応じざるをえなかったという場合もありうる。このような場合の後順位権利の順位上昇には根拠がないから、これを避けるべきである。それゆえ抵当権は、存続するものの、抵当権者が満足を受けたことを理由に、所有者土地債務として所有者に移転するのである。

　たしかに、**土地債務**に1163条1項を直接に適用することはできない。同条項は、抵当権が債権に縛り付けられていることを前提にするため、まさに土地債務に適用されない規定だからである（1192条1項）。しかし、1163条1項2文に内在する法理は土地債務にも妥当する。土地債務についても、所有者による任意の支払が行われた場合に土地債務が消滅し、後順位の権利が根拠なく昇進することが避け

られなければならないのである。このため、その回避を実現するのに必要な限りで、1163条1項とさらには1143条〔債務者でない所有者による抵当権者への弁済にともなう被担保債権の所有者への移転〕を土地債務に類推適用する必要がある（*BGH* NJW 1986, 2108, 2111も参照）。もっとも、立法者は、その法理を同順位または後順位権利者の1179a条に基づく法定抹消請求権（§27 Rn. 54・55）によって大幅に後退させた。実務は、支払を債権のみに充てて、土地債務には充てないとの合意をすることによって所有者土地債務の成立を回避している（Rn. 34）。

2．第三者による支払

14　第三者による支払に関しては、第三者が弁済権を有していたか否かに応じた区別が必要である（§27 Rn. 29）。弁済権なき第三者が267条〔第三者による給付〕により土地債務に対する支払をすると、1163条1項2文の法意または1142条・1143条の法意により土地債務が所有者土地債務に転換し、被担保債権は364条2項〔債権者満足のための新たな債務の引受け〕の法意に従って消滅する。ただし、第三者は、合意または812条1項に基づいて所有者に対する求償権と所有者土地債務の譲渡請求権を取得することができる。

268条の弁済権をもつ第三者は、支払によって土地債務を自己の担保として直接に法定取得する（*BGH* NJW 1983, 2502, 2503; *OLG Saarbrücken* OLGZ 1967, 102）。土地債務は、付従性がないため、268条3項〔弁済による債権の移転〕・1153条〔債権の移転にともなう抵当権の移転〕により第三者に移転することはない。そうだとしても、弁済権をもつ第三者への土地債務の移転は、268条3項の類推適用により導かれる。

土地の強制競売後なお土地債務が存続する場合において、買受人が土地債務の償却を望むときは、土地債務権者は、担保約定（Rn. 18以下）により生じる債務者との間の信託関係に基づいて、債務者が債務から完全に解放されるよう土地債務を換価する義務を負う。ただし、土地債務権者は、買受人から支払を受けた時点で未払のままであった土地債務の利息についてまで上記義務を負わない（BGHZ 188, 186）。したがって、債務者は、その義務違反を理由とする280条〔義務違反による損害賠償〕1項に基づく損害賠償請求権を土地債務権者に対して有しない。

3. 抹消請求権

1179a条が主に適用されるのは1163条1項2文所定の場合である。もっとも、この規定の土地債務への適用は間接的なものにとどまる。債権に対する支払が合意されるのが通常であるため（Rn. 33・34）、1179a条は、土地債務が土地債務権者から所有者に復帰的に移転されるまでは土地債務について実際上の意義を有しない（例として BGHZ 99, 363）。

土地債務を抹消するには、875条により放棄の意思表示と土地登記簿への抹消登記をする必要がある。土地債務が土地債務権者に帰属するときは、その放棄の意思表示に加えて、1192条1項・1183条1文〔抵当権の廃止〕に基づく所有者の同意がなければならない。所有者の同意が土地債務の完全な抹消に必要となるのは、所有者に復帰するはずの所有者土地債務（1192条1項・1168条）〔が復帰する余地のなくなること〕を理由とする。所有者は、894条〔土地登記簿の訂正〕または1169条〔抵当権に対する滅権的抗弁権〕の要件を備えるときは、〔土地債務権者に対して〕抹消に同意することを請求することができる。所有者は、1192条1項・1144条〔満足と引き換えによる抵当権に関する証書の交付〕に基づいて土地債務権者の満足と引き換えに抹消に必要な証書の交付を請求することもできる。土地債務権者は、1144条に基づく請求に対して、他の債権を理由とする履行拒絶権（273条）を主張することはできない。なぜなら、これを許したのでは、土地質権が間接的に当該債権も担保することとなってしまうからである（*BGH* NJW 1978, 883; 1988, 3260）。以上に対して、所有者が土地債務を有するときは、所有者による廃止の意思表示があれば土地債務を抹消することができる。

Ⅲ. 保全土地債務

1. 保全土地債務の特徴

土地債務は、抵当権と異なり、制定法によって債権の存在を前提とすることが強制されていない。それにもかかわらず、債権の純然たる担保として設定されるのが普通である。実務で重要なのは、とりわけ不動産融資を担保するための土地債務である。この場合の土地債務は、〔被担保債権から完全に離れて存在するものではないから〕単独土地債務ではなく、いわゆる保全土地債務である。**1192条1a項1文**も、保全土地債務を債権の担保を目的とする土地債務と定義する。しかし、このような土地債務であっても、〔土地債

務という〕物権の内容上は債権に依存しない。それを土地登記簿に「保全土地債務」と登記することもできない（*BGH* NJW 1986, 53, 54; *Vogel*, JA 2012, 887, 892. 反対説として *Bülow*, Rn. 306; *Deubner* JuS 2008, 586, 589）。たんに土地債務と登記することしかできないのである。しかし、土地債務の担保権としての性質が設定証書から明らかであり、または銀行が土地債務権者として登記されているときは、その土地債務は、原則として金銭債権を担保する保全土地債務とみる必要がある（*BGH* ZIP 2014, 817）。

17　債権の存在を停止条件または解除条件とする保全土地債務を設定することもできない。そのような土地債務は、物権の類型強制の原則や類型固定の原則に反する。土地債務は、その法定の類型上、まさに債権に依存しないのである。

18　しかし、土地債務権者は、**債務法上の担保契約**に基づいて信託的拘束を受ける。そして、この拘束によって、債権の弁済を受けなかった場合に債権担保のためにしか土地債務を行使しない義務を負う。それゆえ、土地債務権者は、権利の行使について、物権的には制約を受けないとしても、担保契約によって債権的に当事者相互の関係における制約を受ける（BGHZ 142, 332）。こうして土地債務権者には（自益）信託的な担保権者の地位が認められる。

　土地債務は、信用取引実務では保全土地債務として設定されるのが通常である。実用領域でいえば、土地債務は抵当権よりも広く用いられている。

2．担保契約

19　**a）総説**　信用を土地債務によって担保する場合の与信者と受信者の関係においては、次の3つの法律行為を区別する必要がある。

・消費貸借契約（488条）
・土地債務という物権の設定（873条・1115条以下・1192条1項）
・物権行為に関する債務法上の基礎（法律上の原因）としての担保契約

　土地所有者と受信者は、多くの場合において同一人である。だが、第三者が関係に加わることもある（§27 Rn. 25参照）。この場合には、消費貸借契約が与信者と受信者との間に存在する一方で、担保契約の締結と土地債務の設定は所有者と与信者（＝土地債務権者）との間で行われる。このとき債権に基づいて債務者が負う責任と土地債務に基づいて所有者が負う責任との間に

は421条以下の意味での連帯債務関係は存在しない（BGH ZIP 1988, 1098）。

b）担保契約の方式と法的性質　担保契約は**不要式**の契約である（BGH ZInsO 2014, 1331）。したがって、消費貸借契約とともに土地債務が設定された大抵の場合において、**黙示の意思表示によって**担保契約が締結されたことを前提とすることができる（BGH NJW-RR 1991, 305も参照）。

所有者が貸金の受領と引き換えに土地債務を設定する義務を負う場合の担保契約は**双務契約**である。これに対して、貸金が交付された後に担保を設定する場合の担保契約は、たんなる二当事者の契約である。とはいえ、そのような担保契約であっても、たとえば信用が担保合意に基づいて付与され、その解約告知がなされていないときは、312条1項にいう有償給付に関する契約とみることができる（BGH NJW 1996, 55; *Bülow*, NJW 1996, 2889参照）。担保契約は、消費貸借契約と同じく、継続的債務関係の1つである。この関係は、合意された期間の満了または告知によって終了する（質権に関するBGH NJW 2003, 61を参照）。

c）担保目的　所有者は、担保契約を結ぶことによって**特定の債権**または不特定多数の債権の担保として土地債務を設定する義務を負う（いわゆる設定合意）。有効な担保契約または設定合意がなければ、土地債務の設定に関する**法律上の原因**は存在しない（BGH NJW 1989, 1732, 1733）。また、そのような場合には、設定された土地債務の返還請求権が812条1項2文第1事例（BGH NJW 1985, 800, 801）または同条項1文第1事例（MünchKomm/*Eickmann*, §1191 Rn. 15）により発生する。それにもかかわらず、土地債務権者が土地債務を行使したならば、担保設定者には821条〔不当利得の抗弁権〕に基づく抗弁権が認められることとなろう。

担保契約の内容には、特に土地債務が担保する債権（群）の**具体的な表示**が含まれる（いわゆる**担保目的**）。担保目的を極めて狭くして、土地債務の被担保債権を1個の特定の債権に限定することは可能である。こうすると、その債権さえ弁済されれば返還請求権（Rn. 27）が生じることとなる。しかし、広い担保目的を合意することもできる。この広い担保目的は、既存の別の債権や新たな債権のために土地債務を**転用すること**を可能とする。この場合には、取引関係が終わりを迎えるまで土地債務の復帰的移転を請求することができない（BGH NJW 2013, 2894）。担保目的の**事後的な変更**や拡張は、方式

に従うことなく行える。しかし、その合意は、とりわけ担保契約の当事者全員（たとえば土地債務権者と2人の土地共有者）が共同で締結しなければならない（BGH NJW 2010, 935）。返還請求権が譲渡された場合に（Rn. 28の例を参照）担保契約の変更や拡張をするには譲受人の同意も必要となる（BGH NJW 2013, 2894）。

担保目的の定めは、多くの**普通取引約款**に記載されている（たとえば銀行普通取引約款14条2項）。土地債務権者に帰属する現在および将来の債権すべての担保として土地債務を設定するという目的を定める意思表示は、所有者が自己の債務の担保として土地債務を設定する場合であれば、原則として有効である。これに対して、所有者が**第三者の債務**の担保として土地債務を設定する場合は、そのような約款によって目的を定める意思表示は、305c条1項の不意打ちに当たる可能性がある。担保を設定するきっかけとなった具体的な債権だけでなく、土地債務権者が第三者に対して有するその他の債権の担保としても土地債務を用いようとする場合において（BGH NJW 1992, 1822）、所有者がこのことについて個別的な指摘による丁寧な教示を受けていなかったときは、不意打ちに当たる（BGH NJW 1996, 191）。

23　**d）当事者のその他の権利と義務**　さらに、担保契約には担保の設定および**復帰的移転**に関する**義務**（Rn. 27）が定められる。これとともに、**換価**の方法と要件も担保契約により定まる。担保約定からは、特に、土地債務権者は担保の必要が（いまだに）存在し（Rn. 26）、かつ現に換価実行期にある限りでしか自己の換価権を行使することが許されないとの帰結が生じる。これに加えて、土地債務の**目的拘束**からは、債務者が二重の請求を受ける危険に晒されないで済むよう、土地債務権者が債権とともにでなければ土地債務を譲渡することができないことも導かれる（BGH NJW-RR 1987, 139, 141）。

24　以上のほか、土地債務の額面に相当する**抽象的**（原因債権に付従しない）**債務承認**（780条・781条）に応じる債務者の義務も多くの契約書に記載されている。こうすることによって土地債務権者の請求権にさらなる請求の基礎が創設され、担保設定者に総財産による責任を課す。債務承認をした者は、この弁済義務についても即時の強制執行（民訴法794条1項5号）を受諾するのが普通である。

e）土地債務の実行期に関する定め　担保契約には通常、保全土地債務の実行期に関する定めも含まれる（1193条2項1文）。かつては、土地債務をただちに告知することができるとの合意や、ただちに実行期が到来するとの合意が一般に行われていた。だが、これらの合意は、現行1193条によりもはや不可能であり、または134条〔法律の禁止〕により無効となろう。現行法は、保全土地債務の実行期の到来を〔事前〕**告知の要求**と結び付けるが、その定めは強行法規である（1193条2項2文参照）。しかし、このことは、2008年8月19日より後に設定された土地債務にしか妥当しない（民法典施行法229条の18第3項。このことについて *BGH* NJW 2010, 3300）。その日以前に設定された（ただちに実行期の到来する）土地債務の目的が、その日より後に別の土地にまで拡張されたときは、新たに目的となった土地のぶんについては、実行期に関する法定の要件の充足が求められる（*BGH* ZIP 2014, 817）。強行的に**6か月**がその告知期間となる（1193条1項3文・2項）。

　重要なのは、**債権**と土地債務それぞれの弁済期〔実行期〕と告知を明確に区別することである。債権の弁済期がいつ到来するかは、消費貸借契約で定められる。その定めがないときは、告知がされる必要がある（488条3項1文）。告知の要件は489条・490条に定められている。消費者消費貸借契約については、さらに498条〔分割弁済型の消費貸借に関する債務全体の履行期の到来〕に注意する必要がある。同条は、現在では不動産消費貸借契約にも適用される（503条3項）。

f）土地債務権者の配慮義務　土地債務権者は、担保契約によって配慮義務を課される。土地債務権者が土地債務に基づく権利を行使することが許されるのは、被担保債権の満足を任意かつ適時に受けなかった場合だけである。この制限は、担保契約に明示的な定めがないとしても、契約の目的からの補充的解釈によって土地債務権者に課される。

　しかし、債務者に対して複数の債権を有する土地債務権者は、債務者から**一部の給付**〔すなわち、すべての債権を満足させるわけではない給付〕を受けたときは、第三者が設定した土地債務によって担保される債権にその給付を充当する義務を負わない（*BGH* NJW 1993, 2043）。土地債務権者は、担保設定者を案じて先に他の担保を換価する必要もない（*BGH* NJW 1994, 2514）。土地債務が複数の債権を担保する場合の土地債務権者は、原則として任意に選んだ特定の債権のために換

価を行うこともできる（*BGH* NJW 1998, 601）。

27　**g）土地債務権者の復帰的移転義務**　土地債務権者が被担保債権の満足を受け、またはその他の形で担保目的（Rn. 21・22）が達せられたときは、所有者は土地債務権者に対して担保解放**請求権**を取得する。担保設定者は、この請求権につき**選択権**をもつ。土地債務の**抹消**（875条・1183条・1192条1項）、担保権者による**放棄の意思の表明**（1168条・1192条1項）、自己または第三者に土地債務を譲渡することによるその**復帰的移転**（1154条・1192条1項）のいずれかを請求することができる。復帰的移転請求権は通常、担保目的（Rn. 21）の永久的な消失を停止条件とする（BGHZ 197, 155=NJW 2013, 2894）。この請求権は譲渡することができる（BGHZ 191, 277）。復帰的移転義務が合意されていない場合や有効に合意されなかった場合であっても、所有者には補充的な契約解釈を通じて**契約内在的**な復帰的移転請求権が認められる。返還義務は、担保目的がすでに消失しているにもかかわらず、土地債務権者が土地債務を行使しようとするときは、**抗弁として**それを主張することもできる（Rn. 37）。

　担保権者（銀行）の**普通取引約款**における条項が土地債務の返還請求の内容を**抹消に限定**している場合において、返還の時点で担保設定者が土地所有者ではなくなっていたケースにまでその制限が及ぶときは、当該条項は、常に307条1項・2項1号・同項2号により**無効**である。なぜなら、復帰的移転請求権は担保合意の本質的メルクマールであり、選択権は法定のルールの基本法理だからである（*BGH* NJW 2014, 3772）。たしかに、抹消請求権以外の切り捨ては、担保権者にとっては契約関係の清算の簡素化という利益につながる。しかし、（登記された順位のまま）土地質権を信用担保手段として再利用することへの担保設定者の利益に配慮する必要がある。返還の時点で担保設定者が土地所有者ではなくなっているケース以外については、*Samhat*, MDR 2014, 1297参照。

28　土地債務権者が自己の**復帰的移転義務**に違反したとしても、1165条〔抵当権の放棄等による債務者の免責〕を土地債務に適用することはできない。しかし、土地債務権者は、その有責行為について、280条1項により担保契約に基づく**損害賠償義務**を契約の相手方に対して負う（*BGH* NJW 1989, 1732参照）。損害賠償請求権は、復帰的移転請求権者に帰する。

例（*BGH* NJW 2013, 2894）：土地所有者Eは、銀行Bのために第1順位の保全土地債務を設定し、銀行Sのために後順位の土地債務を設定した。Eは、担保契約においてSに優先する土地債務すべての（将来の）返還請求権をSに譲渡していた。SはBにこの譲渡を通知した。それにもかかわらず、Bは、その後、自らはわずかな金額の貸金債権の担保にしか用いなかった土地債務をDに譲渡し、Dはそれを担保にして新たな貸付けをした。Bが土地債務を譲渡したことで、その有責行為によりSの（一部）復帰的移転請求権の履行が不能となったことから、Bは、275条1項・4項、280条1項・3項、283条に基づいてSに対する損害賠償の責任を負う。

土地債務が特定の貸金債権しか担保せず、新たな貸付けのためにその土地債務を転用することも予定されていないときは（Rn. 22）、担保設定者は、その選択した方法で（Rn. 27）土地債務の**返還を受けることとと引き換えに**支払を給付すればたりる（*BGH* NJW 2014, 3772）。担保契約に別段の定めのないときは、土地債務は、担保設定者の求めに応じて**その一部であっても返還**されなければならない。ただし、担保目的の消失をもたらす永久的な過剰担保の発生がその要件となる（BGHZ 197, 155=NJW 2013, 2894. さらに *BGH* NJW-RR 1990, 455）。 29

土地債務権者は、〔所有者からの〕復帰的移転請求または抹消請求に対して**抗弁**および抗弁権を主張することができる場合がある。しかし、担保目的で担保することを予定していなかった債権について273条の履行拒絶権を主張することはできない。これを認めると担保合意に反して担保目的を拡張してしまうからである（*BGH* NJW 2000, 2499）。

復帰的移転義務の代わりに、被担保債権の消滅にともない土地債務も消滅するとの内容の**解除条件**を合意することは**できない**。しかし、当事者が担保契約において**解除権**を留保することは可能である。あるいは、323条・324条による法定解除権の行使も許される。解除権が行使されると、土地債務は346条により復帰的に移転する。

土地債務権者が第三者に土地債務を譲渡することも、土地債務の適法な**換価**である。復帰的移転請求権は、その譲渡時に消滅する。こうして消滅した復帰的移転請求権は、土地債務権者が土地債務を第三者から再取得したとしても復活しない（*BGH* NJW 1979, 717）。しかし、復帰的移転請求権が消滅す 30

る代わりに、土地債務の責任額を超える余剰譲渡益の返還請求権が生じる（たとえば *BGH* NJW 1992, 1620）。

3．土地債務権者に対する支払の法的効果

31　土地債務権者に対する給付の法的効果については、支払が土地債務と債権のいずれに対するものなのかという点と、誰が支払をしたのかという点からの検討が加えられなければならない。これらの観点も担保契約によって規律される。

a）所有者でもある債務者が土地債務に対して支払った場合　土地債務に対する支払がされると、法律上当然に**所有者土地債務**が成立する（1177条。Rn. 7・8）。これによって土地債務権者は土地債務を失い、所有者は土地債務の訂正請求権または抹消請求権を取得する（Rn. 15）。さらに、所有者と債務者が同一人である場合に土地債務に対する支払がなされると、担保約定の目的に従い、原則として被担保債権も消滅する（*BGH* NJW 1980, 2198）。

32　**b）所有者が土地債務に対して支払った場合**　これに対して、債務者とは別人である所有者が支払をしたときは、債権は消滅しない（BGHZ 80, 228; *BGH* NJW 1987, 838）。この場合には、たしかに抵当権が債権を担保していた場合とは異なり、1143条（§27 Rn. 28）による法定の債権移転は生じない（BGHZ 105, 154, 157; *BGH* NJW 1989, 2530, 2531）。しかし、支払をした所有者は、担保契約に基づいて債務者に対する債権の**譲渡**を土地債務権者に請求することができる。したがって、所有者は、その債権に基づいて自ら債務者に責任を追及することができる。

すでに土地債務に基づいて債権相当額の金銭を受け取っているにもかかわらず、債権を行使した土地債務権者は、債務者との関係で信義に反する行為をしたこととなる（BGHZ 105, 154, 157; *BGH* NJW 1989, 2530, 2531）。もっとも、別段の合意をすることは可能である。特に、所有者は、土地債務によって得た金銭をもともと担保されていた債権とは別の債権に充当することを土地債務権者と合意することができる（BGHZ 105, 154, 157f.）。

33　**c）債権に対する支払**　債権に対して支払がされたときは、土地債務はそのまま存続する。たしかに、債務法上の復帰的移転請求権が生じる（Rn. 27

以下）。しかし、土地債務権者がこの復帰的移転請求権に対して抗弁および抗弁権を主張することができる場合もある。あるいは、土地債務を他の債権の担保に転用する合意を交わすことも可能である。

d）解釈 実際の紛争では、土地債務と債権のいずれに対する支払であるかを確定することが困難な場合もある。金融機関の担保契約には**支払特約**が置かれているのが通常である。この特約によって支払は債権に対してのみ行われたものとみなされる。連邦通常裁判所（WM 1968, 371）は、銀行が土地債務権者である場合における土地債務に対する支払は経験則に反するとの考えさえ前提とする。しかし、支払特約があるとしても最終的な決め手となるのは、所有者が支払時に表明した**意思**である（BGH NJW 1976, 2340; BGH NJW-RR 1989, 1036）。ただし、土地債務権者は契約に反して提供された給付を拒むことができる。債権と土地債務のいずれに対する給付であるのかにつき明示的な指定がないときは、諸般の事情に基づいて（とりわけ利益状況を基礎としつつ、さらには合意された諸々の取決めも斟酌したうえで）いずれに充当する給付が意図されていたかを探求する必要がある（BGH NJW 1983, 2502, 2503. これについては Coester, NJW 1984, 2549 も参照）。所有者は、土地債務権者が1147条により土地債務に基づく執行に着手するとただちに、執行を回避するために土地債務に対する支払をする権限を取得する。所有者は、担保契約に〔所有者は債権に対して支払をするという〕反対の特約があったとしても、常にその権限を取得する（BGH NJW 1986, 2108, 2112）。というのも、（1192条1項が準用する）1142条〔抵当不動産の所有者の弁済権〕の適用は、〔合意によって〕排除することができないからである。土地所有者が倒産した場合における倒産管財人の支払も、原則として土地債務に対して給付されたものとみなされる（BGH NJW 1994, 2692）。

34

4．担保契約に基づく抗弁権

土地債務権者が担保契約に基づく自己の義務に反して土地債務を行使したときは、所有者は、これに不服を述べることができる。義務に反する実行を忍容する謂れはないからである。このように担保契約は、所有者にとって義務違反を理由とする不服に関する抗弁権の基礎となる（前述 Rn. 21・27参照）。

35

担保契約の締結後に土地が譲渡された場合において、この譲受人にも抗弁権が帰するのは、譲受人が相応の権利を土地の譲渡人から譲り受けていたか、担保契約に加入することで取得していたときに限られる（BGH NJW 2003, 2673参照）。

担保契約からは多数の抗弁権が生じうる。特に次のものが重要である。
・貸金未交付の抗弁権
・土地債務の実行期未到来の抗弁権
・復帰的移転義務の抗弁権
・さらに担保契約が無効なときは821条の抗弁権も考えられる（Rn. 21）。

36 **a）貸金未交付の抗弁権**　貸金未交付の抗弁権は、貸金がまったく交付されていないか、その満額が交付されていないため、その限りで被担保債権が存在しないにもかかわらず、土地債務が行使された場合に生じる。たしかに、土地債務は、物権として債権に依存することなく存在しうる。しかし、債権の担保に必要な範囲を超えて土地債務を行使した土地債務権者は、担保契約に基づくその義務に違反する。

　例：Eは、10万ユーロの事業資金を借り受けることと引き換えに、自らの取引銀行Bのために同額の保全土地債務を自己の土地に設定した。ところが、数年が経ってもその半額（5万ユーロ）までしか貸金の交付を求めなかった。景気が悪化したため、Eは返済に窮するようになったが、BはEへの追加融資を断わり、土地債務を告知したうえで10万ユーロを限度とする土地への強制執行の忍容をEに請求した。Eは、これを容認しなければならないのか。
　本件のEは、土地債務に基づく物的な訴えに対して、5万ユーロを限度とする貸金未交付の抗弁権を主張することができる。請求は、その限度で理由がないものとして棄却される。担保契約が双務契約である場合において、Eが貸金の交付をまったく受けていないときは、貸金未交付による同時履行の抗弁権（320条）も主張することができる。

37 **b）復帰的移転義務の抗弁権**　復帰的移転義務の抗弁権は、土地債務権者が担保契約に基づいて所有者に土地債務を復帰的に移転する義務を負うにもかかわらず、土地債務を行使した場合に生じる。たとえば、債権がすでに弁済されており、土地債務が別の債権の担保に転用されてもいないとする。債権が弁済されることで、目的を定める意思表示（Rn. 22）によって定められ

た担保目的が消失するため、土地債務権者は復帰的移転義務を負うようになる。したがって、〔それにもかかわらず土地債務権者が土地債務を行使したときは〕上記抗弁権が生じる。復帰的移転義務の抗弁権の基礎は、担保契約に求められるのが普通である（Rn. 27・28）。だが、この抗弁権は、担保契約の解除を原因とする346条の復帰的移転請求権に基づいても生じうる。担保契約が無効な場合には812条1項1文第1事例・821条に基づく抗弁権が生じる。これと同様に、担保契約によって抹消義務を負うにもかかわらず、土地債務を行使した土地債務権者に対しては、抹消義務の抗弁権を主張することができる。所有者は、永久的抗弁権を有する限り、1192条1項・1169条により土地債務の抹消を請求することができる。担保契約とこれに基づく抗弁権の存在に関する証明責任は、土地債務の目的土地の所有者に課される（BGH ZIP 1991, 432）。

5．土地債務と債権の譲渡

a）単独譲渡の可否 保全土地債務は、譲渡が413条・399条により禁じられていないときは、一般規定（1192条1項・1154条）により譲渡することができる。そのような禁止は、土地債務の担保目的のみからは生じない（BGH NJW 1972, 1463. 反対説として MünchKomm/*Eickmann*, §1191 Rn. 98）。むしろ、明示的に譲渡の禁止を合意し、土地登記簿にその旨を登記しなければならない。土地債務とともにその被担保債権を譲渡することもできる。けれども、保全土地債務には**1153条**〔被担保債権の移転にともなう抵当権の移転〕は**適用されない**。保全土地債務は、抵当権とは異なり、法律ではなく担保契約によって債権的に債権に縛り付けられているにすぎないからである。このため、債権と保全土地債務は、互いに分離され、それぞれ別の譲受人に譲渡することができる（いわゆる単独譲渡）。

38

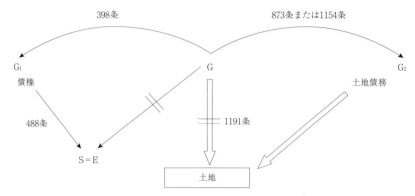

39 **債権**の単独譲渡は、原則として**399条により無効とはならない**。なぜなら、債権と保全土地債務の目的拘束は、担保契約の債権的な内容であるにすぎず、399条が求めるような債権の内容ではないからである（*BGH* NJW-RR 1991, 305や *Vogel*, JA 2012, 887での例題も参照）。土地債務権者は、債権の単独譲渡をすることで担保契約に基づく義務に違反し、損害賠償義務を負う可能性がある（280条1項、*BGH* NJW-RR 1987, 139, 141）。しかしそうだとしても、債権譲渡は有効である。このため、所有者と債務者を二重の請求から保護することが必要となる。

40 **b）債権の行使からの保護** 債権のみがその譲受人によって行使されたとしても、債務者である所有者は、次の場合には**273条の履行拒絶権**によって弁済を拒むことができる。すなわち、土地債務権者が担保契約に基づく義務に従って土地債務を復帰的に移転し、かつこれに必要な書面（特に土地債務証券と訂正同意書〔民法典894条、土地登記法19条〕）を交付することができない状況にあるときは、弁済を拒める。この担保契約に基づく抗弁権は、土地債務の譲渡後には404条〔債権譲受人に対する債務者の抗弁〕によりその譲受人に対しても主張することができる（*BGH* NJW 1982, 2768）。

41 債権の**一部**だけが**弁済期にある**が、債権全額の弁済があるまで復帰的移転請求権は発生しないとの定めが担保契約にある場合に難しい問題が生じる。すでに債権の大部分が弁済されており、もはや土地債務権者に当初の土地債務の額面による担保の必要が認められないときは、そのような合意は、事案によっては過剰担保を理由に良俗違反となる（§15 Rn. 30）。良俗違反となるときにまで復帰的移転

請求権の成立を否定する合意は無効となろう。だが、その合意が無効とされないときは、273条の履行拒絶権は債務者に帰属しない。それでも、債務者が担保権者に対して、担保契約違反を理由とする損害賠償請求権を有するのであれば、406条〔債権の譲受人に対する相殺〕により、これを自働債権とする相殺を新債権者に対しても主張することができる。

債権の一部が行使されたとしても、債務者は、債権のうち弁済期にある部分すべてを弁済することが可能であり、その用意があるときは、273条の**履行拒絶権**を主張することができる（BGH NJW 1982, 2768）。

c）**土地債務の行使からの保護** 債権がすでに弁済されているため、当初の土地債務権者または土地債務の譲受人が債権を有しないまま土地債務を行使したときは、所有者は、その行使に対して不服を述べることができる。所有者は、406条から408条までの抗弁権を1156条〔抵当不動産の所有者と抵当権で担保される債権の譲受人との間の法律関係〕に基づいて主張することはできない。しかし、担保契約に基づく**復帰的移転義務の抗弁権**は有する（Rn. 37）。債権に対する一部給付が行われただけでは復帰的移転請求権は生じないとの合意があるとしても、所有者は、常に、一部給付をした限度において**貸金未交付の抗弁権**を主張することができる。土地債務は、その限度においてはもはや債権を担保していないからである（Rn. 36）。 42

ただし、目的を定める意思表示（Rn. 22）によって土地債務が別の債権を担保することになっていないことが上記2つの抗弁権の要件となる。被担保債権がもはや生じないことから担保目的が達せられたという場合であれば、所有者は、1192条1項・1169条により土地債務の抹消を請求することができる。そのような場合でなければ、土地債務は、担保目的に基づいて担保することとなっている債権を担保し続け、1192条1項・1147条に基づいて行使されうる（例として BGH NJW-RR 1991, 305; NJW 2013, 2894）。

土地債務権者（譲渡人）と所有者との間に存在する担保契約に基づく**抗弁権**は、**1157条1文**〔抵当権に対する抗弁権の存続〕に基づいて、土地債務の**取得者（譲受人）に対しても**主張することができる。抵当権に関しては、1157条2文、892条により、善意取得による抗弁権の切断も生じることがある一方で、保全土地債務に関しては、現在は1192条1a項1文後段により、 43

そのような抗弁権の切断が否定されている（かつての法状況については本書第24版§29 Rn. 41）。1192条1a項1文後段により1157条2文は保全土地債務に適用されないこととなっているのである。したがって、保全土地債務の善意取得による抗弁権の切断は——取得者が善意であるか否かにかかわりなく——担保契約に基づく抗弁権には生じない。

44　このことは、一方で、土地債務の譲渡時にすでに完全に成立要件を満たしていた抗弁権には妥当する。そのような抗弁権の例として、**貸金の全部または一部未交付の抗弁権**（*BGH* NJW 2014, 550参照）、土地債務の譲渡前における被担保債権の全部または一部の消滅の抗弁権、あるいは被担保債権の弁済期未到来または猶予の抗弁権がある（BR-Drs. 152/08, S. 15参照）。問題は、担保契約の無効を原因とする821条に基づく抗弁権（Rn. 21）にも1192条1a項1文を適用することの可否である。厳密に考えるならば、それは「担保契約に基づく」抗弁権ではない。821条が適用されるような事案では有効な契約が存在しないはずだからである。しかしながら、立法者が意図した所有者の保護に鑑みるならば、そのような場合であっても1192条1a項1文を拡張解釈し、これを821条に基づく抗弁権にも適用するほうが多分に説得力をもつ（*Bülow*, ZJS 2009, 1, 5も同旨。反対説として *Dieckmann*, BWNotZ 2008, 166, 176）。

　　例：Eは、10万ユーロの事業資金を借り受けることと引き換えに、自らの取引銀行Bのために同額の保全土地債務を自己の土地に設定した。ところが、数年が経ってもその半額までしか貸金の交付を求めなかった。Bが土地債務を満額でGに譲渡したが、債権は譲渡していない。この場合のGは、その後、土地債務を満額で行使することができるか。
　　本件のEは、土地債務の行使に対して貸金の一部しか交付を受けていないとの抗弁権を担保契約に基づいてGに主張することができる。Gは、1192条1項・1157条2文に基づく土地債務の善意取得による抗弁権の切断を援用することはできない。1192条1a項が保全土地債務への1157条2文の適用を排除しているからである。

45　1192条1a項1文は、さらに「**担保契約から生じる**」**抗弁権**にも妥当する。そのような抗弁権に当たると考えられるのは、担保契約に定められてはいる

§ 28. 土地債務　579

ものの、譲渡時にはその要件がまだ（完全には）満たされていなかった抗弁権である。1192条1a項1文を適用することからの主な帰結としては、保全土地債務の譲渡後に旧土地債務権者に対して被担保債権の全部または一部を弁済した所有者がこれによる不服を述べられることがある（Palandt/*Bassenge*, § 1192 Rn. 3）。これと同様に、所有者は相殺を援用することもできる（Baur/*Stürner*, § 45 Rn. 67d）。

例：（Rn. 44の例を参照）銀行BがEに土地債務をGに譲渡した後、EがBに対して自己の有する債権と貸金債権を相殺する旨の意思表示をした。Eは、これによって488条1項に基づくBの債権が消滅した範囲で、これを1157条・1192条1a項1文によりGにも主張することができる。1192条1a項1文後段のため、Gは自身が善意であったことを理由にBの主張を退けることはできない。

1192条1a項のルールは、**2008年8月19日より後**になされた、あらゆる土地債務の譲渡その他の方法による取得に適用する（民法典施行法229条の18）。基準となるのは、すべての取得要件が満たされた時点である。譲渡による取得については、土地債務がもともと上記日付以前に設定されたものでも〔譲渡がそれ以後に行われているのであれば〕よい。上記の基準日以前に第三者が保全土地債務を善意取得することによって切断された抗弁権は、永久にその効力を失う。基準日よりも後に（「悪意」の譲受人に対して）転譲渡されても、一度失効した抗弁権が復活することはない（*BGH* NJW 2014, 550）。

もっとも、1192条1a項が規律するのは、**担保契約に基づく抗弁権だけで**ある。土地債務に対して所有者が有するその他の抗弁権には、1157条1文・2文の原則がそのまま妥当する。したがって、そのような抗弁権については善意取得によるその切断も生じる。たとえば〔設定の合意の瑕疵を理由とする〕土地債務の物権としての存否に関する抗弁がそれに該当する。さらに、1192条1a項1文は、保全土地債務にしか適用されない。これ以外の土地債務には、1157条2文の適用が否定されない。このため、善意取得による抗弁権の切断を阻むために相応の抗弁権を土地登記簿に登記しておくことが重要となる。

46

事例34―危ない投資家：Mは、事業を興すことを望み、10万ユーロの開業資金を必要とした。その父Vが自己の土地に貯蓄銀行（B）のための証券土地債

47

務を担保として設定することに応じた。BV間の契約には、その土地債務がBのMに対する貸金債権を担保するとの定めがある。土地債務には利息が付されるとの定めもあり、また〔契約書には〕土地債務は「ただちに実行期が到来する」とも記されている。〔その後〕土地債務は土地登記簿に登記された。土地債務証券が交付され、Bに引き渡された。それから2年後、Bは信用事業の全部を金融機関系の投資家Fに譲渡した。この譲渡されたもののなかにはBのMに対する債権と土地債務も含まれていた。それらは書面による合意によってFに譲渡され、土地債務証券も引き渡された。Mは、このことに関する通知を受けていなかったため、譲渡が行われてからすぐ後に最後の割賦金の支払をBに対して行い、これによって貸金債務の弁済を終えた。FがVに対して6か月の告知期間を〔おくことを〕守ったうえで土地債務の告知をした。Fは、その期間が満了したならば、Vに対して土地債務に基づく請求をすることができるか。

解決へのすじみち：

Fは、1147条・1192条1項に基づく強制執行の忍容請求権をVに対して有するか。

1. まず、証券土地債務がVの土地に有効に設定されていることがその要件となる。

a) BとVは、10万ユーロの証券土地債務をVの土地に設定することを合意している（873条1項・1191条1項）。

b) また、土地債務は、土地登記簿に登記されている（873条1項・1115条1項・1192条1項）。

c) 証券土地債務を設定するのに必要なBへの証券の引渡しも行われている（1116条1項・1117条1項1文・1192条1項）。

d) Vが土地所有者としての権限および処分権を有していることを疑わせる事情はない。

2. 次に、土地債務が有効にBからFに移転している必要もある。これを認めることができるか。

a) 事実関係によれば、BからFへの土地債務の「譲渡」が行われている。当事者は、これによって土地債務の移転を合意していた。この場合、抵当権と同様に、398条・413条・1154条・1192条1項に基づく譲渡が行われているのか（そう解する例として Bismarck, JA 2011, 652, 654）。それとも873条1項第3事例にいう処分があるのか（そのようにみるのが通説である）。理論上の争いがある。だが、どちらの見解を採るかを決める必

要はない。というのも、この見解の対立は、結論の違いに結び付かないからである。いずれの見解も、それ以外の点には抵当権に関する特則を1192条1項により準用する。
b）求められる書面の方式（1154条1項・1192条1項）は遵守されている。
c）土地債務証券はBからFに引き渡されている（1154条1項1文・1117条1項1文・1192条1項）。
d）Bも、土地債務権者として土地債務を処分する物的な権限を有している。以上から、Fへの土地債務の有効な譲渡があったといえる。

3．実行期

土地債務は実行期になければならない。これはどうか。〔BV間の〕契約によれば、土地債務は「ただちに実行期が到来する」こととなっている。たしかに即時に実行期を到来させる合意は、1193条2項1文の定めによれば原則として許される。しかし、保全土地債務には例外が妥当する。すなわち、保全土地債務については、1193条2項2文・1項3文に基づく6か月の告知期間に反する取決めをすることが許されない。

a）本件においては、Vの設定した土地債務が保全土地債務であることを前提に検討を進める必要がある。本件土地債務は銀行の貸金債権の担保として銀行のために設定されたものである。このような事情のもとでは、原則として当該土地債務は保全土地債務として扱われる（*BGH* ZIP 2014, 817）。さらに、BV間の合意においては、土地債務をMの貸金返還債務の担保として設定することが明言されてもいる。
b）土地債務を告知する意思表示は行われている。
c）Fは、6か月の告知期間をおいたうえで告知を表明している。したがって、1193条所定の法定期間を守っている。土地債務の実行期を即時に到来させようとする無効な定めは、土地債務の設定全体の無効を来さない（139条後段〔一部無効〕参照）。むしろ、そのような無効な定めがあるときは、自動的に法定期間が妥当する。

4．抗弁権または抗弁がFのVに対する請求を阻めるか。

a）土地質権そのものに基づく抗弁または抗弁権の存在は明らかでない。
　　　土地債務は有効に設定されている。（付従性のない）土地債務の存立は、債務者Mによる貸金債務の弁済やその消滅による影響を受けない（Rn. 33参照）。
b）債権債務関係から生じる抗弁または抗弁権をVが担保契約に基づいて土

地債務に対して主張することの可否は、検討の余地がある。

aa) 土地債務の目的土地の所有者は、抵当地の所有者とは異なり、債務者が債権に対して有する抗弁を1137条に基づいて主張することはできない。土地債務には付従性がないからである。1137条は土地債務に適用されない（Rn. 2参照）。

bb) Vが貸金債務の弁済を1192条1a項・1157条1文に基づきFに対して主張できる可能性はある。

1192条1a項1文によれば、所有者は、旧土地質権者との間の担保契約に基づいて土地債務に対し自らが有する抗弁権や、担保契約から生じる抗弁権を土地債務の譲受人にも主張することができる。この点で1192条1a項の規律は、結果として、担保契約は相対的な効力しか有しないという原則を破る。

こうして（明示的または黙示的に締結された）担保契約からは、土地債務権者は債権担保のためにしか土地債務を行使することができないことが明らかとなる。債権がまだ存在する範囲でしか土地債務を行使することが許されないことも導かれる（*BGH* NJW-RR 2003, 11, 12. 上述 Rn. 23参照）。このため、貸金債務の（一部または全部の）弁済は（弁済額に応じた）契約上の返還請求権を生じさせる。したがって、土地債務の行使に対しては、返還請求権の抗弁権を主張することができる。以下では、本件でそれに必要な要件が満たされているかどうかを検討する。

すでに確認したように、本件の土地債務は保全土地債務である。

被担保債権は弁済されている（362条）。このことからは、担保契約に基づく弁済の抗弁権ないし返還請求権の抗弁権が導かれる。

ただし、この抗弁権の基礎となる債務の完済という事実が、Fへの土地債務の譲渡後に生じていることが問題となる。

しかしながら、1192条1a項1文前段は、〔これにより所有者が主張することのできる抗弁権を〕譲渡時に完全に現実化していた抗弁権に限定していない。むしろ、その規定は、譲渡後にはじめて生じたが、すでに担保契約において基礎づけられていた抗弁権にも及ぶ（BT-Drs. 16/9821 S. 16）。すなわち、1192条1a項1文前段は、担保契約から生じる抗弁権を一般的に規定する。このことは、所有者にすでに「帰属している」抗弁にしか及ばない1157条とは明確に異なる。それゆえ、Fは、現在までの間に被担保債権が消滅し、このことから返還請求権が生じているとの不服

を述べることができる。

cc) 1157条2文・892条・1192条1項に基づくFの善意取得による抗弁権の切断は、1192条1a項1文後段において明文で否定されている。

結論：土地債務に基づくFの請求権は、担保契約から生じる返還請求権の抗弁権によって阻まれる。Fは、土地債務に基づく請求をすることができない。

6．債務者と所有者の不一致

　土地の所有者と被担保債権の債務者は、多くの場合において同一人である。けれども、所有者が債務者ではない場合もある。 48

　妻が自己の土地に土地債務を設定し、これによって夫の債務を担保するといった場合がそうである（事例34も参照）。土地所有者が〔土地債務の存在する〕自己の土地を譲渡したが、この譲受人が債務を引き受けなった場合や、土地債務権者が債務引受に同意しなかった場合（415条・415条）にも所有者と債務者が別人となる。この場合の土地は、土地の所有者がその譲受人に変更しても土地債務を負担し続ける。その一方で、土地の譲渡人は被担保債権の債務者であり続ける。

　a）所有者の法的地位　土地債務権者に対する債務者や所有者の法的地位は、両者が別人の場合であっても、**所有者が担保契約を締結した一方当事者である**ときは、所有者と債務者が同一人である場合と同じである。したがって、所有者は、土地債務の不当な行使に対して貸金未交付の抗弁権と復帰的移転義務の抗弁権（Rn. 35）を担保契約に基づいて主張することができる。さらに、担保目的が達成された後は、土地債務の復帰的移転を請求することができる。ただし、所有者が被担保債権に基づく請求を受けることはない。 49

　これに対して、たとえば、土地債務の設定後に土地が譲渡されたという理由から、土地所有者**自身が担保契約の当事者でない**ときは、土地の所有者〔である譲受人〕は土地債務に基づく責任のすべてを負う（強制競売で土地を取得した者について BGH NJW 2003, 2673参照）。その者が復帰的移転請求権、抗弁権その他担保契約に基づく権利を主張することができるのは、それらの権利を**自ら譲り受けた**場合か、契約引受を通じて承継した場合に限られる。土地の取得者は、土地所有権を取得したとしても、これにともなってそれらの権利を自動的に取得するわけではない。もっとも〔土地の〕売買契約からは、 50

それらの権利の譲渡義務が生じる。

51　売買契約に返還請求権を**譲渡する旨**の黙示の意思表示が含まれることがある。土地の譲受人が414条・415条の免責的債務引受によって、与信をした銀行に対して譲渡人の負う貸金返済義務を引き受けたときは、通常、上記の黙示の意思表示が認められる（*BGH* NJW 1983, 2502, 2503）。この場合における意思表示は、債務の弁済を停止条件として返還請求権を譲渡しようとするものと解釈することができる（*OLG Karlsruhe* NJW-RR 2012, 146）。このことに加えて、土地の譲受人は、譲渡人と土地債務権者との間における第三者のためにする契約（328条）によって復帰的移転請求権を取得することもできる。このような復帰的移転請求権は、特に住居所有権を取得しようとする者のために、融資をした銀行によって用意される（例として *BGH* NJW 1976, 2340, 2342. 同1976, 2213も参照）。

　土地の取得者が担保契約に基づく抗弁権をもたないことから土地債務に対する支払をした場合については、その取得者が債務者に対して支払義務を負っていたかどうかに応じた区別が必要である。たとえば、土地の取得者は、売買代金と差引計算をして土地債務を引き受け、または競売で土地を買い受けるにあたって土地債務を引き受けることで（競売法44条・49条・52条。これについては *BGH* NJW 2003, 2673）支払義務を負うようになる。これらの場合における土地債務に対する支払は、売買代金または競売での買受代金の一部として取得者が負担する。取得者が債務者に対して支払義務を負っていなかったときは、支払によって債務者がその債務から免れた限度で債務者に対する不当利得返還請求権が取得者に帰する（義務解放利得）。債務者がその義務に反して担保契約に基づく権利を取得者に与えることを怠ったときは、損害賠償請求権が発生することもある。

52　**b）所有者と債務者との間での求償権**　所有者と債務者のどちらが土地債務権者に支払をしたか。これ次第で、所有者と債務者との間に求償権が生じうる。内部関係においていずれが土地債務権者に支払をする必要があったのかが求償権の成否を決する基準となる。求償権が発生するのは、債務者または所有者が内部関係では土地債務権者に対する支払義務を負っていないにもかかわらず、その支払をした場合に限られる。

　　例：Kは、Eから土地を譲り受けたが、その土地にはGの債権の担保として10万ユーロの土地債務が設定されていた。〔土地の〕売買代金は25万ユーロである。Kは、そのうち15万ユーロをEに支払うほか、Eを債務から免れさせるために、G

に10万ユーロを支払う義務を〔Eに対して〕負うこととなった。Kは、現在すでに土地登記簿に所有者として登記されてはいるが、自らの支払義務を果たしていない。このため、Eが10万ユーロの金をGに支払わなければならなかった。Eは、Kに対していかなる権利を有するか。

本件の債務者Eは、Kに対して損害賠償を請求できるにとどまらない。それどころか、債権に対する支払をし、かつ自己の復帰的移転請求権をKに譲渡していなかったのであれば、Gとの間で締結した担保契約の当事者として、土地債務の自己への復帰的移転をも請求することができる。Eは、この請求によってKに対する損害賠償請求権の担保としてKの土地を目的とする土地債務を取得する。このため、Eは、KがGに満足を与えていない間は、自己の復帰的移転請求権をKに譲渡するべきではない。Eが土地債務に対する支払をしたときは、Kが法律上当然に土地債務を所有者土地債務として取得する（Rn. 12）。Eは〔債務を負う者としてこれを弁済する権利を有するが〕268条〔第三者の弁済権〕に基づく〔土地債務に対する〕弁済権を有しないからである。この場合のEは、売買契約の補充的解釈によって、Kに対して、売買代金の未払金を支払うことか、残代金債権を担保するために土地債務を移転することを請求することができる。

以上とは反対に、**債務者が支払義務を負っていた**にもかかわらず、**所有者**が土地債権者に**支払をした**ときは、抵当地の所有者が支払をした場合とは異なり、1143条による法定の債権移転は生じない（Rn. 32も参照）。しかし、所有者は債務者との間の支払委託の合意に基づいて債務者に対する求償権と損害賠償請求権（これについては *BGH* NJW 1994, 2692も参照）しか取得しないというわけではない。担保契約の当事者であった所有者には、土地債務権者が債務者に対して有する債権の譲渡を土地債務権者に請求する権利も担保契約に基づいて生じる。この請求権は、特に、〔土地債務権者〕Gが有していた債権のために別の担保が存在し、所有者への債権譲渡にともなって、その担保も所有者に移転する（401条）場合に意義を有する。また、所有者は、担保契約の当事者として土地債務の復帰的移転を請求することができる。その請求権を譲り受けたときも同様である。

連邦通常裁判所は、土地債務が複数の債務者に対する**連帯債務**を担保していたところ、その弁済をした連帯債務者が、他の連帯債務者に求償することが可能であり、このため土地債務権者から426条2項によりその債権を取得したという事案で、401条の類推適用により土地債務権者に対する土地債務の譲渡請求権を弁済者に認める。弁済をした連帯債務者が担保契約の当事者でないとしても、この結論に変わりはない（*BGH* NJW 1981, 1554. *Reinicke/Tiedtke*, NJW 1981, 2145はこれに反対する）。

7．復帰的移転請求権の財産価値

54　**a）復帰的移転請求権の譲渡**　所有者が担保契約、346条または812条に基づいて土地債務の復帰的移転請求権を有する場合（Rn. 27）、この請求権はしばしば、他の債権者がそれを攫取することを望むほどに大きな財産価値をもつことがある。復帰的移転請求権は、支払を停止条件とする**現在の請求権**であって、**将来発生する請求権ではない**（*BGH* NJW 1977, 247）。このため、他の債権者は、その請求権を自己の債権の担保として所有者から譲り受けることができる。

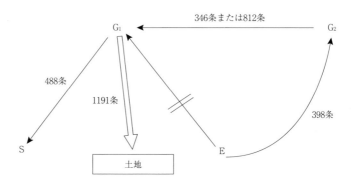

　G_2は、土地債務を自己に移転することを請求できる。これによって、同時に1179a条の適用を防げる。この場合には所有者土地債務が生じないからである。しかし、復帰的移転請求権は、担保契約の定めに即して存在するにとどまる。取引関係から生じる現在および将来の請求権すべてを担保するという包括的な目的を定める意思表示が担保契約に含まれるときは（Rn. 22参照）、復帰的移転請求権は、はるか先の将来にならなければその効力を生じない。復帰的移転請求権の取得者（譲受人）は、新たな債務者の加入からも保護されない（*BGH* LM H. 2/1992 §418 BGB Nr. 1）。復帰的移転請求権の譲渡には原則として、土地債務の廃止請求権および抹消請求権ならびに1192条1項・1169条〔減権的抗弁権を理由とする抵当権の放棄請求権〕に基づく請求権の譲渡に関する黙示の意思表示も含まれる。

55　1192条1項・1169条に基づく請求権の譲渡は重要である。なぜなら、原則として414条・415条による債務引受がされなくても、法律上当然にその時点における

土地債権者がその請求権の相手方となるからである。これに対して、担保契約に基づく346条または812条による復帰的移転請求権を土地債務の譲受人に主張することができるのは、この譲受人が414条または415条により復帰的移転義務を引き受けていた場合に限られる。そして、この引受けが諸般の事情から黙示の意思表示によって合意されていたとみることは原則として許されない（BGH NJW 1985, 800, 801）。

所有者に対する債権者は、所有者の復帰的移転請求権を**差し押さえる**こともできる（民訴法857条）。〔被担保債権が弁済されると〕差押えが行われていても、土地債務は所有者に移転する。しかし、復帰的移転請求権を目的とする差押質権は、1287条に基づき土地債務を目的とする質権に転換する。 56

夫婦が共有する土地に土地債務を設定したときは、**復帰的移転請求権**についても原則として741条以下による夫婦の持分共同関係が生じる。これには特に754条2文〔共同債権の取立て〕も適用される（BGH NJW 1982, 928）。その後、一方配偶者が（離婚をきっかけとする換価分割の競売で）土地を買い受けてその単独所有者となったときは、他方配偶者は、土地債務の復帰的移転と土地債務の分割に協力することを買受人となった配偶者に請求することができる。この場合の他方配偶者は、自己に帰属する一部土地債務に基づいて1147条・1192条1項により土地債務を行使することができる。直接的な支払請求権が「離脱した」配偶者に帰属することはないし、信義則（242条）からそれが生じることもない。しかし、土地所有者である配偶者は、土地への強制執行を1142条による支払によって回避するかどうかの選択権を有する（BGHZ 187, 169）。

b）復帰的移転請求権の行使　復帰的移転請求権を有する者は、土地債務の復帰的移転を受ける代わりに、875条・1183条・1192条1項により、土地債務の廃止と土地登記簿からのその抹消を請求することもできる。 57

これは、すべての後順位の権利の順位昇進をもたらしてしまう（§26 Rn. 11）。たとえば、第1順位の土地債務に関する復帰的移転請求権が第3順位の土地債務権者に移転している場合において土地債務が廃止されると、第3順位の土地債務が第2順位に昇進する一方で、復帰的移転請求権の移転を受けていなかった第2順位の土地債務が第1順位に昇進してしまう。このため、復帰的移転請求権の取得者〔である第3順位の土地債務権者〕にしてみれば、第1順位の土地債務を存続させ、それを自己に移転することを請求したほうが都合がよい。この場合、復

帰的移転請求権の取得者は、もともと第3順位の土地債務で担保されている自己の債権を新たな土地債務で担保させることができる。このような行為は、原則として第2順位その他の土地債務権者に対する権利濫用とはならない（*BGH* NJW 1985, 800, 803）。

より深く学びたい人のために：*Buchholz*, Sicherungsvertraglicher Rückgewähranspruch bei Grundschulden, ZIP 1987, 891; *ders.*, Einreden gegen die Grundschuld, AcP 203, 786; *Bülow*, Die Sicherungsgrundschuld als gesetzlicher Tatbestand, ZJS 2009, 1; *Goertz/Roloff*, Die Anwendung des Hypothekenrechts auf die Grundschuld, JuS 2000, 762; *Löhnig/Schärtl*, Einreden aus dem Sicherungsvertrag gegen die Duldung der Zwangsvollstreckung — BGH, NJW 2003, 2673, JuS 2004, 375; *Meyer*, Einwendungen und Einreden des Grundstückseigentümers gegen den Grundschuldgläubiger nach neuem Recht, Jura 2009, 561; *Nietsch*, Grundschulderwerb nach dem Risikobegrenzungsgesetz, NJW 2009, 3606; *Reithmann*, Der Rückübertragungsanspruch bei Grundschulden, DNotZ 1994, 168; *M. Schwab*, Der Löschungsanspruch des nachrangigen Grundpfandgläubigers, JuS 2010, 385; *Wellenhofer*, Das Recht der Sicherungsgrundschuld nach dem Risikobegrenzungsgesetz, JZ 2009, 1077; *Weller*, Die Sicherungsgrundschuld, JuS 2009, 969.

事例研究: *Boemke-Albrecht*, Der praktische Fall — die bedingte Grundschuld, JuS 1991, 309; *Braun/Schultheiß*, Grundfälle zu Hypothek und Grundschuld, JuS 2001, 773; *Bukow/Vogelmann*, Der Bürge und der Grundschuldner, JuS 2001, 773; *Gottwald*, PdW, Fälle 143-176; *Gursky*, Klausurenkurs im Sachenrecht, Fall 16; *Koch/Löhnig*, Fälle zum Sachenrecht, Fälle 14-16; *Neuner*, Fälle 17-19; *Schanbacher*, Der überrumpelte Grundschuldner, JuS 1999, 44; *Vieweg/Röthel*, Fälle 36, 37; *Vogel*, „Die Grundschuld nach dem Risikobegrenzungsgesetz", JA 2012, 887.

第10章　利用権

§ 29.　役　権

I．役権と用益権との違い・役権の種類

　役権は、用益権とは異なり、土地または土地に準じる権利にしか設定する　1
ことができない。土地に準じる権利の例としては、住居所有権（たとえば
BGH NJW 1989, 2391; *BGH* NJW-RR 2003, 733）や地上権がある。また、用益
権が原則として目的物の用益全体を把握する（1030条）のに対し、役権は、
その権利者に土地の**個別的な**（1018条・1090条）**用益**や便益を供する（*BGH*
NJW-RR 2015, 208参照）。さらに、役権であれば、土地で一定の行為がなされ
ることを禁じることもできる。

　役権者が土地を包括的に用益する場合であっても、その対象が土地の一部分に
限られているときは、1018条・1090条にいう役権に基づく個別的な用益が存在す
る（*BGH* NJW 1992, 1101）。

　民法典は、役権を地役権（1018条）と制限的人役権（1090条）とに分ける。い
ずれの役権も同じ態様による用益を内容とする。それらの本質的な違いは、誰が
役権者となりうるかにある。

1．地役権

　地役権は、〔設定を受けた〕権利者その人にではなく、要役地の所有者に　2
帰属する。他人の土地（要役地）のために承役地に設定される権利だからで
ある。要役地所有者は、常に地役権者でもある。権利者その人が直接に地役
権者となるのではなく、要役地の所有権を介してはじめて地役権者となれる
ことから、地役権は、属人権の対として、**属物権**と呼ばれる。

属物権である地役権は、96条により要役地所有権の本質的構成部分となる。所有権から分離することはできない。このため、要役地が譲渡されると、地役権も要役地の譲受人に当然に移転する。

2．制限的人役権

3　これに対して、制限的人役権は**属人権**である。すなわち、権利者その人に帰属する権利である。その帰属は、権利者が土地の所有者であるかどうかに左右されない。

　制限的人役権を譲渡することはできない（1092条1項1文）。制限的人役権は権利者の法人格に結合するからである。しかし、役権の内容に反しない限り、たとえば使用賃貸借契約または用益賃貸借契約を介して、地役権に基づく権能の行使を他人に委ねることはできる（1092条1項2文）。法人に関する例外については、1092条2項・3項を参照。

3．所有者役権

4　役権の用途からすれば、役権によって土地を個別的に用益することができるようになるべき者は第三者のはずである。また、所有者はすでに自己の所有権に基づいて土地を用益し、その便益を享受することができる。それにもかかわらず、連邦通常裁判所は、所有者が自己の土地に役権を設定することを認めた。この所有者役権の設定は、これに対する経済的または観念的な必要性がある場合に許される（BGHZ 41, 209）。民法典は、1196条で所有者土地債務を定める。これに加えて、土地所有権と制限物権が同一人に帰したときは、889条により所有者名義の制限物権を存続させる。これらからして、所有者役権の設定を禁じてはいないのである。

　特に、所有者が自己の土地を譲渡しようとしている場合に、所有者役権に対する需要が生じうる。所有者は、譲渡に先立って地役権または制限的人役権を設定しておけば、譲渡後は譲受人の所有に帰した土地においてその役権を行使することができる。なかでも大手の施工業者が広めの土地に建物を建てたうえで、分筆を済ませた土地を順次に売却していく場合に、所有者役権による利益を受ける。施工業者は、所有者役権を事前に設定しておくことで、譲渡後も一定の関係において当該土地を用益することができるようになるのである。たとえば、譲渡した

土地を通行することができる。あるいは、その承役地における個々の行為（たとえば一定の建物を建てること）を禁じることもできる。

II．役権の設定

地役権と制限的人役権は、土地を目的とする権利であるから、873条に基づき物権的合意と土地登記簿への登記によって設定される。それらを設定する際には特定原則を遵守しなければならない。しかし、役権を行使するのに土地の一部分しか必要としないときは、設定時に具体的な行使場所を特定しておかなくてもよい。実際に行使された場所に特定される（*BGH* NJW 1984, 2210）。地役権の存続期間の上限は、制定法では予定されていない（*BGH* NJW 1985, 2474）。

5

III．役権の内容

地役権と制限的人役権による土地の負担には3つの異なる種類がある。すなわち、個別的な用益（Rn. 7）、一定の行為の禁止（Rn. 9以下）および所有者の権能の一部除外（Rn. 13）の3つがある。これに対して、積極的な行為や給付を所有者に義務付けることを役権の内容とすることはできない。所有者の法的な処分権を排除または制限する役権も同様である（137条〔法律行為による譲渡の禁止〕1文）。役権による排除や制限が許されるのは、所有者による現実の使用に限られる。

6

役権の内容は、純然たる物権の性質をもつ。〔無因の権利である。したがって、〕役権がいわゆる保全役権である場合においても、その存立は、特定の被担保債権に左右されない。役権が担保合意に基づいて一定の債務法上の作為請求権または不作為請求権を担保するときは、その行使は、保全土地債務と同じく、担保目的に債権的に拘束されるにとどまるからである。〔抵当権とは異なり〕担保目的による物権的な拘束は受けない（これに関しては*BGH* NJW 1988, 2364も参照）。

1．個別的な用益

役権者は、1018条・1090条により、承役地の所有者による干渉を受けるこ

7

となく、承役地を個別的に用益することができる。この種の役権は、**要役地と承役地が隣接する場合**によく用いられる。

　例：
　・土地所有者 G は、自己の土地からは直接に公道に至ることができない。そこで、(場合によっては有償で) その土地のために隣地通行権としての地役権の設定を受けることができる。こうして G は、地役権により、一定の指定がされた隣地の通路を往来することができるようになる。
　・これと同じく、水道や電線といった一定のライフラインを通す権利として〔役権を〕設定することもできる。あるいは、役権によって隣地の障壁等を工作物のための擁壁として共同使用することへの承諾を得ることもできる。

8　役権は、相隣法の域を超え、**遠隔地間で導管を通すための**基盤にもなりうる。たとえば、事業者は、役権を用いれば、他人の土地を取得するまでもなく、パイプラインや高電圧線を遠く離れた他人の土地に敷設する権利を確保することができる (例として BGH NJW-RR 2002, 1576)。

　砂利や粘土といった土地の構成部分の採掘も、**採掘権**としての役権が正当化する用益である (BGH NJW 2002, 3021)。

　さらに役権は、事業者がその生産物を**販売**するためにも用いられる。地役権と制限的人役権のいずれもがその目的のために使われる。そのような事業者に該当するのは、特にビール醸造業者や石油会社である。さらには、熱、ケーブルテレビその他物や役務を排他的に供給する権利〔としての役権を有する事業者〕も同様である (BGH NJW 2003, 733)。しかし、そのような排他的な拘束には、濫用行為に対するカルテル庁の監督によって限界が画される (競争制限禁止法19条)。

　制限的人役権の下位形態である1093条の**居住権**は、特殊な形態による居住目的での用益を可能とする (これに関しては BGH NJW 2013, 1156 ; 2012, 3572)。

2．個々の行為の禁止

9　役権は、所有権の内容からは本来許される個々の行為が承役地で行われることを禁じる権利をも権利者に与えることができる。そのような役権の設定を受けた者は、承役地を自ら用益することはできない。だが、役権に基づくことで承役地における他人の行為の不作為を求めることができる。

　この種の役権も、**要役地**と**承役地**が**隣接する場合**によく用いられる。土地の特

定の場所における建築を禁じたり、一定の方法によらない建築を禁じたりする役権がその例である。これらの役権は、隣地の通風、日照または眺望を保つために設定される（例として *BGH* NJW 2002, 1797）。もっとも、不作為義務は、承役地そのものの用益にかかわるものでなければならない。したがって、制限的人役権を設定することで承役地の所有者がその土地を通路として使用することを禁じることはできない（*OLG München* NJW-RR 2011, 1587）。

　行為を禁じる役権については、**競業禁止**と関連する問題がある。この問題は、特に、事業者が生産物を販売するために役権の設定を受けた場合に生じる。役権によって土地利用者に法律行為をも禁じることが許されるかどうかが問われる。　　10

　例：ビール醸造業者 B は、E の所有地に地役権の設定を受けた。その内容は次のとおりである。(1) B は、その土地で B のビールを提供する飲食店を〔第三者に〕経営させることはできるが、(2)他の醸造業者のビールが販売されることは許されない。

　連邦通常裁判所（BGHZ 29, 244）は、次のように述べた。役権による行為の禁止は、土地の所有権または利用権の行使内容とみなされる行為のうち、事実行為に限って許される。一般的な法律行為の自由および処分の自由の発露とみなしうる行為を禁止の対象とすることは許されない（137条 1 文も参照）。このため、本件における地役権に関しては、内容(1)を登記することはできても、内容(2)を登記することはできない。適切な判断であるといえる。

　これに対して、所有者がその土地で〔「特定の事業者のビール」といった形ではなく〕一般的に指定された商品〔ビールなら「ビール」〕を生産し、供給し、あるいは貯蔵することの禁止を役権の内容として合意することは許されよう（例として *BGH* NJW 1998, 2286）。事業活動全般または特定の種類の**事業活動**の禁止も適法である（*BGH* NJW 1984, 924）。ただし、この場合にも物権**特定原則**により、役権の内容の十分な特定が求められる。「騒音を出さない事業」しか行うことができないといった取決めでは漠然としすぎているであろう（*OLG München* NJW-RR 2011, 1461）。債務法上の義務負担行為や、その他地役権の内容には含まれない承諾によって一般的な禁止に例外を設けることはできる（BGHZ 74, 293）。　　11

　取引活動の拘束や競争の禁止〔の有効性など〕は、競争法の観点からは同時に競争制限禁止法19条と欧州競争法に基づいた検討を加える必要がある。取引活動に20年を超える債務法上の拘束を課すことは、常に良俗に反する（BGHZ 74, 293）。　　12

とはいえ、取引活動に対する債務法上の拘束を役権が保全役権（Rn. 6）として担保するときは、その拘束が無効であっても当然に役権も無効となるわけではない。役権の効力は債務法上の行為に左右されないからである。ただし、担保目的が消滅したときは、担保契約に基づいて役権の復帰的移転を請求する債務法上の権利が所有者に帰する（*BGH* NJW 1988, 2364; 1998, 2286）。

3．権利行使の除外

13　承役地の所有者が一定の権利を行使することが許されない旨も、役権の内容として合意することができる。この合意で主に想定される所有者の権利は、承役地の所有者が他の土地〔所有者〕に対して有する1004条の妨害排除請求権である。役権者は、〔妨害排除請求権の不行使が役権の内容として合意されているにもかかわらず、これが行使されたときは〕その行使に対して、約定の範囲内で不服を述べることができる。

このため、工業事業者は、役権に基づいて1004条・906条を根拠とするインミッシオンの不作為請求権を近隣住民から買い取ることができる。この買取りが行われると、承役地を所有する住民は、自己の不作為請求権を行使することができなくなる。これに対して、分譲マンションを第三者の休暇中の住まいとしてしか用いることが許されない旨を内容とする役権は、法的な処分権ではなく、現実の使用を制限するにすぎない（*BGH* NJW-RR 2003, 733）。

4．物的な便益と個人的な必要性

14　地役権と制限的人役権は、不必要に設定されるべきではない。正当な必要がある範囲に限り、かつその必要を満たすためだけに存在するべきである。このため、地役権の内容は、1019条により要役地自体に便益を供するものに限られる。要役地の現在の所有者にしか便益を供しない地役権や、要役地以外の土地にしか便益を供しない地役権は許されない。範囲にも同様の制限が加えられる（*BGH* NJW-RR 2003, 1237）。その便益は、通常の事情のもとにおける発生が見込まれるときは、将来のものであってもよい（*BGH* NJW 1984, 2157）。これに対して制限的人役権の範囲は、権利者の個人的な必要性に応じて定まる（1091条）。

15　例：

- 公道に接していない土地のために通行権として設定される役権は、公道への接続を当該土地のために確保するものであるから、土地自体に継続的な便益を供する。したがって、それを1019条により地役権として設定することができる（例として BGH NJW 1983, 115 も参照）。
- これに対して、弁護士または医師であるAが、隣地における同業者の開業を禁じる役権の設定を受けたときは、この役権は、Aという個人に便益を供するにすぎない。土地自体の用益に、現在の〔要役地の〕所有者が誰であるかにかかわらない便益をもたらすことはない。このため、上記の場合に地役権を設定することはできない。設定可能なのは、制限的人役権だけである。
- 公法上の規定に反しない限り、自治体が公の利益を代表することも適法な〔つまり必要性を満たす〕目的と考えられている（BGH NJW 1984, 924）。
- 1026条も無用な負担の回避を図る規定である。同条によれば、役権設定後に分筆された承役地の一部は、これが役権の行使に必要でない限り、その負担から免れる（例として BGH NJW 2002, 3021）。

5．状況の変化

特に地役権は、〔いずれ死に去る特定の者ではなく〕要役地に供することを目的とするため、要役地が（たとえば通行権としての）地役権を必要とする限り存続する。いつ消滅するかが分からないほど長期にわたって残存するのである。このため、古くから存在する役権が状況の変化に応じて内容を変じるか否か、変じるとしてその範囲はどれだけであるかという問題が生じる。

役権は、土地登記簿に定められている内容と範囲に照らして当初合意された用益の目的に変更を加えない限り、変化した状況に即して内容を変じ、変更後の事情のもとでも行使されうる。

例：Eは、1900年に自宅に荷車で乗り入れられるように、馬および馬車による通行権として地役権の設定を受けた。

本件におけるEの相続人は、今日では自動車による乗入れのためにも地役権を行使することができる。Eがそのように地役権を行使したとしても、その居住の必要性という大枠の中では通行権としての地役権の目的と範囲に変更は加えられない。本質的には、通行権の行使にともなう乗り物の種類が変わっただけである。そのような一般的な生活事情の範囲内における変化は、合意の合理的な解釈によって地役権の内容に取り込まれる。

17　法律（たとえば建設法）の改変に由来する変化も、これが土地登記簿に登記された地役権の内容の枠組みに収まる限り、地役権の行使を妨げない（*BGH* NJW 2002, 1797）。これに対して、上記の例の所有者が居宅を来客の絶えない診療所に改築したならば、この変更は、もはや一般的な生活事情の変化には収まらないであろう。むしろ、その変更は、要役地の用途を変えたことによってもたらされた結果である。そのような用途の変更は、〔旧来の〕役権の枠を超える。役権の当初の目的と範囲によると、その行使は、来客の通行によって本質的な変更を受ける。このため、承役地の所有者は、来客の通行を受忍する必要はないとされる（例としてBGHZ 44, 171; *BGH* NJW-RR 1988, 1229; *BGH* NJW-RR 2003, 1235, 1237〔農地を庭園と居宅の用地に変更することは許されない〕も参照）。〔建物の改築といった〕土地の現況の変化も、役権の登記された内容を変更する契機とはならない（*BGH* NJW 2002, 1797）。

　天然ガスの供給を目的とする役権を設定した所有者は、電気通信法76条１項１号の特則により、光ファイバーケーブル用の導管が追加的に敷設されることを受け入れなければならない（*BGH* NJW 2002, 678）。この受忍義務は、土地のいかなる占有者にも課される。その代わりに占有者には、所有者と同じく同法76条２項１文・２文に基づく補償金請求権が与えられる（*BGH* NJW-RR 2002, 1576）。

6．法定債務関係

18　役権者と承役地所有者との間には法定債務関係が生じる。これには278条〔第三者の行為に関する債務者の責任〕も適用される（*BGH* NJW 1985, 2944）。役権者は、この債務関係に基づいて特に〔承役地〕所有者の利益に配慮する義務と、可能な限りその利益を尊重して役権を行使する義務を負う（1090条２項、1020条１文）。1023条は、従来どおりの場所における役権の行使が承役地の所有者にとって著しく重い負担を課す一方で、役権を他の場所に移すことが役権者にとっても適当である場合に、所有者に役権の移転請求権を付与する。同条は、これによって上記の利益尊重義務を特別に具体化し、かつ拡張する（移転一般に関して *BGH* NJW-RR 2006, 237）。また、1020条２文および1021条・1022条が建造物の維持と修繕に関する特則を定める。建造物とは、一定の間、土地を用益するために人為的に設けられたあらゆる施設をいう。たとえば車道もそれに当たる（*BGH* NJW 2006, 1428）。役権者だけでなく、所有者も維持および修繕に関する義務を負う。

Ⅳ. 役権の保護

　役権は、物権であり、絶対的な権利である。万人の干渉から保護される。このため、1027条〔地役権の侵害〕および1090条2項〔制限的人役権への1027条の準用〕は、第三者または承役地の所有者によって自己の役権を侵害された者に1004条〔所有者の妨害排除請求権および不作為請求権〕に基づく不作為請求権と妨害排除請求権を与える（例として BGH NJW 1992, 1101）。この保護請求権は、侵害が役権の実現自体を妨げるときは、902条1項1文により消滅時効に服さない（BGHZ 187, 185; BGH NJW 2014, 3780）。その一方で、役権の行使に対する侵害があるにすぎない場合の妨害排除請求権は、消滅時効に服する。また、1028条は、承役地にある建造物によって役権が侵害された場合における消滅時効の特則を定める。この場合の保護請求権は、侵害が役権の実現自体を妨げるときであっても、消滅時効に服する。ただし、197条2号が類推適用されるため、30年を時効期間とする（BGH NJW 2014, 3780）。 19

　役権者は、通常、承役地の占有者ではない。このため、1027条は、985条〔所有者の返還請求権〕に基づく請求権は付与しない。地上権、用益権および質権の保護とは異なる。以上に対して、役権者が例外的に役権に基づいて承役地を占有する権限を有するときは（BGHZ 79, 201, 207）、985条の類推適用により同条に基づく請求権も役権者に認めなければならない。1090条2項、1020条1文は、それだけでなく、861条・862条に基づく占有保護請求権も役権者である占有者に与える。 20
　さらに、役権は、**823条**〔不法行為による損害賠償義務〕**1項にいうその他の権利**としての保護も受ける。同条項による制限物権の侵害を理由とする損害賠償請求権は、土地に関する侵害を要件とする。この侵害は、土地上の権利の実現自体が法的または事実的な所為によって害されることによって生じる（BGH NJW-RR 2012, 1048）。

　より深く学びたい人のために： *Ricken*, Grunddienstbarkeiten bei Veränderung der tatsächlichen Verhältnisse, WM 2001, 979; *Schmenger*, Die Grunddienstbarkeit und die beschränkte persönliche Dienstbarkeit, Grundsätze, neue Entwicklungen und neue Rechtsprechung, BWNotZ 2007, 73.
　事例研究： *Gottwald*, PdW, Fälle 122-142.

§ 30. 用益権

Ⅰ．適用領域

1．用益権の対象

1 用益権は、最も**包括的な用益物権**である。原則として——個別的な用益の除外（1030条2項）がされた場合を除いて——その権利者に目的土地のあらゆる用益を可能とする。用益権は、動産、不動産（1030条1項）および権利（1068条1項）に設定することができる。

1085条は、財産を目的とする用益権を定める。しかし、財産そのものは、物権の目的とはならないから、用益権の目的ともならない（個物原則）。このため、財産を目的とする用益権も、個々の財産ごとに設定されなければならない（1085条1文）。しかし、1086条から1088条までの特則は、用益権設定者に対する債権者が用益権に服する財産から満足を受けられると定める。

2．実際上の意義

2 民法典は用益権について数多くの規定をおく。だが、その実際上の意義は、条文数が想起させるほどには大きくない。この主な理由は、用益権が譲渡不能であること（1059条1文）や、権利者の死亡によって消滅する（1061条1文）ために相続の対象とならないことにあると思われる。用益権は、その多くが特に権利者存命中の**扶養用益権**として設定される。これは、用益権が権利者の死亡によって消滅するからである。また、用益権は、**租税上の理由**から設定されることもある。用益権を設定することで〔目的物の〕用益からの所得を他人（特に扶養親族）に移すことによって、所得税または相続税の節税が目論まれるのである（たとえば*BGH* NJW 1982, 31）。

3 扶養用益権としての用益権は、主に、所有者がその財産を生前贈与として他人（なかでもその卑属）に譲渡するにあたって、自身が存命の間は当該財産の用益から自己の生計を立てられるように用益権を留保しておくという方法で設定される。しかし、扶養用益権は、他人（特に自己の配偶者）のために設定することもできる。

この設定はしばしば次の方法によって行われる。すなわち、所有者は自己の卑属を相続人に指定する。だが、遺贈によって用益権設定請求権を配偶者に認める。この結果、配偶者は、所有者の死後、財産の用益から自己の生計を立てることができるようになる。

Ⅱ. 用益権の設定

　土地用益権は、土地を目的とする他の制限物権と同じく、873条に基づいて物権的合意と登記によって設定される。土地用益権が設定されると、1031条〔用益権の従物への拡張〕、926条〔土地の従物〕に基づいて用益権の設定が土地の従物にまで及ぶことが推定される。用益権は、741条〔持分による共同〕以下の共同持分や住居所有権法の住居所有権にも設定することができる。さらに所有者は、**自己の土地**にも用益権を設定することができる。そうすることによる特別な利益を証明する必要はない（BGHZ 190, 267 = NJW 2011, 3517）。自己の土地を目的とする用益権は、とりわけ用益権を留保して土地を譲渡することを予定する者にとって有用である。 4

　動産用益権は、物権的合意と引渡しによって設定される（1032条1文）。この物権的合意は、用益権の成立を内容とするものでなければならない。引渡しには、932条から936条までの善意取得に関する規定が準用される。930条・931条・929条2文の代替的引渡し〔に関する規定〕も同様である（1032条2文）。 5

　権利用益権は、権利の譲渡に適用する規定により設定される（1069条1項）。ただし、物権的合意は、譲渡ではなく、用益権の設定を内容とするものでなければならない。 6

Ⅲ. 用益権者の権限

　用益権がその権利者に保障する用益には、物および権利の使用利益や果実が含まれる（100条〔用益〕）。用益権者に認められる用益は、その全部の場合もあれば、一定の割合に限られる場合（いわゆる割合的用益権。*BGH NJW-RR* 2003, 1290）もある。割合的用益権が設定されると、これによって用益権者に帰する用益は一定割合（たとえば1/2）に限られはする。だが、物 7

全体がその目的となる。これと持分用益権とは区別しなければならない。後者は、所有権の持分を目的とする用益権である。〔以上に対して〕物（たとえば建物）の一部を目的とする用益権は許されない（*BGH* NJW 2006, 1881）。さらに、複数人の用益権者を「432条〔多数の不可分給付債権者〕による共同権利者として」土地登記簿に登記することもできない（*BGH* NJW 2009, 3310）。

1．物の用益

8　　a）　物の主な用益は、それを**使用できること**にある。占有は物の使用の一部をなす。したがって、物の用益権は、1036条1項により物の占有権原となる。

用益権者は、その使用権に基づいて物を自ら用益することができる。たとえば、土地に居住し、物品を集積し、または土地で果実を育成することができる。機械の使用権は、用益権者が生産のために機械を利用するといったことを可能とする。しかし、用益権者は、どのように使用する場合であっても、土地の従来の経済的用途を変更することができない（1036条2項・1037条）。また、物を通常の経済的用法に従って慎重に管理しなければならない。さらに、通常の保存に配慮する必要もある（1041条。例として *BGH* NJW-RR 2003, 1290）。したがって、住宅を事業所に転用することも、過度に使い込んで損耗することも許されない。以上に対して、用益権の目的物を処分する権限は、用益権の内容をなさない（いわゆる処分用益権は認められない）。けれども、用益権とならんで、しかしその内容としてではなく、債務法上の承諾として〔用益権を有する者に〕物の処分権を認めることはできる（*BGH* NJW 1982, 31）。

9　　b）　用益権者は、その利用権に基づいて目的物からの**産出物**を自ら収取し（100条、99条〔果実〕1項）、かつ954条〔制限物権を有する者による取得〕の規定により、その所有権を取得することができる。

したがって、採石場の用益権者は、そこで採掘した石の所有者となる（1037条2項も参照）。これと同じく、農地の用益権者は、そこで収穫した果実の所有者となる。

10　　c）　ある法律関係に基づいて物からもたらされる**収益**も用益権者に帰す

る（100条、99条3項）。このため、使用賃貸借または用益賃貸借の目的土地について用益権を有する者は、賃料収入を得ることができる。用益権が設定されるよりも前に土地が使用賃貸されていたときは、用益権者は、567条〔賃貸人による賃貸地への負担の設定〕、566条〔売買は使用貸借を破らない〕に基づいて使用賃貸借関係に加入する。これによって賃料支払請求権も取得する。〔その一方で、まだ賃貸されていない土地について〕用益権が設定されたときは、用益権者は、使用賃貸借契約または用益賃貸借契約を自ら締結する権限を有する。この場合において用益権者が使用賃貸または用益賃貸する対象は、〔土地そのものではなく〕用益権に基づいて自己に帰する利用権である。しかし、使用賃貸借や用益賃貸借は、1059条2文に基づく権利行使の委託には当たらない（*BGH* NJW 1990, 443, 444）。

2．権利の用益

a）　権利も**使用利益**をもたらしうる。たとえば、特許権は、特許技術を用いることを可能とする。この使用利益は、特許権に用益権が設定されると用益権者に帰するようになる。 11

　株式や有限会社持分に用益権の設定を受けた者は議決権を行使することができるか。争いがあるが、これを認めるべきである。議決権の行使は持分権行使の1つの態様だからである（Jauernig/*Jauernig*, §1068 Rn. 4, *Wolf*/*Neuner*, §27 Rn. 8. 否定説として Palandt/*Bassenge*, §1068 Rn. 3; Soergel/*Stürner*, §1068 Rn. 8a und 9a. *BGH* NJW 1999, 571 も、人的会社での重要事項の決議について議決権を否定する）。

　人的会社の持分に用益権を設定することは原則として不可能である。なぜなら、その持分は717条〔組合財産の非譲渡性〕1文および719条〔合手的拘束〕1項により譲渡することが許されないからである。けれども、持分を譲渡しうることを組合契約で定めることは可能である。この場合には用益権を設定することもできる。

b）　権利の**果実**も、用益として用益権者に帰する（100条、99条2項）。貸金債権の利息や株式の配当といったものが権利の果実に当たる。このため、貸金債権に用益権の設定を受けた者は、954条の類推適用により、自ら権利 12

者として利息を取り立てることができる。株式に用益権の設定を受けた者であれば、配当を受けられる。

13　　c）　特許使用料といったものは、法律関係を介して権利がもたらす果実（100条、99条3項）に当たる。したがって、特許使用料は特許権の用益権者に帰する。

Ⅳ．用益権者の保護

14　　物を目的とする用益権は、**物権**であり、**絶対権**である。万人に対する効力のある占有権原となる。このため、物の用益権者は、985条以下・1004条の準用により物権保護のために定められた各種の請求権を行使することができる（1065条）。これとならんで、823条1項により損害賠償を請求し、あるいは812条1項1文第2事例・818条により侵害利得を理由とする価値賠償を請求することもできる。〔以上に対して〕権利用益権者には、目的権利についても予定されている保護権が帰する（1068条2項、1065条）。したがって、特許権の用益権者は、特許権についても生じる不作為請求権を行使することができる。

　事例研究：*Gottwald*, PdW, Fälle 122-142.

条文資料

ドイツ民法典　第3編　物権法

* 以下は、2016年4月1日現在のドイツ民法典第3編物権法の翻訳である。
* 1つの条項において原文が複数の文から構成されているときは、訳文の文頭に上付文字で順番に番号を付した。原文と訳文とで文の数が異なることもある（たとえば、第864条や第876条）。

第1章　占有
（占有の取得）
第854条 ① 物の占有は、物に対する事実上の支配を得ることによって、これを取得する。
② 取得者が現に物を支配するときは、占有は、前の占有者と取得者との間の合意のみによって、これを取得することができる。

（占有補助者）
第855条 他人の家事又は生業その他これに類する関係において、物につき他人の指図に従う必要のある者が、この他人のためにその物に対して事実上の支配を及ぼすときは、この他人のみを占有者とする。

（占有の消滅）
第856条 ① 占有は、占有者が放棄その他の方法で物に対する事実上の支配を失うことによって、消滅する。
② 物に対する事実上の支配が妨げられたとしても、その障害がその性質上一時的なものであるときは、占有は、これによって消滅しない。

（相続）
第857条 占有は、相続人に移転する。

（違法な私力）

第858条 ① 占有者からその意思によらずに占有を奪い、又はその占有を妨げる者は、その侵奪又は妨害が法律によって許容される場合を除き、違法な行為をするものとする（違法な私力）。
② ¹違法な私力によって取得された占有は、瑕疵あるものとする。²占有を承継した者が前の占有者の相続人であり、又は占有取得時に前の占有者の瑕疵を知っていたときは、その承継人は、当該瑕疵を承継しなければならない。

（占有者の自力救済）
第859条 ① 占有者は、違法な私力に対して自らを実力で防御することができる。
② 動産が違法な私力によって占有者から奪われたときは、その占有者は、侵奪をした者から、侵奪がされた現場において、又はその者を追跡する間に、当該動産を実力によって取り戻すことができる。
③ 土地の占有者は、その占有を違法な私力によって奪われたときは、その侵奪の後、直ちに侵奪者を排除することによって、占有を取り戻すことができる。
④ 占有者は、第858条第2項により占有の瑕疵を承継した者に対しても、前3項に規定する権利を有する。

（占有補助者の自力救済）
第860条 第855条に従い占有者のために事実上の支配を及ぼす者も、第859条により占有者に帰属する権利を行使する権能を有するものとする。

（占有侵奪を理由とする請求権）
第861条 ① 占有者は、違法な私力によって占有を奪われたときは、自己に対して瑕疵ある占有をする者に対して、占有の回収を請求することができる。
② 前項の請求権は、侵奪された占有が現在の占有者又はその前主に対して瑕疵あるものであり、かつ、その占有が侵奪された時から遡って1年以内に取得されたものであるときは、これを行使することができない。

（占有妨害を理由とする請求権）
第862条 ① ^{1}占有者は、違法な私力によって占有を妨害されたときは、侵害者に対して妨害の排除を請求することができる。^{2}さらなる妨害が行われるおそれがあるときは、占有者は、その不作為を求める訴えを提起することができる。
② 前項の請求権は、占有者が侵害者又はその前主に対して瑕疵ある占有を有していた場合において、当該占有が、それが妨害された時から遡って1年以内に取得されたものであるときは、これを行使することができない。

（侵奪又は妨害の抗弁）
第863条 第861条及び第862条に規定する請求権に対しては、占有の侵奪又は妨害が違法な私力に当たらないとの主張を理由付けるためにのみ、占有権原又は妨害行為をする権利を主張することができる。

（占有保護請求権の消滅）
第864条 ① 第861条及び第862条により生じる請求権は、違法な私力が行使された時から1年を経過することによって、消滅する。ただし、この期間が満了する前に、それらの請求権が訴えによって行使されたときは、この限りでない。
② 第861条及び第862条により生じる請求権は、違法な私力が行使された後に、占有物につき、当該違法な私力によって生じた占有状態の出現を請求することのできる権利が侵害者に帰属することが確定判決によって確定したときも、消滅する。

（一部占有）
第865条 第858条から第864条までの規定は、物の一部、特に区分された住居その他の空間のみを占有する者のためにも、これを適用する。

（共同占有）
第866条 数人が一個の物を共同で占有する場合において、各人の使用の範囲に争いがあるときは、占有は、占有者相互の関係につき、これを保護しないものとする。

（占有者の追跡権）
第867条 ^{1}占有者の支配を離れた物が、他人の占有する土地の上にあるときは、その土地の占有者は、物の占有者に対して、物の捜索及び引取りを許可しなければならない。ただし、これらがされるまでの間に物が占有されたときは、この限りでない。^{2}土地の占有者は、捜索及び引取りによって生じた損害の賠償を請求することができる。^{3}土地の占有者は、損害が発生するおそれがあるときは、担保の提供を受けるまで捜索及び引取りの許可を拒むことができる。この拒否は、捜査及び引取りの遅延によって物に危険が生ずるときは、これを認めない。

（間接占有）
第868条 用益権者、質権者、用益賃借人、使用賃借人若しくは受寄者として、又は

これらに類する関係において、他人に対してある期間の占有をする権原を有し、又は義務を負う者が物を占有するときは、その他人も占有者とする（間接占有）。

（間接占有者の請求権）
第869条 [1]占有者に対して違法な私力が行使されたときは、間接占有者も、第861条及び第862条に規定する請求権を有する。[2]占有が侵奪されたときは、間接占有者は、占有を従前の占有者に回復することを請求することができる。従前の占有者が再び占有の移転を受けることができず、又はその意思を有しないときは、間接占有者は、自己に占有を移すことを請求することができる。[3]第867条に規定する場合において、第2文に規定するところと同一の要件を具備するときは、間接占有者は、物の捜索及び引取りの許可を自己に与えることを請求することができる。

（間接占有の移転）
第870条 間接占有は、物の返還請求権を他人に譲渡することによって、これを他人に移転することができる。

（多段階の間接占有）
第871条 間接占有者が第三者との間において第868条に掲げる関係にあるときは、その第三者も間接占有者とする。

（自主占有）
第872条 自己の所有に属するものとして物を占有する者は、これを自主占有者とする。

第2章　土地を目的とする物権に関する一般規定

（合意と登記による取得）
第873条 ① 土地を目的とする所有権の移転、土地を目的とする権利の設定又はその権利を目的とする権利の設定若しくは移転には、権利者と相手方との間で権利の変動に関する合意をし、かつ、権利の変動を土地登記簿に登記しなければならない。ただし、法律に別段の定めがあるときは、この限りでない。
② 前項の合意は、この意思表示が公証人の認証を受け、土地登記所において表明され、若しくは土地登記所に対して書面によって申請され、又は権利者が意思表示の相手方に土地登記法の定めるところによる登記許諾を与えたときは、登記がされる前においても、当事者を拘束する。

（登記許諾の引用）
第874条 [1]土地を目的とする権利の登記に際しては、権利の内容の詳細を表示するために登記許諾を引用することができる。ただし、法律に別段の定めがあるときは、この限りでない。[2]土地登記法第44条第3項第2文に従う旧登記の引用は、登記許諾の引用と同一の効力を有するものとする。

（権利の放棄）
第875条 ① [1]土地を目的とする権利を放棄するには、法律に別段の定めがない限り、その権利を放棄する旨の権利者の意思表示及び土地登記簿における当該権利の抹消をしなければならない。[2]その意思表示は、土地登記所又は意思表示によって利益を受ける者に対して、これを表明しなければならない。
② 前項の意思表示は、権利者が土地登記所に対してこれを表明し、又は意思表示によって利益を受ける者に対して土地登記法の規定に従った抹消許諾を与えたときは、抹消がされる前においても、権利者を拘束する。

（第三者の権利の目的である権利の放棄）

第876条 ¹土地を目的とする権利を目的とする第三者の権利がある場合において、その目的である権利を放棄するときは、その第三者の同意を要する。²放棄される権利が、他の土地の所有者に帰属する場合において、その土地を目的とする第三者の権利があるときは、その放棄には第三者の同意を要する。ただし、第三者の権利が放棄による影響を受けないときは、この限りでない。³同意は、土地登記所又は同意によって利益を受ける者に対して表明しなければならない。同意を撤回することはできない。

（権利の変更）

第877条 第873、第874条及び第876条の規定は、土地を目的とする権利の内容の変更についても、これを適用する。

（事後的な処分の制限）

第878条 権利者が第873条、第875条及び第877条に従ってした意思表示は、これが権利者を拘束し、かつ、土地登記所に登記が申請された後は、権利者が処分の制限を受けたとしても、その効力を失わない。

（数個の権利の間の順位）

第879条 ① ¹同一の土地を目的とする数個の権利の間における順位は、それらの権利が土地登記簿の同一の区に登記されているときは、登記の先後によってこれを定める。²それらの権利が異なる区に登記されているときは、先の日付によって登記された権利が優先する。同一の日付によって登記されている権利は、同一の順位を有するものとする。

② 順位は、登記がされた後に第873条により権利の取得に必要な合意が成立したときも、登記によって、これを定めるものとする。

③ 前2項の規定によらない順位の定めは、これを土地登記簿に登記しなければならない。

（順位の変更）

第880条 ① 順位は、後にこれを変更することができる。

② ¹順位を変更するには、先順位の権利者と後順位の権利者との間の合意及び土地登記簿における変更登記を要する。この場合においては、第873条第2項及び第878条の規定を適用する。²抵当権、土地債務又は定期土地債務の順位が下がるときは、所有者の同意も要する。³この同意は、土地登記所又は当事者の一方に対する意思表示によって、これを表明しなければならない。同意を撤回することはできない。

③ 第876条の規定は、順位が下がる権利が第三者の権利の目的である場合について準用する。

④ 順位が上がる権利に認められる順位は、順位の下がる権利が法律行為によって放棄されたときも、失効しないものとする。

⑤ 順位が下がる権利と上がる権利の中間に順位を有する権利は、順位の変更による影響を受けない。

（順位の留保）

第881条 ① 所有者は、土地を目的とする権利の設定に際して、その権利に一定の範囲で優先する他の権利を登記させる権能を自己に留保することができる。

② 前項の留保は、これを土地登記簿に登記しなければならない。この登記は、順位が下がるべき権利につき、これを行わなければならない。

③ 留保された権能は、土地が譲渡されたときは、その譲受人に移転する。

④ 優先順位の与えられる権利が登記される前に、それに相当する留保を伴わない

権利が土地に設定された場合において、この権利によって留保付きで登記された権利が留保の範囲を超えて不利益を受けるときは、この限りで、優先順位は、その効力を有しない。

(最高価格補償額)
第882条 ^{1}土地を目的とする権利が強制競売に適用する規定に従い買受けによって消滅する場合において、その権利を有する者にその価格を売得金から補償しなければならないときは、補償金の最高額を定めておくことができる。^{2}この定めは、これを土地登記簿に登記しなければならない。

(仮登記の要件及び効果)
第883条 ① ^{1}仮登記は、土地を目的とする権利若しくはその権利を目的とする権利の承諾請求権若しくは放棄請求権又は権利の内容若しくは順位の変更請求権を保全するため、これを土地登記簿に登記することができる。^{2}仮登記は、将来の請求権又は条件付きの請求権を保全するためにも、これを登記することができる。
② ^{1}仮登記の後に土地又は権利についてされた処分は、これが前項の請求権の全部又は一部と抵触する限りで、その効力を有しない。^{2}強制執行若しくは仮差押えの手続においてされ、又は倒産管財人によってされた処分についても、同様とする。
③ 請求権の目的が権利の承諾であるときは、その権利の順位は、仮登記によって、これを定める。

(相続人に対する効力)
第884条 仮登記によって保全される請求権については、その相手方の相続人は、自己の責任の制限を援用することができない。

(仮登記の要件)

第885条 ① ^{1}仮登記は、仮処分に基づいて、又は仮登記に係る土地若しくは権利を有する者の許諾に基づいて、これを登記する。^{2}仮処分を発令するには、保全される請求権が履行されないおそれが疎明されることを要しない。
② 前項の登記に際しては、保全される請求権の詳細を表示するため、仮処分又は登記許諾を引用することができる。

(除去請求権)
第886条 仮登記に係る土地又は権利を有する者は、仮登記によって保全される請求権の行使を永久に妨げる抗弁権を有するときは、債権者に仮登記の除去を請求することができる。

(仮登記権者の公示催告)
第887条 ^{1}仮登記によって保全される請求権の権利者が不明である場合において、第1170条に規定する抵当権者を失権させるための要件を具備するときは、公示催告手続においてその権利者を失権させることができる。^{2}仮登記の効力は、除権決定の確定によって消滅する。

(仮登記権者の同意請求権)
第888条 ① 仮登記によって利益を受ける者は、登記された権利又はその権利を目的とする権利の取得が自己に対して効力を有しないときは、その取得者に対して、仮登記によって保全される請求権を実現するのに必要な登記又は抹消に同意することを請求することができる。
② 請求権が譲渡の禁止によって保全されるときも、前項と同様とする。

(物権に関する混同の不発生)
第889条 他人の土地を目的とする権利は、土地の所有者がその権利を取得し、又はその権利を有する者が土地の所有権を取得したときも、これによって消滅しない。

（土地の併合・合筆）
第890条 ① 数筆の土地は、それらの所有者がこれを1筆の土地として土地登記簿に登記することによって、1筆の土地に併合することができる。
② 土地は、その所有者が土地登記簿において他の土地に合筆することによって、これを他の土地の構成部分とすることができる。

（法律による推定）
第891条 ① 土地登記簿に権利を登記されている者は、その権利を有するものと推定する。
② 土地登記簿に登記されていた権利が抹消されたときは、その権利は存在しないものと推定する。

（土地登記簿の公信力）
第892条 ① ¹土地登記簿の内容は、土地を目的とする権利又はその権利を目的とする権利を法律行為によって取得した者の利益のために、これを真正なものとみなす。ただし、その真正に対して異議が登記され、又はその不真正を取得者が知るときは、この限りでない。²権利者が土地登記簿に登記された権利の処分につき、特定の者のために制限を受けたときは、この制限は、これが土地登記簿から明らかであり、又は取得者がそれを知るときに限り、取得者に対して、その効力を有する。
② 取得者による前項の事実の了知は、権利の取得に登記を要する場合においては、登記の申請をした時を基準とする。その場合において、第873条により必要となる合意が登記よりも後に成立したときは、合意をした時を基準とする。

（登記の名義人との法律行為）
第893条 第892条の規定は、土地登記簿に権利を登記される者に対してその権利に基づく給付がされ、又はその者と他の者との間で当該権利につき第892条の規定に掲げない権利の処分を内容とする法律行為がされた場合について準用する。

（土地登記簿の訂正）
第894条 土地を目的とする権利、その権利を目的とする権利又は第892条第1項に掲げる方法による処分制限について、土地登記簿の内容が真の権利状態と合致しないときは、自己の権利につき登記をされていない者、不真正の登記をされている者又は存在しない負担若しくは制限の登記によって侵害を受ける者は、土地登記簿の訂正に利害関係を有する権利者に対して、その訂正に同意することを請求することができる。

（義務を負う者による先行登記）
第895条 第894条の義務を負う者の権利を登記した後でなければ土地登記簿を訂正することができないときは、その義務を負う者は、相手方の請求に応じて、自己の権利を登記しなければならない。

（証券の呈示）
第896条 土地登記簿の訂正につき、抵当証券、土地債務証券又は定期土地債務証券の呈示を要するときは、訂正によって利益を受ける者は、その占有者に対して、証券を土地登記所に呈示することを請求することができる。

（訂正費用）
第897条 土地登記簿の訂正費用及びこれに要する意思表示に係る費用は、訂正を請求する者がこれを負担する。ただし、その者と義務者との間にある法律関係から別段の結果が生じるときは、この限りでない。

（訂正請求権に関する消滅時効の不成立）

第898条 第894条から第896条までに規定する請求権は、消滅時効に服しない。
（異議の登記）
第899条 ① 第894条に規定する場合においては、土地登記簿の真正に対する異議を登記することができる。
② ^{1}前項の登記は、仮処分に基づいて、又は訂正により自己の権利が影響を受ける者の許諾に基づいて、これを登記する。^{2}仮処分を発令するには、異議を申し立てた者の権利の危険が疎明されることを要しない。
（民法上の組合のための措置）
第899a条 ^{1}民法上の組合が土地登記簿に登記されているときは、登記された権利については、土地登記法第47条第2項第1文に従い土地登記簿に登記されている者が業務執行者であり、かつ、この者以外に業務執行者が存在しなかったものとも推定する。^{2}第892条から第899条までの規定は、業務執行者の登記について準用する。
（登記簿取得時効）
第900条 ① ^{1}土地の所有権を取得していないにもかかわらず、土地登記簿にその所有者として登記されている者は、その登記が30年間存続する場合において、この間にその者が土地を自主占有していたときは、その所有権を取得する。^{2}この30年の期間は、動産の取得時効に係る期間と同一の方法によって、これを算定する。^{3}時効期間は、登記の真正に対する異議が土地登記簿に登記されている間は、その進行を停止する。
② 前項の規定は、所有権以外の権利がこれを有しない者のために土地登記簿に登記されている場合において、その権利が土地の占有権原となり、又はその権利の行使が占有に適用する規定により保護されるときについて準用する。^{2}その権利の順位は、登記を基準とする。

（登記されていない権利の消滅）
第901条 ^{1}他人の土地を目的とする権利が土地登記簿において不法に抹消された場合において、所有者に対する権利者の請求権が消滅時効に服したときは、その権利は消滅する。^{2}法律に基づいて成立した他人の土地を目的とする権利が土地登記簿に登記されなかったときも、同様とする。

（登記された権利に関する消滅時効の不成立）
第902条 ① ^{1}登記された権利に基づく請求権は、消滅時効に服しない。^{2}未履行の回帰的な給付請求権又は損害賠償請求権については、この限りでない。
② 土地登記簿の真正に対する異議の登記がされた権利についても、登記された権利と同様とする。

第3章 所有権
第1節 所有権の内容
（所有者の権能）
第903条 ^{1}物の所有者は、法律又は第三者の権利によって制限を受けない限り、その物を自由に用い、かつ、他人による一切の干渉を排除することができる。^{2}動物の所有者は、自己の権能の行使に際して、動物の保護を目的とする特別の規定を遵守しなければならない。
（緊急避難）
第904条 ^{1}物の所有者は、自己の物が他人によって干渉を受けた場合において、その干渉が現実の危険を免れるのに必要であり、かつ、急迫する損害がその干渉によって所有者に生ずる損害と比べて不相

当に大きいときは、その干渉を禁ずる権能を有しない。²所有者は、自己に生じた損害の賠償を請求することができる。

(所有権の限界)

第905条 ¹土地所有者の権利は、その地上の空間及び地下に及ぶ。²ただし、所有者は、排除の利益を有しない高度又は深度でされた干渉を禁ずることができない。

(計量不能な物質の侵入・伝達)

第906条 ① ¹土地の所有者は、気体、蒸気、臭気、煙及び煤の侵入、熱の伝達、騒音の到達及び振動の伝達その他これらに類する他人の土地から発せられた作用については、その作用が自己の土地の利用を害せず、又は本質的に害しないときは、その作用を禁ずることができない。²法律又は法規命令の規定に従い測定及び評価された作用が、それらに規定する限界値又は指針値を超えないときは、原則として、その作用は本質的な侵害に当たらないものとする。³連邦インミッシオン保護法第48条により発布され、技術水準を反映する一般行政規則における値についても同様とする。

② ¹本質的な侵害がその場所にとって慣行的な他人の土地の利用によって生じ、かつ、そのような態様で利用する者にとって経済的に期待することができる措置によってはその侵害を防ぐことができないときも、前項と同様とする。²これによって所有者が当該作用を受忍しなければならない場合において、この作用が所有者による、その場所にとって慣行的な土地の利用を害し、又は許容される限度を超えて所有者の収益を害するときは、その所有者は、他人の土地の利用者に対して相当額の補償金を請求することができる。

③ 特別の誘導による侵入は、これを許さない。

(危険な設備)

第907条 ① ¹土地の所有者は、隣地の上にある設備の存在又はその利用が自己の土地に不当な作用を及ぼすことを確実に予見することができるときは、その設備を設置又は維持しないことを請求することができる。²設備が境界線から一定の距離を確保することその他の予防規則を定める州法の規定に適合するものであるときは、その設備の撤去は、不当な作用が現に生じるまで、これを請求することができない。

② 高木及び低木は、前項の設備に当たらない。

(建物倒壊の危険)

第908条 建物その他の隣地に定着する工作物の倒壊又は建物若しくは工作物の一部の崩落によって土地に損害が生ずるおそれがあるときは、その土地の所有者は、損害が生じたならば第836条第1項又は第837条及び第838条によりその責任を負うこととなる者に対して、危険を免れるために必要な予防措置を講ずることを請求することができる。

(掘削)

第909条 土地は、隣地の地盤が必要な支持力を奪う態様で、これを掘削してはならない。ただし、他の方法によって十分な強化が施されているときは、この限りでない。

(境界線を越えた枝根)

第910条 ① ¹土地の所有者は、隣地から侵入してきた高木及び低木の根を切り取り、保有することができる。²境界線を越えた枝について、所有者が隣地の占有者に対して、相当の期間を定めてその切除を求め、この期間内に切除がされなかったと

きも、同様とする。
② 所有者は、根又は枝によって土地の利用を害されないときは、前項の権利を有しない。
（落下した果実）
第911条 ^{1}高木又は低木から境界線を越えて隣地に落ちた果実は、当該隣地の果実とみなす。^{2}この規定は、隣地が公の利用に供せられているときは、これを適用しない。
（越境建築・受忍義務）
第912条 ① 土地の所有者が故意又は重大な過失によらずに境界線を越えて建物を築造したときは、相隣者は、この越境建築を受忍しなければならない。ただし、相隣者が越境の前又は直後に異議を述べたときは、この限りでない。
② ^{1}相隣者は、地代による補償を受けることができる。^{2}この地代の額は、越境の時を基準として算定する。
（越境建築の地代の支払）
第913条 ① 越境建築の地代は、一方の隣地の所有者が他方の隣地の所有者に対して、これを支払わなければならない。
② 地代は、これを1年毎に前払しなければならない。
（権利の順位・登記及び消滅）
第914条 ① ^{1}地代請求権は、その地代を課される土地を目的とするすべての権利に優先する。その権利が地代請求権よりも前に成立していたときも、同様とする。^{2}この請求権は、越境建築の収去によって、消滅する。
② ^{1}地代請求権は、これを土地登記簿に登記しないものとする。^{2}この請求権を放棄し、又は地代の額を契約によって定めるには、これを登記しなければならない。
③ 前2項に規定のない事項については、

土地の所有者のために設定された物的負担に関する規定を適用する。
（買取り）
第915条 ① ^{1}地代請求権者は、いつでも、その相手方に対して、越境建築を受けている土地部分の所有権を相手方に移転することと引き換えに、越境時においてその部分が有していた価格を補償することを請求することができる。^{2}地代請求権者がその権能を行使したときは、当事者双方の権利及び義務は、売買に関する規定により、これを定める。
② 地代の支払は、前項の所有権の移転がされるまで、これを続けなければならない。
（地上権又は役権による侵害）
第916条 地上権又は役権が越境建築によって侵害されたときは、当該地上権又は役権を有する者のために、第912条から第914条までの規定を準用する。
（囲繞地通行路）
第917条 ① ^{1}ある土地につき、通常の利用に必要となる、公道に至るための通路が土地に存在しないときは、その土地の所有者は、相隣者に対して、この不備が解消されるまで、必要な通路を開設するために隣地を利用することの受忍を請求することができる。^{2}この通行路の方向及びその利用権の範囲は、必要に応じて判決によって、これを定める。
② ^{1}前項の通行路の通る隣地を有する者は、地代による補償を受けることができる。^{2}第912条第2項第2文、第913条、第914条及び第916条の規定は、この地代について準用する。
（囲繞地通行権の不成立）
第918条 ① 前条の通行路の受忍義務は、公道に至るために土地に存在した通路が

その所有者の任意の行為によって廃止されたときは、生じない。

② ¹土地の一部の譲渡を原因として、譲渡された部分又は留保された部分が公道に至ることができなくなったときは、以前から公道に接していた部分の所有者は、前条の通行路を受忍しなければならない。²同一の所有者に帰属する数筆の土地の一部が譲渡されたときも、同様とする。

（境界標）

第919条 ① 土地の所有者は、隣地の所有者に対して、堅固な境界標の設置に協力することを請求することができる。境界標が移動され、又は認識することができないときは、原状の回復に協力することを請求することができる。

② 境界標の種類及び設置方法は、州法によって、これを定める。州法に規定がないときは、その場所の慣行によって、これを定める。

③ 境界標に係る費用は、利害関係人が等しい割合でこれを負担する。ただし、その者らの間にある法律関係から別段の結果が生じるときは、この限りでない。

（不明確な境界線）

第920条 ① ¹境界線が不明確である場合において、正しい境界線を突き止めることができないときは、境界線は、占有状態を基準として、これを画定する。²占有状態を確定することができないときは、争いのある地所を各土地に等しい大きさで割り当てるものとする。

② 前項により画定される境界線が、明らかな事情、特に土地の確定面積に反する結果を生じさせるときは、境界線は、当該事情を斟酌したうえで、公平に適うように、これを画定しなければならない。

（境界施設の共同利用）

第921条 2筆の土地が、中間地、畑道、角地、溝、壁、生垣、塀その他いずれの土地にも便益を供する設備によって互いに区分されるときは、各土地の所有者はその設備を共同で利用する権能を有するものと推定する。ただし、その設備が相隣者の一方にのみ帰属することを示す、外部から認識することのできる標識があるときは、この限りでない。

（利用及び保存の方法）

第922条 ¹相隣者が第921条に掲げる設備を共同で利用する権能を有するときは、各相隣者は、他の相隣者による共同利用を害しない範囲で、設備の性状に応じた用途に従って、これを利用することができる。²設備の保存に要する費用は、各相隣者が等しい割合でこれを負担しなければならない。³相隣者の一人が設備の存続に利益を有する限り、その者の同意を得なければ、当該設備を収去し、又は変更してはならない。⁴相隣者間の法律関係に関するその他の事項については、共有に関する規定により、これを定める。

（境界線上の樹木）

第923条 ① 高木が境界線上に生立するときは、その果実は、等しい割合で各相隣者に帰属する。その高木が倒れたときは、この倒木についても、同様とする。

② ¹各相隣者は、高木の伐採を請求することができる。²伐採に要する費用は、相隣者双方が等しい割合でこれを負担する。³ただし、伐採を請求した相隣者は、他方の相隣者が高木に対するその権利を放棄したときは、伐採に要する費用を単独で負担しなければならない。この場合においては、伐採を請求した者は、伐採することによって、伐木の単独所有権を取得する。⁴高木が境界標に供せられている場

合において、他の適当な境界標をもってそれに代えることができない事情があるときは、伐採を請求する権利は生じないものとする。
③ 前2項の規定は、境界線上に生立する低木についても、これを適用する。

（相隣法上の請求権に係る消滅時効の不成立）

第924条 第907条から第909条まで、第915条、第917条第1項、第918条第2項、第919条、第920条及び第923条第2項に基づいて生ずる請求権は、消滅時効に服しない。

第2節 土地所有権の得喪

（アウフラッスンク）

第925条 ① ^{1}第873条により土地所有権の譲渡に必要な譲渡人と譲受人との間の合意（アウフラッスンク）は、当事者双方が管轄官庁に同時に出頭して、これを表明しなければならない。^{2}いかなる公証人も、他の官庁の管轄にかかわらず、アウフラッスンクの受領につき管轄を有する。^{3}アウフラッスンクは、裁判上の和解又は確定力をもって認可された倒産処理計画においても、これを表明することができる。
② 条件又は期限を付けてしたアウフラッスンクは、これを無効とする。

（原因行為に係る証書）

第925a条 アウフラッスンクの意思表示は、第311b条第1項第1文により必要な契約証書が呈示され、又は同時に作成されたときに限り、これを受領するものとする。

（土地の従物）

第926条 ① ^{1}譲渡人及び譲受人が、譲渡が土地の従物にまで及ぶことを合意したときは、譲受人は、土地の所有権とともに、その取得の時にあった従物の所有権も取得する。ただし、その従物が譲渡人に帰属しないときは、この限りでない。^{2}疑わしいときは、譲渡は従物にまで及ぶものとする。
② 譲受人が譲渡を原因として譲渡人に帰属しない従物又は第三者の権利の目的である従物の占有を取得したときは、第932条から第936条までの規定を適用する。譲受人の善意については、占有の取得時を基準とする。

（公示催告手続）

第927条 ① ^{1}30年間、土地が他人の自主占有にあるときは、公示催告手続において土地の所有者を失権させることができる。^{2}この占有期間は、動産の取得時効に係る期間と同一の方法によって、これを算定する。^{3}公示催告手続は、所有者が土地登記簿に登記されている場合においては、この者が死亡又は失踪し、かつ、30年間、所有者の同意を要する土地登記簿への登記がされていないときに限り、これを開始することができる。
② 除権決定を得た者は、自らを所有者として土地登記簿に登記することによって、所有権を取得する。
③ 除権決定が言い渡される前に、第三者が所有者として登記され、又は第三者の所有権を理由とする土地登記簿の真正に対する異議が登記されたときは、除権決定は、当該第三者に対して、その効力を有しない。

（所有権の放棄・国家の先占）

第928条 ① 土地の所有権は、所有者が土地登記所に対して放棄の意思表示をし、かつ、この放棄が土地登記簿に登記されることによって、これを放棄することができる。

② [1]放棄された土地を先占する権利は、土地の存在する州の州庫に帰属する。[2]州庫は、自らを所有者として土地登記簿に登記することによって、その所有権を取得する。

第3節　動産所有権の得喪
第1款　譲渡
（合意及び引渡し）

第929条　[1]動産の所有権を譲渡するには、所有者が取得者に物を引き渡し、かつ、当事者双方が所有権の譲渡を合意しなければならない。[2]取得者が物を占有するときは、所有権の譲渡に係る合意をすれば足りる。

（未登記の海上船舶に関する合意）

第929a条　① 船舶登記簿に登記されていない海上船舶の所有権又はその持分を譲渡する場合において、所有者及び取得者が所有権を直ちに移転することを合意したときは、引渡しを要しない。
② 各当事者は、自己の費用で公の認証を受けた譲渡証書の発行を請求することができる。

（占有改定）

第930条　所有者が物を占有するときは、その引渡しは、所有者及び取得者が取得者に間接占有を取得させる法律関係を合意することをもって代えることができる。

（返還請求権の譲渡）

第931条　第三者が物を占有するときは、その引渡しは、所有者が取得者に物の返還請求権を譲渡することをもって代えることができる。

（無権限者からの善意取得）

第932条　① [1]物が譲渡人に帰属しない場合においても、譲受人は、第929条に従ってされた譲渡によって、その所有者となるものとする。ただし、この規定により譲受人が所有権を取得する時に善意でなかったときは、この限りでない。[2]第929条第2文に規定する場合においては、本条は、譲受人が譲渡人から占有を取得したときに限り、これを適用する。
② 譲受人は、物が譲渡人に帰属しないことを知り、又は重大な過失によって知らなかったときは、善意でないものとする。

（未登記の海上船舶の善意取得）

第932a条　第929条により譲渡された海上船舶が譲渡人に帰属しない場合において、譲受人が譲渡人から船舶の引渡しを受けたときは、譲受人がその所有者となるものとする。ただし、譲受人が引渡しの時に善意でなかったときは、この限りでない。船舶の持分が譲渡の目的であるときは、船舶に係る共同占有の承諾が引渡しに代わるものとする。

（占有改定による善意取得）

第933条　第930条により譲渡された物が譲渡人に帰属しない場合において、譲受人が譲渡人から物の引渡しを受けたときは、譲受人がその所有者となるものとする。ただし、譲受人が引渡しの時に善意でなかったときは、この限りでない。

（返還請求権譲渡による善意取得）

第934条　第931条により譲渡された物が譲渡人に帰属しない場合においては、譲受人は、譲渡人がその物の間接占有者であるときは請求権の譲渡時に、それ以外のときは譲受人が第三者から物の占有を取得した時にその所有者となるものとする。ただし、譲受人が請求権の譲渡又は占有取得の時に善意でなかったときは、この限りでない。

（占有離脱物に関する善意取得の不成立）

第935条　① [1]盗品又は遺失物その他占有を離れた物については、第932条から第934

条までに基づく所有権の取得は生じない。²所有者が間接占有のみを有した場合において、物が占有者の占有から離脱したときも、同様とする。
② 前項の規定は、金銭又は無記名証券及び公の競売手続又は第979条第1a文による競売において譲渡された物については、これを適用しない。

（第三者の権利の消滅）

第936条 ① ¹譲渡された物が第三者の権利の目的であるときは、その権利は、所有権の取得によって、消滅する。²ただし、この規定は、第929条第2文に規定する場合においては、譲受人が譲渡人から占有を取得したときに限り、これを適用する。³第929a条若しくは第930条による譲渡がされ、又は譲渡人が第931条により譲渡された物を間接占有していなかったときは、第三者の権利は、譲受人が譲渡に基づいて物の占有を取得した時に消滅する。
② 第三者の権利は、譲受人が前項に規定する基準時において、その権利につき善意でなかったときは、消滅しない。
③ 第931条に規定する場合において、権利が第三占有者に帰属するときは、その権利は、善意の譲受人との関係においても消滅しない。

第2款 取得時効

（要件・悪意者の除外）

第937条 ① 10年間、動産を自主占有した者は、その所有権を取得する（取得時効）。
② 取得者が自己に所有権が帰属しないことにつき、自主占有の取得時に善意でなく、又は取得後にこれを知ったときは、取得時効は成立しない。

（自主占有の推定）

第938条 ある期間の始期と終期の両時点において物を自主占有していた者は、自主占有をその間継続したものと推定する。

（取得時効の停止）

第939条 ① ¹取得時効は、自主占有者に対して、第203条及び第204条による消滅時効の停止に適する方法で返還請求権が行使されたときは、停止する。間接的な自主占有がされる場合において、この自主占有者から占有権原の設定を受けた占有者に対して、返還請求権が行使されたときも、同様とする。²ただし、この停止は、この効果を生じさせた者のためにのみ生じる。
② 取得時効は、返還請求権の消滅時効が第205条から第207条までにより停止するときも、停止する。その進行が第210条及び第211条により停止するときも、同様とする。

（占有喪失による中断）

第940条 ① 取得時効は、自主占有の喪失によって中断する。
② 自主占有者が自己の意思によらずに自主占有を喪失した場合において、その占有を1年以内に回復し、又はこの期間内に提起した訴えによって回復したときは、前項の中断は、生じなかったものとみなす。

（執行処分による中断）

第941条 ¹取得時効は、裁判所若しくは官庁による執行処分の実施又は申立てによって中断する。²この場合においては、第212条第2項及び第3項を準用する。

（中断の効果）

第942条 取得時効が中断したときは、中断までに進行した期間は、これを取得時効期間に算入しない。新たな取得時効は、中断が終了した時から進行を始める。

（権利の承継があった場合の取得時効）

第943条　第三者が権利を承継することによって物の自主占有を取得したときは、前の占有者のもとで進行した取得時効期間は、その第三者がこれを主張することができる。

（表見相続人）

第944条　表見相続人のために進行した取得時効期間は、相続人がこれを主張することができる。

（第三者の権利の消滅）

第945条　^{1}自主占有が取得される前から物に存在する第三者の権利は、その物の所有権が取得時効によって取得されたときは、これによって消滅する。ただし、自主占有者が自主占有の取得時にその権利につき善意でなく、又は自主占有の取得後にその存在を知ったときは、この限りでない。^{2}取得時効期間は、第三者の権利についても経過することを要する。この場合においては、第939条から第944条までの規定を準用する。

第3款　付合・混和・加工

（土地との付合）

第946条　動産が土地に付合して、土地の本質的構成部分となったときは、土地の所有権は、その物にまで及ぶ。

（動産との付合）

第947条　① 数個の動産が互いに付合して、一個の合成物の本質的構成部分となったときは、各動産の所有者は、合成物の共有者となる。その持分は、付合の時における物の価格の割合に応じて、これを定める。

② 前項における数個の物のうちの一個を主たる物とみるべきときは、その物の所有者が単独所有権を取得する。

（混和）

第948条　① 第947条の規定は、数個の動産が互いに混合又は融和して、分離することができなくなった場合について準用する。

② 混合又は融和した物の分離に過分の費用を要するときも、分離することができなくなったときと同様とする。

（第三者の権利の消滅）

第949条　^{1}物の所有権が第946条から第948条までの規定により消滅するときは、その物を目的とする所有権以外の権利も消滅する。^{2}物の所有者が共有者となるときは、その物を目的とする所有権以外の権利は、物の代わりとなる持分について存続する。^{3}物の所有者が単独所有者となるときは、その物を目的とする所有権以外の権利は、合成物又は混和物にまで及ぶ。

（加工）

第950条　① ^{1}一個若しくは数個の材料を加工又は改造することによって新たな動産を製造した者は、その新たな物の所有権を取得する。ただし、加工又は改造によって生じた価格が材料の価格と比べて著しく低いときは、この限りでない。^{2}書字、作図、作画、印刷、彫刻その他これらに類する物の表面の工作も加工とみなす。

② 材料を目的とする権利は、新たな物の所有権の取得によって、消滅する。

（権利喪失の補償）

第951条　① ^{1}第946条から第950条までの規定により権利を喪失した者は、不当利得の返還に関する規定に従い、権利の変動で利益を受けた者に対して、償金を請求することができる。^{2}原状の回復は、これを請求することができない。

② ^{1}前項の規定は、不法行為による損害賠償義務に関する規定並びに費用の償還及び附属物の収去権に関する規定の適用を妨げない。^{2}第946条及び第947条に規定す

る場合においては、収去は、付合が主たる物の占有者によらずに生じたときも、占有者の所有者に対する収去権に適用する規定により、これを求めることができる。

（債務証書の所有権）

第952条 ① ¹債権につき発行された債務証書の所有権は、債権者に帰属するものとする。²債権を目的とする第三者の権利は、債務証書にまで及ぶ。

② 給付の請求を内容とする債権以外の権利に関する証書、特に抵当証券、土地債務証券及び定期土地債務証券についても、前項と同様とする。

第4款　物の産出物その他の構成部分の取得

（分離された産出物及び構成部分の所有権）

第953条 物の産出物その他の構成部分は、その物から分離された後も物の所有者に帰属するものとする。ただし、第954条から第957条までの規定から別段の効果が生じるときは、この限りでない。

（他物権を有する者による取得）

第954条 他人の物を目的とする権利に基づいて物の産出物その他の構成部分を先占する権限を有する者は、第955条から第957条までの規定にかかわらず、分離によって、その所有権を取得する。

（善意の自主占有者による取得）

第955条 ① ¹物を自主占有する者は、第956条及び第957条の規定にかかわらず、分離によって産出物その他の物の果実に当たる構成部分の所有権を取得する。²自主占有者が自主占有をする権原を有せず、又は自主占有者以外の者が当該物を目的とする権利に基づいて果実を収取する権能を有する場合において、自主占有者が自主占有の取得時に善意でなく、又は分離よりも前に権原の瑕疵を知ったときは、この限りでない。

② 利用権を行使するために物を占有する者も、前項に規定する自主占有者と同様とする。

③ 第940条第2項の規定は、自主占有及びこれと同等に取り扱われる占有について準用する。

（人的権利者による取得）

第956条 ① ¹物の産出物その他の構成部分の先占につき所有者から許可を与えられた他人は、物の占有の移譲を受けている場合は分離によって、また、その他の場合は占有の獲得によって、その所有権を取得する。²その許可をする義務を負う所有者は、他人に移譲した物の占有がその他人にある限り、許可を撤回することができない。

② 前項の許可が所有者ではなく、物の産出物その他の構成部分を分離によって取得する他人によって与えられたときも、前項と同様とする。

（無権限者による許可）

第957条 第956条の規定は、他人に先占を許可した者がその許可をする権限を有しなかったときも、これを適用する。ただし、当該他人が、物の占有の移譲を受けていた場合はこの移譲時に、また、その他の場合は産出物その他の構成部分の占有を獲得した時に善意でなく、又はその分離よりも前に権限の瑕疵を知ったときは、この限りでない。

第5款　先占

（無主の動産の所有権の取得）

第958条 ① 無主の動産を自主占有した者は、その物の所有権を取得する。

② 前項の所有権の取得は、先占が法律で

禁じられ、又は占有の獲得が他人の先占権を害するときは、生じない。

（所有権の放棄）
第959条　動産は、その所有者が所有権を放棄する意思をもって当該物の占有を放棄したときは、これを無主物とする。

（野生の動物）
第960条　① ^{1}野生の動物は、人の拘束下にない限り、無主物とする。^{2}動物園における野生の動物又は池その他の閉ざされた私的水域における魚は、無主物ではないものとする。
② 捕獲された野生の動物が再び拘束を免れた場合において、所有者がこれを遅滞なく追跡せず、又はその追跡を放棄したときは、その動物を無主物とする。
③ 飼育下にある動物は、その飼育場所に戻る習慣を失ったときは、これを無主物とする。

（蜜蜂群の所有権の喪失）
第961条　蜜蜂の群れが移動した場合において、その所有者がこれを遅滞なく追跡せず、又はその追跡を放棄したときは、その蜜蜂群を無主物とする。

（所有者の追跡権）
第962条　^{1}蜜蜂の群れの所有者は、その追跡に際して他人の土地に立ち入ることができる。^{2}その蜜蜂群が、蜜蜂の定住しない他人の養蜂箱に入巣したときは、蜜蜂群の所有者は、これを捕獲するため、養蜂箱を開け、蜂房を取り出し、又は切り出すことができる。^{3}蜜蜂群の所有者は、発生した損害を賠償しなければならない。

（蜜蜂群の合体）
第963条　数人の所有者に帰属する蜜蜂の群れが移動し、合体したときは、自己の蜜蜂群を追跡した所有者は、捕獲した蜜蜂群全体の共有者となる。その持分の割合は、追跡された群れの数に応じて、これを定める。

（蜜蜂群の混合）
第964条　^{1}蜜蜂の定住する他人の養蜂箱に蜜蜂の群れが入巣したときは、定住していた蜜蜂を目的とする当該他人の所有権その他の権利は、入巣した蜜蜂群にまで及ぶ。^{2}この場合においては、入巣した蜜蜂群を目的とする所有権その他の権利は、消滅する。

第6款　遺失物の拾得

（拾得者の届出義務）
第965条　① 遺失物を発見し、これを拾得した者は、遺失者又は所有者その他の受取権者に遅滞なく届け出なければならない。
② ^{1}拾得者は、受取権者が不明であり、又はその所在を知らないときは、拾得物及び受取権者を確定するのに重要となりうる事項を遅滞なく管轄官庁に届け出なければならない。^{2}物の価格が10ユーロ以下であるときは、この届出を要しない。

（保管義務）
第966条　① 拾得者は、物を保管する義務を負う。
② ^{1}物が腐敗するおそれがあり、又は保管に過分の費用を要するときは、拾得者は、物を公の競売に付さなければならない。^{2}この場合においては、競売をする前に管轄官庁に届け出なければならない。^{3}売得金は、物に代わるものとする。

（提出義務）
第967条　拾得者は、物又は競売代金を管轄官庁に提出する権限を有するとともに、管轄官庁の命令があったときは、その義務を負う。

（責任の範囲）
第968条　拾得者は、故意又は重大な過失に

よる責任のみを負う。
（遺失者への返還）
第969条 拾得者は、遺失者に物を返還することによって、遺失者以外の受取権者に対する責任からも免れる。
（費用の償還）
第970条 拾得者は、物を保管若しくは保存し、又は受取権者を発見するために一切の事情から必要と認められる費用を支出したときは、受取権者に対して、その償還を請求することができる。
（拾得報労金）
第971条 ① ^{1}拾得者は、受取権者に対して報労金を請求することができる。^{2}報労金の額は、物の価格が500ユーロ以下のときはその5パーセントとし、500ユーロを超えた分はその3パーセントを加算する。動物についてはその価格の3パーセントとする。^{3}物が受取権者のみに価値を有するものであるときは、報労金は、公平な裁量により定めなければならない。
② 前項の請求権は、拾得者が届出義務を履行せず、又は照会に対して拾得を秘匿したときは、これを行使することができない。
（発見者の履行拒絶権）
第972条 所有者に対する占有者の費用請求権に適用する第1000条から第1002条までの規定は、第970条及び第971条に規定する請求権について準用する。
（拾得者による所有権の取得）
第973条 ① ^{1}拾得者は、管轄官庁への拾得の届出から6か月を経過した時に物の所有権を取得する。ただし、それよりも前に、拾得者が受取権者を知り、又は管轄官庁に対してその権利の届出がされたときは、この限りでない。^{2}当該物を目的とする所有権以外の権利は、所有権の取得によって消滅する。
② ^{1}物の価格が10ユーロ以下のときは、前項の6か月の期間は、拾得の時から起算する。^{2}拾得者は、照会に対して拾得を秘匿したときは、所有権を取得しない。^{3}管轄官庁への権利の届出は、所有権の取得を妨げない。
（意思表示がされないことによる所有権の取得）
第974条 ^{1}拾得者が前条に規定する6か月の期間の経過する前に受取権者を知り、又は受取権者が10ユーロを超える価格の物につき適切な時期にその権利を管轄官庁に届け出たときは、拾得者は、第1003条の規定に従い、受取権者に対して、第970条から第972条までの規定により自己が有する請求権に係る意思表示をすべき旨の催告をすることができる。^{2}その意思表示のために定めた期間が満了することによって、拾得者は物の所有権を取得し、また、その物を目的とする所有権以外の権利は消滅する。ただし、受取権者が適切な時期に請求権の満足に応じる旨の意思表示をしたときは、この限りでない。
（提出後の拾得者の権利）
第975条 ^{1}拾得者の権利は、物又は競売代金を管轄官庁に提出することによっては、妨げられない。^{2}管轄官庁が物を競売に付したときは、その売得金が物に代わるものとする。^{3}管轄官庁は、拾得者の同意がなければ、物又は売得金を受取権者に返還してはならない。
（地方自治体による所有権の取得）
第976条 ① 拾得者が、管轄官庁に対して、物の所有権を取得する権利を放棄したときは、この権利は、拾得地の地方自治体に移転する。
② 拾得者が、物又は競売代金を管轄官庁

に提出した後に第973条及び第974条の規定に基づいてその所有権を取得した場合において、管轄官庁が定めた期間を経過する前に、その返還を請求しないときは、その所有権は、拾得地の地方自治体に移転する。

(不当利得返還請求権)

第977条 [1]第973条、第974条及び第976条の規定により権利を喪失した者は、第973条及び第974条に規定する場合は拾得者に対して、また、第976条に規定する場合は拾得地の地方自治体に対して、不当利得の返還に関する規定に従い、権利の変動によって取得されたものの返還を請求することができる。[2]この請求権は、所有権が拾得者又は地方自治体に移転してから3年を経過した時に消滅する。ただし、その経過より前に裁判上の行使がされたときは、この限りでない。

(官公庁又は交通機関における拾得物)

第978条 ① [1]官公庁の庁舎又は公共交通機関の施設若しくは輸送機関において物を発見し、これを取得した者は、その物を遅滞なく官庁若しくは交通機関又はその職員に提出しなければならない。[2]この場合においては、第965条から第967条まで及び第969条から第977条までの規定を適用しない。

② [1]物の価格が50ユーロを超えるときは、拾得者は、受取権者に対して報労金を請求することができる。[2]この報労金は、第971条第1項第2文及び第3文を適用した場合に算定される金額の半額とする。[3]その請求権は、拾得者が官庁又は交通機関の職員であり、又は提出義務を履行しなかったときは、これを行使することができない。[4]占有者の所有者に対する費用償還請求権に適用する第1001条の規定は、報労金請求権について準用する。[5]報労金請求権が存在するときは、官庁又は交通機関は、受取権者への物の返還を拾得者に通知しなければならない。

③ [1]競売代金又は拾得金が第981条第1項に規定する権利者に帰属するときは、この権利者が前項第1文から第3文までに規定する報労金請求権の相手方となるものとする。[2]この請求権は、これが第1文に掲げる権利者に対して発生した日から3年を経過した時に消滅する。

(換価・命令による授権)

第979条 ① [1]官庁又は交通機関は、提出を受けた物を公の競売に付することができる。[2]国、州及び地方自治体の官公庁及び交通機関は、その吏員に競売を実施させることができる。

① a 競売は、次項の規定により、一般のアクセスの容易なインターネット上の競売として、これを実施することもできる。

① b [1]連邦政府は、授権によって、その権限の範囲内において、連邦参議院の同意を得ることなく、法規命令によって拾得物を競売するための競売サイトを設置する権限を有する。連邦政府は、この権限を法規命令によって、専門的に管轄を有する連邦最高官庁に委譲することができる。[2]州政府は、授権によって、その権限の範囲内において、法規命令によって相当の規律を設ける権限を有する。州は、この権限を、専門的に管轄を有する州最高官庁に委譲することができる。[3]州は、複数の州で利用する競売サイトを設置することができる。[4]州は、合意によって、他の州の管轄官庁に事務処理を委託することができる。

② 売得金は、物に代わるものとする。

(拾得物の公告)

第980条 ① 競売は、拾得物の公告において一定の期間を定めて受取権者に権利の届出を催告し、かつ、この期間が満了するまで、これをすることができない。競売は、適切な時期に届出があったときは、これをすることができない。
② 前項の公告は、物が腐敗するおそれがあり、又はその保管に過分の費用を要するときは、これを要しない。

（競売代金の受領）

第981条 ① 公告に定める期間が満了してから3年を経過した後、受取権者が権利を届け出ない場合においては、競売代金は、競売が国の官庁又は機関によるときは国庫に、州の官庁又は機関によるときは州庫に、地方自治体の官庁又は機関によるときは地方自治体に、私人が経営する交通機関によるときは私人に帰属する。
② ^{1}公告をすることなく競売をしたときは、前項の3年の期間は、受取権者が拾得物の公告においてその権利を届け出ることの催告を受けるまで起算しない。^{2}拾得金が提出されたときも、同様とする。
③ 費用は、返還する金銭から控除する。

（細則）

第982条 第980条及び第981条に規定する公告は、国の官庁又は機関が競売をする場合は連邦参議院の公布した規定に従って、また、その他の場合は連邦の中央官庁の公布した規定に従って、これを行うものとする。

（官庁が占有する受取人不明の物）

第983条 官公庁が返還義務を負う物を占有し、かつ、その義務が契約に基づかない場合において、官庁が受取権者又はその所在を知らないときは、第979条から第982条までの規定を準用する。

（埋蔵物）

第984条 長期にわたり他の物に包含され、所有者を確認することができない物（埋蔵物）を発見することによって、その占有が始められたときは、発見者及び埋蔵物を包含していた物の所有者が折半してその所有権を取得する。

第4節 所有権に基づく請求権

（返還請求権）

第985条 所有者は、占有者に対して物の返還を請求することができる。

（占有者の抗弁）

第986条 ① ^{1}占有者は、自ら所有者に対して占有権原を有し、又は自己にその占有権原を取得させた間接占有者が所有者に対して占有権原を有するときは、物の返還を拒むことができる。^{2}間接占有者が所有者に対して、占有者に占有を移譲する権限を有しないときは、所有者は、占有者に対して、間接占有者に物を返還することを請求することができる。この場合において、間接占有者が再び占有の移転を受けることができず、又はその意思を有しないときは、所有者は、自己に物を返還することを請求することができる。
② 第931条に基づく返還請求権の譲渡によって譲り渡された物の占有者は、新所有者に対して、譲渡された請求権に対して有する抗弁を主張することができる。

（訴訟係属後の利益）

第987条 ① 占有者は、訴訟の係属後に収取した利益を所有者に返還しなければならない。
② 占有者が訴訟の係属後に通常の経営法則によれば得ることができた利益を収取しなかったときは、占有者は、有責である限り、所有者に対してそれを償還する義務を負う。

（無償の占有者の利益）

第988条 占有者が自己に帰属する物として物を占有し、又は実際には自己に帰属しない利用権を行使するために物を占有する場合において、その占有者が占有を無償で取得したときは、占有者は、不当利得の返還に関する規定に従って、訴訟の係属前に収取した利益を返還する義務を負う。

（訴訟係属後の損害賠償）

第989条 占有者は、訴訟の係属後は、所有者に対して、その有責性による物の損傷、滅失その他の事由による物の返還不能から生じた損害につき責任を負う。

（悪意の占有者の責任）

第990条 ① ^{1}占有者は、占有の取得時に善意でなかったときは、所有者に対して、占有の取得時から第987条及び第989条による責任を負う。^{2}占有者が自己に占有権原のないことを後になって知ったときは、占有者は、その事実を知った時から同様の責任を負う。

② 前項の規定は、遅滞を理由とする占有者の責任の加重を妨げない。

（占有仲介者の責任）

第991条 ① 占有者が占有権原を間接占有者から取得した場合においては、第990条の規定は、同条の要件を間接占有者についても具備し、又は間接占有者に対して訴訟が係属したときに限り、これを利益について適用する。

② 占有者は、占有の取得時に善意であった場合においても、間接占有者に対して責任を負うときは、その限りで、所有者に対して、占有取得の時から第989条に掲げる損害につき責任を負う。

（不法な占有者の責任）

第992条 違法な私力又は犯罪行為によって占有を取得した占有者は、所有者に対して、不法行為を理由とする損害賠償に関する規定により責任を負う。

（善意の占有者の責任）

第993条 ① 第987条から第992条までに掲げる要件を欠く場合においては、占有者は、その収取した果実が通常の経営法則によれば物の利益とは認められないときに限り、不当利得の返還に関する規定により、その果実を返還しなければならない。その他の場合においては、占有者は、利益を返還し、又は損害を賠償する義務を負わない。

② 利益が占有者のもとに留められる間は、その占有者について第101条の規定を適用する。

（必要費）

第994条 ① ^{1}占有者は、物の所有者に対して、物につき支出した必要費の償還を請求することができる。^{2}ただし、通常の保存に要する費用については、利益が占有者のもとに留められる間は、これを占有者に償還することを要しない。

② 訴訟が係属し、又は第990条に規定する責任が発生した後に、占有者が必要費を支出したときは、所有者の償還義務は、事務管理に関する規定により、これを定める。

（負担）

第995条 ^{1}占有者が物の負担につき支払った費用も第994条に規定する必要費とする。^{2}利益が占有者のもとに留められる間に支出された費用については、物の基本的価値に課されたものとみなされるべき特別の負担に係る費用についてのみ占有者に償還しなければならない。

（有益費）

第996条 占有者は、訴訟が係属し、又は第990条に規定する責任が発生するよりも前

に、必要費以外の費用を支出した場合には、所有者が物を回復した時にその費用による物の価格の増加が現存するときに限り、その償還を請求することができる。

（収去権）

第997条 ① ^{1}占有者は、物を付合させて他の物の本質的構成部分としたときは、その付合させた物を分離し、これを自ら先占することができる。^{2}この場合においては、第258条の規定を適用する。

② 前項の分離権は、占有者が第994条第1項第2文により費用の償還を請求することができず、又は占有者が分離につき一切の利益を有せず、若しくは少なくとも分離後に構成部分の有する価格が占有者に償還されるときは、これを行使することができない。

（農地の耕作費用）

第998条 農地が返還される場合において、占有者が、通常の経営法則によれば当該営業年度の終了日より前に分離するべき未分離の果実につき費用を支出したときは、所有者は、その支出が通常の経営法則に適合し、かつ、果実の価格を超えない限度において、これを償還しなければならない。

（権利の前主が支出した費用の償還）

第999条 ① 前の占有者から権利を承継した占有者は、前の占有者が支出した費用について、前の占有者が物を返還しなければならなかった場合にその者が請求することができたのと同一の範囲において、その償還を請求することができる。

② 所有者の費用償還義務は、その者が所有権を取得する前に支出された費用にまで及ぶ。

（占有者の履行拒絶権）

第1000条 ^{1}占有者は、自己に償還されるべき費用の満足を受けるまで、物の返還を拒むことができる。^{2}この履行拒絶権は、占有者が故意による不法行為によって物を取得したときは、占有者に帰属しない。

（費用償還請求訴訟）

第1001条 ^{1}占有者は、所有者が物を回復し、又は費用の支出を追認したときに限り、費用の償還を請求することができる。^{2}所有者は、費用の支出を追認するまでの間は、自ら回復した物を返還することによって、その請求を免れることができる。^{3}所有者は、占有者が請求権の主張を留保したうえで提供した物を受け取ったときは、費用の支出を追認したものとみなす。

（費用請求権の消滅）

第1002条 ① 占有者が所有者に物を返還したときは、費用償還請求権は、返還の日から1か月、又は土地については6か月を経過した時に消滅する。ただし、期間の満了前に裁判上の請求をし、又は所有者が費用の支出を追認したときは、この限りでない。

② 消滅時効に適用する第206条、第210条及び第211条の規定は、前項の期間について準用する。

（占有者の満足権）

第1003条 ① ^{1}占有者は、所有者に対して、償還を請求する金額を提示したうえで、自ら定めた相当の期間内に費用の支出を追認するかどうかを確答すべき旨の催告をすることができる。^{2}占有者は、この期間が満了した後は、質物の売却に関する規定により、又は土地については不動産への強制執行に関する規定により物から満足を求める権能を有する。ただし、費用の支出が適切な時期に追認されたときは、この限りでない。

② 前項の期間の満了前に、所有者が請求

額につき異議を述べた場合においては、占有者は、支出した費用の金額が確定判決によって確定した後、所有者に対して、相当の期間を定めたうえで、前項の確答をすべき旨の催告をし、その期間が満了したときに限り、物から満足を受けることができる。物から満足を求める権利は、費用の支出が適切な時期に追認されたときは、これを行使することができない。

(妨害排除請求権及び不作為請求権)

第1004条 ① ^{1}所有権が占有の侵奪又は留置以外の方法によって侵害されたときは、所有者は、侵害者に対して侵害の排除を請求することができる。^{2}さらなる侵害のおそれがあるときは、所有者は、その不作為を求めて訴えを提起することができる。

② 前項の請求権は、所有者が侵害を受忍する義務を負うときは、これを行使することができない。

(追跡権)

第1005条 物が、その所有者以外の者が占有する土地の上にあるときは、物の所有者は、その土地の占有者に対して、第867条に規定する請求権を有する。

(占有者のための所有権の推定)

第1006条 ① ^{1}動産の占有者は、その者の利益のために、これを物の所有者と推定する。^{2}この規定は、物が前の占有者から盗まれ、紛失し、又はその他の事由により離脱したときは、この前の占有者に対しては適用しない。ただし、金銭又は無記名証券についてはこの限りでない。

② 前の占有者は、その者の利益のために、占有を継続していた間については、物の所有者であったものと推定する。

③ 間接占有があるときは、前2項の推定は、間接占有者について、これを行うものとする。

(前の占有者の請求権・悪意者の除外)

第1007条 ① 過去に動産の占有を有していた者は、占有者が占有を取得した時に善意でなかったときは、この占有者に対して物の返還を請求することができる。

② ^{1}物が前の占有者から盗まれ、紛失し、又はその他の事由により離脱したときは、前の占有者は、善意の占有者に対しても物の返還を請求することができる。ただし、この占有者が物の所有者であり、又は前の占有者が占有を始める前に物が当該占有者から離脱していたときは、この限りでない。^{2}この規定は、金銭及び無記名証券には適用しない。

③ ^{1}前の占有者は、占有の取得時に善意でなく、又は占有を放棄したときは、前2項の請求権を行使することができない。^{2}本条に規定のない事項については、第986条から1003条までの規定を準用する。

第5節 共有

(持分に応じた共有)

第1008条 一個の物を目的とする所有権が持分に応じて数人に帰属するときは、第1009条から第1011条までの規定を適用する。

(共有者のための負担)

第1009条 ① 共有物は、共有者のためにも、これを負担の目的とすることができる。

② 共有地の共有者が他の土地を有する場合においても、これによって、他の土地の所有者のために共有地を負担の目的とし、又は共有地の所有者のために他の土地を負担の目的とすることは妨げられない。

(共有者の特定承継人)

第1010条 ① 土地の共有者が管理及び利用の方法を定め、共同関係の解消を請求す

る権利の行使を永久に若しくは期間を定めて禁止し、又は告知期間を定める場合においては、これらの約定は、持分の負担として土地登記簿に登記したときに限り、共有者の特定承継人に対して、その効力を有する。

② 第755条及び第756条に規定する請求権は、これを土地登記簿に登記したときに限り、共有者の特定承継人に対して、これを行使することができる。

（共有に基づく請求権）

第1011条　各共有者は、第三者に対して、所有権に基づく請求権を共有物の全体につき行使することができる。ただし、返還請求権は、第432条によらなければ、これを行使することができない。

第1012条から第1017条　削除

第４章　役権
第１節　地役権

（地役権の法律上の内容）

第1018条　土地は、他の土地の所有者のために地役権の目的とすることができる。地役権は、個別的な関係において承役地を利用し、承役地で一定の行為がされることを禁止し、又は承役地を目的とする所有権に基づいて他の土地に対して生ずる権利の行使を除外することができる。

（要役地の便益）

第1019条　[1]地役権は、地役権者の土地の利用につき便益を供するものでなければならない。[2]役権の内容は、その性質から生じる限度を超えて、これを拡張することができない。

（慎重な行使）

第1020条　[1]地役権者は、地役権の行使に際して、承役地の所有者の利益を可能な限り配慮しなければならない。[2]地役権者は、承役地において役権を行使するために建造物を保有するときは、これを適切な状態で保存しなければならない。ただし、その建造物が所有者の利益とならないときは、この限りでない。

（合意による保存義務）

第1021条　① [1]建造物が地役権の行使のために承役地に備えられているときは、承役地の所有者がその建造物を保存することを合意することができる。ただし、建造物が地役権者の利益とならないときは、この限りでない。[2]承役地の所有者がその建造物を共同で利用する権利を有するときは、地役権者が建造物を保存することを合意することができる。ただし、建造物が所有者の利用権にとって必要とならないときは、この限りでない。

② 物的負担に関する規定は、前項の保存義務について準用する。

（建造物上の工作物）

第1022条　[1]地役権が承役地の建築工作物の上に建築工作物を保有する権利を内容とする場合において、別段の定めがないときは、承役地の所有者がその工作物を保存しなければならない。ただし、工作物が地役権者の利益とならないときは、この限りでない。[2]この保存義務についても、第1021条第２項の規定を適用する。

（行使場所の移転）

第1023条　① [1]地役権の行使が承役地の一部に限られる場合において、従来の場所における行使が所有者にとって著しい負担となるときは、承役地の所有者は、行使の場所を地役権者にとって同程度に適した他の場所に移すことを請求することができる。移転の費用は、所有者がこれを負担し、かつ、前払しなければならない。[2]行使が法律行為によって土地の一部

に限られるときも、同様とする。
② 前項の移転請求権は、これを法律行為によって禁止し、又は制限することができない。

(数個の利用権の競合)

第1024条 地役権がこれと同一の土地を目的とする別の地役権その他の利用権と競合するために、それらの権利につき、行使が両立せず、又は完全に行使することができない場合において、それらが同一の順位を有するときは、各権利者は、権利者全員の利益に適う行使方法を公平な裁量に基づいて定めることを請求することができる。

(要役地の分割)

第1025条 ^{1}地役権者の土地が分割されたときは、地役権は、土地の各部のために存続する。その行使は、疑わしいときは、承役地の所有者にとって負担とならない方法によらなければならない。^{2}役権は、これが一部の土地にのみ便益を与えるときは、他の土地につき消滅する。

(承役地の分割)

第1026条 承役地が分割された場合において、地役権の行使が承役地の特定の部分に限られるときは、その行使の範囲外にある部分は、役権の負担を免れる。

(地役権の侵害)

第1027条 地役権者は、地役権を侵害されたときは、第1004条に規定する権利を有する。

(消滅時効)

第1028条 ① ^{1}承役地に建造物が設置され、これが地役権を侵害するときは、地役権者の侵害除去請求権は、役権が土地登記簿に登記されている場合においても、消滅時効に服する。^{2}役権は、その請求権に係る消滅時効が完成することによって、役権と建造物の存在が両立しない限度において消滅する。
② 第892条の規定は、前項に規定する場合について適用しない。

(権利占有者の占有保護)

第1029条 占有の保護に適用する規定は、土地の占有者が、所有者のために土地登記簿に登記された地役権の行使を妨げられた場合について準用する。ただし、役権が、妨害前の1年以内に一度も行使されていなかったときは、この限りでない。

第2節 用益権
第1款 物上用益権

(物上用益権の法律上の内容)

第1030条 ① 物は、用益権の目的とすることができる。用益権者は、物の用益を収取することができる。
② 用益権は、個別的な用益を除外することによって、これを制限することができる。

(従物への拡張)

第1031条 用益権者は、所有権の取得に適用する第926条の規定に従い、土地用益権の設定を受けることによって、土地の従物につき用益権を取得する。

(動産用益権の設定)

第1032条 ^{1}動産用益権を設定するには、所有者が取得者に物を引き渡し、かつ、当事者双方が、取得者に用益権が帰属すべき旨を合意しなければならない。^{2}この場合においては、第929条第2文、第930条から第932条まで及び第933条から第936条までの規定を準用する。第936条に規定する場合においては、同条の準用の効果として、用益権が第三者の権利に優先することのみが生じる。

(取得時効による取得)

第1033条 ^{1}動産用益権は、取得時効によっ

て、これを取得することができる。²この場合においては、取得時効による所有権の取得に適用する規定を準用する。

（現状の確認）

第1034条 ¹用益権者は、自己の費用で、鑑定人に物の現状を確認させることができる。²所有者も、用益権者と同一の権利を有するものとする。

（集合物上の用益権・目録）

第1035条 ¹集合物を目的とする用益権については、用益権者及び所有者は互いに、物の目録の作成に協力する義務を負う。²この目録は、作成した日付を記載し、かつ、当事者双方が署名したものでなければならない。各当事者は、署名につき公の認証を受けることを請求することができる。³各当事者は、目録が管轄官公庁、管轄区裁判所又は公証人によって作成されることを請求することもできる。⁴費用は、作成又は認証を請求した当事者がこれを負担し、かつ、前払しなければならない。

（占有権・用益権の行使）

第1036条 ① 用益権者は、物を占有する権利を有する。
② 用益権者は、用益権能を行使する際に、物の従来の経済的用途を維持し、かつ、通常の経営法則に適合する行動をしなければならない。

（改造）

第1037条 ① 用益権者は、物を改造し、又はそれに本質的な変更を加える権能を有しない。
② 土地の用益権者は、石、砂利、砂、ローム、粘土、泥灰岩、泥炭その他の構成部分を採取するために新たな建造物を設置することができる。ただし、これによって土地の経済的用途が本質的に変更される

ときは、この限りでない。

（森林及び鉱山のための経営計画）

第1038条 ① ¹用益権が森林を目的とするときは、所有者及び用益権者は、それぞれ、用益の範囲及び経営上の取扱方法を経営計画によって確定することを請求することができる。²著しい事情変更が生じたときは、各当事者は、それに応じた経営計画の改定を請求することができる。³費用は、各当事者がこれを折半して負担しなければならない。
② 用益権が鉱山その他土地の構成部分を採取するための建造物を目的とするときも、前項と同様とする。

（果実の過剰採取）

第1039条 ① ¹用益権者は、通常の経営法則に反して採取した果実又は特別の事情のためにやむを得ず採取しすぎた果実の所有権も取得する。²ただし、用益権者は、その有責性にかかわらず、用益権の消滅に際して所有者に果実の価格を補償する義務を負うとともに、この義務の履行に係る担保を提供しなければならない。³所有者及び用益権者は、それぞれ、通常の経営の範囲内において、補償金を物の原状回復に充てることを請求することができる。
② 物を原状回復するための支出が請求されていない場合において、用益権者に帰属すべき利益が不適切又は過剰な果実の採取によって害されたときは、その限りで、補償義務は消滅する。

（埋蔵物）

第1040条 用益権者の権利は、物の中から発見された埋蔵物を目的とする所有者の持分には及ばないものとする。

（物の維持）

第1041条 ¹用益権者は、物の経済上の現状

を維持するように注意しなければならない。²用益権者は、修繕及び交換につき、これをすることが物の通常の保存に該当するときに限り、その義務を負う。

(用益権者の通知義務)

第1042条 ¹物が滅失若しくは損傷したとき、又は物の特別の修繕若しくは交換を必要とし、若しくは不慮の危険から物を保護するための措置を要するときは、用益権者は、所有者に対して遅滞なく通知をしなければならない。²第三者が物につき権利を不当に行使するときも、同様とする。

(修繕又は交換)

第1043条 土地の用益権者は、必要となった特別の修繕又は交換を自らするときは、その目的を達するため、用益権者に帰属すべき果実に該当しない土地の構成部分も通常の経営の範囲内で用いることができる。

(修繕の受忍)

第1044条 用益権者は、必要となった物の修繕又は交換を自らしないときは、所有者に対して、その実施を許可しなければならない。この場合において、用益権が土地を目的とするときは、第1043条に規定する土地の構成部分を用いることを許可しなければならない。

(用益権者の付保義務)

第1045条 ① ¹保険に付することが通常の経営基準に適合するときは、用益権者は、用益権が存続する間、自己の費用で、物を火災その他の事故に備える保険に付さなければならない。²保険は、保険者に対する債権を所有者に帰属させるものでなければならない。

② 物がすでに保険に付されている場合において、用益権者が付保義務を負うときは、用益権が存続する間に保険のために給付すべき支払は、これを用益権者の負担とする。

(保険金債権を目的とする用益権)

第1046条 ① 用益権者は、利息付債権を目的とする用益権に適用する規定により、保険者に対する債権を目的とする用益権を有するものとする。

② ¹保険によって填補することとされる損害が発生したときは、所有者及び用益権者は、それぞれ、通常の経営基準に適合する限度において、保険金を物の原状回復又はそれに代わる物の調達に充てることを請求することができる。²所有者は、自ら保険金を使用し、又は用益権者にそれを使用させることができる。

(負担の引受け)

第1047条 用益権者は、用益権が存続する間、所有者に対して、物の基本的価値に課されたものとみなされるべき特別の負担を除く、物に課される公の負担及び用益権設定時にすでに物に課されていた私法上の負担、特に抵当権及び土地債務の利息並びに定期土地債務に基づいて支払われるべき給付を引き受ける義務を負う。

(属具付きの土地を目的とする用益権)

第1048条 ① ¹用益権が属具付きの土地を目的とするときは、用益権者は、通常の経営の範囲内で属具の一部を処分することができる。²用益権者は、通常の損耗によって消失し、又は通常の経営法則に従って廃棄した属具の一部に代わる物を調達しなければならない。用益権者が調達した物は、属具に組み込まれることによって、属具の帰属する者の所有物となる。

② 第582a条の規定は、用益権者が評価額を定めて属具を受け取った場合において、用益権の消滅時にその評価額を償還する

義務を負うときについて準用する。
（費用の償還）
第1049条 ① 用益権者が義務なく物に費用を支出したときは、所有者の償還義務は、事務管理に関する規定により、これを定める。
② 用益権者は、自ら物に備え付けた附属物を収去する権能を有する。
（損耗）
第1050条 用益権者は、用益権の通常の行使によって生じた物の劣化又は損傷について、その責任を負わない。
（担保の提供）
第1051条 用益権者の行為によって所有者の権利が著しく侵害されるおそれがあるときは、所有者は、担保の提供を請求することができる。
（担保不提供による裁判所の管理）
第1052条 ① ¹用益権者が確定判決によって担保の提供を命じられたときは、所有者は、担保の提供に代えて、用益権者の費用で、裁判所が選任する管理人に用益権の行使を委ねることを請求することができる。²この管理命令は、裁判所が、所有者の申立てに基づいて、用益権者に対して担保提供のための期間を定めた場合において、この期間が満了したときに限り、適法とする。管理命令は、その期間が満了するまでに担保の提供があったときは、不適法とする。
② ¹管理人は、土地の強制管理のために選任された管理人と同一の裁判所の監督に服する。²所有者も管理人となることができる。
③ 担保が第１項に規定する期間の満了後に提供されたときは、管理を中止しなければならない。
（権限なき使用があった場合の不作為訴訟）
第1053条 用益権者が、権限なく物を使用した場合において、所有者の制止があったにもかかわらず、その使用を継続するときは、所有者は、その不作為を求めて訴えを提起することができる。
（義務違反による裁判所の管理）
第1054条 用益権者が、所有者の権利を著しく侵害する場合において、所有者の制止があったにもかかわらず、加害行為を継続するときは、所有者は、第1052条による管理命令を請求することができる。
（用益権者の返還義務）
第1055条 ① 用益権者は、用益権の消滅後は、所有者に物を返還する義務を負う。
② 第596条第１項及び第596a条の規定は、農地を目的とする用益権について準用し、また、第596条第１項、第596a条及び第596b条は、農場を目的とする用益権について準用する。
（用益権の消滅後の使用賃貸借関係又は用益賃貸借関係）
第1056条 ① 使用賃貸されている住居が譲渡された場合に適用する第566条、第566a条、第566b条第１項、第566c条から第566e条まで及び第567b条の規定は、用益権者が用益権の存続期間を超えて土地を使用賃貸又は用益賃貸した場合において、用益権の消滅したときについて準用する。
② ¹所有者は、法定の告知期間を経過した後は、使用賃貸借関係又は用益賃貸借関係を告知する権能を有する。²用益権者が用益権を放棄したときは、告知は、その放棄がなかったならば用益権が消滅するはずであった時から、これをすることができる。
③ ¹使用賃借人又は用益賃借人は、所有者

に対して、相当の期間を定めて、告知権を行使するかどうかを意思表示すべき旨の催告をする権能を有する。²告知は、その期間の満了前に限り、これをすることができる。

（償還請求権の消滅時効）

第1057条 ¹物の劣化又は損傷を原因とする所有者の償還請求権及び用益権者の費用償還請求権又は附属物収去許可請求権は、6か月の消滅時効に服する。²この場合においては、第548条第1項第2文及び第3文並びに第2項の規定を準用する。

（用益権設定者を所有者とする擬制）

第1058条 用益権者と所有者との間においては、用益権者のために、用益権設定者を所有者とみなす。ただし、用益権設定者が所有者でないことを用益権者が知るときは、この限りでない。

（譲渡の不能・行使の委託）

第1059条 ¹用益権は、これを譲渡することができない。²用益権の行使は、これを他人に委ねることができる。

（法人又は権利能力を有する人的会社の場合における移転可能性）

第1059a条 ① 用益権が法人に帰属するときは、用益権は、以下の規定により、これを移転することができる。

 1．法人の財産が権利の包括承継によって他人に移転するときは、用益権も権利承継人に移転する。ただし、移転の禁止が明示的に合意されているときは、この限りでない。

 2．¹前号に規定する場合のほか、法人が経営する企業又はその一部を他人に譲渡するときは、用益権も、これを取得者に譲渡することができる。ただし、用益権が企業の目的又はその一部の目的に供せられるのに適しないときは、この限りでない。²この要件を具備するかどうかは、管轄区裁判所の宣告によって確定する。³この宣告は、裁判所及び行政官庁を拘束する。⁴管轄官庁は、州政府が法規命令によって、これを定める。⁵州政府は、その権限を法規命令によって州法務行政長に委譲することができる。

② 権利能力を有する人的会社も、法人と同様とする。

（差押えの禁止）

第1059b条 用益権は、第1059a条の規定に基づいて、これを差し押さえ、又は質権及び用益権の目的とすることができない。

（用益権の移転又は譲渡）

第1059c条 ① ¹用益権が移転又は譲渡されたときは、その取得者は、用益権に付随する所有者に対する権利及び義務について旧権利者に代位するものとする。²この権利及び義務につき所有者と権利者との間で合意がされていたときは、この合意は、所有者に対しても、有利不利にかかわらず、その効力を有する。

② 用益権の移転又は譲渡によっては、所有者その他の物権者のために賠償請求権は発生しないものとする。

（用益権の移転後の使用賃貸借関係又は用益賃貸借関係）

第1059d条 使用賃貸借されている住居が譲渡された場合に適用する第566条から第566e条まで、第567a及び第567b条までの規定は、前の権利者が用益権の存続期間を超えてその目的土地を使用賃貸又は用益賃貸した場合において、用益権の移転があったときについて準用する。

（用益権の承諾請求権）

第1059e条 第1059a条から第1059d条までの規定は、用益権の承諾請求権が法人又

は権利能力を有する人的会社に帰属する場合について準用する。

(数個の利用権の競合)

第1060条 用益権がこれと同一の土地を目的とする別の用益権その他の利用権と競合するために、それらの権利につき、行使が両立せず、又は完全に行使することができない場合において、それらが同一の順位を有するときは、第1024条の規定を適用する。

(用益権者の死亡)

第1061条 [1]用益権は、用益権者の死亡によって消滅する。[2]用益権が法人又は権利能力を有する人的会社に帰属するときは、用益権は、法人又は人的会社の消滅とともに消滅する。

(放棄の従物への拡張)

第1062条 土地用益権を法律行為によって放棄した場合において、疑わしいときは、この放棄は、その従物に係る用益権にまで及ぶ。

(所有権との混同)

第1063条 ① 動産用益権及び所有権が同一人に帰属したときは、動産用益権は消滅する。

② 前項の場合において、所有者が用益権の存続につき法律上の利益を有するときは、用益権は消滅しなかったものとみなす。

(動産用益権の放棄)

第1064条 動産用益権を法律行為によって放棄するには、用益権者が所有者又は用益権設定者に対して用益権を放棄する旨の意思表示をすれば足りる。

(用益権の侵害)

第1065条 用益権者の権利が侵害されたときは、用益権者の請求権について、所有権に基づく請求権に適用する規定を準用する。

(共有者の持分を目的とする用益権)

第1066条 用益権が共有者の持分を目的とするときは、用益権者は、物の管理及びその利用方法につき共有者の共同関係から生じる権利を行使するものとする。

② 共同関係の解消は、共有者及び用益権者の双方に対してのみ、これを請求することができる。

③ 共同関係が解消されたときは、持分に代わる物を目的とする用益権が用益権者に帰属する。

(消費物を目的とする用益権)

第1067条 ① [1]用益権が消費物を目的とするときは、用益権者は、その物の所有者となる。用益権者は、用益権が消滅した後は、その物が用益権の設定時に有していた価格を用益権設定者に賠償しなければならない。[2]用益権設定者及び用益権者は、それぞれ自己の費用で、その価格を鑑定人に評価させることができる。

② 用益権設定者は、価格の賠償請求権が履行されないおそれがあるときは、担保の提供を請求することができる。

第2款 権利用益権

(権利用益権の法律上の内容)

第1068条 ① 権利も、これを用益権の目的とすることができる。

② 権利用益権については、物上用益権に関する規定を準用する。ただし、第1069条から第1084条までの規定から別段の効果が生じるときは、この限りでない。

(設定)

第1069条 ① 権利用益権は、権利の譲渡に適用する規定に従い、これを設定する。

② 譲渡することができない権利は、これを用益権の目的とすることができない。

(給付を求める権利を目的とする用益権)

第1070条 ① 用益権が給付の請求を内容とする権利を目的とするときは、用益権者と義務者との間の法律関係について、権利の譲渡があった場合における譲受人と義務者との間の法律関係に適用する規定を準用する。
② ^{1}用益権の行使が第1052条により管理人に委ねられたときは、この委託は、発せられた命令を義務者が知り、又は命令の通知が義務者に送達された時から、義務者に対して、その効力を有する。^{2}管理の中止についても、同様とする。

（用益権の目的である権利の放棄又は変更）
第1071条 ① ^{1}用益権の目的である権利は、用益権者の同意があるときに限り、これを法律行為によって放棄することができる。^{2}この同意は、同意によって利益を受ける者に対して、これを表明しなければならない。同意を撤回することはできない。^{3}この規定は、第876条第3文の規定の適用を妨げない。
② 権利を変更するときも、前項と同様とする。ただし、その変更が用益権を害しないときは、この限りでない。

（用益権の消滅）
第1072条 用益権は、用益権の目的である権利が動産を目的とする権利でないときも、第1063条及び第1064条により消滅する。

（終身定期金を目的とする用益権）
第1073条 終身定期金、隠居農民扶養料その他これらに類する権利の用益権者には、その権利に基づいて請求することができる個別の給付が帰属する。

（債権用益権・告知及び取立て）
第1074条 ^{1}債権用益権者は、債権を取り立てる権限を有する。債権者からの告知によってその弁済期が到来するときは、告知する権限も有する。^{2}用益権者は、適切に取立てをするように注意しなければならない。^{3}用益権者は、債権の処分につき、その他の権限を有しない。

（給付の効果）
第1075条 ① 債務者が用益権者に対して給付することによって、債権者は給付の目的物を取得し、また、用益権者はそれを目的とする用益権を取得するものとする。
② ^{1}消費物が給付されたときは、用益権者がその所有権を取得する。この場合においては、第1067条の規定を準用する。

（利息付債権を目的とする用益権）
第1076条 第1077条から第1079条までの規定は、用益権が利息付債権を目的とする場合について適用する。

（告知及び弁済）
第1077条 ① ^{1}債務者は、用益権者と債権者の双方に対してのみ、元本を弁済することができる。^{2}用益権者と債権者は、それぞれ、双方に対して弁済することを請求することができる。用益権者と債権者は、それぞれ、弁済に代えて、双方のために供託することを請求することができる。
② ^{1}用益権者及び債権者は、共同でなければ告知することができない。^{2}債務者からの告知は、これが用益権者及び債権者に対して表明されたときに限り、その効力を有する。

（取立てへの協力）
第1078条 ^{1}債権が弁済期にあるときは、用益権者及び債権者は、互いに取立てに協力する義務を負う。^{2}その弁済期が告知によって到来する場合において、通常の財産管理の法則によれば、担保の危険を理由に債権を取り立てるべきときは、当事

者の一方は、相手方に対して、告知に協力することを請求することができる。
(元本の運用)
第1079条 ^{1}用益権者及び債権者は、互いに、被後見人の金銭運用に適用する規定により、取り立てた元本を有利子で運用し、また、これに用益権者のための用益権を設定することに協力する義務を負う。^{2}運用の方法は、用益権者がこれを定める。
(土地債務又は定期土地債務を目的とする用益権)
第1080条 債権用益権に関する規定は、土地債務又は定期土地債務を目的とする用益権についても、これを適用する。
(無記名証券又は指図証券を目的とする用益権)
第1081条 ① ^{1}用益権が無記名証券又は白地裏書された指図証券を目的とするときは、証券及びその証券に附属する更改証券の占有は、用益権者及び所有者がこれを共同で有するものとする。^{2}証券に附属する利札、定期金証券又は利益配当証券の占有は、用益権者がこれを有する。
② 前項の証券に用益権を設定するには、証券の引渡しに代えて、共同占有の承諾があれば足りる。
(供託)
第1082条 前条の証券は、用益権者又は所有者の請求があるときは、用益権者及び所有者が共同でなければその返還を請求することができないことを合意したうえで、これを更改証券とともに供託所に供託しなければならない。
(取立てへの協力)
第1083条 ① 証券の用益権者及び所有者は、互いに、弁済期にある元本の取立て及び新たな利札、定期金証券又は利益配当証券の調達その他の通常の財産管理に要する措置に協力する義務を負う。
② ^{1}第1079条の規定は、証券の償還について適用する。^{2}償還に際して支払われた割増金は、元本の一部とみなす。
(消費物)
第1084条
　無記名証券又は白地裏書された指図証券は、これが第92条の消費物に該当するときは、第1067条の規定に服する。

第3款　財産用益権
(財産用益権の設定)
第1085条 ^{1}私人の財産を目的とする用益権は、用益権者がその財産に属する個別の財産につき用益権を取得することによってのみ、これを設定することができる。^{2}この用益権が設定されたときは、第1086条から第1088条までの規定を適用する。
(用益権設定者の債権者の権利)
第1086条 ^{1}用益権設定者の債権者は、その債権が用益権の設定より前に生じていたときは、用益権にかかわらず、用益権の目的財産から満足を求めることができる。^{2}用益権者が消費物を目的とする所有権を取得したときは、用益権設定者の価格償還請求権がその物に代わるものとする。この場合において、用益権者は、債権者に対して直ちに償還する義務を負う。
(用益権者と用益権設定者の関係)
第1087条 ① ^{1}用益権設定者は、用益権の設定より前に生じていた債権が弁済期にあるときは、債権者に満足を与えるために必要な目的財産の返還を用益権者に請求することができる。^{2}この場合においては、用益権設定者が財産を選ぶことができる。ただし、用益権設定者は、弁済に特に適した財産のみを選ぶことができる。^{3}弁済するのに十分な財産が返還され

たときは、用益権設定者は、用益権者に対して、債権者に満足を与える義務を負う。

② [1]用益権者は、債務の目的物を給付することによって、債務を弁済することができる。[2]債務の目的物が用益権に服する財産に属しない場合において、用益権設定者が満足を与えることを期待することが危険なときは、用益権者は、債権者を満足させるため、用益財産に属する目的財産を譲渡する権限を有する。[3]この場合においては、用益権者は、弁済に特に適した財産を選ばなければならない。[4]用益権者は、消費物の価格償還義務を負うときは、その譲渡をしてはならない。

（用益権者の責任）

第1088条 ① [1]用益権設定者の債権者は、その債権が用益権の設定時においてすでに利息を生ずべきものであったときは、用益権者に対しても、用益権が存続する間の利息の支払を請求することができる。[2]通常の管理がされれば財産の用益から賄われるべき利息以外の回帰的な給付についても、その債権が用益権の設定よりも前から生じていたときは、同様とする。

② 前項の用益権者の責任は、用益権者と用益権設定者との間の合意によって免除し、又は制限することができない。

③ [1]用益権者は、用益権設定者に対して、第1項に規定する請求権につき債権者に満足を与える義務を負う。[2]用益権設定者は、用益権者がその義務の履行を遅滞したときに限り、債権者に満足を与えるために目的物の返還を請求することができる。

（遺産用益権）

第1089条 第1085条から第1088条までの規定は、相続財産を目的とする用益権について準用する。

第3節 制限的人役権

（制限的人役権の法律上の内容）

第1090条 ① 土地は、制限的人役権の目的とすることができる。制限的人役権者は、土地を個別的な関係において利用し、又は、地役権の内容とすることが可能なその他の権能を有することができる。

② 第1020条から1024条まで、第1026条から第1029条まで及び第1061条の規定は、制限的人役権について準用する。

（範囲）

第1091条 制限的人役権の範囲は、疑わしいときは、制限的人役権者の個人的な必要性に応じて、これを定める。

（譲渡の禁止・行使の委託）

第1092条 ① [1]制限的人役権は、これを譲渡することができない。[2]役権の行使は、委託の許可があるときに限り、これを他人に委ねることができる。

② 第1059a条から第1059d条までの規定は、制限的人役権又はその承諾請求権が法人又は権利能力を有する人的会社に帰属する場合について準用する。

③ [1]電気、ガス、地域熱、水、汚水、油若しくは原料を輸送するための建造物及びこれに附属し、その輸送に直接に資するすべての建造物、遠距離通信施設、単独若しくは複数の私企業若しくは公企業の間で製品を輸送するための建造物、路面電車施設又は鉄道施設のために土地を利用することを内容とする制限的人役権が法人又は権利能力を有する人的会社に帰属するときは、その役権を譲渡することができる。[2]役権の譲渡可能性は、その権限に基づいて役権を分割する権利を含まない。[3]制限的人役権の承諾請求権が第1

文に掲げる者に帰属するときは、その請求権を譲渡することができる。⁴この場合においては、第1059b条から第1059d条までの規定を準用する。

（居住権）

第1093条 ① ¹制限的人役権は、建物又は建物の一部から所有者を排したうえで、それを住居として利用するための権利として、これを設定することができる。²用益権に適用する第1031条、第1034条、第1036条、第1037条第1項、第1041条、第1042条、第1044条、第1049条、第1050条、第1057条及び第1062条の規定は、この制限的人役権について準用する。

② 前項に規定する権利を有する者は、自己の家族並びにその身分に応じた奉仕及び世話に必要な者を同居させる権能を有する。

③ 第1項の権利が建物の一部に限定されるときは、その権利を有する者は、居住者による共同利用が予定されている建造物及び設備を共同利用することができる。

第5章　先買権

（先買権）

第1094条 ① 土地は、先買権の目的とすることができる。先買権者は、所有者に対して先買することができる。

② 先買権は、他の土地の所有者のためにも、これを設定することができる。

（持分の負担）

第1095条 土地の一部は、それが共有者の持分であるときに限り、これを先買権の目的とすることができる。

（従物への拡張）

第1096条 ¹先買権は、土地とともに売却された従物にまで、これを及ぼすことができる。²疑わしいときは、先買権は、その従物にまで及ぶものとする。

（一度又は数度の売却のための設定）

第1097条 先買権は、その設定時において土地を所有していた者又はその相続人が土地を売却するときに限り、これを行使することができる。ただし、先買権は、数度又はすべての売却につき、これを設定することもできる。

（先買権の効果）

第1098条 ① ¹先買権者と義務者との間の法律関係は、第463条から第473条までの規定により、これを定める。²先買権は、倒産管財人が土地を任意に売却したときも、これを行使することができる。

② 先買権は、第三者に対しては、権利の行使によって発生する所有権移転請求権を保全するための仮登記の効力を有する。

③ 第1094条第1項により設定された先買権が法人又は権利能力を有する人的会社に帰属する場合において、その譲渡が可能なことが合意されていないときは、その権利の譲渡について第1059a条から第1059d条までの規定を準用する。

（通知）

第1099条 ① 第三者が土地を目的とする所有権を取得したときは、第三者は、先買権者に対して、義務者と同一の方法によって、売買契約の内容につき第469条第2項に規定する効力を有する通知をすることができる。

② 義務者は、先買権の行使がされ、又は排除されたときは、これを直ちに新所有者に通知しなければならない。

（買主の権利）

第1100条 ¹新所有者が買主又はその権利承継人であるときは、新所有者は、自己が支払った限度において、義務者と買主との間で合意された売買代金が自己に払い

戻されるまで、先買権者を所有者とする登記への同意及び土地の返還を拒むことができる。²先買権者が所有者として登記されたときは、前の所有者は、先買権者に対して、土地の引渡しと引き換えに、支払った売買代金の払戻しを請求することができる。

(先買権者の免責)

第1101条 先買権者は、第1100条により買主又はその権利承継人に売買代金を払い戻さなければならない限度において、先買いによって負った売買代金の支払義務を免れる。

(買主の免責)

第1102条 買主又はその権利承継人が先買権の行使によって所有権を喪失したときは、買主は、自己の売買代金支払債務のうち支払をしていない限度において、その義務を免れる。買主は、支払を終えた売買代金の返還を請求することができない。

(属物的先買権及び属人的先買権)

第1103条 ① 土地の所有者のために設定された先買権は、これを土地の所有権から分離することができない。
② 特定の者のために設定された先買権は、これを土地の所有権に結合することができない。

(不明な先買権者の失権)

第1104条 ① ¹先買権者が不明である場合において、第1170条に規定する抵当権者を失権させるための要件を具備するときは、公示催告手続においてその先買権者を失権させることができる。²先買権は、除権決定の確定によって消滅する。
② 土地の所有者のために設定された先買権については、前項の規定を適用しない。

第6章　物的負担

(物的負担の法律上の内容)

第1105条 ① 土地は、物的負担の目的とすることができる。物的負担権者は、土地から回帰的な給付の支払を受けることができる。合意において取り決められた条件から土地の負担の種類及び範囲を確定することができるときは、物的負担の内容として、支払われるべき給付を変動した関係に当然に適合させることも合意することができる。
② 物的負担は、他の土地の所有者のためにも、これを設定することができる。

(持分の負担)

第1106条 土地の一部は、それが共有者の持分であるときに限り、これを物的負担の目的とすることができる。

(個々の給付)

第1107条 個々の給付については、抵当権の利息に適用する規定を準用する。

(所有者の人的責任)

第1108条 ① 所有者は、自己に所有権が帰属する間に期限が到来した給付については、人的にも責任を負う。ただし、別段の定めがあるときは、この限りでない。
② 土地が分割されたときは、各部の所有者は、連帯債務者として責任を負う。

(主たる土地の分割)

第1109条 ① ¹物的負担権者の土地が分割されたときは、物的負担は、各部のために存続する。²給付が可分であるときは、所有者の持分は、分割された土地の広さの割合に応じて、これを定める。給付が不可分であるときは、第432条の規定を適用する。³権利の行使は、疑わしいときは、目的土地の所有者の負担が重くならない方法によらなければならない。
② ¹物的負担権者は、分割された土地の一

部にのみ権利が結合すべきことを定めることができる。²この定めは、これを土地登記所に対して行わなければならず、また、土地登記簿に登記することを要する。この場合においては、第876条及び第878条の規定を準用する。³物的負担権者が、前記の定めをすることなく、土地の一部を譲渡したときは、権利は、物的負担権者が所有し続ける土地に結合し続けるものとする。

③ 物的負担は、これが分割された土地の一部にのみ便益をもたらすときは、その部分だけに結合し続けるものとする。

(属物的な物的負担)

第1110条 土地の所有者のために設定された物的負担は、これを当該土地の所有権から分離することができない。

(属人的な物的負担)

第1111条 ① 特定の者のために設定された物的負担は、これを土地の所有権に結合することができない。

② 個々の給付請求権が譲渡することができないものであるときは、権利は、譲渡又は負担の目的とすることができない。

(不明な物的負担権者の失権)

第1112条 物的負担権者が不明であるときは、その失権について第1104条の規定を準用する。

第7章 抵当権・土地債務・定期土地債務

第1節 抵当権

(抵当権の法律上の内容)

第1113条 ① 土地は、抵当権の目的とすることができる。抵当権者は、自ら有する債権につき満足を得るため、土地から一定額の金銭の支払を受けることができる。

② 抵当権は、将来債権又は条件付債権のためにも、これを設定することができる。

(持分への設定)

第1114条 土地の一部は、土地登記法第3条第6項に掲げる場合を除き、それが共有者の持分であるときに限り、これを抵当権の目的とすることができる。

(抵当権の登記)

第1115条 ① 抵当権を登記する際には、債権者、債権額、債権が利息を生ずべきときはその利率、その他の付随的給付が支払われるべきときはその金額を土地登記簿に登記しなければならない。これら以外のものにつき債権を表示するには、登記許諾を引用することができる。

② 管轄官庁が定款を公示する信用機関の貸金債権につき抵当権を登記する場合において、定款に基づいて支払われるべき利息以外の付随的給付を表示するには、その定款を引用すれば足りる。

(証券抵当権及び登記抵当権)

第1116条 ① 抵当権については、抵当証券を交付する。

② ¹証券の交付は、これを禁ずることができる。²この禁止は、事後的にすることもできる。³禁止をするには、債権者と所有者との間の合意及び土地登記簿への登記を要する。この場合においては、第873条第2項、第876条及び第878条の規定を準用する。

③ 証券交付の禁止は、これを解除することができる。この解除は、禁止と同一の方法によってする。

(証券抵当権の取得)

第1117条 ① ¹債権者は、抵当証券の交付が禁止されていないときは、土地の所有者から証券の引渡しを受けた時に抵当権を取得する。²この引渡しについては、第929条第2文、第930条及び第931条の規定

を適用する。
② 証券の引渡しは、債権者が土地登記所から証券の交付を受ける権限を有する旨の合意をもって、これに代えることができる。
③ 債権者が証券を占有するときは、引渡しがあったものと推定する。

(付随的債権に関する責任)
第1118条 土地は、債権の法定利息、告知費用及び土地から満足を受けるための権利追行に要する費用についても、抵当権に基づく責任を負う。

(利息のための責任の拡張)
第1119条 ① 債権が無利息であり、又はその利率が年5パーセントに満たないときは、同順位又は後順位の権利者から同意を得ることなく、抵当権を拡張し、土地に年5パーセントまでの利息に関する責任を負わせることができる。
② 支払の期日及び場所の変更についても、前項の権利者の同意を要しない。

(産出物、構成部分及び従物への拡張)
第1120条 抵当権は、土地から分離された産出物その他の構成部分にまで及ぶ。ただし、第954条から第957条までに規定する分離によって、土地の所有者及び自主占有者以外の者がそれらの所有者となったときは、この限りでない。抵当権は、従物にも及ぶ。ただし、土地の所有者の所有にない従物は、この限りでない。

(譲渡及び搬出による免責)
第1121条 ① 土地の産出物その他の構成部分及び従物は、債権者のために差し押さえられる前に譲渡され、かつ、土地から搬出されたときは、これを免責する。
② ^{1}搬出の前に譲渡がされたときは、その譲受人は、債権者に対して、抵当権につき善意であったことを主張することができない。^{2}譲受人が物を土地から搬出した場合において、差押えが搬出より前にされていたときは、差押えは、譲受人が搬出時に差押えにつき善意でなかったときに限り、譲受人に対して、その効力を有する。

(譲渡を伴わない免責)
第1122条 ① 産出物又は構成部分が、通常の経営の範囲内で土地から分離された場合において、差押えの前に土地から搬出されたときは、その責任は、譲渡がされていなくとも、消滅する。ただし、搬出が一時的な目的のために行われたときは、この限りでない。
② 従物は、差押えの前に通常の経営の範囲内で従物性が解消されたときは、譲渡がされていなくとも、責任を免れる。

(使用賃料債権又は用益賃料債権への拡張)
第1123条 ① 土地が使用賃貸借又は用益賃貸借の目的物であるときは、抵当権は、使用賃料債権又は用益賃料債権にまで及ぶ。
② ^{1}前項の債権は、これが弁済期にある場合において、抵当権者のための差押えがあらかじめされていないときは、弁済期の到来から1年を経過した時に免責される。^{2}この免責は、使用賃料又は用益賃料を前払すべきときは、差押えのあった暦月よりも後の期間の使用賃料又は用益賃料には及ばない。差押えが月の15日より後にされたときは、免責は、翌暦月の使用賃料又は用益賃料にまで及ぶ。

(使用賃料又は用益賃料の事前処分)
第1124条 ① ^{1}使用賃料又は用益賃料が、抵当権者のための差押えがされる前に取立てその他の方法による処分を受けたときは、この処分は、抵当権者に対して、

その効力を有する。²処分が第三者への債権の譲渡であるときは、その債権の責任は、消滅する。第三者が債権を目的とする権利を取得したときは、その権利の順位は、抵当権に優先する。

② 前項の処分は、これが差押えのあった暦月より後の期間の使用賃料又は用益賃料に関するものであるときは、抵当権者に対して、その効力を有しない。ただし、差押えが月の15日より後にされたときは、処分は、翌暦月の使用賃料又は用益賃料に関するものに限り、その効力を有する。

③ 債権を伴わずに土地が譲渡されたときも、債権が第三者に譲渡されたときと同様とする。

(使用賃料又は用益賃料との相殺)

第1125条 使用賃料又は用益賃料の取立てが抵当権者に対して効力を有しないときは、使用賃借人又は用益賃借人は、抵当権者に対して、使用賃貸人又は用益賃貸人に対して自己が有する債権による相殺を主張することができない。

(回帰的給付への拡張)

第1126条 ¹回帰的な給付を求める権利が土地の所有権に結合するときは、抵当権は、その給付請求権にまで及ぶ。²この場合においては、第1123条第2項第1文、第1124条第1項及び第3項並びに第1125条の規定を準用する。³差押えの前にされた給付請求権の処分は、この請求権の弁済期が差押えから3か月を経過するまで到来しないときは、抵当権者に対して、その効力を有しない。

(保険金債権への拡張)

第1127条 ① 抵当権に服する目的物が土地の所有者又は自主占有者のために保険に付されたときは、抵当権は、保険者に対する債権にまで及ぶ。

② 保険者に対する債権の責任は、被保険物がその原状を回復し、又はそれに代わる物が調達されたときは、消滅する。

(建物保険)

第1128条 ① ¹建物が保険に付されたときは、保険者は、保険者又は被保険者が損害の発生を抵当権者に通知し、この通知の受領から1か月を経過した後でなければ、抵当権者に対して効力を有する保険金の支払を被保険者にすることができない。²抵当権者は、その期間が満了するまで、保険者に対して、支払につき異議を述べることができる。³通知することができないときは、これを要しない。この場合においては、第1文の1か月の期間は、保険金支払請求権の弁済期が到来した時から起算する。

② 抵当権者が自己の抵当権を保険者に届け出ていた場合においては、保険者は、抵当権者が支払に書面で同意したときに限り、抵当権者に対して効力を有する保険金の支払を被保険者にすることができる。

③ 前2項に規定のない事項については、質権の目的である債権に関する規定を適用する。ただし、保険者は、土地登記簿から知ることのできた抵当権につき、その不知を主張することができない。

(建物以外の損害保険)

第1129条 建物以外の目的財産が保険に付されたときは、保険者に対する債権の責任は、第1123条第2項第1文並びに第1124条第1項及び第3項の規定により、これを定める。

(原状回復特約)

第1130条 保険規約により保険者が被保険物の原状回復のためにのみ保険金を支払う義務を負うときは、その規約に適合す

る被保険者への支払は、抵当権者に対して、その効力を有する。

（土地の合筆）

第1131条 ¹土地が第890条第2項に従って土地登記簿上、他の土地に合筆されたときは、その土地を目的とする抵当権は、合筆された土地にまで及ぶ。²合筆された土地を目的とする権利の順位は、その抵当権に優先する。

（共同抵当権）

第1132条 ① ¹債権を担保するために抵当権が複数の土地を目的とするときは（共同抵当権）、各土地は、債権の全部につき責任を負う。²債権者は、その選択に従い、どの土地からも、全部又は一部の満足を求めることができる。

② ¹債権者は、債権額を各個の土地に割り付け、各土地にその割付額のみの責任を負わせることを定める権能を有する。²第875条、第876条及び第878条の規定は、この割付けについて準用する。

（抵当権の担保力の危険）

第1133条 ¹土地の損傷によって抵当権の担保力が害されたときは、債権者は、所有者に対して、その危険を除去するのに相当の期間を定めることができる。²この期間の満了後は、債権者は、直ちに土地から満足を求める権限を有する。ただし、土地の改良又は他の抵当権の設定によって担保力の危険が取り除かれたときは、この限りでない。³債権が、無利息である場合において、弁済期にないときは、債権者は、支払の時点から弁済期までの法定利息を合算することでその債権額と等しくなる額の金銭のみを受け取ることができる。

（不作為請求訴訟）

第1134条 ① ¹所有者又は第三者が土地に干渉することによって、抵当権の担保力を害する土地の損傷が生じるおそれがあるときは、債権者は、その不作為を求めて訴えを提起することができる。

② ¹前項の干渉が所有者によるものであるときは、裁判所は、債権者の申立てに基づいて、危険を防ぐのに必要な措置を命じなければならない。²所有者が第三者の干渉その他の加害行為に対して必要な予防措置を講じないことによって損傷のおそれがあるときも、同様とする。

（従物の損傷）

第1135条 抵当権の及ぶ従物が損傷し、又は通常の経営法則に反して土地から搬出されたときも、第1133条及び第1134条に規定する土地の損傷があったときと同様とする。

（法律行為による処分の制限）

第1136条 土地を譲渡しない義務又は土地に他の権利を設定しない義務を債権者が所有者に対して課す合意は、これを無効とする。

（所有者の抗弁権）

第1137条 ① ¹所有者は、抵当権に対して、人的債務者が債権に対して有する抗弁権及び第770条により保証人が有する抗弁権を主張することができる。²人的債務者が死亡したときは、所有者は、相続人が債務につき限定された責任のみを負うことを主張することができない。

② 所有者が人的債務者でないときは、所有者は、人的債務者が抗弁権を放棄したとしても、これによって抗弁権を失わないものとする。

（土地登記簿の公信力）

第1138条 第891条から第899条までの規定は、債権及び第1137条により所有者が有する抗弁権についても、これを抵当権に

適用する。

(消費貸借に基づく債権のために設定された登記抵当権に関する異議)
第1139条 ¹消費貸借に基づく債権を担保する抵当権の設定につき抵当証券の交付が禁じられているときは、貸借目的物の交付がないことを理由とする異議を登記するには、所有者から土地登記所に対する申請がされれば足りる。ただし、この申請が抵当権の登記から1か月を経過する前にされないときは、この限りでない。²異議がこの期間内に登記されたときは、この登記は、異議が抵当権と同時に登記されたときと同一の効力を有するものとする。

(抵当証券及び土地登記簿の不真正)
第1140条 ¹土地登記簿の不真正が抵当証券又は証券への付記から明らかであるときは、その限りで、第892条及び第893条の規定は、これを援用することができない。²証券又は証券への付記から明らかな土地登記簿の真正に対する異議も、土地登記簿に登記された異議と同一の効力を有するものとする。

(抵当権の告知)
第1141条 ① ¹弁済期が告知によって到来する債権については、抵当権の告知は、債権者が所有者に対して、又は所有者が債権者に対して、これを表明したときに限り、その効力を有する。²土地登記簿において所有者として登記されている者は、債権者のために、これを所有者とみなす。
② 所有者が国内に住所を有せず、又は第132条第2項の要件を具備するときは、土地の所在地を管轄する区裁判所は、債権者の申立てに基づいて、債権者からの告知の相手方となることができる所有者の代理人を選任しなければならない。

(所有者の満足権)
第1142条 ① 所有者は、自己に対する債権が弁済期にあり、又は人的債務者が給付する権限を有するときは、債権者に満足を与える権限を有する。
② 前項の満足は、供託又は相殺によっても、これを与えることができる。

(債権の移転)
第1143条 ① ¹所有者が人的債務者でない場合において、所有者が債権者に満足を与えたときは、債権は、その限度で所有者に移転する。²この場合においては、保証人に適用する第774条第1項の規定を準用する。
② 共同抵当権が債権を担保する場合においては、第1173条の規定を適用する。

(証書の交付)
第1144条 所有者は、債権者の満足と引き換えに、抵当証券その他の土地登記簿の訂正又は抵当権の抹消に必要な証書の交付を請求することができる。

(一部の満足)
第1145条 ① ¹所有者が債権者に一部のみの満足を与えたときは、所有者は、抵当証券の交付を請求することができない。²債権者は、一部の満足を証券に付記し、土地登記簿を訂正若しくは抹消するために土地登記所に証券を呈示し、又は所有者のための一部抵当証券を作成するために管轄官庁若しくは管轄公証人に証券を呈示する義務を負う。
② ¹利息その他の付随的給付については、債権者が満足を受けた当時の4分の1暦年又は翌4分の1暦年よりも後にその弁済期が到来するものに限り、前項第2文の規定を適用する。²土地が第1118条により責任を負う費用については、前項の規定を適用しない。

（遅延利息）
第1146条　所有者につき債務者が遅滞に陥る要件を具備するときは、債権者は、土地から遅延利息を求めることができる。

（強制執行による満足）
第1147条　土地及び抵当権が及ぶ目的財産からの債権者の満足は、強制執行手続によるものとする。

（所有権の擬制）
第1148条　^{1}抵当権に基づく権利が追行されるときは、債権者のために、土地登記簿において所有者として登記されている者を所有者とみなす。^{2}この規定は、登記されていない所有者が抵当権に対して有する抗弁を主張する権利を妨げない。

（不適法な満足の合意）
第1149条　所有者は、自己に対する債権が弁済期にないときは、債権者に満足を与えるために土地の所有権の移転を請求する権利又は強制執行手続以外の方法によって土地を譲渡する権利を債権者に承諾することができない。

（第三者の弁済権）
第1150条　第268条、第1144条及び第1145条の規定は、債権者が土地からの満足を求めた場合について準用する。

（一部抵当権の順位の変更）
第1151条　債権を分割した場合において、一部抵当権相互の順位関係を変更するには、所有者の同意を要しない。

（一部抵当証券）
第1152条　^{1}債権を分割したときは、抵当証券の交付が禁じられていない限り、債権の各部分につき一部抵当証券を作成することができる。これには土地所有者の同意を要しない。^{2}一部抵当証券は、これに係る一部の債権につき旧証券に代わるものとする。

（抵当権及び債権の移転）
第1153条　① 抵当権は、債権の移転によって新債権者に移転する。
② 債権は、抵当権とともにでなければ、これを移転することができない。抵当権は、債権とともにでなければ、これを移転することができない。

（債権の譲渡）
第1154条　① ^{1}債権を譲渡するには、書面による譲渡の意思表示をし、かつ、抵当証券を引き渡さなければならない。この場合においては、第1117条の規定を適用する。^{2}旧債権者は、新債権者の請求があったときは、譲渡の意思表示につき自己の費用で公の認証を受けなければならない。
② 書面による譲渡の意思表示は、譲渡を土地登記簿に登記することをもって、これに代えることができる。
③ 抵当証券の交付が禁じられているときは、債権の譲渡について、第873条及び第878条の規定を準用する。

（公の認証を受けた譲渡の意思表示の公信力）
第1155条　^{1}抵当証券を占有する者の債権者としての権利が、登記された債権者にまで遡る、公の認証を受けた譲渡の意思表示の連続から明らかとなるときは、証券の占有者が土地登記簿に債権者として登記されているときと同様に、第891条から第899条までの規定を適用する。^{2}裁判所が発した転付命令及び法律に基づき生ずる債権の移転につき公の認証を受けた承認も、公の認証を受けた譲渡の意思表示と同様とする。

（所有者と新債権者の法律関係）
第1156条　^{1}債権の移転に適用する第406条から第408条までの規定は、抵当権につい

ては、これを所有者と新債権者との間における法律関係に適用しない。^{2}この規定にかかわらず、新債権者は、旧債権者に対してされた所有者からの告知が自己に対して主張されることを受忍しなければならない。ただし、所有者が告知をした時に移転を知り、又は移転が土地登記簿に登記されていたときは、この限りでない。

（抵当権に対する抗弁権の存続）

第1157条 ^{1}所有者と旧債権者との間にあった法律関係に基づいて所有者が抵当権に対して有する抗弁権は、新債権者に対しても、これを主張することができる。^{2}この抗弁権についても、第892条、第894条から第899条まで及び第1140条の規定を適用する。

（将来の付随的給付）

第1158条 債権が利息その他の付随的給付を目的とする場合において、所有者がその移転を知った当時の4分の1暦年又は翌4分の1暦年より後においてもその弁済期が到来しないときは、所有者と新債権者との間の法律関係について、第406条から第408条までの規定を適用する。債権者は、第404条、第406条から第408条まで及び第1157条により所有者が有する抗弁に対して第892条の規定を援用することができない。

（遅滞にある付随的給付）

第1159条 ① ^{1}債権が遅滞にある利息その他の付随的給付を目的とするときは、その移転及び所有者と新債権者との間の法律関係は、債権の移転に適用する一般規定により、これを定める。^{2}土地が第1118条により責任を負う費用の償還請求権についても、同様とする。

② 第892条の規定は、前項に掲げる請求権

については、これを適用しない。

（証券抵当権の行使）

第1160条

① 抵当証券の交付が禁じられていない場合において、債権者が証券を呈示しないときは、抵当権の行使に対して異議を述べることができる。債権者が土地登記簿に登記されていないときは、第1155条に掲げる証書も呈示しなければならない。

② 所有者に対してされた告知又は催告は、債権者が前項により必要となる証書を呈示しない場合において、所有者がこのことを理由に告知又は催告を遅滞なく拒んだときは、その効力を有しない。

③ 前2項の規定は、第1159条に掲げる請求権については、これを適用しない。

（債権の行使）

第1161条 所有者が人的債務者であるときは、第1160条の規定は、債権の行使についても、これを適用する。

（抵当証券の公示催告）

第1162条 抵当証券の紛失又は滅失があったときは、公示催告手続において、その無効を宣告することができる。

（所有者抵当権）

第1163条 ① ^{1}抵当権が担保する債権が成立しないときは、抵当権は、所有者に帰属する。^{2}所有者は、債権が消滅したときは、抵当権を取得する。

② 抵当証券の交付が禁じられていない抵当権は、証券が債権者に引き渡されるまで、所有者に帰属する。

（抵当権の債務者への移転）

第1164条 ① ^{1}人的債務者が債権者に満足を与えたときは、抵当権は、債務者が所有者又はその前主に対して求償することができる限度で、債務者に移転する。^{2}債務者が一部についてのみ求償することが

できる場合において、抵当権が所有者に移転したときは、所有者は、債務者の抵当権につき不利益となる抵当権の行使をすることができない。
② 債権及び債務が同一人に帰属したときも、債権者が満足を受けたときと同様とする。

（債務者の免責）
第1165条 債権者が抵当権を放棄し、若しくは第1183条により廃止し、又は他の権利に優先順位を認めたときは、人的債務者は、この処分がなければ第1164条により抵当権に基づく求償をすることができた限度において、免責される。

（債務者の通知）
第1166条 ^{1}人的債務者が、債権者に満足を与えたことによって、所有者に対して求償する権限を有する場合において、債権者が債務者に遅滞なく通知しないまま土地の強制競売に着手したときは、債務者は、通知がなかったことによって自己が損害を被った限度において、強制競売における不足額につき債権者に満足を与えることを拒むことができる。^{2}通知することができないときは、これを要しない。

（訂正に必要な証書の交付）
第1167条 人的債務者が、債権者に満足を与えたことによって、抵当権を取得し、その他土地登記簿の訂正に法律上の利益を有するときは、第1144条及び第1145条に規定する権利が人的債務者に帰属する。

（抵当権の放棄）
第1168条 ① 債権者が抵当権を放棄したときは、所有者が抵当権を取得するものとする。
② ^{1}放棄は、これを土地登記所又は所有者に対して表明し、かつ、土地登記簿に登記しなければならない。^{2}この場合においては、第875条第2項、第876条及び第878条の規定を準用する。
③ 債権者が、債権の一部につき抵当権を放棄したときは、第1145条に規定する権利が所有者に帰属する。

（滅権的抗弁権）
第1169条 所有者は、抵当権の行使を永久に妨げる抗弁権を有するときは、債権者に対して、抵当権の放棄を請求することができる。

（不明な債権者の失権）
第1170条 ① ^{1}債権者が不明である場合において、抵当権に関する最後の土地登記簿への登記から10年を経過し、かつ、この期間内に所有者が第212条第1項第1号により消滅時効の中断に適する方法で債権者の権利を承認しなかったときは、公示催告手続において債権者を失権させることができる。^{2}この期間は、債権につき暦により定められる支払期日があるときは、その期日を経過するまで起算しない。
② ^{1}所有者は、除権決定の確定によって、抵当権を取得する。^{2}債権者に交付されていた抵当証券は、その効力を失う。

（供託による失権）
第1171条 ① ^{1}所有者が債権者に満足を与える権限又は告知する権限を有し、かつ、取戻権を放棄したうえで債権者のために債権額の金銭を供託した場合においても、不明な債権者は、公示催告手続において、これを失権させることができる。^{2}利息の供託は、利率が土地登記簿に登記されているときに限り、これをしなければならない。除権決定の確定前の4分の1暦年より前の利息は、これを供託することを要しない。
② ^{1}債権者は、除権決定の確定によって、満足を受けたものとみなす。ただし、除

権決定が確定する前に供託に関する規定により満足が生じるときは、この限りでない。²債権者に交付された抵当証券は、その効力を失う。

③ 供託金に対する債権者の権利は、除権決定の確定から30年を経過した時に消滅する。ただし、これよりも前に債権者が供託所に届出をしたときは、この限りでない。供託者は、取戻権を放棄したときも、取戻しをする権限を有する。

（所有者共同抵当権）

第1172条 ① 共同抵当権は、第1163条に規定する場合においては、目的土地の所有者に共同で帰属する。

② ¹各所有者は、別段の合意がない限り、自己の土地を目的とする抵当権につき、これを第1132条第2項により、すべての土地の価格に対する自己の土地の価格の割合に応じた部分額に制限し、この制限内で自己に分割することを請求することができる。²土地の価格は、共同抵当権に優先する権利を控除して、これを算定する。

（所有者の一人による満足）

第1173条 ① ¹共同抵当権の目的土地を所有する者が債権者に満足を与えたときは、この者は、自己の土地を目的とする抵当権を取得する。この場合においては、他の土地を目的とする抵当権は、消滅する。²債権者の権利が所有者に移転し、又は債権及び債務が所有者の一身に帰属したときも、所有者が債権者に満足を与えたときと同様とする。

② 債権者に満足を与えた所有者が他の土地の所有者又はその前主に対して求償することができるときは、この所有者の土地を目的とする抵当権も、求償権の限度で、満足を与えた所有者に移転する。この抵当権は、自己の土地を目的とする抵当権とともに共同抵当権のまま存続する。

（人的債務者による満足）

第1174条 ① 人的債務者が共同抵当権を有する債権者に満足を与え、又は共同抵当権に係る債権及び債務が同一人に帰属した場合において、債務者がある土地の所有者又はその前主に対してのみ求償することができるときは、この土地を目的とする抵当権は、人的債務者に移転する。他の土地を目的とする抵当権は、消滅する。

② 債務者が一部のみを求償することができ、このために、その一部を担保する抵当権のみが債務者に移転するときは、所有者は、その額を第1172条により自己に帰属する共同抵当権の残存額に算入しなければならない。

（共同抵当権の放棄）

第1175条 ① ¹債権者が共同抵当権を放棄したときは、目的土地の所有者がこれを共同で取得する。この場合においては、第1172条第2項の規定を適用する。²債権者が一部の土地を目的とする抵当権を放棄したときは、その抵当権は、消滅する。

② 債権者が第1170条により失権したときも、前項と同様とする。

（所有者一部抵当権・衝突条項）

第1176条 第1163条、第1164条、第1168条及び第1172条から第1175条までの要件を抵当権の一部額のみにつき具備するときは、それらの規定に基づいて抵当権が帰属する所有者若しくは所有者の一人又は人的債務者は、債権者に残存する抵当権につき不利益となる抵当権の行使をすることができない。

（所有者土地債務・所有者抵当権）

第1177条 ① ¹債権が併せて所有者に帰属

することなく、抵当権及び所有権が同一人に帰属したときは、抵当権は、土地債務に変じる。²この場合においては、利息の有無、利率、支払期日、告知及び支払場所は、債権につき定めるところによるものとする。

② 債権が併せて所有者に帰属する場合において、抵当権及び所有権が同一人に帰属したときは、この限りで、抵当権に基づく所有者の権利は、所有者土地債務に適用する規定により、これを定める。

（付随的給付及び費用に係る抵当権）

第1178条 ① ¹利息その他の付随的給付の未払金及び債権者に償還すべき費用に係る抵当権は、抵当権及び所有権が同一人に帰属することによって、消滅する。²この消滅は、第１文の給付請求権を目的とする権利が第三者に帰属するときは、生じない。

② ¹前項に掲げる給付に係る抵当権を放棄するには、債権者は、所有者に対して意思表示すれば足りる。²それらの給付請求権を目的とする権利が第三者に帰属するときは、その放棄には、第三者の同意がなければならない。³この同意は、同意によって利益を受ける者に対して、これを表明しなければならない。同意を撤回することはできない。

（抹消仮登記）

第1179条 所有者が他人に対して、抵当権及び所有権が同一人に帰属した場合に抵当権を抹消する義務を負うときは、その抹消請求権を保全するため、土地登記簿に仮登記をすることができる。この仮登記は、次の各号の者のためにすることができる。

　1．抵当権、土地債務又は定期土地債務以外の同順位又は後順位の土地を目的とする権利を有する者。

　2．前号に規定する権利の承諾請求権又は土地を目的とする所有権の移転請求権を有する者。この請求権は、将来に発生し、又は条件の付されたものでもよい。

（他人の権利に関する抹消請求権）

第1179a条 ① ¹抵当権を有する債権者は、自己の抵当権の登記時に先順位又は同順位の抵当権及び所有権が同一人に帰属しており、又は登記の後にその同一人帰属が生じたときは、所有者に対して、先順位又は同順位の抵当権を抹消することを請求することができる。²第１文により利益を受ける抵当権が登記された後に、所有権が特定承継によって他人に移転したときは、新旧の各所有者は、自己に所有権が帰属する間に生じた同一人帰属による抹消義務を負う。³抹消請求権は、これを保全するための仮登記が受益抵当権とともに土地登記簿に登記されたときと同様に保全される。

② ¹第1163条第１項第１文により所有権とともに同一人に帰属した抵当権の抹消は、被担保債権が発生する見込みのないことが明らかとなった時から、これを前項により請求することができる。ただし、抹消請求権は、被担保債権が発生する見込みのないことが明らかとなった時より後は、それ以前から生じていた同一人帰属によっても成立する。²前項の請求権は、抵当権及び所有権が第1163条第２項により同一人に帰属したときは、成立しない。

③ 受益抵当権につき第1163条の要件を具備するときは、権利が所有者又はその権利承継人のために土地登記簿に登記されていないとしても、抹消請求権は、登記された債権者又はその権利承継人のために成立するものとする。

④ 抵当権の順位が下がったときは、順位の変更によって当該抵当権に優先するようになった抵当権又はそれと同順位となった抵当権の抹消については、順位の下がった権利の登記の時を順位変更の登記の時と読み替えて、第1項から第3項までの規定を準用する。

⑤ ^{1}前4項の規定によれば抹消請求権を有する債権者の抵当権の内容として、抹消請求権を排除する合意は、これをすることができる。排除は、これを合意によって定める同一人帰属の場合に限定することができる。^{2}排除は、抹消請求権に服しない全部又は一部の抵当権を表示して、これを土地登記簿に登記しなければならない。同一人帰属があった場合のすべてにつき排除が合意されなかったときは、排除する場合を詳細に表示するために登記許諾を引用することができる。^{3}排除が解除された場合においても、その解除より前にのみ同一人帰属が生じていたときは、抹消請求権は成立しない。

（自己の権利に関する抹消請求権）

第1179b条 ① 抵当権を有する債権者として土地登記簿に登記されている者又は第1155条により債権者であることが証される者は、抵当権がその登記の時に所有権とともに同一人に帰属しており、又は登記の後にその同一人帰属が生じたときは、所有者に対して、その抵当権を抹消することを請求することができる。

② この場合においては、第1179a条第1項第2文及び第3文、第2項並びに第5項を準用する。

（債権の交換）

第1180条 ① ^{1}抵当権が担保する債権は、これを別の債権に代えることができる。^{2}この変更には債権者と所有者との間の合意及び土地登記簿への登記を要する。この場合においては、第873条第2項、第876条及び第878条の規定を準用する。

② ^{1}旧債権に代わるべき債権が旧抵当権者に帰属しないときは、前項の交換には、旧抵当権者の同意を要する。この同意は、土地登記所又は同意によって利益を受ける者に対して、これを表明しなければならない。^{2}この場合においては、第875条第2項及び第876条の規定を準用する。

（土地からの満足による消滅）

第1181条 ① 債権者が土地から満足を受けたときは、抵当権は消滅する。

② 債権者が共同抵当権の目的である土地の1筆から満足を受けたときは、他の土地も免責される。

③ 抵当権が及ぶ目的財産からの満足も、土地からの満足と同様とする。

（共同抵当権に基づく満足に際する移転）

第1182条 ^{1}抵当権が共同抵当権である場合において、債権者に満足を与えた土地の所有者が他の土地の所有者又はその前主に対して求償することができるときは、その限りにおいて、当該所有者の土地を目的とする抵当権は、満足を与えた土地の所有者に移転する。^{2}ただし、この抵当権については、債権者が一部のみの満足を受けたときは、債権者に残存する抵当権につき不利益となる行使が許されない。また、土地が同順位又は後順位の権利の目的であるときは、それらの権利につき不利益となる行使が許されない。

（抵当権の廃止）

第1183条 ^{1}法律行為によって抵当権を廃止するには、所有者の同意を要する。^{2}この同意は、土地登記所又は債権者に対して、これを表明する必要がある。同意は、これを撤回することができない。

（保全抵当権）

第1184条 ① 抵当権は、保全抵当権として設定することができる。保全抵当権に基づく債権者の権利は、債権のみから定まる。また、債権者は、債権を証明するのに登記を援用することができない。
② 前項の抵当権は、これを土地登記簿において保全抵当権と表示しなければならない。

（登記簿抵当権・変更不能な規定）

第1185条 ① 保全抵当権については、抵当証券を交付することができない。
② 保全抵当権については、第1138条、第1139条、第1141条及び第1156条の規定を適用しない。

（転換の可能性）

第1186条 ^{1} 保全抵当権は普通抵当権に、また、普通抵当権は保全抵当権に変じることができる。^{2} これには同順位又は後順位の権利者の同意を要しない。

（無記名債務証券及び指図証券のための保全抵当権）

第1187条 ^{1} 無記名債務証券、手形その他譲渡に裏書を要する証券に基づく債権を担保するためには、保全抵当権のみを設定することができる。^{2} この抵当権は、土地登記簿において保全抵当権と表示されていない場合においても、これを保全抵当権とみなす。^{3} この抵当権については、第1154条第3項の規定を適用しない。^{4} 第1179a条及び第1179b条による抵当権の抹消請求権は、成立しない。

（無記名債務証券に関する特別の規定）

第1188条 ① 無記名債務証券に基づく債権を担保するために抵当権を設定するには、所有者が土地登記所に対して抵当権を設定する旨の意思表示をし、かつ、土地登記簿への登記がされれば足りる。この場合においては、第878条の規定を適用する。
② ^{1} 前項の抵当権については、第801条に掲げる呈示期間を経過したときに限り、第1170条により債権者を失権させることができる。^{2} この除権は、その期間内に債務証券が呈示され、又はこの証券に基づく請求権が裁判で行使されたときは、消滅時効が完成するまで、これをすることができない。

（登記簿上の代理人の選任）

第1189条 ① ^{1} 第1187条に掲げる種類の抵当権については、債権者のために代理人を選任することができる。この代理人は、有利不利にかかわらず、後に現れたすべての債権者に対して効力を有する抵当権の一定の処分をし、かつ、抵当権の行使につき債権者を代理する権限を有する。^{2} 代理人を選任するには、土地登記簿への登記を要する。
② 債権者に対して代理人の権限内の処分を請求する権限を有する所有者は、代理人に対して、その処分をすることを請求することができる。

（最高額抵当権）

第1190条 ① ^{1} 抵当権は、土地が負うべき責任の最高額のみを定め、その他の債権の特定を留保して、これを設定することができる。^{2} 最高額は、これを土地登記簿に登記しなければならない。
② 債権が利息を生ずべきときは、前項の最高額に利息を算入する。
③ 本条の抵当権は、土地登記簿において保全抵当権と表示されていない場合においても、これを保全抵当権とみなす。
④ ^{1} 債権は、債権の移転に適用する一般規定により、これを移転することができる。^{2} 債権が一般規定により移転したときも、これによって抵当権の移転は生じな

いものとする。

第2節 土地債務・定期土地債務
第1款 土地債務
（土地債務の法律上の内容）
第1191条 ① 土地は、土地債務の目的とすることができる。土地債務権者は、土地から一定額の金銭の支払を受けることができる。
② 前項の権利は、金銭の利息その他の付随的給付について土地から支払を受けるためにも、これを設定することができる。

（適用可能な規定）
第1192条 ① 土地債務については、抵当権に関する規定を準用する。ただし、土地債務が債権を前提としないことから別段の結果が生じるときは、この限りでない。
① a ^{1}土地債務が請求権の担保に供せられるときは（保全土地債務）、旧債権者との間における担保契約に基づいて所有者が土地債務に対して有する抗弁権又は担保契約から生じる抗弁権は、土地債務を取得したすべての者に対して、これを主張することができる。この限りでは、第1157条第2文を適用しない。^{2}この規定は、その他の事項につき、第1157条の適用を妨げない。
② 土地債務の利息については、抵当権の利息に関する規定を適用する。

（告知）
第1193条 ① ^{1}土地債務の元本は、あらかじめ告知がされていなければ、その実行期は到来しないものとする。^{2}告知は、所有者及び債権者のそれぞれが、これをすることができる。^{3}告知期間は、これを6か月とする。
② 前項と異なる定めは、これをすることができる。土地債務が金銭債権の担保に供せられるときは、前項と異なる定めは、これをすることができない。

（支払場所）
第1194条 元本及び利息その他の付随的給付の支払は、別段の定めがない限り、土地登記所の所在地でこれをしなければならない。

（無記名土地債務）
第1195条 ^{1}土地債務は、無記名土地債務証券を交付することによって、これを設定することができる。^{2}この証券については、無記名債務証券に関する規定を準用する。

（所有者土地債務）
第1196条 ① 土地債務は、所有者のためにも、これを設定することができる。
② 前項の土地債務を設定するには、所有者が土地登記所に対して自己のために土地債務を土地登記簿に登記するよう意思表示をし、かつ、その登記がされなければならない。この場合において、第878条の規定を適用する。
③ 第1179a条又は第1179b条による土地債務の抹消請求権は、土地債務が所有者以外の者に帰属した後に、所有権とともに同一人に帰属した場合のみ、成立する。

（他主土地債務との相違）
第1197条 ① 土地債務権者は、自らが所有者であるときは、自己の満足のために強制執行に着手することができない。
② 所有者は、土地が他人の申立てに基づいて強制管理のための差押えを受けたときに限り、かつ、この強制管理がされた期間の分に限り、利息を受け取ることができる。

（転換の可能性）
第1198条 ^{1}抵当権は土地債務に、また、土地債務は抵当権に変じることができる。

²これには同順位又は後順位の権利者の同意を要しない。

第2款　定期土地債務
（定期土地債務の法律上の内容）
第1199条　① 土地債務は、定期土地債務として設定することができる。定期土地債務権者は、定期的に土地から一定額の金銭の支払を受けることができる。
② ¹定期土地債務を設定するには、その支払によって定期土地債務を消却することができる金額を定めなければならない。²この消却金額は、これを土地登記簿に登記しなければならない。
（適用可能な規定）
第1200条　① 各個の給付については抵当権の利息に適用する規定を準用し、消却金については土地債務の元本に適用する規定を準用する。
② 消却金の債権者への支払は、土地債務の元本の支払と同一の効力を有する。
（消却権）
第1201条　① 所有者は、消却権を有する。
② ¹消却を請求する権利は、これを定期土地債務権者に承認することができない。²第1133条第2文に規定する場合においては、定期土地債務権者は、土地から消却金の支払を請求する権利を有する。
（告知）
第1202条　① ¹所有者は、あらかじめ告知した後でなければ、消却権を行使することができない。²告知期間は、これを6か月とする。ただし、別段の定めがあるときは、この限りでない。
② 告知権は、所有者が30年後に6か月の期間を経過しなければ告知することができないとする限りのみ、これを制限することができる。
③ 所有者が告知した場合において、告知期間が満了した後は、定期土地債務権者は、土地からの消却金の支払を請求することができる。
（転換の可能性）
第1203条　¹定期土地債務は普通土地債務に、また、普通土地債務は定期土地債務に変じることができる。²これには同順位又は後順位の権利者の同意を要しない。

第8章　動産質権及び権利質権
第1節　動産質権
（動産質権の法律上の内容）
第1204条　① 動産は、債権を担保するため、質権の目的とすることができる。質権者は、物から満足を求めることができる。
② 質権は、将来債権又は条件付債権のためにも、これを設定することができる。
（設定）
第1205条　① ¹質権を設定するには、所有者が物を債権者に引き渡し、かつ、質権が債権者に帰属することを当事者双方が合意しなければならない。²債権者が物を占有するときは、質権の成立に関する合意があれば足りる。
② 所有者が間接占有する物の引渡しは、所有者が間接占有を質権者に移転し、かつ、質権の設定を占有者に通知することをもって、これに代えることができる。
（共同占有の承諾による代替的引渡し）
第1206条　債権者が物を共同保管し、又は第三者が物を占有し、かつ、所有者と債権者の双方に対してのみその返還をすることができるときは、共同占有の承諾をもって物の引渡しに代えることができる。
（無権限者による質権の設定）
第1207条　物が質権設定者に帰属しないときは、質権の設定について、所有権の取得に適用する第932条、第934条及び第935

条の規定を準用する。
（優先順位の善意取得）
第1208条 ^{1}物が第三者の権利の目的であるときは、質権は、その権利に優先する。ただし、質権者が質権を取得した時に当該権利につき善意でなかったときは、この限りでない。^{2}この場合においては、第932条第1項第2文、第935条及び第936条第3項の規定を準用する。
（質権の順位）
第1209条 質権の順位は、設定の時を基準として定まる。質権が将来債権又は条件付債権のために設定されたときも、同様とする。
（質物の責任の範囲）
第1210条 ① ^{1}質物は、債権の責任を、特に利息及び違約金も含め、その現状において負う。^{2}人的債務者が質物の所有者でないときは、その責任は、債務者が質権設定後にした法律行為によって加重されないものとする。
② 質物は、質権者の費用償還請求権、質権者への償還を要する告知及び権利追行のための費用並びに質物売却のための費用の責任を負う。
（質権設定者の抗弁権）
第1211条 ① ^{1}質権設定者は、質権者に対して、人的債務者が債権に対して有する抗弁権及び第770条により保証人が有する抗弁権を主張することができる。^{2}人的債務者が死亡したときは、質権設定者は、相続人が債務につき限定された責任のみを負うことを援用することができない。
② 質権設定者が人的債務者でないときは、質権設定者は、人的債務者が抗弁権を放棄したとしても、これによって抗弁権を失わないものとする。
（分離された産出物への拡張）

第1212条 質権は、質物から分離された産出物にまで及ぶ。
（用益質）
第1213条 ① 質権は、質物の用益を収取する権能を質権者に与える権利として、これを設定することができる。
② 天然果実を生ずる物が質権者の単独占有に付された場合において、疑わしいときは、質権者が果実を収取する権能を有するものとする。
（用益質権者の義務）
第1214条 ① 用益を収取する権利が質権者に帰属するときは、質権者は、用益の収取について注意を払い、かつ、その顛末を報告する義務を負う。
② 用益の純益は、これを債務の目的である給付に充当しなければならない。費用及び利息の支払が必要なときは、これらに先に充当しなければならない。
③ 前2項の規定と異なる定めは、これをすることができるものとする。
（保管義務）
第1215条 質権者は、質物を保管する義務を負う。
（費用の償還）
第1216条 ^{1}質権者が質物につき費用を支出したときは、質権設定者の償還義務は、事務管理に関する規定により、これを定める。^{2}質権者は、自己が質物に附属させた物を収去する権能を有する。
（質権者による権利侵害）
第1217条 ① 質権者が質権設定者の権利を著しく侵害した場合において、質権設定者の制止があったにもかかわらず、加害行為を継続するときは、質権設定者は、質物を質権者の費用で供託することを請求することができる。供託に適さない質物については、裁判所によって選任され

た保管人に質物を引き渡すことを請求することができる。
② [1]質権設定者は、物の供託又は保管人への引渡しに代えて、債権者の満足を引き換えとする質物の返還を請求することができる。[2]債権が、無利息である場合において、弁済期にないときは、債権者は、支払の時から弁済期までの法定利息を合算することでその債権額と等しくなる額の金銭のみを受け取ることができる。

（腐敗危急時における質権設定者の権利）
第1218条 ① 質物が腐敗し、又はその価格が著しく減少するおそれがあるときは、質権設定者は、他の担保の提供と引き換えに質物の返還を請求することができる。保証人を立てることをもって、担保の提供とすることはできない。
② 質権者は、質権設定者に腐敗のおそれを遅滞なく通知しなければならない。ただし、通知することができないときは、この限りでない。

（腐敗危急時における質権者の権利）
第1219条 ① 質物が腐敗し、又はその価格が著しく減少するおそれがあることによって質権者の担保力が害されたときは、質権者は、質物を公の競売に付することができる。
② [1]前項の競売による売得金は、質物に代わるものとする。[2]売得金は、質権設定者の請求があったときは、これを供託しなければならない。

（競売の予告）
第1220条 ① [1]質物の競売は、これが質権設定者に予告された後でなければ、不適法とする。予告は、質物が腐敗しつつあり、競売の遅延が質物に危険を生じさせるときは、これを要しない。[2]価格の減少のおそれがあるときは、予告に加えて、質権者が質権設定者に対して、他の担保を提供するのに相当の期間を定め、かつ、その期間が満了することも要する。
② 質権者は、質権設定者に競売を遅滞なく通知しなければならない。質権者は、この通知を怠ったときは、損害を賠償する義務を負う。
③ 予告、期間の指定及び通知をすることができないときは、これを要しない。

（任意売却）
第1221条 質物が取引所価格又は市場価格を有するときは、質権者は、当該物の売却をするための公の資格を有する商事仲立人又は公の競売をする権限を有する者に時価での任意売却をさせることができる。

（数個の物を目的とする質権）
第1222条 質権が数個の物を目的とするときは、各物は、債権の全部につき責任を負う。

（返還義務・弁済権）
第1223条 ① 質権者は、質権が消滅した後は、質権設定者に質物を返還する義務を負う。
② 質権設定者は、債務者が給付をする権限を有するようになった時から質権者の満足と引き換えに質物の返還を請求することができる。

（供託又は相殺による満足）
第1224条 質権設定者は、供託又は相殺によっても、質権者に満足を与えることができる。

（質権設定者への債権の移転）
第1225条 [1]質権設定者が人的債務者でない場合において、質権設定者が質権者に満足を与えたときは、その限度で債権が質権設定者に移転する。[2]この場合においては、保証人に適用する第774条の規定を準

用する。

（賠償請求権及び償還請求権の消滅時効）
第1226条 [1]質権設定者が質物の劣化又は損傷による賠償請求権を有し、又は質権者が費用償還請求権若しくは附属物収去許可請求権を有するときは、これらの請求権は、6か月の消滅時効に服する。[2]この場合においては、第548条第1項第2文及び第3文並びに第2項の規定を準用する。

（質権の保護）
第1227条 質権者の権利が害されたときは、質権者の請求権について、所有権に基づく請求権に適用する規定を準用する。

（質物の売却による満足）
第1228条 ① 質物からの質権者の満足は、売却によるものとする。
② [1]質権者は、債権の全部又は一部につき弁済期が到来した時から売却をする権能を有する。[2]債権の目的物が金銭でないときは、質物は、その債権が金銭債権に変じるまで、これを売却することができない。

（流質契約の禁止）
第1229条 質権者が満足を受けず、又は適切な時期にこれを受けなかった場合に質物の所有権を質権者に帰属させ、又は質権者に移転させる合意は、これが売却権の発生前に締結されたときは、無効とする。

（数個の質物からの選択）
第1230条 [1]質権者は、数個の質物があるときは、別段の定めがない限り、売却する質物を選択することができる。[2]質権者は、自己の満足に必要な個数に限り、質物を売却することができる。

（売却のための質物の引渡し）
第1231条 [1]質権者は、質物を単独で占有しないときは、売却権が発生した後であれば、売却のために質物を返還することを求めることができる。[2]この場合において、質権設定者の請求があるときは、その返還に代えて、共同保管人に質物を提出しなければならない。保管人は、この提出を受けたときは、質物につき売却する準備を整える義務を負う。

（後順位の質権者）
第1232条 [1]質権者は、自己よりも後順位の質権者に対して、売却のための質物の引渡しをする義務を負わない。[2]質権者が質物の占有を有しないときは、質権者は、自ら売却に着手しない限り、後順位の質権者による売却に対して異議を述べることができない。

（売却の実行）
第1233条 ① 質物の売却は、第1234条から第1240までの規定により、これを行わなければならない。
② 質権者は、自己の売却権のために所有者に対する執行名義を取得したときは、差押物の売却に適用する規定によっても売却をすることができる。

（売却の予告・待機期間）
第1234条 ① [1]質権者は、売却につき、これによって満足を受けるべき債権額を摘示して、予告しなければならない。[2]この予告は、売却権が発生した後でなければ、これをすることができない。予告することができないときは、これを要しない。
② [1]売却は、予告から1か月を経過するまで、これを行ってはならない。[2]この1か月の期間は、予告をすることができないときは、売却権が発生した時から起算する。

（公の競売）
第1235条 ① 質物の売却は、公の競売の手続において、これを行わなければならな

い。
② 質物が取引所価格又は市場価格を有するときは、第1221条の規定を適用する。

(競売場所)

第1236条 ^{1}競売は、質物が保管される場所において、これを行わなければならなない。^{2}保管場所においては競売が適切に行われないおそれがあるときは、他の適切な場所において質物を競売しなければならない。

(公告)

第1237条 ^{1}競売の日時及び場所は、質物の概要の表示とともに、これを公告しなければならない。^{2}所有者及び質物を目的とする権利を有する第三者に対しては、個別に通知しなければならない。通知することができないときは、これを要しない。

(売却条件)

第1238条 ① 質物は、買主が売買代金を直ちに現金で支払わなければならず、これをしないときはその権利を失うとの定めがなければ、これを売却してはならない。
② ^{1}前項の定めのないまま売却がされたときは、売買代金は、質権者がこれを受領したものとみなす。この規定は、買受人に対する質権者の権利を妨げない。^{2}売買代金が直ちに支払われなかった場合において、権利の喪失が競売期日の終了よりも前に留保されなかったときも、同様とする。

(債権者及び所有者による参加)

第1239条 ① ^{1}質権者及び所有者は、競売に参加することができる。^{2}質権者が買受人となったときは、売買代金は、質権者がこれを受領したものとみなす。
② ^{1}所有者からの買受けの申出は、申し出た金額が現金で払い込まれないときは、これを退けることができる。^{2}質物が他人の債務の責任を負う場合において、債務者が買受けを申し出たときも、同様とする。

(金製品及び銀製品)

第1240条 ① 金製品及び銀製品は、金又は銀の価格を下回る価格でこれを買い受けることができない。
② 十分な額の申出がないときは、公の競売をする権限を有する者に金又は銀の価格に達する価格での任意売却をさせることができる。

(所有者に対する通知)

第1241条 質権者は、所有者に対して、質物の売却及びその結果を遅滞なく通知しなければならない。ただし、通知することができないときは、この限りでない。

(適法な譲渡の効果)

第1242条 ① ^{1}質物の適法な譲渡によってこれを取得した者は、当該物を所有者から取得したときと同一の権利を取得する。^{2}質権者が買受人となったときも、同様とする。
② ^{1}物につき存在する質権は、取得者がこれを知っていた場合においても、消滅する。^{2}用益権についても、同様とする。ただし、用益権の順位がすべての質権に優先するときは、この限りでない。

(不適法な譲渡)

第1243条 ① 質物の譲渡は、第1228条第2項、第1230条第2文、第1235条、第1237条第1文又は第1240条の規定に従わずにされたときは、これを不適法とする。
② 質権者は、売却に適用する規定で前項に掲げないものに従わなかった場合において、有責であるときは、損害を賠償する義務を負う。

(善意取得)

第1244条 譲渡人が質権を有せず、又は適

法な譲渡に必要な要件を具備しないにもかかわらず、物を質物として譲渡した場合において、この譲渡が第1233条第2項により行われ、又は第1235条若しくは第1240条第2項の規定が遵守されていたときは、第932条から第934条まで及び第936条の規定を準用する。

（別段の合意）

第1245条 ① ^{1}所有者と質権者は、第1234条から第1240条までの規定によらない質物売却の方法を合意することができる。^{2}この合意をするには、第三者が質物につき譲渡によって消滅する権利を有するときは、第三者の同意を要する。^{3}この同意は、同意によって利益を受ける者に対して表明されなければならない。同意を撤回することはできない。

② 売却権が発生する前においては、第1235条、第1237条第1文及び第1240条の規定に従わないことを合意することはできない。

（公平を理由とする特則）

第1246条 ① 質物の売却につき、これを第1235条から第1240条までの規定によらずに、公平な裁量により行うことが当事者の利益に適うときは、各当事者は、その方法で売却することを相手方に請求することができる。

② 前項の方法につき合意が調わないときは、裁判所がこれを決定する。

（質物の売得金）

第1247条 ^{1}質権者が自己の満足のために質物の売得金を受け取ったときは、その限りにおいて、質権者の債権は、所有者によって弁済されたものとみなす。^{2}売得金の残金は、質物に代わるものとする。

（所有権の推定）

第1248条 質物の売却に際しては、質権者のために質権設定者を所有者とみなす。ただし、質権設定者が所有者でないことを質権者が知るときは、この限りでない。

（弁済権）

第1249条 ^{1}質物の譲渡によって質物を目的とする権利を失うおそれがある者は、債務者が給付をする権限を有するようになった時から、質権者に満足を与えることができる。^{2}この場合においては、第268条第2項及び第3項の規定を準用する。

（債権の移転）

第1250条 ① ^{1}質権は、債権の移転によって、新債権者に移転する。^{2}質権は、債権とともにでなければ、これを移転することができない。

② 債権の移転に際して質権の移転が除外されたときは、その質権は消滅する。

（質権移転の効果）

第1251条 ① 新質権者は、旧質権者に対して、質物の引渡しを請求することができる。

② ^{1}新質権者は、占有を取得することによって、質権設定者に対して、質権に付随する義務を旧質権者の代わりに負う。^{2}新質権者がこの義務を果たさないときは、旧質権者は、新質権者が賠償すべき損害につき、先訴の抗弁権を放棄した保証人と同一の責任を負う。^{3}この旧質権者の責任は、債権が法律に基づいて新質権者に移転し、又は法律上の義務を原因として新質権者に譲渡されたときは、生じない。

（債権の消滅に伴う消滅）

第1252条 質権は、その担保する債権とともに消滅する。

（返還による消滅）

第1253条 ① ^{1}質権は、質権者が質物を質権設定者又は所有者に返還したときは、消滅する。^{2}この場合における質権の存続

を留保する合意は、これを無効とする。
② ^{1}質権設定者又は所有者が質物を占有するときは、質権者が質権設定者又は所有者に質物を返還したものと推定する。^{2}質権の成立後に、第三者が質権設定者又は所有者から占有を取得し、質物を占有するときも、同様とする。

（返還請求権）

第1254条 ^{1}質権の行使を永久に妨げる抗弁権が質権に対して存在するときは、質権設定者は、質物の返還を請求することができる。^{2}この場合においては、所有者も同一の権利を有するものとする。

（質権の放棄）

第1255条 ① 法律行為によって質権を放棄するには、質権者は、質権を放棄する旨の意思表示を質権設定者又は所有者に対して表明すれば足りる。

② ^{1}質権が第三者の権利の目的であるときは、前項の放棄には第三者の同意を要する。^{2}この同意は、同意によって利益を受ける者に対して表明されなければならない。同意を撤回することはできない。

（質権と所有権の同一人への帰属）

第1256条 ① ^{1}質権及び所有権が同一人に帰属したときは、質権は消滅する。^{2}この消滅は、質権が担保する債権を目的とする第三者の権利があるときは、この限りで生じない。

② 質権は、所有者が質権の存続につき法律上の利益を有する限り、消滅しなかったものとみなす。

（法定質権）

第1257条 法律行為によって設定される質権に関する規定は、これを法律に基づいて成立した質権に準用する。

（共有者の持分を目的とする質権）

第1258条 ① 質権が共有者の持分を目的とするときは、質権者は、物の管理及び利用方法につき共有者の共同関係から生ずる権利を行使する。

② ^{1}共同関係の解消は、質権者に売却権が発生する前においては、共有者と質権者の双方に対してでなければ、これを請求することができない。^{2}売却権が発生した後は、質権者は、共有者の同意を得ることなく、共同関係の解消を請求することができる。質権者は、共有者が共同関係の解消を請求する権利を永久に若しくは期間を定めて禁止する合意又は告知期間を定める合意に拘束されない。

③ 共同関係を解消したときは、持分に代わる物を目的とする質権が質権者に帰するものとする。

④ 前3項の規定は、質権者の持分売却権を妨げない。

（営業質の換価）

第1259条 ^{1}所有者と質権者の双方が事業者、公法人又は公法上の特別財産であるときは、所有者及び質権者は、質権の設定に際しても、取引所価格又は市場価格を有する質物の換価につき、質権者が時価での任意売却を自ら行い、若しくは第三者に行わせることができる旨の合意をし、又は債権の弁済期の到来によって物の所有権が質権者に帰属する旨の合意をすることができる。^{2}この合意をしたときは、債権は、弁済期日における取引所価格又は市場価格の限度で、所有者によって弁済されたものとみなす。^{3}この場合においては、第1229条及び第1233条から第1239条までの規定を適用しない。

第1260条から第1272条 削除

第2節 権利質権

（権利質権の法律上の内容）

第1273条 ① 権利も質権の目的とすること

ができる。

② ¹動産質権に関する規定は、これを権利質権について準用する。ただし、第1274条から第1296条までの規定から別段の効果が生じるときは、この限りでない。²第1208条及び第1213条第2項の規定は、これを適用しない。

(設定)

第1274条 ① ¹権利質権は、権利の譲渡に適用する規定に従い、これを設定する。²権利の譲渡に物の引渡しが必要なときは、第1205条及び第1206条の規定を適用する。

② 権利を譲渡することができないときは、その権利を目的とする質権を設定することはできない。

(給付の請求を内容とする権利を目的とする質権)

第1275条 給付の請求を内容とする権利が質権の目的であるときは、質権者と義務者との間の法律関係について、権利を譲渡した場合における譲受人と義務者との間の法律関係に関する規定を適用する。この場合において、第1217条第1項による裁判所の命令が発せられたときは、第1070条第2項の規定を準用する。

(質権の目的である権利の放棄又は変更)

第1276条 ① ¹質権の目的である権利は、質権者の同意があるときに限り、これを法律行為によって放棄することができる。²この同意は、同意によって利益を受ける者に対して、これを表明しなければならない。同意を撤回することはできない。³この規定は、第876条第3文の規定の適用を妨げない。

② 権利を変更するときも、前項と同様とする。ただし、変更が質権を害しないときは、この限りでない。

(強制執行による満足)

第1277条 ¹質権者は、強制執行に適用する規定に従い執行名義に基づかなければ、権利から自己の満足を求めることができない。ただし、別段の定めがあるときは、この限りでない。²この規定は、第1229条及び第1245条第2項の規定の適用を妨げない。

(返還による消滅)

第1278条 質権を設定するのに物の引渡しを要する権利が質権の目的であるときは、物の返還による質権の消滅について、第1253条の規定を準用する。

(債権質権)

第1279条 ¹債権質権については、第1280条から第1290条までの特則を適用する。²第1259条は、債権が取引所価格又は市場価格を有する場合について準用する。

(債務者への通知)

第1280条 譲渡契約のみで譲渡することができる債権を目的とする質権の設定は、債権者がこれを債務者に通知したときに限り、その効力を有する。

(弁済期前の給付)

第1281条 ¹債務者は、質権者及び債権者の双方に対してでなければ給付をすることができない。²質権者及び債権者は、それぞれ、双方に対して給付することを請求することができる。各人は、給付に代えて、債務の目的物を双方のために供託し、又はその物が供託に適しないときは、裁判所によって選任された保管人に提出することを請求することができる。

(弁済期後の給付)

第1282条 ① ¹第1228条第2項の要件を具備するときは、質権者は債権を取り立てる権限を有し、また、債務者は質権者に対してのみ給付することができる。²金銭

債権については、質権者は、自己の満足に必要な限りでのみ、これを取り立てることができる。³質権者は、取立権を有する限度で、支払に代えて自己に金銭債権を譲渡することを請求することもできる。
② 質権者は、前項に規定するものを除き、債権を処分する権限を有しない。この規定は、第1277条により債権から満足を求める権利を妨げない。

（告知）

第1283条 ① 質権の目的である債権の弁済期が告知によって到来する場合においては、債権者は、質権者が用益を収取する権能を有するときに限り、告知につき質権者の同意を得なければならない。
② 債務者からの告知は、これが質権者及び債権者に表明されたときに限り、その効力を有する。
③ 第1228条第2項の要件を具備するときは、質権者も告知する権限を有する。債務者からの告知は、質権者に対する表明があれば足りる。

（別段の合意）

第1284条　第1281条から1283条までの規定は、質権者と債権者との間に別段の合意があるときは、これを適用しない。

（取立てへの協力）

第1285条 ①　給付が質権者及び債権者の双方に対してされなければならない場合において、債権が弁済期にあるときは、質権者及び債権者は、互いに取立てに協力する義務を負う。
② ¹質権者は、自ら債権者の協力なく債権を取り立てる権限を有するときは、取立てを適切にするように注意しなければならない。²質権者は、取立てを債権者に遅滞なく通知しなければならない。ただし、通知することができないときは、この限りでない。

（危急時の告知義務）

第1286条 ¹質権の目的である債権の弁済期が告知によって到来する場合において、通常の財産管理の法則によれば担保力の危険を理由に債権を取り立てる必要があるときは、告知権を有しない質権者は、債権者に対して、告知することを請求することができる。²これと同一の要件のもと、自ら告知するのに質権者の同意を要する債権者は、質権者に対して、告知に同意することを請求することができる。

（給付の効果）

第1287条 ¹債務者が第1281条及び第1282条に従って給付をしたときは、この給付によって、債権者は給付目的物を取得し、また、質権者はその目的物につき質権を取得する。²この場合において、給付の内容が土地所有権の譲渡であるときは、質権者は、保全抵当権を取得する。給付の内容が登記された船舶又は建造中の船舶の所有権の譲渡であるときは、質権者は、船舶抵当権を取得する。

（取り立てた金銭の運用）

第1288条 ① ¹金銭債権が第1281条に従って取り立てられたときは、質権者及び債権者は、互いに、質権者の利益を害しない限りで、被後見人の金銭の運用に適用する規定により、取り立てた金銭を有利子で運用し、また、これに質権者のための質権を設定することに協力する義務を負う。²運用の方法は、債権者がこれを定める。
② 第1282条に従った取立てがされたときは、質権者の債権は、取り立てた金銭が質権者の満足のために質権者に与えられた限度で、債権者によって弁済されたものとみなす。

（利息への拡張）

第1289条 ¹債権質権は、質権の目的である債権の利息にまで及ぶ。²この場合においては、第1123条第2項、第1124条及び第1125条の規定を準用する。質権者が取立権の行使を債務者に通知したときは、この通知が差押えに代わるものとする。

（債権質権が競合する場合の取立て）

第1290条 同一の債権を目的とする数個の質権があるときは、他の質権に優先する質権を有する質権者のみが取立権を有する。

（土地債務又は定期土地債務を目的とする質権）

第1291条 債権質権に関する規定は、土地債務及び定期土地債務を目的とする質権についても、これを適用する。

（指図証券への質権の設定）

第1292条 手形その他の譲渡に裏書を要する証券に質権を設定するには、債権者と質権者との間の合意及び裏書のされた証券の引渡しがあれば足りる。

（無記名証券を目的とする質権）

第1293条 無記名証券を目的とする質権については、動産質権に関する規定を適用する。

（取立て及び告知）

第1294条 手形その他の譲渡に裏書を要する証券又は無記名証券が質権の目的である場合においては、第1228条第2項の要件を具備しなくとも、質権者は取立てをし、告知の必要なときは告知をする権限を有し、また、債務者は質権者に対してのみ給付することができる。

（指図証券の任意売却）

第1295条 ¹譲渡に裏書を要する証券に質権が設定された場合において、その証券が取引所価格又は市場価格を有するときは、債権者は、第1228条第2項の要件を具備した後であれば、証券を第1221条により売却する権能を有する。²この場合においては、第1259条を準用する。

（利札への拡張）

第1296条 ¹有価証券を目的とする質権は、証券に附属する利札、定期金証券又は利益配当証券が質権者に引き渡されたときは、その証券にも及ぶ。²第1228条第2項の要件を具備する前に証券の償還期限が到来したときは、質権設定者は、別段の定めがない限り、その返還を請求することができる。

索　引

* ドイツ語索引は、原著の事項索引に、訳者が日本語訳を付したものである。ただし、一部については、訳者の責任において修正を加えた。日本語索引は、読者の便宜のために、訳者が追補したものである。
* 数字のうち、太字はセクション（§）番号を指し、標準の文字は枠外番号（Rn.）を指す。

ドイツ語索引

■A

Abhandenkommen　占有離脱〔物〕 …………………… **4** 11, **8** 30 ff., **10** 13, **11** 4, **12** 2 f., **16** 16
Abschleppen und Besitzschutz　レッカー移動と占有保護 ……………………………… **5** 21
Absolute Rechte　絶対権 ………………… **1** 4 f., 10, **2** 14, **3** 2 5, 8, **16** 22, **17** 51, **26** 1 ff., **39**, **29** 19, **30** 14
Absonderungsrecht　別除権
　――bei Sicherungseigentum　担保所有権における〜 …………………………… **14** 7, **15** 38
　――bei Vorbehaltseigentum　留保所有権における〜 …………………………………… **14** 40
Abstraktionsprinzip　無因主義 ……………………………………………… **3** 1, 13, **6** 2 ff., **17** 1, 39
Abtretung　譲渡
　――der gesicherten Forderung　被担保債権の〜 …………………… **16** 24, 26, **18** 27 ff., **27** 31 ff.
　――der Hypothekenforderung　抵当債権の〜 ……………………………………… **27** 31 ff.
　――des Anspruchs auf Rückübertragung der Grundschuld　土地債務の復帰的移転請求権の〜
　　……………………………………………………………………………………… **28** 49 ff., 54 ff.
　――des Herausgabeanspruchs bei § 931　931条による返還請求権の〜 …………… **7** 38 f.
　――Factoring　ファクタリング ………………………………………………………… **14** 70 ff.
　――Globalzession　包括債権譲渡 ……………………………………………………… **14** 62 ff.
　――isolierte (von Grundschuld und Forderung)　（土地債務と債権の）単独〜 ……… **28** 38 f.
　――künftiger Kaufpreisforderungen　将来の売買代金債権の〜・**14** 47, 54 ff., 62 ff., 70 ff., **15** 40 ff.
Abtretungsverbot　譲渡禁止 ………………………… **8** 13, **14** 51, 58 ff., **15** 44, **27** 32, **28** 10, 38
Abwehransprüche und -recht　妨害除去請求権・妨害除去権・**20** 1 ff., **21** 1 ff., **24** 1 ff., **25** 1 ff., **29** 13
Abzahlungskauf　割賦売買　→ Teilzahlungsgeschäft
Actus contrarius-Theorie　反対行為理論 ……………………………………………… **24** 38
AGB　普通取引約款 …… **6** 13 ff., **14** 2 f., 9, 48, 55, 58, 66, 84, **15** 9, 33, **16** 6, 8, 35, 44 f., **26** 17, **28** 22, 27
Akzessionsprinzip　添付原理 ………………………………………………………………… **9** 21
Akzessorietätsprinzip　付従性の原則 …… **15** 25 f., 42, **16** 10 ff., 21, 24, 34, **18** 7 ff., **26** 2, **27** 2, 11 ff., 31,
　　　　　　　　　　　　　　　　　　　　　　　　　　　　　　　　　50, 52, 59 f., **28** 1 ff., 11
Amtshaftungsanspruch　職務上の行為にかかる損害賠償請求権 ……… **17** 20, 33, 35, 46, 50
Amtswiderspruch　職務上の異議請求権 ……………………………………………… **19** 29
Aneignung　先占 …………………………………………………………… **11** 5, **12** 4, **23** 19
Anfechtbarkeit　取消可能性 ……………………………………………… **6** 7, **7** 5, **8** 26
Angriffsnotstand　攻撃的緊急避難 ……………………………………………………… **24** 29

Anscheinsgeheißperson　表見指示者··· **8** 7
Anspruch　請求権
　—— auf Ausgleich im Nachbarrecht　相隣法における補償～·················· **25** 15 ff.
　—— auf Beseitigung　妨害排除～·· **5** 16, **24** 1 f.
　—— auf Entschädigung wegen Rechtsverlusts　権利喪失を理由とする補償～·· **9** 20, **10** 1 ff., **21** 4
　—— auf Grundbuchberichtigung　土地登記簿訂正～··· **20** 3 ff., **27** 35
　—— auf Herausgabe　返還～············· **5** 8, **17**, **18** ff., **8** 12, 41, **21** 2, 5 ff., 10
　—— auf Herausgabe der Nutzungen　利益返還～······································· **22** 1 ff., 13 ff.
　—— auf Herausgabe des Ersatzes　代償の引渡し～······························ **17** 48, **21** 17
　—— auf Löschung der Eigentümergrundschuld　所有者土地債務の抹消～······ **27** 53 ff.
　—— auf Rückabwicklung der Eigentumsübertragung　所有権移転の清算～·········· **6** 6, **8** 41
　—— auf Schadensersatz　損害賠償～······ **5** 18 ff., **8** 41, **17** 51, **21** 4, **22** 1 ff., **24** 23 f., **30** f., **32** f.
　—— auf Unterlassung　不作為～·························· **5** 16, 18, **17** 51, **21** 2, **24** 1 f.
　—— auf Verwendungsersatz　費用償還～··· **23** 1 ff., 4 ff., 11 f.
　—— auf Zustimmung zur Eintragung nach vormerkungswidriger Verfügung　仮登記に反する処分後の同意～··· **18** 20 ff.
　—— petitorische　本権上の～·· **5** 1
　—— possessorische　占有上の～·· **5** 1, 8
Anspruchsziele im Sachenrecht　物権法における請求権の目的···················· **1** 13
Antizipierte Pfandrechtsbestellung　質権の先行的設定······························· **16** 8
Antizipiertes Besitzkonstitut　先行的占有改定······················· **7** 11, 33 ff., **15** 10 f., 14, 17
Anwachsung　増額·· **17** 18
Anwartschaftsrecht　期待権··· **1** 9, **14** 11 ff., **15** 7, 10, 16 ff., 38 f.
　—— Abhängigkeit von der Kaufpreisforderung　売買代金債権の従属性············ **14** 17
　—— Aufhebung　放棄·· **14** 18, **26** 27, 35 f.
　—— Auflassungsanwartschaft　アウフラッスンク期待権······························· **17** 46 ff.
　—— beim Grundstückserwerb　土地取得についての～······························· **17** 46 ff.
　—— dingliche Surrogation　物上代位··· **14** 38, **16** 39
　—— doppelte Anwartschaft　二重の期待権··· **14** 33, 45
　—— Eigentumsvorbehalt　所有権留保··· **14** 1 ff.
　—— Enthaftung gemäß §§ 1121 f.　1121条・1122条に基づく免責············· **26** 34 ff.
　—— Ersterwerb　第一取得··· **14** 4 ff.
　—— gesicherte Erwerbsposition　〔所有権を〕取得する地位の保護············ **14** 11 f., **17** 46
　—— gutgläubiger Erwerb　善意取得··· **8** 29, **14** 19, 35 f.
　—— Pfändung des　～の差押え·· **14** 37 ff.
　—— Rechtsnatur　法的性質··· **14** 11
　—— Rechtsstellung des Verkäufers　売主の法的地位··· **14** 25 f.
　—— Recht zum Besitz　占有権原·· **14** 20 ff., **21** 22
　—— Schadensersatz bei Beschädigung der Sache　物の損傷における損害賠償····· **14** 23 f.
　—— Schutz des　～の保護·· **14** 22 f.
　—— Schutz vor Zwischenverfügungen　第二処分に対する保護······················ **14** 13 ff.
　—— Sicherungsübereignung　譲渡担保·· **15** 7, 10, 16 f., 38 f.
　—— Übertragung　移転·· **14** 27 ff., **15** 16
　—— Untergang　消滅·· **14** 17 f., **26** 36
　—— Unterlassungsanspruch　不作為請求権·· **24** 2

―― Vollstreckung in das Anwartschaftsrecht　期待権に対する執行··················**14** 37 ff.
―― Vollstreckung in Vorbehaltseigentum　留保所有権に対する執行·········**14** 15, 41 ff.
―― Zweiterwerb　第二取得···**14** 27 ff.
Aufgabe　放棄・廃止
―― des Besitzes　占有の～···**4** 14
―― des Eigentums　所有権の～···**6** 2, **12** 4, **17** 1, 7
―― von Grundstücksrechten　土地を目的とする権利の～··············**17** 7, **28** 15, 27, 57
Aufgedrängte Bereicherung　押し付けられた利得································**10** 7, **23** 26
Aufhebung　放棄・廃止
―― des Anwartschaftsrechts　期待権の～······································**14** 18, **26** 27, 35 f.
―― der Grundschuld　土地債務の～···**28** 15, 27, 57
―― der Hypothek　抵当権の～··**27** 53
―― von Grundstücksrechten　土地を目的とする権利の～····**17** 7, 50, **26** 36, **27** 53, **28** 15, 27, 57
Auflassung　アウフラッスンク··**17** 12, 13 ff.
―― Bedingungsfeindlichkeit　条件不親和性··**17** 16
―― Form　方式···**17** 13 ff.
―― Funktion　機能···**17** 13, 15
―― Verfügungsermächtigung　処分授権···**17** 23
Auflassungsanwartschaft　アウフラッスンク期待権···················**16** 36, 39, **17** 46 ff.
Auflassungsvormerkung　アウフラッスンク仮登記··················**18** 3　→ Vormerkung
Auflösende Bedingung　解除条件································**6** 5, **7** 5, **15** 7 ff., 42
Aufschiebende Bedingung　停止条件··················**6** 5, **7** 5, **8** 29, **14** 1 ff., 32
Aufschwingen zum unberechtigten Eigenbesitzer　不法な自主占有者への跳ね上がり········**22** 7
Ausgleich　補償
―― für Grundstücksbeeinträchtigungen gemäß § 906　906条による、土地所有権の侵害に対する～···**25** 15 ff., 23 ff.
―― für Rechtsverlust gemäß § 951　951条による権利喪失の～·····················**10** 1 ff.
Aushändigungsvereinbarung　〔抵当証券〕交付の合意·························**27** 6
Auslegung　解釈
―― beim Eigentumsvorbehalt　所有権留保における～·····························**14** 5
―― der Erklärung zur Abtretung der Hypothek　抵当権譲渡の意思表示の～·········**27** 32
―― des Grundbucheintrages　土地登記簿上の登記の～·····························**17** 25
―― der nachträglichen Vereinbarung eines Eigentumsvorbehalts　所有権留保の後発的合意の～···**14** 7
―― des Sicherungsvertrages　担保契約の～······················**14** 56 f. 59, **28** 26 f., 34
Ausschluss　禁止
―― der Abtretung　譲渡の～································**14** 58 f., **15** 44, **28** 10, 38
―― der Brieferteilung　証券交付の～···**27** 8 f., **28** 3
Aussonderungsrecht　取戻権
―― bei Anwartschaftsrechten　期待権について································**14** 15, 26, 43
―― bei Eigentum　所有権について··**21** 3
―― bei Sicherungsübereignung　譲渡担保について················**14** 7, **15** 1, 38 f.
―― bei Vorausabtretung　先行債権譲渡について·····································**14** 77
―― bei Vorbehaltseigentum　留保所有権について································**14** 40, 43

■ B

Barvorschusstheorie　現金前払理論 …………………………………………………… 14 71
Bauhandwerkerhypothek　建築請負人の抵当権 ……………………………………… 27 60
Baulast　負担金 ………………………………………………………………… 17 24, 18 16
Bedingung　条件 ……………………………… 6 5, 7 5, 8 29, 14 1 ff., 32, 51, 15 7 ff., 36, 17 16, 39
Beeinträchtigung des Eigentums　所有権の侵害 ………………………………………… 24 3 ff.
Befriedigung des Grundpfandgläubigers　土地質権者の満足 ……………… 27 23 ff., 28 12 ff.
Belastung　負担
　—— des das Grundstück belastenden Rechts　土地を目的とする権利の～
　　…………………………………………………………………… 17 6, 8 ff., 29 1 ff., 30 1 ff.
　—— des Grundstücks　土地の～ ……… 17 1, 4, 8 ff., 26 1 ff., 40, 27 1 ff., 28 1 ff., 29 1 ff., 30 1 ff.
Beleihungsgrenze　担保貸付限度 ………………………………………………………… 26 5 f.
Bereicherungsanspruch　不当利得返還請求権
　………………………………………… 6 6, 10 2 ff., 14 73, 19 32, 37, 21 17, 35, 22 44 ff., 23 26 f.
Beschlagnahme　差押え ……………………………………………………………………… 26 32
Beschränkte dingliche Rechte　制限物権 ………… 1 6 ff., 12, 26 1 ff., 27 1 ff., 28 1 ff., 29 1 ff., 30 1 ff.
Beschränkte persönliche Dienstbarkeit　制限的人役権 ……………………………… 29 3, 5 ff.
Beseitigungsanspruch aus §1004　1004条の妨害排除請求権 …… 2 5, 24 1 ff. 25 8, 23, 25 ff., 30, 33
　—— Anwendungsbereich　適用範囲 ……………………………………………………… 24 44 f.
　—— Ausschluss des Anspruchs　不成立 …………………………………………………… 24 42
　—— Duldungspflichten　受忍義務 …………………………………………………… 24 26 ff., 32
　—— Rechtsfolge　法的効果 ………………………………………………………………… 24 35 ff.
　—— Selbstvornahme der Störungsbeseitigung　被侵害者による妨害排除措置の実施 …… 24 41
Besitz　占有 ………………………………………………………………………… 1 11 f., 4 1 ff.
　—— Abhandenkommen　～離脱〔物〕 ……………… 4 11, 8 30 ff., 10 13, 11 4, 12 2 f., 16 16
　—— Arten　種類 …………………………………………………………………………… 4 15 ff.
　—— Bedeutung　意義 ………………………………………………………………………… 4 4
　—— berechtigter　適法～ ……………………………………………………… 4 19, 21 6, 20 ff.
　—— Bösgläubigkeit　悪意 ……………………………………………………… 4 19, 21 32, 22 6 ff., 43
　—— Eigenbesitz　自主～ ……………………………………………………… 4 18, 11 4, 12 4, 14 25
　—— Eigentumsvermutung aufgrund　～に基づく所有権の推定 ……………………… 4 6, 31
　—— Entziehung　侵奪 ……………………………………………………………………… 5 5, 9
　—— Erbenbesitz　相続人の ………………………………………………………………… 4 11
　—— Erhaltungsfunktion　維持機能 ………………………………………………………… 4 7
　—— Ersitzungswirkung　時効取得効 ……………………………………………………… 4 7
　—— Erwerb　取得 …………………………………………………………………… 4 8 ff., 22 7
　—— fehlerhafter　瑕疵ある～ ………………………………………………………… 4 19, 5 9 f.
　—— Fremdbesitz　他主～ ………………………………………………………………… 4 18, 26
　—— Gutglaubenswirkung　善意効 …………………………………………………………… 4 6
　—— gutgläubiger　善意～ ………………………………………………… 4 19, 5 17, 22 22 f., 33 f.
　—— Herausgabe　返還 ………………………………………………………… 4 27, 5 17, 21 6 ff.
　—— Kontinuitätsfunktion　継続機能 ……………………………………………………… 4 7
　—— mehrstufiger mittelbarer　多段階の間接～ ………………………………………… 4 22
　—— Mitbesitz　共同～ ………………………………………………………… 4 15 f., 5 15, 7 45, 21 10
　—— mittelbarer　間接～ ………………………………………………… 4 20 ff., 7 28 ff., 8 12 ff., 21 18

―― Nebenbesitz　併存～ ··· 8 14, 15 19 f
―― nicht-mehr-berechtigter　もはや適法ではない～ ····································· 21 20, 22 38
―― nicht-so-berechtigter　それほど適切ではない～ ······································ 21 20, 22 37
―― Publizitätsfunktion　公示機能 ··· 3 5 ff., 4 6, 31
―― Recht zum Besitz　～権原 ········· 4 19, 5 1, 13, 14 8, 20 ff., 17 52, 21 5, 20 ff., 23 18, 22 ff., 30 8
―― Schutzfunktion　保護機能 ··· 4 5, 19, 30
―― Selbsthilferecht　自力救済権 ··· 4 5, 30, 34, 5 2 ff.
―― Störung　妨害 ·· 5 16, 25 18
―― Teilbesitz　一部～ ··· 4 17
―― Übertragungsfunktion　〔権利〕移転機能 ··· 4 6
―― unmittelbarer　直接～ ·· 4 20, 32
―― Verlust　喪失 ··· 4 11, 14
―― von Organen　法人の機関による～ ··· 4 13
―― von Personengesellschaften　人的会社による～ ······························· 4 12

Besitzberechtigung i. S. v. § 986　986条の意味における占有権原
　··· 4 19, 21 6, 20 ff. →　Recht zum Besitz
Besitzdiener　占有補助者 ·· 4 32 ff., 5 3 ff., 7 9, 8 7, 32
Besitzentziehung　占有の侵奪 ·· 5 5, 9
Besitzerwerb　占有の取得 ·· 4 8 ff.
―― Aufschwingen des berechtigten Fremdbesitzers zum unberechtigten Eigenbesitzer　適法な
　他主占有者からの不法な自主占有者への跳ね上がり ······························ 22 7
―― Bösgläubigkeit bei　～の際の悪意 ·· 22 6 ff.
―― des Erben　相続人による～ ·· 4 11
―― durch Stellvertreter　代理人による～ ·· 4 10
―― rechtsgrundloser Besitzerwerb　法律上の原因なき～ ······················ 22 19
―― unentgeltlicher Besitzerwerb　無償での～ ································· 22 17 f.
―― von Gesellschaften　会社・組合による～ ································· 4 12 f.
Besitzerwerbswille　占有取得の意思 ··· 4 9
Besitzkehr　占有奪還 ·· 5 3
Besitzkonstitut　占有改定　→ Besitzmittlungsverhältnis
Besitzmittler　占有仲介者 ······················ 4 20, 23 ff., 7 10 ff., 28 ff., 8 7, 12 ff., 22 30 f.
Besitzmittlungskette　占有仲介連鎖 ··· 22 23
Besitzmittlungsverhältnis　占有仲介関係 ············ 4 23 ff., 7 28 ff., 41, 8 9 ff., 15 10 f., 16 14
―― Anerkennung zweier Oberbesitzer　2人の上位占有者の承認 ·············· 8 14, 15 19
―― antizipiertes　先行的～ ························· 7 11, 33 ff., 9 13, 15 10 f., 14, 17
―― gesetzliches　制定法を根拠とする～ ··· 4 24
―― gutgläubiger Eigentumserwerb bei Vereinbarung eines　～の合意による所有権の善意取得
　·· 8 9 ff.
―― kraft Hoheitsakts　国家高権に基づく～ ····································· 4 24
―― Sicherungsübereignung als　～としての譲渡担保 ··················· 4 24, 15 10 f.
―― Sicherungsvertrag　担保契約 ·· 15 21
Besitzmittlungswille　占有仲介意思 ·· 8 12 ff.
Besitznachfolger　占有の特定承継人 ·· 5 10
Besitzpfandrecht　占有質権 ··· 16 13, 22, 41 ff.
Besitzrechtskette　占有権原の連鎖 ··· 21 23

索引　665

Besitzschutz　占有の保護	5 1 ff.
Besitzstörung　占有の妨害	5 16, 25 18
Besitzverlust　占有の喪失	4 11, 14
Besitzverschaffungsmacht　占有を取得させる権利	8 5, 11
Besitzverschaffungswille　占有を取得させる意思	4 9
Besitzwehr　占有防御	5 3
Besitzwille　占有意思	4 9
Bestandteil　構成部分	1 23 f., 9 15 ff., 11 1 ff., 26 24, 32 ff.
——Erwerb　取得	11 2 ff.
——Haftung und Enthaftung　責任と免責	26 24, 32 ff.
——Verwertung　換価	26 29 f.
——wesentlicher　本質的～	1 22 ff., 2 35, 4 17, 9 15 ff., 29 2
Bestimmbarkeit der Forderung　債権の特定可能性	14 54, 15 43
Bestimmtheitsgrundsatz　特定原則	3 8 ff., 7 6, 35 ff., 15 11, 43, 17 12, 18 5, 27 3, 14, 28 6, 29 5
Beurkundung　公正証書の作成	17 14 ff., 43
Bewegliche Sachen　動産	
——Eigentumsübertragung　所有権の譲渡	6 1 ff., 7 1 ff.
——Erwerb und Verlust des Eigentums an　～所有権の得喪	6 1 ff., 7 1 ff., 9 4 ff., 11 1 ff., 12 1 ff., 16 28 ff.
——gutgläubiger Erwerb　善意取得	8 1 ff.
——Pfandrecht　質権	1 8, 13 1, 16 1 ff., 21 21
——Sicherungsrechte an　～担保権	13 1 ff.
——Verarbeitung　加工	9 4 ff.
——Verbindung　付合	9 23 ff.
——Vermischung　混和	9 26
——Zubehör　従物	17 17
Beweislast　証明責任	19 2, 21 7, 13
Bewertungsabschlag　評価割引	14 55
Bezugsbindungen　事業活動の制約	29 8, 10 ff.
BGB-Gesellschaft　民法典上の組合　→ Gesellschaft bürgerlichen Rechts	
BGB-Gesellschaft im Grundbuch　土地登記簿における民法典上の組合	17 37, 19 36 ff.
Bösgläubiger Besitzer　悪意占有者	4 19, 22 6 ff., 43
Bösgläubigkeit　悪意	18 26, 22 6 ff., 26 33
Brauereidienstbarkeit　ビール醸造元地役権	29 8, 10
Brevi manu traditio　簡易の引渡し	7 27
Briefgrundpfandrechte　証券土地質権	27 2
Briefgrundschuld　証券土地債務	28 3, 6 ff.
Briefhypothek　証券抵当権	27 2 ff., 34 f., 43 ff.
Bruchteilseigentum　持分所有権	2 7
Bruchteilsgemeinschaft　持分共同関係	2 7, 19 31, 27 30, 28 56
Bruchteilsnießbrauch　持分用益権	30 4, 7
Buchgrundschuld　登記土地債務	28 3 ff.
Buchhypothek　登記抵当権	27 2, 8 f., 33, 44, 60

■ C

Cessio legis　法定譲渡 …………………………………………………………………… 27 29

■ D

Dauerwohnrecht　継続的居住権 ……………………………………………………… 2 30
Deckungsgrenze　補捉限度 ………………………………………………… 14 55, 15 30 ff.
Deckungswert　補捉価値 ……………………………………………………………… 14 55
Dienstbarkeiten　役権 ………………………………………………………………… 29 1 ff.
　――Abbaurecht　採掘権 ……………………………………………………………… 29 8
　――Änderung der Verhältnisse　状況の変化 …………………………………… 29 16 f.
　――Ausschluss der Rechtsausübung　権利行使の除外 ………………………… 29 13
　――beschränkte persönliche　制限的人～ ……………………… 1 7, 29 1, 3, 5 ff., 14 f.
　――Bezugsbindungen　事業活動の拘束 ……………………………………… 29 8, 12
　――mit Handlungsverbot　～による行為の禁止 …………………………………… 29 9 ff.
　――Schutz　保護 …………………………………………………………………… 29 19
　――Sicherungsdienstbarkeit　保全～ ………………………………………… 29 6, 12
　――Überlandfernleitungen　遠隔地間の導管敷設 ………………………………… 29 8
　――Unterlassen einzelner Handlungen　個々の行為の禁止 …………………… 29 9 ff.
　――Vertriebsrecht　販売～ …………………………………………………… 29 8, 10 ff.
　――Wege- und Überfahrtsrecht　通行権 …………………………………… 29 7, 16 f.
　――Wettbewerbsverbot　競業禁止 ………………………………………………… 29 10 ff.
　――Wohnungsrecht　居住権 ………………………………………………………… 29 8
Dingliche Besitzrechte　物権的占有権原 ……………………………………………… 21 21
Dingliche Einigung　物権的合意　→ Einigung
Dingliche Klage　物的訴訟 ……………………………………………………………… 26 16
Dingliche Nutzungsrechte　物権的利用権 ………………………………… 29 1 ff., 30 1 ff.
Dingliche Rechte　物権 …………………………………………………………… 1 2, 6 ff., 12
　――absolute Wirkung　絶対効 …………………………………………………… 1 4 ff.
　――beschränkte　制限～ …………………… 1 6 ff., 12, 26 1 ff., 27 1 ff., 28 1 ff., 29 1 ff., 30 1 ff.
　――Eintragungsfähigkeit　登記能力 ………………………………………………… 3 7
　――Erwerbsrechte　取得権 …………………………………………………………… 1 9
　――Nutzungsrechte　利用権 ……………………………………………… 1 7, 29 1 ff., 30 1 ff.
　――Publizität　公示 ……………………………… 3 5 ff., 4 6, 14 37, 16 36, 17 21, 29, 27 33
　――Spezialität　個物性 ………………………………………………………… 3 11 f., 30 1
　――Verwertungsrechte　換価権 ……………………………… 1 8, 26 1 ff., 27 1 ff., 28 1 ff.
Dingliche Surrogation　物上代位 ……………………………… 6 18, 14 33, 38 16 31, 38 f.
Dingliche Vorrangklauseln　物権の優先条項 ………………………………………… 14 66 f.
Dinglicher Titel　物の債務名義 ………………………………………… 16 31, 26 16 f., 30
Dinglicher Vertrag zugunsten Dritter　第三者のためにする物権契約 ………… 6 17 f.
Dingliches Erwerbsrecht　物権的取得権 ……………………………………………… 1 9
Dingliches Verwertungsrecht　物権の換価権
　………………………… 1 6, 8, 12, 13 1, 16 1, 18, 28 ff., 26 1 ff., 40, 27 1 ff., 28 1 ff.
Dingliches Vorkaufsrecht　物権的先買権 ………………… 1 9, 18, 17 24, 34, 18 31 f., 27 56
Dolo agit　害意ある行為 ………………………………………………………… 14 20, 20 10
Doppelpfändung　二重差押え ………………………………………………………… 14 38

Drittwiderspruchsklage 第三者異議の訴え ·················· **14** 39, 41, 77, **15** 37, 39, **21** 3
Duldung der Zwangsvollstreckung 強制執行の忍容 ······································· **26** 12 ff.
Duldungspflichten des Grundstückseigentümers 土地所有者の受忍義務 ········ **24** 20, **26** ff., **25** 1 ff.
── analoge Anwendung von § 906 II 2　906条2項2文の類推適用 ························· **25** 23 ff.
── aus dem Nachbarrecht　相隣法上の〜 ·· **24** 32, **25** 1 ff.
── bei Immissionen　インミッシオンの〜 ··· **25** 7 ff.
── faktischer Duldungszwang　事実上の受忍強制 ··· **25** 27
── wegen entschuldigten Überbaus　許される越境建築の〜 ····································· **25** 32 ff.
── zur Einräumung eines Notweges　囲繞地通行路の〜 ·· **25** 41 ff.
Durchgangserwerb 経由取得 ··· **7** 11, **9** 10, 13, **14** 30, **15** 14, 16 f., **17** 23, **26** 34

■ E

Ehegatten 配偶者 ··· **4** 16, **5** 15, **7** 20, 32, 45, **21** 14, 25
Eigenbesitz 自主占有 ··· **4** 18, 26, **11** 4, **12** 2, 4, **14** 25, **21** 11
Eigengrenzüberbau 自己越境建築 ·· **25** 40
Eigentum 所有権 ·· **1** 2, 4, 12, **2** 1 ff.
── Abwehransprüche und -rechte　妨害除去請求権・妨害除去権 ·········· **21** 1 ff., **24** 1 ff., **25** 1 ff.
── Anwartschaftsrecht　期待権 ··· **14** 11 ff.
── Aufgabe　放棄 ··· **6** 2, **12** 4, **17** 7
── an Körperteilen　身体の一部についての〜 ··· **1** 20 f.
── Beeinträchtigung　侵害 ··· **24** 1, 3 ff.
── Begründung　創設 ··· **3** 3 f.
── Beseitigungsanspruch　妨害排除請求権 ·· **24** 1 ff., **25** 1 ff.
── Bestandsvermutung　存続の推定 ··· **21** 12
── Ersatzansprüche　補償請求権 ··· **21** 2, 4
── Erwerb　取得 ··· **2** 1, **6** 1 ff., **7** 1 ff., **8** 1 ff., **9** 4 ff., **11** 1 ff., **12** 1 ff., **17** 1 ff.
── Erwerbs- und Verlustgründe　得喪原因
　 ·· **7** 1 ff., **9** 1 ff., **11** 1 ff., **12** 1 ff., **16** 28 ff., **17** 1 ff., **26** 12 ff.
── Erwerbsvermutung　取得の推定 ·· **21** 12
── geistiges　精神的〜 ··· **2** 14
── Gesamthandseigentum　合有 ··· **2** 9
── Herausgabeanspruch　返還請求権　→ Vindikationsanspruch
── Miteigentum　共有 ·· **2** 7 f., 16, **7** 44 f.
── Schutz　保護 ··· **21** 1 ff., **24** 1 ff.
── Sicherungseigentum　担保所有権 ··· **15** 1 ff.
── Sondereigentum　特別所有権 ·· **2** 16, 19
── Störung　侵害 ··· **24** 1, 3 ff.
── Treuhandeigentum　信託所有権 ·· **2** 10 ff.
── Übertragung　移転 ··· **3** 5 ff., **6** 1 ff., **7** 1 ff., **17** 1, 8 ff.
── Unterlassungsanspruch　不作為請求権 ·· **24** 1 ff., **25** 1 ff.
── Verzicht　放棄 ··· **6** 9 f.
── Vorbehaltseigentum　留保所有権 ··· **14** 1 ff.
Eigentümer-Besitzer-Verhältnis 所有者・占有者関係 ··································· **21** 5 ff., **22** 1 ff.
── abschließende Wirkung　〜の適用除外効 ··· **22** 35 ff., 41 ff.
── Aufschwingen zum unberechtigten Eigenbesitzer　不法な自主占有者への跳ね上がり ··· **22** 7

――― Besitzmittlungskette　占有仲介連鎖 ··· **22** 23
――― Fremdbesitzerexzess　他主占有者の逸脱 ····································· **22** 30, 41 f.
――― gesetzliches Schuldverhältnis　法定債務関係 ································· **21** 31
――― Haftung bei Straftat oder verbotener Eigenmacht　犯罪が行われた場合または違法な私力が行使された場合における責任 ··· **22** 32 ff.
――― Haftung des Besitzmittlers　占有仲介者の責任 ··································· **22** 30 f.
――― Haftung nach Rechtshängigkeit　訴訟係属以後における不法占有者の責任 ·········· **22** 5
――― Konkurrenzen　複数の請求権が生じた場合における競合関係 ·········· **22** 35 ff., **23** 21 ff.
――― Minderjährigenschutz　未成年者の保護 ·· **22** 12
――― nicht-mehr-berechtigter Besitzer　もはや適法ではない占有者 ············ **21** 20, **22** 38
――― nicht-so-berechtigter Besitzer　それほど適切ではない占有者 ············ **21** 20, **22** 37
――― Nutzungsherausgabeansprüche aus § 987　987条に基づく利益返還請求権 ······· **22** 1 ff.
――― rechtsgrundloser Besitzerwerb　法律上の原因なき占有取得 ······················ **22** 19
――― Rechtshängigkeit　訴訟係属 ··· **22** 5
――― Schutz des gutgläubigen Besitzers　善意占有者の保護 ······················ **22** 22 f., 35
――― Schutzzweck der §§ 987 ff.　987条以下の規定の保護目的 ····················· **22** 1 ff.
――― Sperrwirkung　～の遮断効 ·· **22** 35 ff., 41 ff.
――― unentgeltlicher Besitzerwerb　無償での占有取得 ····························· **22** 17 f.
――― Übermaßfrüchte　果実の過剰取得 ·· **22** 21, 45
――― Verhältnis zu § 241a　241a 条との関係 ·· **22** 40
――― Verhältnis zu § 951　951条との関係 ··································· **10** 9 ff., **22** 46
――― Verhältnis zum Bereicherungsrecht　不当利得法との関係 ········ **22** 17 ff., 44 ff., **23** 26 f.
――― Verhältnis zum Deliktsrecht　不法行為法との関係 ······················ **22** 35 ff., 41 ff.
――― Verschlechterung　占有物の損傷 ··· **22** 26 f.
――― Verschulden　占有者の有責性 ·· **22** 24, 28, 33
――― Verwender　支出者 ··· **23** 7, **23** 23
――― Verwendungsersatzansprüche　費用償還請求権 ··································· **23** 1 ff.
――― Vindikationslage　返還請求可能状態 ····························· **21** 8, **22** 3 f., 25
――― Wegnahmerecht　占有者の収去権 ·· **23** 19 f.
――― Zurechnung des Verschuldens von Hilfspersonen　補助者の有責性の帰責 ·········· **22** 28
――― Zurechnung des Wissens von Hilfspersonen　補助者の認識の帰責 ··············· **22** 10 f.
――― Zurückbehaltungsrecht des Besitzers　占有者の履行拒絶権 ······················· **23** 18
Eigentümerdienstbarkeit　所有者役権 ·· **29** 4
Eigentümergrundschuld　所有者土地債務 ········ **27** 12 f., 18, 20, 25 ff., 30, 53 ff., **28** 4 f., 7 f., 12 ff., 31
――― gesetzliche　法定～ ·· **28** 7 f.
――― rechtsgeschäftliche　約定～ ··· **28** 4 f.
Eigentümerhypothek　所有者抵当権 ··································· **27** 7, 25, 28, 53, 58
Eigentumserwerb　所有権の取得 ·· **2** 1, **6** 1 ff.
――― an Erzeugnissen und Bestandteilen gemäß §§ 953 ff.　953条に基づく産出物と構成部分についての～ ·· **11** 1 ff.
――― des Minderjährigen　未成年者の～ ··· **6** 11
――― des Geschäftsunfähigen　行為無能力者の～ ····································· **6** 12
――― durch Aneignung herrenloser Sachen gemäß § 958　958条に基づく無主物先占による～ ·· **12** 4
――― durch Ersitzung　取得時効による～ ··· **12** 2 f.

―― durch Fund　遺失物拾得による～ ·· 12 5
―― durch Verarbeitung　加工による～ ··· 9 4 ff., 14
―― durch Verbindung　付合による～ ··· 9 15 ff., 20, 23 ff.
―― durch Vermischung　混和による～ ··· 9 26 f.
―― gesetzlicher　法律に基づく～ ······································· 9 1 ff., 11 1 ff., 12 1 ff., 17 1
―― gutgläubiger　善意による～　→ gutgläubiger Erwerb
―― rechtsgeschäftlicher Eigentumserwerb von Immobilien　法律行為に基づく不動産～
　　 ··· 17 1, 3 ff.
―― rechtsgeschäftlicher Eigentumserwerb von Mobilien　法律行為に基づく動産～ ········ 7 1 ff.,
Eigentumsherausgabeanspruch　所有権に基づく返還請求権 ········ 21 5 ff. → Vindikationsanspruch
Eigentumsschutz　所有権の保護 ··· 21 1 ff., 24 1 ff.
―― Unterlassungs- und Beseitigungsansprüche　妨害排除請求権・不作為請求権 ·········· 24 1 ff.
Eigentumsübertragung　所有権の移転 ························ 3 5 ff., 6 1 ff., 7 1 ff., 15 6 ff., 17 1, 3, 8 ff.
―― rechtsvergleichende Hinweise　比較法 ·· 7 46 ff., 17 53 ff.
Eigentumsvermutung　所有権の推定
―― bei beweglichen Sachen　動産～ ····································· 3 6, 4 6, 31, 7 19, 8 1, 21 11 ff., 34
―― bei Gesellschaftsorganen　会社の機関に関する～ ·· 21 15
―― bei Grundstücken　土地～ ······································· 19 2 f., 20 2, 21 11 ff., 34
―― bei Mitbesitz　共同占有が行われている場合における～ ······································· 21 14
―― Bestandsvermutung　所有権存続の推定 ··· 21 12
―― Erwerbsvermutung　所有権取得の推定 ··· 21 12
―― Publizität des Besitzes　占有の公示 ··· 3 6
―― Vermutung des Alleineigentums von Ehegatten　配偶者の単独所有の推定 ············· 21 14
―― Widerlegung der Vermutung　推定への反証 ·· 21 13
Eigentumsvorbehalt　所有権留保 ·· 7 5, 7, 20, 14 1 ff.
―― AGB　普通取引約款 ··· 14 2 f., 9, 48, 55, 58, 66, 84
―― Anwartschaftsrecht　期待権 ·· 14 11 ff.
―― Einziehungsermächtigung　取立授権 ·· 14 61, 72 ff., 77
―― Ermächtigung zur Weiterveräußerung　転譲渡授権 ································ 14 49 ff., 59
―― erweiterter　拡大された～ ··· 14 83 ff.
―― Grundstücksveräußerung　土地譲渡 ·· 17 16
―― guter Glaube bei Branchenüblichkeit　～の業界慣行がある場合の善意 ·················· 8 19
―― Kollision zwischen verlängertem Eigentumsvorbehalt und Factoringzession　延長された所
　　有権留保とファクタリング譲渡の優劣 ·· 14 70 ff.
―― Kollision zwischen verlängertem Eigentumsvorbehalt und Globalzession　延長された所有権
　　留保と包括債権譲渡の優劣 ·· 14 62 ff.
―― Kontokorrentvorbehalt　交互計算留保 ·· 14 83
―― Konzernvorbehalt　コンツェルン留保 ··· 14 86
―― nachgeschalteter　接続された～ ··· 14 34
―― rechtsvergleichende Hinweise　比較法 ·· 14 88 ff.
―― Rücktritt vom Vorbehaltskauf　留保売買の解除 ·· 14 25 f.
―― Verarbeitungsklauseln　加工条項 ··· 9 10 ff., 14 78 ff.
―― verlängerter　延長された～ ·· 14 44 ff.
―― Vollstreckung in Vorbehaltseigentum　留保所有権に対する執行 ······················· 14 41 ff.
―― weitergeleiteter　転送された～ ··· 14 45 f.

―― Weiterverarbeitung　再加工 ･････････････････････････････････ 14 78 ff.
―― Weiterveräußerungsermächtigung　転譲渡授権 ･･･････････････ 14 49 ff.
Einbringungspfandrecht　持込質権 ････････････････････････････････ 16 3, 41 f.
Eingerichteter und ausgeübter Gewerbebetrieb　確立され、現に行われている営業〔事業〕〔営業権〕･･ 24 6, 44, 25 10
Eingriffskondiktion　侵害利得 ････････････ 16 23, 17 51, 19 37, 21 4, 22 2, 45 f., 23 26, 24 12
Einheitsprinzip　一体主義 ･･ 7 46 ff., 49
Einigsein　合意の存続
　―― bei Eintragung　登記時までの～ ････････････････････････････ 17 19, 40
　―― bei Übergabe　引渡時までの～ ･･････････････････････････ 7 18, 14 19, 16 8
Einigung　物権的合意
　･････････････ 6 2 ff. 9 ff., 7 3 ff., 34 ff., 14 19, 15 7 ff., 16 8 f., 17 9 ff., 27 4, 8, 32, 43, 52, 28 3, 6, 29 5, 30 4 ff.
　―― Anfechtbarkeit　取消可能性 ･････････････････････････ 6 10, 7 5, 17 42
　―― antizipierte　先行的～ ････････････････････････････････ 15 11, 14, 17
　―― bedingte　条件付～ ･･･ 15 7 ff.
　―― Bestimmtheitserfordernis　特定の必要性 ･･････････ 3 8 ff., 7 6, 15 11, 17 12, 29 5
　―― Bindungswirkung　拘束力 ･･････････････････････････････････ 17 42 f.
　―― Grundsatz der Formfreiheit　無方式の原則 ････････････････････ 17 12 ff.
Einrede　抗弁権〔27 17注＊参照〕
　―― aus dem Sicherungsvertrag　担保契約に基づく～ ･････････ 28 35 ff., 40 ff.
　―― dauernde　永久的～ ･･･････････････････････････････････････ 27 19 f.
　―― der Nichtvalutierung　貸金未交付の～ ･･･････････････ 28 11, 36, 42 ff.
　―― der Rückübertragungspflicht　復帰的移転義務の～ ･･････ 28 27, 37, 42 f.
　―― des Leistungsverweigerungsrechts gemäß § 275 II　275条2項による給付拒絶権の～ ･･ 25 36
　―― des Zurückbehaltungsrechts　履行拒絶権の～ ･･････ 21 28, 23 18, 24, 27 21 f., 28 15, 29, 40 f.
　―― gegen den Anspruch aus § 888　888条による請求権に対する～ ･･････････ 18 22
　―― gegen die Grundschuld　土地債務に対する～ ････････ 28 11, 21, 27, 35 ff., 40 ff.
　―― gegen die Hypothek　抵当権に対する～ ･･･････････････････ 27 19 ff., 37 ff.
　―― gegen den Zessionar　債権の譲受人に対する～ ････････････････ 27 37 ff.
　―― vorübergehende　一時的～ ･････････････････････････････････ 27 21
Einsicht ins Grundbuch　土地登記簿の閲覧 ････････････････････････ 17 29 f.
Einstweilige Verfügung　仮処分 ･････････････････････････････ 18 12, 19 28, 33
Eintragung in das Grundbuch　土地登記簿への登記
　････････････････････････ 3 5, 7, 17 20 f., 24 ff., 27 4, 8, 28 3, 6, 10, 15, 29 5, 30 4
　―― Auslegung　解釈 ･･ 17 25
　―― Rechtsposition des Erwerbers vor Eintragung　登記前の譲受人の法的地位 ････ 17 40 ff.
Eintragungsantrag　登記申請 ････････････････････････････････････ 17 35, 45
Eintragungsbewilligung　登記許諾 ･････････････････････････････････ 17 25
Eintragungsverfahren　登記手続 ･････････････････････････････････ 17 31 ff.
　―― Bewilligung　承諾 ･････････････････････････････ 17 36, 18 11, 20 13
　―― Bindung an Einigung　物権的合意の拘束力 ･･････････････････ 17 42 f.
　―― Prioritätsprinzip　時間順主義 ････････････････････････････････ 17 35
　―― Prüfungsumfang des Grundbuchamtes　土地登記所の審査範囲 ･････････ 17 39
　―― Rechtsposition des Erwerbers vor Eintragung　登記前の譲受人の法的地位 ････ 17 40 ff.
　―― Schadensersatz　損害賠償 ･･････････････････････････････････ 17 46

—— Voreintragung　先行登記	17 38
Einwendung　抗弁〔27 17注＊参照〕	27 17 ff., 28 11
—— aus § 986　986条に基づく〜	21 7, 20 ff.
—— aus § 1004 II　1004条2項に基づく〜	24 26
—— der unzulässigen Rechtsausübung　不当な権利行使の〜	21 29
—— gegen den Grundbuchberichtigungsanspruch　土地登記簿訂正請求権に対する〜	20 9 f.
—— petitorische　本権上の〜	5 13, 16
—— possessorische　占有上の〜	5 13, 16
Einziehungsermächtigung　取立授権	14 61, 72 ff., 77
Englisches Recht　イングランド法	6 5
—— Eigentumsübertragung beweglicher Sachen　動産所有権の譲渡	7 48
—— Eigentumsvorbehalt　所有権留保	14 91
—— Grundpfandrechte　土地質権	26 44
—— gutgläubiger Erwerb　善意取得	8 44
—— Pfandrechte an beweglichen Sachen　動産質権	16 49
—— Sicherungsübereignung　譲渡担保	15 47
—— Übertragung und Belastung von Grundstücken　土地所有権の移転と土地への負担の設定	17 55
—— Wirkung der Grundbucheintragung　土地謄記の効力	19 43
Enteignender Eingriff　越境建築による侵害	25 32
Enteignungsentschädigung　公的収用に対する補償	25 20, 30
Enthaftung　免責	26 31 ff.
Entschädigung für Rechtsverlust gemäß § 951　951条による権利喪失の補償	9 20, 10 1 ff.
—— Konkurrenzen　競合	10 9 ff., 22 46
—— Wegnahmerecht　収去権	10 6 f., 14 f.
Erbbaugrundbuch　地上権登記簿	17 28
Erbbaurecht　地上権	1 7, 12, 2 33
—— Belastung　負担	2 34, 29 1
—— Erbbaugrundbuch　登記簿	17 28
—— Herausgabeanspruch　返還請求権	21 10
Erbbauzins　地代	2 34
Erbenbesitz　相続人の占有	4 11
Erbengemeinschaft　相続共同関係	2 9
Erbschaftsanspruch　相続回復請求権	21 36
Erhaltungsfunktion des Besitzes　占有の**維持機能**	4 7
Erinnerung　異議	17 31
Erkundigungspflicht　照会義務	
—— bei Ausschluss der Abtretung　〔商品の第二買主が〕債権譲渡を禁止する場合の〜	14 59
—— bei branchenüblicher Lieferung unter Eigentumsvorbehalt　所有権留保の業界慣行がある場合の〜	8 19
—— bei fehlender Eintragung des Verkäufers im Kfz-Brief　車検証に売主が正しく登録されていない場合の〜	8 18
—— des Pfandgläubigers　質権者の〜	16 17
Erlöschen　消滅	
—— des Anwartschaftsrechts　期待権の〜	26 36

―― des Hypothekenhaftungsverbandes　抵当権の責任集合体の～ ················· 26 36
―― des Pfandrechts　質権の～ ·· 16 11, 24, 32 f.
Ermächtigung zur Weiterveräußerung　転譲渡授権 ······················· 14 49 ff., 59
Ersitzung　取得時効 ·· 12 2 f., 17 1, 20 15, 21 29
Erträge　収益 ·· 30 10
Erweiterter Eigentumsvorbehalt　拡大された所有権留保 ····················· 14 83 f.
Erwerbsrechte, dingliche　物権的取得権 ··················· 1 9, 14 11 f., 18 1 ff., 31 ff.
Erzeugnisse　産出物
　　―― Enthaftung　抵当権からの免責 ································ 26 32 ff.
　　―― Ersatz für unrechtmäßige Nutzung gemäß §§ 987 ff.　987条以下による、不法な利益取得
　　　　に関する賠償 ··· 22 1 ff.
　　―― Erwerb　取得 ··· 11 1 ff., 30 9
　　―― Haftung　抵当責任 ··· 26 24
　　―― Verwertung　換価 ·· 26 29 f.

■F

Factoring　ファクタリング ·· 14 70 ff.
Falsa demonstratio non nocet　偽りの陳述は害しない ························· 17 10
Faustpfandrecht　占有質権 ············· 16 2　→ Pfandrecht, vertragliches
Fehlerhafter Besitz　瑕疵ある占有 ·································· 4 19, 5 9 f.
Fehleridentität　瑕疵の同一性 ································· 3 13, 6 7 f., 15 36
Finanzierungsleasing　ファイナンスリース ···················· 7 28, 13 8, 14 50
Forderungsabtretung　債権譲渡 ······················· 16 24, 26, 27 31 ff.
Forderungsauswechslung　債権変更 ································· 27 27
Forderungsentkleidete Hypothek　債権を纏わない抵当権 ················· 27 50
Forderungsübergang　債権の移転 ·············· 16 33 f., 27 28 f., 31 ff., 28 32, 53
Form　方式 ··································· 17 12 f., 37, 50, 27 33, 28 2, 20
Fotografische Aufnahmen　物の写真の撮影 ····························· 24 12
Französisches Recht　フランス法
　　―― Eigentumsübertragung beweglicher Sachen　動産所有権の譲渡 ············ 7 46
　　―― Eigentumsvorbehalt　所有権留保 ··························· 14 89
　　―― Grundpfandrechte　土地質権 ······························· 26 42
　　―― gutgläubiger Erwerb　善意取得 ····························· 8 42
　　―― Pfandrechte an beweglichen Sachen　動産質権 ············· 16 47
　　―― Sicherungsübereignung　譲渡担保 ·························· 15 45
　　―― Übertragung und Belastung von Grundstücken　土地所有権の移転と負担設定 ········ 17 53
　　―― Wirkung der Grundbucheintragung　土地謄記の効力 ········· 19 41
Freigabeanspruch　解放請求権 ························ 14 56 f., 15 32, 28 27 ff.
Freigabeklausel　解放条項 ····································· 14 56, 15 33
Freihändiger Verkauf　任意売却 ···································· 15 24
Fremdbesitz　他主占有 ··· 4 18, 26
Fremdbesitzer　他主占有者 ································· 4 18, 14 20
Fremdbesitzerexzess　他主占有者の逸脱 ·················· 22 30, 41 f.
Fremdhypothek　他主抵当権 ··· 27 58
Früchte　果実 ····························· 1 27, 11 4, 22 1 ff., 30 7, 12 f.

索 引　673

Fund　遺失物拾得 ·· 12 5 f.

■ G

Gebrauchsüberlassungsverträge　物の利用を他人に委ねる契約 ·······················4 20
Gebrauchsvorteile　使用利益 ··································· 1 27, 5 19, 22 1 ff., 14, 30 7, 11
Gebrauchtwagenkauf　中古車売買 ····································· 8 17, 14 23, 22 1
Geheißperson　指示者 ··· 7 15 f., 8 7
Geistiges Eigentum　精神的所有権 ··· 1 17, 2 14
Genereller Besitzwille　概括的な占有意思 ··4 9
Gesamtgrundpfandrecht　共同土地質権 ································· 26 21 f., 27 30
Gesamthandseigentum　合有 ··· 2 9, 8 21
Gesamthandsgemeinschaft　合手的共同関係 ······················· 2 9, 8 21, 17 18
Gesamthypothek　共同抵当権 ··· 27 30, 57
Geschäft für den, den es angeht　相手方にとって本人が誰であってもよい行為 ···············7 45
Geschäftsfähigkeit　行為能力 ···································· 4 9 f., 6 10 ff., 7 5, 8 26, 12 4
Geschäftsgrundlage　行為基礎 ···6 10
Geschäftsunfähigkeit　行為無能力 ········ 4 9 f., 5 5, 6 12, 8 31, 12 2, 27 51
Gesellschaft bürgerlichen Rechts　民法上の組合 · 4 12, 8 21, 17 11, 18, 26, 37, 19 3, 36 f., 20 5, 26 20
Gesellschaftsvermögen　組合財産 ··· 2 9, 17 18
Gesetzliches Pfandrecht　法定質権 ············· 16 3, 41 ff.　→ Pfandrecht, gesetzliches
Gesetzliche Vermutung　法律上の推定 ···································· 19 2 f., 19
Gestattung　許可
　　── der Aneignung　先占の〜 ···11 5
　　── der Besitzentziehung oder -störung　占有侵奪または占有妨害に対する〜 ············5 6
Gewahrsam　保持 ··4 3
Gewaltrechte　実力行使権 ··5 2 ff.
Gläubigerbenachteiligung　債権者不利益 ············ 14 64 ff., 70 f., 75, 79, 15 29
Globalzession　包括債権譲渡 ·· 14 62 ff., 15 40
Grenzverletzung　境界侵犯 ···25 32 ff.
Grobimmissionen　重いインミッション ·································· 25 23 f., 27, 30
Grundbuch　土地登記簿 ···17 24 ff.
　　── Einsicht　閲覧 ···17 29 f.
　　── Eintragung　登記 ································· 17 20 f., 24 ff., 33 ff., 44 f.
　　── eintragungsbedürftige Rechte　登記することが必要な権利 ······ 19 5, 27 2, 8, 28 3, 6, 10, 15
　　── eintragungsfähige Rechte　登記することが可能な権利 ········ 17 24 f., 19 5 f.
　　── Eintragungsverfahren　登記手続 ···17 31 ff.
　　── öffentlicher Glaube　公信力 ···19 1 ff.
　　── Prioritätsgrundsatz　時間順原則 ···17 46
　　── Publizitätsfunktion　公示機能 ···3 7, 17 21
　　── Richtigkeitsvermutung　真正性の推定 ·····································19 1 ff.
　　── Schutz des guten Glaubens　善意の保護 ·····································19 4 ff.
　　── Unrichtigkeit　不真正 ··· 20 1 f., 4
　　── Voreintragung　先行登記 ···17 38, 19 18
　　── Widerspruch　異議 ···19 27 ff.
Grundbuchamt　土地登記所 ············ 17 20, 31, 35, 40, 43, 46 f., 18 11, 19 28, 27 6

Grundbuchberichtigung 土地登記簿の訂正 ·················· 20 1 ff., 27 34
Grundbuchberichtigungsanspruch 土地登記簿の訂正請求権 ········· 20 3 ff., 27 35
Grundbuchblatt 土地登記簿 ······························· 17 27
Grundbuchsperre 土地登記簿を閉鎖する効果 ················ 18 18, 19 29
Grunddienstbarkeit 地役権 ························· 1 7, 29 2, 5 ff.
Grundpfandrechte 土地質権〔26 1注＊参照〕 ········· 13 6, 16 1, 26 1 ff.
—— Akzessorietät 付従性 ······················ 26 2, 27 11 ff., 28 2, 11
—— Beleihungsgrenze 担保貸付限度 ································ 26 6
—— Beschlagnahme 差押え ································· 26 32 ff.
—— Einwendungen und Einreden 抗弁および抗弁権 ···· 27 17 ff., 37 ff., 28 11, 21, 27, 35 ff., 40 ff.
—— Enthaftung von Grundstückszubehör 土地の従物の免責 ············ 26 31 ff.
—— Fälligkeit 実行期 ··· 26 19
—— Gesamtgrundpfandrecht 共同～ ······················ 26 21 f., 27 57
—— Haftungsgegenstände 責任対象 ······························· 26 21 ff.
—— Miet- und Pachtzinsforderung 使用賃料債権および用益賃料債権 ···· 26 28, 38
—— Rang 順位 ··· 26 7 ff.
—— rechtsvergleichende Hinweise 比較法 ························ 26 42 ff.
—— Versicherungsforderungen 保険金債権 ························· 26 28
—— Verwertung 換価 ································ 26 12 ff., 20
—— vorzeitige Befriedigung 期限前の満足 ·························· 26 39
—— Zubehör des Grundstücks 土地の従物 ········· 26 23 ff., 29 f., 31 ff., 39
—— Zwangsvollstreckung 強制執行 ·································· 26 12 ff.
Grundprinzipien des Sachenrechts 物権法の基本原理 ··············· 3 1 ff., 6 1 ff.
Grundsatz der Voreintragung 先行登記の原則 ·························· 17 38
Grundschuld 土地債務 ································· 1 8, 26 1 ff., 28 1 ff.
—— Ablösungsrecht Dritter 第三者の弁済権 ·························· 28 14
—— Abtretung 譲渡 ····································· 28 9 f., 38 ff.
—— Aufhebung 廃止 ···································· 28 15, 54, 57
—— Bestellung 設定 ·· 28 3, 6
—— Briefgrundschuld 証券～ ································· 28 3, 6 ff., 9
—— Buchgrundschuld 登記～ ··································· 28 3 ff., 9
—— Duldung der Zwangsvollstreckung 強制執行の忍容 ··················· 26 12 ff.
—— Eigentümergrundschuld 所有者～ ······ 27 12, 18, 20, 25 ff., 30, 53 ff., 61, 28 4 f., 7 f., 12 ff., 31
—— Eigentümerhypothek 所有者抵当権 ··················· 27 7, 25, 28, 53, 58
—— Einrede der Nichtvalutierung 貸金未交付の抗弁権 ··············· 28 11, 36, 42 ff.
—— Einrede der Rückübertragungspflicht 復帰的移転義務の抗弁権 ········· 28 37, 42 f.
—— Einreden und Einwendungen 抗弁権および抗弁 ········· 28 11, 21, 27, 35 ff., 40 ff.
—— fehlende Akzessorietät 非付従性 ·························· 28 1 f., 11
—— gutgläubiger Erwerb 善意取得 ················ 19 4 ff., 28 9, 43 ff., 46
—— isolierte Abtretung 単独譲渡 ································· 28 38 ff.
—— Kündigung und Fälligkeit 告知と実行期 ··········· 27 15 f., 21, 28 25, 47
—— Löschung 抹消 ································· 28 13, 15, 27, 54, 57
—— Rang 順位 ··· 28 4, 7, 13
—— Rückübertragungsanspruch 復帰的移転請求権 ······· 28 23, 27 ff., 33, 41 ff., 53 ff.
—— Sicherungsgrundschuld 保全～ ······························· 28 10, 16 ff.

索　引　675

―― Übertragung　譲渡 …………………………………………… **28** 9 f., **38** f.
―― Verwertung　換価 ……………………………………… **26** 4 f., **12** ff., **20**, **29** f.
―― Zahlungen auf die Grundschuld　〜に対する支払 …… **28** 12 ff., **31** ff., **51** f.
―― Zwangsvollstreckung aus　〜に基づく強制執行 ……………… **26** 4 f., **12** ff., **20**, **29** f.
Grundschuldbrief　土地債務証券 ……………………………………… **12** 8, **28** 6 ff.
Grundstück　土地 ………………………………………………………… **17** 2
―― Beeinträchtigungen　〔所有権に対する〕侵害 ………………… **25** 1 ff.
―― Belastung　負担 ……………… **17** 1, 4, 8 ff., **26** 1 ff., **27** 1 ff., **28** 1 ff., **29** 1 ff., **30** 1 ff.
―― Beleihungsgrenze　担保貸付限度 ……………………………… **26** 6
―― Besitzschutz　占有の保護 ……………………………………… **5** 3
―― Bestandteil　構成部分 ………………… **1** 23 f., **9** 16 ff., **26** 24 ff., **29** f., **31** ff., **29** 2
―― Eigentumsübertragung　所有権移転 …………………………… **17** 1, 3, 8 ff.
―― Erwerb　〔所有権の〕取得 ……………………………………… **17** 1, 3, 8 ff.
―― Erzeugnisse　産出物 …………………………… **11** 1, **26** 24 ff., **29** f., **31** ff.
―― Grenzen erlaubter Nutzung　利用権原の限界 ………………… **25** 5 ff.
―― Haftungsverband　〔抵当権の〕責任集合体 …………………… **26** 23 ff.
―― herrschendes　要役地 …………………………………………… **29** 2, 14 ff.
―― Immissionsschutz　インミッシオンからの保護 ……………… **25** 5 ff.
―― nachträgliche Verfügungsbeschränkungen　事後的な処分制限 ……… **17** 44 f., **18** 11
―― Notweg　囲繞地通行路 ………………………………………… **25** 41 ff.
―― Nutzungsrechte　利用権 ………………………………………… **29** 1 ff., **30** 1 ff.
―― Überbau　越境建築 …………………………………………… **25** 1, 32 f.
―― Übereignung　所有権譲渡 ………………………… **17** 1, 3, 8 ff., **19** 14 ff.
―― Verwertung　換価 ……………………………………………… **26** 12 ff., **29** f.
―― Zubehör　従物 ………………… **1** 26, **9** 19, **17** 17, **26** 24 f., **27**, **29** f. **31** ff., **39**
Grundstückgleiche Rechte　土地に準じる権利 ……………………… **29** 1
Grundstücksrechte　土地を目的とする権利
―― Aufhebung　放棄 ……………………………………………… **17** 7
―― Belastung　負担設定 …………………………………………… **17** 1, 4 ff., 8 ff.
―― Einigung　物権的合意 ………………………………………… **17** 9 ff., **19** 14
―― Ersitzung　時効取得 …………………………………………… **17** 1, **20** 15, **21** 29
―― Erwerb　取得 …………………………………………………… **17** 1, 3 ff., 8 ff., **44** f.
―― gutgläubiger Erwerb von Grundstücksrechten　善意取得
　　　………… **18** 27, **19** 4 ff., 14 ff., 21 ff., 33 ff., **27** 10, 36, 39 ff., 60, **28** 9, 43 ff.
―― Inhaltsänderung　内容の変更 ………………………… **17** 7, **19** 8, **28** 10
―― nachträgliche Verfügungsbeschränkungen　事後的な処分制限 …… **17** 44 f.
―― Verwertung　換価 ……………………………………………… **26** 12 ff., **29** f.
Grundstücksübereignung　土地所有権の譲渡 ………………………… **17** 1, 3, 8 ff.
―― Auflassung　アウフラッスンク ……………………………… **17** 12 ff.
―― Auflassungsanwartschaft　アウフラッスンク期待権 ………… **17** 46 ff.
―― behördliche Genehmigung　官庁の許可 ……………………… **17** 34, 40
―― Einigung　物権的合意 ………………………………………… **17** 9 ff., **19** 14
―― Eintragung　登記 ……………………………………………… **17** 20 f., 24 ff.
―― gutgläubiger Erwerb　善意取得 ……………………………… **19** 4 ff., 14 ff., 21 ff.
―― nachträgliche Verfügungsbeschränkungen　事後的な処分制限 …… **17** 44 f.

―― Rechtsposition des Erwerbers vor Eintragung　登記前の取得者の法的地位 ············	**17** 40 ff.
―― rechtsvergleichende Hinweise　比較法 ···	**17** 53 ff., **19** 41 ff.
―― Zubehör　従物 ···	**17** 17
Gütergemeinschaft　夫婦財産共同関係〔財産共同制〕 ·······················	**2** 9
Guter Glaube　善意 ···	**8** 16 ff.
―― an Existenz der GbR　民法上の組合の存在についての～ ················	**19** 39
―― an Gesellschafterbestand　組合員についての～ ····························	**19** 36 f.
―― Anwartschaftsrecht　期待権 ···	**8** 29
―― bei Pfandrechtserwerb　質権の取得における～ ····························	**16** 17
―― bei verlängertem Eigentumsvorbehalt　延長された所有権留保における～ ····	**14** 52
―― beim Erwerb von Grundstücksrechten　土地を目的とする権利の取得における～	
···	**19** 5 ff., **21** 5 ff.
―― bewegliche Sachen　動産 ···	**8** 5, 16 ff.
―― Erkundigungspflicht　照会義務 ···	**14** 59
―― maßgebliche Person　主体 ···	**8** 21
―― Zeitpunkt　時点 ···	**8** 28 f., **19** 23 ff.
Gutglaubenswirkung des Besitzes　占有の善意効 ······························	**4** 6
Gutgläubiger Besitzer　善意占有者 ··	**4** 19, **22** 2, 22 ff., 33 f.
Gutgläubiger Erwerb　善意取得	
―― Abhandenkommen　占有離脱〔物〕 ·······································	**8** 30 ff.
―― Abtretung des Herausgabeanspruchs　返還請求権の譲渡 ················	**8** 12 ff.
―― Anwartschaftsrecht　期待権 ···	**8** 29, **14** 35 f.
―― aufgrund AGB-Klausel　普通取引約款による～ ··························	**16** 44 f.
―― Ausschluss des einredefreien Erwerbs bei der Sicherungsgrundschuld　保全土地債務に関する抗弁権の切断の除外 ······························	**28** 43 ff.
―― bei Besitzkonstitut　占有改定による～ ····································	**8** 9 ff., **15** 19
―― bei der Hypothekenhaftung　抵当権の責任対象の～ ······················	**26** 31 ff.
―― bei gefälschten Abtretungserklärungen　譲渡の意思表示が虚偽のものである場合の～	**27** 48
―― bei inhaltlichem Widerspruch von Grundbuch und Hypothekenbrief　土地登記簿と抵当証券の内容に齟齬がある場合の～ ························	**27** 49
―― beschlagnahmten Grundstückszubehörs　差押えがなされた土地の従物の～ ········	**26** 32 ff.
―― beweglicher Sachen　動産 ··	**8** 1 ff.
―― einredefreier Erwerb　抗弁権の切断 ······································	**27** 39 ff., **28** 43 ff.
―― Erkundigungspflicht　照会義務 ···	**14** 59
―― gemäß § 892　892条に基づく～ ··	**19** 14 ff.
―― gemäß §§ 929 S. 1, 932　929条1文・932条に基づく～ ····················	**8** 6 f.
―― gemäß §§ 929 S. 2, 932　929条2文・932条に基づく～ ····················	**8** 8
―― gemäß §§ 930, 933　930条・933条に基づく～ ·····························	**8** 9 ff.
―― gemäß §§ 931, 934　931条・934条に基づく～ ·····························	**8** 12 ff.
―― gemäß § 366 HGB　商法典366条に基づく～ ······························	**8** 22
―― gesetzlicher Besitzpfandrechte　法定占有質権の～ ························	**16** 43
―― Grundschuld　土地債務 ···	**19** 4 ff., **28** 9
―― Grundstücksrechte　土地を目的とする権利	
···	**19** 4 ff., 11 ff. **27** 10, 36, 39 ff., 43 ff., 60, **28** 9, 43 ff.
―― Hypothek　抵当権 ··	**19** 4 ff., **27** 10, 36, 39 ff., 43 ff., 60

―― Kenntnis der Unrichtigkeit des Grundbuches　土地登記簿の不真正の認識 .... **19** 21 ff.
―― kraft Erbscheins　相続証書に基づく〜 .... **19** 18 f.
―― lastenfreier Erwerb　負担の消滅 .... **8** 38 f., **19** 9 f., **26** 31 ff.
―― Legitimation durch das Grundbuch　登記簿による正当性 .... **19** 17 ff.
―― Nebenbesitz　併存占有 **15** 19
―― Pfandrecht　質権 .... **16** 16 f., **26** f., **29**, **43** f.
―― Pfandsache　質物 **16** 29
―― rechtsvergleichende Hinweise　比較法 .... **8** 42 ff., **19** 41 ff.
―― Rückerwerb des Nichtberechtigten　無権限者の再取得 .... **8** 36 f.
―― Scheingeheißperson　表見指示者 **8** 7
―― schuldrechtliche Ausgleichsansprüche für den Rechtsverlust　権利喪失に対する債務法上の補償請求権 .... **8** 40 f.
―― Sicherungseigentum　担保所有権 **15** 12, 19
―― Verkehrsgeschäft　取引行為 .... **8** 2 f., **19** 15 f.
―― vom Minderjährigen　未成年者からの〜 **8** 27
―― von BGB-Gesellschaft　民法典上の組合からの〜 .... **19** 36 ff.
―― Vormerkung　仮登記 .... **18** 27, **19** 33 ff.
―― Widerspruch　異議 .... **19** 27 ff., **27** 44 f., 47
―― Zweiterwerb der Hypothek　抵当権の第二取得 .... **27** 43 ff.
―― Zweiterwerb der Vormerkung　仮登記の第二取得 .... **19** 34 f.

■ H

Haftungsgegenstände bei Grundpfandrechten　土地質権の**責任対象** .... **26** 16, 21 ff.
Haftungsmasse　責任対象　→ Haftungsgegenstände
Haftungsverband　責任集合体 .... **26** 23 ff.
Handeln unter fremdem Namen　他人の名における行為 **8** 18
Handlungsstörer　行為侵害者 .... **24** 16 f.
Hauptsache　主物・主たる物 .... **1** 26, **9** 25, **11** 1 f.
Hausrat　家財道具 **4** 16, **5** 15, **7** 20, **21** 37
Hausrecht　建物不可侵権 **2** 5, **5** 1
Heilung　治癒 **17** 15
Heimfallanspruch　復帰請求権 **2** 33
Herausgabeanspruch　返還請求権
　―― aus § 285　285条に基づく〜 **17** 48
　―― aus § 816　816条に基づく〜 **8** 41, **14** 73
　―― aus § 823　823条に基づく〜 .... **5** 18 ff.
　―― aus § 861　861条に基づく〜 **5** 8
　―― aus § 870　870条に基づく〜 **8** 12
　―― aus § 985　985条に基づく〜 .... **21** 5 ff.
　―― aus § 987 I　987条1項に基づく〜 .... **22** 1 ff., 13 ff.
　―― aus § 987 II　987条2項に基づく〜 .... **22** 1 ff., 16
　―― aus § 988　988条に基づく〜 .... **22** 1 ff., 17 ff.
　―― aus § 993 I　993条1項に基づく〜 .... **22** 1 ff., 21
　―― aus § 1007　1007条に基づく〜 **5** 17
　―― aus § 1011　1011条に基づく〜 **21** 10

── aus § 1065　1065条に基づく～ ································· **21** 10
　　── aus § 1227　1227条に基づく～ ································· **21** 10
　　── aus § 11 I ErbbauRG　地上権法 11条1項に基づく～ ············· **21** 10
　　── des Miteigentümers　共有者の～ ······························ **21** 10
　　── gegen den Besitzmittler　占有仲介者に対する～ ················ **4** 27
　　── Verbriefung des　～の証券化 ··································· **7** 40
　Herausgabepflicht des Besitzmittlers　占有仲介者の返還義務 ········ **4** 23
　Herrenlose Sachen　無主物 ·· **12** 4
　Herrschendes Grundstück　要役地 ······························· **29** 2, 14 ff.
　Hersteller　製造者 ·· **9** 8 ff.
　Herstellervereinbarung　製造者を定める合意 ············· **9** 10 ff., **14** 78 ff.
　Höchstbetragshypothek　最高額抵当権 ··························· **27** 61
　Hypothek　抵当権 ···································· **1** 8, **26** 1 ff., **27** 1 ff.
　　── Absicherung des bereicherungsrechtlichen Anspruchs　不当利得返還請求権の担保 ···· **27** 14
　　── Akzessorietät　付従性 ······················ **26** 2, **27** 2, 11 ff., 31, 50, 52, 59 f.
　　── Arten　種類 ·· **27** 2, 57 ff.
　　── Aushändigungsvereinbarung　証券の交付に関する合意 ············· **27** 6
　　── Bestellung　設定 ··· **27** 3 ff., 8 ff.
　　── Brief, Eigentum an　抵当証券を目的とする所有権 ················· **12** 8
　　── Briefhypothek　証券～ ································ **27** 2 ff., 34 f., 45 ff.
　　── Buchhypothek　登記～ ·························· **27** 2, 8, 33, 44, 60
　　── Duldung der Zwangsvollstreckung　強制執行の忍容 ············· **26** 12 ff.
　　── Eigentümerhypothek　所有者～ ················ **27** 7, 25, 28, 53, 58, **28** 13
　　── Einwendungen und Einreden　抗弁および抗弁権 ··········· **27** 15, 17 ff., 37 ff.
　　── Erwerb durch Eigentümer　所有者による～の取得 ················ **27** 25 ff.
　　── Fälligkeit　実行期 ······································ **26** 18 f., **27** 15 f.
　　── forderungsentkleidete Hypothek　債権を纏わない～ ················ **27** 50
　　── Form　方式 ·· **27** 5, 33 f.
　　── gefälschte Abtretungserklärungen　被担保債権の虚偽の意思表示による譲渡 ········· **27** 48
　　── Gesamthypothek　共同～ ····································· **27** 30, 57
　　── gesetzliche Forderungsauswechslung　法律に基づく債権の変更 ········· **27** 27
　　── gutgläubiger Erwerb　善意取得 ················· **27** 10, 36, 39 ff., 43 ff., 60
　　── Leistung an den Altgläubiger　旧債権者に対する弁済 ·············· **27** 42
　　── Löschungsanspruch　抹消請求権 ······························ **27** 53 ff.
　　── Löschungsvormerkung　抹消仮登記 ··························· **27** 53, 56
　　── Sicherungshypothek　保全～ ················ **16** 39, **19** 6, **27** 14, 59 f.
　　── Trennung von Forderung und Hypothek　債権と～の分離 ············ **27** 52
　　── Übertragung von Forderung und Hypothek　債権と～の移転 ········· **27** 31 ff.
　　── Verteidigungsmöglichkeiten des Eigentümers gegen die Hypothek　～に対する所有者の防
　　　　御方法 ·· **27** 17 ff., 37 ff.
　　── Verwertung　換価 ······································ **26** 4 f., 12 ff., 20, 29 f.
　　── Zahlungen auf die Hypothek　～に対する支払 ···················· **27** 25 ff.
　　── Zwangsvollstreckung　強制執行 ························· **26** 4 f., 12 ff., 20, 29 f.
　　── Zweiterwerb der Hypothek　～の第二取得 ··················· **27** 31 ff., 43 ff.
　Hypothekenbrief　抵当証券 ··················· **12** 8, **27** 2, 5 ff., 42, 45 ff., 49

I

Immission　インミッシオン 25 6
　── Ausgleichsanspruch nach § 906 II 2　906条2項2文に基づく補償請求権 25 15 ff., 23 ff.
　── Besitzschutz　占有の保護 5 16, 25 18
　── Duldungspflichten　受忍義務 25 7 ff.
　── Eigentumsschutz　所有権の保護 24 1 ff., 5, 25 1 ff.
　── Grobimmissionen　重い～ 25 23 f., 27, 30
　── Ortsüblichkeit　～がその場所にとって慣行的であること 25 7, 13 f., 23 f.
　── summierte　～の累積 25 22
　── unwägbare Stoffe　不可量物 25 23
　── Wesentlichkeit von Einwirkungen　作用の本質性 25 10 ff.
　── wirtschaftlich zumutbare Abwehrmaßnahmen　経済的に期待しうる防止措置 25 14
Immissionsschutz　インミッシオンからの保護 25 5 ff.
　── analog § 906 II 2　906条2項2文の類推適用に基づく～ 25 23 f.
　── gemäß § 906　906条に基づく～ 25 5 ff.
　── öffentlich-rechtliche Regelungen　～のための公法上の規制 25 1
Inhaberpapier　無記名証券 7 1, 8 34, 12 9, 16 35
Inhaberschuldverschreibungen　無記名債権証券 16 35
Inhaltsänderung von Grundstücksrechten　土地を目的とする権利の**内容の変更** 17 7, 19 8, 28 10
Inkasso-Zession　取立目的の債権譲渡 14 77
Insichgeschäft　自己代理 7 11
Insolvenz　倒産 14 40, 17 45
　── Behandlung der Vormerkung　仮登記の処遇 18 24
　── des Besitzers　占有者の～ 21 19
　── des Factors　ファクターの～ 14 77
　── des Inhabers von Grundstücksrechten　土地を目的とする権利を有する者の～ 17 45
　── des Sicherungsgebers　譲渡担保設定者の～ 15 38
　── des Sicherungsnehmers　譲渡担保権者の～ 15 39
　── des Vorbehaltskäufers　留保買主の～ 14 40
　── des Vorbehaltsverkäufers　留保売主の～ 14 43
　── Rechte des grundpfandrechtlich gesicherten Gläubigers　土地質権によって担保される債権者の権利 26 5
Insolvenzanfechtung　倒産否認 16 12, 17 45, 18 24
Insolvenzverfahren　倒産手続 14 40 f., 61, 77, 21 19
Insolvenzverschleppung　倒産申立遅延 15 29, 35
Insolvenzverwalter　倒産管財人 15 1, 38, 20 7, 21 19
Internationales Privatrecht　国際私法 1 28
Internetversteigerung　インターネット競売 8 35
Investmentanteile　出資持分 16 35
Irrtum　錯誤 5 6, 6 7, 8 31
Isolierte Abtretung　単独譲渡 28 38 f.
Italienisches Recht　イタリア法 6 5
　── Eigentumsübertragung beweglicher Sachen　動産所有権の譲渡 7 47
　── Eigentumsvorbehalt　所有権留保 14 90
　── Grundbucheintragung　土地登記簿への登記 19 42

―― Grundpfandrechte 土地質権 ･･･ 26 43
―― Gutgläubiger Erwerb 善意取得 ･･ 8 43
―― Pfandrechte an beweglichen Sachen 動産質権 ････････････････････ 16 48
―― Sicherungsübereignung 譲渡担保 ･････････････････････････････････････ 15 46
―― Übertragung und Belastung von Grundstücken 土地所有権の移転と土地への負担の設定
 ･･ 17 54

■ K

Kfz-Brief 車検証 ･･････････････････････････････ 7 7, 8 17 f., 12 8, 14 5, 16 17, 21 13
Knebelung 桎梏 ･･･ 15 28
Konfusion 混同 ･･ 18 8
Konsensprinzip 合意主義 ･･ 7 46 ff.
―― formelles 形式的〜 ･･･ 17 36, 19 1
―― materielles 実体的〜 ･･･ 17 36
Kontinuitätsfunktion des Besitzes 占有の継続機能 ･･････････････････････ 4 7
Kontokorrentabrede 交互計算約定 ･･ 14 60
Kontokorrentvorbehalt 交互計算留保 ･･････････････････････････････････････ 14 86
Konzernvorbehalt コンツェルン留保 ･･･ 14 86
Körperteile 身体の一部 ･･ 1 20 f.
Kreditarten 信用の種類 ･･ 13 5 ff.
Kreditsicherung 信用担保 ･････････････････ 13 1 ff., 14 1 ff., 47 ff., 62 ff., 15 1 ff., 16 1 ff., 26 1 ff.
Kredittäuschung 信用詐欺 ･･･ 15 29, 34

■ L

Lastenfreier Erwerb 善意取得による負担からの解放 ････････････ 8 38 f., 19 9 f., 26 32 ff.
Leasing リース ･･･ 7 28, 13 8, 14 50
Lediglich rechtlicher Vorteil 負担の伴わない法的利益 ･････････････ 6 4, 12, 17 11
Legalitätsprinzip 適法審査主義 ･･ 17 39
Legalzession 法定譲渡 ･･･ 27 28 f., 31
Legitimationspapier 資格証券 ･･･ 12 8
Leistung durch Dritte 第三者による給付 ･････････････････････････････････････ 14 45
Leistungskondiktion 給付不当利得 ･･････････････････････････ 6 6, 10 11 ff., 19 37, 22 44
Lex rei sitae 所在地法 ･･･ 1 28
Logische Sekunde 論理的一秒 ･･ 15 14, 17
Löschungsanspruch 抹消請求権 ･･･ 27 53 ff.
―― gesetzlicher 法定〜 ･･･ 27 53 ff., 28 13, 15
―― vereinbarter 約定〜 ･･･ 27 56
Löschungsvormerkung 抹消仮登記 ･･････････････････････････････････････ 27 53 f., 56

■ M

Markierungsvertrag マーキング契約 ･･･ 7 36
Mehrstufiger mittelbarer Besitz 多段階の間接占有 ･････････････････････････ 4 22
Mehrwegpfandflaschen デポジット式の再利用ボトル ･･････････････････････ 8 20
Minderjährige 未成年者 ･････････････････････････ 6 11, 7 5, 8 27, 17 11, 20 11, 22 12
Missbrauch der Treuhänderstellung 受託者の地位の濫用 ･････････････････ 2 10

| Mitbesitz　共同占有 | 4 15 f., 5 15, 7 45, 8 31, 16 15, 20, 21 10, 14 |

Miteigentum　共有
──── an einer einheitlichen Sache　合成物の〜 ････････････････････････ 9 23, 25
──── an einer neuen Sache　新たな物の〜 ･･･････････････････････････ 9 10 f., 14 80 f.
──── an Grundstück　土地の〜 ･･･････････････････････････････････････ 2 16, 19 16, 26 21
──── Erwerb　取得 ･･･ 7 44 f., 17 12 ff.
──── Gutgläubigkeit bei Erwerb　取得時の善意 ･･････････････････････ 8 21
──── Herausgabeanspruch des Miteigentümers　共有者の返還請求権 ････････ 21 10
──── nach Bruchteilen　持分による〜 ････････････････････････････････ 2 7 f., 27 30
──── Übertragung　譲渡 ･･ 7 19, 44 f., 17 12 ff.
──── Unterlassungsanspruch des Miteigentümers　共有者の不作為請求権 ････ 24 2
──── Verarbeitungsklausel　加工条項 ････････････････････････････････ 14 78 ff.

Mittelbarer Besitz　間接占有 ･･ 4 20 ff.
──── bei Traditionspapieren　引渡証券による〜 ･････････････････････ 7 40
──── Besitzschutzansprüche　占有保護請求権 ･･･････････････････････ 4 30, 5 1 ff.
──── Erwerb　取得 ･･･ 4 23 ff., 28
──── gestufter　段階的な〜 ･･ 4 22
──── gleichstufiger mittelbarer Nebenbesitz　同等の間接併存占有 ････ 8 14, 15 19 f.
──── gutgläubiger Eigentumserwerb bei mittelbarem Besitz des Veräußerers　譲渡人が〜をしている場合における所有権の善意取得 ････ 8 12 ff., 15 12, 19
──── Herausgabeanspruch gegen den mittelbaren Besitzer　〜者に対する返還請求権 ･････ 21 18
──── Verlust　喪失 ･･ 4 29

Mittelbarer Störer　間接侵害者 ･･ 24 17

■ N

Nachbarliches Gemeinschaftsverhältnis　相隣共同体関係 ･･････････････ 25 4, 24 ff.
Nachbarrecht　相隣法 ･･ 25 1 ff., 29 7 ff.
──── analoge Anwendung des § 906 II 2　906条2項2文の類推適用 ･･ 25 23 ff.
──── Ausgleichsanspruch aus § 906 II 2　906条2項2文に基づく補償請求権 ･･ 25 15 ff.
──── Dienstbarkeiten　〜としての役権 ････････････････････････････････ 29 7 ff.
──── Duldungspflichten　受忍義務 ････････････････････････････････････ 24 33, 25 5, 7 ff., 23 ff., 37 ff.
──── Immissionsschutz　インミッションからの保護 ･･････････････････ 25 5 ff.
──── Notweg　囲繞地通行路 ･･ 25 41 ff.
──── öffentlich-rechtliche Regelungen　公法上の規制 ････････････････ 25 1
──── Ortsüblichkeit　隣地への作用がその場所にとって慣行的であること ･･ 25 7, 13 f., 23 f.
──── Rechtliche Hindernisse der Störungsabwehr　妨害除去に対する法的障害 ･･ 25 26
──── Regelungslücken　規律の欠缺 ････････････････････････････････････ 25 23
──── Überbau　越境建築 ･･･ 25 1, 32 ff.
──── Unmöglichkeit rechtzeitiger Störungsabwehr　適時の妨害除去が不可能である場合 ･･ 25 25
──── Wesentlichkeit der Einwirkung　作用の本質性 ･･･････････････････ 25 10 ff.
──── wirtschaftlich zumutbare Abwehrmaßnahmen　経済的に期待しうる防止措置 ･･ 25 14

Nachforschungs- und Erkundungspflicht　調査義務と照会義務 ･･････････ 8 18 f.
Nachlassgegenstand　遺産を構成する物 ････････････････････････････････ 4 11
Nachträgliche Verfügungsbeschränkungen　事後的な処分制限 ･･･････････ 17 44 f.
Natürlicher Wille　自然意思 ･･ 4 9

| Nebenbesitz　併存占有 | 4 25, 8 14, 15 19 |

Nebenbesitz　併存占有 ·· 4 25, 8 14, 15 19
Nichtigkeit　無効 ·· 6 5, 7 f., 10, 7 5, 15 36, 16 28
Nicht-mehr-berechtigter Besitzer　もはや適法ではない占有者 ················· 21 20, 22 38
Nicht-so-berechtigter Besitzer　それほど適切ではない占有者 ··················· 21 20, 22 37
Nießbrauch　用益権 ··· 1 7, 21 10, 21, 29 1, 30 1 ff.
　── als Recht zum Besitz　占有権原としての～ ····················· 21 10, 21, 30 8
　── belastbare Gegenstände　～を設定することのできる目的財産 ········ 30 1, 4
　── Bestellung　設定 ··· 30 4 ff.
　── Betrieb eines Handelsgewerbes　事業活動 ······················ 30 8
　── Bruchteilsnießbrauch　持分～ ···································· 30 4, 7
　── Dispositionsnießbrauch　処分～ ························ 30 8
　── Herausgabeanspruch　返還請求権 ····························· 21 10
　── Löschungsanspruch des Rechtsinhabers　～者の抹消請求権 ······· 27 56
　── Nutzungsmöglichkeiten　～に基づく利用可能性 ··········· 30 7 ff.
　── Quotennießbrauch　割合的～ ··························· 30 7
　── Schutz　保護 ··· 30 14
　── Versorgungsnießbrauch　扶養～ ······················· 30 2 f.
Notleitungsrecht　囲繞地配管権 ··· 25 43
Notstand　緊急避難 ··· 24 29
Notweg　囲繞地通行路 ··· 25 41 ff.
Notwehr　正当防衛 ··· 5 3, 6, 21 2
Notwendige Verwendungen　必要費 ··· 23 5 ff.
Nützliche Verwendungen　有益費 ··· 23 11 f.
Numerus clausus der dinglichen Rechte　物権の個数制限〔物権法定主義〕 ······· 3 2 ff., 18 30
Nutzung, ortsübliche　その場所にとって慣行的な〔土地の〕利用 ········· 25 7, 13 f. 23 f.
Nutzungen　用益・収益・利益 ····························· 1 27, 22 13 ff. → Früchte, Gebrauchsvorteile
Nutzungsbefugnisse　利用権能 ··· 2 3 f.
Nutzungsherausgabeansprüche　利益返還請求権 ······················· 22 1 ff., 13 ff.
　── Konkurrenzen　競合関係 ·· 22 35 ff.
　── Schutz des gutgläubigen Besitzers　善意占有者の保護 ··············· 22 22 f.
　── Übermaßfrüchte　果実の過剰取得 ··························· 22 21, 45
Nutzungsrechte　利用権 ··· 1 7, 29 1 ff., 30 1 ff.

■ O

Oberbesitz　上位占有 ··· 4 20, 26, 8 14, 15 19
Obligatorische Besitzrechte　債権債務関係に基づく占有権原 ···················· 21 23
Öffentliches Recht　公法 ··· 25 1
Öffentliche Versteigerung　公の競売 ··· 8 35, 16 28
Öffentliche Urkunde　公文書 ··· 17 37, 20 13 f.
Öffentlicher Glaube des Grundbuchs　土地登記簿の公信力 ············· 19 1 ff.
Orderpapiere　指図証券 ··· 12 9
Organbesitz　法人の機関による占有 ··· 4 13, 21 15
Ortsüblichkeit　隣地への作用がその場所にとって慣行的であること ······· 25 7, 13 f., 23 f.

■P

Patentrecht　特許権 …………………………………………………… 1 2, 17, **2** 14, 30, 11, 13, 14
Petitorische Einwendungen　本権上の抗弁 ……………………………………………… 5 13
Petitorischer Besitzschutzanspruch　本権上の占有保護請求権〔返還請求権〕 ………… 1 13, 5 1
Pfandrecht　質権 …………………………………………… 1 8, 13 1, 16 1 ff., 21 21
　　── AGB　普通取引約款 ……………………………………… 16 6, 8, 35, 44 f.
　　── Akzessorietät　付従性 …………………………………………… 16 10 ff., 21
　　── an eingebrachten Sachen　持込〜 ………………………………… 16 3, 41 ff.
　　── an Rechten　権利〜 ……………………………………………………… 16 35 ff.
　　── am Anwartschaftsrecht　期待権を目的とする〜 ……………………… 14 37 ff.
　　── Besitzpfandrecht　占有〜 ………………………………… 16 13, 22, 41 ff.
　　── Bestellung　設定 …………………………………………………… 16 7 ff., 36
　　── dingliche Surrogation　物上代位 ………………………………… 16 31, 38 f.
　　── dingliches Verwertungsrecht　物権的換価権 …………………… 16 1, 18, 28 ff.
　　── Einwendungen und Einreden　抗弁および抗弁権 ………………………… 16 21, 37
　　── Erlöschen　消滅 ………………………………………………… 16 11, 24, 32 f.
　　── Ersterwerb　第一取得 ………………………………………………………… 16 7 ff.
　　── Forderungsabtretung　被担保債権の譲渡 ……………………………… 16 24, 26
　　── gesetzliches　法定〜 ………………………………………………… 16 3, 41 ff.
　　── gesetzliches Schuldverhältnis　法定債務関係 ………………………… 16 19 f.
　　── gutgläubiger Erwerb　善意取得 …………………………… 16 16 f., 26 f., 29, 43 f.
　　── Pfandreife　質権実行期 ………………………………………… 16 28, 37, 40
　　── Pfändungspfandrecht　差押質権 ………………………………… 14 37 f., 16 4
　　── rechtsvergleichende Hinweise　比較法 ……………………………………… 16 46 ff.
　　── Schutz des　〜の保護 ……………………………………………………… 16 22 f.
　　── Sicherungsvertrag　担保契約 ……………………………………………… 16 7
　　── Übertragung　移転 ………………………………………………………… 16 24 f.
　　── Versteigerung　競売 ……………………………………………………… 16 28 ff.
　　── Verwertung　換価 ………………………………………………………… 16 28 ff.
　　── Zweiterwerb　第二取得 …………………………………………………… 16 24 ff.
Pfandreife　質権実行期 ……………………………………………… 16 28, 37, 40
Pfändung　差押え ………………………………………………………………… 14 37 ff.
Pfändungspfandrecht　差押質権 ……………………………………… 14 37 ff., 16 4
Pfandverkauf　質物の売却 ……………………………………………………… 16 28 ff.
Possessorischer Anspruch　占有上の請求権 ………………………………… 1 13, 5 1, 8
Prioritätsprinzip　時間順主義 ………………………………… 14 63 f., 72, 79, 17 35, 46
Publizitätsfunktion　公示機能 ……………………………………………… 3 5 ff., 4 6, 31
Publizitätsgrundsatz　公示原則 ………………………………………… 3 5 ff., 4 6, 27 33
Publizitätsmittel　公示手段 ……………………………… 3 5 ff., 16 36, 17 21, 29

■Q

Quasi-negatorischer Unterlassungsanspruch　準ネガトリア不作為請求権 ……………… 24 45

■R

Rang　順位

—— bei Grundstücksrechten　土地を目的とする権利の～ ················· **26** 8 ff., **27** 12, **28** 4, 7, 12 f.
—— bei der Vormerkung　仮登記の～ ·· **18** 23, **26** 11
—— bei Pfandrechten　質権の～ ·· **16** 9
—— rangwahrende Wirkung der Eigentümergrundschuld　所有者土地債務の～保全機能
 ··· **28** 7, 12 f.
—— rangwahrende Wirkung der Eigentümerhypothek　所有者抵当権の～保全機能··**27** 12, **28** 13
—— rangwahrende Wirkung der Vormerkung　仮登記の～保全機能 ············ **18** 23, **26** 11
Rangvorbehalt　順位留保 ·· **26** 11
Raumsicherungsvertrag　空間担保契約 ·· **7** 36, **15** 13, **16** 41
Realkredit　物的信用 ··· **13** 6
Reallast　物的負担 ··· **1** 8, **17** 27, **26** 40 f., **27** 56
Recht zum Besitz　占有権原 ····················· **4** 19, **5** 1, 2 ff., 13, **14** 8, 20 ff., **17** 52, **21** 5, 20 ff., **30** 8
—— absolutes　絶対的～ ··· **14** 8, 20 ff.
—— als Einwendung　抗弁としての～ ·· **21** 20
—— Anwartschaftsrecht als　～としての期待権 ·································· **14** 20 ff., **17** 52, **21** 22
—— dingliche Besitzrechte　物権的な～ ··· **21** 21
—— Eigentum als　～としての所有権 ·· **21** 5
—— kraft gesetzlichen Rechtsverhältnisses　法定の権利義務関係に基づく～ ············ **21** 25
—— nach Eigentümerwechsel　所有者の交代後における～ ················· **21** 26 f.
—— nicht-mehr-berechtigter Besitzer　もはや適法ではない占有者 ········· **21** 20, **22** 38
—— nicht-so-berechtigter Besitzer　それほど適切ではない占有者 ········ **21** 20, **22** 37
—— obligatorisches　債権債務関係に基づく～ ··································· **21** 23 f.
—— relatives　相対的～ ·· **14** 8, 20 ff.
—— Übertragung　移転 ·· **21** 24
—— Zurückbehaltungsrecht als　～としての履行拒絶権 ······················· **21** 28, **23** 24
Rechte　権利・～権
—— absolute　絶対～ ··· **1** 4 ff., **3** 2
—— beschränkte dingliche　制限物～ ·· **1** 6 ff., 12
—— dingliche　物～ ··· **1** 2, 6 ff.
—— Erwerbsrechte, dingliche　物権的取得 ·· **1** 9
—— Nutzungsrechte, dingliche　物権的利用 ·· **1** 7
—— relative　相対～ ··· **1** 5
—— Verwertungsrechte, dingliche　物権的換価 ···································· **1** 8
Rechtsfortwirkungsanspruch　権利継続効請求権 ······························· **10** 1 ff.
Rechtsgeschäft　法律行為
—— Anwendbarkeit der AGB-Vorschriften　普通取引約款規定の適用可能性 ············ **6** 13 ff.
—— dingliches　物権的～ ·· **6** 9 ff.
—— einheitliches i. S. v. § 139　139条の意味における単一の～ ·········· **6** 5
Rechtsgrund　法律上の原因 ·· **6** 3, 10, **17** 33, **20** 12, **27** 1, **28** 19, 21
Rechtsgrundloser Besitzerwerb　法律上の原因がない占有取得 ············ **22** 19
Rechtsgrundloser Eigentumserwerb　法律上の原因がない所有権取得 ············ **8** 41, **15** 36
Rechtshängigkeit　訴訟係属 ··· **22** 5
Rechtspfändung　権利差押え ··· **14** 37
Rechtsverlust　権利喪失
—— Ausgleich für　～の補償 ·· **9** 27, **10** 1 ff.

|　　　── Bereicherungsanspruch　不当利得返還請求権……………………………………10 2 ff., 19 37
Register　登録簿
|　　　── Eintrag als Publizitätsmittel　公示手段としての登録………………………………3 7, 15 4
|　　　── Eintrag bei gewerblichen Schutzrechten　産業財産権の登録……………………………2 14
|　　　── öffentliches　公的な～……………………………………………………………………17 29
Rei vindicatio　レイ・ウィンディカチオ………………………………………………………21 8
Relative Unwirksamkeit　相対的無効…………………………………………7 25, 18 15, 17 f., 32
Rentenschuld　定期土地債務……………………………………………………1 8, 17 27, 26 3, 27 1
Rückabwicklung der Eigentumsübertragung　所有権譲渡の巻き戻しによる清算…………6 6
Rückerwerb des Nichtberechtigten　無権限者の再取得……………………………………8 36 f.
Rücktritt des Vorbehaltseigentümers　留保所有者による解除………………………14 9 f., 17, 42
Rückübertragungsanspruch des Sicherungsgebers　担保提供者の復帰的移転請求権
　　　……………………………………………………………15 7 ff., 36, 39, 28 27 ff., 41 ff., 53 ff., 29 12
Rückübertragungspflicht　復帰的移転義務
|　　　── bei der Grundschuld　土地債務における～……………………28 23, 27 ff., 33, 40 ff., 53 ff.
|　　　── bei der Sicherungsübereignung　譲渡担保における～……………………………15 9, 26

■ S

Sache　物………………………………………………………………………………………1 16 ff.
|　　　── abhanden gekommene　占有離脱～……………………4 11, 8 30 ff., 10 13, 11 4, 12 2
|　　　── bewegliche　動産…………………………………………………………………………1 18
|　　　── Gebrauchsvorteile　使用利益…………………………………1 27, 5 18, 22 1 ff., 14, 30 7, 11
|　　　── herrenlose　無主～………………………………………………………………………12 4
|　　　── Körperteil als　～としての身体の一部…………………………………………………1 20
|　　　── vertretbare　代替～………………………………………………………………………1 19
Sachenrecht　物権法
|　　　── Allgemeines　総論………………………………………………………………………1 1 ff.
|　　　── Prinzipien　諸原理………………………………………………………………………3 1 ff.
Sachgesamtheit　集合物…………………………………………………………………………3 11
Sachherrschaft　物の支配…………………………………………1 11, 3 6, 4 1 ff., 8, 20, 32
Sachpfändung　動産差押え……………………………………………………………………14 37 f.
Saldotheorie　差額説…………………………………………………………………………22 15b
Sale-and-Lease-Back　セール・アンド・リースバック………………………………7 28, 14 50
Schadensersatzansprüche　損害賠償請求権
|　　　── Fremdbesitzerexzess　他主占有者の逸脱…………………………………………22 30, 41 f.
|　　　── gemäß §§ 989, 990　989条, 990条に基づく～…………………………………22 2, 24 ff.
|　　　── gemäß § 991 II　991条2項に基づく～………………………………………………22 30 f.
|　　　── gemäß §§ 992, 823 ff.　992条, 823条以下に基づく～………………………………22 32 ff.
|　　　── Haftung des Besitzmittlers　占有仲介人の責任………………………………………22 30 f.
|　　　── Haftung für Besitzentziehung durch Straftat oder verbotene Eigenmacht　犯罪または違法
　　　な私力の行使による占有侵奪に対する責任………………………………………………22 32 ff.
|　　　── Konkurrenzen　競合……………………………………………………………………22 35 ff.
|　　　── Verschlechterung, Untergang, sonstige Unmöglichkeit der Herausgabe　占有物の損傷, 減
　　　失その他の理由による返還の不能……………………………………………………22 26 f.
|　　　── Verschulden　有責性……………………………………………………………22 24, 28, 33

Schatzfund　埋蔵物発見 ……………………………………………… 12 6
Scheinbestandteil　表見的構成部分 ……………………………… 1 25, 9 18
Scheingeheißperson　表見指示者 ………………………………………… 8 7
Schlüsselgewalt　日常家事処理権 ………………………………………… 7 45
Schuldrechtliche Vorrangklauseln　債務法上の優先条項 ………… 14 67
Schuldübernahme　債務引受 …………………………… 18 9, 28 48, 51, 55
Schuldurkunde des § 952　952条の債務証書 ………… 12 7 ff., 21 13
Schutzfunktion des Besitzes　占有の保護機能 ………… 4 5, 19, 30
Selbsthilferecht　自力救済権 ………………… 4 5, 30, 34, 5 2 ff., 21 2
Sicherungsabrede　担保約定　→ Sicherungsvertrag
Sicherungsabtretung von Forderungen　債権譲渡担保 ………… 15 40 ff.　→ Sicherungszession
Sicherungsdienstbarkeit　保全役権 ……………………………… 29 6, 12
Sicherungseigentum　担保所有権 …………………………………… 15 1 ff.
Sicherungsgrenze　担保限度 …………………………………… 14 55, 15 30
Sicherungsgrundschuld　保全土地債務 …………………… 27 61, 28 16 ff.
　―― abstraktes Schuldanerkenntnis　抽象的債務承認 ………… 28 24
　―― AGB　普通取引約款 ……………………………………… 28 22, 27
　―― Anspruch auf Freigabe der Sicherheiten　担保解放請求権 …… 28 27 ff.
　―― Aufhebung　廃止 ……………………………………… 28 15, 27, 57
　―― Auseinanderfallen von Schuldner und Eigentümer　債務者と〜の目的である土地の所有者が別人の場合 …………………………………………… 28 32, 48 ff.
　―― Ausgleichsanspruch　求償権 …………………………………… 28 52 ff.
　―― Ausschluss des einredefreien Erwerbs　抗弁権の切断の除外 ……… 28 43 ff.
　―― Ausschluss der Übertragbarkeit　譲渡の禁止 ……………… 28 10, 38
　―― Eigentümergrundschuld　所有者土地債務
　　…………………… 27 12 f., 18, 20, 25 ff., 30, 53 ff., 61, 28 4 f., 7 f., 12 f., 31
　―― Einreden aus dem Sicherungsvertrag　担保契約に基づく抗弁権 …… 28 11, 21, 27, 35 ff., 40 ff.
　―― Einrede der Nichtvalutierung　貸金未交付の抗弁権 ……… 28 11, 36, 42 ff.
　―― Einrede der Rückübertragungspflicht　復帰の移転義務の抗弁権 …… 28 27, 37, 42 f.
　―― gutgläubiger Erwerb　善意取得 …………………… 19 4 ff., 28 9, 43 ff., 46
　―― isolierte Abtretung　単独譲渡 …………………………………… 28 38 f.
　―― Kündigung und Fälligkeit　告知と実行期 ………………… 28 25, 47
　―― Pflicht zur Rückgewähr　返還義務 ……………………………… 28 27
　―― Pflicht zur Rücksichtnahme　配慮義務 ………………………… 28 26
　―― Rückübertragungsanspruch　復帰の移転請求権 ……… 28 23, 27 ff., 33, 41 ff., 53 ff.
　―― Sicherung gegen doppelte Inanspruchnahme　二重の請求からの保護 …… 28 39 ff.
　―― Sicherungsvertrag　担保契約 …………………………………… 28 18 ff.
　―― Zahlung auf die Forderung　被担保債権に対する支払 ………… 28 33 f.
　―― Zahlung auf die Grundschuld　〜に対する支払 ……… 28 31 f., 34
　―― Zweckbestimmungsabrede　目的の約定 …………… 28 22, 42, 54
Sicherungshypothek　保全抵当権 …………………… 16 39, 19 6, 27 59 ff.
Sicherungsrechte　担保権
　―― an beweglichen Sachen　動産〜 …………………………………… 13 1 ff.
　―― an Grundstücken　土地〜 ……………… 26 1 ff., 27 1 ff., 28 1 ff., 16 ff.
　―― Arten der Sicherheit　担保の種類 ……………………………… 13 5 ff.

Sicherungstreuhand　担保信託	2 12, 15 5
Sicherungsübereignung　譲渡担保	14 7, 15 1 ff.
── AGB　普通取引約款	15 9, 33
── Anwartschaft　期待権	15 7, 13, 16 ff., 38 f.
── auflösende Bedingung　解除条件	15 7 ff.
── Besitzmittlungsverhältnis　占有仲介関係	15 10
── Bestimmtheitsgrundsatz　特定原則	15 11
── Enthaftung sicherungsübereigneter Gegenstände　〜の対象の免責	26 34
── gutgläubiger Erwerb　善意取得	15 12, 19
── Insolvenz　倒産	15 38 f.
── Pflichten der Parteien　当事者の義務	15 22 ff.
── rechtsvergleichende Hinweise　比較法	15 45 f.
── Sittenwidrigkeit des Sicherungsvertrages　担保契約の良俗違反性	15 27 ff.
── Übergabesurrogat　代替的引渡し	15 10
── verlängerte Sicherungsübereignung　延長された譲渡担保	15 22
── Vermieterpfandrecht　使用賃貸人の質権	15 13 ff.
── Verwertung des Sicherungsgutes　担保目的物の換価	15 23 f., 37 ff.
── Zugriff anderer Gläubiger　他の債権者による差押え	15 37 ff.
Sicherungsvertrag　担保契約	15 5, 7, 10, 20 f., 16 7, 43, 28 11, 18 f., 29 6
Sicherungszession　債権譲渡担保	15 40 ff.
── Globalzession　包括債権譲渡	14 62 ff.
── Übersicherung　過剰担保	14 55 ff.
Sicherungszweck　担保目的	15 5, 28 21 f., 28 f., 37 f., 42, 49, 29 12
Sittenwidrigkeit　良俗違反性	6 7, 14 55 f., 64, 70 f., 76, 15 27 ff., 28 41
Situs-Regel　所在地法	1 28
Sondereigentum　特別所有権	2 15 ff., 19 5
Spezialitätsgrundsatz　個物原則	3 11 f., 30 1
Stammgrundstück　基幹部分たる土地	11 22, 25 33, 37
Stellvertretung　代理	6 10, 7 5, 11, 19, 45, 8 21 f., 17 13 f., 19 3
Störer　侵害者	5 1 ff., 24 1, 3 ff., 15 ff.
── Besitzaufgabe　占有の放棄	24 24
── Besitzschutz　占有の保護	5 1 ff.
── Handlungsstörer　行為〜	24 16 f.
── Zurechnung der Störung　侵害の帰責	24 15 ff.
── Zustandsstörer　状態〜	24 18 ff.
Störung des Eigentums　所有権の侵害	24 1 ff.　→ Beeinträchtigung
Störungsbeseitigung　妨害排除	24 35 ff.
Streckengeschäft　連鎖取引	7 16
Subjektiv-dingliches Recht　属物権	29 2
Subjektiv-persönliches Recht　属人権	29 3
Sukzessionsschutz　承継に対する保護	1 6
Surrogation　代位	2 1, 6 18, 14 24, 33, 38, 16 31, 38 f.

■ T

Tabularersitzung　登記取得時効	20 15
Teilabtretung　債権の一部譲渡	14 57, 27 32
Teilbesitz　一部占有	4 17
Teilgläubigerschaft　分割債権関係	14 24
Teilverzichtsklauseln　一部放棄条項	14 66 f. → Vorrangklauseln
Teilzahlungsgeschäft　分割払取引	14 2 f.
Teilzeitwohnrecht/Time-Sharing　一時的居住権・タイムシェアリング	2 31, 46 f.
Tiere　動物	1 17, 2 3, 12 4, 23 2, 5, 24 4, 29, 25 30
Traditionspapiere　引渡証券	7 40
Traditionsprinzip　引渡主義	7 49
Trennungsprinzip　分離主義	3 13, 6 2 ff., 7 49
Treuhand　信託	
—— dingliche Wirkung　物権的効果	2 11
—— eigennützige　自益〜	2 12, 15 5, 41, 28 18
—— Treuhandeigentum　信託所有権	2 10 ff.
—— uneigennützige　他益〜	2 11
Typenfixierung　類型固定	2 25, 3 4, 28 17
Typenzwang　類型強制	2 13, 3 2 ff., 28 17

■ U

Überbau　越境建築	25 1, 32 ff.
Übereignung　所有権の譲渡	
—— bedingte　条件付〜	14 1 ff.
—— Besitzdiener　占有補助者	7 9
—— Besitzmittler　占有仲介者	7 10 ff.
—— beweglicher Sachen　動産	7 1 ff.
—— Einigung　物権的合意	7 4 ff.
—— Geheißperson　指示者	7 15 f.
—— rechtsvergleichende Hinweise　比較法	7 46 ff.
—— Übergabe　引渡し	7 7 ff.
—— Verfügungsbefugnis　処分権限	7 19 ff.
—— von Grundstücken　土地所有権の〜	17 1, 3, 8 ff
—— von Wohnungseigentum　住居所有権の〜	17 1, 3, 8 ff.
Übergabe　引渡し	
—— als Publizitätsmittel　公示手段としての〜	3 5 f.
—— an den Erwerber　譲受人への〜	7 7
—— an den Pfandgläubiger　質権者への〜	16 13 ff., 25
—— durch Abtretung des Herausgabeanspruchs　返還請求権の譲渡による〜	7 38 ff., 8 12 ff.
—— durch Besitzkonstitut　占有改定による〜	7 28 ff., 8 9 ff.
—— kurzer Hand　簡易の〜	7 27, 8 8
—— nachträgliche Genehmigung der Wegnahme　持ち去ることについての追認	8 10
—— unter Einschaltung Dritter　第三者を介する〜	7 8 ff., 8 6 f.
—— von Grundstückszubehör　土地の従物の〜	17 17
—— von Traditionspapieren　引渡証券の〜	7 40
—— Wegnahme mit Einverständnis des Veräußerers　譲渡人の承諾をえた持ち去り	8 10 f.

Übergabesurrogat　代替的引渡し	7 30, 38, 15 10
Überlandfernleitung　遠隔地間での導管敷設	29 8
Übermaßfrüchte　果実の過剰取得	22 21, 45
Übersicherung　過剰担保	14 55 ff., 15 29, 30 ff., 28 41
Übertragung　移転・譲渡	
── der Grundschuld　土地債務の〜	28 9
── der Vormerkung　仮登記の〜	18 27
── eines Besitzrechts　占有権原の〜	21 24
── von Forderung und Hypothek　債権および抵当権の〜	27 31 ff.
Übertragungsfunktion des Besitzes　占有の〔権利〕移転機能	4 6
Umdeutung　転換	14 29, 15 18, 21 8
Umwelthaftungsgesetz　環境責任法	25 31
Unentgeltliche Veräußerung　無償譲渡	8 41
Unentgeltlicher Besitzerwerb　無償での占有取得	22 17
Unfall auf Nachbargrundstück　隣地における事故	25 28
Unmittelbarer Besitz　直接占有	4 20, 32
Unrichtigkeit des Grundbuchs　登記の不真正	19 1 ff., 20 1 f., 4 f.
Unterbesitz　下位占有	4 26
Unterlassungsanspruch　不作為請求権〔24 1注＊参照〕	
	1 13, 2 5, 14, 20, 5 16, 21 2 , 24 1 ff., 34, 25 15, 18, 26 39, 29 6
── Duldungspflichten　受忍義務	24 26 ff., 32
── entsprechende Anwendung von § 1004　1004条の準用〔類推適用〕	24 2, 44 f.
── quasi-negatorischer Unterlassungsanspruch　準ネガトリア〜	24 45
Unterwerfung unter sofortige Zwangsvollstreckung　即時の強制執行の認諾	26 17, 28 24
Unwägbare Stoffe　不可量物	25 23
Urheberrecht　著作権	1 2, 15, 3 14, 9 5
Urkunde　証書	
── Eigentum gemäß § 952　952条による所有権〔の帰属〕	12 7 ff., 21 13
── öffentliche　公文書	17 37, 20 13 f.
Usurpationstheorie　権利簒奪理論	24 37

■ V

Veranlassungsprinzip　与因主義	8 1
Verarbeitung　加工	9 4 ff.
── Ausgleichsanspruch　補償請求権	10 1 ff., 22 46
Verarbeitungsklauseln　加工条項	9 10 ff., 14 47, 78 ff.
Veräußerungserlös　譲渡代価	8 41
Veräußerungsverbot　譲渡禁止	7 25, 18 22, 20 7
Verbindung　付合	9 1 ff.
── Ausgleichsanspruch　補償請求権	10 1 ff.
── Begriff　概念	9 24
── beweglicher Sachen　動産	9 23 ff.
── beweglicher Sachen mit Grundstücken　動産の土地との〜	9 15 ff.
── Eigentumserwerb　所有権取得	9 15, 24
── Eigentumsverhältnisse　所有権関係	9 20, 23, 25

―― Hauptsache　主たる物 ･･･**9** 25
―― wesentlicher Bestandteil　本質的構成部分 ･･･････････････････････････ **9** 16 ff.
Verbotene Eigenmacht　違法な私力 ･･････････････････････ **4** 11, 19, 30, 33 f., **5** 2, 5 f., 8, ff., 13, 15, **22** 32 ff.
Verbotsgesetz　禁止法 ･･ **6** 7
Verfallabrede　流抵当の合意 ･･･ **26** 13
Verfügung　処分
―― Anwartschaftsrecht　期待権 ･･････････････････････････････ **14** 13, **27** f., **26** 36
―― Miteigentumsanteil　共有者の持分 ･･･････････････････････････････ **2** 8, **7** 19
―― Sicherungsgut　担保目的財産 ･･･ **15** 23 f.
―― über im Grundbuch eingetragene Rechte　土地登記簿に登記された権利の〜 **19** 7 ff.
―― vormerkungswidrige　仮登記に反する〜 ･････････････････････････ **18** 15 ff.
Verfügungsbefugnis　処分権限 ･･･････････････････ **7** 19 ff., **16** 16, **17** 22, **44** f., **18** 11, **19** 13, 17
―― absolute Unwirksamkeit　絶対的無効 ････････････････････････････････････ **7** 24
―― Beschränkungen　処分制限 ･････････････････････････････ **7** 20 f., **17** 44, **18** 11
―― Dritter　第三者 ･･･ **7** 21 f.
―― fehlende　瑕疵ある〜 ･･･ **7** 20 ff.
―― guter Glaube an die　〜に関する善意 ････････････････････････ **8** 22 ff., **19** 13
―― relative Unwirksamkeit　相対的無効 ･･････････････････････････････････････ **7** 25
―― Vermögen als Ganzes　財産総体 ･･･ **19** 12
Verfügungsbeschränkung　処分制限
―― absolute und relative　絶対的〜と相対的〜 ･･･････････ **7** 20, 24 f., **18** 2, **19** 11 ff., **20** 2
―― gutgläubiger Erwerb　善意取得 ･････････････････ **8** 23, **17** 22, **19** 11 ff., **20** 2
―― nachträgliche　事後的な〜 ･･･････････････････････････ **17** 21 f., **17** 44, **18** 11
―― Unschädlichkeit von　〜の無害化 ･････････････････････････ **17** 22, 44 ff., **18** 11
―― Wirkung der Vormerkung　仮登記の効果 ･････････････････････････････ **18** 2
Verfügungsermächtigung　処分授権 ･･････････････････ **7** 21 f., **14** 49 ff., 59, 61, **17** 23, 45
Verfügungsgeschäft　処分行為 ･･････････････････････････････ **3** 13, **6** 1 ff., **14** 5, **16** 7
―― Abstraktheit　無因性 ･･ **3** 13, **6** 2 ff.
―― als Rechtsgeschäft　法律行為としての〜 ･････････････････････････････ **6** 9 f.
―― Aneignungsgestattung　先占の許可 ････････････････････････････････････ **11** 5
―― Anwendung der AGB-Vorschriften　普通取引約款規定の適用 ･･･････ **6** 13 ff., **17** 39
―― dingliche Einigung　物権の合意 ････････････････････ **7** 4, **17** 11, 39, **27** 1
―― Eigentumsvorbehalt　所有権留保 ･･･････････････････････････････････ **14** 1, 5 f.
―― Wirksamkeit des Verpflichtungsgeschäfts als Bedingung　条件としての義務負担行為の有効性 ･･･ **6** 5, **17** 39
―― zugunsten Dritter　第三者のためにする〜 ････････････････････････ **6** 17 f.
Verhältnismäßigkeit　相当性
―― angewandter Gewalt　占有防御に用いられた実力の〜 ･････････････････ **5** 7
―― der Eigentumsbeeinträchtigung　所有権侵害の〜 ････････････････････ **24** 31
Verjährung　消滅時効 ････････････････････ **16** 20 f., **20** 10, **21** 30, **23** 19, **24** 33, **27** 20, 22, 60
Verkehrsgeschäft　取引行為 ･･ **8** 2 f., **19** 15 f.
Verkehrshypothek　流通抵当権 ･･･ **27** 50, 59
Verkehrsschutz　取引の保護 ･････････････････････ **6** 5, **8** 1, **19** 4, **7**, 12, **27** 59
Verlängerter Eigentumsvorbehalt　延長された所有権留保 ･･･････････････ **14** 38, 44 ff.
―― Abtretungsermächtigung　債権譲渡授権 ････････････････････････ **14** 72 ff., 77

―― guter Glaube　善意……………………………………………………14 52
―― Kollision mit Factoringzession　ファクタリング譲渡との優劣……14 70 ff.
―― Kollision mit Globalzession　包括債権譲渡との優劣……………14 62 ff.
―― Verarbeitungsklausel　加工条項………………………………14 78 ff.
―― Weiterveräußerungsermächtigung　転譲渡授権…………………14 49 ff.
Verlust des Besitzes　占有の喪失……………………………………4 11, 14
Vermieterpfandrecht　使用賃貸人の質権………………8 38, 15 13 ff., 16 3, 19, 41 f.
Vermischung　混和………………………………………………9 26 f., 10 1 ff.
Vermutung, gesetzliche　法律上の推定
―― des Alleineigentums von Ehegatten　配偶者の単独所有の～………21 14
―― des Eigentums nach § 891　891条による所有権の～………19 2 f., 20 2, 21 11, 34
―― des Eigentums nach § 1006　1006条による所有権の～……3 6, 4 6, 31, 7 19, 8 1, 21 11 ff., 34
―― Gesellschaftereigenschaft　組合員資格………………………………19 3
―― Nießbrauchserstreckung　用益権拡張…………………………………30 4
―― Richtigkeit des Erbscheins　相続証書の真正性……………………19 18 f.
―― Richtigkeit des Grundbuchs　登記の真正性…………………………19 2
Veröffentlichung von Bildern　写真の公表………………………………24 12
Verpflichtungsgeschäft　義務負担行為………3 13, 6 1 ff., 14 2 ff., 16 7, 17 15, 39, 18 1, 27 1
Versteigerung　競売……………………………………8 35, 14 42, 16 28, 26 20
Verteidigungsnotstand　防御的緊急避難……………………………………24 29
Vertragliches Pfandrecht　約定質権……………16 2, 7 ff.　→ Pfandrecht, vertragliches
Vertragsauslegung　契約の解釈………………………15 32, 14 2, 56, 16 24, 28 27
Vertragsbruchtheorie　契約違反理論…………………………………14 64 ff., 75, 77
Vertrag zugunsten Dritter　第三者のためにする契約…………………………6 17 f.
Vertriebsrecht als Dienstbarkeit　販売権としての役権……………………29 8, 10 ff.
Verwaltungstreuhand　管理信託………………………………………2 11, 14 76
Verwendungen　費用…………………………………………………23 1 ff.
Verwendungsersatzansprüche　費用償還請求権…………………………23 1 ff.
―― Anspruchsinhaber　請求権者…………………………………23 7, 24 ff.
―― Ausschluss　消滅……………………………………………………23 16
―― eigenständige Geltendmachung　自由な主張………………………23 13 ff.
―― Konkurrenzen　他の規範との競合………………………………10 10, 23 21 ff.
―― Zeitpunkt der Verwendungsvornahme　支出の時期……………23 6, 11, 22
―― Zurückbehaltungsrecht des Besitzers　占有者の履行拒絶権………………23 18
Verwertung　換価
―― Arten　種類……………………………………………………26 14, 20
―― der Grundpfandrechte　土地質権に基づく～……………………26 12 ff.
―― des Pfandrechts　質権に基づく～………………………………16 28 ff.
―― Formen　方式…………………………………………………26 14, 20
―― Haftungsgegenstände　責任対象…………………………………26 16, 21 ff.
―― Titel　名義……………………………………………………26 15 ff.
―― Verbot der Verfallabrede　流抵当の合意の禁止……………………26 13
Verwertungsrechte　換価権
―― dingliche　物権的～………………………………………1 6, 8, 12, 26 1 ff.
―― Grundpfandrechte　土地質権………………………26 1 ff., 40, 27 1 ff., 28 1 ff.

—— Kreditsicherheiten　信用担保	**13** 1 ff.
—— Pfandrecht　質権	**16** 1 ff., 18
Verwirkung　権利失効	**20** 10, **21** 29
Verzicht　放棄	**6** 9 f., **17** 43, **28** 27
Verzug　遅滞	**14** 10, 21, **18** 22, **21** 18, **22** 36, 39, **23** 24, **25** 34
Vindikationsanspruch　ヴィンディカチオーン請求権〔所有権に基づく返還請求権〕	**21** 6 ff.
—— Abtretbarkeit　～の譲渡可能性〔の原則的否定〕	**21** 8
—— bei Insolvenz des Besitzers　占有者が倒産した場合における～	**21** 19
—— des Miteigentümers　共有者の～	**21** 10
—— Eigentumsvermutung　所有権の推定	**21** 11 ff.
—— Einwand unzulässiger Rechtsausübung　不当な権利行使の抗弁	**21** 29
—— gegen den mittelbaren Besitzer　間接占有者に対する～	**21** 18
—— Konkurrenzen　他の請求権との競合	**21** 17, 33 ff.
—— Rechtsfolge　効果	**21** 31
—— Übereignung durch Abtretung des　～の譲渡による所有権の移転	**7** 38 ff.
—— Verjährung　消滅時効	**21** 30
—— Zurückbehaltungsrecht　履行拒絶権	**21** 28
Vindikationslage　返還請求可能状態	**21** 8, **22** 3 f. 25
Vollstreckung　執行	
—— Behandlung der Vormerkung　仮登記の処遇	**18** 24
—— in das Anwartschaftsrecht　期待権に対する～	**14** 37 ff.
—— in das Grundstück　土地に対する～	**26** 12 ff.
—— in eigene Sache　自己物に対する～	**14** 42
—— in Sicherungseigentum　担保所有権に対する～	**15** 37 ff.
—— in Vorbehaltseigentum　留保所有権に対する～	**14** 41 ff.
—— unberechtigte　不当～	**21** 3, 37
Vollstreckungsgegenklage　請求異議の訴え	**14** 42, **26** 17
Vollstreckungstitel　執行名義	**26** 17
Vorausabtretung　先行債権譲渡	**14** 54 ff., **15** 40 ff.
—— Ausschluss der Abtretung　債権譲渡の禁止	**14** 58 ff.
—— Bestimmbarkeit der Forderung　債権の特定可能性	**14** 54
—— Factoringzession　ファクタリング譲渡	**14** 70 ff.
—— Globalzession　包括債権譲渡	**14** 62 ff.
—— Übersicherung　過剰担保	**14** 55 ff.
Vorbehaltseigentümer　留保所有者　→ Vorbehaltsverkäufer	
Vorbehaltskauf　留保売買	**4** 24, **14** 1 ff.
Voreintragung　先行登記	**17** 38
Vorkaufsrecht, dingliches　物権的**先買**権	**1** 8, **18** 31 f., **27** 56
Vormerkung　仮登記	**1** 9, **18** 1 ff.
—— Akzessorietät　付従性	**18** 7 ff.
—— analoge Anwendung der §§ 986 ff.　986条以下の類推適用	**18** 25 f.
—— Anspruch aus § 888　888条に基づく請求権	**18** 20 ff.
—— Auflassungsanwartschaft　アウフラッスンク期待権	**17** 47
—— Auflassungsvormerkung　アウフラッスンク仮登記	**18** 3
—— bedingte Ansprüche　条件付請求権	**18** 5

—— Berechtigung　権限	18 11, 13
—— Bestimmtheit　特定性	18 6
—— Bewilligung　許諾	18 11 f.
—— Eintragung　登記	18 14, 20 ff.
—— gutgläubiger Erwerb　善意取得	18 27, 19 33 ff.
—— Insolvenz, Zwangsversteigerung　倒産・強制競売	18 24
—— künftige Ansprüche　将来請求権	18 4
—— Löschungsvormerkung　抹消〜	27 53, 56
—— rangwahrende Wirkung　順位保全効	18 23, 26 11
—— Rechtsnatur　法的性質	18 30
—— sicherungsfähige Ansprüche　保全可能な請求権	18 3 ff.
—— Sicherungswirkung　保全効	18 2, 18 15 ff.
—— Übertragung　移転	18 27 ff.
—— Untergang　消滅	18 8, 19
—— Verfügungsbeschränkungen　処分制限	17 44
—— Vollwirkung　完全効	18 24
—— zugunsten Dritter　第三者のためにする〜	18 6
Vormerkungswidrige Verfügung　仮登記に反する処分	18 15 f.
Vorrang der Leistungskondiktion　給付利得の優先性	10 11 ff., 22 20
Vorrangklauseln　優先条項	14 66 f.
Vorzugsweise Befriedigung　優先的満足	26 5

■ W

Warenlager　商品倉庫	7 33, 15 11
Wechsel　手形	12 9, 16 35
Wege- und Überfahrtsrecht als Dienstbarkeit　通行権としての役権	29 7, 16 f.
Wegnahmerecht　収去権	10 6 f., 14 f. 23 19 f.
Weitergeleiteter Eigentumsvorbehalt　転送された所有権留保	14 45 f.
Weiterveräußerung im ordnungsgemäßen Geschäftsbetrieb　通常の営業の範囲内における転譲渡	14 49 f.
Weiterveräußerungsermächtigung　転譲渡授権	14 49 ff., 59
Werkunternehmerpfandrecht　請負人の質権	4 4, 16 44, 23 24 f.
Wertersatz　価値賠償	10 6 f.
Wertvindikation　価値のヴィンディカチオーン〔物権的価値返還請求〕	21 16
Wesensgleiches Minus　本質において同一の、量的に少ないもの	14 11, 22, 27, 16 41
Wesentlicher Bestandteil　本質的構成部分	1 23 f., 2 35, 4 17, 9 15 ff., 29 2
Wettbewerbsverbot　競業禁止	29 10 ff.
Wettlauf der Sicherungsgeber　担保提供者の競争	16 34
Widerklage　反訴	5 13
Widerruflichkeit der dinglichen Einigung　物権的合意の撤回可能性	7 3, 18
Widerspruch im Grundbuch　土地登記簿における異議	17 33, 19 27 ff., 27 44, 47
—— Amtswiderspruch　土地登記所の異議	19 29
—— Unrichtigkeit des Grundbuchs　土地登記簿の不真正	20 2, 4
Wiederbenutzbarkeitstheorie　再利用可能性理論	24 39 f.
Wiederkehrende Leistungen aus dem Grundstück　土地からの回帰的給付	26 40

Willenserklärung　意思表示	6 9 f.

Wohnungseigentum　住居所有権 ··· 2 15 ff.
　── Begründung　設定 ··· 2 17, 17 8 ff., 12
　── Belastung　負担 ··· 29 1
　── Gemeinschaftsordnung　共同関係規則 ··· 2 22
　── Nießbrauch　用益権 ·· 30 4
　── Schutz des　～の保護 ··· 24 44
　── Übertragung　移転 ··· 17 1, 3, 8 ff., 12, 19 5
　── Verwaltung　管理 ·· 2 24
Wohnungseigentümergemeinschaft　住居所有者共同関係 ··················· 2 24 f.
Wohnungsgrundbuch　住居登記簿 ··· 17 28
Wohnungsrecht als Dienstbarkeit　居住権としての役権 ················ 1 7, 29 8
Wucher　暴利 ·· 6 7

■ Z

Zahlstelle　支払場所 ··· 14 68
Zession　譲渡　→ Abtretung
Zubehör　従物 ··· 1 26, 9 19, 17 17
　── Enthaftung　免責 ·· 26 32 ff.
　── Haftung für Grundpfandrechte　土地質権の責任対象 ···················· 26 23 ff.
　── Verwertung　換価 ·· 26 29 f.
Zugangsbehinderung　立入りへの妨害 ··· 24 6
Zugewinngemeinschaft　剰余共同制 ·· 7 20, 19 12
Zurechnung　帰責
　── der Störung　侵害の～ ··· 24 15 ff.
　── verbotener Eigenmacht von Organen　法人の機関による違法な私力の行使 ········ 5 5
　── Verschulden von Hilfspersonen　補助者の有責性 ···································· 22 28
　── Wissen von Hilfspersonen　補助者の認識 ··· 22 10 f.
Zurückbehaltungsrecht　履行拒絶権 〔20 9注＊参照〕
　── als Recht zum Besitz　占有権原としての～ ·· 21 28, 23 24
　── bei der Grundschuld　土地債務に関する～ ·· 28 15, 29, 40 f.
　── bei der Hypothek　抵当権に関する～ ·· 27 21 f.
　── des Besitzers　占有者の～ ·· 23 18
　── gegenüber Anspruch auf Grundbuchberichtigung　土地登記簿の訂正請求権に対する～
　　　 ··· 20 9
Zusammentreffen mehrerer Sicherungsgeber　複数の担保提供者の併存 ········ 16 34
Zuschlag　買受け ··· 26 20
Zustandsstörer　状態責任者 ·· 24 18 ff.
Zwangshypothek　強制抵当 ··· 27 61
Zwangsversteigerung　強制競売 ··· 18 24, 26 20, 29 f, 32, 40, 28 4 f.
Zwangsverwaltung　強制管理 ·· 26 20, 29, 32, 40
Zwangsvollstreckung　強制執行
　── aus der Grundschuld　土地債務に基づく～ ··· 26 12 ff., 28 4 f.
　── aus der Hypothek　抵当権に基づく～ ·· 26 12 ff.
　── Behandlung der Vormerkung　仮登記の処遇 ······································· 18 24

―― Formen　方式 …………………………………………………………**26** 14, 20
―― Haftungsgegenstände　責任対象 ……………………………………**26** 16, 21 ff.
―― in das Anwartschaftsrecht　期待権に対する～ ………………………**14** 37 ff.
―― in das Grundstück　土地に対する～ …………………………………**26** 12 ff.
―― in eigene Sache　自己物に対する～ ……………………………………**14** 42
―― in Sicherungseigentum　担保所有権に対する～ …………………………**15** 37 ff.
―― in Vorbehaltseigentum　留保所有権に対する～ …………………………**14** 41 ff.
―― Unterwerfung unter sofortige　即時の～の認諾 …………………………**26** 17
―― Verwertung mithaftender Gegenstände　共同責任の対象の換価 ……………**26** 29 f.
―― Voraussetzungen der Zwangsvollstreckung in Immobilien　不動産に対する～の要件 **26** 15 ff.
Zweckbestimmungserklärung　目的を定める意思表示 …………………**15** 20, 28 22, 42, 54
Zweiterwerb　第二取得
―― der Hypothek　抵当権の～ …………………………………………**27** 31 ff., 43 ff.
―― der Vormerkung　仮登記の～ ………………………………………**19** 34 ff.
Zwischenkredit　つなぎ融資 ………………………………………………**28** 8

日本語索引

■あ

アウフラッスンク　Auflassung ……………………………………………**17** 12, 13 ff.
アウフラッスンク仮登記　Auflassungsvormerkung ……………………**18** 3　→仮登記
アウフラッスンク期待権　Auflassungsanwartschaft ……………………**16** 36, 39, **17** 46 ff.
相手方にとって本人が誰であってもよい行為　Geschäft für den, den es angeht ………**7** 45
悪意　Bösgläubigkeit …………………………………………………**18** 26, **22** 6 ff, 43 **26** 33
悪意占有者　Bösgläubiger Besitzer ………………………………………**4** 19, **22** 6 ff., 43
異議　Erinnerung ………………………………………………………**17** 31
遺産を構成する物　Nachlassgegenstand …………………………………**4** 11
遺失物拾得　Fund ………………………………………………………**12** 5 f.
意思表示　Willenserklärung ……………………………………………**6** 9 f.
一時的居住権・タイムシェアリング　Teilzeitwohnrecht/Time-Sharing ……**2** 31, 46 f.
一部占有　Teilbesitz ……………………………………………………**4** 17
一部放棄条項　Teilverzichtsklauseln ……………………………………**14** 66 f.　→優先条項
一体主義　Einheitsprinzip ………………………………………………**7** 46 ff., 49
偽りの陳述は害しない　Falsa demonstratio non nocet ……………………**17** 10
移転・譲渡　Übertragung …………………………………**8** 27, **21** 24, **27** 31 ff., **28** 9, 1
囲繞地通行路　Notweg …………………………………………………**25** 41 ff.
囲繞地配管権　Notleitungsrecht …………………………………………**25** 43
違法な私力　Verbotene Eigenmacht …………**4** 11, 19, 30, 33 f., **5** 2, 5 f., 8, ff., 13, 15, **22** 32 ff.
インターネット競売　Internetversteigerung ………………………………**8** 35
インミッシオン　Immission ……………………………………………**25** 6
インミッシオンからの保護　Immissionsschutz ……………………………**25** 5 ff.
ヴィンディカチオーン請求権〔所有権に基づく返還請求権〕　Vindikationsanspruch …**21** 6 ff.
請負人の質権　Werkunternehmerpfandrecht ………………**4** 4, **16** 44, **23** 24 f.
役権　Dienstbarkeiten …………………………………………………**29** 1 ff.

越境建築　Überbau ··· 25 1, 32 ff.
越境建築による侵害　Enteignender Eingriff ······························· 25 32
遠隔地間での導管敷設　Überlandfernleitung ······························ 29 8
延長された所有権留保　Verlängerter Eigentumsvorbehalt ············ 14 38, 44 ff.
公の競売　Öffentliche Versteigerung ·· 8 35, 16 28
押し付けられた利得　Aufgedrängte Bereicherung ······················· 10 7, 23 26
重いインミッシオン　Grobimmissionen ····································· 25 23 f., 27, 30

■か

害意ある行為　Dolo agit ·· 14 20, 20 10
買受け　Zuschlag ·· 26 20
概括的な占有意思　Genereller Besitzwille ·································· 4 9
解釈　Auslegung ·· 14 5, 7, 56 f. 59, 17 25, 27 32, 28 26 f., 34
解除条件　Auflösende Bedingung ·· 6 5, 7 5, 15 7 ff., 42
下位占有　Unterbesitz ·· 4 26
解放条項　Freigabeklausel ··· 14 56, 15 33
解放請求権　Freigabeanspruch ·· 14 56 f., 15 32, 28 27 ff.
拡大された所有権留保　Erweiterter Eigentumsvorbehalt ············· 14 83 f.
確立され、現に行われている営業〔事業〕〔営業権〕　Eingerichteter und ausgeübter Gewerbebetrieb ··· 24 6, 44, 25 10
加工　Verarbeitung ·· 9 4 ff.
加工条項　Verarbeitungsklauseln ··· 9 10 ff., 14 47, 78 ff.
家財道具　Hausrat ··· 4 16, 5 15, 7 20, 21 37
瑕疵ある占有　Fehlerhafter Besitz ·· 4 19, 5 9 f.
果実　Früchte ·· 1 27, 11 4, 22 1 ff., 30 7, 12 f.
果実の過剰取得　Übermaßfrüchte ·· 22 21, 45
瑕疵の同一性　Fehleridentität ·· 3 13, 6 7 f., 15 36
過剰担保　Übersicherung ·· 14 55 ff., 15 29, 30 ff., 28 41
価値のヴィンディカチオーン〔物権的価値返還請求〕　Wertvindikation ··············· 21 16
価値賠償　Wertersatz ··· 10 6 ff.
割賦売買　Abzahlungskauf　→分割払取引
仮処分　Einstweilige Verfügung ··· 18 12, 19 28, 33
仮登記　Vormerkung ··· 1 9, 18 1 ff.
仮登記に反する処分　Vormerkungswidrige Verfügung ················ 18 15 ff.
簡易の引渡し　Brevi manu traditio ··· 7 27
換価　Verwertung ·· 16 28 ff., 26 12 ff.
換価権　Verwertungsrechte ················ 1 6, 8, 12, 13 1 ff., 16 1 ff., 18, 26 1 ff. 40, 27 1 ff., 28 1 ff.
環境責任法　Umwelthaftungsgesetz ··· 25 31
間接侵害者　Mittelbarer Störer ·· 24 17
間接占有　Mittelbarer Besitz ·· 4 20 ff.
管理信託　Verwaltungstreuhand ··· 2 11, 14 76
基幹部分たる土地　Stammgrundstück ······································· 11 22, 25 33, 37
帰責　Zurechnung ··· 5 5, 22 10 f., 28, 24 15 ff.
期待権　Anwartschaftsrecht ·· 1 9, 14 11 ff., 15 7, 10, 16 ff., 38 f.
義務負担行為　Verpflichtungsgeschäft ··················· 3 13, 6 1 ff., 14 2 ff., 16 7, 17 15, 39, 18 1, 27 1

| 索　引 | 697 |

給付不当利得　Leistungskondiktion ……………………………………… 6 6, 10 11 ff., 19 37, 22 44
給付利得の優先性　Vorrang der Leistungskondiktion ……………………… 10 11 ff., 22 20
境界侵犯　Grenzverletzung ……………………………………………………………… 25 32 ff.
競業禁止　Wettbewerbsverbot …………………………………………………………… 29 10 ff.
強制管理　Zwangsverwaltung ……………………………………………… 26 20, 29, 32, 40
強制競売　Zwangsversteigerung ……………………… 18 24, 26 20, 29 f., 32, 40, 28 4 f.
強制執行　Zwangsvollstreckung ………………… 14 37 ff., 41 ff., 15 37 ff., 18 24, 26 12 ff., 28 4 f.
強制執行の忍容　Duldung der Zwangsvollstreckung ………………………………… 26 12 ff.
強制抵当　Zwangshypothek ………………………………………………………………… 27 61
共同占有　Mitbesitz ……………………………… 4 15 f., 5 15, 7 45, 8 31, 16 15, 20, 21 10, 14
共同相続関係　Erbengemeinschaft ………………………………………………………… 2 9
共同抵当権　Gesamthypothek …………………………………………………………… 27 30, 57
共同土地質権　Gesamtgrundpfandrecht ……………………………………… 26 21 f., 27 30
競売　Versteigerung …………………………………………………… 8 35, 14 42, 16 28, 26 20
共有　Miteigentum
　…………… 2 7 f., 16, 7 19, 44 f., 8 21, 9 10 f., 23, 25, 14 80 f., 17 12 ff., 19 16, 21 10, 24 2, 26 21, 27 30
許可　Gestattung ……………………………………………………………………… 5 6, 11 5
居住権としての役権　Wohnungsrecht als Dienstbarkeit ……………………… 1 7, 29 8
緊急避難　Notstand ………………………………………………………………………… 24 29
禁止　Ausschluss ………………………………………… 14 58 f., 15 44, 27 8 f., 28 3, 10, 38
禁止法　Verbotsgesetz ……………………………………………………………………… 6 7
空間担保契約　Raumsicherungsvertrag ……………………………… 7 36, 15 13, 16 41
組合財産　Gesellschaftsvermögen ………………………………………………… 2 9, 17 18
継続的居住権　Dauerwohnrecht ………………………………………………………… 2 30
契約の解釈　Vertragsauslegung …………………………………… 15 32, 14 2, 56, 16 24, 28 27
契約違反理論　Vertragsbruchtheorie ……………………………………… 14 64 ff., 75, 77
経由取得　Durchgangserwerb ……………… 7 11, 9 10, 13, 14 30, 15 14, 16 f., 17 23, 26 34
現金前払理論　Barvorschusstheorie …………………………………………………… 14 71
建築請負人の抵当権　Bauhandwerkerhypothek ……………………………………… 27 60
権利・〜権　Rechte ………………………………………………………………… 1 2 ff., 3 2
権利継続効請求権　Rechtsfortwirkungsanspruch ……………………………………… 10 1 ff.
権利差押え　Rechtspfändung …………………………………………………………… 14 37
権利簒奪理論　Usurpationstheorie ……………………………………………………… 24 37
権利失効　Verwirkung ……………………………………………………… 20 10, 21 29
権利喪失　Rechtsverlust …………………………………………………… 9 27, 10 1 ff., 19 37
行為基礎　Geschäftsgrundlage …………………………………………………………… 6 10
合意主義　Konsensprinzip ……………………………………………………………… 7 46 ff.
行為侵害者　Handlungsstörer …………………………………………………………… 24 16 f.
行為能力　Geschäftsfähigkeit …………………………………… 4 9 f., 6 10 ff., 7 5, 8 26, 12 4
合意の存続　Einigsein …………………………………… 7 18, 14 19, 16 8, 17 19, 40
行為無能力　Geschäftsunfähigkeit …………………… 4 9 f., 5 5, 6 12, 8 31, 12 2, 27 51
攻撃的緊急避難　Angriffsnotstand ……………………………………………………… 24 29
交互計算約定　Kontokorrentabrede …………………………………………………… 14 60
交互計算留保　Kontokorrentvorbehalt ………………………………………………… 14 86
公示機能　Publizitätsfunktion ……………………………………………… 3 5 ff., 4 6, 31

公示原則　Publizitätsgrundsatz	3 5 ff., 4 6, 27 33
公示手段　Publizitätsmittel	3 5 ff., 16 36, 17 21, 29
合手的共同関係　Gesamthandsgemeinschaft	2 9, 8 21, 17 18
公正証書の作成　Beurkundung	17 14 ff., 43
構成部分　Bestandteil	1 23 f., 9 15 ff., 11 1 ff., 26 24, 32 ff.
公的収用に対する補償　Enteignungsentschädigung	25 20, 30
〔抵当証券〕交付の合意　Aushändigungsvereinbarung	27 6
公文書　Öffentliche Urkunde	17 37, 20 13 f.
抗弁　Einwendung〔27 17注＊参照〕	27 17 ff., 28 11
抗弁権　Einrede〔27 17注＊参照〕	18 22, 21 28, 23 18, 24, 25 36, 27 19 ff., 37ff., 28 11, 21, 27, 35 ff., 40 ff.
公法　Öffentliches Recht	25 1
合有　Gesamthandseigentum	2 9, 8 21
国際私法　Internationales Privatrecht	1 28
個物原則　Spezialitätsgrundsatz	3 11 f., 30 1
コンツェルン留保　Konzernvorbehalt	14 86
混同　Konfusion	18 8
混和　Vermischung	9 26 f., 10 1 ff.

■さ

債権債務関係に基づく占有権原　Obligatorische Besitzrechte	21 23
債権者不利益　Gläubigerbenachteiligung	14 64 ff., 70 f., 75, 79, 15 29
（債権）譲渡　Abtretung/Forderungsabtretung/Zession	14 45 ff., 15 40 ff., 16 24, 26, 27 31 ff.
債権譲渡担保　Sicherungsabtretung von Forderungen/Sicherungszession	15 40 ff.
債務法上の優先条項　Schuldrechtliche Vorrangklauseln	14 67
債権の一部譲渡　Teilabtretung	14 57, 27 32
債権の移転　Forderungsübergan	16 33 f., 27 28 f., 31 ff., 28 32, 53
債権の特定可能性　Bestimmbarkeit der Forderung	14 54, 15 43
債権変更　Forderungsauswechslung	27 27
債権を纏わない抵当権　Forderungsentkleidete Hypothek	27 50
最高額抵当権　Höchstbetragshypothek	27 61
債務引受　Schuldübernahme	18 9, 28 48, 51, 55
再利用可能性理論　Wiederbenutzbarkeitstheorie	24 39 f.
差額説　Saldotheorie	22 15b
錯誤　Irrtum	5 6, 6 7, 8 31
差押え　Beschlagnahme	26 32
差押え　Pfändung	14 37 ff.
差押質権　Pfändungspfandrecht	14 37 f., 16 4
指図証券　Orderpapiere	12 9
産出物　Erzeugnisse	11 1 ff., 22 1 ff., 26 24, 29 f., 32 ff., 30 9
資格証券　Legitimationspapier	12 8
時間順主義　Prioritätsprinzip	14 63 f., 72, 79, 17 35, 46
事業活動の制約　Bezugsbindungen	29 8, 10 ff.
自己越境建築　Eigengrenzüberbau	25 40
自己代理　Insichgeschäft	7 11

事後的な処分制限　Nachträgliche Verfügungsbeschränkungen	17 44 f.
事実上の受忍強制　faktisher Duldungszwang	25 27
指示者　Geheißperson	7 15 f., 8 7
自主占有　Eigenbesitz	4 18, 26, 11 4, 12 2, 4, 14 25, 21 11
自然意思　Natürlicher Wille	4 9
質権　Pfandrecht	1 8, 13 1, 16 1 ff., 21 21
質権実行期　Pfandreife	16 28, 37, 40
質権の先行的設定　Antizipierte Pfandrechtsbestellung	16 8
質物の売却　Pfandverkauf	16 28 ff.
執行　Vollstreckung	14 37 ff., 41 ff., 15 37 ff., 18 24, 21 3, 37, 26 12 ff.
執行名義　Vollstreckungstitel	26 17
桎梏　Knebelung	15 28
実力行使権　Gewaltrechte	5 2 ff.
支払場所　Zahlstelle	14 68
車検証　Kfz-Brief	7 7, 8 17 f., 12 8, 14 5, 16 17, 21 13
写真の公表　Veröffentlichung von Bildern	24 12
収益　Erträge	30 10
収去権　Wegnahmerecht	10 6 f., 14 f. 23 19 f.
住居所有権　Wohnungseigentum	2 15 ff.
住居所有者共同関係　Wohnungseigentümergemeinschaft	2 24 f.
住居登記簿　Wohnungsgrundbuch	17 28
集合物　Sachgesamtheit	3 11
従物　Zubehör	1 26, 9 19, 17 17
受託者の地位の濫用　Missbrauch der Treuhänderstellung	2 10
主物・主たる物　Hauptsache	1 26, 9 25, 11 1 f.
出資持分　Investmentanteile	16 35
取得時効　Ersitzung	12 2 f., 17 1, 20 15, 21 29
受忍義務　Duldungpflichten	24 26 ff., 32 5, 7 ff., 23 6 f., 37 ff.
順位　Rang	16 9, 18 23, 26 7 ff., 27 12, 28 4, 7, 12 f.
順位留保　Rangvorbehalt	26 11
準ネガトリア不作為請求権　Quasi-negatorischer Unterlassungsanspruch	24 45
上位占有　Oberbesitz	4 20, 26, 8 14, 15 19
照会義務　Erkundigungspflicht	8 18 ff., 14 59, 16 17
承継に対する保護　Sukzessionsschutz	1 6
条件　Bedingung	6 5, 7 5, 8 29, 14 1 ff., 32, 51, 15 7 ff., 36, 17 16, 39
証券抵当権　Briefhypothek	27 2 ff., 34 f., 43 ff.
証券土地債務　Briefgrundschuld	28 3, 6 ff.
証券土地質権　Briefgrundpfandrechte	27 2
証書　Urkunde	12 7 ff., 17 37, 20 13 f., 21 13
状態責任者　Zustandsstörer	24 18 ff.
使用賃貸人の質権　Vermieterpfandrecht	8 38, 15 13 ff., 16 3, 19, 41 f.
譲渡禁止　Veräußerungsverbot	7 25, 18 22, 20 7
譲渡代価　Veräußerungserlös	8 41
譲渡担保　Sicherungsübereignung	14 7, 15 1 ff.
譲渡禁止　Abtretungsverbot	8 13, 14 51, 58 ff., 15 44, 27 32, 28 10, 38

商品倉庫　Warenlager	7 33, 15 11
証明責任　Beweislast	19 2, 21 7, 13
消滅　Erlöschen	16 11, 24, 32 f., 26 36
消滅時効　Verjährung	16 20 f., 20 10, 21 30, 23 19, 24 33, 27 20, 22, 60
剰余共同制　Zugewinngemeinschaft	7 20, 19 12
使用利益　Gebrauchsvorteile	1 27, 5 19, 22 1 ff., 14, 30 7, 11
職務上の異議請求権　Amtswiderspruch	19 2
職務上の行為にかかる損害賠償請求権　Amtshaftungsanspruch	17 20, 33, 35, 46, 50
所在地法　Lex rei sitae/ Situs-Regel	1 28
処分　Verfügung	2 8, 7 19, 14 13, 27 f., 15 23 f., 18 15 ff., 19 7 ff., 26 36
処分権限　Verfügungsbefugnis	7 19 ff., 16 16, 17 22, 44 f., 18 11, 19 13, 17
処分行為　Verfügungsgeschäft	3 13, 6 1 ff., 14 5, 16 7
処分授権　Verfügungsermächtigung	7 21 f., 14 49 f., 59, 61, 17 23, 45
処分制限　Verfügungsbeschränkung	7 20, 24 f., 8 23, 17 21 f., 44 ff., 18 2, 11, 19 11 ff., 20 2
所有権　Eigentum	1 2, 4, 12, 2 1 ff.
所有権譲渡の巻き戻しによる清算　Rückabwicklung der Eigentumsübertragung	6 6
所有権に基づく返還請求権　Eigentumsherausgabeanspruch	21 5 ff.　→ヴィンディカチオーン請求権
所有権の移転　Eigentumsübertragung	3 5 ff., 6 1 ff., 7 1 ff., 15 6 ff., 17 1, 3, 8 ff.
所有権の取得　Eigentumserwerb	2 1, 6 1 ff.
所有権の移転　Übereignung	7 1 ff., 14 1 ff., 17 1 ff.
所有権の侵害　Beeinträchtigung des Eigentums/Störung des Eigentums	24 1 ff.
所有権の推定　Eigentumsvermutung	3 6, 4 6, 31, 7 19, 8 1, 19 2 f., 20 2, 21 11 ff., 34
所有権の保護　Eigentumsschutz	21 1 ff., 24 1 ff.
所有権留保　Eigentumsvorbehalt	7 5, 7, 20, 14 1 ff.
所有者役権　Eigentümerdienstbarkeit	29 4
所有者・占有者関係　Eigentümer-Besitzer-Verhältnis	21 5 ff., 22 1 ff.
所有者抵当権　Eigentümerhypothek	27 7, 25, 28, 53, 58
所有者土地債務　Eigentümergrundschuld	27 12 f., 18, 20, 25 ff., 30, 53 ff., 28 4 f., 7 f., 12 f., 31
自力救済権　Selbsthilferecht	4 5, 30, 34, 5 2 ff., 21 2
侵害者　Störer	5 1 ff., 24 1, 3 ff., 15 ff.
侵害利得　Eingriffskondiktion	16 23, 17 51, 19 37, 21 4, 22 2, 45 f., 23 26, 24 12
身体の一部　Körperteile	1 20 f.
信託　Treuhand	2 10 ff., 15 5, 41, 28 18
信用詐欺　Kredittäuschung	15 29, 34
信用担保　Kreditsicherung	13 1 ff., 14 1 ff., 47 ff., 62 ff., 15 1 ff., 16 1 ff., 26 1 ff.
信用の種類　Kreditarten	13 5 ff.
請求異議の訴え　Vollstreckungsgegenklage	14 42, 26 17
請求権　Anspruch	5 1, 8, 16, 17, 18 ff., 6 6, 8 12, 41, 9 20, 10 1 ff., 14 73, 17 48, 51, 18 20 ff., 20 3 ff., 21 2 f., 4, 5 ff., 10, 22 1 ff., 13, 24 ff., 30 f., 32 f., 23 1 ff., 4 f., 11, 24 1 ff., 25 15 ff., 27 35, 53 ff.
制限的人役権　Beschränkte persönliche Dienstbarkeit	29 3, 5 ff.
制限物権　Beschränkte dingliche Rechte	1 6 ff., 12, 26 1 ff., 27 1 ff., 28 1 ff., 29 1 ff., 30 1 ff.
精神的所有権　Geistiges Eigentum	1 17, 2 14
製造者　Hersteller	9 8 ff.
製造者を定める合意　Herstellervereinbarung	9 10 ff., 14 78 ff.

索 引 701

正当防衛　Notwehr……………………………………………………………5 3, 6, 21 2
責任集合体　Haftungsverband ………………………………………………26 23 ff.
責任対象　Haftungsgegenstände/Haftungsmasse ……………………………26 16, 21 ff.
絶対権　Absolute Rechte……………………1 4 f., 10, 2 14, 3 2 5, 8, 16 22, 17 51, 26 1 ff., 39, 29 19, 30 14
セール・アンド・リースバック　Sale-and-Lease-Back ……………………7 28, 14 50
善意　Guter Glaube ……………………………………………………………8 16 ff.
善意取得　Gutgläubiger Erwerb …………8 1 ff, 14 35 f., 59, 15 12, 19, 16 16 f., 26 f., 29, 43 ff., 18 27,
　　19 4 ff., 26 31 ff., 27 10, 36, 39 ff., 43 ff., 60, 28 9, 43 ff.
善意取得による負担からの解放　Lastenfreier Erwerb ……………………8 38 f., 19 9 f., 26 32 ff.
善意占有者　Gutgläubiger Besitzer ……………………………………4 19, 22 2, 22 ff., 33f.
先行債権譲渡　Vorausabtretung …………………………………………14 54 ff., 15 40 ff.
先行的占有改定　Antizipiertes Besitzkonstitut ……………………7 11, 33 ff., 15 10 f., 14, 17
先行登記　Voreintragung …………………………………………………17 38
先行登記の原則　Grundsatz der Voreintragung …………………………17 38
先占　Aneignung …………………………………………………………11 5, 12 4, 23 19
占有　Besitz ………………………………………………………………1 11 f., 4 1 ff.
占有改定　Besitzkonstitut　→占有仲介関係
占有意思　Besitzwille ……………………………………………………4 9
占有権原　Recht zum Besitz ………4 19, 5 1, 13, 14 8, 20 ff., 17 52, 21 5, 20 ff., 23 18, 22 ff., 30 8
占有権原の連鎖　Besitzrechtskette ………………………………………21 23
占有質権　Besitzpfandrecht………………………………………………16 13, 22, 41 ff.
占有質権　Faustpfandrecht ………………………………………………16 2　→約定質権
占有取得の意思　Besitzerwerbswille ……………………………………4 9
占有上の請求権　Possessorischer Anspruch……………………………1 13, 5 1, 8
占有奪還　Besitzkehr ……………………………………………………5 3
占有仲介意思　Besitzmittlungswille ……………………………………8 12 ff.
占有仲介関係　Besitzmittlungsverhältnis ………………4 23 ff., 7 28 ff., 41, 8 9 ff., 15 10 f., 16 14
占有仲介者　Besitzmittler …………………………4 20, 23 ff., 7 10 ff., 28 ff., 8 7, 12 ff., 22 30 f.
占有仲介者の返還義務　Herausgabepflicht des Besitzmittlers………………4 23
占有仲介連鎖　Besitzmittlungskette ……………………………………22 23
占有の維持機能　Erhaltungsfunktion des Besitzes ………………………4 7
占有の〔権利〕移転機能　Übertragungsfunktion des Besitzes ……………4 6
占有の継続機能　Kontinuitätsfunktion des Besitzes ……………………4 7
占有の取得　Besitzerwerb ………………………………………………4 8 ff.
占有の侵奪　Besitzentziehung …………………………………………5 5, 9
占有の善意効　Gutglaubenswirkung des Besitzes ………………………4 6
占有の喪失　Besitzverlust/ Verlust des Besitzes ………………………4 11, 14
占有の特定承継人　Besitznachfolger ……………………………………5 10
占有の妨害　Besitzstörung ………………………………………………5 16, 25 18
占有防御　Besitzwehr ……………………………………………………5 3
占有の保護　Besitzschutz…………………………………………………5 1 ff.
占有の保護機能　Schutzfunktion des Besitzes …………………………4 5, 19, 30
占有物の損傷　Verschlechterung …………………………………………22 26 f.
占有補助者　Besitzdiener ……………………………………4 32 ff., 5 3 ff., 7 9, 8 7, 32
占有離脱〔物〕　Abhandenkommen ……………………4 11, 8 30 ff., 10 13, 11 4, 12 2 f., 16 16

占有を取得させる意思　Besitzverschaffungswille ···**4** 9
占有を取得させる権利　Besitzverschaffungsmacht ···**8** 5, 11
増額　Anwachsung ···**17** 18
相続回復請求権　Erbschaftsanspruch ···**21** 36
相続人の占有　Erbenbesitz ··**4** 11
相対的無効　Relative Unwirksamkeit ·······························**7** 25, **18** 15, 17 f., 32
相当性　Verhältnismäßigkeit ··**5** 7, **24** 31
相隣共同体関係　Nachbarliches Gemeinschaftsverhältnis ···············**25** 4, 24 ff.
相隣法　Nachbarrecht ··**25** 1 ff., **29** 7 ff.
即時の強制執行の認諾　Unterwerfung unter sofortige Zwangsvollstreckung ·········**26** 17, **28** 24
属人権　Subjektiv-persönliches Recht ··**29** 3
属物権　Subjektiv-dingliches Recht ··**29** 2
訴訟係属　Rechtshängigkeit ···**22** 5
その場所にとって慣行的な〔土地の〕利用　Nutzung, ortsübliche ·······**25** 7, 13 f. 23 f.
それほど適切ではない占有者　Nicht-so-berechtigter Besitzer ············**21** 20, **22** 37
損害賠償請求権　Schadensersatzansprüche ···························**22** 2 f., 24 ff., 35 f.

■た

代位　Surrogation ································**2** 1, **6** 18, **14** 24, 33, 38, **16** 31, 38 f.
第三者異議の訴え　Drittwiderspruchsklage ················**14** 39, 41, 77, **15** 37, 39, **21** 3
第三者のためにする契約　Vertrag zugunsten Dritter ···························**6** 17 f.
第三者のためにする物権契約　Dinglicher Vertrag zugunsten Dritter ·········**6** 17 f.
第三者による給付　Leistung durch Dritte ··**14** 45
代替的引渡し　Übergabesurrogat ·································**7** 30, 38, **15** 10
第二取得　Zweiterwerb ·····································**19** 34 ff., **27** 31 ff., 43 ff.
代理　Stellvertretung ·················**6** 10, **7** 5, 11, 19, 45, **8** 21 f., **17** 13 f., **19** 3
他主占有　Fremdbesitz ··**4** 18, 26
他主占有者　Fremdbesitzer ···**4** 18, **14** 20
他主占有者の逸脱　Fremdbesitzerexzess ································**22** 30, 41 f.
他主抵当権　Fremdhypothek ···**27** 58
多段階の間接占有　Mehrstufiger mittelbarer Besitz ··························**4** 22
立入りへの妨害　Zugangsbehinderung ···**24** 6
建物不可侵権　Hausrecht ···**2** 5, **5** 1
他人の名における行為　Handeln unter fremdem Namen ·····················**8** 18
単独譲渡　Isolierte Abtretung ·······································**28** 38 f.
担保貸付限度　Beleihungsgrenze ···**26** 5 f.
担保限度　Sicherungsgrenze ····································**14** 55, **15** 30
担保契約　Sicherungsvertrag ···············**15** 5, 7, 10, 20 f., **16** 7, 43, **28** 11, 18 ff., **29** 6
担保権　Sicherungsrechte ···················**13** 1 ff., **26** 1 ff., **27** 1 ff., **28** 1 ff., 16 ff.
担保所有権　Sicherungseigentum ·······································**15** 1 ff.
担保信託　Sicherungstreuhand ···**2** 12, **15** 5
担保提供者の復帰的移転請求権　Rückübertragungsanspruch des Sicherungsgebers
···**15** 7 ff., 36, 39, **28** 27 ff., 41 ff., 53 ff., **29** 12
担保提供者の競争　Wettlauf der Sicherungsgeber ·······················**16** 34
担保目的　Sicherungszweck ·····················**15** 5, **28** 21 f., 37 f., 42, 49, **29** 12

索　引　703

担保約定　Sicherungsabrede　→担保契約
地役権　Grunddienstbarkeit ··· 1 7, 29 2, 5 ff.
地上権　Erbbaurecht ··· 1 7, 12, 2 33
地上権登記簿　Erbbaugrundbuch ·· 17 28
遅滞　Verzug ························· 14 10, 21, 18 22, 21 18, 22 36, 39, 23 24, 25 34
地代　Erbbauzins ·· 2 34
治癒　Heilung ·· 17 15
中古車売買　Gebrauchtwagenkauf ·································· 8 17, 14 23, 22 1
調査義務と照会義務　Nachforschungs- und Erkundigungspflicht ········ 8 18 f.
直接占有　Unmittelbarer Besitz ··· 4 20, 32
著作権　Urheberrecht ··· 1 2, 15, 3 14, 9 5
通行権としての役権　Wege- und Überfahrtsrecht als Dienstbarkeit ········ 29 7, 16 f.
通常の営業の範囲内における転譲渡　Weiterveräußerung im ordnungsgemäßen Geschäftsbetrieb
··· 14 49 f.
つなぎ融資　Zwischenkredit ·· 28 8
定期土地債務　Rentenschuld ································ 1 8, 17 27, 26 3, 27 1
停止条件　Aufschiebende Bedingung ················· 6 5, 7 5, 8 29, 14 1 ff., 32
抵当権　Hypothek ··· 1 8, 26 1 ff., 27 1 ff.
抵当証券　Hypothekenbrief ·················· 12 8, 27 2, 5 ff., 42, 45 ff., 49
手形　Wechsel ··· 12 9, 16 35
適法審査主義　Legalitätsprinzip ·· 17 39
デポジット式の再利用ボトル　Mehrwegpfandflaschen ······················ 8 20
転換　Umdeutung ······································· 14 29, 15 18, 21 8
転譲渡授権　Ermächtigung zur Weiterveräußerung/Weiterveräußerungsermächtigung
·· 14 49 ff., 59
転送された所有権留保　Weitergeleiteter Eigentumsvorbehalt ············ 14 45 f.
添付原理　Akzessionsprinzip ·· 9 21
登記許諾　Eintragungsbewilligung ··· 17 25
登記取得時効　Tabularersitzung ·· 20 15
登記申請　Eintragungsantrag ·· 17 35, 45
登記抵当権　Buchhypothek ························· 27 2, 8 f., 33, 44, 60
登記手続　Eintragungsverfahren ··· 17 31 ff.
登記土地債務　Buchgrundschuld ·· 28 3 ff.
登記の不真正　Unrichtigkeit des Grundbuchs ············· 19 1 ff., 20 1 f., 4 f.
登録簿　Register ······································· 2 14, 3 7, 15 4, 17 29
倒産　Insolvenz ··· 14 40, 17 45
動産　Bewegliche Sachen ··· 1, 18
倒産管財人　Insolvenzverwalter ······················· 15 1, 38, 20 7, 21 19
動産差押え　Sachpfändung ·· 14 37 f.
倒産手続　Insolvenzverfahren ····················· 14 40 f., 61, 77, 21 19
倒産否認　Insolvenzanfechtung ···················· 16 12, 17 45, 18 24
倒産申立遅延　Insolvenzverschleppung ·· 15 29, 35
動物　Tiere ·························· 1 17, 2 3, 12 4, 23 2, 5, 24 4, 29, 25 30
特定原則　Bestimmtheitsgrundsatz ········ 3 8 ff., 7 6, 35 ff., 15 11, 43, 17 12, 18 5, 27 3, 14, 28 6, 29 5
特別所有権　Sondereigentum ·· 2 15 ff., 19 5

土地　Grundstück	**17** 2
土地からの回帰的給付　Wiederkehrende Leistungen aus dem Grundstück	**26** 40
土地債務　Grundschuld	**1** 8, **26** 1 ff., **28** 1 ff.
土地債務証券　Grundschuldbrief	**12** 8, **28** 6 ff.
土地質権　Grundpfandrechte〔**26** 1注＊参照〕	**13** 6, **16** 1, **26** 1 ff.
土地質権者の満足　Befriedigung des Grundpfandgläubigers	**27** 23 ff., **28** 12 ff.
土地質権の責任対象　Haftungsgegenstände bei Grundpfandrechten	**26** 16, 21 ff.
土地所有権の譲渡　Grundstücksübereignung	**6** 1, **17** 1, 3, 8 ff.
土地所有者の受忍義務　Duldungspflichten des Grundstückseigentümers	**24** 20, **26** ff., **25** 1 ff.
土地登記所　Grundbuchamt	**17** 20, 31, 35, 40, 43, 46 f., **18** 11, **19** 28, **27** 6
土地登記簿　Grundbuch	**17** 24 ff.
土地登記簿　Grundbuchblatt	**17** 27
土地登記簿における異議　Widerspruch im Grundbuch	**17** 33, **19** 27 ff., **27** 44, 47
土地登記簿における民法典上の組合　BGB-Gesellschaft im Grundbuch	**17** 37, **19** 36 ff.
土地登記簿の閲覧　Einsicht ins Grundbuch	**17** 29 f.
土地登記簿の公信力　Öffentlicher Glaube des Grundbuchs	**19** 1 ff.
土地登記簿の訂正　Grundbuchberichtigung	**20** 1 ff., **27** 34
土地登記簿の訂正請求権　Grundbuchberichtigungsanspruch	**20** 3 ff., **27** 35
土地登記簿への登記　Eintragung in das Grundbuch	**3** 5, 7, **17** 20 f., 24 ff., **27** 4, 8, **28** 3, 6, 10, 15, **29** 5, **30** 4
土地登記簿を閉鎖する効果　Grundbuchsperre	**18** 18, **19** 29
土地に準じる権利　Grundstücksgleiche Rechte	**29** 1
土地を目的とする権利　Grundstücksrechte	**17** 1 ff., **19** 8, 14, **20** 15, **21** 29, **26** 12 ff., **29** f., **28** 10
土地を目的とする権利の内容の変更　Inhaltsänderung von Grundstücksrechten	**17** 7, **19** 8, **28** 10
特許権　Patentrecht	**1** 2, **17**, **2** 14, **30**, 11, 13, 14
取消可能性　Anfechtbarkeit	**6** 7, **7** 5, **8** 26
取立授権　Einziehungsermächtigung	**14** 61, 72 ff., 77
取引行為　Verkehrsgeschäft	**8** 2 f., **19** 15 f.
取引の保護　Verkehrsschutz	**6** 5, **8** 1, **19** 4, 7, 12, **27** 59
取立目的の債権譲渡　Inkasso-Zession	**14** 77
取戻権　Aussonderungsrecht	**14** 7, 15, 26, 40, 43, 76, **15** 1, 38 f., **21** 3

■な

二重差押え　Doppelpfändung	**14** 38
日常家事処理権　Schlüsselgewalt	**7** 45
任意売却　Freihändiger Verkauf	**15** 24

■は

配偶者　Ehegatten	**4** 16, **5** 15, **7** 20, 32, 45, **21** 14, 25
反訴　Widerklage	**5** 13
反対行為理論　Actus contrarius-Theorie	**24** 38
販売権としての役権　Vertriebsrecht als Dienstbarkeit	**29** 8, 10 ff.
引渡し　Übergabe	**3** 5 f., **7** 2 ff., **8** 6 ff., **16** 13 ff., 25, **17** 17
引渡主義　Traditionsprinzip	**7** 49
引渡証券　Traditionspapiere	**7** 40

必要費　Notwendige Verwendungen ……………………………………… 23 5 ff.
費用　Verwendungen ……………………………………………………… 23 1 ff.
評価割引　Bewertungsabschlag ………………………………………………… 14 55
表見指示者　Anscheinsgeheißperson/Scheingeheißperson ……………………… 8 7
表見的構成部分　Scheinbestandteil ……………………………………… 1 25, 9 18
費用償還請求権　Verwendungsersatzansprüche ……………………… 23 1 ff., 4 ff., 11 ff.
ビール醸造元地役権　Brauereidienstbarkeit ……………………………… 29 8, 10
ファイナンスリース　Finanzierungsleasing ……………………… 7 28, 13 8, 14 50
ファクタリング　Factoring ……………………………………………………… 14 70 ff.
夫婦財産共同関係〔財産共同制〕　Gütergemeinschaft ……………………… 2 9
不可量物　Unwägbare Stoffe ………………………………………………… 25 23
複数の担保提供者の併存　Zusammentreffen mehrerer Sicherungsgeber ……… 16 34
付合　Verbindung …………………………………………………………… 9 1 ff.
不作為請求権　Unterlassungsanspruch〔24 1注＊参照〕
　…………………………… 1 13, 2 5, 14, 20, 5 16, 21 2 24 1 ff., 34 25 15, 18, 26 39, 29 6
付従性の原則　Akzessorietätsprinzip
　………………… 15 25 f., 42, 16 10 ff., 21, 24, 34, 18 7 ff., 26 2, 27 2, 11 ff., 31, 50, 52, 59 f., 28 1 f., 11
負担　Belastung ………………………………… 17 1, 4, 8 ff., 26 1 ff., 40, 27 1 ff., 28 1 ff., 29 1 ff., 30 1 ff.
負担金　Baulast …………………………………………………………… 17 24, 18 16
負担の伴わない法的利益　Lediglich rechtlicher Vorteil ……………… 6 4, 12, 17 11
普通取引約款　AGB …… 6 13 ff., 14 2 f., 9, 48, 55, 58, 66, 84, 15 9, 33, 16 6, 8, 35, 44 f., 26 17, 28 22, 27
復帰請求権　Heimfallanspruch ……………………………………………… 2 33
復帰的移転義務　Rückübertragungspflicht …………………… 15 9, 26, 28 23, 27 ff., 33, 40 f., 53 ff.
物権　Dingliche Rechte …………………………………………………… 1 2, 6 ff., 12
物権的換価権　Dingliches Verwertungsrecht
　……………………………………… 1 6, 8, 12, 13 1, 16 1, 18, 28 ff., 26 1 ff., 40, 27 1 ff., 28 1 ff.
物権的合意　Einigung/Dingliche Einigung
　………… 6 2 ff. 9 ff., 7 3 ff., 34 ff., 14 19, 15 7 ff., 16 8 f., 17 9 ff., 27 4, 8, 32, 43, 52, 28 3, 6, 29 5, 30 4 ff.
物権的合意の撤回可能性　Widerruflichkeit der dinglichen Einigung ……… 7 3, 18
物権的取得権　Dingliches Erwerbsrecht ………………………… 1 9, 14 11 f., 18 1 ff., 31 ff.
物権的先買権　Dingliches Vorkaufsrecht …………………… 1 9, 18, 17 24, 34, 18 31 f., 27 56
物権的占有権原　Dingliche Besitzrechte ……………………………………… 21 21
物権的優先条項　Dingliche Vorrangklauseln ……………………………… 14 66 f.
物権的利用権　Dingliche Nutzungsrechte ……………………………… 29 1 ff., 30 1 ff.
物権の個数制限〔物権法定主義〕　Numerus clausus der dinglichen Rechte ……… 3 2 ff., 18 30
物権法　Sachenrecht …………………………………………………… 1 1 ff., 3 1 ff.
物権法の基本原理　Grundprinzipien des Sachenrechts ……………… 3 1 ff., 6 1 ff.
物権法における請求権の目的　Anspruchsziele im Sachenrecht ……………… 1 13
物上代位　Dingliche Surrogation …………………………… 6 18, 14 33, 38 16 31, 38 f.
物的債務名義　Dinglicher Titel ……………………………………… 16 31, 26 16 f., 30
物的信用　Realkredit ………………………………………………………… 13 6
物的訴訟　Dingliche Klage …………………………………………………… 26 16
物的負担　Reallast ……………………………………… 1 8, 17 27, 26 40 f., 27 56
不当利得返還請求権　Bereicherungsanspruch
　……………………………… 6 6, 10 2 ff., 14 73, 19 32, 37, 21 17, 35, 22 44 ff., 23 26 f.

不法な自主占有者への跳ね上がり　Aufschwingen zum unberechtigten Eigenbesitzer ………… **22** 7
分割債権関係　Teilgläubigerschaft ……………………………………………………………… **14** 24
分割払取引　Teilzahlungsgeschäft …………………………………………………………… **14** 2 f.
分離主義　Trennungsprinzip …………………………………………………… **3** 13, **6** 2 ff., **7** 49
併存占有　Nebenbesitz ……………………………………………………… **4** 25, **8** 14, **15** 19
別除権　Absonderungsrecht ………………………………………………………… **14** 7, 40, **15** 38
返還請求可能状態　Vindikationslage ……………………………………… **21** 8, **22** 3 f., 4, 25
返還請求権　Herausgabeanspruch
　…………………… **4** 27, **5** 8, 17, 18 ff., **7** 40, **8** 12, 41, **14** 73, **17** 48, **21** 5 ff., **21** 10, **22** 1 ff., 13 ff.
妨害除去請求権・妨害除去権　Abwehransprüche und –recht ‥ **20** 1 ff., **21** 1 ff., **24** 1 ff., **25** 1 ff., **29** 13
妨害排除　Störungsbeseitigung ………………………………………………………………… **24** 35 ff.
包括債権譲渡　Globalzession …………………………………………………… **14** 62 ff., **15** 40
放棄　Verzicht ……………………………………………………………… **6** 9 f., **17** 43, **28** 27
放棄・廃止　Aufgabe/Aufhebung … **4** 14, **6** 2, **12** 4, **14** 18, **17** 1, 7, 50, **26** 27, 35 f., **27** 53, **28** 15, 27, 57
防御の緊急避難　Verteidigungsnotstand …………………………………………………… **24** 29
方式　Form …………………………………………………… **17** 12 ff., 37, 50, **27** 33, **28** 2, 20
法人の機関による占有　Organbesitz ……………………………………………… **4** 13, **21** 15
法定質権　Gesetzliches Pfandrecht …………………………………………………… **16** 3, 41 ff.
法定譲渡　Cessio legis/ Legalzession ………………………………………… **27** 28 f. 31
暴利　Wucher ……………………………………………………………………………………… **6** 7
法律行為　Rechtsgeschäft ……………………………………………………… **6** 5, 9 ff., 13 ff.
法律上の原因　Rechtsgrund ………………………… **6** 3, 10, **17** 33, **20** 12, **27** 1, **28** 19, 21
法律上の原因がない所有権取得　Rechtsgrundloser Eigentumserwerb ………… **8** 41, **15** 36
法律上の原因がない占有取得　Rechtsgrundloser Besitzerwerb ……………………… **22** 19
法律上の推定　Gesetzliche Vermutung ………………………………………… **19** 2 f., 19
保持　Gewahrsam ………………………………………………………………………………… **4** 3
補償　Ausgleich ……………………………………………………… **10** 1 ff., **25** 15 ff., 23 ff.
保全役権　Sicherungsdienstbarkeit ……………………………………………………… **29** 6, 12
保全抵当権　Sicherungshypothek …………………………………… **16** 39, **19** 6, **27** 59 ff.
保全土地債務　Sicherungsgrundschuld ……………………………………… **27** 61, **28** 16 ff.
補捉価値　Deckungswert ……………………………………………………………………… **14** 55
補捉限度　Deckungsgrenze …………………………………………………… **14** 55, **15** 30 ff.
本権上の抗弁　Petitorische Einwendungen ………………………………………………… **5** 13
本権上の占有保護請求権〔返還請求権〕 Petitorischer Besitzschutzanspruch ………… **1** 13, **5** 1
本質的構成部分　Wesentlicher Bestandteil ……………… **1** 23 f., **2** 35, **4** 17, **9** 15 ff., **29** 2
本質において同一の、量的に少ないもの　Wesensgleiches Minus …………… **14** 11, 22, 27, **16** 41

■ま

埋蔵物発見　Schatzfund ……………………………………………………………………… **12** 6
マーキング契約　Markierungsvertrag ………………………………………………………… **7** 36
抹消仮登記　Löschungsvormerkung ……………………………………………… **27** 53 f., 56
抹消請求権　Löschungsanspruch …………………………………………………………… **27** 53 ff.
未成年者　Minderjährige ………………………… **6** 11, **7** 5, **8** 27, **17** 11, **20** 11, **22** 12
民法上の組合　Gesellschaft bürgerlichen Rechts … **4** 12, **8** 21, **17** 11, 18, 26, 37, **19** 3, 36 f., **20** 5, **26** 20
無因主義　Abstraktionsprinzip …………………………………………… **3** 1, 13, **6** 2 ff., **17** 1, 39

無記名債権証券　Inhaberschuldverschreibungen	16 35
無記名証券　Inhaberpapier	7 1, 8 34, 12 9, 16 35
無権限者の再取得　Rückerwerb des Nichtberechtigten	8 36 f.
無効　Nichtigkeit	6 5, 7 f., 10, 7 5, 15 36, 16 28
無主物　Herrenlose Sachen	12 4
無償譲渡　Unentgeltliche Veräußerung	8 41
無償での占有取得　Unentgeltlicher Besitzerwerb	22 17
免責　Enthaftung	26 31 ff.
目的を定める意思表示　Zweckbestimmungserklärung	15 20, 28 22, 42, 54
物　Sache	1 16 ff.
物の支配　Sachherrschaft	1 11, 3 6, 4 1 ff., 8, 20, 32
物の写真の撮影　Fotografische Aufnahmen	24 12
物の利用を他人に委ねる契約　Gebrauchsüberlassungsverträge	4 20
持込質権　Einbringungspfandrecht	16 3, 41 f.
持分共同関係　Bruchteilsgemeinschaft	2 7, 19, 31, 27 30, 28 56
持分所有権　Bruchteilseigentum	2 7
持分用益権　Bruchteilsnießbrauch	30 4, 7
もはや適法ではない占有者　Nicht-mehr-berechtigter Besitzer	21 20, 22 38

■や

約定質権　Vertragliches Pfandrecht	16 2, 7 ff.
有益費　Nützliche Verwendungen	23 11 f.
優先条項　Vorrangklauseln	14 66 f.
優先的満足　Vorzugsweise Befriedigung	26 5
与因主義　Veranlassungsprinzip	8 1
用益・収益・利益　Nutzungen	1 27, 22 13 ff.　→果実、使用利益
用益権　Nießbrauch	1 7, 21 10, 21, 29 1, 30 1 ff.
要役地　Herrschendes Grundstück	29 2, 14 ff.

■ら

利益返還請求権　Nutzungsherausgabeansprüche	22 1 ff., 13 ff.
履行拒絶権　Zurückbehaltungsrecht〔20 9 注＊参照〕	20 9, 21 28, 23 18, 24, 27 21 f., 28 15, 29, 40 f.
リース　Leasing	7 28, 13 8, 14 50
流通抵当権　Verkehrshypothek	27 50, 59
流抵当の合意　Verfallabrede	26 13
留保売主　Vorbehaltsverkäufer	14 1
留保所有者　Vorbehaltseigentümer　→留保売主	
留保所有者による解除　Rücktritt des Vorbehaltseigentümers	14 9 f., 17, 42
留保売買　Vorbehaltskauf	4 24, 14 1 ff.
利用権　Nutzungsrechte	1 7, 29 1 ff., 30 1 ff.
利用権能　Nutzungsbefugnisse	2 3 f.
良俗違反性　Sittenwidrigkeit	6 7, 14 55 f., 64, 70 f., 76, 15 27 f., 28 41
隣地における事故　Unfall auf Nachbargrundstück	25 28
隣地への作用がその場所にとって慣行的であること　Ortsüblichkeit	25 7,13 f., 23 f.
類型強制　Typenzwang	2 13, 3 2 ff., 28 17

類型固定　Typenfixierung ……………………………………… **2** 25, **3** 4, **28** 17
レイ・ウィンディカチオ　Rei vindicatio ……………………………………**21** 8
レッカー移動と占有保護　Abschleppen und Besitzschutz ……………………………**5** 21
連鎖取引　Streckengeschäft ………………………………………………………**7** 16
論理的一秒　Logische Sekunde ……………………………………………**15** 14, 17

951条による権利喪失の補償　Entschädigung für Rechtsverlust gemäß § 951 …………**9** 20, **10** 1 ff
952条の債務証書　Schuldurkunde des § 952 …………………………………**12** 7 ff., **21** 13
986条の意味における占有権原　Besitzberechtigung i. S. v. § 986 ……**4** 19, **21** 6, 20 ff.　→占有権原
1004条の妨害排除請求権　Beseitigungsanspruch aus § 1004 ……… **2** 5, **24** 1 ff. **25** 8, 23, 25 ff., 30, 33

■著者紹介

Prof. Dr. Manfred Wolf（マンフレート・ヴォルフ・元フランクフルト大学教授）

Prof. Dr. Marina Wellenhofer（マリーナ・ヴェレンホーファー・フランクフルト大学教授）

■訳者紹介

大場浩之（おおば　ひろゆき）早稲田大学法学学術院教授
　　　　担当　§6-8, 17-20.

水津太郎（すいず　たろう）慶應義塾大学法学部准教授
　　　　担当　§1-3, 9-12, 14-15．訳者はしがき

鳥山泰志（とりやま　やすし）千葉大学大学院専門法務研究科准教授
　　　　担当　§13, 16, 26-30．条文資料

根本尚徳（ねもと　ひさのり）北海道大学大学院法学研究科准教授
　　　　担当　§4-5, 21-25．日本語版への序文，序文

ドイツ物権法

2016年11月1日 初版 第1刷発行

原著者	マンフレート・ヴォルフ マリーナ・ヴェレンホーファー
訳者	大場 浩之 水津 太郎 鳥山 泰志 根本 尚徳
発行者	阿部 成一

〒162-0041 東京都新宿区早稲田鶴巻町514番地
発行所　株式会社　成文堂
電話 03(3203)9201(代) Fax 03(3203)9206
http://www.seibundoh.co.jp

製版・印刷　藤原印刷　製本　弘伸製本　　検印省略
☆乱丁・落丁本はおとりかえいたします☆
©2016 大場・水津・鳥山・根本　　Printed in Japan
ISBN 978-4-7923-2696-8 C3032

定価（本体9800円＋税）